JN232345

# 育児の事典

平山宗宏・中村 敬・川井 尚 編

朝倉書店

序

　育児を全面的に取り上げた事典の発刊は初めてのもの〔…〕という形で成書にならなかった理由は，子どもを日常育て〔…〕れてこなかったためであろう．つまり，これまでは育児の〔…〕的な事柄を平易に解説し，親，特に母親に伝えること，〔…〕あると考えられてきたのであろう．

　しかし，今日，日常の素朴な育児を行うことの困難な〔…〕すなわち，これからますます進むであろう少子高齢化社会〔…〕ろう経済状況，それに加えて心理・社会的状況の大きな変〔…〕とは明らかである．

　育児とは「子どもの命を守り，その心身の健康を増進し〔…〕き暮らせるように育てること」といえる．この大仕事を〔…〕援・援助を考えるとき，小児に関わる専門家は，育児に関〔…〕本的事柄をよく理解，把握し，その上で育児支援に携わ〔…〕た，これからは，一方的な育児支援ではなく共に育てて〔…〕とが大切であろう．

　本書では，今とこれからの社会・経済・心理的状況，〔…〕学・医療，あるいは，成長・発達に関すること，保育・〔…〕加えてこの領域での行政施策とそれに基づく法的処置な〔…〕課題を採り上げるよう努めた．

　項目の中には，既に定説になっているものもあれば，今〔…〕によって明らかにしていかなくてはならないものもある．〔…〕り上げ損ねた項目もあろう．是非ご活用いただきたいが，〔…〕であるので，不備の点のご指摘を含め多くのご助言，ご教〔…〕大成を期したい．

　本書は各領域にわたる多くの方々にその専門分野につ〔…〕朝倉書店の編集部の方々にも一方ならぬご尽力を頂いた．〔…〕る．

　2005 年 3 月　早春を迎えて

編　者

平山宗宏　東京大学名誉教授
日本子ども家庭総合研究所所長
高崎健康福祉大学大学院健康福祉学研究科保健福祉学専攻教授

中村　敬　大正大学人間学部人間福祉学科社会福祉学専攻教授
日本子ども家庭総合研究所情報担当部長

川井　尚　日本子ども家庭総合研究所・愛育相談所所長

執筆者

安治陽子	東京大学大学院教育学研究科	才村　純	日本子ども家庭総合研究所ソーシャルワーク研究担当
安藤朗子	日本子ども家庭総合研究所母子保健研究部	作田亮一	獨協医科大学越谷病院小児科
石川義博	石川クリニック院長	澤田啓司	介護老人施設上野の郷/前ひさいこどもクリニック院長
伊藤嘉余子	福島学院大学短期大学部保育科第一部	澁谷昌史	日本子ども家庭総合研究所家庭福祉研究部
入山高行	茨城県立中央病院産婦人科	島　智久	浦安市教育委員会教育総務部指導課
牛島廣治	東京大学大学院医学系研究科発達医科学	庄司順一	青山学院大学文学部教育学科
衞藤　隆	東京大学大学院教育学研究科総合教育科学専攻	鈴木眞弓	東邦大学医学部附属大橋病院小児科
岡田知雄	日本大学医学部小児科	住友眞佐美	東京都福祉保健局
小山　修	日本子ども家庭総合研究所研究企画部情報担当兼母子保健研究部地域保健担当	多田　裕	実践女子大学生活科学部食生活科学科/東邦大学名誉教授
柏女霊峰	淑徳大学総合福祉学部社会福祉学科	恒次欽也	愛知教育大学教育学部障害児教育講座
加藤忠明	国立成育医療センター研究所成育政策科学研究部	長坂典子	前母子愛育会総合母子保健センター研修部
加藤則子	国立保健医療科学院研修企画部長	中村　敬	日本子ども家庭総合研究所研究情報部情報担当/大正大学人間学部人間福祉学科
加藤雄司	武蔵野病院顧問/明治学院大学名誉教授	中村安秀	大阪大学大学院人間科学研究科ボランティア人間科学講座
上石晶子	埼玉社会保険病院小児科	南部春生	朋佑会札幌産科婦人科心療内科名誉院長
川井　尚	日本子ども家庭総合研究所・愛育相談所所長	早川　浩	東京家政学院短期大学生活科学科
岸井慶子	恩賜財団母子愛育会愛育幼稚園	日暮　眞	東京家政大学家政学部児童学科
小林芳文	横浜国立大学教育人間科学部	平岡雪雄	浦安市教育委員会総務部指導課
西郷泰之	大正大学人間学部人間福祉学科	平山宗宏	日本子ども家庭総合研究所所長/高崎健康福祉大学大学院健康福祉学教授/東京大学名誉教授
斉藤　進	日本子ども家庭総合研究所母子保健研究部	松田博雄	杏林大学医学部小児科

執筆者

松山玲子	国家公務員共済組合連合会 稲田登戸病院	山中龍宏	緑園こどもクリニック院長
水野清子	日本子ども家庭総合研究所 客員研究員	山本真実	淑徳大学社会学部社会 福祉学科
峯島紀子	全国心身障害児福祉財団 中央愛児園	横井茂夫	横井こどもクリニック院長
宮原 忍	日本子ども家庭総合研究所 母性保健担当	横谷 進	国家公務員共済組合 虎の門病院小児科
向井美惠	昭和大学歯学部 口腔衛生学教室	吉岡芳一	大阪府池田子ども家庭 センター所長
森田倫代	社会福祉法人みどり会 きらら保育園	吉田弘道	専修大学文学部心理学科
矢田純一	東京医科歯科大学名誉教授	李 節子	東京女子医科大学大学院 看護学研究科看護学科
山岡テイ	情報教育研究所所長	渡邉 寛	評論家/NPO法人彩の子ネット ワーク共同代表

目 次

1. **育児の歴史と理念** ── 1
   医学と育児 ［平山宗宏］ 1
   わが国の育児の歴史 ［牛島廣治］ 4
   ●保育の語源，育児の歴史の方法論，母子の福祉 7
   世界の育児の歴史 ［牛島廣治］ 9
   ●子どもに関する思想と権利 11

2. **少子化社会の中の育児** ── 13
   少子化の経過と要因 ［小山 修］ 13
   子育てと仕事の両立 ［小山 修］ 15
   政府・自治体の少子化対策 ［山本真実］ 18
   諸外国の子育て支援 ［山本真実］ 20

3. **妊娠の成立から出産まで** ── 24
   妊娠の成立と経過 ［入山高行］ 24
   遺伝と環境 ［日暮 眞］ 25
   遺伝と遺伝子病の予防 ［日暮 眞］ 28
   染色体と染色体異常の予防 ［日暮 眞］ 30
   物理化学的因子と先天異常の予防 ［中村 敬］ 32
   ウイルスや微生物の影響と感染による先天異常の予防 ［中村 敬］ 35
   胎児期の環境と妊婦の生活 ［入山高行］ 38
   分娩(出産)の経過(メカニズム) ［松山玲子］ 40
   産後の経過 ［松山玲子］ 42
   出産の子どもへの影響 ［中村 敬］ 43
   ハイリスク出産と医療（周産期医療） ［中村 敬］ 45
   妊産婦の食生活 ［水野清子］ 47
   妊娠中の社会サービス(1) ［長坂典子］ 52
   ●分娩スタイル 55
   妊娠中の社会サービス(2) ［中村 敬］ 57

4. 新生児 —— 58

　　出生直後の変化　［中村　敬］　59
　　生後1週間の子どもの変化　［中村　敬］　61
　　新生児の気になる症状，異常な症状　［中村　敬］　64
　　新生児先天代謝異常症マススクリーニング　［中村　敬］　67
　　低出生体重児の定義とケア　［中村　敬］　69
　　周産期の社会サービスと制度　［中村　敬］　71
　　周産期のファミリーケア　［中村　敬］　74

5. 子どもの成長・発達 —— 77

　　成長・発達（発育）とは　［平山宗宏］　77
　　子どもの成長　［加藤則子］　79
　　各臓器の発達と子ども　［横井茂夫］　88
　　運動機能の発達　［横井茂夫］　94
　　ことばの発達　［恒次欽也］　98
　　社会性の発達　［川井　尚］　103
　　発達検査法とその使い方　［安藤朗子］　104

6. 乳児期の子育て —— 108

　　乳児の発達と子育て　［吉田弘道］　108
　　乳児健診（乳児健康診査）　［横井茂夫］　111
　　乳児栄養　［水野清子］　114

7. 幼児期の子育て —— 121

　　幼児健診（幼児健康診査）　［横井茂夫］　121
　　幼児期の発達と子育て　［吉田弘道］　123

8. 学童期の子育て —— 127

　　学童期の発達と子育て　［吉田弘道］　127
　　学校保健と健康教育　［衛藤　隆］　130

9. 思春期の子育て —— 134

　　思春期　［宮原　忍］　134
　　●ロメオとジュリエット　137
　　性行動と性教育　［宮原　忍］　138

10. 母子関係 ―― 140
母親の役割　［川井　尚］　140
アタッチメント　［鈴木眞弓］　142
母子相互作用　［鈴木眞弓］　144
分離不安　［鈴木眞弓］　145

11. 父子関係 ―― 146
父親の役割　［川井　尚］　146

12. 子どもと生活 ―― 148
日常家庭生活　［安藤朗子］　148
集団生活　［岸井慶子］　152
地域と子ども　［渡邉　寛］　155
子どもと遊び　［安藤朗子］　164
子どもと玩具　［安藤朗子］　167
テレビ・ビデオ，テレビゲーム　［南部春生］　169
外出用の育児用品　［山岡テイ］　173

13. 子どもと食事(栄養) ―― 177
子どもの食生活　［水野清子］　177
生活習慣病予防　［岡田知雄］　184

14. 子どもの健康と環境 ―― 192
環境汚染　［多田　裕］　192
●喫煙と医療費　197
アレルギー　［早川　浩］　198

15. 子どもの発達障害 ―― 203
軽度発達障害とは―症候論的診断　［平岡雪雄・島　智久］　203
自閉症(1)―自閉症のさまざまな成分　［島　智久］　206
自閉症(2)―アスペルガー症候群と共通感覚　［平岡雪雄］　209
AD/HD（注意欠陥/多動性障害）―行動抑制の障害　［島　智久］　212
LD（学習障害）―特別支援教育の意味　［平岡雪雄］　215
障害受容―歓待としてのインクルージョン　［島　智久］　218
軽度発達障害の早期発見・早期療育―二元論を超えて　［平岡雪雄］　221

16. 親と子の精神保健 —— 224
  マタニティ・ブルーズ　［川井　尚］　224
  育児不安　［川井　尚］　226
  親の精神障害　［加藤雄司］　229

17. 子どもの病気 —— 242
  子どもの急性疾患　［上石晶子］　242
  子どもの慢性疾患　［上石晶子］　248
  薬の与え方　［横谷　進］　253
  医療とQOL向上のための支援　［加藤忠明］　256
  小児慢性特定疾患　［加藤忠明］　260

18. 感染症と免疫 —— 264
  感染症と免疫　［矢田純一］　264
  ●微生物の免疫回避手段　271

19. 予防接種 —— 272
  予防接種　［平山宗宏］　272
  子どもに使用するワクチンの種類　［平山宗宏］　275
  ワクチンの効果と副反応　［平山宗宏］　278

20. 小児歯科 —— 282
  子どもの歯と口　［向井美惠］　282

21. 子どもの事故 —— 287
  子どもの事故　［山中龍宏］　287

22. 救急治療の必要性の判断と応急手当 —— 295
  救急医療の必要性の判断　［作田亮一］　295
  応急手当法について　［作田亮一］　299
  医療機関の選び方，かかり方　［作田亮一］　301

23. 保育所と幼稚園 —— 303
  保育所の生活　［森田倫代］　303
  幼稚園　［岸井慶子］　311

24. 障害のある子の育児（障害児・者福祉） —— 316
　　障害のある子の育児　［中村　敬］　316
　　障害児のための教育　［峯島紀子］　324
　　障害児（者）への自立支援　［峯島紀子］　333
　　障害のある子の親の会と育児グループ　［峯島紀子］　338

25. 育児支援 —— 341
　　保健福祉サービス(1)―健康診査　［住友眞佐美］　341
　　保健福祉サービス(2)―子育てに関する相談および家庭訪問　［住友眞佐美］　344
　　保健福祉サービス(3)―子育てサークル（グループ）　［中村　敬］　347
　　仕事と子育ての両立支援　［中村　敬］　348
　　地域の育児支援資源(1)　［中村　敬］　352
　　地域の育児支援資源(2)　［西郷泰之］　358
　　養護系の児童福祉施設など（社会養護のための生活型施設など）　［西郷泰之］　366
　　地域の子育て支援ネットワーク―行政主導　［松田博雄］　370
　　地域の子育て支援ネットワーク―地域住民による　［中村　敬］　376
　　地域の子育て支援住民組織―愛育班，母子保健推進員　［斉藤　進］　377
　　ベビーシッター　［中村　敬］　381

26. 育児と情報 —— 382
　　母子健康手帳　［平山宗宏］　382
　　育児書　［中村　敬］　387
　　育児教室（MCGも含む）　［中村　敬］　388
　　インターネット　［中村　敬］　389
　　その他の情報　［中村　敬］　390

27. 子どものしつけ —— 392
　　子どものしつけ　［川井　尚］　392

28. 外国の育児 —— 395
　　外国の育児の実態　［中村安秀］　395
　　●竹刃による臍帯切断　397

●異年齢集団のパワー　400
多民族・多文化共生社会と母子保健・育児ニーズ　［李　節子］　403
●外国人の子どもが日本で出生したとき　404
●日本人の国際結婚 250 組に 1 組から 20 組に 1 組へ　405
在日外国人への育児支援　［李　節子］　406
在日外国人関連用語　［李　節子］　408
在日外国人の育児実態—多文化子育て　［山岡テイ］　411

29. 子どもと勉強 ―― 416
早期教育や習い事の背景　［山岡テイ］　416
習い事・塾　［山岡テイ］　420
習い事・学力の受けとめ方　［山岡テイ］　424

30. 子どもと行事 ―― 426
子どもと行事　［澤田啓司］　426

31. 社会経済と育児 ―― 430
育児の費用　［澁谷昌史］　430
生活の質　［澁谷昌史］　433
子どもの価値，子どもへの期待　［澁谷昌史］　435
育児支援のための公費負担のあり方　［澁谷昌史］　437

32. 子どもと運動（スポーツ） ―― 440
子どもと運動（ムーブメント教育）　［小林芳文］　440
●楽しい揺れ運動と遊具　446

33. 多彩な子育て形態 ―― 447
ひとり親家庭　［伊藤嘉余子］　447
児童福祉施設　［庄司順一］　450
里親　［庄司順一］　454

34. 子どもと大人，子どものサポーター ―― 456
親以外の大人のかかわり　［安治陽子］　456

35. 子どもと社会病理 ―― 461
非行，青少年犯罪　［石川義博］　461

　　　　　不登校　［川井　尚］　467
　　　　　社会的ひきこもり　［川井　尚］　470
　　　　　いじめ　［川井　尚］　473

36.　虐待とその対策 ── 475
　　　　　児童虐待　［才村　純］　475
　　　　　夫婦間暴力　［吉岡芳一］　483

37.　子どもと人権 ── 487
　　　　　児童憲章　［伊藤嘉余子］　487
　　　　　●＜児童憲章＞（全文）　488
　　　　　児童福祉法　［柏女霊峰］　489
　　　　　母子保健法　［澁谷昌史］　491
　　　　　児童の権利に関する条約　［柏女霊峰］　494

38.　21世紀における子どもの心身の健康 ── 497
　　　　　「幼児期からの心の教育の在り方について」の中央教育審議会報告
　　　　　　　［平山宗宏］　497
　　　　　健康日本21　［平山宗宏］　499
　　　　　健やか親子21　［平山宗宏］　501
　　　　　ヘルスプロモーション　［小山　修］　504

索　　引 ── 509

1. 育児の歴史と理念

医学と育児
medical science and child care

1. 育児の医学と哲学

育児とは子どもを守り育てることだが、そこには医学の部分と哲学の部分があるといえる．医学の部分とは、子どもを健康に育てるために必ず守るべき医学的理由がある部分であり、哲学の部分とは、親や育児の指導者がこういう子、こういう大人になって欲しいという願いの部分といえよう．したがって、医学の部分は科学的根拠があるので守ってくれないと健康に育たないし、哲学の部分は保護者によって違う十人十色であってよい．ただしそこにほぼ共通してあるのは、社会人として円満に生活できる社会性を備え、他人を思いやる心をもった大人ということであって、とくに現在のわが国で求められている人物像であろう．

したがって、医療技術の進歩や環境の変化によって、医学の部分にも変化が生じるが、哲学の部分には社会情勢やその時代の好みも反映することになり、育児には流儀もあれば流行もある．まず、いわば哲学的部分での育児の考え方の変化の例を述べる．

1960年代頃、わが国でアメリカ流育児が流行ったことがある．これは乳児期から子どもは子ども部屋でひとりで寝かせるという式のもので、はじめは泣いていてもやがてひとりで寝るようになり、こうした育児が自主独立の精神を養うという、要は過保護はいけないとの方針であった．ところがその米国でこうした育児が見直された．つまり乳児をひとりで寝かせたのは、大人の時間を邪魔されたくないためであって、こうしたやり方は親子の絆を弱め、家庭崩壊の原因になったという反省で、スキンシップの重視が求められるようになった．分娩直後に新生児を裸でいる母親の腹の上に乗せてやるという、超早期スキンシップの試みもなされ、この方法で新生児もよく寝るし、母親も早く母性意識に目覚めるといった医学報告も出されている．

わが国では、ひところは上記米国流育児の影響もあって、過保護を避ける傾向が表に出たが、働く母親の増加で、親子のスキンシップの重要性が強調されるようになり、保育所に早くから子どもを預ける場合には、夜や休みの日は一緒にいられなかった時間を取り戻すつもりで抱っこや添い寝をするよう勧める方向になってきた．近年の育児書やパンフレットでは、抱き癖をつけるなという記述はなくなり、首すわり後での添い寝や絵本の読み聞かせが勧められるようになってきている．

母乳栄養についても、1965年頃の米国では、母乳保育は母体の体型を崩すといって、ホルモン剤を使って母乳を止めてしまうことが行われたことがあったが、現在では母乳推進運動が米国でも盛んである．

一方医学の部分の例としては、離乳食の開始時期があげられる．通常生後5カ月で開始するが、これより早すぎれば乳児は半

流動食を飲み込めないし，消化機能も不十分であり，遅すぎれば栄養の不足を起こしてしまう．

医学的知見の進歩で変更が生じた育児常識もある．ひところ，乳児期の肥満も成人の肥満に繋がるといわれたことがあったが，現在では成人の肥満に繋がるおそれのある脂肪細胞の増加による子どもの肥満は思春期前期であり，幼児期には摂食制限（ダイエット）よりも運動の奨励をすべきとされている．4～5歳児の肥満は運動とともに食生活の検討も必要になるが，乳児期の肥満には乳汁や離乳食の制限の必要はない．1歳になれば手足が伸びてスマートになり，戸外運動もできるようになってくる．

日光浴も昔はビタミンD不足を補うために必須とされたが（紫外線を浴びることにより体内でビタミンDが合成される），現在では母親の栄養状態の向上や育児用粉乳に必要なビタミンなどが添加してあることによってD不足のおそれはなくなった．一方，フロンガスによって高層にあるオゾン層が破壊されて薄くなり，有害な紫外線が地表に達するようになったとして，紫外線の害が，とくに白人の皮膚がんの増加につながるとして注目されるようになった．このため皮膚科学界では日焼けを避けるよう勧めており，こうした状況からわが国でも乳児期からの日光浴を勧めることはしなくなった．ただし子どもが戸外で元気に遊び回ることはぜひ必要である．

以上の例のように，医学的な面でも新しい知見によって育児指導の内容が変わることは起こるが，現在の親たちが理解して実行してくれる育児方針は，基本的に医学的な裏付けのある理由を示して理解してもらう必要がある．

臨床医学で「証拠のある根拠に基づく医学（ebidence based medicine；EBM）」が基本になっている時代であるから，育児方針の勧めについても同じことがいえる．これに親の願いを込めた育児，というのが古今を問わずに重要といえよう．

2. 育児をめぐる環境や考え方の変化

育児には，子どもが可愛い，子どもがいると家庭が楽しい，生き甲斐だ，というポジティブな面が大きい一方，経済的に苦しい，親自身の時間がもてない，仕事との両立が困難，などのネガティブな面もつきまとう．また育児に自信がもてない，わずらわしいなどの感情が，とくに夫婦仲や生活難の問題と重なると児童虐待に繋がるおそれがでてくる．

近年のわが国の育児事情としては，核家族化，仕事をもつ母親の増加や少子化の影響で，育児に不慣れな親の増加やそれに伴う育児不安，さらには児童虐待の問題までがクローズアップされてきた．

こうした育児をめぐる家庭や環境，子どもの育ちの変化を知るために，10年ごとに行われている「幼児健康度調査」（厚生労働省指導・日本小児保健協会実施）によると，祖父母と同居している家族は，1990年に父方祖父20.8％，祖母25.2％，母方祖父5.7％，祖母7.9％であったが，2000年調査では同じ順序で，15.7％，17.9％，5.8％，7.9％であり，この10年で祖父母と同居していない世帯が約6％増加している．

母親が仕事をしている率は，パートを含めて幼児のいる家庭の約1/3，年長になると半数の母親が働いており，この傾向は10年間変わっていない．

また，2000年調査で，育児に自信がもてないことがある母親は27.4％，ないは34.1％，どちらともいえないは37.6％であった．父親（夫）が相談相手，精神的な支えになっているは64.6％，何ともいえない24.3％，なっていない7.4％であり，何ともいえない，が多いのが気になる．父親の育児参加は，よくやっている37.4％，時々やっている45.4％，ほとんどしない

10.5％であったが、父親の家事参加はこれより低く、よくやっている11.9％、時々やっている38.1％、ほとんどしない44.3％であった。最近の親の世代では父親の協力がよくなってきているものの、今後どうすれば母親の育児不安や不満を減らせるかを考える必要がある。（p.226「育児不安」の項参照）

勤労者の都会集中や核家族化に伴って、育児伝承が困難になり、近隣との付き合いが薄れ、両親の共働きによる子どもと過ごす時間の減少やしつけの仕方の自信低下などは、家庭や地域の育児機能の低下を意味している。また、塾や稽古事、テレビゲームや携帯電話の普及などは、子どもたち同士の野外での活動の機会を乏しくしている。子どもたちの3つの間（仲間、空間、時間）が失われたと心配されているゆえんである。（p.497「38. 21世紀における子どもの心身の健康」の項参照）

こうした事情を考えた上で、母子保健や子ども家庭福祉の専門家、担当者は地域の中での子育て支援をすすめる必要がある。

3. 少子化をめぐる経済的側面

前項で述べたような育児をめぐる環境や考え方の変化に伴って、わが国では平成に入った1989年に合計特殊出生率が、過去最低のひのえうまの年（1966年）を下回って1.56にまで下がったことと、人口構成の高齢化が急速に進むことから、少子化対策が大きく要望されるようになってきた。わが国の国土の狭さからいえば、人口の減少はさほど困らないにしても、高齢化と少子化が同時に進行すれば、わが国の社会を担う労働人口の相対的減少が国の将来にとって重大な問題になるからである。

少子化の要因が女性の高学歴化、有識者の増加にあることから、国の少子化対策は女性の仕事と育児の両立の支援に重点が置かれ、育児休業制度や保育の充実に努めるエンゼルプランが進められてきたが、その後も出生率の低下は続き、2003年の合計特殊出生率1.29にまでなって少子化に歯止めがかかっていない。

経済学を背景にした人口学者は、育児には古来3つのメリットがあったと述べている。第1は、昔の農業中心社会では子どもも労働力であり、子ども数の多いことは一家の繁栄に繋がっていたこと、第2は親が老後の面倒を子どもにみてもらう期待をもっていたこと、第3に子どもがいると楽しいこと、であったという。しかし現代では、子どもに労働はさせられないし、老後の面倒の期待もしにくい。かろうじて子どもが家族団らんの中心という状況が残っているだけで、これがなくなれば家族そのものの崩壊を意味しよう。

少子化の要因の大きな要因の1つとして、育児は経済的に負担が大きい、という調査結果も報告されている。しかし老後の生活のための年金や福祉制度を支えてくれるのは、これから成人して働いてくれる子どもなのだから、いろいろな負担を負って子育てをした人と、自分のためだけに収入を消費した人とが同じ年金ではおかしいという議論もある。こうした不平等感をなくすためには、現行の扶養家族控除などのような目立たない、しかも少額の育児支援制度でなく、はっきり目に見える経済的支援方策が必要であり、国として思い切った育児支援施策が必要との意見もある。

少子化と育児支援については、次章（少子化社会の中の育児）で述べられるが、育児が国の存亡に関わる社会的、経済的問題と直結していることも認識する必要がある。

〔平山宗宏〕

わが国の育児の歴史

history of child rearing in Japan

　女性の多くが子どもを産み，育てそしてその子が大きくなり，次の世代をつくることは古今東西繰り返し営まれて現在に至っている．ここではわが国の育児の近代までを考察し，現在と未来の育児の参考になることを期待している．

1. 原始社会

　縄文・弥生時代のころは，子どもは家族・集落のなかで育ち年齢相応の社会的活動をしていた．すなわち，父親・母親の仕事を見ながら，次第に仕事を覚え，かつ手伝っていたと思われる．社会構成の半分は18歳以下の子どもで占められ多くの成人は30歳代で死亡した．死亡の多くは感染症である．また栄養状態も満足ではなく食料が欠乏すると餓死あるいは感染症から回復できずに死亡したものと思われる．自然環境が厳しく，現在の子どもとは違い，小さい頃はどんぐり，貝集めなどを手伝い，さらに年長になると狩魚を学び，7～10歳になると狩猟を覚えた．この頃の子どもは自然のなかでの作業が，即，遊び的要素を伴っていたものと思われる．親子の絆は強く，子どもの病気には強く心を痛め，死亡した場合は甕棺に入れ，祭祀を行って弔った．

　この頃の状況は，遺跡，遺物などから推定されることが多いが，その中でも妊娠分娩にまつわることが多い．妊娠分娩はそれほど神秘性と危険性を含んだ重要なことであった．わが国の古代の育児をうかがわせる遺物として縄文時代の遺跡から多く出土する素焼きの土製人形がある．たとえば青森県の遺跡から母親をかたどった土偶，乳幼児の手形・足形の土製品が発掘された．女性のシンボルを大きく表現したものもある．

　縄文時代の食べ物は狩魚・狩猟で得たもの，山菜や住居近くに植えた豆・ウリなどとともに，秋に集めたドングリ，クリを拾い粉にして主食とした．自然環境が厳しく沢山取れたときは乾燥させて貯蔵した．母乳哺乳期間は長く，離乳食という考えはないと思われるが，比較的やわらかいもの，水分が多いものを乳幼児に与えたであろうと考えられる．これはすり石，たたき石などが発掘されたことから，クッキーやパン状のものがつくられていたものと推定されるためである．当時から煮炊きは行われ，栄養的には現在の食事からみても健康食と評価されている．弥生時代になると穀類を栽培するようになり，より穀物を主とする生活になるが，栄養のバランスは乏しくなった．このころ編み物の技術は存在し，かご・布が編まれており，衣服を使用した．住居は核家族から親族を含めた複合家族の竪穴住居が主であった．

2. 古代社会

　弥生時代の農耕社会に続き，次第に余剰生産物ができ国家が形成された．すなわち支配階級と非支配階級の形成の原型である．

　古代社会の育児を考える上でよりどころになるのは，8世紀初めの『古事記』と『万葉集』，9世紀はじめの『日本霊異記』である．

　古事記のなかでは神と御子，種々の親子・兄弟の葛藤，病気，擬人化した動物との対話・戦いなどの神話が語られている．御子が諸国を歩き回り苦難の体験をするのは成人になるための通過の儀式ともいわれている．その後に生まれた貴族文化ではさらに，子どもの成長を祝うために，産育の儀礼（懐妊時，出産時，100日目など）を

通過儀礼として行った．当時は支配階級でも乳幼児の死亡率が高かったためいっそう通過儀礼を盛大にしたと思われる．このしきたりは鎌倉時代になると武士社会に受け継がれ，やがて庶民の世界にも広がった．現在でも残っているしきたりがある．支配階級の子どもは漢字・平がなを学び，子守歌，囃子（はやし）歌の原型にみられる象徴的遊び（舞い舞い歌，蹴鞠，貝合わせ）に親しんだ．しかし，庶民の子は，裸足で，髪はぼさぼさ（サンバラ髪），裸のことが多かった．また，障害者は葬られ，病者は放っておかれた．

古墳の外部に並べられた素焼きの土製品の埴輪には人物像がある．乳をのませる母親や児を背負った母親などである．出産はこの当時も一大出来事で，母体の死亡も多かった．

3. 中世（前期封建）社会

律令制度が行きづまり，貴族による私的領主制の「荘園」を守るために武士の雇用をしたことから次第に武士集団の権力が増し，武家制度による中世となった．武士階級も，律令制度の時代と同様に政治・経済をよく知ることが必要で，子どもを仏教寺院に預けたり，習いに行かせた．鎌倉時代には足利氏による足利学校が生まれた．また武士としての体力つくりも必要であった．

一方，武士同士の抗争から，民衆の生活は厳しさを増すようになった．乱世の時代である．支配階級以外のこどもは裸足や裸であったり，質素な着物を着ていることを絵画に見ることができる．寛正の大飢饉（1461年）も加わり，屍骸が京中に散乱した．子どもの遺棄も広がった．戦乱のなか，農民が団結し「惣」と呼ばれる寄り合いで全体参加型の組織がつくられた．このなかで子どもは集団で世話をされることもあった．このころ農業以外に，職人化（鍛冶，大工，桶屋，紺屋など）が進んできた．子どもは「童（わらわ）」として手伝い，見習いをした．

4. 近世（後期封建）社会

戦乱に明け暮れた中世は，徳川将軍による幕藩制度によって落ちつきを取り戻した．士農工商の身分制度がはっきりしていた．武士は制度を保つため，政治・経済を営む能力をもつ必要があり子どもへの教育として私塾，家塾，藩校が盛んになった．家督を守るため必ずしも長男が後を継ぐとは限らなかった．商工の子どもも文字，計算を習うため寺子屋へ通った．また商工の子女においても三味線，琴などの芸事を学び武家屋敷へ奉公あるいは取り上げてもらうことを期待した．

江戸末期になると当時の日本男児の40％以上，女児の20％以上が寺子屋で教育を受けていたという．どの階層にも「子ども組」があり，仲間意識が築かれた．時には異なった仲間同士で喧嘩などがあった．

庶民の生活もほぼ安定していた．しかし農民にとって年貢は必ずしも楽ではなかった．とくに飢饉の時，働き手が病気になった時は悲惨であった．このころの子どもを襲った恐ろしい病気は麻疹と痘瘡で死亡者が多発した．この当時は生んだすべての子どもを育てるほどの食糧・育児環境はなく，授産制限の知識もないために人身売買，堕胎，間引きと棄て子がみられた．

幕藩体制のなかで伝統的な民衆の共同体が復活し，共同で働き，冠婚葬祭をし，土木工事をした．子どもも家族，親族とともに共同体でも面倒をみた．しかし掟は守らなければならない．衛生環境を守るため，上水の確保，下水の整備がなされ，衛生状態は良かった．

貝原益軒は『家訓』『和俗童子訓』を著し，儒教の教えに基づいた教育論を唱えた．今でも残る言葉として「胎教」「三歳児の魂百まで」などがある．貝原益軒に学んだ香月牛山は医者であり『小児必用養育

草』を著した．この本はわが国で初めての体系的な育児書である．離乳についても記載がある．国内広く貝原益軒，香月牛山の考えは広まっていたようである．

5. 近代社会

1868年の明治維新による「王政復古」により中央集権的制度が確立された．衣食住，思想において西洋の流れがわが国に入ってきた．政治上の政権が将軍から天皇に変わると社会生産の基盤が農業から工業に変わった．また武士と農民の階級から，資本家と労働者の階級へと変化した．農村においては地主と小作人に分かれ，小作人は相変わらず貧しい生活を過ごした．また徴兵義務制度がしかれた．国民の健康保持も労働力の確保，兵隊の確保の視点から考えられることも多かった．子どもも"若手労働者""若年兵士"としての役割をもっていた．女性においては女子年少労働者として紡績などの作業をした．

明治4年に文部省が創設され，明治5年学制が制定され教育がすべての子どもに義務としてなされた．大学校，中学校，小学校が設けられた．近代社会の基盤を築くことに教育は重要であった．しかし急速な産業革命により義務教育は完全には行われず，労働者として安易な働き手にされた．しかし，まれに貧困層から立身出世し成功した例もある．近代化とともに子どもの数が急激に増えた．富国強兵政策で間引き（えいじ殺し）は禁止され，産めよ育てよと多産が奨励されたことによる．一部の立身出世をした下層階級を除くと，多くの下層階級は生活は貧しく子どもを奉公に出したり，工場などに送り安い賃金で働かせた．

子どもの生活のなかでスポーツ，音楽，玩具など情緒面での活動が広がった．これらは西洋の近代と似ている．同時に西洋の育児法がわが国に導入された．

徳川時代の中期に前野良沢，杉田玄白の『解体新書』で始まった西洋医学は近代の医学の夜明けであり，明治期以降は小児の病気・治療も西洋式で進んで行った．種痘の開始，育児法の改良などがなされた．しかしながら子どもの健康・栄養状態はすでに述べたように悪く，乳幼児の死亡率も現在の開発途上国なみであった．富国のために産めよ育てよといった政策は現実的には貧乏人の子沢山であった．しかしながら対照的に，米国のサンガーから始まった産児制限，産児調節がわが国にも導入された．また荻野式の避妊法も発表された．

明治時代の中央政権は富国強兵をすすめ，産業革命を遂行するに急ぐあまり，国民の健康・救済の方は進まなかった．江戸時代の村落共同体は崩壊の危機となり，不健康な労働者，スラム化が進んだ．健全な子どもの発育を願い，昭和9年に恩賜財団母子愛育会が設立され，愛育班活動が始まった．昭和15年には国民体力法に基づき保健所における妊産婦と乳幼児の保健指導が実施され，同時に母子保護法がつくられた．昭和17年には妊産婦手帳制度が成立し，母子の健康に対して国家的な政策が行われ始めた．

6. 現代社会

（他章を参照されたい）

おわりに

子どもは老人とともに社会のなかでは，生活能力の面で弱い存在である．子どもの健康を保つとともに，健康状態とはかけ離れている子どもの保護さらに彼らを健康状態にもっていくという考えはなかなか育たなかった．食糧など生活の面で社会全体が苦しくなると弱者である子どもは見捨てられることがあったが，宗教および社会論が確立されると次第に子どもの健康，福祉に関しても改善されるようになった．WHO，ユニセフなどの国際機関は世界規模での子どもの健康維持に努力をしている．子ども

は未来であり，次世代を担う子どもの健康は重要である． 〔牛島廣治〕

文献

1) 森山茂樹・中江和恵：日本の子ども史，平凡社，2002．
2) 上笙一郎：子育て〈今とむかし〉こころと知恵，赤ちゃんとママ社，2000．
3) 上笙一郎：日本子育て物語．育児の世界史，筑摩書房，1991．
4) 氏家幹人： 江戸の少年，平凡社，1994．
5) 牛島廣治編：小児保健福祉学，新興出版社，2001．
6) 野本三吉：社会福祉事業の歴史，明石書店，1998．

保育の語源，育児の歴史の方法論，母子の福祉

育児の語源

育児の語源を探ると，"育つ"は"そ""立つ"から来ている．"そ"は"背"のことで"背く"，"背そりたつ"などにも使われている．したがって"背立つ（育つ）"であり，"背が高くなる"の意味がある．

また"育てる"は育む（はぐくむ）"ことであり"羽ぐくむ"すなわち"羽包（くくむ）"に通じる．親鳥がその羽で雛をおおい包むことからきたものと思われる．また漢字では"育"は子どもが頭から生まれてくる（"子"の字を逆さまにみるとよい）と体を示す肉月が会意したもので，"子どもが生まれる"の意味がある．児は兒であるが"儿"すなわち"人"の上に，まだ頭骸骨が固まっていない頭が乗っており，幼い子を意味する．

育児の歴史の方法論

育児の歴史を調べるための方法として社会学的統計や記録，伝記・小説，過去の新聞・雑誌の記事，民俗学的資料・報告書，親や子ども及び関係者の書いた日記・作文などの利用がある．さらに国内外を比較することや，現在のさまざまな開発途上国および先進国に原始時代・古代・封建時代・近代・現在を投影してみることが試みられる．また，サルなどの動物の育児行動とヒトの行動との比較が試みられる．

わが国の母子の福祉（救済）について
―その1：古代から封建時代まで

福祉政策・思想はその時代の政策者側から生まれる場合と，民衆の中の見識者から生まれる場合とがある．現在にも通じるところである．福祉に関する原点は仏教を政治の基調とした聖徳太子（574～622）の救済思想に始まる．591年四天王寺に四箇院（施薬院，療病院，悲田院，敬田院）をつくった．また「賑給（じんごう）制度」として，天皇の即位や立太子，出産のおめでたい場合や天皇，皇族の罹病時にその平癒を祈る場合に，民の救済制度すなわち税の軽減や疫病に対する救済制度が図られた．そのころ律令制度のもとで貧困により絶望的な民衆に対し民間とくに仏教徒からの救済活動，村落共同体全体での救済活動があった．行基，和気広虫の慈善運動の思想は，徹底した民衆のニーズに応じた活動により，その課題の解決をめざし，しかも民衆みずからの力で行うことにあった．戦乱の武家時代となると親鸞，叡尊，忍性らの仏教思想に基づく救済活動があったが，それを上回る貧困，病気がみられた．政治が安定した後期封建社会では，山鹿素行の救済三段階論により，生活ができない者に対し一時の貸し付けを行う，場合によっては支給する，無職の者に仕事を斡旋する，病人には薬などを与えるなどをした．「小石川養生所」が小石川薬園のなかにつくられた．キリスト教による山口，大分での孤児救済は鎖国とともに消滅して行った．近世後期に登場した三浦梅園，大原幽学，二宮尊徳，佐藤信淵らの思想家の救済活動は，

農村の生産基盤を確立し，村共同体として豊かになることを目的とした．そのなかで子どもも村全体として救済し高めていくこととした．

わが国の母子の福祉（救済）について—その2：近代

明治以降から第二次大戦終了まで，産業革命，富国政策が優先されたがいくつかの政策が社会の希望と西洋での近代的福祉思想とその実施により生まれた．明治4年（1871年）に「棄児養育米給与方」が制定された．棄児を養育する者にその子が15歳に達するまでの間，年に米7斗を支給した．明治6年（1873年）の「三子出産の貧困者への養育料給与方」は，三つ子を生んだ貧窮者に一時金5円を支給した．さらに明治7年（1874年）には総合的な公的救済制度として「恤救（じゅうきゅう）規則」が施行された．生活困窮者や病弱障害者に対し米の支給をするもので，子どもにも適用された．この制度は，昭和7年の救護法まで続いた．その制度の適応は厳格であり，大きな救済制度とはなりえなかった．

自由民権運動とルソーの社会論から貧困者は社会からの改革が必要であると中江兆民，植木枝盛などは説いたが大きな流れにはならなかった．そのなかで長崎の村上村にはキリスト教の思想に基づく救助院（村上養育院）があった．その後，救済を目的に個人の段階で施設をつくる動きが見られた（東京府養育院，福田会育児院，岡山孤児院，東京育成園，二葉幼稚園，滝乃川学園，家庭学園など）．大正時代には，貧困労働者の生活向上を願うデモクラシー運動がさかんとなった．社会主義運動，セツルメント活動が拡大していった．岡山の済世顧問制度，大阪の方面委員制度がつくられこの制度は全国に広がっていった．公的救済制度の確立をめざした自治体・民間の努力は昭和7年救護法の成立を成し遂げた．しかしこの救護法は，対象者である貧困者みずからが努力して得たものではなく方面委員の努力であったこと，恩恵的・慈悲的な枠を越えられなかったこと，方面委員が国の社会事業に組み入れられてしまったことで実質的には限界があった．第二次大戦後はここでは触れない．

世界の育児の歴史

history of child rearing in the world

子どもの保健の世界史は日本史と共通する部分も多い．また西洋での歴史は必ずしも東洋で見られるとは限らない．しかし，ここでは西洋，米国での育児の歴史を述べ，東洋については全体の中に組み入れた．

1. 原始社会

原始社会では衣食住の供給は不安定で，蓄えの欠乏は死を意味するものであった．農耕が始まり定住までは狩猟を中心に食料を求めて移動する生活であり，その中で移動に適さない弱者はおのずと見捨てられていた．人口の約半分が，暦年齢からすると子どもであったと考えられる．子どもは，生後可能な限り早い時期から成人と同じ生活者として生産に従事していた．みずからの生活を守るための活動が余儀なくさせられていた（日本史も参考）．原始社会における人口の増加はきわめて少なかった．社会の生産力を上回って子どもが増えることで，原始共同体の保持が困難な場合には，破棄すなわち子殺しがなされていた．子どもの死亡率は多産の割に非常に高かった．

2. 古代社会

農耕社会において生産力が高まってくると，子殺しよりも捨て子が増えてきた．捨て子してもおそらくは，社会的に養育が可能となってきたためである．また宗教は救いの観念であるから，子殺しは宗教とあいまって少なくなった．しかし多数を占めていた下層民の子どもはしょせん下層民として扱われ，またその下にいる奴隷の子どもは奴隷すなわち「物言う家畜」として扱われた．その一方，支配層の子どもへの教育は，家族・氏族を保持するために厳しくなされていた．とくにギリシャ時代の教育は過酷なくらいであったという．

一方，障害をもって生まれてきた子どもたちは，その教育に耐えられないとみなされ，たとえ王族の子どもであっても，殺されることが当然とされ，また義務とさえ考えられていた．しかし，古代も次第に末期に近づくと宗教の力が強くなり，そのもとでいわゆる慈善政策や慈善活動が生まれてくると，捨（棄）て子，孤児，病児などの救済がなされるようになった．

たとえば，ヨーロッパにおいては，キリスト教がローマの国教となって以来，とくに315年，貧児への衣食住の供与，また捨て子の禁止命令が出されている．その他，国王自身に意思があれば，同様な命令が出された記録が残っている．

3. 中世社会

中世いわゆる封建社会では荘園を中心とした自給自足経済が発展し，そのなかで領主および領主の家来と農奴の主従関係が展開された．その封建的農奴社会で経済が発展し，商人や手工業者も次第に増えた．農奴の孤児の場合は，荘園のなかで相互扶助的な養育がなされた．すなわち子どものない農奴あるいは空いている農奴の小屋などで養育され，共同体内の労働力として早くから働かされた．また，障害児，孤児，病児などは，修道院や教会などの救済院で働かされた．商業・工業の大きな中心地は都市の機能をもった．都市の手工業者・商人の子どもは，5，6歳になると徒弟となり，厳しい訓練を受け，できるだけ早く一人前の仕事ができるようにさせられた．支配層つまり領主およびその家来である武士階級の子どもは，世襲によって家業をつぐための厳しい教育がなされた．乳母は古代から存在したが，中世では貴族においては母親

の母乳がでるにもかかわらず美容のためや夫の望みなどから乳母に育ててもらうことが多かった．14世紀にはペストが流行し黒死病として人口の1/3位が死亡した．

4. 近世社会

宗教の影響もあって子どもの数が多くなり，産児制限のために種々の避妊法が行われた．医学，とくに解剖学が始まり，体のしくみや妊娠・出産のしくみも漠然とわかってきた．しかしながらそれでも子どもの数が増え，捨て子，貰い子も増えてくる．乳幼児の死亡率および妊産婦の死亡も依然として高く，近代においても続いた．多くは感染症に対する知識，予防がなかったためである．

封建制社会が次第に崩壊し近代資本主義社会が確立する時期になってくると，各国にそれぞれいわゆる救貧法が成立していく．1601年のイギリスの救貧法では，親が扶養できない貧しい家庭の子どもたちを教区で管理し，労働力として徒弟に出すことが立法化された．1773年のワークハウス・テスト法では貧困児童は，公立マニュファクチュアのかたちをとって生まれたワークハウスで働かされた．煙突小僧と呼ばれた煙突掃除の子どもたちが生まれたのもこの時代である．

5. 近代社会

産業革命期に入ると，イギリスでは改正救貧法（1834年）のもとで，救済を受ける子どもたちはすべて牢獄にひとしい救貧院に収容された．また労働者階級の子どもたちは，幼いころから貧しい家計を助けるために働かされた．機械工場では，不熟練者がふえ，むしろ従順な女性および子どもを低賃金で雇用した．長時間重労働を課せられた女性は家族の世話ができず，乳幼児の死亡率は高く，子どもの事故死も急増するという事態となった．19世紀になると女子労働者の子どものための託児所，保育所が設けられた．生活環境の不備で町は汚れ，伝染病が流行した．ジェンナーによる種痘，パスツールによる無菌法の開発は現代医学の基礎として保健に貢献した．医学を教える大学ができ，産科学，小児科学，育児学が臨床または研究として盛んになった．また19世紀後半には衣服においては，木綿の普及により生活が一部では豊かになった．

一方，労働運動が次第に燃え上がり，労働者の権利を求めた工場立法が制定された．そこには，工場で労働に従事する児童に対し，教育を与えるべきという教育条項も含まれている．しかし，それは，今日いわれている子どもの権利に基づいたというよりは，未来の労働力の摩滅の防備策としての性格が強かった．

しかし，労働者階級の運動のかげには，先駆的な人々によって"児童期"の特徴の科学的研究や子どもの権利への認識，教育観の形成が次第になされた．ルソー，オーエン，コンドルセ，フローベル，ペスタロッチなどの思想家，実践家が生まれた．

市民革命によって子どもとともに，女性の地位の向上が叫ばれるようになった．20世紀になると母性保護法が制度化された．哺乳瓶，ミルクの開発は育児をより容易にした．

6. 現代社会

資本主義が高度化し，また矛盾が生まれてくる中で，貧困が生み出した乳幼児死亡率の増大，栄養障害による児童の体位や能力の低下などの諸現象が現れ，科学的に探求されるようになった．さらに出生率や乳幼児の死亡率が逆に社会にいかに影響をもたらすかが認識される．その結果，子どもの状況の改善や緩和を求める活動が，教育活動やセツルメント活動あるいは社会改良運動として生じてきた．さらに，子どもには子どもの時代があり，その子ども時代を十分に大人が認識・尊重し，子ども自らの

自発性を刺激していくことによって，その発達をはかることが重要であるとの考え方が，次第に確立・拡大してきた．小児医学，児童心理学などの研究の進展によって裏づけられた．エレン・ケイは「20世紀は児童の世紀である」と述べた．

当時の東南アジアやアフリカでは植民地支配がなされ，本国の利益を優先した教育が行われた．子どもはより安い労働力として働いた．

以上のような動向のなかで，民衆からの批判も生まれ，労働階級総体の強力化とともに，とくに第二次大戦後は，子どもの権利が社会的に確認された．

こどもの権利の基盤として社会的に注目されているのは，1920年代に先駆的にあらわれたアメリカのホワイトハウスにおける児童宣言，第一次大戦後，1924年国際連盟による『児童の権利憲章』，1953年の国連による『子どもの権利宣言』などの制定である．また執行機関として1946年，国際連合児童基金（ユニセフ）が，第二次世界大戦で荒廃した国々の健康を守るためにつくられた．

第二次大戦後，世界的に子どもの数が増加した．いわゆるベビーブームである．女性の社会進出が進むと次第に結婚・妊娠が高齢化し，少子化が先進国を中心に進んできた．子どもを守る権利，条約が世界的に認められている．しかしながら開発途上国では依然として人口が多く，また富の不平等，貧困から抜け出せないでいる．アフリカではエイズの爆発的な流行で国の存亡の危機に瀕しているところがある．

〔牛島廣治〕

文　献

1) 牛島廣治編：小児保健福祉学，新興出版社，2001.
2) 一番ヶ瀬康子：児童の福祉，放送大学教材，1993.
3) 郡司篤晃：国際保健，日本評論社，1995.
4) 小早川隆敏：国際保健医療協力入門，国際協力出版社．

子どもに関する思想と権利

子どもに関する西洋の思想

市民革命時代の庶民の子どものおかれている立場をみて，子どものあるべき姿に関する思想が生まれてきた．フランス革命時のルソーの『契約論』のなかには，「子どもたちは人間としてまた自由なものとして生まれる．彼ら以外の何人もそれを勝手に扱う権利はもたない」と述べている．その思想により，フランス革命あるいはアメリカの独立革命などにおいて，国民教育制度に関する案などが打ち出されていた．しかし，この時期には，いまだそれが実らないまま，空文化していた．

一方，労働者の子どもは生来怠惰であり無能力であるという当時の考え方に対し，オーエンは，それは労働者の子どもが生まれた時からおかれてきた環境のゆえであるとした．彼は，1816年性格形成学院を設立し，さらに児童保護立法推進運動を起こすなどの先駆的な働きをしている．その他，国民教育の必要を説いたコンドルセをはじめとして，フローベル，ペスタロッチなどの実践から生まれた教育思想の進展も大きな影響を与えた．

児童（子ども）の権利条約

子どものおかれた歴史的な状況に対して，先駆的な人々によって次第に確認されてきた子どもの権利は，現代とくに1990年前後において，より高度に結晶化がなされた．1989年11月，児童（子ども）の権

利条約が国連で制定されたことは，画期的なことである．この条約は，いち早く多くの国々で批准された．まず，基本的な意義は，今までの国際連盟，国際連合における子どもの権利に対する努力は，それぞれ"宣言"にとどまっていた．それに対し，今回の"児童（子ども）の権利条約"はまさに条約であり，それだけに各国で批准をすると国内法に対し，一定の拘束力をもっている．しかしながら依然として，十分に子どもの権利が守られているかは疑問なところがあり，まだ解決しなければならないことがある．

2. 少子化社会の中の育児

少子化の経過と要因

process and cause of decreased fertillity

1. 少子化の経過

少子化とは，人口増減の目安となる合計特殊出生率（total fertility rate；1人の女性が一生のあいだに何人の子どもを産むかを表す指標）が2.08（置換水準）以下になり，それが継続することをいう．

戦後わが国の合計特殊出生率（以下，出生率という）の推移をみると，図2.1に示すように1974年以降一貫して減少しつつある．迷信が残っていたとされた1966年の丙午（ひのえうま）の出生率は1.58であったが，翌年には2.23までに回復したものの，第二次ベビーブーム期でも2.16（1971年）が最高であった．とくに1985年

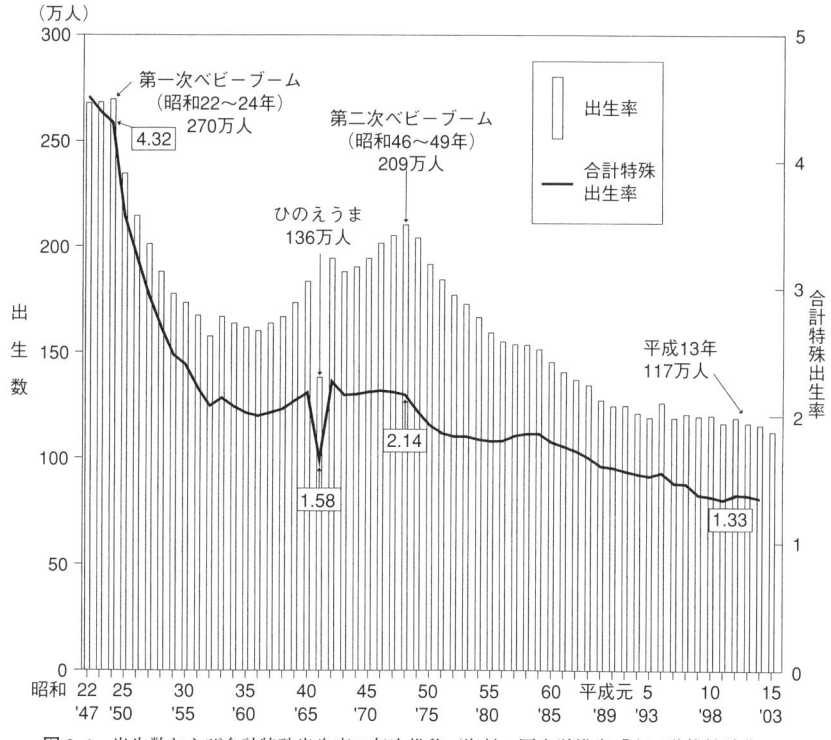

図2.1 出生数および合計特殊出生率の年次推移（資料：厚生労働省「人口動態統計」）

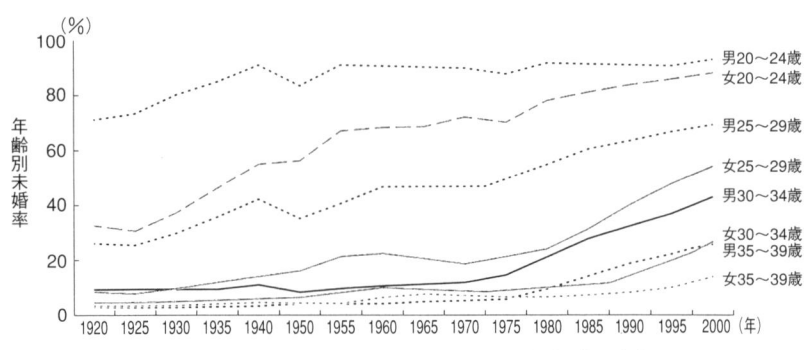

図 2.2 年齢階層別未婚率の推移（資料：総務省「国勢調査」）

以降の減少がいちじるしく，1989年には1.57ショックといわれるほど低下し，出生率低下が問題視されるようになった．

2002年には1.32（出生数115万人）まで低下し，2004年には1.29と過去最低を記録すると推計されている．

2. 少子化の要因

平成9年の厚生省人口問題審議会「少子化に関する基本的な考え方について」の報告によると，少子化の要因の1つとして晩婚化の進行による未婚率の上昇をあげている．

1960年代から70年代半ばまでの平均初婚年齢は，女性24歳前後，男性27歳前後で安定していたが，70年代半ばから上昇し，2000年には女性27.0歳，男性28.8歳と伸び，晩婚化が顕著に進んでいる．晩婚化の上昇は晩産化を意味し，結果として生涯出生数の低下をまねくことになる．

未婚化は図2.2にみるように，女子の25歳から29歳までの年齢層の上昇率が高く，2000年で5割を超えた．

3. 少子化の背景

少子化の背景には，さまざまな指摘がある．結婚観の変化に影響を与えたものとして，オイルショック（1973年）以後の産業構造の変化に伴う女性就労数の増加がある．就労女性の出生率（0.60）は，未就労女性（2.96）と比べて顕著に低く，就労女性の出生率が高い欧米先進工業国とは異なっている．さらに女子進学率の上昇に伴い，高学歴の女性ほど初婚年齢が遅く，晩婚・未婚化の割合が高くなっている．このことは，夫は仕事，妻は家事・育児という性別役割分担が次第に薄れ，経済保障的な結婚の意義が変化しつつあるともいわれている．

その他，親と同居する未婚女性の増加，育児負担感，子育てコストの増加，住宅事情などが少子化要因の背景としてあげられている．

〔小山　修〕

文　献

1) 平山宗宏編著：少子社会と自治体．新たな子育て支援システムの模索と構築，日本加除出版，2002．
2) 厚生労働省：少子化対策基本方針と新エンゼルプラン，厚生労働省雇用均等・児童家庭局，2003．
3) （財）母子衛生研究会編：わが国母子保健　平成15年．母子保健事業団，2003．

子育てと仕事の両立

compatibility of child care and job

1. 性別役割分担意識と雇用慣行

わが国では，男は仕事，女は家事といった伝統的な性別役割分担意識や男性中心の雇用慣行があったため，子育ては暗黙のうちに女性の役割とされてきた．これは，女性は経済的に男性への依存度が高かったためであるが，オイルショック（1973年）以降の産業構造の変化と女子進学率の上昇（1970年大学進学率27.3％から2002年47.0％）とあいまって女性の労働力率が高くなり，雇用者全体に占める女性の割合は40.4％と，増加しつつある（総務省：労働力調査，2002）．

わが国は欧米先進国の女性労働力率と比べると，子育て期である20代後半から30代前半の女性労働力が落ち込む，いわゆるM字形就労カーブになっているのが特色である（図2.3）．この理由の1つには，子育て中の女性雇用はコストがかかる割には戦力として期待できず，職場にとって利益が少ないという，職場の雇用慣行や性別役割分担意識が根強くあるからといわれている．

わが国と同様に出生率が低いドイツ，スペイン，イタリアなどの国々では女性労働力率も低く，逆に出生率の高い国は女性労働力率も高く（阿藤，1996）[1]，女性の労働力率をあげる施策，すなわち子育てと仕事の両立支援は重要な少子化対策となっている．

2. 子育てと仕事の両立支援

子育てと仕事の両立支援には，①子育てをしながら働く人への支援と，②子育てに専念した後，再就職する人への支援との2つの側面がある（武石，2002）[2]．

子育てをしながら働く人達は，仕事と育児が両立できる雇用環境や利用しやすい保育などに対するニーズが高い．このため，国は育児休業法（1992年）や労働基準法の改正（1995年）のほか，保育所の増設や延長保育などを含む「新エンゼルプラ

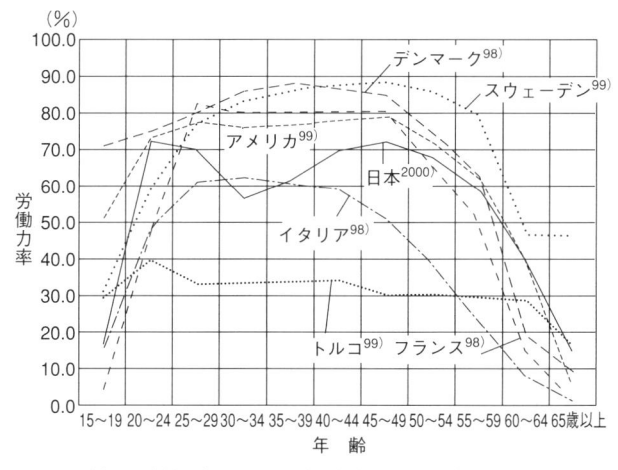

図2.3 諸外国の女性の年齢階級別労働力率（平成12年）（国立社会保障・人口問題研究所：人口統計資料集，2001，2002）

表 2.1 新エンゼルプランの目標値

	平成 11 年度	目標値	
低年齢児受入れの拡大	58 万人	平成 16 年度	68 万人
延長保育の推進	7,000 カ所	平成 16 年度	10,000 カ所
休日保育の推進	100 カ所	平成 16 年度	300 カ所
乳幼児健康支援一時預かりの推進	450 カ所	平成 16 年度	500 市町村
多機能保育所などの整備	365 カ所 (5 年間の累計で 1,600 カ所)	平成 16 年度までに	2,000 カ所
地域子育て支援センターの整備	1,500 カ所	平成 16 年度	3,000 カ所
一時保育の推進	1,500 カ所	平成 16 年度	3,000 カ所
ファミリー・サポート・センターの整備	62 カ所	平成 16 年度	180 カ所
放課後児童クラブの推進	9,000 カ所	平成 16 年度	11,500 カ所
フレーフレー・テレフォン事業の整備	35 都道府県	平成 16 年度	47 都道府県
再就職希望登録者支援事業の整備	22 都道府県	平成 16 年度	47 都道府県
周産期医療ネットワークの整備	10 都道府県	平成 16 年度	47 都道府県
小児救急医療支援事業の推進	118 地区	平成 13 年度	360 地区 (2 次医療圏)
不妊専門相談センターの整備	24 カ所	平成 16 年度	47 カ所
子どもセンターの全国展開	365 カ所		1,000 カ所程度
子ども放送局の推進	約 1,300 カ所		5,000 カ所程度
子ども 24 時間電話相談の推進	16 府県		47 都道府県
家庭教育 24 時間電話相談の推進	16 府県		47 都道府県
総合学科の設置促進	124 校	当面	500 校程度
中高一貫教育の設置促進	4 校	当面	500 校程度
「心の教室」カウンセリング・ルームの整備		平成 12 年度までに 5,234 校を目途	

ン」(2000 年)を策定して,その推進をはかっている(表 2.1).しかし,育児休業取得の事業所格差や男性の取得率の低さ,通勤圏に見合った保育所の適正配置など,今後是正すべき課題も多い.

2つ目の子育てを終えた女性への再就職支援は,キャリアアップのための各種セミナーや相談,情報提供事業などさまざまなサービスが提供されている.しかし,現実は能力,経験などに関係なくパートタイマーなど非正規就労が多く,とくに高学歴の女性の再就職は,それまでの経験や能力を生かせる正規就労を望んでも雇用先がないというミスマッチが起き,再就職環境は厳しい状況下にある.

こうしたなか,政府は少子化社会対策基本法(2003 年),次世代育成支援対策推進法(2003 年)などの法整備を行うとともに,2004 年 6 月に閣議決定された少子化社会対策大綱をもとに,新エンゼルプランにつづく「子ども子育て応援プラン」(2004 年)を策定し,平成 21 年までに講ずる施策とその目標を定めて,いっそうの推進を図ろうとしている.

3. 男女共同参画社会

子育てと仕事の両立支援は,女性対象のみではなく,男性も含まれた家族支援でもある.これまでのわが国は,男性中心社会であった.たとえば,育児休暇取得の男女比は女性 97.6% に対し,男性は 2.4% である(厚生労働省,女性雇用管理調査,1999).また,先進諸国の男性の家事時間割合が 30〜45% であるのに対し,日本は 5% 余りと 12 カ国中最低である(阿藤,1996).男性や雇用者,そして社会全体の認識の転換が必要であり,その究極は,男女共同参画社会の実現である.

〔小山 修〕

文　献

1) 阿藤　誠編：先進国の人口問題，東京大学出版会，1996．
2) 武石恵美子：保育サービスと社会的支援．少子社会と自治体—新たな子育て支援システムの模索と構築（平山宗宏編），pp. 91–107，日本加除出版，2002．
3) 鈴木りえこ：超少子化—危機に立つ日本社会，集英社，2000．
4) 次世代育成支援対策研究会監修：次世代育成支援対策推進法の解説，社会保険研究所，2003．

政府・自治体の少子化対策

countermesures to the falling birth rate by central and local government

1. 少子化対策の意味

「少子化対策」という用語は，出生率の低下による人口構造の変化に対応することを主目的として，児童家庭福祉行政分野を中心に使用されているものである．現在では，「子育て支援対策」，「子育て支援施策」といいかえられているものを含めて考えられている．実際には，合計特殊出生率（1人の女性が一生涯かけて産む子どもの数の平均）が人口置換水準である2.08を切った時点で，少子化が始まっていると解釈できるが，わが国でこのことが社会問題として取り上げられ，「少子化対策」として行政予算が確保されたのは，合計特殊出生率が1.57となった時点であった．戦時中の「産めよ，増やせよ」政策に対する批判もあり，出生率そのものを向上させることを目的とした名称を用いることが避けられ，子どもの健全育成や家庭支援を含む「子育て支援」という言葉が頻繁に用いられるようになった．また，日本には諸外国において見られる社会政策の1つの家族政策という領域分類が存在しないこともあり，「子育て支援」として家庭への社会的援助も含められていると考えられる．

2. 少子化対策の背景

先に述べたように，政府が本腰を入れ始めたのは，合計特殊出生率が1.58を切った1990年以降のことである．合計特殊出生率は，戦後から現在まで，全体的になだらかに低下しているものの，途中2度のベビーブームを経て，おおむね2人を維持していた．しかし，1970年後半以降，低下傾向は留まることなく，ついに1989年（平成元年）の数値が1.57となった．これは，戦後最も数値が低かった1966年（昭和41）のひのえうま時の1.58を下回るものとして問題視された．それまでは，「子どもを産み育てること」は，公的支援サービスの対象として認知されていなかった．しかし，人口構造の急激な変化が労働力の減少，経済力の低下に繋がるものとして，一般家庭への「子育て」を社会が支えていく必要性が広く訴えられていくことになった．家庭を巡る質的・量的変化の顕在化によって，家庭内で解決すべきであると考えられてきた子育ての問題が表面化してきたことも，社会的支援を求める声として大きく働いた．子育て問題は，間接的ではあるが，強く出産・子育てに対する負担の相対的な増大感と結びついた．とくに「子どもを育てること」に対する経済的・身体的・心理的負担感は「リスク」として女性たちに捉えられるようになった．人生の選択において，「結婚」「出産」「子育て」という一連の過程における負担感を取り除いた新しい社会の創設が求められるのである．

3. 少子化対策の歩み
1) 前期（1990～1995）

政府は1990年（平成2年）8月に内閣官房に関係14省庁からなる「健やかに子どもを生み育てる環境づくりに関する関係省庁連絡会議」を設け，翌年1月にその報告書を出した．ここでは，出生率低下の要因を，主として20代女性の未婚率上昇，その他夫婦の出生力の低下にあるとし，その背景にある結婚，育児に対する負担感の相対的増大への対応を課題として挙げた．1993年（平成5年）には，「子供の未来21プラン」（「たくましい子供，あかるい家庭，活力とやさしさに満ちた地域社会をめざす21プラン研究会」報告書）では，子ども家庭福祉施策の骨格ともいえる4つの基本理念が示された．①児童家庭施策の普

遍化，②子育てに関する家庭と社会のパートナーシップ，③権利主体としての子どもの位置づけ，④家庭・地域社会を基盤とする多様かつ総合的な施策の推進の4つを示し，それ以降本格化していく子どもと家庭に対する支援のあり方の基本的スタンスとして受け継がれていった．1994（平成6）年12月に，「エンゼルプラン（今後の子育て支援のための施策の基本的方向について）」と呼ばれる政府の総合的な児童家庭福祉施策の指針，計画目標が示し，約10年間のわが国における子育て支援施策の基本的フレームとしてその働きを担っていくこととなった．とくに，同時期に出された「緊急保育対策等5か年事業（当面の緊急保育対策等を推進するための基本的考え方）」に基づき，保育事業を中心として10年間の達成目標を数値化した．保育事業は区市町村の事業であることから，都道府県をはじめとする地方公共団体の取り組み姿勢を促すことが必要であるという認識から，地域の実情に応じたそれぞれの地方計画を策定するため，児童育成計画（通称「地方版エンゼルプラン」）が，1995年（平成7年）6月に発表された．児童育成計画策定指針に基づき，平成7年度から都道府県，区市町村において，児童育成計画が順次策定された．地方自治体では，それぞれの事情や地域性を加味して計画を策定し，それに基づいて子育て支援サービスを実施していった．

2) 後期（1996～2002）

10年間の目標が掲げられたエンゼルプランであったが，途中の進捗状況を踏まえて見直しを行い後期の実施に入った．とくに，1997（平成9）年に児童福祉法の一部改正が実施され，保育制度が大きく転換したことから，それを加えた新しい支援方針を打ち出す必要性が強調された．そのため，政府は少子化対策推進関係閣僚会議が決定した「少子化対策推進基本方針」を出し，それを踏まえて平成11年12月19日に，翌年からの省庁再編も見越した内容とした新エンゼルプランを発表した．数値目標が掲げられた事業項目は，エンゼルプラン前期の緊急保育対策5か年事業の内容を引き継いでいるが，加えて労働省や旧文部省の関係事業を盛込み，不妊対策や母子保健関係の事業を加えた横断的な構成となっている．また，エンゼルプランにおいては保育所事業が中心であったが，新エンゼルプランでは，公的施策だけに止まらず，民間事業やNPOなど地域の活動団体による子どもの育成にかかわる事業についても整備していくことが盛り込まれた．新エンゼルプランによって，より少子化対策という目的を表面に出して，子育て支援サービスの実施に取り組む姿勢が明確になった．

その後，保育所待機児童数が多いことへの対応として，「待機児童ゼロ作戦」として，保育所事業への充実に向けて予算が組まれた．自治体によっては，民間主体による保育サービスの供給基盤が整っていたこともあり，公設民営による保育所経営や民間委託など柔軟な体制が試みられた．東京都では独自の「認証保育制度」を発足させ，認可外保育施設に対しても助成を行い，乳幼児の待機児童対策を行っている．

さらに2002（平成14）年1月に出された将来推計人口の数値から，従来には見られなかった夫婦の出生力そのものが低下するという現象が確認されたため，2002（平成14）年9月に，いっそう焦点化した少子化対策の実施のための「少子化対策プラスワン」が発表された．1990年代に入って本格化した少子化対策は，仕事と子育ての両立支援のみならず，専業主婦家庭を含むすべての子育て家庭への支援として，「少子社会対策」としての意味合いを強めながら実施されている． 〔山本真実〕

文　献

1) 厚生労働省監修, 厚生労働白書 平成13年, 平成14年版.

諸外国の子育て支援

support for child care in several countries

1. 日本との違い

わが国では，1990年代に入ってからの約10年間，「少子化対策」を目標として掲げ，その打開策を見つけようと取り組む形での施策推進が進んでいる．当時（1996年）の厚生省，労働省，文部省，建設省4省合意で始まったエンゼルプラン以降，少子化の原因究明をすることと並行して，「保育サービス」を，その対策の有力な手段として位置づけ，保育対策5か年事業による特別保育の推進，地方版エンゼルプランの策定，待機児童解消のための対策，少子化対策プラスワンと続けてきた．

しかし，諸外国に目を転じてみると，わが国のように「少子化対策」という目的を第一義に掲げて保育サービスを始めとする施策を実施している国はない．そもそも，「少子化対策」という用語自体を英訳しようとしても，適当な語感をもつものを探すことは非常にむずかしい．「出生率の低下を食い止めるための施策」とするならば，フランスが公言しているように，移民のコントロールや人口増加に向けた家族優遇策を積極的に実施している国を挙げることができる．その他の欧米諸国においては，社会保障制度の中における社会福祉サービス

表2.2 EU各国の母親の就労と公的サービスの普及状況

			年度	育休/月	補助	学齢	0〜3歳	3〜6歳	母親就労
A型	北欧ノルディック型	デンマーク	96	30	＊＊	7	48%	82%	76%
		スウェーデン	94	36	＊＊	7	33%	72%	75%
		フィンランド	94	36	＊＊	7	21%	53%	63%
B型	仏ラテン型	フランス	93	36	＊＊	6	23%	99%	59%
		ベルギー	93	27	＊＊	6	30%	95%	62%
		イタリア	91	9	－	6	6%	91%	43%
		スペイン	93	36	＊	6	2%	84%	35%
		ギリシャ	93	9	＊＊	6	3%	70%	44%
C型	独ゲルマン型	ドイツ	90	36	＊	6	2%	78%	51%
		オーストリア	94	24	－	6	3%	75%	64%
		ポルトガル	93	27	－	6	12%	48%	70%
D型	英アングロサクソン型	オランダ	93	15	＊＊	5	8%	71%	46%
		イギリス	93	7	＊	5	2%	60%	53%
		アイルランド	93	3	－	6	2%	55%	35%

EC Children Netwrak 1996
（日本保育学会共同研究委員会保育基本問題検討委員会中間接法『保育学研究』38(2)，2000年，p 185 をもとに作成）

(注) 1) 上記出典での類型においてはギリシャがC型の独ゲルマンタイプに分類されていたが，筆者がB型仏ラテン型に変更し作成した．
2) 補助：＊低所得層のみ支給　＊＊所得額に関係なく支給
3) 公的とは通常75-100%が公費運営されているもの〔オランダのみ50%〕
4) 歳児就学の場合は，0-6歳に学校教育での6歳が含まれている
5) 母親就労率は10歳以下の子どもをもつ母親対象

として，または教育サービスとして，保育や子育て支援施策を捉え，就労者支援，家庭支援という視点からの国民生活の資質向上を目的として実施している．そのことが，長期間にわたり，ある一定の合計特殊出生率を維持し続けるという結果をもたらしたにすぎないと考えるのが適当であろう．

EU 委員会の Childcare Network の報告書では，各国の公的保育サービスの状況と母親の就労状況を，表 2.2 のように整理している．また，その整理に基づいて保育学会共同研究委員会は保育基本問題検討委員会の中間報告第 6 章「諸外国の実情から今の日本の子育てと保育のあり方を考える」において，北欧ノルディック型，仏ラテン型，独ゲルマン型，英アングロサクソン型の 4 つの類型に分類して提示している．

2. デンマーク

デンマークにおける子育て支援サービスは「親および家庭における子どもの養育を円滑かつ意味あるものとするために整備すべきものである」という社会サービス法[*1]の理念に基づき整備されている．フルタイム，パートタイムに限らずデンマークでは共働き家庭が多く，子どもは生活時間の大半を保育サービスなど家庭外のケアを受けている．家庭外でのケアを充実することは，そのまま子どもの成長と育成に影響するため，しっかりとした理念を法レベルで提示する必要があることが国民的コンセンサスである．子どもは，積極的な社会参加をし，独立した存在となることを究極の目的として，また家庭はそれを支えるユニットとして，各種のサービスが提供される．

デンマークは公費投入水準が高く，税金による公費をサービスの整備に投入し，公的セクター主導型である．デンマークの高税は，ある意味「公平に」課せられており，公費負担のサービス整備も国民享受のためであり，子育て支援サービスは広義の社会福祉，社会保障として分類している．女性就労支援という段階を通りすぎ，すべての国民の必要なサービスとなっている．

[*1] 社会サービス法とは，1976 年に制定された生活支援法（Social Assistance Act）の改正後の 1 つの名称．生活支援法は「社会サービス法」（Social Service Law），「社会生活活性化法」（Active Social Politic Law），「社会における権利と管理に関する法律」の 3 つのパートに分割された．保育サービスの実施については，「社会サービス法」に記載されている．内容は 1976 年生活支援法と同様である．子どもに対するデイケアサービスの提供は子どもの成長・開発・独立性の促進を行うことが義務であると明記されている．

「デイケアサービスは，子どもたちが安心感して刺激的（挑戦的）な日常をすごし，大人との密接な接触があるものであるということを基本におかなければならない．遊戯，空間を通して，子どもたちが自分の主導権を促進させ，自分の能力範囲で挑戦できるということが，企画された（用意された）サービス，集団での活動と融合しなければならない．集団での活動とは，子どもたちが大人とともに創造的，実質的な目的をもって作業し，個々の成長を助長し他の子どもとの協調性を促進できるような文化的な経験でなければならない．」

3. フランス[*2]

前述したように，フランスは唯一人口政策を実施していることを公言している国である．そのため，ヨーロッパ諸国の中でフランスは家族政策の支出が最も多く，多子家族支援や家族優遇政策を採っている．フランスの幼児保育政策発展の背景には，福祉的な政策目標である「家族の育児負担を軽減すること」があるが，もう 1 つは「出生数を維持すること」という人口政策上の思想も根強い．手当充実をはかりながら

も，2歳児の母親学級での受け入れなど，教育に軸足をおいた乳幼児の保育施策を実施し，質に関する議論，家族手当公庫による縦断的な幼児保育へのかかわりを充実させている．このような複層的な政策実施は，家族の良好な状態を求める質的な目標と，子育て家庭への経済的支援という量的な目標の2つをめざし，長期的な出生率の回復をはかろうという形であるといえる．

フランス的な特徴として，乳幼児期の保健的なかかわりの強さを挙げることができる．歴史的に1945年に成立した母子乳幼児保護（PMI）の対策内として乳幼児の保育が実施されてきたという経緯が関連している．フランスにおいては，乳幼児を保育する施設の長は，医師もしくは看護の資格を有していることが規定されている．このことも保育の質を議論する際の重要な要素であり，保育に対する社会のかかわり方の違いを生み出している．

　　[*2] フランスの保育については，筆者が研究協力者として参加した厚生科学研究費補助金子ども家庭総合研究事業「諸外国における保育制度の現状及び課題に関する研究」（主任研究者網野武博）の報告書から，山本真実・宇野由里子「フランス共和国」を参考としてまとめた．

4. ドイツ[*3]

ドイツにおける子どもの養育観として，「子どもは家庭で母親によって養育されることがよい」とする伝統的な家族観が挙げられるため，家庭での育児を尊重するという立場からの在宅保育サービス（家庭的保育）の普及も根強い．また，育児手当，育児休暇など，仕事をもつ女性が家庭で育児をすることを支援する制度の充実にも力が注がれている．近年はドイツでも家族化の進行や女性の社会進出の増加によって，保育サービスをはじめとする子育て支援の充実を望む声も高まっている．

ドイツでは，保守的な子育て観と歴史的な教育側からアプローチの強さがあいまって，家庭支援という発想や保育サービスの充実という考え方は主流ではなかった．また，伝統的に幼稚園は社会福祉施設としての位置づけがなされており，その教育方法はフレーベルの影響を強く受けて，遊びを中心にした自由な発想で，その多くは社会福祉団体や自治体により設置されていたなどの経緯が影響している．1980年代に入ると，女性の職場進出に伴う長時間保育への要求や，外国人労働者や社会的に弱い階層の子どもの教育の場としての幼稚園の役割や，少子化による一人っ子や兄弟の少ない子どもに社会経験の場を提供するなどという幼稚園の社会的機能がより重視されるようになった．

　　[*3] ドイツの保育については，筆者が研究協力者として参加した厚生科学研究費補助金子ども家庭総合研究事業「諸外国における保育制度の現状及び課題に関する研究」（主任研究者網野武博）の報告書から，春見静子・小宮山潔子「ドイツ」を参考としてまとめた．

5. イギリス

イギリスにおける子どもに対する支援サービスは，伝統的に保護を必要とする子どもたち"children in needs"へのサービスが中心に社会政策が構築されてきた．そのため，女性の就労率において他の欧州諸国と何ら遜色のない高さを示しながら，一般家庭に対する子育て支援・保育サービスについては，ほとんど整備されてこなかった．イギリスでは子どもを産み育てるということは，完全に「個人の自由」の範疇に入る事項であり，政策が介入すべきことではないという考え方をとってきた．しかし，1997年の労働党政権以降，「労働者への家庭支援」「労働者の生活環境整備」という視点が以前よりも強く打ち出されたこと，またEU統合にむけイギリスの子育て支援施策の未整備が問題視されたことが，本格

的に家族支援という視点を政策的に強化せざるをえない状況をつくり出した．福祉的ニーズへの対応という視点を強くもつ伝統的児童福祉観から，すべての子どもへの教育・養育機会の確保と質の充実というユニバーサリズムを強調した政策観への転換が行われ，それに基づく事業運営に向けた省庁再編も行われた．就学前児童のケアについても，いわゆる幼保二元の整備から，教育・雇用省（The Secretary of State for Education and Employment）の一括所管となり，長年「福祉サービス」の一環として扱われてきた child care も，就労家庭への支援とともに，幼児教育の1つとして教育所管に位置づけられた．これは，学校教育と職業教育の一貫性を重視した教育施策を行うという理念のもとに行われた改革であり，就学前児童のケアを担当する保育所の運営についても同様に監督所管が移管された．これにより，幼児期からの教育，学齢児童の教育，大学などの高等教育，職業教育という一連の「教育の流れ」の中で就学前児童のケアをとらえるという視点が実行された．

EU加盟以来，育児休業の法定化など，就労と育児を両立するための社会的支援サービスに対する関心は高まりつつあるが，サービス供給量は，需要に追いついてはおらず，整備状況は不足している．今後も民間セクターへ補助金を投入する形での整備を続けていくものと思われている．一般家庭への保育サービスの整備がなされてこなかった分，民間や住民を中心とした非公的部門による供給がみられる．〔山本真実〕

3. 妊娠の成立から出産まで

妊娠の成立と経過
formation and lapse of pregnancy

妊娠が成立するためには10あまりの段階があり、それらすべてが正常に働いてはじめて妊娠する。女性の体の中ではホルモンの調節を受け、複雑な現象がタイミングよく起こり、排卵 - 受精 - 着床へと進む。

月経の始まるころは直径 5 mm ほどの卵胞は、脳下垂体（脳の下にぶら下がっている臓器）から分泌される卵胞刺激ホルモン（FSH）の作用で、徐々に大きくなる。

卵胞直径が 8 mm になるころから卵胞ホルモン（エストロゲン）の分泌が増し、15 mm になるとさらにその分泌は亢進する。この多量に分泌された卵胞ホルモンが脳下垂体からの黄体化ホルモン（LH）の放出を促し、これが卵胞破裂、すなわち排卵を起こす。排卵日頃の平均卵胞直径は 21 mm（範囲 15〜30 mm）程度になる。

放出された卵子はラッパのように開いた卵管の口に吸い込まれ精子と融合する。これを受精と呼ぶ。また、黄体化ホルモンは排卵後に残存した卵胞の袋の部分の細胞（顆粒膜細胞と内莢膜細胞）を刺激し、黄体細胞というものに変化させる。黄体からは卵胞ホルモンとともに多量の黄体ホルモンが分泌され、これが子宮内膜をビロードのように変化させ、受精卵が着床できやすいように準備をする。受精後の卵子は胚と呼ばれ、細胞分裂を繰り返しながら卵管内を子宮方向に運ばれ、桑の実に似た桑実胚と呼ばれる状態のころに子宮腔に達し、胞胚といわれる状態になったころに、受精から約 1 週間を経て着床する。これではじめて妊娠が成立する。

 1) 射精から受精までの条件
 ①数千万〜数億個の精子の腟内への射精
 ②頸管と呼ばれる子宮の入口から子宮腔内への精子の進入
 ③子宮内腔の両側の上端に開いている卵管口から卵管内への精子の進入
 ④精子は卵管の中を遊泳して腹腔側の出口に達し、卵巣から放出される卵子を待機
 2) 卵胞発育から受精までの条件
 ①卵巣内での卵胞の成長
 ②排卵予定卵胞の成熟（通常は単一の卵胞が完全な成熟に至る）
 ③排卵と黄体形成
 ④卵管采による卵子の捕捉と卵管膨大部への移送
 3) 受精から着床までの条件
 ①精子の卵子内への進入（受精）
 ②受精卵の分割（杯の形成）
 ③胚の子宮腔への移送
 ④子宮内膜の増殖と分泌期内膜への変化
 ⑤子宮内膜への胚の着床

受精卵が着床すると、子宮内膜は妊娠が続けられるように変化してゆく。また受精卵は外側の細胞から絨毛をつくり、内膜内に進入して胎盤を形成してゆく。胎盤ができ始めるのは受精後 11〜12 日ぐらいからであるが、この時期は人間らしい特徴はまだ見られず、胎児とは呼ばず、胎芽と呼んでいる（妊娠 8 週まで）。　〔入山高行〕

遺伝と環境

genetics and environment

1. 先天異常

先天異常とは肉眼的に認められるいちじるしい形態異常（外表的に認められる外表奇形と内臓の諸器官に生じた内臓奇形）である奇形はもちろん，顕微鏡的または生化学的にしか見出せないような先天的な異常（たとえば，代謝異常）も含んでいる．

先天異常は，その成因により，
①広義の遺伝要因によるもの（染色体異常と単一座位の遺伝子異常による各種疾患）
②遺伝と環境の両要因によるもの（多くの先天奇形）
③環境要因によるもの（母体疾患や妊娠中の感染，薬物による胎児障害，分娩障害など）

に分けられる．これらを合わせると，その発生率は，新生児集団の4ないし4.5%ぐらいになる．これらの先天異常以外にヒトがその生涯で死につながる疾患として罹患するものとして，genetical common diseases（"体質的異常"とすると理解しやすい）がある．

WHOの報告などを根拠に推定すると，すべての新生児の少なくとも5〜5.5%は遺伝的要因が主要な役割を果たす疾患に罹患するとみられている．その内訳は，単一遺伝子の異常によるもの1%，染色体異常0.5〜1%，遺伝的要因の関与した奇形2.5%，体質的異常1%である（表3.1）．このほか染色体異常による流・死産数が相当数あることを考えあわせると，人類集団にかかる遺伝的負荷はかなりなものといわざるをえない．

わが国における年間出生数を120万として，わが国の新生児集団に上記の数字を当てはめて試算したものを図3.1に示した．この試算によると，わが国では年間

表 3.1 生涯で遺伝的要因の関与した疾病に罹患する新生児の区分

全新生児中に占める%	関与する遺伝的要因	例
1	単一遺伝子の異常	血友病，フェニルケトン尿症
0.5〜1	染色体異常	Down症候群，Tuner症候群
2.5	部分的に遺伝的要因の関与した先天奇形	多指症，口蓋裂，唇裂，
1	体質的異常	糖尿病

（Miller原表，一部改変）

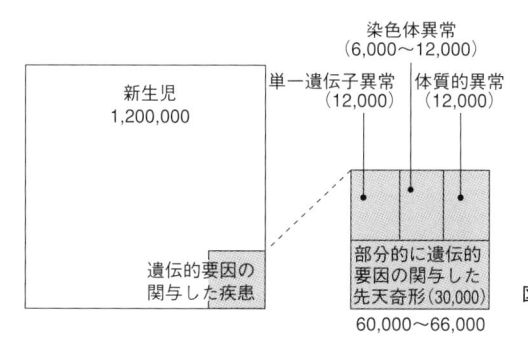

図 3.1 わが国における新生児の遺伝性疾患の年間予測出生数

60,000〜66,000人の子どもたちが広義の遺伝的要因の関与した疾患を負って出生してくることになる．これらのうちには環境的要因との相互作用により生ずるものが少なくないことは，前述の図表でも容易に理解できる．障害（疾病）の種類により，これらの両要因の関与の仕方が異なるし，それらの詳細についてはいまだ不明な点も少なくない．

2. 遺伝相談

家族内に先天異常・遺伝性疾患が発症したり，あるいは発症するリスクにかかわる問題で，予防とその対応についてカウンセリングを行うことがある．これを遺伝相談という．以下に遺伝相談で取扱う課題・検査などについて述べる．

1) 遺伝相談で扱う課題

遺伝相談の場で，クライアントからカウンセラーに持ち込まれる問題のおもなものをまとめると，次のようになる．

1) 先天異常のある個体に関して，①遺伝性の有無とその診断，②治療の有無と予後，③遺伝性がある場合に，その同胞再現率と次代に同一異常の現れるリスクについて，さらにその予防法について．

2) 保因者である可能性がある個体に関して，①保因者か否かの判定，②保因者である場合に，その個体をめぐる人々に発現するリスクとその予防対策．

3) 近親婚の問題

4) 妊娠中の健康管理の問題や胎芽・胎児に悪影響を及ぼすおそれのあるできごと（感染，放射線被曝，薬品服用など）のあった場合のリスクと対策．

5) 親子鑑定など

2) 遺伝相談で必要とされる検査

診断を確定するための臨床諸検査のほかに，次のような検査が必要とされる．

①保因者を発見するための生化学的検査
②染色体検査
③病理組織学的検査（骨髄細胞中のGaucher細胞など）
④遺伝子診断
⑤感染確認のための血清学的検査

i) 保因者診断 保因者とは，表現型は異常なく健常者とほとんど変わらないが，病的遺伝子や転座染色体をもっている個体をいう．すなわち，常染色体劣性遺伝疾患のヘテロ接合体のものや，染色体異常のうち相互転座の個体などである．

保因者の発見の意義は，ハイリスクの妊娠や結婚の対応に役立ち，遺伝性疾患の早期発見，早期予防に有用である．

保因者発見のためには，生化学的検査（酵素異常が明らかにされている疾患で，培養皮膚線維芽細胞の酵素活性の測定など），染色体検査，病理学的検査，血液学的検査（赤血球の形態異常など），臨床診断（café au lait 斑など）などが行われる．

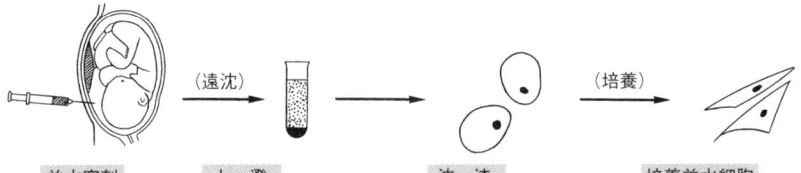

羊水穿刺 →（遠沈）→ 上澄 / 沈渣 →（培養）→ 培養羊水細胞

上澄
・胎児の成熟度
・胎児赤芽球症の重症度
・アミノ酸，ムコ多糖体，α-fetoprotein の分析

沈渣
・X・Yクロマチン分析
・胎児の成熟度
・酵素分析

培養羊水細胞
・染色体分析
・染色体多型による親子鑑定
・酵素分析
・物質の蓄積分析と物質形成障害の検査

図 3.2　羊水による出生前診断

表3.2 わが国で出生前診断が実施された先天性代謝異常症（1982年）

1. GM$_2$-gangliosidosis
   （Tay-Sachs病，Sandhoff病）
2. GM$_1$-gangliosidosis
3. Gaucher病
4. Krabbe病
5. Niemann-Pick病
6. Metachromatic leukodystrophy
7. Wolman病
8. Hunter病
9. Hurler病
10. Marotcaux-Lamy症候群
11. I-cell病
12. Pompe病
13. Maple syrup urine disease
14. Argininosuccinic aciduria
15. Isovaleric acidemia
16. Methylmalonic aciduria
17. Propionic acidemia
18. Lesch-Nyhan症候群
19. Menkes' kinky hair病
20. Methylenc THF reductase欠損症
21. Chédiak-Higashi症候群

（北川照男：必修小児科学，第2版，p.135，南江堂，1985）

ii）出生前診断 胎児が染色体異常のリスク，治療不能・予後不良な先天性代謝異常症である疑いが強い妊娠の場合，胎児に異常があるか否かを出生前に診断することが行われている．このような妊娠以外にも，重篤な伴性劣性遺伝疾患やある種の奇形の可能性が高い妊娠の場合などに胎児診断を行うことがある．

出生前診断の方法には，いくつかの種類が知られているが，現状で最も確実かつ実用化されている方法は羊水穿刺であろう．羊水穿刺により出生前診断が可能となったおもなものは，染色体異常と先天性代謝異常である（図3.2）．

これに反して，胎芽病を中心とした先天奇形の出生前診断の可能性は，胎児心音図，胎児造影法などにより追求されつつあるが，いまだ先天奇形すべてを包括する方法はない．

出生前診断のための羊水穿刺の適応：
出生前診断のための羊水穿刺の適応として，おおむね次のような妊娠がその対象となる．

①両親の一方が染色体異常の保因者かモザイク

②出生前診断の可能な先天性代謝異常症（表3.2）

③重篤な伴性劣性遺伝の保因者の妊婦

④高齢妊娠

⑤染色体異常児を出産したことのある妊婦

⑥ある種の先天奇形，たとえば無脳症など

〔日暮　眞〕

遺伝と遺伝子病の予防
genetics and prevention for genopathy

かなりの信憑性をもって遺伝性が確認され，遺伝子の異常が主役をなしていると考えられる病気を遺伝病というが，数多くある遺伝子のうち唯一つの遺伝子（単一遺伝子）の異常が原因で生ずる遺伝病を遺伝子病という．その遺伝様式はメンデルの法則によって親から子へ伝えられる．これまでに同定されたメンデル遺伝形式のものは現在約10,000種ある．メンデル遺伝はその遺伝様式から以下の5種に分類されている．

①常染色体優性遺伝
②常染色体劣性遺伝
③X連鎖優性遺伝
④X連鎖劣性遺伝
⑤Y連鎖遺伝

1. 常染色体優性遺伝病
両親から1個ずつ継承した相同染色体上の1対の対立遺伝子のうち，1個でも変異遺伝子があれば，病的形質が表現される場合である（表3.3-a）．

2. 常染色体劣性遺伝病
常染色体上の1対の対立遺伝子がホモ接合の場合のみ形質が表現され，ヘテロ接合体では表現されない（表3.3-a）．

3. X連鎖優性遺伝病
この遺伝病の種類は多くないが，2種に大別される．すなわち，1つは両性に発生をみ，十分大きな集団では女性患者が男性

表3.3-a　おもな常染色体優性および劣性の遺伝性

常染色体優性遺伝病	常染色体劣性遺伝病
四肢短縮症（軟骨異栄養症）	小頭症
多発性軟骨性外骨腫	黒内障性痴呆
骨形成不全症（van der Hoeve 症候群）	フェニルケトン尿症
尖頭合指症（Apert 症候群）	アルカプトン症
Marfan 症候群（くも指症）	先天性ポルフィリン尿症
裂手，裂足	ガラクトース血症
Huntington 舞踏病	無カタラーゼ血症
遺伝性運動失調症（優性型）	白皮症
進行性神経筋萎縮症	先天性魚鱗癬
進行性筋ジストロフィー症（優性型）	色素性乾皮症
結節性硬化症	Tay-Sachs 病
多発性神経線維腫症（Recklinghausen 病）	網膜色素変性（劣性型）
遺伝性表皮水疱症	先天性白内障（劣性型）
巨大結腸症（Hirschsprung 病）	小口病
先天性白内障（優性型）	Friedreich 運動失調症
血小板無力性紫斑病	進行性筋ジストロフィー症（腰帯型）
楕円赤血球症	Laurence-Moon-Biedl 症候群
遺伝性出血性毛細血管拡張症	先天性ろうあ
Waardenburg 症候群	先天性筋弛緩症
異常血色素症	痙攣性脊髄麻痺
	Hurler 病

表 3.3-b　おもな X 連鎖劣性遺伝病

色盲（赤色，緑色）
グリコース 6 リン酸脱水素酸素欠損
進行性筋ジストロフィー（Duchenne 型）
血友病 A
血友病 B
無 γ-グロブリン血症
Hunter 症候群
Wiskott-Aldrich 症候群
Lesch-Nyhan 症候群
腎性尿崩症
Fabry 病
糖原病 VIII 型
伴性遺伝型眼型白皮症

患者の 2 倍存在し，女性患者の症状は男性に比して軽微である．ほかは，罹患男性は致死となり，罹患出生児はすべて女性になる遺伝病である．

4. X 連鎖劣性遺伝病

男性は X 染色体を 1 本しか有さぬため，もし遺伝子に変異が生ずれば正常遺伝子をもたぬことになる．すなわち，変異遺伝子のヘミ接合体となって発症する．一方，女性は X 染色体 2 本であるから，1 つの対立遺伝子が変異を生じても他方の正常対立遺伝子が存在し（ヘテロ接合体），発症せずに原則として保因者となる（表 3.3-b）．

5. Y 連鎖遺伝形質

Y 染色体上に座位を占め，実態の判明している遺伝子は精巣決定因子遺伝子，HY 抗原遺伝子など少数である．

遺伝子病の予防については，p.26（遺伝相談）を参照されたい．　　　〔日暮　眞〕

染色体と染色体異常の予防

chromosome and prevention for chromosomal aberrations

正常なヒトの体細胞は，男女ともに46本の染色体をもち，このうち2本は性決定にあずかる性染色体であり，男性はXY，女性はXXの構造であり，ほかの44本は男女共通にみられる常染色体で，それぞれ父親と母親から由来する2本ずつの同形，同大の染色体が対を形成して22対あって，それぞれ1〜22番の番号が付されている．図3.3に各染色体の模式図を示した．

これらの染色体の一部が切断したり（欠失），ほかの染色体に付着したり（転座），あるいは染色体数が増減したりなどの染色体異常をもつ個体には，種々の先天奇形，とくに多発奇形症候群（種々の奇形が一定の組み合わせをもって1つの疾患単位を形成する）がみられることが多い．しかし，なかには大きな外表奇形を伴わないものもある．とくに，性染色体の異常では常染色体の異常に比較してその傾向が強い．

染色体異常児の出生頻度は，100〜200の分娩に1例といわれている．その多くは，両親のいずれかの生殖細胞（精子あるいは卵子）の形成されるときに発症し，異常のある生殖細胞が受精に関与した段階で発症する．一部の染色体異常は，受精後まもない卵割期に発症するものもある（モザイク例）．自然流産胎児に染色体異常が多くみられることもよく知られている．その頻度に関する報告はいろいろあるが，ほぼ自然流産の40〜50%ぐらいといわれている．異常妊娠の自然淘汰の一部に染色体異常がなんらかの役割を演じていると思われる．

染色体異常には，性染色体異常と常染色体異常とがある．概して性染色体異常は外表奇形に乏しく性にかかわる異常や行動の異常が前面に出現し，常染色体異常は外表奇形および内臓奇形と知的な障害が前面に出ることが多い．おもな染色体異常について表3.4にまとめて示した．新しい染色体分析法の登場により，このほか多くの新しい種類の染色体異常症が報告されてきている．

高年齢産婦から染色体異常児（とくに不分離による染色体数の異常）の生まれる頻度が高いことが知られている．女の胎児の卵巣は，すでに胎生期より第一卵母細胞を含む濾胞により満たされ，卵細胞は分裂前期と呼ばれる特殊状態にある．この状態は，排卵直前まで最低10〜13年（初潮）から最高50年（閉経期）まで続く．このことは卵子の染色体は長期にわたり内的・外的影響を受けやすい状態にあることを示している．このことから不分離を起こす原因の1つに卵子の古さ，つまり卵子の荒廃があげられるわけである．しかし，若い女性からも不分離による染色体異常児が生

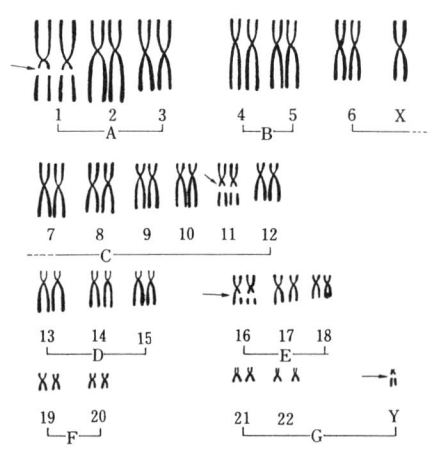

図3.3 London Conferenceによる正常な人の染色体構成

男性はXとYを各1, 女性はXを2本有する．矢印は二次狭窄の位置を示す．

表 3.4 染色体異常による主要症候群

	疾患名	染色体所見[*1]	出生頻度	主要症状
性染色体の異常	Turner 症候群	XO[*2]	1/2,500〜8,000（女児の出生あたり）	外陰部は女性，著しく背が低い，二次性徴の欠如，種々の小奇形を合併
	Klinefelter 症候群	XXY	1/500（男児の出生あたり）	外陰部は男性，小さい睾丸，軽い知能障害，あるいは無精子症
	Super female	XXX	1/1,000（女児の出生あたり）	外陰部は女性，軽い知能障害
	XYY 個体	XYY	1/1,000（男児の出生あたり）	攻撃的性格のことがある，身長が高い
常染色体の異常	Down 症候群	21 トリソミー	1/1,000	知能障害，特有な顔貌，心奇形，全身に種々の小奇形の合併
	18 トリソミー症候群	18 トリソミー	1/3,500	手指の屈曲拘縮，心奇形，筋緊張昂進，耳介の変形と低位付着
	13 トリソミー	13 トリソミー	1/5,000	多指または合指，小または無眼球症，唇裂・口蓋裂，心奇形
	cat-cry 症候群	5 番短腕の部分欠失	1/10,000	かん高い特有の啼泣，眼球間距離が過大，知能障害
	4 P-症候群	4 番短腕の部分欠失	不明	顔面非対称，眼球隔離，虹彩欠損，尿道下裂，知能障害
	18 q-症候群	18 番短腕の部分欠失	不明	小頭症，mid-face dysplasia，先細りの指，知能障害
	18 P-症候群	18 番短腕の部分欠失	不明	小人症，円形顔貌，両眼隔離，耳介変形，短指，幅広く短い手，知能障害

[*1] 代表的な染色体構成のみを示す．ほかに種々の亜型がある．
[*2] X 染色体の短腕 1 本をもち Y をもたない状態と定義される．したがって，X 染色体 2 本をもちながら，構造異常によって XO と同一の臨床像を示す例なども知られている．

まれるし，高年齢といわれる女性からも健常児が生まれていることから，不分離による染色体異常の原因をこのことで説明することはできない．染色体異常の原因として，この他にウイルス，放射線，遺伝的素因などが考えられているが，現在まだ十分に解明されていない．大部分の染色体異常はなんらかの原因による突然変異で生ずるが，ごく一部に親が転座染色体保因者であるために生ずる遺伝性のものが含まれている．

このように原因が判然としていないので，予防することは困難である．染色体異常の受精卵を生ぜしめないようにすることは不可能であるので，次善の策として受胎した胎児の染色体を調べる方法が臨床的に行われており，この方法が胎児診断あるいは出生前診断といわれるものである．実施にあたり倫理的な配慮が十分なされなければならない．

〔日暮　眞〕

物理化学的因子と先天異常の予防
prevention of congenital abnormalities following the physical or chemical factor

妊娠中の環境汚染などの環境因子，薬剤，たばこ，飲酒などは胎児への影響が大きい．そこで，これらの因子と胎児の異常について解説する．

1. 環境因子

環境汚染　環境汚染は古くは水俣病（昭和32年）で代表される．化学工場から海や河川に排出されたメチル水銀化合物を，魚，エビ，カニ，貝などの魚介類が直接エラや消化管から吸収して，あるいは食物連鎖を通じて体内に高濃度に蓄積し，これを日常的にたくさん食べた住民の間に発生した人為的な中毒性の神経疾患である．メチル水銀化合物を蓄積した魚介類を食した母親から胎盤を介して胎児の脳が障害を受け，その結果生れながらにして水俣病を発症したもので，先天性水俣病とも呼ばれる．症状はまったく寝たきりの重度心身障害児となることもあり，運動失調，不随意運動，言語障害，斜視，てんかん発作，姿勢異常，知的障害など，多彩な脳性麻痺様の症状が組み合わさる．

2003年6月には厚生労働省は胎児への水銀の影響を考慮して，魚介類の含有する残留水銀を測定した結果から，妊婦に限り，バンドウイルカ，ツチクジラ，コビレゴンドウ，マッコウクジラ，サメ（筋肉），メカジキ，キンメダイについて摂取量を制限するように勧告を発した．ダイオキシン，環境ホルモンなどの環境汚染による胎児への影響は別の項に譲る．

2. 妊娠と薬剤

妊娠中の薬の危険度は，薬そのものの危険度だけではなく，いくつかの要因が関連する．もっとも重要なのが薬剤の使用時期である．そのほかに薬剤の使用期間，使用量，使用経路（内服，注射，外用），併用薬なども関係してくる．薬剤の危険度はこれらを総合的に評価して，妊娠や胎児への影響を判定することになる．

薬の胎児へ作用は2つに分かれる．催奇形性（奇形を発生させる）と，発育の低下や機能の障害を招く胎児毒性である．とくに，催奇形性について，心配する親たちが多いが，実際には薬が原因で奇形を生じるのはまれである．かといって，ほとんどの薬が安全というわけでもない．薬剤に添付される能書は公的なものであり，これには「使用しないこと（禁忌）」，「使用しない方が望ましい」「治療上の有益性が危険を上回ると判断される場合にのみ投与すること」といった3段階の表現が使われており，判断が難しい．

薬による催奇形性が認められるのは，1960年のサリドマイドから始まる．危険度の高い薬としては，乾癬治療薬のエトレチナート，C型肝炎治療薬のリバビリン，抗凝血薬のワルファリン，特殊なホルモン薬，放射性医薬品，抗てんかん薬，一部の抗がん剤や免疫抑制薬などがあげられている．これらの薬を妊娠初期に大量に投与されると奇形の危険性が高まる．奇形の発生という意味で，もっとも注意が必要な時期は胎児の基本的な形がつくられる妊娠初期であり，とくに妊娠2カ月目が重要であり，妊娠後期になるほど危険性は低くなる．

一般によく用いられる薬剤について述べると，以下のとおりであるが使用しても安全であるという意味ではない．

①かぜ薬：葛根湯，小青竜湯などの漢方薬，市販の一般感冒薬は安全と考えられるが，長期間の服用はさける必要がある．

②鎮痛，消炎，解熱剤：ロキソプロフェン（ロキソニン）などの強い鎮痛・消炎剤は避けて，安全性が比較的高いアセトアミノフェンを用いる．
③鎮咳剤：デキストロメトルファン（メジコン）の安全性が高い．
④喘息の薬（気管支拡張剤など）：妊娠中にも使用せざるをえない．喘息発作は胎児への酸素供給の低下を招くので，発作を予防することが重要．去痰剤はまず安全．
⑤抗ヒスタミン剤：感冒薬に含まれることが多い．比較的安全であるが，長期連用は避ける．マレイン酸クロルフェニラミン（ポララミン），クレマスチン（タベジール）など．
⑥抗アレルギー剤：使用実績の少ない薬剤は避ける，クロモグリク酸（インタール）の吸入剤は安心して使用できる．
⑦抗生物質：ペニシリン系もしくはセフェム系が安全．セフェム系では使用実績の多い第一世代が安心して使用できる．マクロライド系も安全．新しい抗生物質の使用は避ける方が無難である．
⑧胃腸薬：制酸薬（マーロックス），鎮痙薬（ブスコパン），スクラルファート（アルサルミン）などは安全．制酸薬は安心して使用できる．
⑨制吐薬，緩下剤：まずは安全．突然の大量服用は避ける．

3. 妊婦と嗜好品
1） たばこ

妊娠中の喫煙は多くの問題がある．妊娠経過へも，胎児へも悪影響を与える．生じやすい妊娠・分娩合併症は，早産，前期破水，胎児仮死，低出生体重児出産などである．たばこの煙に含まれる一酸化炭素は，吸入することにより，酸素に替わってヘモグロビンと結合し，組織に運ばれる．血液中の酸素飽和度が低下し，胎児は酸素不足に陥る．この状態が間欠的に長期間継続することになり，慢性の酸素不足とそれに伴う栄養供給の低下に晒されることになる．結果として，体内での発育の低下が生じ，また，予定日を待たずに早産になることがあり，これらの理由で低出生体重児出産に結びつく．

分娩時の異常として，新生児仮死の頻度も高く，妊娠中の喫煙は妊娠分娩の安全性，胎児の健康の観点から，強く戒められねばならない．しかし，妊娠前に禁煙を実施できれば，胎児への影響は避けられる．

また，妊婦が直接喫煙をする場合だけでなく，周囲の家族や知人の喫煙による受動喫煙も胎児へ影響を与えることが知られている．妊婦の周辺で喫煙をしないことが愛煙家の義務である．平成15年度より健康増進法が施行され，法律の中に公共の場での喫煙の禁止が書き込まれている．

2） 飲 酒

妊娠中の大量の飲酒は，胎児性アルコール症候群（fetal alcohol syndrome；FAS）という先天異常を発症することがある．アルコール依存症の妊婦から多彩な奇形を伴う先天異常児が生まれていることが報告され，胎児性アルコール症候群と呼ばれるようになった．胎児性アルコール症候群は，目，耳，鼻，口，心臓，腎臓，性器，皮膚，脳などにさまざまな異常がある胎児で，アルコール依存症の妊婦の半数から出産するといわれている．しかし，妊娠前に，断酒すれば，アルコールの赤ちゃんに対する影響はない．一般に，受胎までは安全と考えられている．妊娠中のアルコール摂取はアルコール量にかかわらず危険かという疑問があるが，食事のときの少量のアルコール摂取は禁止する根拠はないとする意見も多い．欧米での研究では，知的障害の原因の第3位といわれ，妊娠中に飲酒した母親から生まれた子どもの調査によれば，母親が酒を飲まなかった場合に比べ，有意に発育が悪くなるという報告もある．これによると，アルコールの胎児への影響はわずかな飲酒でも現れ，妊娠初期3カ月

間の飲酒が危険という．妊娠中の飲酒の子どもへの影響には，これ以下なら安全といえるような量はないという理由で妊娠中は禁酒すべきとする意見もある．妊娠に気付かない時期の飲酒の影響も無視できないという．

3) コーヒー，お茶，コーラ，栄養ドリンク

コーヒーやお茶などの嗜好品に含まれる成分のうち，胎児に影響を与えるものはカフェインである．カフェインはコーヒー1杯分に100 mg，お茶の1杯分に30 mg，コーラ350 ml 中に50 mgが含まれる．また，栄養ドリンクには無水カフェインが含まれているものが多い．妊娠中のコーヒー摂取と低出生体重児との関係が報告されている．1日5杯以上のコーヒー摂取群では出生体重が減少するという報告がある．したがって，妊娠中は多量のコーヒーを飲用することは控えた方がよい．〔中村　敬〕

文　献

1) 佐藤孝道・加藤弘道編：妊娠と薬，薬業時報社, 1991.
2) 中村　敬：妊娠中の喫煙と周産期異常．母子保健情報, **37**：68-71, 1998.
3) 竹内　徹訳：ロバートソン正常新生児ケアマニュアル, メディカ出版, 1997.
4) 山崎　太・安田忠司：妊婦・授乳婦とくすり, ヴァンメディカル, 2001.
5) Narod SA, *et al*：Coffee during pregnancy：A prospective hazard？ *Am J Obstet Gynecol* **164**：1109-1114, 1991.

ウイルスや微生物の影響と感染による先天異常の予防

influence of virus and various microbes, and prevention of congenital anomalies induced with intrauterine infection

妊娠中のウイルスや微生物の感染は胎児の先天異常の発生と大きく関係する．病原体の種類や感染時期によって，胎児にさまざまな影響が生じる．よく知られているものは妊娠初期の風疹ウイルスの胎内感染であり，心奇形，白内障，聴覚障害などの先天性風疹症候群（congenital rubella syndrome）である．予防接種など予防手段のあるものは，妊娠前に接種を受けておくなど準備が必要である．もちろん，子どものころに罹患した人やすでに予防接種済みの人は特別な心配はいらない．

1. 先天梅毒

Treponema pallidum による経胎盤感染である．母体から経胎盤性に胎児に感染が生じるのは，胎盤が完成する妊娠18週以降である．一般に母体内で感染時期が早いほど，母体の梅毒が新鮮であるほど，胎児は罹患しやすい．母体の梅毒症状がはっきりしていれば，胎児の内臓が侵され，妊娠後半期に流・死産になることも多い．

出生した場合には，出生直後から先天梅毒の症状が出現することもあるが，多くは生後2～3カ月の間に症状が出現する．主要症状は梅毒性鼻炎（膿性鼻汁），多彩な皮膚の発疹，疼痛を伴う骨の変化，肝臓や脾臓の腫脹，髄膜炎や水頭症を伴うことがある．知能障害や運動麻痺を残すこともある．

予防は妊婦への梅毒検査であり，現在では妊婦検診で妊娠初期に梅毒の血清検査を行っているので，胎児に重大な結果を招くような感染は見られない．もし，妊娠中に梅毒に罹患した場合には胎盤完成前に徹底した治療を行えば先天梅毒を防ぐことができる．

2. 先天性風疹症候群

妊娠初期の母体が風疹ウイルスに罹患したために生じる胎児の異常を先天性風疹症候群という．古典的には白内障，難聴，心奇形が先天性風疹症候群の3徴候とされていた．このほかにも低出生体重児，小頭症，小眼球症，血小板減少症などの症状を伴うことがある．

妊娠11週未満に風疹に罹患すると，約9割は胎内感染を起こすといわれており，先天異常の発生率は14～40％と報告により異なる．日本では1979年より中学生女子に風疹の予防接種を開始しており，その後1996年の予防接種法改正により，風疹の予防接種の時期が幼児期に変更になり，中学生が対象からはずされた．これに伴い未接種者に対する経過措置として，2003年9月30日まで未接種男女に対して，風疹の予防接種が行われてきており，ほぼ全例が妊娠前に予防接種を完了している計算になる．

予防接種未接種で，かつ，子どもの時期に自然感染の既往のない者は，妊娠に際し事前に予防接種を受けておくことが勧められる．

3. 先天性トキソプラズマ症

妊娠母体がトキソプラズマ原虫に感染したために，胎盤を経由して胎児に感染したものである．妊娠第1三半期では水頭症などの形態異常や胎児死亡を起こしやすい．第2三半期では，低出生体重児，黄疸，発疹，肝臓・脾臓の腫脹，リンパ節腫脹を起こす．感染源は動物の生肉と糞であるが，とくにネコの糞が感染源になることが多い．実際には感染しても発症しない不顕性感染が多く，実際の感染例は少ない．治療が必要な場合はアセチルスピラマイシンが

有効である．

4. 先天性サイトメガロウイルス感染症

サイトメガロウイルスは体内に潜伏感染し，ホストの免疫状態が低下すると再活性化されるというヘルペス属ウイルスの特徴を備えている．妊娠中の感染による胎児奇形はまれであるが，小頭症，低出生体重児，脳の石灰化などを起こすことがある．通常，感染は不顕性で無症状のことが多い．日本の妊婦のサイトメガロウイルスの抗体保有率は高く，妊娠中に初感染する可能性は少ない．妊娠後半期の感染では肝・脾腫，黄疸，出血斑などを示す重症な新生児感染症を引き起こす．

5. 先天性水痘症候群（CVS）

先天性水痘症候群の特徴的な症状は，皮膚瘢痕，発育障害，神経系の異常，眼球の異常，骨格の異常などである．しかし，妊婦が水痘（帯状疱疹ウイルス）に感染する頻度は，1,000人に対して約0.7人と低率であり，妊娠20週までに感染した妊婦の内，先天性水痘を発症するものは1％程度に過ぎない．妊娠21週以降の初感染と妊娠中の帯状疱疹からの先天性水痘症候群の発症はない．妊娠末期に母体が水痘に感染すると，ウイルスが胎盤を通して胎児に感染する（経胎盤感染）．新生児水痘の予後は，母体の感染成立から分娩までの期間が大きく関連し，母体のウイルス抗体産生とそれの児への移行の程度によって左右される．すなわち，分娩から5日以上前の感染では重症化することは少ないといわれている．

予防のためには，予防接種をしていないものや未罹患者は妊娠前に予防接種をしておくことが勧められる．

6. 単純ヘルペスウイルス感染症

新生児に単純ヘルペスが感染すると，ウイルスが全身に拡がり全身型新生児ヘルペス感染症になり死亡する例も多い．感染経路は胎内感染も考えられるがまれであり，ほとんどは分娩中の産道感染であり，母親の性器ヘルペス感染が原因である．治療薬としてはアシクロビルが有効であるが，新生児ヘルペス感染は神経系を侵し，死亡率は80％に達する．分娩前に診断ができていれば，帝王切開による出産方法がとられる．

7. 麻疹ウイルス感染症（はしか）

日本の麻疹ワクチンの接種率は世界各国と比較しても低い．2000年の幼児健康度調査の結果でも，3〜4歳児調査で約85％（健やか親子21での目標95％）であった．近年成人の感染が増加しており，妊婦感染も経験される．妊娠初期の感染で胎児に先天異常を生じたという報告はみないが，成人の感染例では重症化しやすく，流産や死産を招く危険性がある．したがって，予防接種未接種者は妊娠に際し，予防接種を受けておくことが勧められる．

8. ムンプスウイルス感染症（おたふくかぜ）

成人で流行性耳下腺炎（おたふくかぜ）にかかる人は増加の傾向があり，小児期の罹患に比べると重症感が強くなる．妊婦がおたふくかぜにかかるのは比較的まれであり，妊娠初期でも胎児に先天異常を生じることはないようである．ただし，妊娠初期では流産や死産の原因になることがあるので注意が必要である．

9. ヒトパルボウイルス感染症（りんご病）

ヒトパルボウイルスB19によるウイルス感染である．子どもの病気としては，ごく軽症に経過するが，妊娠11〜19週に妊婦が感染すると胎児に胎児水腫を発生し，流産や死産の原因となることがある．なお妊婦から胎児へ胎盤を介して感染する率は

10～20％とされている．催奇形性はないようである．

このほかインフルエンザや多くの風邪症候群を引き起こすウイルス，HIV や HTLV−I があるが，催奇形性についてはすべてが判明しているわけではない．インフルエンザは先天異常発生の原因にはならないが，妊娠中のインフルエンザ罹患は重症化しやすく，流産や死産の原因になる．アメリカ CDC では妊婦に積極的に予防接種を勧めるべきとしている．日本では妊婦に対して積極的にインフルエンザワクチン接種を勧めている医療機関は少ない．

〔中村　敬〕

文　献

1) 楠　智一・草川三治・北川照男・奥山和男・松田一郎編：必修 小児科学（改訂第3版），南江堂，1993．
2) 平山宗宏・渡辺言夫編：すこやか親子の育児全書，社会保険出版社，2003．
3) 小川雄之亮・中村　肇・仁志田博司編：新生児病学第2版，メディカ出版，2000．
4) 矢田純一・柳沢正義・山口規容子・大関武彦編：今日の小児治療指針第12版，医学書院，2000．

胎児期の環境と妊婦の生活

environment of fetus and life of pregnant women

1） 妊娠2カ月（妊娠4～7週）

早ければ経腟超音波装置を使うと4週半ばから赤ちゃんの袋（胎嚢）が確認でき，5週に入ると心臓の拍動が観察できるようになる．胎児の発育と並行して胎盤も発育していき，ホルモンの分泌も盛んになる．ホルモン状態の変化に伴いつわり症状が現れるのもこの頃からである．また，胎盤が完成されていないために，胎盤を通して酸素や栄養の補給を受ける胎児は，まだ不安定な，そして流産の危険のある状態にある時期である．

2） 妊娠3カ月（妊娠8～11週）

8週になったばかりの時期はまだ人間らしい様子のなかった胎児は11週には上下肢，口，耳などもほぼ原形ができあがる．したがって奇形発生の危険が大きいのもこの時期までである．感染，薬，X線による被爆に注意が必要となる．胎盤はまだ完成していないが，心拍動が確認されれば流産の危険はずっと小さくなる．一方では徐々に大きくなる子宮により周囲の臓器が圧迫されるため，頻尿になったり下腹痛，とくに腰痛などが現れる．

3） 妊娠4カ月（妊娠12～15週）

胎児は全身に細かい毛が生えてきて，外性器により男女の区別が可能となり，下肢が発達してくる．胎盤は完成に近づき，妊娠は非常に安定した状態になる．この頃にはほとんどの人がつわりがなくなり，食欲が出てくる．母体は子宮が大きくなるために子宮を支える靭帯が引っ張られており，足のつけねの痛み，あるいはつれる感じとして気になることもある．

4） 妊娠5カ月（16～19週）

胎児は頭の毛や爪も生え始め，耳もめだって人間らしいかたちになっている．胎児の筋肉の力も強くなり，羊水の中で元気に動き回るが，まだ胎動として感じることはできないことのほうが多い時期である．胎盤が完成し妊娠は安定した時期に入る．つわりは消え，気分も良くなり，精神的にも安定してくる．また，妊娠中期に入る頃より便秘症状に悩まされる妊婦も増えてくる．規則正しい食事と繊維分を多く含む食事をとるように心がけ，医師と相談の上，便秘薬の服用が必要なこともある．

5） 妊娠6カ月（妊娠20～23週）

胎児はX線でも骨が写るようになり筋肉の力も強くなるので，このころから胎動を感じることができるようになる．胎動を感じることで母親としての実感を強くするのもこの頃である．母体は子宮が大きくなり，おなかのふくらみがめだち始める．体重も増え，腰痛が出やすくなる．豊富なホルモンの作用で乳房が大きくなってくる．乳首の手入れをし始める必要がでてくる．乳頭の皮膚を強くし，母乳で育てるという心の準備にもなる．

6） 妊娠7カ月（妊娠24～27週）

27週ぐらいまでは肺はまだ未熟で，この時期に母体から出てしまった胎児が，一人立ちしてなんとか生きていけるかどうかの境目の時期である．また，このころから1日に何回か，少し長く歩いたりしたときにおなかが張るのを感じるようになる．横になってもおさまらない頻繁な張りを自覚する際は入院・安静が必要なこともある．

寝返りをうったり，歩き始めに片足に体重がかかったようなときに，腰の下のほう，背骨のわきにぎくりとした痛みを感じることも多くなる．これはお産に備えて腰の関節が少しゆるんでくるために起こるものである．妊婦体操などで腰を支持する筋肉を強化することで腰痛を予防することがある程度可能である．

7) 妊娠 8 カ月（妊娠 28～31 週）

　この時期にはまだ胎児は皮下脂肪が少ないため皺が多くやせて見える．肺や消化管，腎臓などは完成に近づきつつあるが，働きはまだ未熟である．母体の変化としては，血液量の増加は 31，32 週ごろが最高で，心臓に対する負荷も最大のため，動悸や息切れの症状が現れやすくなる．また大きくなった子宮で胃が押し上げられるため，胃部膨満感や胸やけなどの症状が強くなることもある．子宮の圧迫のためうっ血が強くなり，静脈瘤，痔なども見られる．体が重くなり，動くのが億劫になるが，適度な運動は続ける必要がある．

8) 妊娠 9 カ月（妊娠 32～35 週）

　胎児の種々の機能は急速に成熟し，出生後に肺を開きやすくする働きは 32 週から 34 週にかけて完成され，腎臓や肝臓，皮膚の機能は 35 週から 36 週にかけていちじるしく変化する．この時期は人によっては子宮が収縮しやすくなっているため，無理な行動は避けるべきである．

9) 妊娠 10 カ月（妊娠 36～39 週）

　36 週に入ると胎児は機能的には成熟を迎える．この時期の体重増加は体の成長というよりは皮下脂肪の増加によるため，30 週台前半からはいかにも赤ちゃんらしい姿に変化する．予定日に近づくにつれ，赤ちゃんが下がったような感じ，頻尿，粘液性のおりものの増加，また胎動が少し減ったように感じることもある．陣痛開始の時期の予測はむずかしく，いつ出産を迎えてもいいように無理はひかえ，体調を整えておくことが大切である．　　〔入山高行〕

分娩(出産)の経過
(メカニズム)
mechanism of delivery

1. 分娩の前兆
予定日が近くなると，赤ちゃんは少しずつ骨盤内に下がってきて，次のようないくつかの徴候がみられるようになる．

1) 胃のあたりの軽快感
今までは大きくなった子宮に胃が押し上げられていたが，出産が近づくと赤ちゃんが下がってくるため，胃のあたりの圧迫感がなくなる．また，肺や心臓も圧迫から解放されて，息苦しさがなくなる．

2) 赤ちゃんの動きが少なくなる
赤ちゃんが下がって頭が骨盤内に固定すると，赤ちゃんが動きにくくなる．

3) おなかが張る感じ
不規則なおなかの張り（子宮収縮）が今までより頻繁に起こる．これは前陣痛（前駆陣痛）と呼ばれるもので，しだいに回数が多く，強くなってくる．人によっては，腰が重く張るように感じることもある．

4) その他の症状
下がってきた赤ちゃんの頭に膀胱や腸が圧迫され，尿が近くなったり便が出にくく感じたりする．また，子宮の入り口（子宮頸管）が熟化する（やわらかくなる）とともにおりものの量が増える．

2. 分娩の開始
次のような3つの症状のどれか1つでも起こると，いよいよ分娩の開始の合図である．人によってこれらの症状が現れる順番が異なる．

1) 陣痛
不規則だったおなかの張り（子宮収縮）がしだいに強く長くなって，約10分間隔で規則的になる．また，おなかの張りに加えて，痛みも感じるようになる．間隔が10分以内の陣痛が開始した時期を，分娩開始時期ということに決められている．

2) 血性の分泌物
一般に「産徴」，「おしるし」と呼ばれ，血液の混じった粘けのあるおりものがみられる．「おしるし」があってもすぐに分娩が始まるとはかぎらず，人によっては数日後に陣痛が始まったりする．

3) 破水
卵膜が破れて中の羊水が流れ出すことを破水といい，生暖かい尿のような水が流れ出る．ふつう破水は陣痛が始まり子宮口が開いてから起こるが，陣痛に先駆けて破水することもある（前期破水）．破水後は羊水や胎児への細菌感染や臍帯脱出の危険があるので，すぐに病院に連絡する．

3. 分娩第1期——子宮口が開き始める
規則的な子宮収縮（陣痛）が始まって子宮口が押し広げられ，開ききる（全開大で子宮口の直径は10cmになる）までを分娩第1期という．第1期にかかる時間は，初産では10～12時間，経産では6～7時間である．

第1期は，子宮収縮が10分間隔で陣痛が10～20秒続くところから始まる．この時，子宮口は人差し指1本分くらいしか開いていない．しだいに陣痛は強く長くなり，3～5分間隔で30～40秒位続くようになる．分娩第1期の終わりには2～4分間隔で40～60秒位続くようになり，子宮口は全開し，産道がつくられる．

子宮口がある程度開くと，赤ちゃんの頭と子宮頸部の間に羊水がたまり，卵膜がふうせんのように膨らんでくる．これを胎胞という．胎胞は陣痛時に緊満し，子宮口を押し広げる役目をする．

その間，赤ちゃんも狭い骨盤内で向きを変えながら，分娩の進行を助けている．あごを胸にうずめ，手足を縮めて，できるだ

け小さな姿勢をとる．あごをうずめて頭部の周囲を小さくし，骨盤のいちばん大きな部分である横径に，頭の縦径が一致するように回旋する．さらに進むと，赤ちゃんは母親の背中側に顔を向けるように90度回旋する．子宮口が全開するころ，強い子宮収縮に伴って卵膜が破れ，羊水が流れ出る．これが破水（適時破水）である．

陣痛が強くなってくると，いきみたくなる．第1期の間はいきんではいけない．不必要ないきみは子宮口を押し広げる妨げになる．

4. 分娩第2期—子宮口が全開し赤ちゃんが生まれる

子宮口が全開し，破水すると，いよいよ赤ちゃんが生まれる．赤ちゃんは産道にそってゆっくり頭を回旋させながら骨盤を通り抜けて娩出される．この期間を分娩第2期といい，初産では1～2時間，経産では30分くらいかかる．

子宮収縮はさらに強くなり，1～2分間隔で陣痛は60秒近く続く．赤ちゃんの産道への圧迫と強い子宮収縮に伴う痛みで，陣痛発作時に反射的にいきみたくなる．子宮収縮と，いきみ（努責）による腹圧，横隔膜の収縮で，赤ちゃんの娩出が促される．赤ちゃんの頭が下がってくると，会陰部は伸ばされて紙のように薄くなってくる．子宮の収縮につれて腟口部分に頭が見えかくれするようになり，これを排臨という．そのうち，陣痛にかかわらず常に頭が見えるようになり，これを発露という．通常，発露から1～数回の陣痛で頭が出てくる．頭に続いて肩，体が出て，娩出である．赤ちゃんは「おぎゃー」と産声をあげ，肺が広がり，肺呼吸が始まる．

産道は母親の後ろから前に向かってカーブしているので，カーブに沿うように赤ちゃん自身も回旋を行い，出産の助けをしてくれる．

いきむ時期に入ると，医師や助産師が声をかけてくれる．1～2回深呼吸をしたあと，大きく息を吸い込み，そのまましっかり口を結んでいきむ．途中で息が続かない場合は息つぎをしてもかまわない．いきむときには，肛門に向かって産みあげるようなイメージで力を加える．赤ちゃんの頭が見えたままになったら，声かけに従い，いきみをやめる．会陰が大きく裂けないようにするためである．それを防ぐために，場合によっては会陰部の切開を行うことがある．ここからは「はっ，はっ」と短く息を吐き出すようにする．

第2期では赤ちゃんはそれまで胸にうずめていたあごを伸ばし，のけぞるようにして頭を会陰から出す．その後さらに向きを変え，肩が出る頃にはからだを回し，横向きの姿勢になって出てくる．

5. 分娩第3期—胎盤が出て分娩が終了する

赤ちゃんが生まれたあと，胎盤が出るまでが分娩第3期である．時間は5～15分位である．赤ちゃんが生まれたあとへその緒を切って赤ちゃんと胎盤・臍帯とを切り離す．赤ちゃんが生まれた後から子宮は強く収縮し，急に小さくかたくなり始める．この子宮収縮によって胎盤は子宮の壁からはがれ始める．こうして5～15分後には胎盤が卵膜・臍帯とともに娩出される（後産）．胎盤が出てくる時は，すこし下腹部が張る感じがするが，いきむ必要はない．軽くいきんでもよいが，たいがいは医師や助産師が腹部を押すか，へその緒を引っ張るだけで簡単に出てくる．

胎盤娩出後は比較的多量の出血がある．子宮と胎盤をつなぐ血管からの出血で，500 ml以下なら正常である．

会陰が裂けた時や，会陰切開をした時は，胎盤が娩出されたあと，消毒をして糸で縫い合わせる．

〔松山玲子〕

産後の経過
lapse after delivery

妊娠・分娩に伴い女性のからだは大きく変化する．出産がすみ，その変化がもとの状態に戻るまでには，個人差もあるが，およそ6～8週間かかるのが普通である．この時期を医学的には産褥期と呼ぶ．

1. 子宮の復古
出産が終わると，母体は急速に妊娠前の状態に戻ってゆく．とくに，子宮や腟などはいちじるしく変化する．子宮収縮は赤ちゃんや胎盤を娩出したあとも持続して子宮はどんどん収縮してゆく．復古現象は授乳によって，さらに促される．子宮の天井にあたる子宮底は出産の直後に臍の約6cm下まで下がるが，時間とともに上昇し，12時間後には一時的に臍の高さに戻る．その後はしだいに小さくなり，12～14日後にはおなかの上からは触れなくなり，約6～8週間で妊娠前の高さに戻る．子宮の重量は分娩直後1,000g，1週間後500g，2週間後300gであるが6～8週間後には60gとほぼ妊娠前の重量になる．子宮がもとの大きさに戻ろうと収縮するのに伴い，下腹部に陣痛に似た痛みが生じる．これを後陣痛といい，通常は出産の当日と翌日くらいでおさまる．後陣痛は，初産婦にくらべて経産婦のほうが強い傾向にある．

2. 悪露の変化
産後のおりものを悪露（おろ）と呼び，子宮内膜や腟の傷口から出る血液，リンパ液，粘液，はがれた組織・細胞などが含まれている．産後2～3日は新鮮な血液で量も多いが，産後3～4日になると新鮮な血液は少なくなり褐色になる．産後8～15日になると淡褐色になり，量もさらに少なくなる．産後4週頃には，たいてい淡黄色になる．変化には個人差があるため，産後5～6週までは血液が少量まざっていることもある．

3. 乳汁の分泌
妊娠中には，卵巣や胎盤から分泌されるエストロゲン，プロゲステロンの働きにより，乳腺が発育するが，これらのホルモンには乳汁分泌を抑える働きもある．分娩が終了し，胎盤由来のエストロゲンやプロゲステロンがすみやかに減少すると，プロラクチンというホルモンが乳腺に作用できるようになり，乳汁分泌が始まる．分娩直後の乳汁分泌は少量だが，赤ちゃんが乳首を吸うとその刺激が脳に伝わり，プロラクチンやオキシトシンといった，乳汁分泌に必要なホルモンが分泌されるようになる．

〔松山玲子〕

出産の子どもへの影響

complication of childbirth

出産は人の営みの中における大きなイベントである．ある意味では女性にとって生理的なできごとと解釈できるが，出産そのものは胎児および母体ともに，ある種の生命の危険性を含んでいる．「健やか親子21」では，「妊娠・分娩の安全性」と「妊娠・出産の快適性」の確保を目標に掲げている．出産による子どもへの影響は，狭い産道を胎児が通過するときに大きな外力を受ける．また，胎児にとって出産は，胎内生活から胎外生活への移行というきわめて大きな変化を伴うものである．ここでは，主に分娩に伴う外力が原因で生じる新生児の異常と出産の過程で生じる重要な影響について解説する．

1. 産瘤

出産直後の新生児にみられる，産道を通過する際の圧迫が原因で，頭部に現れた「こぶ」のことである．これは，頭蓋骨の応形能がよいことと，圧迫によって皮下に浮腫が出現したものである．通常，小泉門の部分が先端部となって頭部が長く延びた形になる．しかし，これらの状態も生後2～3日までには，浮腫がとれ，普通の頭の形になる．産瘤は頭位分娩（通常の分娩では頭頂部が先端になる）でみられ，骨盤位分娩（臀部が先進部になる）ではみられない．

2. 吸引分娩による髷様外傷

吸引器のカップを当てた頭部の皮膚は真空で引っ張られるため，頭皮がカップ内に吸い込まれる．そのため，髷状に頭皮が隆起した紫色の浮腫状のこぶができる．生後3～4日で消失する．

3. 頭血腫

一側または両側の頭蓋骨の骨膜の下側に血液が溜まった状態である．頭血腫は骨膜の下の出血であることから頭蓋の縫合を越えることはない．つまり，左の頭頂骨の頭血腫は左の頭頂骨の範囲を越すことはないのが特徴である．巨大な頭血腫は，その血液が吸収されたとき，その中に含まれるヘモグロビンからビリルビンが大量に産生され，新生児黄疸が強くなることがある．

また，頭血腫はぶよぶよしたこぶとして目立ち，母親たちには気になるものである．頭血腫は感染の危険があるため，針を刺して内容を除去しないのが原則であり，一時期周辺に骨が増殖して硬いこぶ状になるが，いずれは，きれいなすべすべした頭になる．

4. 帽状腱膜下出血

頭部の帽状腱膜と骨膜の間に出血が起こったもので，頭皮全域に広がり，触るとずぶずぶした感触になる．比較的大量の血液が貯留するので，貧血と血液の吸収による黄疸の増強が問題になる．

5. うっ血

難産で生まれた新生児では，産道の圧迫により，顔面や頭皮に著明な点状の出血をともなううっ血をみることがある．顔面や頭皮は紫色を示し，一見チアノーゼ様にみえる．

6. 眼瞼の浮腫

生まれて2～3日は眼瞼が腫れて，目を開けない新生児がいる．これは，産道の圧迫により，上まぶたが腫れたためで，産瘤と同じ原因による．

7. 結膜出血

産道通過時の圧迫によって，白目すなわち結膜に出血が起こる．瞳の近くに目立ってみられることもあるが，これはすべて，自然に吸収されて治癒する．

8. 骨折

分娩時の圧迫や外力によって骨折が起こることもある．鎖骨骨折はよくみられる骨折であり，胎児の身体が大きいと，頭位分娩では肩の前面が出にくくなり，鎖骨が折れる場合がある．また，骨盤位分娩では両肩が出るときに，強い外力がかかるため鎖骨が折れることがある．

いずれにせよ，鎖骨骨折は治療を行う必要はなく，後を残さず治癒する．

上腕骨骨折は，骨盤位で上腕を牽引するときに起こることがある．また，前腕骨や大腿骨の骨折も骨盤位分娩で生じることがある．いずれの骨折も，腕や下肢の疼痛があるため，運動制限を伴う．上腕骨骨折では腕の長い寝間着を着せ，骨折している腕の側の袖を胸部にピンでしっかりとめて固定するだけで，疼痛も減少し2～3週間で完全に治癒する．

大腿骨骨折ではひどい偏位と屈曲をともなうが，ギプス固定で3～4週間経過をみれば，完全に治癒する．

9. 顔面神経麻痺（Bell 麻痺）

鉗子分娩でみられることが多いが，顔面神経の下顎肢（下顎の付け根のあたりを通って表面にでてくる脳神経）が強く圧迫されると，神経の血行障害が起こり，麻痺が生じる．多くの場合，麻痺は一時的なもので，1～2日で回復する．原因は鉗子などにより直接圧迫された場合や分娩経過中に骨盤のどこかで圧迫されたために生じる．ときには，顔面神経の発育不全が原因で麻痺を生じている場合もある．

顔面神経麻痺は，泣いたときに顔がゆがむ，麻痺のある側の目を完全に閉じられないなどの症状で発見しやすい．

10. 上腕神経叢麻痺

上腕神経叢の上部が障害を受けると肩の筋肉，上腕二頭筋（肘関節で上腕を曲げる運動），腕橈骨筋および前腕の回外筋（前腕を外側に回転する運動）の筋力が消失する．新生児の腕はだらりと垂れ下がり，前腕は内側に回転している．Moro 反射では上腕の挙上がみられない（Erb 麻痺）．重症例では，上腕神経叢の下部も障害を受け，前腕や手の小さな筋まで麻痺することもある．これは，頭と肩を別々に引っ張ったときに生じ，鎖骨骨折と同じ外力のかかり方によって起こる．したがって，両者はしばしば合併する． 〔中村　敬〕

文　献

1) 竹内　徹訳：ロバートソン正常新生児ケアマニュアル，メディカ出版，1997.
2) 小川雄之亮・多田　裕・中村　肇・仁志田博司編集：新生児症候学．新生児病学，pp.395-410，メディカ出版，1995.
3) 中村　敬：月齢別・年齢別の育児，新生児期の発育．新版すこやか親子の育児全書（平山宗宏，渡邊言夫編集），社会保険出版社，2003.
4) 川井　尚・平山宗宏編集：新版・乳幼児保健指導，小児保健シリーズ No.55，日本小児保健協会，2002.

ハイリスク出産と医療
（周産期医療）

medical care for high risk pregnancy and delivery (perinatal care)

　周産期とは妊娠後期から新生児早期までの出産にまつわる時期を一括した概念であり，この時期に母体，胎児，新生児を総合的に管理して，母と子の健康を守ろうとする医療が周産期医療である．周産期医療を行う施設は，妊娠の異常，分娩期の異常，胎児・新生児の異常に適切に対応できるように，産科医と小児科医が一体となって，その他の医療スタッフとの間でチームを組み行われる高度専門医療施設である．
　集中的な治療が必要なハイリスク妊娠・出産には，いつどこで生まれても最適な医療が受けられる地域における周産期医療システムが必要である．

1. ハイリスクということ

　ハイリスク妊娠・分娩とは，若年妊娠・出産，未婚，高年妊娠・出産，多胎妊娠・出産，妊娠合併症（重症妊娠中毒症，切迫流早産，妊娠糖尿病，貧血，前期破水，前置胎盤，分娩時大量出血など）や治療中の疾患（内分泌疾患，膠原病など）がある妊娠・分娩，さらに，勤労妊婦，過労，妊娠中の喫煙や飲酒，貧困や家庭内問題などの社会的要因も含まれ，妊娠・分娩経過に悪影響を及ぼし，また出産後の新生児にさまざまな影響を及ぼす妊娠・分娩を総称していう．
　一方，ハイリスク胎児・新生児とは，児の生命に危険が及んだり，将来の発育・発達に悪影響を与えるような要因をもった新生児を総称し，この要因をハイリスク要因と呼んでいる．これらを列挙すると，低出生体重児，とくに出生体重が 1,500 g 未満の新生児，妊娠週数が 37 週未満（早産）の新生児，重症な黄疸，呼吸障害，重症仮死，下血や吐血，けいれん，ハイリスク妊娠・出産を伴った妊婦から出生した新生児，社会・経済的問題を有する家庭などが含まれる．

2. ハイリスク妊娠・出産およびハイリスク新生児に対する医療

　都市化に伴う核家族化，女性の労働市場への参入の増加などのライフ・スタイルの変化，極端な少子高齢化社会の進行に対応して，次世代の子どもたちを安心して生み育てることができるように，保健・医療，保育，雇用，住宅，教育などの総合的かつ実効的な子育て支援策が求められている（エンゼルプラン）．母子保健の分野でも，第一次的な保健相談や指導事業は市町村を主体として，周産期医療や難病などの医療対策など専門性や高度の技術を要する事業については都道府県を実施主体とした新たな取り組みが開始されている．
　厚生労働省は，充実した周産期医療に対する需要に応えるために，地域においてハイリスク妊娠・出産からハイリスク新生児に至る高度専門的な医療を効果的に提供する総合的な周産期医療体制を整備し，安心して子どもを生み育てることができる環境づくりの推進を図るために，平成 8 年 4 月 1 日「周産期医療対策事業実施要綱」を定めた．また，地域における周産期医療の中核になる総合周産期母子医療センターの設置を推進し，その運営費の補助，母子医療施設の設備整備費の増額など，予算措置が図られている．

3. 総合周産期母子医療センターの設置

　総合周産期母子医療センターは各都道府県に 1 個所を目安として，高度周産期母子医療の中核をなす施設である．この総合周産期母子医療センターの機能は，①合併症妊娠，重症妊娠中毒症，切迫流早産，胎児

異常など母体および胎児への高度な集中的医療（母体・胎児集中治療）および病的新生児に対する高度な集中的医療（新生児集中治療）などの周産期医療を行う．②常時の母体および新生児搬送受入体制を有する．③地域の周産期医療システムの中核として，各医療施設との連携を図り，地域の医療従事者に対する研修を行う．

設備については，次の要件が求められる．①産科および小児科，麻酔科その他の関係診療科目を有する．②9床以上（12床以上が望ましい）の母体・胎児集中治療管理室（PICU）を有する．③9床以上（12床以上が望ましい）の新生児集中治療管理室（NICU）を有する．④それぞれについて，2倍以上の病床数を有する後方病室を用意する．⑤ドクターカー（患者搬送用）を保有する．⑥その他，一定基準の検査機能，輸血の確保，新看護または基準看護を行っている病院であること，自家発電装置を有することなどが条件になっている．

4. 地域おける周産期医療体制

平成7年の母子保健法改正（第20条の2 平成9年度より施行）によって，国および地方公共団体は妊婦と新生児，乳幼児に対し高度な医療が提供されるよう，必要な医療整備に努めなければならないと定められた．これを受けて，国は平成8年度から「周産期医療対策整備事業」を実施した．総合周産期母子医療センターは各都道府県に1個所整備することが目標とされるが，実際には，一定の人口または出生数ごとに設置される必要がある．この件に関して，厚生省心身障害研究班では，人口100万，出生1万に1個所の設置が必要であり，これをカバーする地域周産期医療機関（サテライト医療機関）が複数個所整備され，中等度のリスクを有する母体や新生児の医療，総合周産期母子医療センターの後方病床に対応する体制が求められている．一般の出産施設では，これらの周産期医療機関と病診連携（病院―診療所連携）を構築し，母体および新生児のリスクに合わせて搬送先を決めるシステムが成り立っている（母体搬送，地域化）．

5. 母体搬送（maternal transfer）

新生児の救命を目的として，分娩が切迫している時期に，妊婦を周産期医療施設へ紹介することと定義される．新生児医療の効果を上げるためには，重症の新生児をNICUに搬送するよりも，そのリスクが予見される妊婦をあらかじめNICUのある周産期医療施設へ搬送する方が合理的であることが認識された結果である．

6. 地域化（regionalization）

ハイリスク児の救急医療において，NICUにおける医療効果が実際に発揮されるためには，ハイリスク児がリスクに応じた新生児医療施設に入院できるような地域的体制（地域化）と搬送体制を確立することが重要である．「その地域で生まれた生命の危機の迫っている新生児が治療を受けることがなく死んでいくということがないように，いつでもどこでも，必要な最高の医療を受けられるようにするシステム」，これが新生児医療の地域化である．現在は「新生児医療の地域化」だけでなく，リスクが予想される胎児と妊婦を周産期センターへ母体搬送する「周産期医療の地域化」が整備されつつある．〔中村　敬〕

文　献

1) 多田　裕：地域周産期医療システムの評価に関する研究．平成5年度厚生省心身障害研究『ハイリスク児の総合的ケアシステムに関する研究』報告書（小川雄之亮編），pp.5-6, 1993.
2) 多田　裕：周産期センターの適切な配置と内容の基準に関する研究．平成7年度厚生省心身障害研究『周産期の医療システムと情報管理に関する研究』報告書（多田　裕編），pp.7-12, 1995.

妊産婦の食生活

dietary life during pregnancy and lactation

1. 妊産婦の栄養・食生活の基本
1) 栄養素等摂取目標

わが国では健康な人を対象に，人々の健康を維持・増進し，生活習慣病を予防するための標準となるエネルギーおよび各栄養素の摂取目標量が「日本人の食事摂取基準」として示されている．その中から18～29歳，30～49歳の女子よぴ妊婦，授乳婦についてエネルギーおよびおもな栄養素の値を表3.5に示す．妊婦，授乳婦は非妊時に対する付加量で示されている．エネルギーの摂取目標量は生活の仕方により異なるが，ここでは身体活動レベル（ふつう）における値を示した．このうち，ビタミンA，D，葉酸については，過剰摂取を防ぐために上限量が示されている．

妊婦の各期における付加量は子宮，乳腺，血液，貯蔵脂肪など母体側に蓄積されるものと，胎児，胎盤，羊水など児側に必要とするものである．

妊娠中期から末期におけるタンパク質の摂取不足は妊娠高血圧症候群，貧血，低出生体重児などの出現率を高める．また，この時期には母体の血液量の増加，胎児の体内貯蔵鉄の増加が見られ，さらに分娩時の出血の備えとして鉄が必要になる．妊娠8カ月以降には，母体が摂取したカルシウムは胎児の骨や歯の成長のために児に移動するので，不足を招かないよう注意する．

授乳婦では，生後母乳のみによって授乳した場合，その泌乳量を考慮し，これに含まれるエネルギーおよび栄養素を補充することを基本にしている．

2) 食生活の目標

われわれが日常摂取するのはエネルギーや栄養素そのものではなく，それらが種々の割合で含まれている食品や食物である．食事摂取基準を一歩具体化し，それを充足する1日の食品の摂取目標（食品構成）の1例を表3.6に示す．食品構成は対象，地域の食生活状況や食文化などにより異なるので，それらを考慮し，それらにあわせたものを策定することが望ましい．

3) とくに留意すべき事項
i) ビタミンAの過剰摂取に注意する

疫学的知見から，妊娠初期にビタミンAを過剰に摂取すると，新生児における奇形発症率を高めることが明らかにされた．すなわちビタミンAを食品または補給剤から1日に10,000 IU以上継続的に摂取した

表3.5 妊婦，授乳婦の身体活動レベル「ふつう」（Ⅱ）における食事摂取基準（2005年版 厚生労働省）

年齢（歳）		エネルギー(kcal)	タンパク質(g)	脂肪エネルギー比率(%)	カルシウム(mg)	鉄(mg)	ビタミンA(mg)	ビタミンB$_1$(mg)	ビタミンB$_2$(mg)	ビタミンC(mg)	ビタミンD(μg)	葉酸(μg)
18～29		2,050	50	20以上30未満	700	10.5	600	1.1	1.2	100	5	240
30～49		2,000	50	20以上25未満	600	10.5	600	1.1	1.2	100	5	240
妊婦	初期 中期 末期	+50 +250 +500	+10	20以上30未満	+0	+13[1]	+0 +70 	+0 +0.1 +0.3	+0 +0.2 +0.3	+10	+2.5	+200
授乳婦		+450	+20	20以上30未満	+0	+2.5	+420	+0.1	+0.4	+50	+2.5	+100

1)「月経なし」の時の推奨量（18～29歳，30～49歳各6.5 mg）」に対する付加量

表3.6 妊婦・授乳婦の食品構成例　（身体活動レベル「ふつう」（Ⅱ）に対する付加量）　（g）

食品群	食品	非妊婦 20～29歳	非妊婦 30～39歳	妊娠婦 中期	妊娠婦 末期	授乳婦[1]
第1群	魚・肉	50	50	+20	+20	+40
	卵	15	15			
	豆腐（絹ごし）	30	30			
第2群	牛乳	300	300			
第3群	緑黄色野菜	150	150			
第4群	その他の野菜[2]	200	200			
	果物・海藻	150	150			
第5群	穀類[2]	350	330	+30	+80	+80
	イモ類[2]	80	80			
	菓子類[2]	25	25	+10	+15	+15
	さとう[3]	10	10			
第6群[4]	油脂	20	20		+5	+5
	種実類	5	5			

（水野清子）

1) 18～29歳に対する付加量
2) 非妊時（18～29歳）の穀類は米飯に換算すると，およそ660gに相当する．しかし，各人に必要なエネルギーは，生活や運動の仕方により，大きく左右されるので，あまり分量にこだわる必要はない．空腹を補う程度で．
3) 強いて用いる必要はない．摂り過ぎないように注意．
4) 第5群と第6群はいずれも主にエネルギー源となるので，両者の比率は個々の食習慣，嗜好などを尊重し，幾分増減する．

女性では，5,000 IU以下の者に比べてその発症率が数倍高い．

それゆえ，妊娠を希望する者および妊娠3カ月以内では，ビタミンAの摂取は食事摂取基準の上限量以内を守り，ビタミンAを多量に含む食品（獣鳥類の肝臓，やつめうなぎおよびうなぎのきもなど）を継続的に多量摂取しないこと，また，ビタミンAを含有する健康食品については過剰摂取にならないよう，1粒中の含有量を確認する必要がある．

ⅱ）積極的に葉酸の摂取を心がける

出生児の二分脊椎などの神経管閉鎖障害の発症を減らすためには，妊娠1カ月以上前から妊娠3カ月までの間，食品からの葉酸摂取に加えて，いわゆる栄養補助食品から1日0.4 mgの葉酸を摂取することが推奨されている（ただし1日1 mg以上を超えてはならない）．葉酸はほうれん草，ブロッコリーなどの緑黄色野菜，いちご，納豆などに多く含まれているので，これらを多く摂取するよう心がける．

ⅲ）環境ホルモンと食生活　妊産婦において，ダイオキシン類による母乳汚染の問題は最大の関心事であろう．ダイオキシン類は生成された後，大気や海水，水，食物を通して人間に摂取され，母乳を通じて乳児に移行する．現在，母乳中のダイオキシン類は減少傾向にあり，乳児に与える影響はただちに問題になる程度ではないと考えられている．しかし，母乳の安全性を確保するためにも，妊産授乳期における食生活には注意を払うことは重要である．日本人はダイオキシンの70%を魚介類から摂取しているが，魚に含まれているDHA，EPAの生理的効果を考えると，魚を一概に排除することは望ましくない．多種類の魚，赤身肉（内臓は避ける），脂肪の少な

い肉類（内臓は避ける），大豆製品を適宜組み合わせて摂取し，同時にダイオキシン類の排泄を促す食物繊維の摂取を心がける．

2. 症状別食生活の対応
1） つわり

つわりは妊婦の 70～80％ が経験すると報告されているが，その原因にはいろいろな説があり定説はない．

その程度や継続する期間にはかなりの個人差があるが，妊娠 5～6 週に発現し，12～16 週で自然に消失する．従ってつわりは，特別の治療を必要としない．しかし，つわりの程度が異常に強い場合を妊娠悪阻といい，妊婦の 0.02～0.3％ にみられるといわれている．強い嘔吐により代謝異常をきたし，また，明らかに体重減少がみられる場合には，入院して治療を行うことがある．

つわりの時期における胎児はまだ小さいので，エネルギーおよび栄養素の摂取量が少なかったり，栄養バランスを欠いたとしても，胎児への影響はほとんどみられない．しかし，つわりを増強させない食事の営みを心がける必要があろう．そのためには，つわりは空腹時に症状が強く現れるので，手軽につまめるものを用意しておく．好きなものを少量ずつ，食べたい時に時間をかけて食べる．嘔吐が激しい時には，脱水症状に陥らないように，水分や水分の多い食品の摂取を心がける．

2） 貧 血

妊娠中期，末期になると循環血液量の増加に伴い，赤血球量が増加する．一方，胎児・胎盤の発育のために鉄需要が増加し，その量は 1 日に 4 mg 近くに達する．分娩・出産に必要とする鉄量を満たすためには，母体内の貯蔵鉄をはじめ，トランスフェリン結合鉄など母体内の鉄が動員される．この時貯蔵鉄も少なく，かつ，鉄の摂取量が少ない場合には，鉄欠乏の状態になる．

現代の若い女性は体型のスリム化志向が強く，そのために食事回数や食事量を減らす，菜食主義に偏るなど，食生活上の問題をもつ者が少なくない．このような場合には貯蔵鉄の減少が懸念される．

鉄欠乏性貧血では組織への酸素供給の不足を招くので，疲労や脱力感を感じるようになり，また，出産時には微弱陣痛，遷延分娩，異常出血，産褥復古不全などを招きやすい．また，出生後，児に貧血が出現しやすいといわれている．

日本産婦人科学会栄養委員会では妊婦貧血の診断基準を，Hb 11.0 g/d*l* 未満，Ht 33.0％ 未満としている．

鉄欠乏貧血の場合には，鉄含有量の多い食品，鉄吸収率の高い食品を取り入れ，1 日 3 食，規則的に摂取する．ヘモグロビンの生成のためにタンパク質を 10～20％ 増量する．さらに鉄の吸収を高めるためにビタミン B_6，B_{12}，C，葉酸，銅を含む食品の摂取を心がける．日常の食事で鉄の摂取が困難な場合には，鉄添加食品の利用も一法であろう．

3） 妊婦肥満

妊娠中，胎児の発育のために適正な体重増加は必要である．厚生労働省では，妊娠中の適切な体重増加量は非妊時の BMI（body mass index：体重〔kg〕÷身長〔m〕^{2}）が 18.5 未満では 9～12 kg，18.5 以上 25.0 未満では 7～12 kg，25.0 以上では個別対応をするとしている．

妊婦においては運動などによる消費エネルギーが減少し，過食による摂取エネルギーの増加により余分なエネルギーが中性脂肪に変えられて脂肪組織に異常に蓄えられる単純肥満が多い．肥満妊婦の多くは高血圧や妊娠高血圧症候群，糖尿病，高脂血症などの合併症を引き起こす確率が高く，そのために分娩時のリスクが大きくなって胎児仮死や周産期死亡を高めることになる．それゆえ，妊娠月数別 BMI 簡易表（図 3.4）

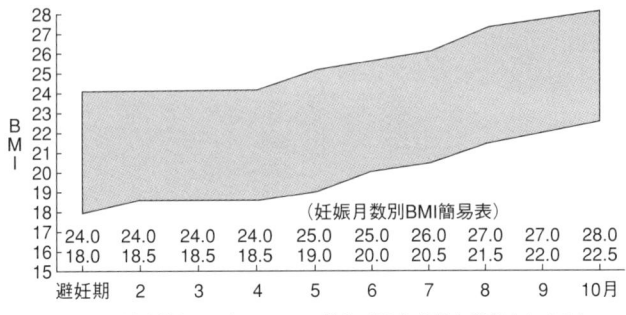

図 3.4　正常妊娠における BMI の推移（日本産婦人科学会による）

	避妊期	2	3	4	5	6	7	8	9	10月
上限	24.0	24.0	24.0	24.0	25.0	25.0	26.0	27.0	27.0	28.0
下限	18.0	18.5	18.5	18.5	19.0	20.0	20.5	21.5	22.0	22.5

や 1 週間の体重増加量をチェックしながら，エネルギーの摂取と消費の収支を合わせていくことが大切である．

食事リズムの乱れや欠食，不適切な間食や夜食の摂取，夕食の遅延および過剰摂取は是正し，食事内容は糖質性食品，多脂性食品，油脂類を使用する料理は控え，タンパク質性食品（とくに大豆などの植物性食品）の摂取を多くする．また，食事のボリューム感をだすために，野菜，海藻，茸類，こんにゃくなどの低エネルギー食品を積極的に使用する．

4）妊娠高血圧症候群

妊娠高血圧症候群では妊娠によるさまざまな変化に母体が対応できない時に，全身性の血管れん縮，胎盤の機能低下，組織へのナトリウムの過剰貯留，腎機能の低下を起こす．この結果，高血圧，タンパク尿などが出現する．本症では妊婦死亡率，周産期死亡率，胎児発育障害の発生率が高くなるので，その予防が重要となる．

本症の予防には妊娠中の適正な体重増加がすすめられ，食塩摂取は 10 g/日以下，タンパク質は標準体重×1.2〜1.4 g/日，高カルシウム食が有効であるとされている．

妊娠高血圧症候群は早発型と遅延型に分類され，とくに後者ではその予防は生活のしかた（身体的安静と精神的安静）と栄養管理が基本となる．

摂取エネルギーの目標値は，非妊時の BMI が 24 以下では 30 kcal×標準体重（kg）＋200 kcal/日，BMI 24 以上では 30 kcal×標準体重（kg）とし，タンパク質は標準体重×1.0 g/日としている．塩分は 7〜8 g/日，動物性脂肪と糖質は制限し，高ビタミン食とする．水分は 1 日の尿量が 500 ml 以下，肺水腫の場合以外では制限しない（日本産科婦人科学会周産期委員会）．

5）妊婦糖尿病

妊娠する以前に糖尿病と診断されていた女性が妊娠する糖尿病合併妊婦もみられるが，妊娠中の糖尿病には，妊娠により亢進するインスリン分泌に対してインスリンの抵抗性が増大し，このバランスが崩れた時に発症するもの（妊婦糖尿病）が多い．すなわち，妊娠中のみ耐糖能が低下する．妊娠初期に高血糖がみられると　奇形や流産を起こしやすく，末期では子宮内発育遅延，巨大児の出産を招いて周産期死亡率を高める．

医師の指導のもとに摂取エネルギーの目標を設定するが，一般的に年齢別，身長別標準体重 1 kg 当りのエネルギー量を 25〜30 kcal とし，これに妊娠中に必要なエネルギー量を付加する．糖質，タンパク質，脂質由来のエネルギー配分比はそれぞれ 50〜60％，15〜20％，20〜30％ とするが，胎児に適量のグルコースを供給するため

に，糖質を1日に150g以上，確保することが望ましい．また，血糖値を一定に維持するために，1日の摂食回数を4〜6回に分割する．

3. 産後の食生活

授乳の継続期間や泌乳量にはかなりの差がみられるが，食事摂取基準に示したそれぞれの値は，1日の泌乳量などを考慮して策定されている．母乳の成分組成はある程度，母親が摂取した栄養素の影響を受けるので，乳児に必要なエネルギーおよび栄養素量を満たせるよう，バランスのとれた食生活を営まなければならない．しかし，混合栄養などにより，哺乳量が減少した場合には，それに準じた対応が必要である．また，早期に人工栄養に移行した場合には，非妊時の食事摂取基準，食品構成例に従い食生活を営む．

妊娠や分娩を繰り返すごとに体重が増加していく例もみられる．母性肥満は次回の妊娠に影響を及ぼしたり，生活習慣病の発生につながることにもなりかねない．産後，6カ月間に妊娠前の体重に戻すことが望ましい．

また，乳汁分泌に関与するプロラクチンの分泌により卵巣機能が亢進され，無月経になり，授乳中には閉経後にみられる低エストロゲン状態になる．一方，授乳中には乳汁へのカルシウムの放出が起こるので，慢性的なカルシウム不足となり，骨塩量を減少させる．長期にわたる授乳は骨代謝に影響を及ぼすといわれているので，授乳中にはカルシウムの摂取不足にならぬよう食生活に留意する． 〔水野清子〕

文 献

1) 厚生労働省：日本人の食事摂取基準，2005年版
2) 高野 陽ほか：小児栄養―子どもの栄養と食生活，医歯薬出版，2005.
3) 厚生省生活衛生局健康増進栄養課長通知：妊娠3か月以内又は妊娠を希望する女性におけるビタミンA摂取の留意点について，平成7年12月．
4) 厚生省児童家庭局母子保健課長通知：神経管閉鎖障害の発症リスク低減のための妊娠可能な年齢の女性等に対する葉酸の摂取に係る適切な情報提供の推進について，平成12年12月．

妊娠中の社会サービス（1）
social service during pregnancy

母親学級，両親学級（mothers class, parenting class）

母親学級は，妊娠中および産後の健康管理と育児に関する知識の普及のために妊婦を対象に開催されるものであると位置づけされている．

わが国における母親学級は，連合軍司令部公衆衛生福祉部看護課に属したE.マチソン女史により，日本の母産婦保健指導のために2つの大きな計画が提唱された中の1つである．1つは全国の助産婦に対して妊産婦保健指導についての専門的講習会が開催されたこと．2つ目が母親学級であった．当時（1947年）の日本の母子保健指標は，乳児死亡率76.7/千対，妊産婦死亡率167.5/出生10万対と非常に高い値を示していた．昭和初期くらいまでは，妊娠したら妊娠の確定に医師や助産婦の診断を受け，その後は出産の時に診察を受けるという状態であり，妊娠中のケアおよび産前教育という概念は乏しかった．マチソン女史は，全国各地の町や村へ赴き，現に母親であり，また近く母親になる人達が集まって，妊娠中から産褥期までの生活についての講習会を行った．この講習会は，講義と併せて実技を加えた画期的な講習会であった．これを機に，厚生省は中央講習会を開催し，全国から母親学級を開催する準備として，助産婦が受講した．この時代の分娩は，自宅分娩が95%であり，したがって妊娠中の保健指導も個別で行われ，指導内容も助産婦個人の力量にまかされていた．助産婦達は意欲的に母親学級に取り組んだ経緯がある．このような経過で母親学級が

表3.7 当時の母親学級の内容（E.マチソン述）

第1課	妊娠と性器
第2課	妊娠中の栄養
第3課	妊娠の衛生
第4課	自宅分娩のための準備
第5課	赤ちゃんの衣類
第6課	分娩と産褥期
第7課	乳児の哺育
第8課	乳児の入浴

始まったのである．

しかし，昭和30年代までは，母親学級を行っている施設は少なかった．昭和40年母子保健法が施行され，保健指導の重要性の高まりと集団指導としての母親学級開催が認識されはじめると出産施設，保健所，市町村母子保健センターなどで開催されるようになった．だからといって受講者が増えたわけではなく暫くの間低調な時期が続いた．

出産施設，保健所などで開催されるようになった母親学級の内容は，出産施設では施設のオリエンテーションを主に病院側のニーズを妊婦に理解してもらいながら妊娠〜出産までを妊娠の時期に合わせた内容で組まれたものが多かった．一方多くの保健所では，妊娠の成り立ち，妊娠中の衛生，食事，保育などとおもに育児を中心として開催してきた．

昭和50年代の半ばになると，核家族化の増加，少産傾向が社会問題として表面化してくる．それに伴い母親学級も従来の開催を見直さざるをえなくなってきた．

産ませてもらうお産から自らが主体的に産み，育児につなげていく方向へと転換が進められるようになった．核家族化の増加は，家庭生活の中から妊娠期，分娩期，育児についての伝承が消失し体験学習の機会も同時になくなってしまった．母親学級の開催についてはそのような事情を鑑みながら従来の教室開催から大きく目的，目標の変換を迫られてきたのである．「母親学級」とは何か？従来は，出産を控えている妊

中の女性に対して，妊娠中・出産時，および，出産後のさまざまな情報を提供するクラスを「母親学級」と呼んでいる．この場合，生物学的に子供をお腹で育てている女性に対する情報の提供ということで，対象は比較的はっきりしている．

しかし，現在は生物学的に子どもをお腹で育てている女性に対する情報の提供だけではなく，夫，あるいは両親に対しても妊娠を継続し，出産後の育児についての情報提供もできる内容となっている．

また，昭和50年代半ばからラマーズ法が盛んになり取り入れられてくる．母親学級に呼吸法を取り入れるとともに，夫の参加を要請し夫婦でお産にのぞむということが広がったのである．（ラマーズ法とは，フランスの産科医ラマーズによって提唱された「精神的予防無痛分娩」．最近ではラマーズ法を実践する病院は増えている．おもな目的は，分娩の進行や身体の変化を前もって学びリラックス法や筋肉の訓練法，呼吸法を練習することで出産時に妊婦がリラックスできるようにする．）（コラム参照）

近代医学の発達する以前の分娩スタイルは，産婦主導型であった．産婦自身の生命を守るために，産婦みずからが産みやすい体勢をとっていたのである．恐怖感，痛みには，ただひたすら堪え忍んでいた．また，胎児にまで配慮する余裕はなかった．やがて，欧米で，近代医学が発達するにつれて，産婦，胎児とも医療側が守らねばならないという意識が強くなり，主導権が医療側に移ってきた．しかし，医療側は自分だけの都合のよいようにやや強引ともいえる計画分娩，あるいは誘導分娩を主流とし，産婦の分娩体位も決めていった．また，痛みについては麻酔分娩も一般的になったのである．しかし，当然，医療主導型分娩は，産婦の意思を無視することになった．一般の病気は病人の納得を得つつも，医療側が主導権を握って治療に当たるのは今も昔も変わらない．しかし分娩は，次の代に生命を伝えるための産婦自身が行う1つの自然の行為である．したがって，医療側はそれを温かく見守ることでよく，異常が起きると予想したとき，また，起きたときにのみ手を下すのが自然で，本当のありかたではないのか．また，そのほうが，産婦の意思を無視しない，しかも，分娩そのものもかえってスムースに終わらせることができるのではないか．その思いを産婦側，医療側ともに次第にもつようになってきたのである．そして，その熱い思いが自然分娩思向として1つの流れになってきたのだと思われる．ラマーズ法はその流れの中にある．ラマーズ法が盛んに取り入れられるようになると同時に新しいスタイルの両親学級が医療機関によって開催されるようになってきた．医療機関が考える目的は，夫同伴の出産を成功させるためにあったと思われる．一方，保健所での両親学級

表3.8 母親学級・両親学級の効果と課題

効果：① 友達づくりや地域の情報を得やすい．
　　　② 母親たちは出産後も継続したつながりがもてる．
　　　③ 学級の中にグループワークがあるため孤独感の軽減，悩みの共有ができる．
　　　④ 先輩の父親・母親から協力が得やすい．体験談が参考になる．
課題：① 学級活動を出産準備教育にとどめず，家庭づくりも視野に入れて考える必要がある．
　　　② 多くの場合，学級は初産婦が対象となるが，祖母をふくめ，2人目，3人目の妊婦が参加できるファミリー学級の開催も必要．
　　　③ 医療機関と保健所（保健センター）の情報交換，連携が必要である．
　　　④ 学級受講者が限られた人となっているため，希望者がいつでも受講できるような体制，機会をつくることが望ましい．

表 3.9 現在と過去の妊娠の特徴

現　在	過　去
高齢	若年
就労	専業主婦
少産	多産
核家族	大家族
施設分娩	助産院あるいは家庭

は父親の「育児参加」への援助を主に開催していた．学級開催のもう1つの背景に急激な核家族化の進行があり，妊娠から出産までを通じて家族，親戚，地域の人々からのサポートが得られなくなったこと，そのような中で母親だけに育児が任されることにより，母親の育児への重圧が子どもに，夫に，家庭全体へと影響を及ぼしていくことに配慮したのである．

現在の両親学級では，①父親自身が新たな生命の誕生を喜び，父親としての役割やアイデンティティをどのように築いていくかを考える機会とする．②父親が母親になろうとする妻への適切なサポートをするための理解と手段を得ること．③個別性のある問題について，同じ問題を抱える人同士で集まり，お互いに考え，励ましあうような仲間意識をもつ機会とする．これらのことを加味しながら学級運営がなされているようである．
〔長坂典子〕

文　献

1) ペリネイタルケア，'96 夏季増刊号．
2) 竹村喬ほか：保健指導の意義と歴史的推移．
3) 安藤広子：産前指導の考え方と進め方．
4) 母親学級：連合軍総司令部公衆衛生福祉部看護課，厚生省．母と子の健康，'02 第 37 号．
5) 吉岡京子：保健所の母親学級．

表 3.10 現在の母親・両親学級のカリキュラム例：保健所（東京A保健所），病院（東京B病院）

保健所が実施している両親学級　1回コース
内容
ビデオ：「お父さんへ赤ちゃんからのメッセージ」
実習：「赤ちゃんのお風呂の入れ方」
講話：「親になること」
体験：妊婦ジャケットの装着

保健所が実施している両親学級　3回コース
内容
1回目：母子保健の制度について
ビデオ＆妊娠中の過ごし方
妊娠中の食生活
2回目：歯の衛生と歯のみがきかた
妊婦体操と呼吸法
育児について
3回目：赤ちゃんのお風呂の入れ方
親になること

病院が実施している夫立ち会いコース
1回目：新しい家族のスタート
VTR「生命創造」
病院のお産の考え方
分娩の経過
2回目：病院内見学
リラックスと呼吸法
赤ちゃんを迎えての生活
自分たちで考えるお産

病院が実施している母親学級
1回目：妊娠前半期の生理と生活
妊娠中の栄養
2回目：身体の変化と胎児の発育状況
生活指導
妊娠中の異常と対策
妊婦体操
赤ちゃんの生理と生後1週間のスケジュール
赤ちゃんの衣類
3回目：入院物品の準備
分娩の経過
呼吸法と補助動作
4回目：院内見学
呼吸法と補助動作
産後の経過と入院中のスケジュール
1か月までの赤ちゃんの生活

分娩スタイル

　日本での分娩時の妊婦のスタイルはどこの医療機関あるいは分娩施設においても仰臥位と決められていたが，欧米からの情報が入るようになり，助産所や医療機関で妊婦のニーズに応えるスタイルが取り入れられるようになった．

　最近，取り入れられている分娩スタイルを挙げる．

　ラマーズ法（本文参照）　ラマーズ法というと，"呼吸法"や"夫の立ち合い"ということが注目されているのであるが，これはあくまでも付随的なことである．正しい意味でのラマーズ法とは，妊娠中から心とからだの準備をし，お産に対する不安や恐怖を取り除き，できるだけくつろいだ状態でお産に臨む方法のことである．お産の痛みを自分でコントロールし，自分の力で赤ちゃんを産むことがラマーズ法の目指すところである．

　"夫の立ち合い"．これは，ラマーズ法の特徴である"夫婦そろって主体的に取り組む"ということから，クローズアップされたものである．リラックス法や呼吸法の練習を夫と一緒に協力して行えば効果が上がる．実際，分娩が始まったときに，夫がそばにいて励ましたり，呼吸法をリードするというのは，産婦にとっても大きな支えになることである．

　ソフロロジー　これは，お産のときの心とからだの結びつきを重視する出産方法である．陣痛の痛みを，新しい生命を迎えるための幸福な痛みとしてとらえ，お産への不安や恐怖を緩和させようというものでヨーロッパを中心に広く行われている分娩方法である．ヨガや禅の瞑想法を取り入れ，赤ちゃんとの対面など，嬉しいイメージを頭に浮かべて体の力を緩める訓練をする．心が落ちついた状態になれば，体も自然にリラックスをすることを学び，出産にも安心して臨めるというメリットがある．

　リラックス法　人の体は，緊張するほど痛みを強く感じてしまう．陣痛を我慢しようと体に力を入れていると血行が悪くなったり，産後に筋肉痛を起こしてしまうことがある．心身ともにリラックスして陣痛の波に乗る方法を学ぶものである．

　体操　出産に必要な筋肉と関節を柔軟に鍛えるために，妊婦体操が指導されている．

　呼吸法　ラマーズ法のいちばんの特色といっても構わない．分娩のプロセス，陣痛の強さに合わせて，呼吸することで陣痛を乗り切る．良い呼吸が続けられると，赤ちゃんにも十分酸素が取り入れられるし，何よりも妊婦さんがリラックスすることができるというメリットがある．

　アクティブバース　アクティブバースとは，積極的なお産という意味で，出産を医療機関だけに任せず，産婦の主体性を大切にする試みである．

　陣痛の過ごし方や分娩の姿勢，呼吸方法などにも決まりはない．あくまでも妊婦自身が楽だと思う姿勢や動作をしながら陣痛から出産まで過ごす．体の生理的な欲求を受けることでスムーズに出産を行うのが目的であるが，日本ではまだそれほど普及してはいない．

　水中出産　ぬるめのお風呂につかって，のんびりする．からだが温まってくると，血液の循環がよくなり，筋肉もやわらかくなる．このような入浴の効果を利用して，本来女性が備えもつ"産む力"を引き出させ，より自然なお産をしようというのが水中出産である．

　水中出産は，必ずしも水中（お湯）の中で産むことだけを目的にしているのではな

く，陣痛のときに，お湯の効果を利用してラクな姿勢で過ごし，産むときになればお湯から上がって産んでもかまわないのである．水中出産は，分娩台でのお産と違って姿勢が固定されていないので，医師や助産師の手を借りなくても，産婦自身が赤ちゃんを取り上げることができ，生まれたばかりの赤ちゃんとスキンシップがとれるのである．

ただ，分娩中のトラブルへの迅速な対応がむずかしいのが現状で，設備上の問題で日本ではまだ少ない分娩法である．

LDR 陣痛（labor），分娩（delivery），回復（recovery）の全過程をを同じ部屋で過ごすことである．陣痛から分娩室，分娩室から病室への移動の必要がなく，精神的に落ち着けるのである．ただ，広い個室と分娩台や分娩監視装置の機能を兼ね備えたベット，手術用のライトなどを設置するので，L・D・Rの設備のある病院はまだ多くはない．入院費も通常よりは高めになる．

座位分娩 普通は，仰向けに寝た姿勢で分娩するが，おなかに力を入れやすいように上体を起こした姿勢に変えた分娩方法である．座った方が子宮口が全開してからの分娩までの時間が短いこと，胎児への圧迫も少ないことなどがメリットである．背もたれが上下に移動する座位分娩台を使用することで，どこの病院でもできるわけではない．

リーブ法 腹式呼吸と「赤ちゃんと一体になってお産を乗り越える」という積極的なイマジネーションにより分娩を進める安産法である．

中国の気功法の「放松功」という心身をリラックスさせる方法を取り入れているのも特徴である．陣痛が起こったら心の中で「ソーン」と念じて意識を集中させ，体を弛緩させて出産を乗り切る．補助動作としてエクササイズや会陰押さえなども行う．

妊娠中の社会サービス（2）
social service during pregnancy（2）

1. プレネイタルビジット（出生前小児保健指導事業）

　妊娠中の社会サービスとして，プレネイタルビジットが制度化されている．これは，事業名を出生前小児保健指導事業と呼ばれており，国の母子保健事業として，市区町村のメニュー事業（選択的事業）に位置づけられている．すなわち，市区町村が選択的に実施することができ，これに対して，国，都道府県から補助金が支給される．この事業がプレネイタルビジットとして，制度化されたのは平成4年であり，その後出生前小児保健指導事業と改名されて現在に至っている．

　この事業の目的は，「妊産婦のもつ育児不安の解消のため，妊産婦等を対象に小児科医等の育児に関する保健指導を受ける機会を提供することにより，こうした不安の解消を図るとともに，生まれてくる子のためのかかりつけ医の確保を図る．」（平成15年4月1日改正，育児等健康支援事業実施要項）とされている．事業の内容は，地域の産婦人科医が保健指導を必要と認めた妊産婦を地域の小児科医などに紹介するサービスであり，事業の実施にあたり，市区町村は事業実施のための医療機関と委託契約を結び，出産前後小児保健指導受診票を交付することになっている．産婦人科医は受診票を交付するにあたり，市区町村に妊産婦の状況を連絡し，これを受けて，市区町村は保健師による保健指導を実施し，指導の状況について小児科医などに情報提供を行う．小児科医などは紹介状を持参した妊産婦に対して，育児不安の解消に努めるとともに育児に対する指導を行う（平成15年4月1日改正，育児等健康支援事業実施要項）．これは，育児におけるトラブルを予防するために，出産前後における不安の多い時期に，専門家によるサービスを提供しようというものである．

2. 出産前後ケア事業

　出産後の一定期間，保健指導を必要とする母子を助産所に入所させて，母体の保護・保健指導などのサービスを提供するとともに，出産前後において，身体面，精神面に問題のある妊産婦，育児不安を抱えている家族およびその他相談を希望する者に，相談や指導を行う事業である．実施施設は助産所または医療機関であり，市区町村は実施機関と委託契約を結んでおく必要がある．出産前後に身体的あるいは精神的トラブルを抱える妊産婦のケアで，サービスを受けられる期間は7日間までを原則としているが，育児不安の解消とマタニティーブルーなどへの対応を目的としている．サービス内容は，産婦の母体管理および生活面の指導，乳房管理，沐浴や授乳等育児指導，その他必要な保健指導とされている（平成15年4月1日改正，育児等健康支援事業実施要項）．　　　　〔中村　敬〕

文　献
1) 厚生労働省：育児等健康支援実施要項—平成15年4月1日改正，厚生労働省母子保健課．

4. 新生児

　母体内の胎児は，胎盤と臍帯という胎児付属物によって，栄養や酸素を与えられている．子宮内は外界から隔てられており，胎児は外界での生存が可能になるまで子宮内で大事に育まれる．母体外生活が可能な時期になると，体外へ排出されることになり，これが出産（分娩）である．胎児は，胎内で着実に身体を大きくし，2,500〜3,000 g ぐらいで生まれる．最近の日本では生まれる新生児の体重は小さめになってきている．しかし，その後の乳児の発育には大きな影響はない．むしろ，胎内で大きくなりすぎた胎児は出産のときにいろいろな問題を起こすので，この点に着目して，妊娠中の栄養の取りすぎを戒めるという考え方が大きく影響しているようである．最近では，胎内での発育が悪かった新生児は，その後，高血圧などの生活習慣病発生と関係があるという興味ある報告もある．

　生まれたての新生児は，自分で呼吸をしなければならず，いわば母親に寄生して，生きていた時代から，自立して母体外で生活する時期へと突入する．これは新生児にとって大きな試練の時期で，適応するためにさまざまな変化が生じる．そして，この適応の期間は生まれてから約1週間の期間と考えられる．

　生後1週間を過ぎると，多くの新生児は自宅へ帰り，両親との生活が始まる．出産施設に入院している間は，いろいろな戸惑いがあっても慣れた専門家がついているため，安心であるが，自宅へ帰った途端，いろいろな心配事がおそってくる．生後1カ月には母の産後の経過と新生児の発育・発達をみる1カ月健診がある．この1カ月健診では，湧き出すように子どもについて多くの疑問が寄せられる．　〔中村　敬〕

出生直後の変化

change of newly born in the first few hours after birth

1) うぶ声

まず，出産により子宮内から外界に娩出されると，胎盤から臍帯を通して行われていたガス交換（酸素の供給と炭酸ガスの排出）を，自分の肺で行わなければならなくなる（呼吸とは酸素を取り込み，炭酸ガスを排出する機能）．この劇的な切り替えは，心臓から大量に血液が肺に供給されることにより，肺に吸い込まれた空気から十分な酸素を体内に取り込むことができるようになる．

胎児は産道を通って母体外に出ると，最初に大声で「おぎゃー」という泣き声をあげる．これがうぶ声と呼ばれているものである．このうぶ声は赤ちゃん誕生劇の中でも感動的な場面であり，このうぶ声をうまくあげられない新生児は，肺の中に空気を十分に吸い込むことができないため，全身，とりわけ脳に供給される酸素が不足し，最悪の場合には脳細胞の死滅を引き起こすことがある．この状態を新生児仮死と呼んでいる．

2) アプガー・スコア

アプガー・スコアという言葉がある．これは，赤ちゃんが生まれてから1分後，5分後の呼吸と循環（全身の血液の流れ）の状態を点数で表すもので，満点は10点で1分後7点以上の赤ちゃんは，誕生における第1の難関を無事突破したことを表す．この点数は母子手帳に書き込まれていたり，直接分娩介助者から伝えられていたりするが，過去の記録に過ぎないので，子どもが健やかに発育しているならあまり気にすることはない．

3) へその緒を切る

新生児はうぶ声をあげた後も胎盤とへその緒は残っている．へその緒は子宮内では母体と胎児の大切な絆であるが，胎児が生まれてからは必要がなくなる．そこで，元気なうぶ声を聞いた後になるが，この臍帯を切断する．

赤ちゃんのお臍の所に残った約1cmぐらいの臍帯の断端は，次第にミイラ化して4から5日以内に根もとで脱落する．ときに，断端の一部が残って，ジクジクした分泌物を出すことがある．これは臍肉芽と呼ばれ，放置していると治らないこともあるので，生まれた施設・病院で処置をしてもらうとよい．

4) 身体計測をする

臍帯が切断された新生児は，母体から独立した人生が始まる．通常，最初に行われるのは体重，身長，胸囲，頭囲などの身体の大きさを測定し，母子手帳に書き込まれる．

生まれたときの体重は男児の方が女児よりわずかに大きいが，平均3,020g（平成14年度人口動態統計），身長は平成12年度の身体発育値調査によると，平均で男児49.0cm，女児48.5cmである．

生まれたときの体重を出生体重と呼び，これが2,500gに満たない場合を低出生体重児という．また，4,000gを超す場合は巨大児と呼んでいる．

頭囲は通常33～34cm，胸囲は32～33cmであり，これらの身体の大きさは，胎内にいた期間により異なる．また，両親の体格とも関係があり，妊娠中の合併症である妊娠中毒症などがあると相対的に小さくなる．

最近，新生児の体重が小さくなってきている傾向があり，これは必ずしも悪い現象ではなく，妊娠の生理についてさまざまな科学的事実が解明されるようになり，妊娠中のカロリー摂取の過剰がさまざまな妊娠合併症やいわゆる難産を引き起こすことが

わかってきた．そこで，妊娠中の体重のコントロールが重要視されるようになり，結果として，全体に赤ちゃんの体重がやや小さめになってきている．近年，低出生体重児が増加してきているのも一部はこの理由によるものと思われる．

5) 沐浴

生まれたての新生児に対して，日本では沐浴という習慣がある．赤ちゃんは産道を通って産まれてくるので，血液や分泌液が身体中に着き汚れているため，これをきれいにしてあげようという目的である．記念すべき誕生の瞬間でもあり，子どもをきれいにしてあげようという古くからの習慣である．新生児は胎内にいるとき，体は胎脂という白いバターのような脂で覆われている．これは赤ちゃんを保護する役割をもっており，沐浴により洗い落とすことは必ずしもいいことではない．沐浴によって体温を低下させることもあり，多くの施設では低出生体重児や仮死などで状態の悪い新生児は沐浴はせず，清拭綿で汚れをふき取るだけにして体温の低下を防いでいる．沐浴が終わったら，衣服を着せ暖かい環境において体温の喪失を防ぐ．最近の施設では，輻射熱を利用した保温器（ラジアント・ウォーマー）に子どもを寝かせるところが多くなっている．

〔中村　敬〕

文　献

1) 加藤則子・高石昌弘：乳幼児身体発育値—平成12年度調査—，小児保健シリーズ No.56, 日本小児保健協会, 2002.
2) 中村　敬：月齢別・年齢別の育児，新生児期の発育．新版 すこやか親子の育児全書（平山宗宏・渡邊言夫編），社会保険出版社, 2003.

生後1週間の子どもの変化

change of newly born in the first week after birth

生まれた新生児にとって，1週間の間は，子宮内環境から外界への適応の時期であり，さまざまな生理的変化を伴い，また，特有の異常も生じやすい．

1) 生理的体重減少

新生児は生まれて最初の2〜4日ぐらいまでは体重が減少する．これは，哺乳量が十分でないために水分が不足し，脱水状態になるためである．新生児は生まれた直後，哺乳が十分できなくてもいいように，あらかじめ多くの水分を保有して出生する．したがって，体重は減るが，もともと余分な水分を失っているわけであり，これを生理的体重減少と呼んでいる．これも出生体重の10%を超えて減少する場合には真の脱水になる．子どもは生後4〜5日を過ぎると，哺乳量も十分になり体重も増加し始め，約1週間で生まれたときの体重を超える．

2) 身体の外観

出生直後の新生児は，お世辞にも可愛いとはいえない．頭は尖っており，裏返した蛙みたいな格好をしている．通常は頭頂部（頭のてっぺん）を先頭にして産道を通ってくるので，頭が尖った形になる．お尻が先頭（骨盤位）になって生まれると，足を股関節で強く屈曲し，足で万歳をしている格好になる．帝王切開では頭は産道を通らないので，丸い形のいい格好をしている．

新生児の姿勢は，上肢を肘関節で曲げて，手指は握っており，下肢は股関節と膝関節で大きく屈曲している．お腹の中にいたときも手足を曲げてうずくまる姿勢をとっており，その名残りと考えられる．いずれにせよ，身体を伸ばす筋肉より曲げる筋肉の力が強いためである．

生後2日ぐらいになると，子どもによっては，躯幹や四肢に，真ん中が硬く黄色みを帯びた丘疹のまわりをとり囲んだ赤い斑点ができてくる．これは中毒性紅斑といい，とくに害はない．

その他，顔面から前胸部にかけて，白い粟粒のような小さなつぶつぶができることがある．これは，稗粒腫といって何の害もなく，自然に脱落する．

3) 呼吸と脈拍

新生児の呼吸は大人と比べると浅くて早く，不規則で，ときには呼吸を休むことすらある．呼吸数は1分間に約40回ぐらいの速さであり，呼吸の様式は腹式呼吸で，お腹をふくらませて息をしている．新生児の呼吸の特徴は，口をあけて呼吸（口呼吸）することを知らない．常に鼻で呼吸をしており，鼻がつまると「ズコズコ」とうるさいのもこのためである．呼吸数が1分間に60回を超すと多呼吸と呼び，病的である．呼吸が速くなると，胸のみぞおち（剣状突起下）のところが，呼吸するときに凹んだり，うめき声をあげたりすることがある（呻吟）．これを呼吸困難という．呼吸困難の状態は何らかの原因で肺から取り込まれる酸素の量が減っていることを表す．酸素の取り込みが不足すると，血液の中に酸素をもたない赤血球が増加し，皮膚の色が紫色になる．これをチアノーゼと呼んでいる．いずれにせよ，こんな状態が続くときには酸素を与えなければ，脳に障害をきたすことがある．

脈拍は，大人に比べると早く弱く，1分間に120〜140回ぐらいであり，呼吸困難により酸素が不足してくると，脈拍は遅くなり，徐脈（1分間100以下）という状態を示す．

4) 皮膚のいろ

生まれたての新生児の皮膚はピンク色で，皮膚もすべすべきれいである．日が

経つにつれ乾燥気味になり，いろいろな発疹が出現したり，後に述べる黄疸が現れ黄色みを帯びるようになる．四肢の末端は赤黒く，一見チアノーゼという状態の皮膚色を示す．これは，四肢末端の血液の流れが悪いために生じる現象で新生児にとっては普通の色である．

5) 黄　疸

生後 2 日ぐらいになると，全身の皮膚が黄色みを帯びてくる．これは黄疸といい，ほとんどの新生児に出現する．日本人の新生児では黄疸が出やすいのが特徴で，強くない黄疸は生理的黄疸といい，とくに心配はないが，ときには病的に強い黄疸が出現し，脳障害を起こすこともあるので注意が必要である．

黄疸も生まれて 24 時間以内に増強してくるものは病的で，血液型の不適合が原因になることがある．これは，胎児の血液（赤血球）型と母体の血液（赤血球）型が異なる場合，母体の体内に胎児の赤血球を排除しようとする働きが起こり，結果として，免疫物質である抗体をつくり，これが胎児の体内に移行し，胎児の赤血球を壊す．新生児の赤血球が壊された結果として，ビリルビンという黄色い色素が大量につくられる．これが黄疸の本体である．

黄疸がなぜ問題になるかというと，このビリルビンという色素は脳細胞に付着して細胞を破壊する．最悪の場合にはさまざまな程度の脳障害を招くことがある．このことは，現在では医療関係者に周知されており，早い時期に発見し，専門の医療機関に送られて治療を受けられるシステムができている．治療方法としては，光線療法というのがあり，新生児に光を照射することにより，血液中のビリルビンを分解し黄疸を軽減させる．ビリルビンの濃度が非常に高い場合には，脳障害を防ぐために，交換輸血といって赤ちゃんの血液を少しずつ成人の血液と入れ替え，ビリルビンの濃度を下げる．

母乳黄疸は，母乳中の成分が原因して，ビリルビンの体外への排泄を妨げる．ビリルビンは肝臓から胆道を通って，十二指腸に捨てられる．この経路のうちで，肝臓で排泄される機能が阻害されるために，血液中にビリルビン（間接ビリルビン）が溜まってしまう．この黄疸は遷延性黄疸といい，だらだらと生後 2 カ月ぐらいまで続くことがあるが，母乳を一時中止すると消失する．しかし，放置しても無害であり，せっかく出ている母乳を一時的にせよ中止する必要はない．

6) 排　便

生まれたての新生児は，生まれて間もなく，すでに胎内にいるときに作られていた胎便という便を排泄する．胎便は黒っぽい色をした粘着性の強い便で，胎内で飲み込んだ羊水の成分や脱落した腸の粘膜が便として蓄積されたものである．通常生後 24 時間以内に排出され，次第に生後の便に変わり，生まれてから飲み始めた母乳などから作られた便が混入してくる．これを移行便と呼んでおり，この時期を過ぎると，生後に生成された独特な黄金色の乳便に変わる．

7) 排　尿

通常，排尿は生後 24 時間以内にみられる．排尿がおくれる場合には腎臓など泌尿器の形態異常なども考えられるが，あまり神経質になる必要はない．量は少なく，ときにおむつにレンガ色のぶつぶつしたシミがつくこともある．これは，尿酸塩といって尿の中に溶けている成分が結晶になって排泄されたもので，まったくの無害である．ときには血液と間違えられることもある．

8) 体　温

生まれたての新生児の体温は胎内の温度と同じである．生まれてからの外界の温度はこれよりも低く，羊水で濡れた身体から，あるいは沐浴などにより蒸発熱を奪われ，体温は下降してくる．体温が 35℃ 以

下まで下がると低体温といって，いろいろな問題が生じる．生まれた直後は，前項の「5) 沐浴」でも述べたが，保温器（ラジアントウォーマー）の上で，生まれた直後のケアをする必要がある．また，乾いた布で濡れた身体を包み，すばやく水分をふき取ることが大切である．

その後，体温は順調に保たれるようになり，37℃ 前後を維持する．体温の測定は医学的には直腸温がいいが，特別な体温計を用意しなければならないので，通常は皮膚温を測定する電子体温計が用いられ，首や脇の下の皮膚の重なる部分で測定する．最近は耳孔から鼓膜温を測定する赤外線体温計が出回っているが，外耳道の狭い新生児では正確な測定は困難である．

9) 睡　眠

新生児の睡眠と覚醒のリズムは不規則であり，授乳が開始されると約3時間間隔の周期ができてくる．授乳をしているか，眠っているかの繰り返しになる．眠り方はよく眠っているかと思うと目をさまし，また眠るというパターンで，長い時間よく眠っているという感じは受けない．新生児は脳の発達が未熟であり，成人や年長児のように，深くぐっすり眠るノンレム睡眠の割合が少なく，あたかも起きているような行動のみられるレム睡眠の割合が多いためである．このレム睡眠は脳の発達のために大切な役割をもっている．

10) 新生児の反応

新生児は眠っているとき以外は泣くか，泣いていないときにはよく動く．うっすらと目を開けて，あたかもあたりを観察するようにゆっくりと眼球をうごかす．強い光があたると瞬目などの反応もみられ，大きな音がすれば驚く．手足は肘関節，股関節，膝関節で屈曲した姿勢をとっており，手指は握っている．立たせて足の裏を床につけると，足を伸ばして突っ張り，いかにも歩行するような姿勢になる．足の裏を尖ったもので軽く触れると反射的に足を引っ込める．手の平にものが触れると強く握りしめる．これらは後に述べる Moro 反射も含めて原始反射と呼ばれ，生まれたての時期から数カ月間にみられる正常な反射である．

新生児の動きは，いかにも非合目的で単調だが，よく見ると一定のパターンがある．明暗は認知しており，音も感知しているが，その反応を行動として表すことはない．

11) Moro 反射

新生児の体位を急に変えたりすると，普段握っている手指を広げて，万歳をするように両上肢を挙上する．これは Moro 反射といわれる原始反射で，生まれたての新生児には全員にみられる特徴的な反射であり，生後3カ月ぐらいで消失する．

〔中村　敬〕

文　献

1) 中村　敬：月齢別・年齢別の育児，新生児期の発育．新版 すこやか親子の育児全書（平山宗宏・渡邊言夫編），社会保険出版社，2003．
2) 川井　尚・平山宗宏編：新版 乳幼児保健指導．小児保健シリーズ No. 55, 日本小児保健協会，2002．
3) 中村　敬：新生児・未熟児．女子大生のための小児保健学 第3版，（馬場一雄・中村博志編）小児医事出版社，2001．

新生児の気になる症状，異常な症状

uncertain or abnormal signs and symptoms of the newborn infant

新生児期の気になる症状と異常な症状について述べる．

1） 拡大した大泉門

大泉門が拡大して大きく，しかも骨縫合が開いており，頭囲が出生体重とは不釣り合いに大きい場合には，水頭症などを疑う．しかし，通常の大きさの頭で，大泉門が大きかったり，骨縫合が開いている場合は何も心配する必要はない．

2） 弱々しい泣き声，かん高い泣き声など泣き声の異常

弱々しい泣き声の子どもは，筋肉の力が弱く，だらりとした感じでフロッピー・インファントと表現される．筋肉の病気や中枢神経（大脳）の障害によることがあるので注意を要する．甲高い泣き声は，新生児仮死や新生児髄膜炎などでみられることがあり，中枢神経（大脳）の重篤な症状である．中枢神経刺激状態にある過敏な新生児は耳をつんざくような泣き声をすることがある．

その他，泣き声が，ちょうど猫に似ているということで，猫泣き病（Cri-du-Chat症候群）と呼ぶ先天異常がある（第5染色体の短腕欠損，5p-）．これは，染色体検査により診断される．

3） 中枢神経易刺激性（irritable, cerebral baby）

この症状は，比較的大きな新生児で多く，鉗子分娩や骨盤位分娩などの困難な分娩による新生児でみられることが多い．甲高い声で泣き，抱いてもなかなか泣きやまず，寝つきも悪い．これは，分娩時の一時的な酸素不足などが原因して，脳の興奮状態を惹起するためと考えられている．

4） ふるえ（jitteriness）：ぴりぴりする子ども

この運動は，振せん（ふるえ）様の運動であり，秒間約10回ぐらいの小さな小刻みなふるえである．この運動のメカニズムは筋肉（拮抗筋：伸筋および屈筋の両者）の速いリズムをもった収縮であり，けいれんとは異なる．けいれんは主として屈筋（手足を屈曲させる筋肉）の速い収縮と，これに続くゆっくりとした弛緩であり，ふるえ（jitteriness）とは異なる．ふるえは，SFG児（SFD児ともいう）（p.69を参照），低血糖症，低カルシウム血症，中枢神経易刺激性でみられる．

5） けいれん（convulsion）

新生児のけいれんはさまざまな原因で生じる．仮死や頭蓋内出血など脳神経系の障害によって生じるものは，将来の発達に大きな影響を与えることがある．その他の原因として，低血糖症や低カルシウム血症など代謝性のものもあり，原因の見極めが大切である．新生児けいれんの第1発見者は母親であることが多く，それだけに，ふるえ（jitteriness）などとの鑑別が必要になる．もし，けいれんと断定されたら，ただちにNICU（新生児集中治療室）への入院が必要になる．

6） 新生児仮死（asphyxia）

胎内あるいは出産経過中に，胎児へ供給される酸素が不足したり，胎児自体の血液の流れが悪くなり，新生児が酸素不足に陥った状態である．先に述べたアプガー・スコアー（p.59）がこれをよく表しているが，新生児仮死は，けいれんなどの脳症状，呼吸不全などの肺と循環器の症状，肝臓や腎臓の障害など大きな影響を及ぼす．最悪の場合には将来の発達に悪影響を与える．

7） メレナ

これは生後早い時期にチョコレート色の吐物を吐いたり，タール様の便を排出した

りする新生児特有の病気で，血液が血管外に出たときに血液が固まるのを助けるビタミンKという物質が不足したために，消化管内に出血が起こる．これはビタミンKを与えることによって良くなるが，治療を怠ると出血によって命を落とすこともある．ときには，仮性メレナといって，出産のときの母体の血液を嚥下してしまい，タール便を出すこともある．

8） 嘔　吐

新生児は生まれてから数回の哺乳で嘔吐することがある．これは，新生児にとって，栄養を食道を通して胃の中に取り入れるはじめての経験であり，胃の中に飲み込んだものを吐いてしまうことがよくある．これを初期嘔吐という．このため，昔から最初の哺乳はうすい糖水というのが定番であったが，吐くかもしれないという理由で，初回授乳に母乳が危険ということはない．

新生児はよく嘔吐する．これにはいろいろな理由があるが，1つは，胃の形態が立っていて捻れやすいということがある．また，哺乳のときに空気を嚥下して，胃内の空気が体位をかえるたびに移動し嘔吐を誘うということもある．また食道と胃との移行部分（噴門部）の繋ぎ目が弱いため，胃の中に取り込んだ乳汁が逆流しやすいということもある．いずれにせよ，元気で順調に体重が増加していれば，吐いても心配はいらない．

また，哺乳後あるいはしばらくして，口元からだらだらと胃内のミルクが少量流れ出ることがあるが，これは嘔吐ではなく，溢乳という生理的現象である．

9） 低血糖

生後6〜48時間ぐらいの生まれたての新生児に起こることがある．この状態は血液中のエネルギー源であるブドウ糖の濃度が低下した状態で，高度の場合は，人間の体の中でもっともエネルギーを必要とする脳でエネルギー不足を生じ，けいれんなどの重い脳症状を伴い，将来脳の障害を残すこともある．

母体が糖尿病があったり，胎内での赤ちゃんの発育が極端に悪かったり，仮死などがあったりすると起こりやすい．この状態は早期に発見してブドウ糖を与えれば改善される．

10） 先天性胆道閉鎖

この異常は，生まれつき肝臓から十二指腸に排出される胆汁の通り道である胆道が閉鎖している状態である．主症状は黄疸であり，しかもだらだらと遷延するのが特徴で，着目すべき点は母子手帳にも書き込まれているが，便が灰白色またはうすいレモン色を示す．母乳黄疸では便は黄色調が強いのに比べて，この黄疸では白っぽい便で，わずかに黄色みのついた程度であるのが特徴である．この病気は，直接ビリルビンという色素の輸送管にあたる胆道が生まれつき閉鎖しているため，肝臓でつくられた直接ビリルビンが腸内に排出されない．したがって，便に黄色みがつかないという理由による．この病気は早期に発見し，手術をしないと肝硬変になり，肝臓移植以外には治療方法がなくなる．

11） 陰嚢水腫

陰嚢水腫とは睾丸を包んでいる膜に水がたまった状態で，陰嚢が大きくなりぷくぷくした感じになる．痛みはなく，懐中電灯で透かしてみると透き通って見える（透光試験）．医療機関を受診して，陰嚢水腫と診断されても，そのまま様子をみていれば，ほとんどの場合，1歳くらいまでには自然に吸収される．

12） 停留睾丸

睾丸は生まれたときにすでに陰嚢内に下降しているのが正常であるが，子どものお腹の中から下降する途中で，なんらかの障害により下降が停止してしまった状態が停留睾丸である．これは睾丸の失天異常であるが，乳児期ではよくみられる異常の1つである．

停留睾丸は，精子をつくる機能が低下し，正常睾丸の数十倍の率でがん化しやすいことがわかっている．したがって，治療はできるだけ早期に睾丸を陰囊内に固定する手術（睾丸固定術）が必要になる．その時期は1歳くらいまでと考えられており，5歳以上の年齢になると，手術を行っても，すでに起こった睾丸の障害は回復しがたいことがわかっている．

13）舌小帯短縮

舌小帯は，かつて，哺乳障害の原因と考えられ，母乳栄養推進の妨げになるという理由で，新生児室で安易に切り離されていた時代がある．しかし，今では舌小帯が哺乳の障害になることは少ないことがわかってきており，母乳栄養の推進のためという理由で，安易に切り離すべきではないという見解に達している．

日本小児科学会では専門委員会を設け，小児科医師と耳鼻咽喉科医師を対象に調査を実施している．これによると，舌小帯が原因して哺乳障害をきたしたものはわずかであり，唯一問題になることは構語障害であったが，舌小帯に手術を適応した医師はまれであったという結果を報告している．

14）目やに（眼脂）

新生児の目やにはよく見られる症状である．いろいろな原因があるが，一般的に，目尻につく程度の目やになら，ふき取って清潔にしていれば治癒する．まつげにベッタリ黄色い膿みのような目やにがつく場合には眼科医の診察を受けるべきである．新生児期の目やにの中に，鼻涙管閉塞によるものがあり，これは，鼻涙管ブジーが必要になる．

15）血管腫

血管腫には，単純性血管腫といわれるポートワイン色をしており，皮膚からの盛り上がりのない赤あざと，皮膚から盛り上がってくる海綿状血管腫がある．後者は出生直後にはなく，生後2週間を過ぎた頃に出現する．次第に大きくなり，5〜6カ月で少し，黒ずんでくるが増大するのは止まる．その後しばらくは変化がなく，5歳ぐらいまでには消失する．皮膚の深いところにある海綿状血管腫は，崩れて潰瘍になることがあり，治癒しても瘢痕を残すことがある．最近では，直径が4〜5cmを超す大きい血管腫や，顔にあるものや皮膚の奥深くにあるものでは，レーザーによる治療が早期に行われることもある．

16）股関節脱臼

近年股関節脱臼の子どもは少なくなった．新生児期に気をつけることはおむつのつけ方である．足を伸ばして腰巻きのようにおむつカバーを巻くのは股関節脱臼を誘発する．新生児は大きく股を開いている姿が自然であり，股関節を開排した姿勢でおむつをつけることが重要である．また，股関節を外側に開排したときに，クリッとした感じあるいは音がするようなときは，クリック・サインといって股関節脱臼を疑う徴候であるので専門家の診察を受ける必要がある． 〔中村　敬〕

文　献

1) 中村　敬：月齢別・年齢別の育児，新生児期の発育．新版 すこやか親子の育児全書（平山宗宏・渡邊言夫編），社会保険出版社，2003．
2) 川井　尚・平山宗宏編：新版 乳幼児保健指導．小児保健シリーズ No.55，日本小児保健協会，2002．
3) 中村　敬：新生児・未熟児，女子大生のための小児保健学 第3版（馬場一雄・中村博志編），小児医事出版社，2001．

新生児先天代謝異常症
マススクリーニング
mass-screening program for congenital metabolic disorders during the newborn period

先天性代謝異常症のうち，新生児期からの早期の治療を行うことで，病気の発病をくい止めることのできるいくつかの疾患がある．現在，制度化されており，生まれた新生児全員に行っている先天代謝異常マススクリーニングという事業がある．これは，昭和52年に，全国的に開始されたフェニールケトン尿症，楓糖尿症，ホモシスチン尿症，ガラクトース血症，これに，昭和54年から追加された先天性副腎過形成症，先天性甲状腺機能低下症の6疾患について行われている．検査は医療機関で生後5～7日の新生児の足の裏を針で刺してわずかな血液をとり，これを各都道府県の検査機関で検査を行う仕組みになっている．異常が発見されたときには再検査が行われ，治療については公費による医療の給付が行われている．

これらの疾患の1996年までのの発見率をみると，フェニールケトン尿症は約8万出生に1人，楓糖尿症は約45万出生に1人，ホモシスチン尿症は約17万出生に1人，ガラクトース血症は約37万出生に1人，先天性副腎過形成症は約13万出生に1人，クレチン症は約4万8千出生に1人と報告されている．

1. フェニールケトン尿症（phenyleketonuria）

フェニールケトン尿症は酵素（フェニールアラニンヒドロキシラーゼ）が欠如し，フェニールアラニンを正常に利用することができなくなり，過剰なフェニールアラニンとフェニールアラニン誘導体が蓄積し，これら複合物質が中枢神経に有害に作用し，脳障害をもたらす．この脳障害が原因で顕著な知的障害が発生し，少し大きくなると運動障害も発生する（アテトーゼ，前後左右の揺れ，活動亢進）．フェニールアラニンは皮膚や頭髪の色を支配するメラニンの生成に間接的に関与しており，フェニールケトン尿症の子どもは日本では赤毛で紅彩の色が淡く，フェニール酢酸の蓄積により，息，皮膚，尿に鼠のような匂いがあるといわれている．対策としては，新生児期に発見し，フェニールアラニンを低く抑えたミルク（特殊ミルク）を与えることによりフェニールアラニンの蓄積を予防する．

2. 楓糖尿症（maple syrup disease）

分岐鎖アミノ酸（ロイシン，イソロイシン，バリン）に由来する分枝ケト酸デヒドロゲナーゼの障害が原因で発症する．早期に治療（特殊ミルクなど）しないとけいれん，意識障害，呼吸障害を起こして死亡することもある．

3. ホモシスチン尿症（homocystinuria）

アミノ酸の1つであるメチオニンの代謝産物のホモシスチンを変換する，おもにシスタチオン β-合成酵素欠損によるものが多い．特徴は尿中に多量のホモシスチンを排泄することで，知的障害，けいれん，骨粗鬆症，水晶体脱臼，Marfan症候群に酷似した体型，多発性血栓などを現す．早期に治療（ビタミンB_6，葉酸投与）しないと知的障害をはじめとする諸症状が進行する．

4. ガラクトース血症（galactocenemia）

ガラクトースの代謝に関係するガラクトース-1リン酸ユリジルトランスフェラーゼまたはガラクトキナーゼの欠損によって生じる先天性疾患で，血中のガラクトース-1リン酸やガラクトースが上昇している

状態，早期に治療（特殊ミルクなど）しないと嘔吐，肝障害，白内障，精神運動発達の遅れなどが進行し死亡することもある．

5. 先天性副腎過形成症

生命維持に不可欠なコルチゾルの合成過程に関与する酵素が先天的に欠損しているために生じる疾患で，副腎皮質ホルモンの産生・分泌にさまざまな異常をきたす疾患である．病型には2つあり，単純男性型と塩類喪失型がある．塩類喪失型では突然死の原因になり，死亡時期は生後2週間以内2.8％，2～3週間8.5％，3～4週間7.5％，4週以後が81.1％であり，生後2週間以内に診断できれば大部分が救命できる．治療は早期にホルモン補充療法を行う．男性化はコルチゾルの前駆物質である17-OHPが体内に蓄積し，そのため，副腎性アンドロゲンが過剰に産生されるために引き起こされる．

6. 先天性甲状腺機能低下症

新生児マススクリーニングのなかで最も多い疾患であり，なんらかの原因で先天的に血清中の甲状腺ホルモンが減少する病態をいう．おもな原因は甲状腺無形成または低形成，異所性甲状腺，甲状腺ホルモンの合成障害，下垂体前葉機能低下，TSH欠損，TRH欠損である．甲状腺ホルモンは脳の分化，発達に欠かせない重要なホルモンであり，これが欠乏すると知的障害，身体発達の遅れなどの症状が見られる．しかし，早期に発見し適切な治療（ホルモン補充療法）を受けることにより，障害発生を予防でき，健常児と同じ成長発達をすることができる．

〔付〕神経芽細胞腫マススクリーニング

これは，小児がんの一種である神経芽細胞腫を早期に発見し，できるだけ早い時期に手術などの適切な措置をすることで救命することを目的として開始されたもので，生後6～7カ月のすべての乳児を対象に，尿によるマススクリーニングを行う事業（神経芽細胞腫検査事業）が1984年度から実施されてきた．神経芽細胞腫は，カテコラミン（ドーパミン，ノルアドレナリン，アドレナリン）を産生することが知られており，尿に含まれるカテコラミンの代謝産物である，VMA（バニールマンデル酸），HVA（ホモバニリン酸）を測定することにより，神経芽細胞腫を早期に発見し，早期治療に結びつけようと考えられたものである．

1歳未満で発見される神経芽細胞腫は予後が比較的良好であったのに対し，1歳以降で発見される神経芽細胞腫は，治療が困難であり，死亡に至る例が多いことも，マススクリーニングが必要であると考えられる基礎になった．しかし，2003年5月「神経芽細胞腫マススクリーニング検査のあり方に関する検討会」により再評価が行われた結果，①神経芽細胞腫の罹患と死亡の正確な把握，②神経芽細胞腫マススクリーニングの実施時期変更など，新たな検査法の検討・評価，③神経芽細胞腫による死亡の減少を目指した，臨床診断と治療の向上のための研究の推進と実施体制の確立を条件として，いったん休止することが適切であると判断されるに至った．

〔中村　敬〕

文献・資料

1) 厚生労働省：「神経芽細胞腫マススクリーニング検査のあり方に関する検討会報告書」について（2005年3月アクセス），http://www.mhlw.go.jp/shingi/2003/08/s0814-2.html
2) 楠　智一・松田一郎・奥山和男・北側照男・草川三治編：必須小児科学，南江堂，1991.

低出生体重児の定義とケア

definition and care of low birthweight infant

1. 低出生体重児の定義と分類

　低出生体重児とは，生まれたときの体重が2,500g未満の新生児を総称しており，日本ではその出生割合が年々増加してきている．低出生体重児が生まれる原因はさまざまであり，出産予定日より早く生まれる，いわゆる早産（妊娠37週未満）であれば生まれたときの体重は小さくなり，また胎内における子どもの発育が悪ければ生まれたときの体重は小さくなる．その要因を挙げると，前期破水（陣痛開始前に破水してしまった），切迫早産（予定日に満たないのに何らかの原因で陣痛が始まった），妊娠中毒症などによる胎内発育の遅れ，形態異常児などである．現在，日本で低出生体重児が増加している理由は多くの複合的要因によるが，中でも大きな要因になっているのは，妊娠生理上の問題から，妊娠中の栄養摂取の過剰に対する戒めと，これに呼応する女性のスリム志向が関係していると思われる．このほかにも妊娠中に喫煙する女性の割合が増加していること，不妊症治療などの結果による多胎の増加，医学技術の進歩により，きわめて未熟な胎児が生きて生まれるようになったことなどが考えられる．

　低出生体重児はさまざまな異常を伴いやすいといわれているが，日本の新生児医療は世界の水準に達しており，低出生体重児で出生してもさして心配のない時代になったが，特有なさまざまな合併症があり，医療と定期的な見守りが必要になる．

　新生児は妊娠期間と出生体重との関係から3つのグループに分類される．それは，妊娠期間に見合った体重の新生児をAFG（appropriate for gestation），妊娠期間に比べ体重が小さい新生児をSFG（small for gestation）といい，胎内での発育が悪かった低出生体重児を意味する．また，妊娠期間に比べて体重の大きな新生児をLFD（large for gestation）といい，糖尿病の母体の新生児などでみられる．

　低出生体重児を体重で分けると，1,000g未満の低出生体重児を超低出生体重児といい，1,500g未満の低出生体重児を極低出生体重児と呼んでいる．これらのきわめて体重の小さい低出生体重児は，死亡率が高く，救命されても障害を残すこともある．

2. 低出生体重児のケア

　低出生体重児は生後2週間ぐらいの間，さまざまな合併症を生じる．極低出生体重児や合併症を伴った児は，新生児集中治療室（NICU）へ入院する必要がある．呼吸が弱く十分な酸素を取り込めない新生児は人工呼吸器（人工的に呼吸をさせる装置）を着けたり，体温が下がらないように保育器に入れたり，そのほかにもさまざまな医療器械を駆使した治療が行われる．極低出生体重児は未熟な状態で生まれているため，網膜に異常をきたし放置すると，目の網膜が剥がれて失明する未熟児網膜症という病気にかかることがある．この病気はレーザー光線や冷凍凝固という方法で網膜剥離を防ぐ措置がとられる．

　肺の機能も未熟であるため，さまざまな肺の病気が起こりやすく，中でも肺表面活性物質（肺を膨らませておく作用をもっている物質）が不足して起こる呼吸困難がある．最近では肺サーファクタントという薬剤があり，多くの新生児がこの病気から救われるようになった．

　低出生体重児といっても，体重が2,000gを超えている場合には，必ずしもNICUに入院する必要はない（ケース・バイ・ケ

ースであるが).低出生体重児は普通の体重で生まれた新生児に比べて,呼吸が弱く,ときに無呼吸という状態を伴うことがある.無呼吸とはときどき呼吸を止めてしまう状態で,重い場合には酸素不足に陥り命を落とすことがある.また,黄疸も強くなりがちで,光線療法などの治療を必要とすることが多くなる.

　一般に低出生体重児は哺乳力が悪く,十分な量の栄養がとれないために,経管栄養(管を口あるいは鼻から胃に通して栄養を与える)や点滴が必要になることがある.

〔中村　敬〕

文　献

1) 中村　敬:月齢別・年齢別の育児,新生児期の発育.新版すこやか親子の育児全書(平山宗宏・渡邊言夫編),社会保険出版社,2003.
2) 中村　敬:新生児・未熟児,女子大生のための小児保健学第3版(馬場一雄・中村博志編),小児医事出版社,2001.
3) 中村　敬:低出生体重児出生率増加の背景.母子保健情報,**46**:14-23,2002.

周産期の社会サービスと制度

social system and service of the perinatal period

　周産期医療と,その後のアフターケアとしての保健・福祉ケアは,地域における一貫したシステムとして整備されなければならない.高度な周産期医療サービスを受けた後,生活の場である地域に戻った子どもたちはどうであろうか.在宅酸素療法の器具を抱えた生活を余儀なくされたり,その後の発達や医療的チェックのために,遠方の病院に定期的に通院したり,地域で同時期に生まれた子どもたちとの間の大きな溝が埋まらないため,障害が残るかもしれないという不安感を抱きながらの地域での生活は,親にとって,大きな心理的ハンディキャップを抱えることになる.これらの子どもと家庭を支える地域の支援システムが整備される必要がある.

　周産期に焦点をあてた特定の福祉施策はないが,大きく分けると,医療費の助成制度,親の育児休業など仕事と子育ての両立支援などがあげられる.また,利用できる制度としてさまざまな保育関連事業がある.

1. 医療費の助成制度
1) 養育医療の給付（未熟児養育医療）

　母子保健法（第20条）で定められている養育医療の給付は「都道府県,保健所を設置する市または特別区は,養育のため病院または診療所に入院することを必要とする未熟児に対し,その養育に必要な医療（以下「養育医療」という）の給付を行い,またはこれに代えて養育医療に必要な費用を支給することができる.」としている.給付の対象は,出生体重2,000g以下,低体温や呼吸障害,消化器系の異常,強い黄疸などの症状を呈する未熟児である.この制度は健康保険で補填された医療費の残額について,医師が入院養育の必要を認めたものに対し,必要な医療の給付が行われるもので,指定養育医療機関への入院に適用される.ただし,所得制限がある.

2) 障害児の育成医療

　育成医療は,児童福祉法第20条「都道府県は,身体に障害のある児童に対し,生活の能力を得るために必要な医療（以下「育成医療」という.）の給付を行い,又はこれに代えて育成医療に要する費用を支給することができる.」とされている.給付対象は18歳未満であり,対象疾病は肢体不自由,視覚障害,聴覚・平衡機能障害,音声・言語・そしゃく機能の障害,心臓障害,腎臓障害,呼吸器・膀胱・直腸・小腸・他の先天性内臓障害,免疫機能障害などのために手術が必要であり,確実な治療効果が期待される児童に適応される.給付基準は所得により異なる.これは,児童福祉法に定められた医療費公費負担制度であり自治体による差違はない.周産期における小児外科的疾患の治療,心臓外科疾患の治療に伴う医療費助成制度として利用されている.

3) 乳幼児医療費公費負担制度

　乳幼児医療費公費負担制度は区市町村が,地域の乳幼児の医療費の一部（健康保険自己負担分）を助成するもので,自治体によって異なる.養育医療の対象にならない新生児・乳児の医療費助成として広く活用されている.この医療費助成制度は対象年齢,適応の範囲（通院・入院）,所得制限の有無,定額の自己負担金の有無など自治体によって異なる.また,支払い方式もいろいろであり,立て替え払い後まとめて自治体の窓口で申請し,償還されるものや,医療券により医療機関窓口で直接処理されるものなど自治体によってさまざまである.

4) 小児慢性疾患の医療費助成制度

小児慢性疾患の医療費助成がある．これは，18歳未満の児童で，対象疾患にかかっている子どもが対象になる．ただし，18歳に達した時点で小児慢性疾患の医療券を持っているもので，なお引き続き医療を必要とする場合は，20歳未満まで延長することができる．この制度は国の小児慢性特定疾患治療研究事業によるもので，公費負担の内容は健康保険の給付における自己負担分が対象になる．社会保険では高額療養費制度があり，一定の保険額を超える部分については保険給付されることになっている．通常の自己負担限度額は63,600円であり，公費負担の範囲もこの範囲ということになる．(p.260参照)

5) 入院助産

入院して分娩する必要があるにもかかわらず，経済的な理由でその費用を支払うことができない妊産婦に対して，指定施設で分娩の介助，処置および看護を提供する制度で，前年度分の住民税が非課税のもの，または前年分の所得税が非課税もしくは16,800円以下で，健康保険法などの出産一時金が30万円未満のものについて，その費用を公費で負担する制度である．

6) 妊娠中毒症などの医療給付

妊娠中毒症，糖尿病，貧血，産科出血または心疾患のいずれかの疾病に罹患している妊産婦，母体または胎児の保護のため医療機関に入院して，必要な医療を受けているもので，前年所得税額が30,000円以下の世帯に適応される．また，年間所得税額が30,000円を超えても入院期間が一定期間以上の場合助成対象となる（東京都では26日以上）．

2. 出産や育児に対する手当
1) 児童手当

国は2000年末の与党3党の合意（「児童手当等に関する3党合意」）を踏まえ，支給対象児童を扶養する親などの所得制限を大幅に緩和し，支給率を支給対象児童のおおむね85%に引き上げた．おもな改正点は所得制限限度額の緩和であり，課税対象所得（夫婦と子ども2人標準世帯）284万円から415万円，特例給付（一般サラリーマン家庭，公務員家庭）は475万円から574万円に引き上げられた．これにより，支給率は対象年齢の子どもの72.5%から85%へと拡大された．

支給対象年齢は，2004年の改正で小学校第三学年修了前に改められた．手当額は第1子・第2子は5,000円（月額），第3子以降は月額10,000円である．実施時期は平成16年4月1日であり，2001年度の改正による所得制限の緩和と2004年の対象年齢の引き上げにより，児童手当の支給範囲が大幅に拡大された．

2) 出産祝い金

児童手当とは異なるが，自治体（市町村）では，出産に対して独自に出産祝い金を支給しているところがある．第2子以降を対象としているところが多く，第2子に5～10万円程度，中には第3子に30万円，第4子以降に50～80万円を支給しているところもある．なかには，第1子も対象にして，新生児全員に1万円程度の祝い金を支給している自治体や，出産祝い金に続いて小学校入学や中学校入学に際し，育英奨励金として一時金を支給しているところもある．

これは，主として過疎化の進む小規模自治体で制度化されており，少子化による過疎化を防ぐことが目的となっている．

3. 育児と就労
1) 産前・産後の健康管理

妊産婦（妊娠中および出産後1年を経過しないもの）は，事業主に申し出ることにより，次の保健指導または健康診査を受けるために必要な時間を確保することができる．

①妊娠23週までは4週に1回

②妊娠24過から妊娠35週までは2週に1回
③妊娠36週以後出産までは1週に1回

ただし，医師や助産婦の指示でこれを上回ることもある．妊産婦が医師などの指導を受けた場合には，その指導事項を守ることができるよう，事業主は，勤務時間の変更，勤務の軽減など必要な措置を講じなければならないとしている．これらの措置には，妊娠中の通勤緩和，休憩に関する措置，つわりや切迫流・早産の症状などに対応する措置が含まれる．

2）産前・産後・育児期の労働

妊産婦は，事業主に請求することにより，時間外労働，休日労働，深夜労働（午後10時から午前5時まで）が免除される．事業主は，妊産婦を重量物を取り扱う業務などの有害な業務に就かせてはならないことになっている．妊娠中は，事業主に請求することにより，他の軽易な業務に変わることができるし，出産後，子が1歳未満の間は，1日2回少なくとも各30分の育児時間をとることができる．

育児期の労働について，事業主は，1歳未満の子をもつ男女労働者が働きながら子育てをしやすくするために，勤務時間の短縮などの措置を講じなければならないとしている．小学校入学までの子をもつ男女労働者は，一定の条件を満たす場合，深夜労働の免除を事業主に請求できることになっている．

3）産前・産後の休業

産前6週間（多胎妊娠の場合は14週間（労働基準法第65条））は，事業主に請求することにより，休業することができる．また，産後8週間は，事業主は，その者を就業させることができない規定になっている．ただし，産後6週間後は医師が認めた業務については，本人の請求により，就労させることができることになっている．

4）育児のための休業（育児・介護休業法）

子が1歳6カ月に達するまでの間，事業主に申し出ることにより，父親，母親のいずれでも育児休業をとることができる．また，介護休業は配偶者，父母，子，配偶者の父母，同居扶養している祖父母，兄弟姉妹および孫の介護のために，連続した3カ月の期間を休業することができる制度である．

5）深夜業制限

育児を行う男女労働者の深夜業の制限が，育児介護休業法第16条の2,3で規定されている．対象は，小学校就学前の子を養育する男女労働者，要介護状態にある家族を介護する男女労働者である．

6）出産育児一時金・出産手当金など

出産後には，出産育児一時金や出産手当金などが支給される制度があり，また，育児休業期間中には，社会保険料が免除される制度もある（勤務先，社会保険事務所，健康保険組合などで確認できる）．

7）育児休業給付

育児休業を取得したときは，一定の要件を満たした場合に，雇用保険から賃金の40%相当額（平成13年1月）の育児休業給付が支給される制度がある（休業中事業主から賃金が支払われている場合は減額される）．

〔中村　敬〕

文　献

1) 長坂典子・中村　敬：子育てに役立つ情報．新版すこやか親子の育児全書（平山宗宏・渡邊言夫編），社会保険出版社，2003．
2) 中村　敬：特集：周産期の社会的リスクとその支援，国および各自治体の子育てへの経済的支援．周産期医学，**31**（6）：837-841, 2002．
3) 中村　敬：周産期の福祉．周産期医学必須知識第5版（周産期医学編集委員会編），東京医学社，pp.768-771, 2002．

周産期のファミリーケア

family centered care for newly born infants

現在，周産期医療施設で展開されているファミリーケアは，大きく分けて3つの分野に分類できる．まず，第1は親子関係の確立のための支援であり，周産期医療施設内での支援が中心になる．母乳栄養の推進，母乳栄養推進のための母子同室制などがこれにあたり，多くの診療所を含め分娩施設が取り組むべき課題である．ハイリスク児に対する発達や親子関係確立のために取り組むべき課題はタッチケアやカンガルーケアといわれているもので，子どもへのスキンシップを中心とし，母子関係確立の促進や子どもの発達の促進を目的としている．現在，新生児集中治療室（NICU）の約6割の施設が取り入れている．これは，親子関係確立のためには，きわめて意味深い対応であると考えられる．

第2は，周産期医療施設退院後の育児支援である．具体的には，入院中の親たちが集まるワークグループ，退院後の親子が集まるワークグループなどがある．親子の集まるワークグループは，早期介入という発達支援を目的としたグループワークとしても実施されている．また，地域保健機関への橋渡しも重要な役割と考えられている．子どもと家族は，NICU退院後は地域で生活するわけであるから，その地域のさまざまな子育て支援のための資源を活用できるように，地域の保健・福祉の専門家がマネージメントする必要があるからである．

第3には，亡くなる子どもと家族へのケアである．成人ではホスピスケアが広がりつつあるが，ターミナル期のケアには2つの要素がある．それは，ターミナル期の患者および家族のケアと愛する人を失った後の家族に対するグリーフケアである．近年，わが国の周産期医療施設でも，欧米ほどではないが，ファミリーセンタードケアの一環として，子どもに対するターミナルケアと，子どもの死後の家族に対するグリーフケアが行われ始めている．

1. 母乳栄養推進

現在日本で母乳推進のための活動が日本母乳の会を中心に展開されている．母乳栄養推進の要になるものは，初回授乳の時期，初回授乳の前のフォーミュラ，母乳育児指導，頻回授乳，母子同室，WHO/UNICEFの母乳育児を成功のための10カ条の周知，退院時のミルクサンプルの禁止などであり，母乳育児を成功させるための10カ条を推進している施設に対してWHO/UNICEFから認定されるbaby friendly hospitalがある．

2. 親子関係確立のための支援

NICUで行われている親子関係確立のための支援は，早期からの子どもへのタッチング，子どものケアへの家族の参加，母乳育児，面会ノートによる情報交換，おもちゃの持ち込み，早期からの抱っこ，カンガルーケア，タッチケアなどである．

タッチケアは，もともとアメリカマイアミ大学のティファニー・フィールド博士考案によるもので，日本タッチケア研究会がガイドラインを示している．期待されている効果は，子どもの発育・発達促進と親子関係確立であるが，子どもの発育・発達促進効果に関して，わが国では必ずしも明らかなエビデンスは証明されていない．わが国では，子どもの発育促進を求めた治療手技としてではなく，親子のふれあいの手段として活用されている（図4.1）．

古くからNICUではparentingの障害が起こることが知られており，親としての育児への自信を喪失することがしばしば経験

周産期のファミリーケア　　75

うでと手のひら

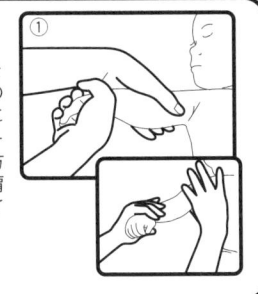

① 腕を握り、両手を交互に使って腕の付け根から手首に向かってマッサージします。逆の方向に、手首から肩に向かって行ってもよいでしょう。

② 腕を握らず、やさしくなでるだけでもよいですよ。

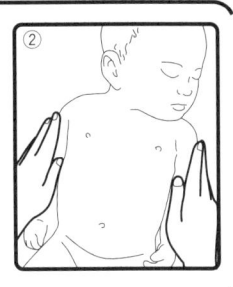

③ 両手の親指をつかって手のひらを指先の方向にマッサージします。

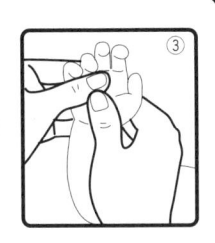

④ 指は一本ずつつまんでやさしくねじるような感じでマッサージします。

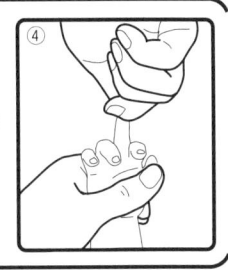

あし

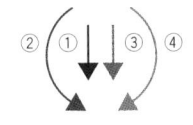

① 基本は腕のマッサージと同じです。両手を交互に使って、ふとももの付け根から足首に向かって絞るようにマッサージします。

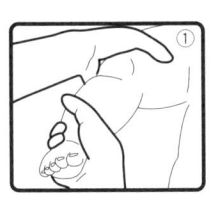

② 足の指は一本ずつつまんで、やさしくねじるような感じで軽く引っ張ります。

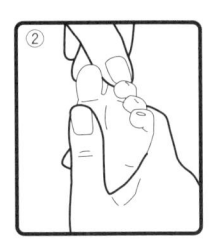

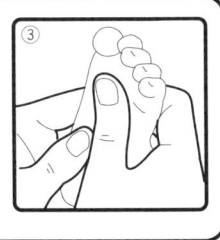

③ 赤ちゃんの足裏のマッサージも好きです。両手の親指と親指を重ねるようにして、かかとから爪先の方向にマッサージします。やや強めにした方がくすぐったくありません。

④ 両足を持ち上げて膝を曲げ、ふとももがおなかにつくように、優しく押さえます。

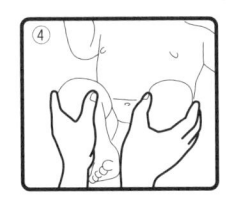

図 4.1　タッチケアの実技（うでと手のひら，あし）
（タッチケア研究会ホームページより作成）

されている．カンガルーケアはもとは南米コロンビアで行われていた育児法であり，親の肌に直に赤ちゃんを抱き赤ちゃんを保温するという，保育器などのない環境での育児法として，きわめて合目的な保育法である．わが国では，親子の肌がふれあうことによって得られる，親子関係の成立を目指して用いられている．方法としては，母親が赤ちゃんを素肌に抱っこするママカンガルー，父親が行うパパカンガルーなどがある．この効果は数量としては表現できないが，親の行動の観察により，愛着形成が促進され育児に自信をもてるようになることが報告されている．

3. 退院後の育児支援のための取り組み

退院後の子どもと家庭への支援は，保健所への連絡，退院した親子の同窓会，退院前に母子同室を図ることなどである．

退院後の子どもと家族のケアとして重要な役割を占めているものは，退院後のフォローアップである．多くのNICUで退院後のアフターケアと退院後の経過観察を兼ねてフォローアップが行われている．フォローアップは入院治療機関としてのNICUが実施することが多いが，地域の保健所などの保健機関との連携が必要であり，タイアップして実施するのが望ましい．残念ながら，NICUと地域保健機関連携の確立されている地域は現状では少ない．

4. 新生児医療施設で行われているグループワーク

1つには，入院中の子どもの家族に対するグループワークで，スタッフも参加して，自助的な効果をもたらしている．また，子どもの発達を促進することを目的としたディベロップメントケアも行われている．これはスタッフと家族が一体になり，個別に子どもの発達促進のためのニードをアセスメントし，それぞれに応じたケアプランを作成し実施するものである．2つ目は，退院後の子どもと家族のためのグループワークで，子どもの発達促進のためのearly intervention（早期療育）を目的として行われ，子どもの発達の促進と両親の育児能力のエンパワーメントに役立っている．

また情報交換会を兼ねた同窓会を主催しているNICUもあり，ピアカウンセリングとしての効果が期待され，ハイリスクの子どもをもつ親の子育て不安の軽減に役立っている．運営の仕方や行事はそれぞれの施設で工夫を凝らしている．将来メンバーの子どもたちが成長して高校生になったとき，ボランティアとして，この同窓会に出席できるシステムを構築しているところもある．

5. ターミナルケアとグリーフケア

救命しえなかった子どもの家族のためのグリーフケアと，逝ける子どもと家族が一緒に過ごせる時間と場面を設定したターミナルケアは周産期医療の中で重要な位置を占める．ここで，子どもの死因についてしっかりと説明し，家族に悔恨の念を残さないように配慮することが，その後の家族の生活にとってきわめて大切なことである．現在，グリーフケアは子どもを失った家族の院内でのグループワークを経て，院外の自主活動である子どもを失った家族の家族会などへの紹介が行われている．

〔中村　敬〕

文　献

1) 中村　敬：分野別シンポジウム　新生児医療の経済効率―新生児医療の保健的側面―．日本小児科学会雑誌, **106**（12）：1792-1798, 2002.
2) 堀内　勁編：NICUチームで取り組む「ファミリーケア」, メディカ出版, 2002.

5. 子どもの成長・発達

成長・発達（発育）とは
growth and development

　成長（growth）とは身長や体重のように尺度で測れる身体ののびをいい，発達（development）とは運動や臓器のはたらきのように物差しでは測りにくい機能の成熟に向けてののびを指す，というのが小児医学での定義とされているが，この両者ははっきり区別できるものではないので，外国の医学教科書でも growth and development と1つの単語のように使われることが多い．発育は成長と発達の区別をやや曖昧にして合わせた語として慣用されている．

　出生前期から小児期は，絶えず成長・発達して成熟に向かうのが特徴であり，大人との違いである．個体が発育して器官の分化発達が完成し，その機能がが完全に営まれる状態に到達すれば，生物学的に成熟したといえる．ヒトの場合，各組織・器官の発育の時期が異なるので，最後に完成する生殖器官の機能の完成を以って成熟とみなされる．年齢として20歳前後である．一方，社会生活を営むヒトの場合には，単に身体的な成熟のみならず，知識を積み，経験を重ね，思考力に富むなど，精神的な側面も考えるべきなので，その意味でのヒトの成熟は30歳前後とするのが適当とも考えられる．

　成熟に達した機能はある時間持続された後にやがて低下に向かう（老化）が，その状況は機能によっても個人によってもさまざまである．たとえば，スポーツ選手に見るように運動機能は10歳代後半から20歳代がピークであり，知能面では一般に記憶力は若いうちが優れ，判断力は老齢になっても衰えないなどである．また，向上，低下にかかわらず，年齢とともに変化する状況を加齢現象（aging）ともいう．

1. 成長・発達の一般的原則

　①成長・発達はだいたいにおいて秩序正しく一定の順序で進む．

　たとえば，乳幼児は必ず首すわり，おすわり，つかまり立ち，ひとり歩きの順でできるようになり，文章を話すことのできる前に必ず片言を話す時期がある．また発達には方向性のようなものがあり，頭尾方向（頭部から尾部に向かう方向．首すわりから歩行に向けても，首，腰，足の順にしっかりしてくる），近遠方向（身体の中心に近い部位から遠い部位に向かう方向．手足も指などの末端部を上手に使えるようになるのがあと），大きい運動（粗大運動）から細かい運動（微細運動）へと運動機能が発達していく，などが例としてあげられる．

　②成長・発達は連続的であるが，常になめらかに漸進的というわけではない．

　生後の身長の伸びを見ると，それがめざましい時期（乳児期と思春期）とゆるやかな時期がある．

　③ある器官や機能の成長・発達には決定的に重要な時期（臨界期）があり，その時期に正常な発達が妨げられると，永久的な

欠陥や障害を残すことがある．妊娠初期に妊婦が風疹に罹患すると，そのウイルスによって器官の一部が傷害され，先天性風疹症候群という先天異常を生ずることがあるのがその例である．精神的にも，乳幼児期に社会性の発達を損なわれた子が，青年期に至っても情緒的に不安定で，社会適応がうまくいかないという例がある．

④器官によって成熟に向かう時期や進行の早さには差がある．p.88の図5.5はScammonが示した有名な器官別発育曲線であるが，成熟したレベルを100%として示した場合，一般型は身長体重などで見るように，乳児期と思春期の伸びのめざましいタイプを示している．神経型は脳の発達（とくに重量）で，乳幼児期での伸びが大きく，就学時期には成人の脳の90%に達している．リンパ系型は生涯のうちで，幼児期から学童期にかけてがもっとも発達している時期で，その後急速に低下して成人域になる．このリンパ系は免疫機能の成熟，活躍を示しており，母体から独立して生きるようになった小児が，多くの病原体に遭遇しこれらと戦って免疫を獲得していく時期にもっとも発達していることは，きわめて理にかなっている．この時期，子どもの口蓋扁桃が大きく見え，頸部などのリンパ節を触れやすいのはリンパ組織全体が発達しているからである．これに対し，生殖型は生殖腺の成熟を示し，思春期を迎えるまでは沈静期であり，中学生年代に達して急速に成熟に向かう．

2. 成長・発達に影響を与える因子

成長・発達の基準として多くの観察項目があげられているが，これはあくまでも多数を観察した平均値として経験的に知られていることであって，そのとおりでなければならないといった性質のものではない．小さい相違は「個体差」の範囲であり，大幅に離れている場合に異常として判断される．個体差を生じる理由はきわめて多岐にわたるが，大別すれば遺伝的因子と環境的因子に分類される．遺伝的因子（遺伝子）研究の進歩は近年ことにめざましく，特定の病気の原因に止まらず，ある種の才能や習癖にまで関与が認められるという．環境的因子についても受精卵が子宮内で発育していく途上から始まって，生後育っていく中での物理化学的，生物学的要因から社会人文的要因に至るまで，きわめて多くの因子が存在する．たとえば，栄養，感染，放射線，化学物質，事故，社会環境などである．つまりヒトは，遺伝×環境という積の結果として存在しているといえる．またこれらの因子の中で発達初期のものほど影響力が大きい．

3. 成熟と老化

前述のように，ヒトの成熟は生物学的には20歳前後であり，この成熟期はある期間持続されるが，やがて各組織・器官の機能に衰えが現れ，個体の身体的機能は低下・衰退し，ついには機能の完全な停止，すなわち個体の死が訪れる．このような各機能の低下は中年を過ぎて自覚されるので，一般に老化現象と呼ばれるが，このような変化は若年のうちから密かに進行している．たとえば，眼の調節力は10歳を過ぎると年々低下していくが，調節力の低下を自覚するようになるのは40歳ころからである．

4. 日常利用される成長・発達の指標

日常の保健活動などで利用されることの多い成長・発達の指標は多岐にわたるが，詳細は次項以下を参照されたい．

〔平山宗宏〕

文献

1) Tanner, J. M.：A History of the Study of Human Growth, Cambridge University Press, 1981.
（内外の小児科学の教科書には成長・発達の解説の記載がある．）

子どもの成長

physical growth of children

1. 一般的な発育経過

身体発育の一般的な経過は発育曲線により概観することができる。図5.1は，胎児期から学童期，思春期をへて成人に達するまでの身長の発育経過を模式的に示したものである。上の図は，身長の経過を示す曲線であり，下の図はその年間増加量の推移を示した曲線である。前者は二重S型，後者は双峰型を示し，これらはともに胎児期の終わりから乳児期にかけての急増と思春期の急増に対応している。図中のⅠ期は胎児期から乳児期を経て幼児期前半にいたる最初の急増期であり，Ⅱ期は幼児期後半から学童期前半にかけての比較的安定した時期である。Ⅲ期は思春期の急増が見られる時期，Ⅳ期はその後ゆるやかに発育停止に至るまでの時期である。

身体のすべての器官が図5.2のような発育の経過をたどるわけではない。臓器別発育曲線としては，Scammonが1930年に発表した，リンパ型，神経型，一般型，生殖型の四型の類型がある（p.88，図5.5）。生殖型が思春期に入ってはじめていちじるしく成熟を示すのに対して，乳幼児期に成熟の速さがいちじるしいのはリンパ型と神経型であろう。

2. 発育に影響を及ぼす要因
1) 内的要因

遺伝的要因：父母の体格と子どもの体格が類似性をもっていることは容易に理解できる。父母の体格を考慮した発育基準の考え方も必要である。同胞間にも相関があり，二卵性双生児，一卵性双生児となるにしたがってさらにその係数が増す。体格の家族内相関においては，これが純粋な遺伝因子だけのものではなく，食生活をはじめとして，同様の生活環境をもつという後天的な環境条件も関係していることも忘れてはならない。性差は性染色体による差と二次的な内分泌機能による差異によってもたらされると考えられる。内分泌機能により影響を受ける。ヒト成長ホルモンは骨の発育だけでなく全身的な代謝作用を通じて発育を促進する。近年下垂体機能不全性低身長のホルモン治療は飛躍的な進歩を遂げている。

2) 環境要因

i) 栄養　乳幼児の発育と栄養状態の関連は明瞭であり，現在は開発途上国における慢性的低栄養状態が易感染性を合併して問題になっている。わが国における戦後の乳幼児の体位向上は栄養方法の技術的

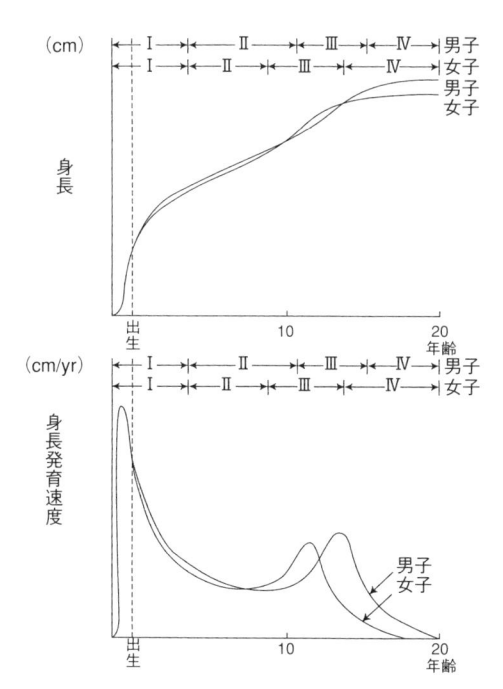

図5.1 身長の発育曲線（模式図）[1]

進歩によるものと考えられる．最近の食生活環境においてはむしろ栄養過剰に関連した肥満児の問題がクローズアップされている．

ii) **疾病** 短期の急性疾患の罹患は一時的な体重減少あるいは体重増加不良を起こすが，治癒とともにその回復が起こる．発育不良を症状とする疾病の場合，その治療に成功すれば発育を取り戻すことができる．慢性的な低栄養状態に伴う反復的な疾病罹患は継続的な発育不良をもたらす．

iii) **季節** わが国をはじめとして温帯に属する国は程度の差はあれ四季を有しており，身長の増加は春にいちじるしく体重の増加が秋にいちじるしい傾向は，全年齢に共通である．気象条件あるいは季節に伴う二次的な生活上の変化も考慮に入れる必要がある．

iv) **社会経済条件** 社会経済的に恵まれた環境において概して発育が良好であるが，実際には社会経済的条件の規定が非常にむずかしい．家族数は少ないほど体位は良い傾向にあるが，経済状態がある水準以上ではあまり関係しない．体位の経年変化には戦争による影響がいちじるしい．全般的生活条件の低下もあろうが，やはり食料不足による栄養の影響が最も大きかったと推測される．

v) **心理的要因** たとえ食事の量が十分であっても，養育環境にストレスが大きいと発育不良を起こしうることがわかっている．愛情剥脱などの精神的因子は内分泌機能に影響をあたえる．虐待やネグレクトにも発育不良が伴う．

3) **総合的要因**

人種差は単に人種のもつ遺伝的な要因のみならず，生活環境や生活習慣などの違いが合わさって発育上の差異に影響している．人種による居住地の分布の差異は，初期の居住地における自然淘汰の影響を反映していると考えることもできる．熱帯気候における低体重の原因は気温それ自体よりも慢性的栄養不足や感染症，寄生虫病の負荷の影響が大きい．標高の高い土地では大気圧が低いため低酸素症が起こる．これも発育に影響を及ぼす要因になるが，高地に特有の低温，乾燥，紫外線，農業生産の限界や遺伝的相違も加わって影響をもたらしている．

3. **年齢別特性**

1) **出生時の体位と新生児期の発育**

出生時の体位は従来身長約 50 cm，体重約 3 kg といわれているが，昭和 50 年前後をピークとして最近では減少に転じている．経産の場合より初産の場合の方が小さく，また母親の体格による影響も大きい．在胎期間により大きく変わるため，妊娠週数別の出生体重・身長の基準と照らしあわせて評価する．

一般に出生直後の新生児は皮膚や肺からの水分蒸散，胎便，尿など体重を減少させる要素のわりには哺乳量が少ないため，相対的に体重減少が起こる場合が多い．普通，生後 2～4 日の体重値がもっとも小さく，7～12 日で出生体重に戻る．減少の程度は出生体重の 5～6% が普通である．このような体重減少を一般に初期体重減少または生理的体重減少という．これが 10% を越えたら何らかの異常を疑う．

2) **乳児期の発育**

乳児期における発育はいちじるしい．乳児期の 1 年間に身長は約 1.5 倍に，体重は 3 倍になる．体重増加はとくに乳児期前半にいちじるしい．身長に対して体重の増加が大きいため，乳児期のからだつきはまるみを帯びてきて，皮下脂肪も厚くなる．このことはからだつきを示す指標であるカウプ指数をみることによってよく把握できる．出生時から 3 カ月ごろまでは急激に大きな値を示すようになる．これは 10 カ月ころまで一定した値をとり，以後次第に小さくなる．頭囲は成人のそれに比べて相対

的にかなりの程度まで成長してくるのであって頭の大きい体形となる．胸囲は出生時には頭囲よりやや小さいが，その後まもなく頭囲と同等になる．乳児期後半では明らかに頭囲より大きくなるが，その横断面は成人と異なり円形に近い．

3）幼児期の発育

幼児期では発育の速さが緩徐となり，学童期の安定した状態に移行してゆく．幼児期は体重のふえよりも身長ののびの方が目立ち，幼児期の皮下脂肪厚は年齢によって漸減するため，からだつきは乳児期後半に比べ細くなる．これは活発に体を動かし，運動機能を始め諸機能を高める幼児期には好都合なことである．頭部の発育は乳児期に続いていちじるしく，幼児期の後半では成人の約80%に達する．身体全体に占める頭の割合は，乳児期に比べれば小さくなってはいるものの，成人のそれよりはかなり大きい．下肢の長さの割合も成人に比べれば小さいが徐々に大きくなる．胸囲は頭囲より次第に大きくなり，横断面に関しては左右径の方が前後径より大きくなる．

4）学童期・思春期の発育

学童期の前半は年間発育量がほぼ変わらず，発育は安定している．後半は思春期への移行期にあたる．思春期の発育は急激なスパートを示す．体重は身長よりピークが遅い．女子は思春期に丸みをおびた体つきになり，男子は肩幅が広くなる．発育急進期に入る時期には個人差があるので，思春期においては身体計測値の広がりがきわめて大きくなる．

4. 発育の年次推移

乳幼児の身体発育については，厚生（労働）省が10年ごとに作成している乳幼児身体発育値やそれ以前に研究班で行った調査結果を基に年次推移の中でとらえてみることができる．戦中および終戦直後の劣悪な生活条件によって，乳幼児の体位は低下したが，その後の経済復興に基づく生活条件の改善によって，体位は急速に向上し，昭和25年から昭和35年，そして昭和45年と20年間の発育値の伸びはきわめて大きかった．しかし，その後，昭和55年までの10年間の伸びは僅少であり，平成2年，平成12年と，わずかな減少傾向を示す項目が増えており，年次推移という意味では一応の水準に達したものと考えてよい．体重，身長，胸囲のわずかな減少は，最近話題とされている出生体重の低下に関すると関連し，今後検討すべき重要な課題であろう．

学童期・思春期発育の年次的推移をみると，戦前の体位低下や戦後の体位向上は思春期にとくにいちじるしい．戦後の急激な回復は思春期発育の起こる時期が年々早くなる発育促進現象によるものであることがわかっている．

5. 発育評価

1）評価の基準

発育評価は，経験に基づいて，視診・触診などによりある程度可能であるが，その正確な把握のためには客観的な情報が必要である．発育の評価は発育の経過を問題にしなければならないので，正確で再現性のよい身体計測の結果を，年月齢別の基準に参照するという方法がとられる．

身体発育評価の基準としては古くからいろいろなものが使われている．現在乳幼児の発育基準としては一般的に厚生労働省による乳幼児身体発育値が用いられることが多い．最新のものは平成12年に厚生省が行政調査として全国的規模の調査を行なった結果に基づいたものである．行政調査としては昭和35年，昭和45年，昭和55年，平成に引き続き3回目である．調査は平成12年9月1日から30日までの期間中に行われ，14,115例の乳幼児が集計の対象となった．集計は生後7日までは1日ごと，以後2歳までは1カ月ごと，以後就学前までは6カ月ごとに行われている．公表され

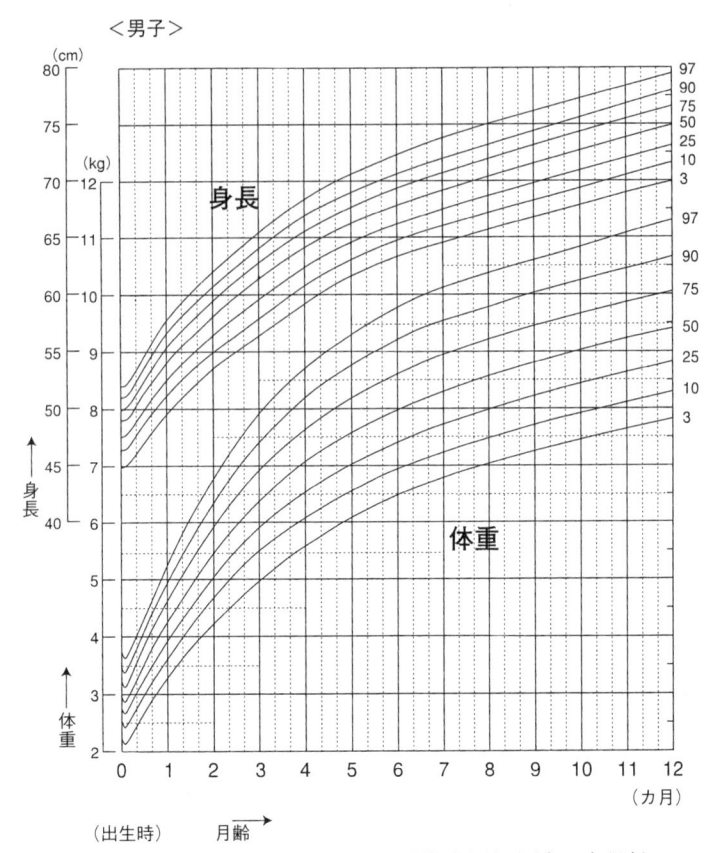

図 5.2-a　乳児身体発育パーセンタイル曲線（男子）（平成 12 年調査）

たのは体重，身長，胸囲，頭囲の 3, 10, 25, 50, 75, 90 および 97 の各パーセンタイル値と平均値，標準偏差である．パーセンタイルとは計測値の統計的分布のうえで，小さい側から数えて何％目の値がどれくらいかを示す統計的表示法である．10 パーセンタイル値は，計測項目の年月日齢階級別に見た統計分布の中で，小さいほうから数え 10％目の数値にあたっている．体重，身長について男子を図 5.2 に，女子を図 5.3 に示す．

乳児期，学童期，思春期を含め，成人するまでの基準が平成 2 年の厚生省身体発育値と文部省学校保健統計からつくられたものであり，平均値と平均値から標準偏差の分および標準偏差の 2 倍上下に離れている値がグラフで示されている．（図 5.4-a, b）．平成 12 年乳幼児身体発育調査結果（厚生労働省）と学校保健統計調査（文部科学省）をもとに作成され，3, 10, 25, 50, 75, 90, 97 の各パーセンタイル値が示されている（図 5.4-a, b）．

2）発育評価にあたって

発育評価にあたってはいくつかの留意すべき点がある．

i）**正常域について**　欧米では古くから，パーセンタイル法が用いられており，3 パーセンタイル値未満および 97 パーセ

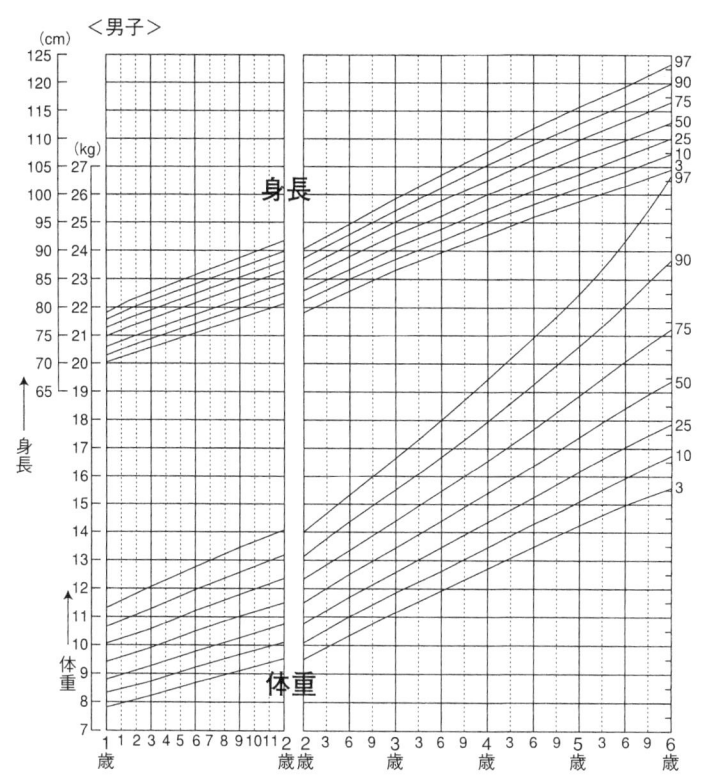

図 5.2-b　幼児身体発育パーセンタイル曲線（男子）（平成 12 年調査）
（注） 1 歳代の身長は仰臥位身長を示し, 2 歳以降は立位身長を示す.

ンタイル値を越えるものを「発育の偏り」として問題とする方法がとられている. また, 10 パーセンタイル値未満および 90 パーセンタイル値を越えるものは偏りの疑いとして経過を見る場合が多い.

3 パーセンタイル未満および 97 パーセンタイルをこえるものは総合的な精密健診の対象となる. しかし, この場合精密検診を待たずに安易に発育異常と考えることは厳に慎まなければならない. 出生時の計測値などを参考にすべき場合がある.

ii) 個々の例の発育について　厚生労働省の発育値はほぼ同じ時期に調査された約 1 万 4 千人の横断データに基づくものであって, 同一の例を時間的経過を追って観察したものではない. パーセンタイル曲線はおのおのの年月齢が同じレベルのパーセンタイル値を横に結んだものであって, 個々の例が実際にこのような曲線にのって発育することを示しているのではない. ことに生後 4, 5 カ月は曲線を横切って経過するものが多い. 比較的大きくあるいは小さく生まれたものも発育は中央に寄っていく傾向があることが認められている.

iii) 2 歳時の身長計測について　2 歳ちょうどの部分をグラフでみると, 曲線に段差が見られる. これは, 2 歳未満の場合は仰臥位（supine length という）により, また 2 歳以上の場合は立位（body height または standing height という）により計測を

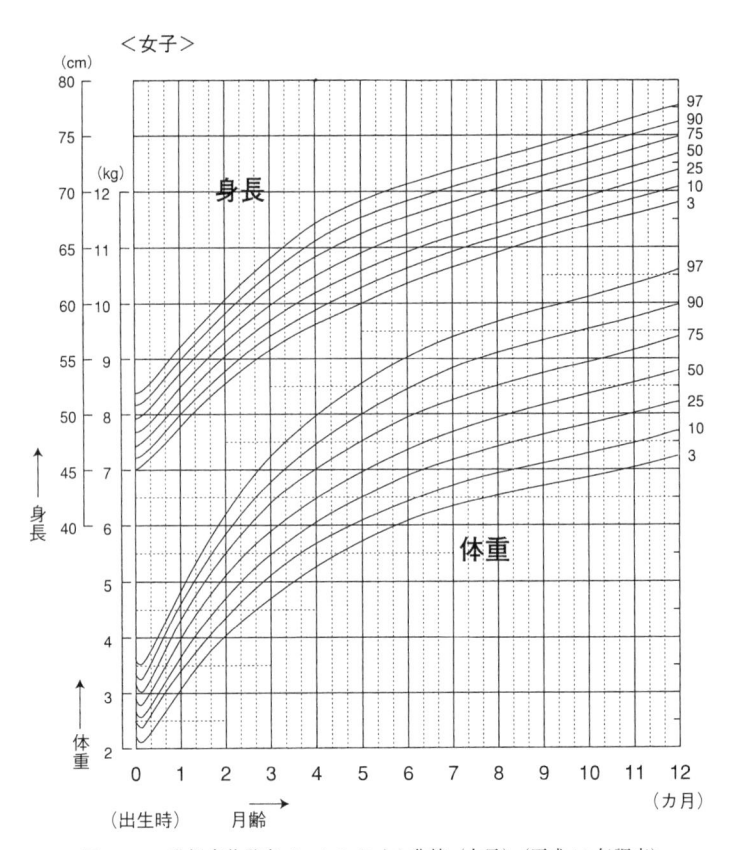

図 5.3–a　乳児身体発育パーセンタイル曲線（女子）（平成 12 年調査）

実施したためである．この曲線を利用するときは，2 歳未満の仰臥位の場合と 2 歳以上の立位の場合を正しく使わなければならない．

iv）総合的な判断　発育評価の実際においては，常に計測項目相互の関連を重視し評価を行わなければならない．また乳幼児の発育に関連するような小児の状態をよく観察して，総合的に判断する必要がある．4 項目の身体発育値はひとつの情報にすぎないからである．体重と身長の相互の関係は体形の評価を意味し，肥満やるいそうの状態の判断の際参考にされる．幼児期には年齢に左右されず比較的安定している

BMI（カウプ指数）（体重 kg/（身長 m)^2）も，乳児期には月齢別にかなり変化するので，月齢を考慮して基準に照らしあわせるのがよい．また，幼児期の身長別体重標準値が発表され，母子健康手帳にも掲載されている．3 歳は小児肥満のなりはじめの時期といわれているので，体型を総合的にチェックする必要がある．

v）体質的に小柄な児，低身長　生まれつき小柄な体格で発育していくタイプの子どもが存在する．この発育経過は，生まれながらの体質として順調なものであるということを理解する必要がある．生まれつき小柄な児に，体重を増やそうとしてあせ

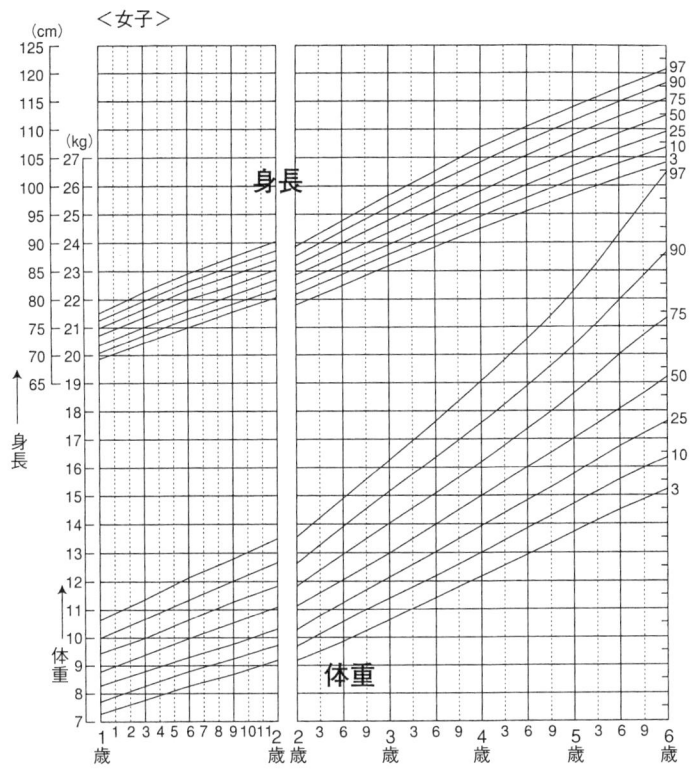

図 5.3-b 幼児身体発育パーセンタイル曲線（女子）（平成 12 年調査）
（注）1 歳代の身長は仰臥位身長を示し，2 歳以降は立位身長を示す．

ってノイローゼに陥る例もある．生まれつき小柄な児というのはある割合で存在するわけであり，適切な保健指導がなされる必要がある．

　低身長については近年治療を始める年齢が低くなっており，早くから詳しい経過観察をするのが望ましいといわれるようになった．幼児期に身長が 10 パーセンタイル未満の場合は経過を観察し曲線から離れて小さくなっていないかを確認する．幼児期に 1 年間で身長が発育曲線の間隔 1 つ分以上小さいほうへ推移する傾向が 2 年以上つづく場合は専門機関に紹介する．

vi）低出生体重児における評価について　厚生省発育値は出生体重の小さい場合にそのまま当てはめることはできない．極低出生体重児の発育評価基準は厚生省の研究班で作成されたものを参考にするとよい．出生体重が 1,500 g 以上の低出生体重児については，いちじるしく小さくない低出生体重児の場合，在胎期間で修正した年月齢でプロットしてみて，修正月齢の出生時において厚生省発育値の 3 パーセンタイルをあまり下回らず，発育曲線にほぼ平行して大きくなっている傾向が認められれば，出生体重としてはほぼ標準的な範囲内の発育状態であるととりあえず判断することもできる．妊娠期間に対して出生体重が非常に小さい場合，発育がより遅い場合が多いので，注意して観察する必要があろ

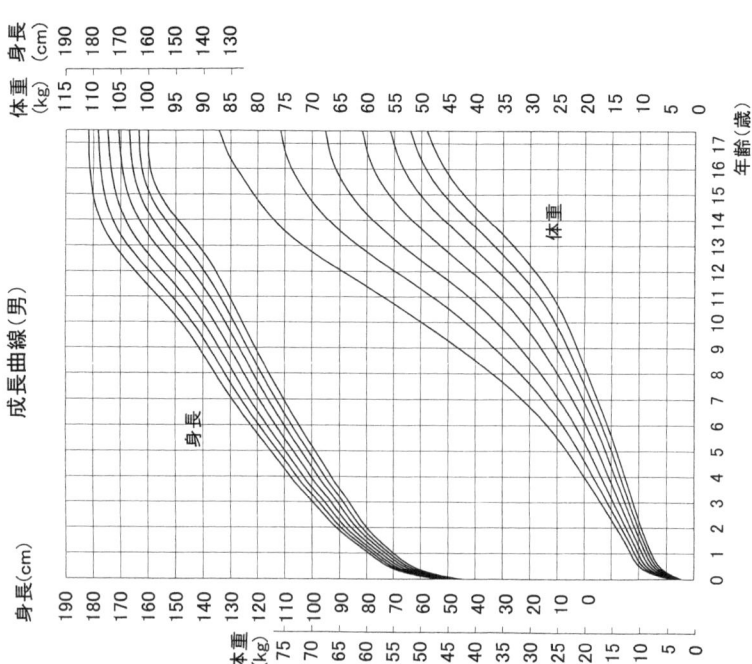

86　　　　　　　　　5. 子どもの成長・発達

図 5.4-a　男子身体発育基準曲線[4]
（7本の線はそれぞれ下から3,10,25,50,75,90,97の各パーセンタイル値を示す）

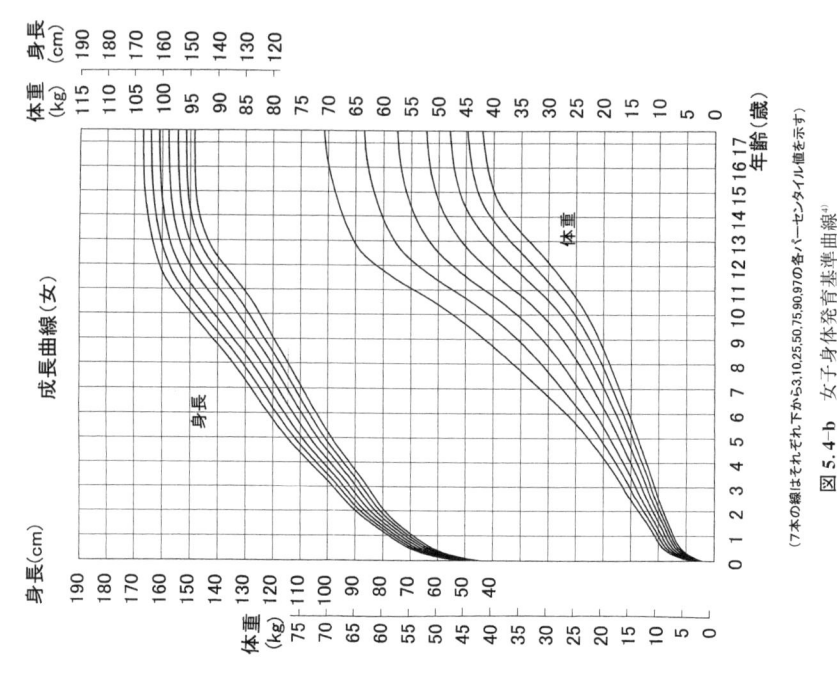

図 5.4-b　女子身体発育基準曲線[4]
（7本の線はそれぞれ下から3,10,25,50,75,90,97の各パーセンタイル値を示す）

う. 〔加藤則子〕

文 献

1) 母子愛育会小児保健部会編：新乳幼児保健指針10版．日本小児医事出版社，1994．
2) 板橋家頭夫編：極低出生体重児発育曲線，メディカ出版，1996．
3) 村田光範：肥満．小児科診療，**54**（増刊）：170-174，1994．
4) 加藤則子ほか：0歳から18歳までの身体発育基準について―「食を通じた子どもの健全育成のあり方に関する検討会」報告書より―．小児保健研究，**63**（3）：345-348，2004．
5) 加藤則子・高石昌弘編：乳幼児身体発育値―平成12年厚生省調査―．小児保健シリーズNo.56；小児保健協会，2002．
6) Takaishi M：Secular change in growth of Japanese children. *Journal of Pediatric Endocrinology*，**7**（2）：163-173，1994．
7) 田中敏章：身体計測と成長の評価．小児科，**35**（3）：275-283，1994．

各臓器の発達と子ども
growth of organ

1. 子どもの成長と Scammon の臓器別発育曲線

子どもの特徴とは常に成長，発達，発育していることで，これが成人と最も異なる点である．運動発達は，次のような順序で進む．頭部から足部へ，まず頭が安定し首が座り，次に肩から腰が発達して，寝返り，お座りへ，さらに下肢が発達して這う，歩くと進歩する．体の中心部から末梢へ，肩や腕などの大きな筋運動から手指の細かい運動へ，この順序はすべての子どもに一定である．

成長発達は連続的であるが，常に一定の速度で進むのではなく，重要器官から先に発達する．胎生期の初期から最も発達が早いのは体全体を支配する脳と，全身に血液を送り出す心臓であり，出生後も脳神経系は他の器官より早く発達していく．生殖器系は後から思春期に発育する．発育速度は低年齢ほどいちじるしい．幼児よりも乳児，乳児でも幼弱なほど発育が速い，体重 3 kg の新生児は約 1 カ月で 1 kg も体重増加し 4 kg になる．たとえば，体重 30 kg の人なら 1 カ月で 40 kg にもなるぐらいに，大きくなる．身長も出生時 50 cm が生後 1 年間で 25 cm も伸びて，出生時の 1.5 倍 75 cm になる．思春期の身長の伸びは最大年間 8〜12 cm である．

臓器別に発育パターンが異なる．各臓器も一定のスピードではなく，それぞれの臓器別に特有の速度をもって発育する．Scammon は，体の各臓器を一般型，神経系型，リンパ系型，生殖器型の 4 型に分けて，出生時の重量をゼロとし，成人になった時を 100 として発育曲線を描いたのが Scammon の臓器別発育曲線である（図 5.5）．大脳や小脳などの神経系は，臓器の中で最も早く発育し 6 歳で成人の 90% にも達する．睾丸や子宮などの生殖器は，思春期まではほとんど発育がみられず，思春期に急速に発育する．免疫に関与する胸腺やリンパ節などのリンパ系は，幼児学童期には成人以上の組織の増加があり，その後徐々に縮小し 20 歳ごろ成人のレベルになる．大部分の臓器や体重・身長などの発育は一般型といい，乳児期と思春期にいちじるしい発育を示す．

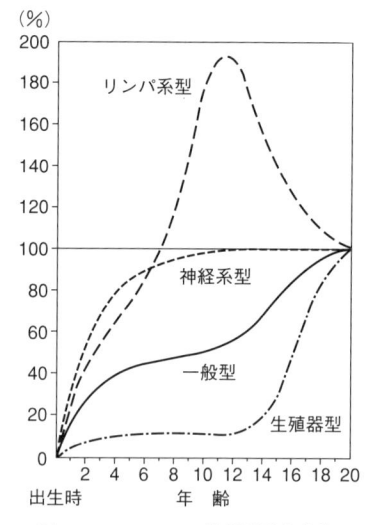

図 5.5 Scammon の臓器別発育曲線
体組織の発育の 4 型．図には，20 歳（成熟時）の発育を 100 として，各年齢の値をその 100 分比で示してある．
一般型：全身の外形計測値（頭径を除く），呼吸器，消化器，腎臓，心・大動脈，脾臓，筋全体，骨全体，血液量
神経系型：脳，脊髄，視覚器，頭径
生殖器型：精巣，卵巣，精巣上体，子宮，前立腺など
リンパ系型：胸腺，リンパ節，間質性リンパ組織
(Scammon, in Harris：The Measurement of Man, University of Minnesota Press, 1930)

2. 身体・からだの発達

子どもの生理機能の特徴は，成人に比べて未熟性，未発達，未分化である．そのため，異常や障害が発生しやすく，乳幼児期だけにかかりやすい病気も多い．子どもは発育するため大人に比べ代謝機能は亢進し，体重あたりの酸素消費量が多く，二酸化炭素，尿などの老廃物の排泄が多く，心臓の一回拍出量は少ないので，呼吸数，脈拍数が多く，体温も高く，体重あたりの発汗量も多い．各生理機能は，外界の刺激に対して反応が過敏や不十分のため，けいれんや脱水になりやすい．

〔からだの生理的・機能的発達〕

1） 呼吸器

出生と同時に肺呼吸が開始されるが，呼吸が不規則になったり，無呼吸になったりすることがある．乳児の呼吸は成人に比べると，1分間に30～40回で速く浅い呼吸である．のどや肺の気管支などの空気の通る気道が大人に比べ狭いので，風邪をひくとぜいぜい（喘鳴）しやすく，肺炎などにもなりやすい．

表5.1 小児の呼吸数，脈拍数

	呼吸数 （1分間）	脈拍数 （1分間）
新 生 児	50～40	140～120
乳　　児	40～30	130～120
幼　　児	30～20	110～100
学　　童	20	90～80
成　　人	16	70

大人は肋骨の走行が前傾し，肋間筋の働きで，肋間の間を拡げて呼吸する胸式呼吸である．乳児では肋骨の走行は水平で狭く，肋間筋の発育が弱く，呼吸は横隔膜を使う腹式呼吸で，横隔膜が高位にあり，肝臓も大きいことから，速く，浅くなり，換気予備力も少ないので気管支炎や喘息などで容易に呼吸不全になりやすい（表5.1）．

2） 循環器

血液は心臓から肺へ（肺動脈・静脈血），肺から心臓へ（肺静脈・動脈血），心臓から全身へ（大動脈），全身から心臓へ（大静脈）と血液が流れている．心臓から出される1回の血液拍出量が少ないので，脈拍は年齢が幼いほど多くなる．乳児の脈拍数は1分間に120～130回で，発熱，啼泣，哺乳などで増加し，睡眠で減少する．

3） 消化器

i） 生歯（図5.6）　乳歯の萌出は個人差があるが，生後6～9カ月から生えはじめ，3歳で上下20本（上下左右の切歯2，犬歯1，臼歯2本）が生えそろう．5～6歳からは第1大臼歯（6歳臼歯）が生え変わり始め，10～14歳までに28本（上下左右の切歯2，犬歯1，小臼歯2，大臼歯2本）が生える．

ii） 摂食機能の発達　新生児の哺乳行動と成人の嚥下行動の違い：成人が牛乳を飲む場合，口を開けてコップを傾けて牛乳を口腔内に流しいれて，口を閉じ，一時呼吸を止めてから嚥下して，呼吸を再開す

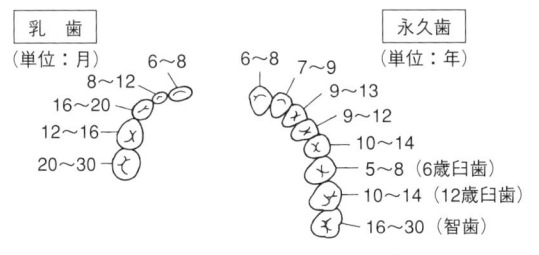

図5.6　乳歯，永久歯の萌出時期

る．嚥下時には一瞬呼吸を止める生理的な嚥下性無呼吸を伴うのが特徴である．一方新生児の哺乳行動では，食道と気管とに分かれる喉頭では，鼻から前方の気管支肺へ呼吸をしながら，同時に口から後方の食道へ乳汁を哺乳することができる．のどの奥の咽頭で空気と乳汁とが交差するのである．呼吸と哺乳を同時に行うことが可能なのは，おもに舌の蠕動様運動と解剖学的に成人に比べ新生児では喉頭蓋が高い位置にあることによる．哺乳行動は過去には口腔内に陰圧をつくって乳汁を吸引する吸引圧と，舌やあごで乳房や乳首を圧して乳汁を搾り出す咬合圧の2つの機能によるとされていた．最近の哺乳ビンの内側からの口腔内のビデオ撮影や超音波断層撮影によって舌の蠕動様運動が明らかになった．母親の乳首は子どもの舌により硬口蓋に押しつけられ，乳首の先端は硬口蓋と軟口蓋の境界部まで引き込まれる．舌は前方部から後方部にかけて順に口蓋に向けて圧した動きがみられる．舌の前方部が上がると後方部が下がり，次に前方部が下がると続いて後方部が上がる．また舌根部から舌全体が前方に向けて前後方向に動く様子も観察され

る．乳児の哺乳行動は舌尖から始まる喉頭蓋に向けて舌根部から舌全体が前後に波うつ運動で乳首を固定し，乳首を絞り，出てきた乳汁を後方に運ぶ蠕動様運動である．

新生児と成人の口腔の解剖学的特徴を比較すると，新生児には次のような特徴がある（図5.7）．口腔容積は少なく，反対に舌が大きい．軟口蓋が大きく，喉頭蓋が高く，軟口蓋と喉頭蓋が直接触れ合う位置にある．乳児期に頸部が太く長く成長し首が座り頭部が安定してくると，喉頭蓋・喉頭が徐々に下降し，頭頸部は直立し，咽頭腔は拡大する．このことにより，声帯で発せられた音は咽頭という共鳴箱の働きで大きく複雑な音，つまり喃語から始まる言語の発生・獲得につながるのである．

iii) 胃腸機能 胎児は母親の羊水の中で，指しゃぶりをし，羊水を嚥下し，胃腸管から吸収し，羊水中に排尿している．先天的に消化管の閉鎖がある場合，羊水が異常に多くなる．出生前には唾液，胃液などの消化液の分泌はなく，出生後に空気を嚥下して胃が膨らむと胃液の分泌が始まる．

成人の胃はJ型であるが，乳児の胃は伸

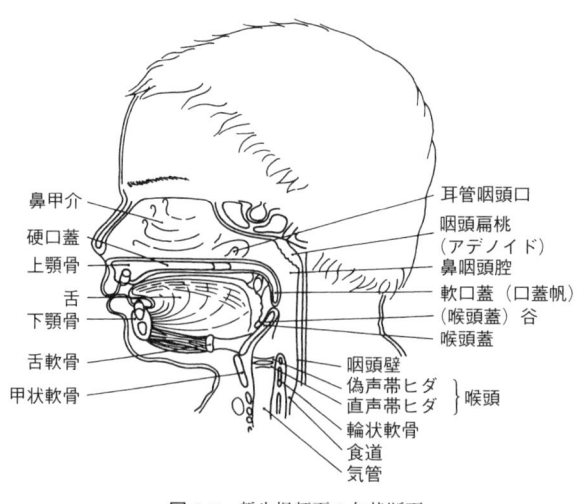

図5.7 新生児顔面の矢状断面

展性に富み，容積が大きくなる，ほぼ球形である．食道と胃の間の噴門部のしまりが悪いので，ちょっとした刺激で嘔吐する．乳児は嘔吐しやすいので，吐いても機嫌が良く，体重増加良好な場合は心配ない．

iv）**糞便** 出生直後の便を胎便といい，暗緑色の無臭粘稠な便である．生後3～5日で乳便に移行する．

乳便は母乳栄養と人工栄養では異なる．母乳栄養児の便は水分が多く，柔らかく回数も2～4回と多い，色は卵黄色で弱酸性，臭いは芳香性酸臭（プレーンヨーグルトの臭い），腸内細菌はビフィズス菌が優位に多い．人工栄養児の便は水分が少なめでやや硬めである．回数は1～2回と少なく，色は淡黄色で弱アルカリである．臭いはやや腐敗臭，腸内細菌は大腸菌が優位である．緑便は以前，「母乳栄養では生理的であるが，人工栄養では病的」とされたが，近年の粉ミルクの成分が母乳にきわめて似てきたので，人工栄養児でも緑便が高頻度に見られる．

4） 頭部と大泉門の発育

身長と頭長との比：新生児は頭でっかちで身長と頭長の比が4：1，4頭身である．6歳で6：1になる．乳児では頭蓋骨の縫合が完成しておらず，頭囲の発育もいちじるしいので，大泉門という前頭骨と頭頂骨に囲まれた骨のない柔らかい菱形の部分が存在する．河童のお皿に相当する部分である．大泉門は頭囲発育が緩やかになる1歳半頃に閉鎖する．大泉門閉鎖遅延は水頭症，くる病，クレチン症，ダウン症．

髄膜炎，硬膜下血腫では脳圧が亢進し大泉門は膨隆する．嘔吐や下痢の脱水症では逆に陥凹する．

5） 腎臓と水分

i）**腎臓と尿量** 腎臓は尿をつくり，老廃物などを尿中に排泄して，体液のpH，浸透圧などを一定に保つ働きがある．老廃物の尿中への排泄には一定の水分が必要であり，水分が少ないときは尿を濃く（濃縮力）して排泄する．乳児は尿の濃縮力が未熟なため，タンパクや塩分の多すぎる食事や濃いミルクを与えると塩分や尿素窒素の尿中への排泄が増加し合わせて尿量も増加するので容易に脱水し，発熱することがある．尿量は乳児では60 ml/kg/日，300～500 ml/日，成人では30～40 ml/kg/日，1,200～2,000 ml/日である．

ii）**水分必要量**（表5.2） 乳児は体水分量，とくに細胞外液量が多く，代謝も盛んで，皮膚と肺から失われる水分，不感蒸泄量も多い．乳児の水分必要量は150 ml/kg/日で成人の水分必要量50 ml/kg/日の約3倍である．このため，下痢，嘔吐，発熱などで容易に脱水になりやすい．

〔脳神経系の発達〕

1） 中枢神経系の発達

脳は，大きく大脳，間脳，脳幹，小脳から成っている．大脳は精神活動，運動，感覚などの中枢であり，小脳は運動機能調節の中枢である．脳幹は意識の保持，呼吸・循環などの生命維持の中枢である．植物機能全体の中枢は間脳・脳幹が担っている．

大脳皮質は前頭葉，頭頂葉，後頭葉，側頭葉に分かれ，さらにそれぞれは機能的に細分化される．大脳皮質は表面から深層に向けて6層構造である．6層構造は次の3段階の過程を経てつくられる．第1段階は妊娠の6週から約3カ月間，側脳室壁を取り囲む特殊な神経上皮である神経前駆細胞の細胞分裂によって神経細胞が生まれる．第2段階は若い神経細胞が大脳表層へ移動する過程である．第3段階は生後行われる大脳皮質においてシナプス形成，ミエリン

表5.2 乳児水分必要量（150 ml/kgの内訳）

内　訳	水分の量（ml）
不感蒸泄	60～50
尿	90～80
便	5
体内蓄積	5
計	150

形成などの成熟が進む過程である．
　新生児の脳の重さは約350gで，体重の10～12%である．脳の重さは生後1年で出生時の2倍，5歳で3倍，10歳で成人の95%になる．
　脳はからだの最も重要な臓器である．その機能を維持，発揮するために酸素とエネルギーが供給される．成人の脳は体重の2%であるが，安静時に心拍出量の12%の血液が脳に送られ，安静時に消費される酸素の20%が脳で使われる．子どもではこの割合はさらに大きくなる．

2）知覚の発達

　光に対する反応は出生直後から認められ，1カ月頃には，目の前の母親の顔をゆっくり追う．視力は成人より弱く，1歳で0.2程度である．3歳ごろに成人とほぼ同じ視力になる．立体視は4カ月頃より発達し始め1歳になると立体視がみられる．
　子宮の中の胎児は外からの音に反応を示す．新生児期より音に対する反応はみられ，聴性脳幹反応を使用して難聴児のスクリーニングが行われる．3カ月頃より音のする方向に顔を向ける．
　新生児は甘味に対して，吸啜力が増加する．

3）睡　眠

　睡眠時間は，新生児では15～20時間，3カ月児では14時間，6～12カ月児では12時間くらいである．新生児では1回の睡眠時間が短く，1日に何回も睡眠と覚醒を繰り返す．4カ月頃より昼間覚醒し，夜間眠るパターンに移行していく．睡眠パターンは脳の発達分化と関係があるが，時間やパターンには個人差もいちじるしい．

4）新生児反射，原始反射

i）新生児反射，原始反射とその意味

　新生児に固有にみられる反射を新生児反射または原始反射という．すべての新生児にみられ，発達のなかで上位の神経からの支配を受けて変化する．新生児反射は約30種類あるが，重要な新生児反射は随意運動の発達に関係するモロー反射，緊張性頸反射，手把握反射，足把握反射の4種と私たちにもみられる防御反応のパラシュート反射を加えた5種類である（図5.8）．

ii）新生児反射と運動発達との関係

　新生児反射が存在している間は反射が関与する随意運動は出現できないし，その随意運動が出現したときには，その前に，新生児反射は消失している．つまり，緊張性頸反射が出現する間は寝返りはできないが，寝返りができるときには緊張性頸反射はすでに消失している．このことから新生児反射からも運動発達の評価が可能となる．

iii）新生児反射の出現時期と消失時期

①モロー反射：　背臥位で新生児の頭を支え，急に頭部の手を離し20～30度くらい頸部を一瞬後屈させると，手を開き両上

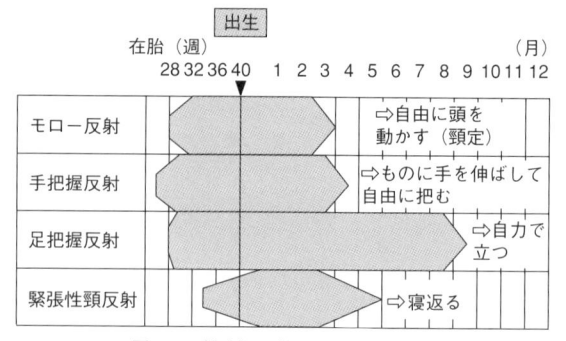

図5.8　新生児反射と運動発達の関係

肢の伸展・外転が起こり，続いて抱きつくように上肢を屈曲・内転する．

〈反射の消失〉3カ月頃から消失．その後に，頸定し自由に頭を動かすことができるようになる．もしも，モロー反射がずっと残っていたら，後ろを振り向いたら反射が出て，持っている物を放り出してしまうことになる．

②手の把握反射： 検者の指を新生児の手の中に入れて，手掌を押すと検者の指をギュッと握りしめる反応．

〈反射の消失〉4カ月頃消失．その後に，物に手を伸ばして，自由につかめるようになる．もしも，この反射がずっと残っていたら，好きな人の手を握ったら，握ったままで離れられないことになる．

③緊張性頸反射： 新生児の頭を一方に向けると顔の向いたほうの上下肢は伸展し，後頭側の上下肢は屈曲する．

〈反射の消失〉3カ月頃より減弱し5カ月頃消失．その後に，寝返りができるようになる．もしも，この反射がずっと残っていたら，朝起きようとしても向いたほうの手足がピンと伸びて，ベットの上で寝返りができないことになる．

④足の把握反射： 乳児の親指の付け根を検者の母指で押すと乳児の足の指が物を掴むように屈曲する．

〈反射の消失〉9カ月頃に消失する．その後に，つかまり立ちや，つたい歩きができるようになる．もしも，この反射がずっと残っていたら，立ち上がった時には足の指が屈曲して，一歩も動けないし，靴も履けないことになる．

⑤パラシュート反射： 防御反射の1つで立位か坐位にした乳児を前後左右に倒すと，身を守るように指を開いて手を伸展させる反応．

〈反射の出現〉9カ月頃に出現し，身を守るように一生涯続く．この反射のお蔭で誤って転倒しても，手が出るので顔面にケガをしないのである． 〔横井茂夫〕

運動機能の発達

development of gross moter function

小児の発達では,粗大運動,微細運動,言語発達,社会性の発達などの多面的な評価診断が行われる.ここでは首のすわりから始まり二足歩行,さらに就学までの粗大運動を主とする平均的な運動機能の発達について満月齢および満年齢ごとに述べる(表5.3参照).

1. 1カ月から3カ月児

頭を自由に動かし,首が座ってくる.

1カ月児は背臥位で顔をどちらか一方に向け,向いた側の上肢は伸展し,他方は屈曲する姿勢(緊張性頸反射の姿勢)をとる.2カ月児はしっかりとものを見て,よく追視するようになる.背臥位で正面を向くようになり,縦抱きにすると頭がぐらぐらせず,しばらくの間支えられている.首のすわりは3カ月でかなりしっかりし,4カ月で完全にすわる.生まれたばかりの新生児は手をぎゅっと握っているが,2カ月くらいから手が開き,手を口のところにもってくる.3カ月になって,ガラガラをもたせてみると,少しの間そのまま手に持っていて,ガラガラを見る.

〈引き起こし反応〉 首のすわりの程度と手足の動きの強さを評価するために行う.方法は,検者の親指を子どもに握らせてから子どもの両手を持って,ゆっくりと引き起こす.3〜4カ月ではひじの関節は半屈曲し,ベッドから約45度に引き起こしたときに頭部が体幹とほぼ平行になり,さらに引き起こして座らせると,頭部がしばらく座っていればよい.反対に,引き起こしたときにからだが反って頭が後屈し,腰がずったり,反対に上体が棒のように固く立ち上がってしまうのは問題である.満4カ

表5.3 乳幼児運動機能通過率 (%)

年・月齢	首のすわり 総数	寝返り 総数	ひとりすわり 総数	はいはい 総数	つかまり立ち 総数	ひとり歩き 総数
2〜3カ月未満	15.9					
3〜4	75.2	19.2				
4〜5	96.8	60.9	1.3			
5〜6	99.7	84.6	12.6	4.2		
6〜7		96.3	49.8	22.4	12.2	
7〜8		99.0	78.9	52.0	40.5	
8〜9		99.1	92.9	72.4	70.1	1.6
9〜10		99.7	98.5	86.1	85.5	5.2
10〜11				92.6	93.7	16.3
11〜12				97.8	97.2	42.2
1年0〜1カ月未満						70.1
1〜2						84.6
2〜3						91.0
3〜4						95.6
4〜5						98.2

(厚生省,1990)

月を過ぎても首がすわらないときは，専門医への相談が必要である．

2. 4カ月から6カ月児
首すわりから寝返りまで．

i) **4カ月**　4カ月は発達を評価する重要な月齢である．4カ月で完全に首がすわり，ものをよく見て追い，声を出して笑い，モロー反射や非対称性頸緊張反射などの新生児反射は消失する．

〈腹臥位〉　頭と胸を床から上げて，両前腕で上半身を支えることができる．

〈背臥位〉　顔が正面を向き，左右対称の姿勢となる．両手を顔の前にもっていき，左右の手が合い，手を眺めて遊ぶ．

ii) **5カ月**　寝返りは約半数の子どもで可能になるが，寝返っても，まだ元には戻れない．「引き起こし」反応で，引き起こすときに，上肢の屈曲する力が手に感じられるし，下肢は屈曲して腹部に近づける．また，近くのものに手を伸ばして，つかむようになる．つかみ方は手のひらか，手全体を使ってつかむ．つかんだものを口へ持っていくが，まだ一方の手から他方の手に移せない．

iii) **6カ月**　大部分の乳児は寝返りが可能になる．仰向けからうつ伏せに，あるいはうつ伏せからあお向けに寝返ればよい．寝返りができるようになるには，まず，あお向けで床から手や足を持ち上げ，手で自分のひざや足をつかめるようになることが必要である．次に下肢を横に倒し，からだ全体が横向きになり，さらに頭を挙上し，頭部と上半身がねじれてうつぶせになれる．

4カ月になると手に触れたものをつかみ，5カ月になると手を伸ばして近くの物をつかみ，6カ月になると欲しい物に手を伸ばしてつかみ，つかんだ物を一方の手から他方の手に持ち替えることができるようになる．

〈顔布かけテスト〉（ハンカチーフテスト）　子どもの顔に布をかけてみる．顔にかける布は厚手のタオル地で，ハンカチぐらいの大きさがよい．背臥位の5～6カ月児の顔に布をかけると，5カ月では両手で取り除き6カ月では両手を顔に持っていくが，取り除くのは片手で行う．6カ月になって顔に布をかけても反応しないときや，布を取り除けないときは，専門医への相談が必要である．

3. 7カ月から9カ月児
お座りから，はいはいへ．

お座りの発達をみると，5カ月で腰を支えると座れて，6カ月で両手を前について背中を丸くしてほんの少し座れるようになる．7カ月では支えなくても背を伸ばして座り，ひとりでおもちゃを持って遊べるようになる．8カ月では，お座りしていてからだをねじって，横の物が取れるようになる．両手がからだを支える必要がなくなる7カ月ごろから手の働きは急速に進歩していく．

i) **7カ月**　腹臥位で，上半身の体重を両手のひらで支えて，胸と腹の上部が床から離れ，さらに体重を片方の手だけで支えることもできるようになる．寝返りは原則として左右両方できるが，もとに寝返らなくても，一方だけ寝返っていれば問題はない．

〈引き起こし反応〉　7カ月になると引き起こすときに首が前屈し，上肢がより屈曲するが下肢は屈曲から半分ぐらい膝関節が伸展するパターンが出現してくる．7カ月では，欲しい物があると，積極的に手を伸ばしてつかもうとし，持ちかえることをさかんにすることができる．

〈パラシュート反応〉　生後7～9カ月から現れ，その後も一生出現する．この反射は，乳児を水平に腹臥位で抱きかかえ，急に床に落とそうとするとき，落下から身を守るかのように上肢を伸ばし，手を開いて床に手をつこうとする反応である．手が開

く形がパラシュートの開く形に似ているので，パラシュート反応と名付けられた．パラシュート反応が出現することで倒れたときに手が出て身を守ったり，はいはいで移動するときに，規則的に手が開いて突けるようになる．

　ii）**8カ月**　つかまらせると立ち，寝かせておくと嫌がってすぐ寝返り，四つばいになってはいはいしようとするがうまくはえないのが，この時期の運動発達の特徴である．お座りが完全にできて，おもちゃをもって遊び，横の物が自由にとれるが，自分で物につかまって立ち上がるのは不可能で，つかまらせれば少しの間立っていられる程度である．この時期，立位にさせようとしても下肢を屈曲して体重を支えようとしないうえ，座位では座ったままでいざって移動する「いざり歩き児」がいる．お座りまでの発達は正常で，立位の発達が遅れ，いざり歩きを続ける幼児は，そのままはいはいをしないで1歳6カ月前後でつたい歩きをはじめ，すぐひとりで歩けるようになる．この場合，家族のなかに同じような発達を示した人がいることが多い．

　iii）**9カ月**　9カ月になると，自分でつかまって立とうとして，ひざ立ちやつかまり立ちができるがつたい歩きはできない．腹臥位にすると，はおうとして後ろに向けてはいずってしまったり，腹をゆかにつけてその場でのはいずり回りが始まる．また，この時期，歩行器を使用すると立位の発達を覚え，はわないで歩行してしまうこともある．歩行器を使用しなくても，はうことには個人差が多く，はいはいせずにつかまり立ちする例もある．

4．10カ月から12カ月児
　2本足で立つ．

　i）**10カ月**　運動面では，自分からつかまり立ちが可能となり，はいはいも，腹部を床面から離しての四つばいがはじまる．発達の早い乳児では，片手でおもちゃを持ってつかまり立ちをしたり，つかまり立ちから，机をまわって欲しい物を取りに行ったりもする．また，机の上のものを拾い上げてもらうために，繰り返し落としたり，積み木やボールを箱から出したりするようになる．つかみ方はこの時期，親指と人指し指の先端を使うやり方から，指の腹側でつまむ，はさみもちができるようになる．

　ii）**11カ月**　11カ月になるとつたい歩きが上手になり，両手を引くと歩行できる．発達の早い乳児では，すでに一人歩きをはじめている．手の発達では，箱，瓶のふたを開けたり閉めたりできるようになる．持っているものを「ちょうだい」と要求すると，多くは渡すまねをするだけで再び自分で取ってしまう．また，哺乳瓶を自分で持って飲めるようになる．

　iii）**12カ月**　立位では，つたい歩きができれば両手を引くと歩け，ひとり立ちができれば片手を引くと歩ける．12カ月ではつたい歩きとはいはいができればよく，12カ月になってもはいはいができない場合は，専門医への受診が必要である．手の発達では，鉛筆でめちゃめちゃ書きをしたり，くしや歯ブラシを頭や口にもっていき，上手ではないがまねして使う．おもちゃを持っているときに，保育者や親の指示があると，確実に渡せるようにもなる．

5．1歳から1歳6カ月児
　上手に歩く．

　この時期の粗大運動の発達は，「ひとりで立って両手を高くあげる」(1歳)，「2，3歩ひとりで歩く」「階段をはって上がる」(1歳3カ月)，「上手に歩く」「後ずさりをする」「手を引くと階段を一段上がる」(1歳6カ月)である．この中では，歩けるかどうかが重要であって，1歳3カ月では90％の子どもが歩いている．1歳6カ月になっても歩けない場合には，専門医への相談が必要である．微細運動の発達は，「小粒

（レーズン，卵ボーロ）を人指し指と親指の先でつまむ」(1歳)，「小粒をつまみ，瓶の口から入れる」「3cm角の積み木を2つ積み上げる」(1歳3カ月)，「コップからコップに水を移す」(1歳6カ月)，「おもちゃなどを袋に入れる」(1歳代後半)である．微細運動の発達には経験が深く関与しているので，できない場合でも，経験させると，短期間で可能になるケースがある．

6. 1歳半から3歳未満児

走って飛ぶ．

1歳後半で「手をつなぐと階段を上がり降りする」．2歳になると，「かけ足で走れる（両足が一瞬地面から離れる）」「両足をそろえてその場でぴょんぴょん跳べる」「鉄棒にぶらさがる」ようになる．2歳後半で，「すべり台にのぼり，すべる」「三輪車にまたがって地面をけって進む」「ひとりで階段を一段ごとに両足をそろえて，上がり降りする」などが可能となる．

微細運動の発達では，1歳後半で「ぐるぐる丸を書く」「おもちゃを袋に入れる」「ボールを受け取ったり投げたりを繰り返す」ようになる．2歳代で「3cm角の積み木を4個積み重ねたり，横に3個並べる」「スプーンを使って自分で食べる」，2歳後半で「ハサミを使って紙を切ったり，のりをつけて張りつける」などが可能になる．

7. 3歳児と4歳児

3〜4歳児の運動は質的にも量的にも拡大し，全身をたくみに使った運動が可能になる．3歳前半では，「手すりを使わずに交互に足を出して階段を上る」「三輪車に乗ってこぐ」ようになる．3歳後半では，「交互に足を出して階段を降りる」「ヨーイドンの合図に合わせて駆けだす」ようになる．4歳で「階段の2〜3段の高さから飛び降りる」「片足でけんけんをする」「でんぐり返しをする」「平均台の上を交互に歩ける」ようになる．4歳になると個人差も大きくなり，活発な子どもは公園でジャングルジムの頂上まで登ったり，ぶらんこをこいだり，補助付き自転車に乗ったりできるようになる．3歳でその場とびができなかったり，4歳で片足けんけんができない場合は，専門医への相談が望ましい．3歳代の微細運動では「クレヨンなどで丸（円）をかく」「はさみで紙を直線に切る」が可能になり，さらに「まねて十字がかける」「はさみで簡単な形を切る」ようになる．4歳になると，「四角がかける」「簡単な折り紙を折る」「積み木やブロックで家や駅を作る」ようになる．

8. 5歳児と6歳児

運動機能は，協調運動が一段と発達し，ルールのあるゲーム遊びも多くなる．5歳代では，「スキップをする」「でんぐりがえしをする」「ぶらんこを立ち乗りで大きくこぐ」ようになる．6歳代では「鉄棒で前回りをする」「ひとりで縄跳びをする」「補助輪なしの自転車に乗れる」「跳び箱を助走して開脚とびができる」ようになる．母親が過保護であったり，本人がやや臆病であったりすると上手にできないこともある．

5歳代の微細運動は，「20ピースのジグソーパズルをする」「テレビ・ビデオを操作する」「ひしがたを書く」「ひもを結ぶ」「じゃんけんで順番を決める」ようになる．6歳代では「折り紙で飛行機や折り鶴を折る」「聞いたことを絵にする」などが可能になる微細運動は精神発達や言語発達と密接に関係する．

〔横井茂夫〕

ことばの発達

language development

　ことばの発達—言語発達（language development）は広範な課題を含むものであり，詳細は本項末の文献リストなどの成書を参照されたい．ここではことばの発達に関して諸文献を参照しながら部分的に概観する．
　乳幼児期のことばの発達はまず「最初の有意味語が獲得されるまでの時期を前言語期（prelinguistic period）」といい（小山）[5]，ついで健常な児であれば「まんま」などの語獲得期（有意味語獲得期）へ，そして2語文，3語文などの「文形成期」，さらに「会話期」「読み書き期」へと発達する[2]．

1) 前言語期

　「言語的特徴が出現する前に先立ちみられる行動的特徴」を言語の先駆的行動といい，これには①指さし行動，②喃語などがある（落合）[2a]．また小林はコミュニケーション能力の発達に必要なことがらとして[2c]，①共同注意（joint attention）の成立と，②自分の意図を伝えることの2つを挙げている．
　まず，共同注意とは親などの周囲の人々の示す動作や身振りなどに注意を向けながらその人が注意を向けている対象やできごとに自分も同様に注意を向けること，あるいはそのようにしようとすることである．たとえば，母親が見ている方向に自分の視線の方向を合わせる視覚的共同注意などがある．
　第2の自分の意図を伝えるものとして指さし（pointing），玩具のやりとり（giving），玩具を見せる（showing）などがあり，さらに二項関係（ものと自分）から生後9カ月以降の3項関係（もの，他者，自分）の成立などをあげている[2c]．
　これらのコミュニケーションにかかわる能力は体験を共有する，あるいはしようとするものであり，他者との同一化や愛他的行動の発現などを含んでいて，相手の意図や思いをくみとり，そして，また，自分の意図や思いも相手に伝えようとするもので，いずれもコミュニケーションの基本的なものといえる．自閉症児などの広汎性発達障害児（PDD；pervasive developmental disorder）などはこうした行動が乳幼児期にほとんど認められないところに特徴がある．
　さらに前言語期の発達として，構音の発達，音声の知覚などがあげられている[2c]．はじめの構音の発達は①最初期の音声，②基準喃語の出現（5カ月頃から過渡期の喃語（アーアーアーなど）から基準喃語（子音＋母音バーバーバー，複数の音節，リズミカルなどの特徴を有する）へ8カ月頃まで）へと展開する．次の音声の知覚では音韻知覚は言語音声から正しく音素や音節を抽出するために必要な知覚能力をさし，非母国語の音韻知覚が1歳後半には低下することなどをあげている．いずれも情報の入力と出力にかかわるものでことばの発達にとって基本的な能力であるといえる．

2) 有意味語獲得期の語彙発達，文形成期

　小椋[2b]によれば，有意味語獲得期は3期に分けられ，第1は9〜10カ月頃の慣用的な音を発し，2〜3のことばを理解しはじめる時期，第2は12〜13カ月の命名の機能をはたしている2〜3の音の系列をいう時期，第3に16〜18カ月の語彙が急増し，単語で文の意味を伝える時期であるという．
　一般的に，ことばの産出に比べて言語理解のほうが先に発達しているといわれており，これは音声情報の理解にかかわって，その発話者が示す身振り手振りなどの動

作，顔の表情などさまざまな非言語的な情報を手がかりとして，また，それらの状況が日常的に反復して現れることによって，ことばの理解が促進されていると考えられる．前言語期で指摘した共同注意や三項関係の発達が基盤となっていることは明らかである．

1. ことばの発達にかかわる理論と要因

ことばの発達のおもな理論として小椋[20]は言語と認知の関係についての交互作用説と社会的交互作用説の2つの交互作用説をあげている．

はじめの言語と認知の関係についての交互作用説とはことばの発達が認知の発達に依存し，言語獲得の前提となる認知機能が時間的に先行する因果説と，両者が基底にある共通の構造が互いに対応，あるいは平行して発達する相関説に大別されるという．そして，第2の社会的交互作用説は言語が発達するには生得的な言語能力と環境要因とが相互に作用するものであるという．

また，ことばの発達にかかわる要因としては（岩田ほか[3]など），大きく分けて内在的要因と，外在的要因に分けることが多い．前者はことばを獲得・習得する能力は生得的にもって子どもは生まれてくると考える．後者はおもに学習説によるもので子どもがことばを模倣し，それを周囲の親が強化することにより獲得するというものである．今日では前者の内在的要因を重視する説がより有力視されている．しかし，言語環境（周囲からのことばかけや子どものコミュニケーションしようとする意欲を引き出すような働きかけなど）が十分でなければこの内在する生得的能力は発揮されにくくなる．

いずれにせよ，ことばの発達は認知機能，知的機能，対人関係などの発達と相互に関連しあいながら発達していくといえる．

2. ことばの発達の評価

ことばの発達の評価はその目的にもよるが，精神発達評価の中の一指標（尺度）として行われることが多い．各種の相談機関，医療機関などでは乳幼児を対象とする場合には「遠城寺式分析的発達検査」，「新版K式発達検査」，「津守・稲毛式乳幼児精神発達質問紙」などの精神発達検査が多く使用されている．これらはいずれも言語面の発達を評価する尺度を有しているが，基本的には精神発達の程度を精神発達指数や精神年齢等により示すものである．幼児期以降は「新田中ビネー知能検査」や「WISC-III（Wechsler intelligence scale for childrenIII）」などの知能検査が利用されている．新田中ビネーは精神年齢が得られ，WISC-IIIでは知能指数（FSIQ full scale intelligence quotient）のみならず，言語性知能指数（VIQ；verval IQ）やこの下位尺度によって細かな言語面の知的レベルを同一年齢集団内の偏差として評価できるようになっている．子どもの知的活動を認知処理過程と知識・技能の習得度の両面から分析する「K-ABC心理・教育アセスメントバッテリー検査（Kaufman Assessment Battery for children）」なども用いられている．

さらに，ことばの発達を評価するものとしては幼児以降にスクリーニングを目的として用いられる「ことばのテスト絵本」や言語理解をみるための「絵画語彙発達検査」，総合的な言語能力検査としては「ITPA言語学習能力診断検査（Illinois test of psycholinguistic abilities）」，その他，発声，構音，吃音検査などの生理学的な検査などがある．いずれにせよ，子どもの行動をよく観察し，それに応じて検査を使い分ける必要がある．もちろん，これら一連の検査は1回の評価でよいわけではなく，継続的に実施し，発達の変化をとらえるように用いるべきである．また，1つの検査だけではなく他の検査と併せて用いるテストバッテリー法を行い，多角的・総合的に子

どもの状況を把握，評価することが重要である．なお，検査にあたっては，子どもとのラポートを十分にとるとともに，子どもへの負担を考慮に入れつつ，その最大能力が発揮できるように留意する必要がある．

なお，乳幼児の聴力に関しては耳鼻咽喉科で行っている ABR 検査（auditory brainstem response audiometry 聴性脳幹反応聴力検査）が有効である．一部の地域では聴力障害の早期発見のために新生児期などの健診時に施行されている．

3. ことばの発達の問題
1) 言語発達遅滞の分類

言語発達遅滞とは何らかの理由で年齢に応じたことばの発達に遅れを示す状態を指していっている．

DSM-Ⅳ-TR（精神疾患の診断・統計マニュアル）（日本語訳版 2002）ではこれをコミュニケーション障害（communication disorder, 表5.4）として，表出性言語障害，受容-表出混合性言語障害，音韻障害，吃音症（stuttering），特定不能のコミュニケーション障害（communication disorders not otherwise specified）とに分けている[1]．詳細（抄録）は表5.4にまとめたとおりである．その他，WHO による ICD-10（疾病および関連保健問題の国際統計分類（International Statistical Classification of Diseases and Related Health Problems Tenth

表5.4 DSM-IV-TR によるコミュニケーション障害（一部省略）

表出性言語障害（expressive language disorder）
1. 表出性言語障害についての個別施行による標準化検査で得られた得点が，非言語的知的能力および受容性言語の発達の得点に比して十分に低い．この障害は，いちじるしく限定された語彙，時制の誤りをおかすこと，または単語を思い出すことや発達的に適切な長さと複雑さをもつ文章を作ることの困難などの症状により臨床的に明らかになるかもしれない．
2. 表出性言語の障害が，学業的または職業的成績，または対人的コミュニケーションを妨害している．
3. 受容-表出混合性言語障害または広汎性発達障害の基準を満たさない．
4. 精神遅滞，言語-運動または感覚器の欠陥，または環境的不備が存在する場合，言語の困難は通常それに伴うものより過剰である．

受容-表出混合性言語障害（mixcd receptive-expresive language disorder）
1. 受容性および表出性言語発達についての，個別施行による標準化検査で得られた得点が，非言語的知的能力の標準化法で得られたものに比して十分に低い．症状は，表出性言語障害の症状および単語，文章，特定の型の単語，たとえば，空間に関する用語の理解の困難を含む．
2. 受容性および表出性言語発達の障害が，学業的または職業的成績，または対人的コミュニケーションをいちじるしく妨害している．
3. 広汎性発達障害の基準を満たさない．
4. 精神遅滞，言語-運動または感覚器の欠陥，または環境的不備が存在する場合，言語の困難がこれらの問題に通常伴うものより過剰である．

音韻障害（phonological disorder）以前は発達性障害（formaly developmental aniculation disorder）
1. 会話中，年齢およびその地域の言葉として適切であると発達的に期待される音声を用いることのできないこと〔例：音声の産出，使用，表現，構成の誤りで，たとえば，1つの音を別の音で代用する（tの音をkの音のとき用いる），または，最後の子音などの音を省略すること．しかしこれらに限定されるわけではない〕
2. 会話の音声産出困難は，学業的または職業的成績，または対人的コミュニケーションを妨害している．
3. 精神遅滞，言語-運動または感覚器の欠陥，または環境的不備の存在する場合，会話の困難はこれらの問題に通常伴うものより過剰である．

Revision）による分類があり[8]，会話および言語の特異的発達障害（specific developmental disorders of speech and language）として記述されている．その分類はDSM-IV-TRによるものと類似しているのでここでは省略する．

上に述べた障害はいずれも分類や診断のためのものであり，言語発達遅滞そのものの原因はさまざまである．精神発達の遅れ（知的障害に伴う），注意欠陥・多動性障害（ADHD attention deficit hyperactivity disorder），家庭・養育環境の問題，聴覚障害などさまざまであり，原因により対応も異なる．なお，一般に「ことばの遅れ」というとき，どのような状態や意味で使用されているか注意を払う必要がある．

2）乳幼児健診におけることばの発達の問題

乳幼児期のことばの発達は子どもの精神発達の程度を示す指標として重要なものである．したがって，母子健康手帳の各年月齢の項にはかならずことばの発達にかかわる項目が含まれている．また，保健センターなどで実施される乳幼児健診の予診あるいは事前の調査票にもことばの発達について質問項目が含まれていることからもその重要性がわかる．

ことばの遅れは法定健診（1歳6カ月健診，3歳児健診）で発見されることが多く，また，親からの訴えも多い．そして健診時にことばの遅れではことばの産出の問題が多い．ついで，発音がはっきりしない，あるいは聴き取りにくい，さらには吃音である．ことばの理解の遅れに関する親からの訴えは比較的少ない．その他，乳児期早期に発見される染色体異常などの先天的な障害に伴うことばの遅れが乳幼児健診で発見されることはまれである．

発見された後の対応は社会資源の有無や市町村の対応方針により相当程度異なるが，1歳半健診では2歳頃に，3歳児健診では3歳半頃にそれぞれ再度，ことばの発達の伸びを確認することが多いし，それぞれの状況に応じた集団フォロー（遊びの教室など），個別フォロー（臨床心理士や保健師などによる）などが組み合わされて行われている．また，3歳児健診では親が実施する聴力検査があり，この結果によって医療機関での精密検査が行われている．

ことばの遅れがある場合には，臨床心理士などの専門家によって子どもの状態に応じた親への指導・助言（ことばかけの工夫，絵本の読み聞かせ，遊びを通した働きかけなど）が行われる．ことばの発達の遅れが顕著か，または伸びが悪い場合には各種専門機関，医療機関などに所属する言語療法士などによる専門的な治療・訓練が行われることになる．　　　　〔恒次欽也〕

文　献

1) American Psychatric Association（高橋三郎ほか訳）：Quick Reference to the Diagnostic Criteria from DSM-IV-TR（精神疾患の分類と診断の手引き），医学書院，2002．
2) 岩立志津夫・小椋たみ子編著：言語発達とその支援（シリーズ/臨床発達心理学 第4巻），ミネルヴァ書房，2002．
 2a) 落合正行：第4章 2 言語の先駆的行動 pp. 36-59．
 2b) 小椋たみ子：第4章 4 交互作用説 pp 63-68；第5章 2 語獲得期と文形成期の言語発達，2）語彙発達 pp. 79-83．
 2c) 小林春美：第5章 1 前言語期の言語発達 pp. 69-79．
 2d) 林安紀子：第10章 1 前言語期の言語発達，評価と支援，pp. 169-177．
3) 岩田純一ほか編著：発達心理学辞典 言語の発達，pp. 187-188．ミネルヴァ書房，1995．
4) 桐谷　滋：ことばの獲得（ことばと心の発達 第2巻），ミネルヴァ書房，1999．
5) 小山　正編：ことばが育つ条件．言語獲得期にある子どもの発達，培風館，2000．
6) 村井潤一編著：乳幼児の言語・行動発達，風間書房，2002．
7) 中川信子：健診とことばの相談―1歳6カ月児健診と3歳児健診を中心に，ぶどう社，1998．

8) WHO（融　道男ほか監訳）：The ICD-10 Classification of Mental and Behavioral Disorders : Clinical descriptions and diagnostic guidlines（ICD-10 精神および行動の障害—臨床記述と診断ガイドライン—，医学書院，1993.

社会性の発達
social development

発達の領域において，いま「社会性の発達」の問題がクローズアップされている．それは，心の健康と関連するのであり，後述する．まず，発達の定義をみると「人間の生涯を通じて，つまり受胎から死に至るまでに生じる，身体的・精神的・社会的な機能の全ての変化」である．身体も，知的機能を含む精神も重要ではあるが，社会的機能の発達が現在等閑視されていることは否めない．それではその社会性とは何か，「他者との協調性や対人的積極性・活動性など対人関係を良好に保ち，発展させる個人の特性の総体をさす」と定義され，この社会性の発達を含めより広い現象を社会化（socialization）という．この社会化をより詳しく定義すると「個人がその所属する集団や社会において，他の人々との相互作用を通して社会的に重要な行動や経験を得て，その集団や社会に適合した行動様式を発達させること」をいう．いわば，社会のなかで生活していくために必要な知識，技能，役割，人への態度，感情，行動様式を獲得していくことといってよい．

1. 社会性の中核—対人関係と心の問題

上述の定義に明確に示されているものは，社会性とはひとことでいえば良好な対人関係にほかならない．そして，ある人とある人との間にかかわりが生じるとき，そこに最小単位の社会が成立する．したがって，人がはじめてかかわりをもつ母親ないし母性的人物との関係—母子関係は，社会性の発達の原点といってよい．この母親の役割，母子関係についてはその項目を参照されたい．ところで，社会性の中核をなす対人関係は心の問題と直結している．小児自閉症は人と関係をもちえない「社会的接触の障害」である．思春期以降にみられる対人恐怖症は，幼児期であれば極端な人見知りとつながりがないとはいえない．不登校，社会的引きこもりも，別項に述べたが対人関係を中心とした「社会性」の問題といえる．友だちと遊べない，家族以外と話ができない場面緘黙などは非社会性（disocial）といい，乱暴，ルールを守らないなどは反社会性（anti-social）といわれる．

人と持続的でおおよそ一定し，適切な心的距離や態度を保ち，感情の交流のある互恵的な対人関係をもちうることが社会性があるということであるし，このような対人関係をもち続けることによって社会化が促進される．

2. 育児と社会性

ところで，育児にはこの社会性の発達，社会化が大きく関与している．すなわち，育児とは「子どもの生命を守り，心身の発達と健康を増進し，そして社会のなかで生き，生活していけるように育てること」をいうからである．親も子どもを取り巻くおとなたちも，子どもの知的発達にとらわれすぎている．社会性を育てなければ，その子，その人なりに社会の中で生き，生活していけないことを強調しておきたい．

さて，子どもが社会的人間として幼児期に獲得するおもな社会的行動を挙げると次のようである．①協同的：共通の目的のために一緒に作業をすること，②援助的：他者への援助，利他的行動，③譲歩：分かち合うこと，である．

〔川井 尚〕

文 献
1) 川井 尚：幼児の社会性の発達とその発達促進的環境，小児科，**35**（3）：247-254，1994．
2) リバート RU, et al：発達心理学，上・下（村田孝次訳），新曜社，1985．

発達検査法とその使い方
development test and the how to use

1. 発達検査の歴史

発達検査の原型は，ビネーとシモンによって開発された知能検査（1905年）といわれる．この知能検査が開発される経緯としては，1904年にフランスの文部省がビネーに公立の小学校で学習についていけない子どもを早期に発見するための方法を諮問したことによる．ビネーの知能検査は，公表と同時に多くの心理学者から高く評価され，世界各国で改訂された．なかでもアメリカのターマンが，スタンフォード・ビネー式知能検査として改訂し（1916年），知能指数（IQ；intelligence quotient）の概念を実用化し，普及させたことは画期的なことであった．

以上のように社会的な要請による知能検査の開発や改良・普及が行われ，児童研究への関心の高まりや発展にともなって，より年少の乳幼児の精神発達を客観的にとらえる方法が研究されていった．

その先駆的研究としては，ゲゼルの研究があげられる．ゲゼルは，1925年に公表された発達診断に関する研究をはじめとして，乳幼児の行動発達を綿密に観察・記述し，そこから行動の発達法則を導き出している．わが国の発達検査の多くにも大きな影響を与えている．

2. 発達検査とは

乳幼児は，身体・運動的側面，心理的側面，社会的側面の発達は未分化で，言語や問題解決能力を中心とした知能を単独に測定することは困難である．つまり，乳幼児の知的な能力は，感覚-運動能力の発達と密接に結びついている．たとえば，「物に手を伸ばす」「物をつかんで見る」「這って動き回る」「指さしをする」「なぐり書きをする」などの行動は，子どもの自発的な周囲への関心や意欲などを反映したものであり，それら自体が乳幼児の精神発達を示しているのである．

したがって，発達検査には粗大運動や微細運動を含む感覚-運動発達にかかわる検査項目が含まれている．ゲゼルは，発達診断学として「粗大運動」「微細運動」「適応行動」「言語行動」「個人-社会行動」の5つの領域にまとめたが，多くの発達検査がこれらの領域から構成されている．

3. 発達年齢，発達指数

発達検査では，発達年齢（DA；developmental age）と発達指数（DQ；developmental quotient）が総合的な診断の目安として用いられる．これらは，知能検査における精神年齢（MA；mental age）と知能指数（IQ）に対応するものである．

発達年齢（DA）は，各問題が発達の順序性に基づいて配列されており，どの年齢級までできたかによって算出される．

発達指数（DQ）は，以下の計算方法で求められる．生活年齢（CA；chronological age）は，生物学的な年齢（暦年齢）をさす．

$$発達指数（DQ） = \frac{発達年齢（DA）}{生活年齢（CA）} \times 100$$

4. 発達検査の目的

子どもの発達上の問題や障害は，早期に発見することができれば発達的な援助をしやすく，また問題がより複雑化，深刻化する前に対応することが可能となる．そのためには乳幼児の精神発達を適切に把握することが必要であり，発達検査が利用されることになる．したがって，発達検査の目的として第1に，子どもの発達の診断とそれに基づいた理解があげられる．

また，発達検査は，発達研究での集団の発達評価の方法として，療育現場での発達援助の効果の判定に，というように個人のみならず集団の発達指標にも使用される．

いずれにしても発達検査は何のために行うのか，あくまでも子どもの利益を第1に考える必要がある．たとえば，検査に拒否的な親もいるし，検査実施の時期や結果によっては望ましくない親子関係を進行させる契機となる場合もある．検査を実施する意味（目的）を個々のケースに照らして考えた上で，適切な時期や検査方法を選択し実施することが大切である．

5. 発達検査の種類
1）直接法か間接法か

直接法は，検査者が検査用具を使って子どもにじかに課題を施行するものであり，客観的な診断が可能である．ただし，適切な検査室や検査用具が必要であり，限定された場面への反応であるため日常の子どもの行動が反映されにくい面もある．

間接法は，母親や保育者など，子どもの養育者が質問紙やインタビューに回答したものをもとに発達を査定するものである．いつどこでも比較的短時間に実施できる．しかし養育者の期待や誤解などが入りやすく，客観性に劣る可能性がある．

2）診断的検査かスクリーニングか

診断的検査とは，個別に直接的な検査を用い，諸側面の発達を細かく分析し発達状況を診断するものである．

スクリーニング検査とは，たとえば集団健診などの場面で，大勢の中から発達の遅れや歪みが疑われる子どもを短時間に見出し，専門家の精密検査を必要とするかどうかを判定するものである．

3）検査の特徴

発達検査の中には，感覚統合や自閉的なコミュニケーション障害などのように特定の発達領域や障害に焦点をあてて作成されたものもある．また，適用年齢は検査によってさまざまである（表5.5）．

6. 発達検査の使い方
1）目的による検査法の選択

発達検査の目的によって，検査の内容（障害がある場合の適用可能性など），検査法の種類（直接法か間接法か，診断的検査かスクリーニング検査か）を検討し検査法を選択する．なお，適用年齢は検査法によって設定が異なるが，発達の遅れがはっきりしている場合は，年齢が適応年齢よりも高くても実施可能である．

2）発達検査の実施

検査を実施するにあたっては，以下の①～④の乳幼児の特性を考慮するべきである．

①心身の全体的な状況に影響を受けやすい：体調や気分など心身全体の状況に影響を受けやすく，そのことが検査への取り組み方および結果にも影響している可能性を考慮する必要がある．

②自己中心的である：自己中心的な思考をする時期である．検査者が望むような課題場面への適応はむずかしいものである．子どもの意思やペースを尊重することも必要とされる．

③集中力が短い：注意や興味の集中時間が短いため，手際よくできるだけ短時間で終えられるように検査に習熟していることが求められる．

④人見知りをする：個人差があるが，人見知りが強く実際の能力を検査場面で発揮できない場合がある．検査実施に際して，子どもと検査者とのラポール形成が重要であることはいうまでもないが，人見知りのある子どもの場合は，実施前にあらかじめ子どもとの関係づくりのための時間をもつなどの工夫が必要とされる．

3）検査結果の利用とその留意点

①検査結果の評価：乳幼児は心身の状況の影響をうけやすいので，発達指数だけではなく，施行中の取り組み方（情緒の安

表 5.5 発達検査法

検査名	作成者	内容	発行年	適用年齢	所要時間（分）	直接法／間接法	診断／スクリーニング
遠城寺式・乳幼児分析的発達検査法（九大小児科改訂版）	遠城寺宗徳・合屋長英ほか	①移動運動，②手の運動，③基本的習慣，④対人関係，⑤発語，⑥言語理解の6つの領域を短時間に分析的に評価できる．結果はプロフィールに表す．	1977	0～4歳8月	約15	直接（一部間接）法	スクリーニング
乳幼児精神発達診断法・0～3歳まで・3～7歳まで	津守　真・稲毛教子・磯部景子	子どもの日常生活の行動を運動，探索・操作，社会，食事・生活習慣，言語の各領域から理解する．日常生活の中のありのままの行動を集め，標準化の手続きに従って整理されている．養育者に質問紙を実施する．	(0～3)1961 (3～7)1965	0～7歳	約20～30	間接法	診断
DENVER II ―デンバー発達判定法―	原著：W.K. Frankenburg, M.D. 日本小児保健協会	外見上問題のないように見える者の中から，発達遅滞や歪みが疑われる子どもを見出し，支援に結びつけるために開発された．①個人―社会，②微細運動―適応，③言語，④粗大運動の領域からなる．	2003	0～6歳	約10～20	直接法	スクリーニング
新版K式発達検査2001	嶋津峯真・生沢雅夫・松下　裕・中瀬　惇	「K」はKyotoの頭文字．①姿勢・運動，②認知・適応，③言語・社会の3領域からなる．発達年齢，発達指数が算出できる．	2001	0～成人	約30	直接法	診断
KIDS（キッズ）乳幼児発達スケール（KIDS＝kinder infant development scale）	三宅和夫・大村政夫・高島正士・山内　茂・橋本泰子	養育者記入用の質問紙調査．①運動，②操作，③理解言語，④表出言語，⑤概念，⑥社会性（対成人），⑦社会性（対子ども），⑧しつけ，⑨食事の9領域からなる．発達年齢・発達指数が算出できる．	1989	1月～6歳	約10～15	間接法	スクリーニング
日本版ミラー幼児発達スクリーニング検査	原著：L.J.Miller 日本感覚統合障害研究会	幼児の感覚統合，運動協応性，言語，非言語および複合能力に関する軽度の前学業的問題を明らかにする．感覚運動能力に重きをおいた基礎指標の項目が多く含まれている．	1989	2歳9月～6歳2月	約30	直接法	スクリーニング
新訂自閉症・発達障害児教育診断検査（PEP-R）	原著：E.Schopler, 茂木俊夫ほか	自閉症児およびコミュニケーション障害をもつ発達障害児の発達指針を立てるために使われる．発達機能は①模倣，②知覚，③微細運動，④粗大運動，⑤目と手の協応，⑥言語理解，⑦言語表出の7領域から評価される．	1995	6月～7歳位	45～90	直接法	診断

定，興味や関心の様子，集中の度合いなど）なども含めた総合的な評価をすることが大切である．

②1回の検査結果で判断しない：乳幼児期は発達途上の時期であり，個人差も大きいため，1回の検査結果だけで判断せずに継続的に発達をみること，発達的変化をみることが大事である．年齢が小さいほどその後の発達検査結果との相関は低いことが複数の研究で実証されており，検査結果は将来の予測をするものではなく，あくまでも実施時点での発達状況ととらえる．

③発達の遅滞の要因：結果的に発達の遅滞や歪みがみられる場合に，その原因までを検査結果から解釈することはできない．子どもの生育歴，親の養育態度などの環境の問題，遺伝負因など，さまざまな情報を収集した上で，総合的に検討することが必要である．

④問題点のフィードバック：検査結果について親や保育者などにフィードバックする際には，上述した①～③に留意した上で，慎重に行う．そして，子どもの生活や発達の援助となるような具体的な助言を心がけることが大切である．〔安藤朗子〕

文　献

1) 新井清三郎：発達診断の理論と実際, 福村出版, 1980.
2) 上田礼子ほか：発達の縦断研究（4）―生後3ヵ月から10歳までの知的発達を中心に. 小児保健研究, **43**：581-587, 1984.
3) 上田礼子：日本版デンバー式発達スクリーニング検査―JDDSTとJPDQ, 医歯薬出版, 1980.
4) 川井　尚：発達検査, 新版 精神医学事典, pp.645, 弘文堂, 1993.
5) 津守　真・稲毛教子：乳幼児精神発達診断法―0歳～3歳まで, 大日本図書, 1961.
6) 津守　真・磯部景子：乳幼児精神発達診断法―3歳～7歳まで, 大日本図書, 1965.
7) 嶋津峯真監修：新版 K式発達検査法, ナカニシヤ出版, 1985.
8) 中澤　潤・榎本淳子・山本恵以子：乳幼児精神発達診断検査. 心理アセスメントハンドブック, pp.58-68, 西村書店, 2001.

6. 乳児期の子育て

乳児の発達と子育て
the development of infants and the parenting to them

1. 乳児期の発達と成長

発達（development）とは，心身の形態や機能の成長的変化を発生と関連させて述べる場合に多く用いられる概念である．形や機能が未分化で混沌としていたものが，形態的，機能的に分化し，複雑になり，相互に関係をもちながら統合されていくことをいう．これに対して成長（growth）という概念は，発達に近い概念であり，同義語として用いられることもあるが，どちらかというと，個体の発育に伴う量的な変化を述べる場合により多く用いられる．乳児期は生後1年間を指すが，運動能力，感覚・知覚能力，情緒，知的能力などの心身両面において急激な発達が生じる時期である．

2. 発達における遺伝と環境との相互作用

発達を論じる際に遺伝と環境，あるいは，遺伝と学習，すなわち氏と育ちのどちらが大切であるかということがよく論じられる．これについては，どちらも大切であり，両方の要素の相互作用によって発達すると考えるのが妥当である．子どもは，生まれつき遺伝子によってプログラミングされている情報に従って発達するが，その際，生得的にもっている能力が外の環境や，人，物との相互作用を通して解発（release）され発達していくのである．

相互作用のなかでも，身近にいて常に接することの多い母親との相互作用は重要である．哺乳をはじめとする育児行動，音刺激や寒さなどの環境の調整，学習の機会の提供など，母親の役割は多岐にわたるが，とくに心理面の発達において母子の相互作用の重要性が指摘されている（母子の相互作用について詳しくは，「母子相互作用」（p.144）参照）．もちろん，子育ては母親がひとりでするものではなく，父親もともに育児に参加することが望ましい．とくに，核家族で子どもを育てることが増えている昨今では，父親の協力は大切である．これを受けて最近では，父親の育児知識を増やすことと，育児への協力を応援することを考えて，保健所での両親学級が増えている（詳しくは「母親の役割」（p.140）「父親の役割」（p.146）参照）．

ところが，子どもの出生率が減ったために，子育てをしている母親を目にしたり，乳児に触れる機会が少なくなっていることがあり，子どもを生むまでに乳児と接した経験がない母親も増えている．そのため，乳児への相手の仕方がわからない，乳児が訴えていることがわからない，などと子育ての不安に陥る母親もいる．父親が仕事に出社した後，ひとりで，孤立した環境の中で子育てをしている母親も多い．このような母親の育児を周りの人たちや行政が応援し，母親が子どもを育てやすい社会環境を整備していく必要がある（詳しくは「育児不安」（p.226）参照）．

3. 心理的発達課題

人の一生の発達を論じているエリクソン（E. H. Erikson）の発達理論（ライフサイクル論）に従うと、乳児期おける心理的発達課題は、基本的信頼の獲得である[1]。基本的信頼の獲得とは、人を信じること、自分自身を信じることという自他への信頼を獲得することと、生まれて周りの人は喜んでくれているし、自分自身も生まれてよかったのであるという、誕生して存在することに対する安心感を感じることである。ボウルビィ（Bowlby, J）は、基本的信頼関係をアタッチメント（attachment）という概念を用いて解説している[2]。アタッチメントとは、「人が特定の人との間に形成する情緒的な絆」と定義されている。このアタッチメントが形成されるのは生後半年以降であるとされている。アタッチメントの最も重要な機能は、子どもに安心感を与え、探索行動を支え、そして幼児期に至っては自立を支えることである。また人の心の発達は人との結びつきを介してなされるため、アタッチメントは子どもの発達に広く影響を与えるとされている。子どもを育てる際には、乳児と気持ちを通わせた交流を行うように心がけ、安心できるアタッチメントを形成することが大切である（詳しくは「アタッチメント」（p.142）参照）。

4. コミュニケーションの基礎

コミュニケーション能力の基礎を築くことも乳児期における重要な発達の1つである。言葉が話せるようになるのは1歳を過ぎてからであるが、言葉以前のしぐさや、発声、泣くこと、表情の動き、見つめあいを用いたコミュニケーションは、乳児期から行われている。言葉の発達は、このような言葉以前の手段を用いたコミュニケーションがなされていることが前提である。したがって、周りの大人は、乳児がさまざまな行動を用いながら意思を伝えようとしているととらえ、その伝えていることの理解に努めながら接することが大切である。たとえば、乳児は、母親を見つめながら手足を動かしたり、声を出したりして、何かを伝えようとする。また動く母親を目で追うこともするが、これらは、母親に気持ちがひかれていて、目で後追いをしていることを意味している。さらに、子どもが何かを見つめているとき、母親もそのものや見つめている方向を一緒に見つめることをするが、これは、ジョイント・アテンション（共同注視）と呼ばれ、気持ちが通じ合えることと、成長してから同じものを取り上げながら話しができることに関係している。ほかには、子どもが声を出し、それに応えて母親が話しかけ、また子どもが声を出す、というやり取りのリズムは、片方が話していて、その話が終わってから他方が話し始めるという、会話のやり取りの基礎を身につける上で大切なことである。

5. 乳児の感覚・知覚能力

現在では、乳児が予想していた以上の感覚・知覚能力をもっていることがわかっている。たとえば視覚能力は、出生直後からそなわっている。しかし、焦点距離を調節することがまだできないため、20～30 cmのところにあるものなら見ることができる。したがって、出生直後に顔を見合わせる場合には、この20～30 cmの距離で顔を合わせると、乳児に見えることになる。生後3カ月になると見える距離は長くなり、8畳くらいの広さの部屋にあるものならだいたい見ることができるようになる。なお視覚と関係して、親の顔を認知できるようになるのも同じく3カ月ころである。このころから、人の顔を見て笑いかけることが増えてくる。

視覚的に人の顔を識別できるのは3カ月であるが、人の声を認知するのはもっと早くからでき、生後10日以内でも、乳児は聞きなれていた母親の声を他の女性の声と区別し、母親の声により耳を傾ける。また

嗅覚で母親を認知することも早くからでき，母親の胸に当てていた布と他の女性の胸に当てていた布を区別する．

以上の嗅覚，視覚，聴覚などと触覚なども含めた感覚・知覚能力は，乳児期のはじめから学習を通して発達する．これを「感覚・知覚学習」という．乳児に適切な刺激が与えられ，それに乳児が能動的にかかわる体験がなされることによって，感覚・知覚は発達する．

6. 知的発達

知的発達に関してみるなら，乳児期における知能は，発達心理学者ピアジェ（Piaget, J）によると，「感覚・運動的知能」と呼ばれている．これは，感覚と運動を使って知能が獲得され，また獲得された知能が，感覚と運動を使って表現される知能ということである．たとえば，吊るされていて手でたたいてゆすると音が出るおもちゃがあるとする．乳児は何度かたたいて音を出すことを繰り返す間に，「これは音が出るものである」ということを理解する．また乳児は，「自分がたたいたので音が出たのである」という原因と結果の関係も理解していく．そして，この関係を理解しているということを，言葉で表すのでなく，たたいて音を出すという行動によって表す．この関係理解を一度身につけると，乳児は他のぶら下がっている同じようなものを見ると，この能力を使って，たたくことをする．これは，理解したことを一般化して拡大しようとする行動であり，知的活動である．知能の多くは，関係の理解と，関係の再現であるが，この例をみると，乳児の知能が感覚と運動に頼っていることがわかる．

乳児のこの知的能力を発達させる条件としては，まず機嫌が良くて，おもちゃや物と遊び続ける機会の多いことが大切である．空腹であったり眠かったり，疲れていたりするために機嫌が悪いと，おもちゃや物にかかわる時間が短くなってしまうからである．この条件を満たすためには，親や養育者が，乳児の空腹や眠り，疲れなどに適切に対応し，機嫌のいい状態を維持できるように助けることが大切である．また次の条件としては，大人が乳児の遊びに興味を示し，乳児が感じているであろう楽しさを共有しながら，遊び続けることである．乳児の遊びは，乳児がひとりでおもちゃとかかわっていると，長続きしないことが多い．周りの大人は，乳児がおもちゃにかかわり，起こったできごとを楽しんでいるときに，乳児と一緒にその楽しみを共感してやることが大切である．そのようにかかわると，遊びは長続きする．

乳児期の間に使うおもちゃとしては，おもに感覚と運動を楽しめるものが適している．たとえば，音が出るおもちゃ，見ていて色や形の動きが楽しめるおもちゃと，しゃぶること，たたくこと，つかむこと，ひっぱることを楽しめるおもちゃなどである．ところが，8カ月を過ぎるころになると，電話や食器，じょうろなど，大人が使っているものをまねして使いたくなる．これは知的発達が進み，模倣能力が高まってきたからである．この時期には，実物のものを小さくしたおもちゃが与えられ，それを使って，親子で一緒に遊べるとよい．

〔吉田弘道〕

文　献

1) エリクソン EH（小此木啓吾訳編）：自我同一性，誠信書房，1973.
2) ボウルビィ J（黒田実郎訳）：母子関係の理論 I：愛着，岩崎学術出版社，1977.

乳児健診(乳児健康診査)

health check-up system for the infants

乳児健診(乳児健康診査)の目的は，乳児が身体的・精神的および社会的に健康な状態に育成されるために実施される．健診の重点は身体発育と栄養状態の評価，育児相談を含む保健指導，病気やリスク児の早期発見を含め，個々の子どもの発達の評価とその促進，母子相互作用などで，身体的健康からより全人的健康管理が重視されている．

1. 乳児健診の実施方法と実施主体

実施方法には集団方式と個別方式がある．集団方式は市町村が行うもので，日時を決めて保健センターなどに地域の健診対象児を集めて，医師(多くは小児科医)，保健師，栄養士，心理相談員，保育士などの母子保健担当チームが行うもので，母子保健法にもとづく公的健康診査である．個別方式は保護者が自主的にかかりつけ医や出産した医療機関を訪れて行うもので，医師(多くは小児科医)とその医療機関の看護師，栄養士，心理相談員などが参加する．個別方式には市町村が指定した医療機関に委託し公費負担で実施される健診と，公的健診を補填する形でかかりつけ医での任意の私費による健診とがある．

乳幼児健診の時期は，全国一律で行われる公的健康診査にはBCG接種とともに行われる3〜4カ月児，1歳6カ月児および3歳児の定期健康診査と，そのほか乳児期には市町村ごと1〜2回の公費負担の個別健診がある．東京では6〜7カ月児・9〜11カ月児健診が公費負担によるかかりつけ医での委託個別健診が実施される．

2. 乳児健診の実際について (月数は全て満月齢)

1) **1カ月健診**

手足をよく動かす，お乳をよく飲む，体重増加良好を確認する．

i) **身体計測値の評価** (下限—平均—上限)(数値は概数)

体重　3.5—4.3—5.1 kg
身長　49.8—53.8—57.8 cm
頭囲　35—37—39 cm

出生体重が2,500g以上の場合，1カ月で約1kgの増加があればよい．

ii) **問診と診察**

(1) 大きな音にビクッと手足をのばすことがあるか．聴覚刺激に対する反応を聞く質問で，反応がない場合，音刺激を実際にして反応が全くないときは聴覚検査を依頼する．

(2) 黄疸が続く場合，そのほとんどが母乳性黄疸であるが，淡黄色・灰白色の便が続く場合には胆道閉鎖症の疑いがあるので専門医への受診を勧める．

(3) 診察は仰臥位で，裸にして手足を自由な状態にして，左右の手足の動きを見て活発でなめらかに動いていればよい．腹臥位では頭部を左右どちらかに向けることができる．

2) **3〜4カ月健診**

首がすわる，声を出して笑う，母親の顔をじっと見ることを確認する．

i) **身体計測値の評価** (下限—平均—上限)

体重　5.0—6.5—8.0 kg
身長　57.5—62.1—66.7 cm
頭囲　38—41—44 cm

ii) **問診と診察**

(1) 首のすわりは，3カ月で首はだいぶしっかりし，4カ月で大部分の乳児は首がすわる．

(2) 3カ月であやすと笑い顔になり，4カ月で声を出して笑うようになる．

(3) 診察は仰臥位→引き起こし反応→坐

位→腹臥位の順に評価する．仰臥位では左右対称の姿勢で正面を向いて両手が合う．引き起こし反応（検者の親指を子どもに握らせて，引き起こす）では，引き起こす途中までは頭部がやや背屈するが，床から45°位から体軸とほぼ平行となる．完全に引き起こした時に，しばらく首が座っている．腹臥位では，肘で上体を支え，頭を前方に45〜90°挙上する．

3）6〜7カ月健診
寝返り，お座り，物をつかむ，人見知りが始まることを確認する．

i) 身体計測値の評価（下限—平均—上限）

体重　6.2—7.8—9.4 kg
身長　63.2—67.6—72.0 cm
頭囲　38—41—44 cm

ii) 問診と診察

（1）仰向けからうつ伏せに，あるいはその逆の寝返りができればよい．7カ月で95％が寝返る．

（2）はじめは両手を前について背を丸くして座る．6〜7カ月で50％，7〜8カ月で80％が座れる．

（3）体のそばにあるおもちゃに5カ月で手を伸ばしてつかみ，6カ月でつかんだおもちゃを右手から左手に持ちかえる．

（4）診察はベッド上で，仰臥位→顔布テスト→引き起こし反応→坐位→パラシュート反応→腹臥位の順に評価する．仰臥位では手で足をつかむ姿勢をとる．顔布テスト（子どもの顔に厚手のハンカチ大の布をかけて両目を覆い，かけたハンカチの取り具合をみる）では5カ月では両手を使って布を取り除く．6カ月では両手を顔に持っていくが，片手で取ることが多い．引き起こし反応では，子どもが自分から起き上がってくる．坐位では，5カ月：腰を支えると座れる，6カ月：両手を前について座れる，7カ月：背を伸ばして，床に手をつかずに座れる．パラシュート反応（防御反射の1つで座っている乳児を左右に倒した時

に，身を守るかのように倒れる側の手の指が開いて上肢を伸展させる反応）側方向へのパラシュート反応を認める．腹臥位では，両上肢を伸ばして，手を広げて体重を支え，胸を床面より離して持ち上げる．7〜8カ月になると母親を特別な人と感じて愛着を示すようになる．

4）9〜10カ月健診
這い這い，つかまり立ち，指でつまむ，後追いを確認する．

i) 身体計測値の評価（下限—平均—上限）

体重　6.9—8.7—10.5 kg
身長　66.3—71.3—76.3 cm
頭囲　43—46—48 cm

ii) 問診と診察

（1）9カ月児の90％は，ずりはいか，四つばいで移動できる．何かにつかまらせて立たせたとき，9カ月児の90％は立っていられる．玉子ボーロや干しブドウなどの小さなものを9カ月児の95％が親指と人差指でつまめる．

（2）微細運動では，机上から物を何度も繰り返して落とし，親指と人差指で小さなものをつまむ．

（3）社会性では，イヤイヤや両手でシャンシャンなどをしてみせる．

（4）診察では坐位→立位→腹臥位の順に診察，評価する．坐位では9カ月児，坐位の姿勢は安定し，おもちゃや哺乳瓶を両手で持って口に入れる．立位では9カ月児，立位でつかまらせると，しばらく立っていられる．10カ月児，つたい歩きをする．腹臥位では，9カ月児，上肢で支えて，後方へはいはいが始まる．10カ月児，四つばいも上手になる．

5）事後処置，経過観察健診
健診後，正常，境界，異常に区分し事後処理を行う．通常2カ月以上の遅れがあるとき異常とし，専門機関に紹介する．1カ月程度の軽度の遅れを境界とし，家庭での遊び方などの指導を行い1〜2カ月後に経

過観察健診を行い，発達の遅れが明確になったら専門機関に紹介する．

6) 乳児健診で相談されやすい異常とその訴えおよび対応と治療

i) 鼻涙管狭窄（なみだ眼，目やに）

目頭側の涙のうマッサージを行い，改善しない時は，眼科へ相談する．

ii) 筋性斜頸（首の硬くなるしこり）

生後2～4週に側頸部の硬い母指頭大の腫瘤を触れる．その後腫瘤の拡大は停止し，徐々に縮小する．多くはマッサージを行わずに消失する．

iii) 臍ヘルニア（出べそ，おへそが出てくる）　へその部分が生後1～4週ごろ突出し始め，3～6カ月ごろがピークでその後徐々に縮小する．90%前後が自然治癒する．ヘルニアの大きさが子ども本人の握りこぶしより大きい場合と2歳以降も消失しない場合は小児外科医に受診する．

iv) 陰嚢水腫（睾丸が腫れる）　陰嚢に水が貯留し透光性があり，無痛性に腫れる．ほとんどが自然治癒する．

v) 停留睾丸，停留精巣（睾丸を触れない）　睾丸，精巣が陰嚢内にまで下降せず，ソケイ部に留まっている状態．自然降下する場合が多いが，1歳になって下降しない場合は小児科医に相談する．

〔横井茂夫〕

乳児栄養
infant nutrition

1. 母乳栄養
1) 母乳栄養の意義
母子双方にとって母乳哺育は最適な栄養法であり，これは世界各国共通した理念である．その利点は以下のように集約される．

i) 栄養学的利点
①乳児に最も適した成分組成である：
母乳が十分に分泌されていれば，乳児は生後5カ月頃まで順調に育つ．これは母乳中には乳児の発育に必要なエネルギーとすべての栄養素が最適な量で含まれているからである．

②代謝負担が少ない：母乳に含まれている栄養素のほとんどが消化，吸収，利用され，代謝負担がきわめて少ない．

ii) 医学的利点
①感染抑制作用がある：母乳には乳児を感染から守るさまざまな免疫物質が含まれている．その代表的なものが分泌型免疫グロブリンA，ラクトフェリン，補体，リゾチーム，免疫細胞群などである．これらの免疫物質は出産後数日間に分泌される初乳に高濃度に含まれている．

②アレルギーを起こしにくい：乳児の腸は未発達であり，透過性も高い．そのために人工乳ではその未分解タンパク質がアレルゲンとなって牛乳アレルギーを起こすことがある．しかし，母乳のタンパク質は乳児のそれと同種であるため，アレルギーを起こしにくい．

③罹患率，乳児突然死症候群の発症率が低い：生活環境が悪い場合には，母乳栄養児は人工栄養児に比べ罹患率，死亡率が低い．また，乳児突然死症候群の発症率も，母乳栄養児に低いと報告されている．

iii) 育児における利点
授乳による母と子の肌の触れ合い，目と目との相互の働きなどの母子相互作用は，両者の間に愛情を育て，乳児のパーソナリティーの形成によい影響を及ぼすと考えられている．昨今，育児不安を抱く母親が多いといわれているが，母乳で育てることにより母性愛が育まれ，育児の自信が得られるといわれている．

2) 母乳栄養の推移
10年ごとに行われる乳幼児身体発育値調査から，生後2カ月未満，4カ月未満の栄養法の推移を図6.1に示す．過去3回の調査では，生後2カ月未満では母乳栄養の割合には大差が見られないが，人工栄養の割合が減少し，混合栄養の割合が増加している．また，4カ月未満では母乳栄養と混合栄養の割合が増加し，人工栄養は減少している．これは種々の母乳推進運動の展開の効果といえよう．

現在では，母乳栄養の意義を認めながらも，就労している母親が増加しているために，混合栄養の割合が増加しているものと思われる．

3) 母乳中の成分変化
生後数日間に分泌される乳は量もあまり多くなく，組成や性状もその後に分泌される乳とは異なるので，これを初乳として区別している．

初乳は成熟乳（生後10日以降に分泌されるもの）に比べ，エネルギーはほぼ同程度であるが，タンパク質は約2倍，灰分は約1.5倍多く，乳糖と脂肪はいくぶん少ない．また，初乳は分泌量が少ないが，感染抑制作用のある免疫グロブリンA，ラクトフェリン，リゾチームなどを多量に含んでいる．このように初乳は新生児に適したいろいろな性質を備えている．

生後10日くらいで成熟乳に移行すると，このあとは母乳の成分組成はほぼ一定し，

乳児栄養

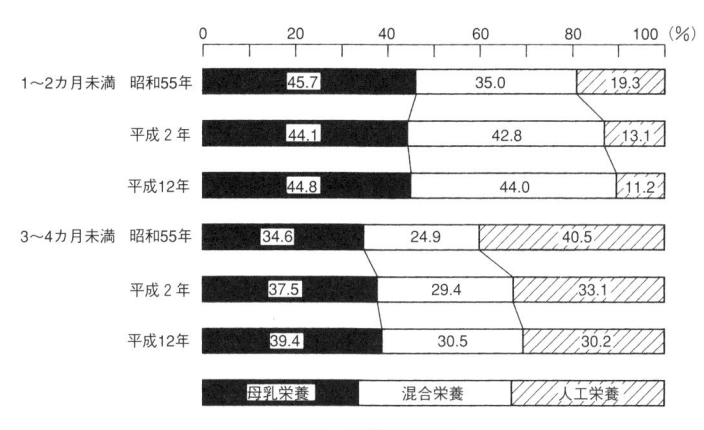

図6.1 栄養法の維持

		母乳栄養	混合栄養	人工栄養
1〜2カ月未満	昭和55年	45.7	35.0	19.3
	平成2年	44.1	42.8	13.1
	平成12年	44.8	44.0	11.2
3〜4カ月未満	昭和55年	34.6	24.9	40.5
	平成2年	37.5	29.4	33.1
	平成12年	39.4	30.5	30.2

授乳期間中, あまり変わらない. すなわち水分が約88％を占めるが, 固形分約12％中に乳児の発育と健康維持に必要とするエネルギーおよび各種栄養素等のすべてが適正な割合で含まれる.

4) 冷凍・冷蔵母乳について

就労する母親の増加とともに, 冷凍母乳を用いて育児を行う保護者や保育所が増加している.

母乳を21日間冷凍しても栄養成分の含有量に変化は見られず, 一部の免疫物質は減少しない. しかし, 母乳を$-20℃$で冷凍した場合に比べ, $-15℃$の保存では, タンパク質や脂肪の物理的変化が認められている. それゆえ, 母乳を冷凍する場合には, 冷凍庫内の温度管理が重要である.

冷凍母乳を解凍する場合には, 急激な加温は避けなければならない. 自然解凍または流水に哺乳瓶（または冷凍バッグ）をつけての解凍が望ましい.

一方, 母乳を4〜6℃の冷蔵庫内に保存した場合, 成分組成の変化は認められず, 細菌の状況をみても1〜2日の保存では安全であるという. しかし, 細菌に対する抵抗力の弱い乳児が摂取する食物であるので, 冷凍, 冷蔵のいずれの場合においても搾乳, 凍結, 運搬, 保存, 解凍, 加温, 授乳には衛生的な取り扱いが必要である. 冷凍・冷蔵母乳の飲み残しは処分する.

5) 母乳の問題点

i) 母乳黄疸: 母乳黄疸の予防には早期授乳と頻回の授乳がすすめられており, 特別な場合を除き, 母乳を中止しない方針がとられている.

ii) 乳児ビタミンK欠乏出血: 以前, ビタミンK欠乏が原因となる頭蓋内出血が母乳栄養児にみられ, 注目された. しかし, 現在では, その発症予防のために出生当日, 生後7日および30日前後にビタミンK_2剤が経口投与されている.

iii) ダイオキシンによる汚染: 母乳中の脂肪量を約3.5％とし, 乳児が1年間, 母乳を体重1kg当たり120ml摂取した場合のダイオキシンの摂取量は, 耐容1日摂取量とほぼ同程度の大量になるといわれている. しかし, 耐容量は一生かけて毎日摂取しても害がない量であり, 乳児では母乳を飲む期間は約1年前後であるので, この値をそのまま適応することはできない. また, これまでに母乳栄養児に肝機能障害や免疫力低下などの障害は報告されておらず, 現在では, 母乳の利点を優先し, 母乳をやめる必要はないとされている.

しかし, 母親が摂取した食物を経由して

ダイオキシンが母乳に移行する．ダイオキシンは魚から入る量が多い．ダイオキシンの体内蓄積については「環境汚染」の項（p.192）を参照．

iv）喫煙：これまでの調査から20歳代の女性の19％，30歳代の14％に喫煙習慣があり，妊娠中の喫煙率は平成2年に比べ12年には2倍に増え，また，1日の喫煙本数も増加しているという．

授乳中に喫煙した場合（1日に11～20本），母乳中にニコチンが検出される．授乳中の母親の喫煙率は定かではないが，これらの調査から推定しても授乳中の喫煙習慣が気にかかる．近年注目されている乳児突然死は母乳群に比べ非母乳群に多いが，そのリスク要因のなかに，両親の喫煙が挙げられているので注意したい．

2．人工栄養

諸種の事情で，乳児に母乳を与えることが不可能な場合には，母乳以外の乳汁を用いて乳児を育てる．

1）人工乳の種類

育児用に供するために成分を調製した粉状の乳製品は，調製粉乳と特殊粉乳（市販品，市販外）に大別される．

i）調製粉乳：「乳および乳製品の成分規格に関する省令（乳等省令）」において調製粉乳とは，「生乳，牛乳若しくは特別牛乳またはこれらを原料として製造した食品を加工し，または主要原料とし，これに乳幼児に必要な栄養素を加え粉末状にしたもの」と定義されている．調製粉乳は，使用対象乳幼児の成熟度に応じて乳児用，離乳期幼児期用，低出生体重児用に分けられる．

①育児用粉乳（乳児用調製粉乳）：健康増進法で規定する「特別用途食品（乳児用食品：乳児用調製粉乳）」として認可されたものである．

母乳の成分組成などを指標に，母乳に近づけるためにさまざまな改良が重ねられてきている．そのおもなものは以下のごとくである．

・タンパク質…母乳にはラクトアルブミンが多く，カゼインが少ない．乳児用粉乳は，牛乳のカゼインの一部をアルブミンで置換し，シスチン，タウリンが添加されている．溶液100 ml 中のタンパク質濃度は牛乳に比べ，かなり減量されている．

・脂肪…母乳には多価不飽和脂肪酸が，牛乳には短鎖・中鎖の飽和脂肪酸が多い．そのために，牛乳の脂肪の大部分を植物性脂肪で置換し，脂肪酸組成を母乳に近づけようとしている．リン脂質も添加されている．

・炭水化物…乳糖が主で，製品により可溶性多糖類を加えているものもある．

・無機質…牛乳には無機質が多い．腎臓への負担を考慮し，無機質を減量し，カルシウム：リン比，ナトリウム：カリウム比を調整してある．食品衛生法施行規則の改正により，従来不足していた亜鉛と銅が添加されている．

・ビタミン類…乳児の栄養所要量を充足するよう各種ビタミン類が添加されている．

・その他…ビフィズス菌増殖，感染防御に対する配慮，DHAの添加などが行われている．

したがって，乳児用粉乳は，母乳の代替品として位置づけられている．

②離乳期幼児期用粉乳（フォローアップミルク）：牛乳のタンパク質やカルシウムを利用し，不足している鉄やビタミン類を強化したのがフォローアップミルクである．育児用粉乳に比べ，脂肪は少ないが，タンパク質，無機質は多い．したがって浸透圧は高くなり，乳児に不適切になる．

フォローアップミルクの使用開始月齢に対するヨーロッパの委員会の見解は，4～5カ月または6カ月からとしているが，わが国では，離乳食が栄養の主体となる9カ月以降からがよいとしている．

フォローアップミルクは，母乳の代替品ではなく，牛乳の代替品として位置づけられているので，このミルクを離乳期に必ず使用するというものではない．

③低出生体重児用粉乳： 近年，低出生体重児も成熟新生児と同様に，母乳で哺育する例が多くなっている．しかし，出生時の体重が少なく，しかも機能が未熟であり，母乳の分泌が望めないなど，医師が特別のミルクを投与する必要があると判断した場合に，医療管理の下で使用するものである．育児用粉乳に比べ，高タンパク質，低脂肪，高ビタミン組成になっている．

ii） 特殊粉乳
①市販品：
〈タンパク質分解乳〉 健康増進法「特殊用途食品（病者用食品：アレルギー疾患用食品）」として認可されたものである．

・カゼイン分解乳…牛乳タンパク質に酵素分解処理を行って，抗原性を低減させたカゼイン分解物をタンパク質源として配合したもの．一般的に分子量が 1,000 以下に分解されているので，ほとんどの抗原性が消失している．アレルギー疾患時には，乳糖不耐症を伴うことが多いので，この製品には乳糖が含まれていない．

・ホエータンパク質分解乳……牛乳ホエータンパク質の酵素分解物をタンパク質源とし，分子量も 3,500 以下にしてあるので，アレルギー性はきわめて低いとしている．しかし，父母や兄姉に牛乳アレルギーがある場合に，牛乳アレルギーになりにくいことを配慮した製品であるので，明らかに牛乳アレルギーである場合に用いてはいけない．

・エレメンタル・ダイエット……アミノ酸混合物をタンパク質源としたもので，アミノ酸バランスは日本人の母乳組成に近似させ，タウリンを強化したものである．重篤なアレルギー疾患用．牛乳アレルギー，乳糖不耐症，大豆，卵アレルギーにも適応できるよう調製されている．

〈無乳糖粉乳〉 健康増進法の病者用食品：無乳糖食品として認可を受けている．

乳糖不対症に適応した製品．したがって糖質源として乳糖をまったく含まないよう調製されている．タンパク質源には乳タンパク質カゼインを使用し，脂質は調製脂肪を，糖質にはデキストリン，ブドウ糖，ショ糖が使用されている．

〈大豆粉乳〉 健康増進法の病者用食品：アレルギー疾患用食品，無乳糖食品として認可されている．

タンパク質源として大豆タンパク質を使用し，糖質には乳糖以外の糖質を配合している．大豆に不足しているメチオニン，ヨウ素を添加し，さらにビタミン，無機質を強化し，乳児の発育に支障がないよう調製したもの．牛乳アレルギー，乳糖不耐症に使用する．

〈低ナトリウム乳〉 健康増進法の病者用食品：低ナトリウム食品として認可を受けている．心・腎・肝疾患などでナトリウムの摂取制限を必要とする場合に用いられるもので，わが国では唯一の製品として低ナトリウム乳（Na-20）がある．育児用粉乳に比べ，100 g 中のナトリウム量は約 1/6 程度に減量されているが，その他の成分はほぼ同レベルに調製されている．

〈MCT 乳〉 脂質に中鎖グリセリド（MCT）を使用したもの．MCT は速やかに加水分解され，脂肪酸が水に可溶性となり，吸収されやすい．吸収されるときに胆汁酸をほとんど必要としないために，先天性の脂質吸収障害，胆道閉鎖症，肝炎などに用いられる．

②市販外品：
〈特殊登録ミルク〉 厚生労働省の助成により「特殊ミルク共同安全開発委員会」が運用している「特殊ミルク安全開発事業」に登録されているもので，先天性代謝異常症に限定して，無償で提供される．

〈登録外ミルク〉 登録特殊ミルク以外にも，代謝異常症を対象に使用されるもの

で，成分面で特性をもったものが製造されている．

〈薬価収載品（医薬品）〉　フェニールケトン尿症，ホモシスチン尿症用など，登録ミルクと同様の目的に使用される医薬品である．

2）　調乳，哺乳

各種粉乳を栄養や消化，衛生上から乳児に適するよう，一定の処方に従って配合することを「調乳」という．

以下に記した特別の場合を除き，調乳濃度は各製品に示された濃度で調乳し，単品調乳（粉乳だけで調乳する），単一処方（月齢に関係なく，同一の濃度で調乳），自律授乳（母乳栄養に準じて，欲しがるだけ与える）を原則とする．

しかし，低出生体重児用，低ナトリウム乳，市販品外の特殊登録ミルクなどは，医師の判断のもとで，調乳濃度および体重kg当たりの供与量を考慮しながら，計画的な授乳を行う．

3．混合栄養

明らかに母乳が足りない，または，母親の都合や就労のために，母乳の分泌が十分であっても育児用粉乳などを加えて栄養する場合にとられる栄養法である．混合栄養を行う場合，以下の方法がある．

1）　母乳不足の場合

（1）授乳の都度，育児用粉乳などの人工乳を補う．

この方法は毎回，吸せつ刺激を受けるので，かなりの期間，母乳を飲ませることができる．

（2）授乳時の母乳の分泌量を考慮して，授乳時刻により母乳と人工乳を分けて与える．

この方法では母乳を与える回数が少ないために，母乳分泌の減少を早く招くが，このような状況下でもできるだけ乳児に乳首を吸わせ，吸せつ刺激を与えることが大切である．

2）　母親の事情による場合

母乳をまったく与えることができない時間帯に人工乳を与える．とくに，母親が就労している場合には，勤務中に搾乳してそれを冷凍し，保育所などで与えてもらう．

4．離乳と離乳食

1）　離乳の必要性と離乳食の役割

①エネルギー，栄養素の補給：　生後5～6カ月を過ぎると，水分の多い乳汁だけで乳児の栄養要求量を満たすことがむずかしくなる．

②摂食機能の発達促進，消化機能の増強：　咀嚼の発達段階に適した調理形態の食物を与えることにより摂食機能の発達が促され，同時に消化機能も増強される．

③精神発達の助長：　乳児自身も乳汁以外の食物に次第に関心を示すようになり，また，乳汁と異なった味，香り，舌ざわり，形などを備える離乳食を与えることにより，乳児の精神発達を促す．

④望ましい食習慣の基礎づくり：　離乳期における適切な食事の供与により，望ましい食リズムを形成し，幼児期におけるよい食習慣の基礎をつくる．

2）　離乳に関する言葉の定義

改定「離乳の基本」（平成7年厚生省（現厚生労働省）母子保健課長通知）が，現在，離乳の指導指針として用いられている．離乳に関する定義は以下のように定められている．

①離乳：　離乳とは，母乳または育児用ミルクなどの乳汁栄養から幼児食に移行する過程をいう．この間に乳児の摂食機能は，乳汁を吸うことから，食物をかみつぶして飲み込むことへと発達し，摂取する食品は量や種類が多くなり，献立や調理の形態も変化していく．また摂食行動は次第に自立へと向っていく．

②離乳の開始：　はじめてドロドロした食物を与えた時をいう．その時期はおよそ生後5カ月頃が適当である．発育が良好な

場合でも離乳の開始は生後4カ月以降とすることが望ましい．開始が遅れた場合も生後6カ月中に開始することが望ましい．

③離乳の完了： 形のある食物をかみつぶすことができるようになり，栄養素の大部分（3/4～4/5）が母乳または育児用ミルク以外の食物からとれるようになった状態をいう．その時期は通常13カ月を中心とした12～15カ月ごろであり，遅くとも18カ月までに完了する．この時期には食事は1日3回となり，そのほかに1日1～2回間食を用意する．母乳はこの間に自然にや

表6.1 離乳食の進め方の目安

区分			離乳初期	離乳中期	離乳後期	離乳完了期
月齢（カ月）			5～6	7～8	9～11	12～15
回数	離乳食（回）		1→2	2	3	3
	母乳・育児用ミルク（回）		4→3	3	2	＊
調理形態			ドロドロ状	舌でつぶせる固さ	歯ぐきでつぶせる固さ	歯ぐきで噛める固さ
1回当たり量	Ⅰ	穀類 (g)	つぶしがゆ 30→40	全がゆ 50→80	全がゆ（90→100）→軟飯80	軟飯90→ご飯80
	Ⅱ	卵（個）	卵黄 2/3以下	卵黄→全卵 1→1/2	全卵 1/2	全卵 1/2→2/3
		または豆腐 (g)	25	40→50	50	50→55
		または乳製品 (g)	55	85→100	100	100→120
		または魚 (g)	5→10	13→15	15	15→18
		または肉 (g)		10→15	18	18→20
	Ⅲ	野菜・果物 (g)	15→20	25	30→40	40→50
	調理用油脂類・砂糖 (g)		各 0→1	各 2→2.5	各 3	各 4

＊牛乳やミルクを1日300～400 ml

注：1. 付表に示す食品の量などは目安である．なお，表中の矢印は当該期間中初めから終わりへの変化（たとえば，離乳初期の離乳食1→2は5カ月では1回，6カ月では2回）を示す．
2. 離乳の進行状況に応じた適切なベビーフードを利用することもできる．
3. 離乳食開始時期を除き，離乳食には食品Ⅰ・Ⅱ（1回にいずれか1～2品），Ⅲを組み合わせる．なお，量は1回1食品を使用した場合の値であるので，たとえばⅡで2食品使用の時は各食品の使用量は示してある量の1/2程度を目安とする．
4. 野菜はなるべく緑黄色野菜を多くする．
5. 乳製品は全脂無糖ヨーグルトを例として示した．
6. タンパク質性食品は，卵，豆腐，乳製品，魚，肉等を1回に1～2品使用するが，離乳後期以降は，鉄を多く含む食品を加えたり，鉄強化のベビーフードを使用する，調理用乳製品の代わりにミルクを使用するなどの工夫が望ましい．
7. 離乳初期には固ゆでにした卵の卵黄を用いる．卵アレルギーとして医師の指示のあった場合には，卵以外のタンパク質性食品を代替する．くわしくは医師と相談する．
8. 豆腐の代わりに離乳中期から納豆，煮豆（つぶし）を用いることができる．
9. 海藻類は適宜用いる．
10. 油脂類は調理の副材料として，バター，マーガリン，植物油を適宜使用する．
11. 塩，砂糖は多すぎないように気をつける．
12. はちみつは乳児のボツリヌス症予防のため満1歳までは使わない．
13. そば，さば，いか，たこ，えび，かに，貝類などは離乳初期・中期には控える．
14. 夏期には水分の補給に配慮する．また，果汁やスープなどを適宜与える．

めるようになる．1歳以降は牛乳またはミルクを1日300～400 m*l* コップで与える．

3) 離乳の進め方と原則

改定「離乳の基本」に示されている離乳食のすすめ方の目安を表6.1に示したが，以下の原則を守りながら進めることが大切である．

(1) 離乳は焦らず，一歩一歩進める．最初は1品1さじから試み，乳児の食欲，便性，体調などに注意しながら分量と種類を増やす．

(2) 離乳開始後1カ月は，離乳食から補給されるエネルギー，栄養素量は少ない．したがって，この頃は離乳食を飲み込むこと，その舌ざわりや味に慣れさせる．

(3) 乳児の未熟な消化器に負担をかけないよう消化力の発達段階に合わせた形態に調理する．

(4) 食品のもつ自然の味を重視し，調味する場合には，塩分濃度で0.5％以下とする．

(5) 乳児は細菌に対する抵抗力が弱い一方，離乳食は水分含量が多く，薄味な上，すりつぶす，刻むなどの調理過程で細菌の汚染を受けやすい．したがって，極力，衛生に注意する． 〔水野清子〕

文 献

1) 健康・栄養情報研究会編：国民栄養の現状，平成12年国民栄養調査結果，第一出版，2002.
2) 厚生労働省雇用均等・児童家庭局：平成12年度 乳幼児身体発育調査報告，2001.10.
3) 厚生省児童家庭局母子保健課長通知：改定「離乳の基本」，1995.12.

7. 幼児期の子育て

幼児健診（幼児健康診査）
health check-up system for the infants

母子保健法に基づく小児保健事業の一環としてはじめて全国一斉に行われた健康診査が3歳児健診（昭和36年）である．その後昭和52年より1歳6カ月児健診が行われた．3歳児健診は集団方式で，1歳6カ月健診は個別ないし集団方式で行われることが多い．6歳児健診は一部の地域で実施される．

1. **1歳6カ月児健診**
「歩いて，しゃべれるか」を確認する．
  1) **身体計測値の評価**
     80 cm，10 kg が標準．
     男児標準身長（標準偏差）81.3(3.1)cm
         標準体重（標準偏差）10.7(1.1)kg
     女児標準身長（標準偏差）79.6(2.9)cm
         標準体重（標準偏差）10.1(1.2)kg
  2) **問診と診察**
「ひとりで上手に歩ける」
1歳6カ月を過ぎても歩けない場合は専門医への受診をすすめる．歩くときにバランスを取るために上肢を挙上したり，極端に転びやすい場合は経過観察とする．
「自分でコップを持って水を飲む」
微細運動と摂食行動の発達をたずねる質問である．1歳で食べ物をコップの中に入れる．1歳6カ月でコップからコップに飲物を移す．2歳で空のコップで飲むふりができる．
「ママ，ブーブーなどの意味のある言葉を話す」
言語発達は表出言語が正常であれば少なくとも2～3語の単語を確実に話す．発達の早い児では二語文を話す．表出言語がなくても，言語理解が良好であれば，命令や指示に従うことができ，身ぶりでチョウダイ，ドウモなどを表現できる．言葉の遅れを認めた場合，全体的発達遅滞，広汎性発達障害，難聴，発達性言語遅滞を鑑別する．

1歳6カ月健診では通常の健診以外に歯科医，歯科衛生士による歯科健診と歯磨き方法などの指導が行われる．麻疹の予防接種の未接種児への指導も行われる．

その他の疾患：
①停留精巣：停留した精巣が陰嚢上端より上方に存在する場合は専門医に紹介する．
②斜視：　3歳児健診で視力測定を行うが，1歳6カ月健診では，生理的範囲である偽内斜視を除いて両眼の視線が合わない時は専門医に相談する．
③転びやすい：　内反足，うちわ歩行，そとわ歩行，X脚などがあり，歩行が改善せずに靴が偏った摩耗をする時は専門医に照会する．

2. **3歳児健診**
「質問に答えて，ごっこ遊びをするか」を確認する．
  1) **身体計測値の評価**
     93 cm，13 kg が標準．

男児標準身長（標準偏差）93.3(3.6)cm
　標準体重（標準偏差）13.8(1.6)kg
女児標準身長（標準偏差）92.1(3.6)cm
　標準体重（標準偏差）13.1(1.4)kg
約87cm以下と100cm以上の子どもでは必ず母子手帳の成長曲線上に今回の計測値と過去の計測値を記入して発育曲線を作成してから評価する．

2）問診と診察

「手を使わずに階段を上り，下りができる」

2歳で走り，2歳後半では階段を一段ずつ足をそろえて上り，3歳前半では交互に足を出して階段を上り，3歳後半では交互に足を出して下りる．3歳児健診では，一人で階段を登れなかったり，その場飛びができない場合は専門医への受診をすすめる．

「衣服の着脱をひとりでしたがる」

2歳では自分で服を脱ごうとし，靴をはける．3歳ではパンツを一人ではける．3歳後半ではシャツをきて，ボタンがけができる．排泄面でもおしっこがひとりでできるようになる．

「聞かれると，姓と名を答える」

健診時，お名前はとたずねると，「○○・△△」と答える．さらに聞くと，親の名前や園のクラスの名前を答える．自宅では，歌を数曲うたい，ままごと，怪獣ごっこなどの「ごっこ遊び」をする．2歳ごろ積木を並べて電車にみたてて遊ぶ「みたて遊び」や空のコップで飲むふりをする「ふり遊び」が始まる．3歳頃になるとストーリー性のある「ままごと遊び」へ発展する．

平成2年より3歳児健診では視聴覚健診も行われ，難聴や斜視弱視などの聴覚障害・視力障害が発見される．

3．6歳児健診（就学時健診）

6歳児健診では軽度の知的障害，学習障害，広汎性障害，注意欠陥/多動性障害などが発見相談される．しかし，施行されている地域は少ない．

1）平均的な身体計測値

112cm，20kgが標準．
男児標準身長（標準偏差）113.4(4.7)cm
　標準体重（標準偏差）20.1(3.0)kg
女児標準身長（標準偏差）112.4(4.6)cm
　標準体重（標準偏差）19.7(2.9)kg

個体差が大きく，標準偏差も大きくなるので，大柄小柄の場合，必ず発育曲線上で評価し，成長ホルモン分泌不足などの低身長，思春期早発などの高身長，生活指導が必要な高度肥満を見落とさない．

2）問診と診察

・スキップができる．
・ブランコで立ちこぎができる．
・補助なしの自転車に乗れる．
・ひらがなの自分の名前を読んだり，書ける．
・菱形をまねて，書ける．
・家族全員の絵が描ける．
・鬼ごっこなどの集団遊びができる．
・紙飛行機が折れる．
・店に出かけ品物を買い，おつりをもらう．
・信号を見て，正しくわたる．
・トランプの神経衰弱，ばばぬきができる．
・品物の数を確実に10個まで数える．

6歳児で発達や行動面での相談を受けた場合や上記の項目が2つ以上できない場合，幼稚園・保育園での状況評価を聞き，専門相談機関へ紹介する．

〈地域の医療機関，療育機関，教育機関のネットワーク〉　健診で発見された発達障害児は，障害の内容により地域の医療機関，療育機関，教育機関での相談指導が行われ各機関のネットワークが子どもを育てるのには重要である．　　〔横井茂夫〕

幼児期の発達と子育て

the development of preschool children and the parenting to them

幼児期は、1歳から6歳までの時期をいう。この時期には、言葉、自我、社会性、など、その後の人生を生きていく上で核となる、人格の基礎が発達する。子育てをしている親はこの時期、子どもの発達に触れることができたときの子育ての楽しさと、親の思い通りにならなくなってくる子育てのむずかしさの両方を感じる。

1. 幼児期の発達特徴と子育て
1) 親からの自立

幼児期は、乳児期からの安定した親子の情緒的結びつき（アタッチメント）と自分の能力を使って、次第に親から離れて行動することが増える時期である。「アタッチメント理論」を提唱したボウルビィ（Bowlby, J）は、2, 3歳までは、親子が一緒に居ることが多く、その間に、安心できるアタッチメントを形成した上で、3, 4歳以降になって自立が進むと考えた[1]。また、子どもの自立の過程を詳しく研究して「分離-個体化理論」を提唱したマーラー（Mahler, MS）らは、1歳からの分離の練習を経て、3歳以降に、個体化としての意識が明確になるとした[2]。個体化とは、自分と親が別個の人格をもっている人間であることを意識することである。そして、相手のことと自分のことを尊重しながら行動できることである。「アタッチメント理論」にしても「分離-個体化理論」にしても、親、とくに母親が子どもの情緒的要求に適切に、かつ一貫性をもって対応し、安心感を与えることが大切であると説いている。このように形成された安心感が子どもの心の中に内在化され、母親がいなくても離れて行動することができるようになるという。さらに、「分離-個体化理論」では、分離に果たす父親の役割として、密着した母子の間に割り込み、子どもを社会に連れ出す役割を主張している。

2) 自律性，積極性の獲得

エリクソン（Erikson, EH）は、彼の発達理論である「ライフサイクル論」において、幼児期の発達課題として、自律性と積極性をあげている[3]。彼のいう自律性は、1歳半くらいの排泄をめぐる自律が考えの土台になっており、幼児が尿や便を排泄したり我慢したりする自律を自律性の出発として考えている。1歳半頃は、トイレット・トレーニングが始まる時期と重なっており、親が子どもの排泄したい感覚を無視してトレーニングをやりすぎると自律できないし、また、トレーニングをしないと自律が遅れてしまうことになる。この時期に、自分の意思を大切にされながら、親から接してもらい、排泄がうまくできることを体験した子どもは、自分ですることを親が信頼してくれていると自覚して、自律性が発達する。一方、排泄の失敗を気にしすぎる親に、意思を確認されないままトレーニングを受けた子どもは、自分がすることについて信頼されていない、自分の能力を親が疑っていると感じてしまい、自律性の発達が遅れると考えられている。このような自律性をめぐる考えかたは、排泄だけではなく、その後の発達の中で、生活習慣を身につけることや片付けることなど、親にいわれなくても「自分でする」ということを身につけることに一般化されている。このため親は、子どもの意志を確認しながら励ますことと、かつ親自身のあせりや心配を抱えながら子どもを見守りながら接することの間で、子育てのむずかしさを感じることになる。

もう1つの発達課題である積極性は、3歳ころからの課題である。親から離れて活

発に行動することが増え，自分の力を十分に使って行動しても，親は怖がらないで見ていてくれるし，積極性が自分を傷つけることはない，という安心感を獲得することが積極性ということである．積極性は，ある目標に向かって努力し続け，目標を達成するためにも大切である．また3歳ころには，性別を意識するようになり，男の子らしい活発さや力強さ，女の子らしいやさしさやかわいらしさを顕示して楽しめることも，性のアイデンティティをつくっていく上で大切である．親は，子どもの安全に配慮しながら，子どもが自分の力を使って，活発に遊ぶことを援助できるとよい．

3) 自我の発達

自律性の発達と積極性の発達は，広い意味では自我の発達に関係している．自分を律することと，自己主張をしながら，積極的に活動することは，自我能力の，我慢することと主張することにつながっている．子どもは，1歳前後から，食べ物の好き嫌いをしたり，遊び続けたいなどと，自己主張が強くなる．また，親が子どもにさせようとすることと違うことを主張する．これが，いわゆる第1反抗期の始まりである．このような子どもの態度に，親はいらいらさせられることが増えてくる．親は，子どもの主張を認めたり，ときには主張に応じることができないことを伝えたりする．このように，主張を認めることと，我慢しなければならないことを伝えること，この2つの対応が丁寧になされることによって，子どもの自我は発達していく．

4) 自己概念の発達

乳児は，感覚的に自己感覚と自己意識をもっている．しかし，鏡に映る自分の顔を見てもそれを自分であると認めることはできない．それは，乳児が認知的な自己をまだもっていないからである．鏡に映る自分の顔を見て，自分であると認知できるのは1歳半頃である．このように認知的自己がもてるようになると，幼児は，鏡に自分を映して楽しむようになるが，この時期から，他の人が自分をどのように見たり話したりしているかということを意識するようになる．言葉も理解できるようになっているので，「○○」という名前で，「かわいい」といわれている，というように意識するようになる．やがて幼児は，自分に関するこれらの情報をまとめて「自分は～である」という，自己概念を形成し始める．この時期から，子どもに悪い評価を多く与えないように気をつけることが大切である．子育ての中で接するときに，子どもによい評価を与えるようにした場合，子どもは，プラスの自己概念を形成し，自信をもって行動できるからである．これに対して悪い評価を多く与えられている子どもは，自分は悪い子であるという，マイナスの自己概念を形成しやすい．

5) 感情発達

感情発達とは，それまでになかった感情が出現すること，自分の感情がわかること，相手の気持ちがわかること，相手の気持ちに共感できること，感情表現を社会に認められた形に統制できることをいう．感情発達は，人との関係を通してなされる．たとえば，愛情はアタッチメントの形成と並行して現れてくる．また知らない人への警戒心や恐れ，嫉妬もアタッチメントの形成と関連している．さらに，自分の気持ちを感じて，「さびしい」「悲しい」「うらやましい」と認知できるのは，周りの人から気持ちに関心を払って共感してもらい，「さびしいね」「悲しいのね」などといわれることを通してである．ほかには，親が，「今さびしい」「うれしい」などというのを聞いていて，親の気持ちを感じることによって，相手の感情に対して共感することができるようになる．感情の統制は，興奮したときに，親からなだめてもらったり，気持ちが鎮まるまで抱っこしてもらったりした経験を通してである．

感情発達に向けての動きは，すでに乳児

期から始まっているが，1歳半を過ぎるころから，よりはっきりしてくる．たとえばこの時期から，子どもの自己主張をめぐって親子で感情的にぶつかりあうことが増えてくる．また，幼児期には，兄弟が生まれることが多いので，母親を兄弟と取り合うことから生じるやきもちのような気持ちや，自己概念ができてくることと関係して，自己概念からはずれた自分を見るときに感じる恥ずかしさも生まれる．ということは，幼児期はさまざまな感情が活発に動きやすくなるということである．言葉の理解力も増えてくるので，親は，わき上がってくる子どもの気持ちを感じながら，抱いたり，「さびしいね」と話しかけたりすることが，子どもの感情発達を助けることになる[4]．

子どもがいらいらしているときに，親もいらいらしてしまって，子どもの感情をなだめることができないことが多いほど，感情統制の発達がうまく進まないともいわれている．したがって，親は子どもの気持ちに対応して相手をしたり，できる限り落ち着いて対応することが大切である．ただし，親でも，感情にまかせて子どもに対応してしまうことがあるはずで，そのようなときには，気持ちが落ち着いてから，わかりやすく親の反省する気持ちを話してやれるとよい．

6） 社会性の発達

社会性とは，人付き合いということが前提にある言葉である．幼児期は，1，2歳までは親と遊ぶことが中心であったが，3歳を過ぎるころから，子どもたちに興味を示し，友達同士で遊ぶことが増えてくる．もちろん，乳児期から保育園に通っている子どもは，友達との付き合いを早くから体験していることになる．親との間で付き合いを楽しむことができ，安定したアタッチメントを形成している子どもの多くは，他の子どもと付き合うことに抵抗感が少ない．しかし，親との関係が安定していなかったり，関係が安定していても，他の人や子どもに接した経験が少ない子どもは，他の子どもと付き合うときに緊張する傾向がある．そのような場合には，親と安心できる関係をつくることと並行して，他の子どもたちと接する体験を少しずつ増やしていくのがよいとされている．

友達と遊ぶほかに，社会性には，生活習慣を身に付けること，友達関係の中で遊びのルールを守りながら遊べることも含まれる．生活習慣としては，服を自分で着る，歯を磨く，手を洗う，遊んだ後でおもちゃを片付けるなどの基本的なことを，幼児期の間に身に付けたいものである．またルールを守りながら遊ぶことは自我の発達と関係しているので，3歳以降に少しずつできるようになり，5歳くらいには身に付いている．（詳しくは「社会性の発達」(p.103) 参照）

7） 知的発達

乳児期は「感覚・運動的知能の段階」であったが，1歳過ぎからイメージや表象を使える知能の段階に入る．見立て遊びや，振り遊びが，このような遊びの初歩的なものである．親は子どもが遊びの中で考え出しているイメージに関心をもち，イメージを共有しながら接するように心がけると，子どものイメージはより明確になり，遊びの中に反映されるようになる．他に気をつけることとしては，テレビからの情報を身につけるだけでなく，ものや自然に具体的に手で触れる体験をし，それをおもちゃや絵で表現するような機会を多くすることが大切である．そのほうが，体験に裏付けられた知識として身につき，さらにイメージとして使う活動へと広がりやすい．

8） 幼児期の子育て

幼児を育てている親は，子育てをしている期間が長くなっていることと関連して，社会参加をしたい気持ちが強くなっていることがある．しかし，状況が許さないので，不満を抱いている．また，二人目の子

どもの妊娠，出産が訪れ，上の子どもの子育てとの両立に疲労感を感じている人もいる[5]．これに，上に述べてきた子どもの自我の発達と関係する自己主張が加わり，いらいらがつのることが多い．子どもの発達にふれる楽しさがあるが，一方で，子育ての大変さもある． 〔吉田弘道〕

文　献

1) ボウルビィ J（黒田実郎訳）：母子関係の理論 I：愛着，岩崎学術出版社，1977.
2) マーラー MS ほか（高橋雅士ほか訳）：乳幼児の心理的誕生，黎明書房，1981.
3) エリクソン EH（小此木啓吾訳編）：自我同一性，誠信書房，1973.
4) 吉田弘道：情緒面をどう育てるか─人との相互作用を通して─．小児科臨床，**53**（増刊号）：1223-1226，2000.
5) 吉田弘道ほか：2人目の子どもを育てている母親は育児不安が軽いか．チャイルドヘルス，**4**（10）：766-769，2001.

8. 学童期の子育て

学童期の発達と子育て

the development of schoolage children and the parenting to them

　小学生の年齢にあたる学童期は，幼児期や思春期に比べて発達的には穏やかな時期とされている．しかし，小学校入学のころには子どもも親も不安が強くなる．また5，6年生のころの前思春期のころには，第二次性徴の出現と関係して不安定になり，親がどのように接したらよいのかわからなくて困ることも多くなる．

1. 学童期の発達と子育て
1) 働くことへの関心

　エリクソン，EH（Erikson, EH）は，学童期の発達課題として「生産性」を挙げている[1]．生産性とは，文字を覚えて読むこと，書くこと，数字を覚えて計算するなどのように，今後の人生で仕事をしたり，何かをつくり出していく（生産する）際に必要とされる技術を身に付けることである．また技術を身に付ける動機づけとなる，働くことに対する興味と意欲を高めることである．

　働いている者として関心を示す対象としては，父親や母親，学校の教師，クラブのコーチ，町で見かける仕事をしている人，プロ野球の選手やプロサッカーの選手などと幅が広いことになる．また身に付ける技術も広く，勉強に関係したことだけでなく，家庭での料理，裁縫，大工仕事，あるいは野球やサッカーなどの運動技術などとなる．家庭と学校，その他の場所で，さまざまな機会を提供して，働く意欲と技術を身に付けるように刺激し励ますことが，「生産性」に関係して大人の果たす役割である．

　子どもに掃除や料理の手伝いをさせることも，大切なことである．また日曜大工仕事を子どもと一緒にすることも，力を使って物をつくり出す喜びを味わわせる上で役立つ．あるいは，親子で野球場に出かけ，プロの試合を観戦すること，仕事場に子どもをつれて行き，会社の雰囲気に触れさせることも，仕事への関心を高めることに役立つ．

　ところが，便利な電気製品が豊富な今の時代では，家の中で子どもに手伝ってもらわないと困ることが減っている．そのため，親が努力しないと，子どもに手伝いをさせることがむずかしくなっている．また，勉強にのみ関心が高く，親が成績を気にし過ぎるために，子どもの働くことへの興味を奪ってしまう親もいる．これと反対に，勉強だけでなく，働くための技術を丁寧に教えないで接してしまい，生産に必要な基礎的な技術を身に付けさせないまま子どもを育ててしまう親もいる．親は子育ての中で，多面的なかかわりをしながら，子どもの働くことに対する関心を高め，子どもが達成したことを一緒に喜び，生産する意欲を持ち続けるように励ますことが大切である．

2) 集団生活への適応

　小学校に入学すると，それまで過ごして

きた幼稚園や保育園よりも人数の多い集団の中で1日を過ごすようになる．この集団の中に適応することが，学童期にある子どもの課題のひとつである．学童期における集団への適応は，当然幼児期の間に幼稚園や保育園という小集団の中で，友達と協調しながら過ごしたり，係り（お当番）としての役割を果たしたり，あるいはまた行事に参加した経験が土台であり，その上により発達した形で成されるものである．したがって，幼児期の間に社会性が発達していない子どもには，学校生活への適応がむずかしい．また，幼児期の間にそれなりに適応していた子どもの中にも，適応がむずかしい子どもがいる．それは，幼稚園や保育園では，集団の人数が少ないことと，大人が養育的に細やかにかかわることができるからである．小学校でも，低学年の間は，教師もそれなりに養育的な対応をしようと努めているが，幼稚園教諭や保育士のようにはいかない．また，学校での活動が，教育と学習であることも，幼稚園や保育園と大きく異なるからである．

学校への不適応問題でよく知られているものとして，不登校がある．平成14年4月から15年3月までの1年間に不登校で30日以上学校を休んだ学童は25,869人である（文部科学省資料）[2]．全国の国公立，私立小学校の全在籍数が7,239,327人であるから，1,000人に対して3～4人の割合である．不登校の要因はさまざまであるが，低学年にみられる不登校に，親からの分離不安，あるいは，幼稚園のような養育的環境と異なる学校に対する不安から生じている不登校がある[3]．これらは，親子関係の不安と，社会性の発達が未熟であることが背景にあると考えられる．

不登校のほかには，授業中に座っていることができずに，教室の中を徘徊する子どもも不適応のひとつである．このような子どもは「多動児」とみなされることが多いが，座って話を聞くことの練習が幼児期の間になされていないために生じている不適応である場合もある．

学校での子どもの不適応は，家庭と学校とが協力して，対応する必要がある．また，必要に応じて，小児科医や臨床心理士などの専門家によるサポートがなされることが改善につながる場合もある．

3） 友達関係，活動範囲の拡大

小学校に入学すると，友達の数が増えるが，それだけでなく，友達3人以上で一緒に遊べるようになる．このようなことは，幼児にはむずかしいことである．というのは，幼児期には，2人で遊んでいる間はいいが，3人目が加わると，一人が仲間はずれにされてしまうこともよく見られるからである．これは，3人関係，いうなれば三角関係の問題を起こさないようにしながら付き合えるほどに，幼児が発達していないからである．学童期になると，次第に三角関係の問題を生じさせずに，また，問題が起こっても解決できるところまで発達が進んでくる．

また，自転車に乗って移動することができるようになるため，友達と出かける範囲も拡大し，広い範囲を移動しながら友達と遊ぶようになる．いうなれば，親から離れて冒険することが増えるのである．この冒険することが学童期の特徴である．親は，このような子どもの活動範囲の拡大に対して，安全を配慮する必要性を教えながら，徐々に許していくことが大切である．このように，親の目の届かないところまで広げて行動することが，思春期に入って，親から精神的に自立することにつながっていくのである．

ところで，小学校3～6年生を育てている母親を対象とした調査によると，子どもの友達付き合いに関した悩みを訴える割合が高いという（ベネッセ教育研究所，1999）[4]．具体的には，「友人間の勢力関係で友達とうまくやっていけない」「友達の好き嫌いがあり，親友ができない」という

ものである．これらは子どもたちが，自分自身の力で解決していくものであるので，気にかけていても，親は子どもの悩みに耳を傾けながら，見守っていく姿勢が大切である．

4) 生活習慣の自立

学童期は，生活習慣がかなり自立できているとされる年齢である．ところが，先に紹介した小学校3～6年生を育てている母親への調査によると，片づけができず，学校からのプリントも紛失してしまうという「整理整頓・片づけ」の悩み（49.9％）と，夜遅くまで起きていて，朝起きられず遅刻しそうになるという「生活リズム」の悩み（35.1％）について，困っている母親が多いという（ベネッセ教育研究所，1999）．これについて，しつけをどのようにしたらよいのかと，親は悩んでいるという．また，生活習慣の自立は男子の方が遅いということである．

生活習慣の自立は幼児期からの練習が大切であるが，生活リズムについては，幼児の生活リズムも夜型になっているといわれている．平成12年の調査によると，夜の10時以降に就寝する子どもの割合は，1歳児54.5％，2歳児59.2％，3歳児51.7％，4歳児38.6％，5・6歳児39.6％であるという．また，この就寝時間の遅れと連動して，起床時間が遅くなる傾向にあり，8時・9時台に起きる幼児が増えているということである（「平成12年度幼児健康度調査」より）[5]．子どもの生活リズムは大人の生活リズムを反映しているので，子どもの生活リズムを矯正しようとするなら，幼児を育てている親が，早寝早起きの生活リズムを維持する努力をすることが必要である．

5) 思春期に向けた準備

5・6年生は，思春期が始まる前の時期であり，「前思春期」と呼ばれる．学童期ではあっても，思春期に近い特徴が現れる．とくに女子の場合には，初潮が5年生で始まる子どもも多く，第2反抗期の特徴が現れやすい．そのため，女の子を育てる親の方が，早くから子どもの扱いがむずかしいと訴え始めることがある．また，男子も気むずかしくなる子どもがおり，無断で部屋に入ると怒られる，しかし片付けないと汚い，と悩む親もいる[4]．先に述べたように，生活習慣が自立していないにもかかわらず，親の話を素直に聞かなくなるので，対応がむずかしい．　〔吉田弘道〕

文献・資料

1) エリクソン EH（小此木啓吾訳編）：自我同一性，誠信書房，1973．
2) 文部科学省ホームページ：最新統計調査結果，平成15年度学校基本調査．
   http://www.mext.go.jp/b_menu/tokei/001/04011501/index.htm
3) 吉田弘道：不登校．保健の科学，42（11），893-898，2000．
4) ベネッセ教育研究所：子育て生活基本的調査報告書Ⅱ，ベネッセコーポレーション，1999．
5) 川井　尚ほか編：新版 乳幼児保健指導，日本小児保健協会，2002．

学校保健と健康教育

school health and health education

1. 目的と特徴

学校保健とは,学校という教育の場において展開される保健活動であり,その目的は,教育を受ける主体である幼児・児童・生徒・学生(以下,児童生徒等)および教育に従事する側の教職員の健康の保持増進をはかり,集団教育としての学校教育活動に必要な保健安全的配慮を行い,自ら健康の保持増進をはかることができるような能力を育成することにある[1]. このような目的を達成するための学校保健活動に備わる特徴としては,対象となる児童生徒などの年代の大部分が発育・発達の途上にあること,個別の対応とともに学級,学年,全校レベルなど集団としての健康を取扱う側面があること,そして何よりも教育の場で展開される活動であることの3点を考慮する必要がある. 学校保健活動が展開されるために,実際にはさまざまな工夫が必要とされる. 健康の保持増進は学校教育を円滑に推進するための条件であるととらえるべきではなく,むしろ学校教育の目的の主要な部分を形成するものと考えるべきである. 実際,現行の学習指導要領の総則にも「学校における体育・健康に関する指導は,学校の教育活動全体を通じて適切に行うものとする.」と明記されている. このように健康推進活動を位置づけることにより学校生活に密着した総合的ないしは包括的な健康教育が可能となる.

なお,健康増進法において学校保健活動も保健事業の1つとして位置づけられていることにも注目しておく必要がある.

2. 学校保健の領域

学校は,主体である児童生徒等と教職員,その場である施設・設備,そして,その機能である教育活動を包括した概念である. ここで展開される学校保健活動は,保健管理的活動と保健教育的活動に二分される(図8.1). 保健管理には対人管理と環境管理が,保健教育には保健学習と保健指導が領域として存在する. 保健教育は,各教科(保健体育,家庭科,理科など)での学習,道徳,特別活動や学級活動を通じての保健学習と,種々の活動を通じての集団もしくは個別の保健指導から成る. 保健管理は健康管理,保健指導,生活管理,環境

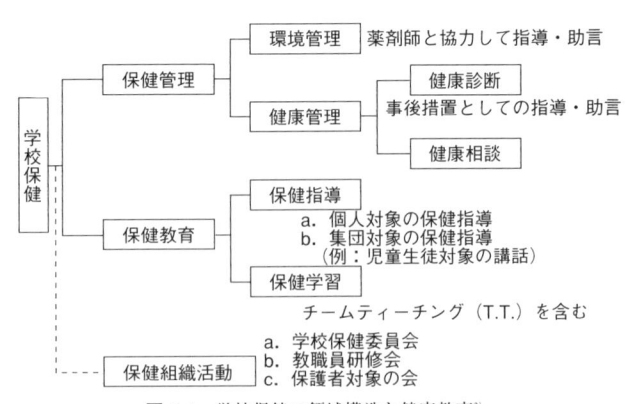

図 8.1 学校保健の領域構造と健康教育[2]

管理から成る．健康管理の中には健康診断や健康相談が含まれる．保健管理や保健教育のすべての活動を効果的に展開するために保健組織活動が存在する．保健組織活動には，児童生徒の委員会活動（保健委員会など），教職員の組織活動，保護者の組織活動（厚生部活動など）などさまざまな段階のものがあるが，学校保健委員会はその中核をなすもので，これはまた，学校と地域の連携の場でもある．単一の学校内の学校保健委員会に加えて，近年地域の複数の学校（幼稚園，小学校，中学校など）が連携し地域学校保健委員会を形成する場合も出現してきている．

以上のような構造的なとらえ方に加え，近年，健康教育という用語も学校保健において徐々に用いられるようになってきた．日本医師会学校保健委員会において検討の結果，次のようなとらえ方をすることを提案している[2]．"健康教育には，学習や指導からなる保健教育をはじめ，保健管理活動の一部，さらには安全や給食における教育的活動など，さまざまな機会が含まれる．"

3. 学校保健にかかわる職員

学校保健に係わる職員としては校長，教頭，保健主事，養護教諭，一般教諭が常勤の職員であり，この他に専門職として学校医（医師），学校歯科医（歯科医師），学校薬剤師，学校栄養職員（管理栄養士または栄養士）がいる．前3者は学校三師と称されることもあり，ほとんどの場合，非常勤職員である．なお，保健主事には教諭または養護教諭が充てられ，学校保健と学校教育全体の調整，学校保健安全計画の立案など学校における保健や安全についてのまとめ役を務める．地域によっては保健主任という名称を用いるところもある．学校医と学校歯科医が主として対人保健的事項の専門家であるのに対して，学校薬剤師は主として環境管理を担当する専門家である．給食を実施する学校においては管理栄養士または栄養士の資格を有する学校栄養職員がおり，給食管理のほか食に関する指導を学級担任に協力する形で行ったり，校内放送などを通じて全校児童・生徒に給食に関連づけた健康教育を行ったりする．生活習慣としての食に関する教育により重点を置くという観点から，管理栄養士または栄養士に教育に関する資質を付加した栄養教諭の制度が発足した．

4. 行政組織と法令

学校にかかわる行政と法令について説明する．中央官庁としては文部科学省が，都道府県および政令指定都市ではそれぞれ当該の教育委員会が，市町村においては市町村教育委員会が学校保健を含む学校に関する行政一般を執り行う．以上の都道府県レベル以下の説明は，公立学校の場合であって，私立学校の場合は都道府県知事部局に行政を担当する課が設置されており，通知などはその担当課より学校に伝えられる．国立大学法人や独立行政法人の学校へは文部科学省より直接伝えられる．学校保健にかかわる法律としては学校保健法，学校教育法，学校給食法，独立行政法人日本スポーツ振興センター法などがあるが，学校保健にもっとも関連が深いのは学校保健法である．法令には法律と命令があり，法律は国会で制定され，命令には内閣が制定する政令，各省大臣がその主任の事務について発する省令などがある．たとえば，学校保健法は法律，学校保健法施行令は政令，学校保健法施行規則は文部科学省令である．このほか，上級機関が所管の機関・職員に対して発する指示の通知として通達も法令の実施に関して行政上重要な機能を果たしている．学校保健を例にとれば，文部科学省スポーツ・青少年局長通知などがこれに当たる．なお，以下本節の学校保健に関する記述において，学校保健法を法，学校保健法施行規則を規則と略して表示する．

5. 学校医，学校歯科医，学校薬剤師の職務

学校医の職務については規則第23条にて学校医の職務執行の準則として，学校歯科医の職務については同第24条にて学校歯科医の職務執行の準則として示されている．健康相談の部分以外はほとんど同じなので，以下にその内容を列挙する．

(1) 学校保健安全計画の立案に関すること

(2) 学校環境衛生の維持改善に関し，学校薬剤師と協力して必要な指導と助言を行うこと［学校医のみ］

(3) 健康診断（内科・眼科・耳鼻咽喉科・歯科）に従事すること

(4) 疾病の予防処置に従事し，および保健指導を行うこと

(5) 健康相談/歯に関する相談に従事すること

(6) 伝染病の予防に関し，必要な指導助言を行い，ならびに学校における伝染病および食中毒の予防処置に従事する［学校医のみ］

(7) 校長の求めにより，救急処置に従事すること［学校医のみ］

(8) 市町村の教育委員会または学校の設置者の求めにより，法第4条の健康診断または法第8条第1項の健康診断に従事すること（就学時の健康診断，職員の健康診断）［学校歯科医は第4条関係のみ］

(9) 前各号に掲げるもののほか必要に応じ，学校における保健管理に関する専門的事項の指導に従事する

以上のほか，「学校医・学校歯科医は，上記の職務に従事したときは，その状況の概要を，学校医執務記録簿・学校歯科医執務記録簿に記入して，校長に提出するものとする．」ということが規定されている．

学校薬剤師の職務についても同様に同規則で定められており，内容としては以下の項目が含まれる．環境衛生検査，学校環境衛生の維持・改善について指導助言，学校にて使用する医薬品，毒物，劇物，ならびに保健管理に必要な用具・材料の管理に関する助言指導，学校薬剤師執務記録簿について．

6. 学校保健と健康教育

わが国の学校保健は，歴史的にその基盤となる構成員（児童，生徒，幼児，学生，教職員）の健康の保持増進を扱うという独特の領域を形成してきた．教育活動における保健・安全上の配慮を行うと同時に，健康に関する教育をも包含しているという特徴を有している．すなわち，p.130で述べたように学校保健は保健管理と保健教育という2つの領域から成っていると認識され，さらにそれらの領域における活動を円滑に進めるための学校保健組織活動が存在する．

先に日本医師会学校保健委員会にて今後の学校医に求められる資質として健康教育への参加を平成12・13年度に検討した．その際，保健教育だけでなく保健管理活動の中にも学校医が健康教育を行いうるさまざまな場面があることを論じた．それらの討議をふまえ，学校医活動における健康教育のとらえ方を以下のようにすることとした．「健康教育には，学習や指導からなる保健教育をはじめ，保健管理活動の一部，さらには安全や給食における教育的活動など，さまざまな機会が含まれる．」図8.1には学校保健の領域構造と学校医がかかわる可能性がある健康教育の例を書き込んである．

一方，文部科学省においては文部省時代の昭和63（1988）年，それまでの学校保健課，学校給食課を再編整備し学校健康教育課として発足させた．その後，省庁再編により旧文部省体育局は文部科学省スポーツ・青少年局となったが課名はそのまま引き継がれた．この間，平成9（1997）年9月の保健体育審議会答申においては学校保健，学校安全，学校給食を包括する上位概

念として学校健康教育という用語が用いられている．これは政策上の概念整理と理解される．

このように，健康教育という概念は学校においてはむしろ新たなとらえ方として保健教育とは区別して使われる傾向にあるが，その意味するところには複数の解釈が存在することに注意すべきである．

〔衛藤　隆〕

文　献

1) 高石昌弘：学校保健とは．学校保健マニュアル（高石昌弘・出井美智子編）第5版, pp.1-3, 南山堂, 2001.
2) 衛藤　隆：学校におけるこれからの健康教育．日本医師会雑誌, **126**（4）：495-499, 2001.

9. 思春期の子育て

思春期
adolescent

1. 思春期とは

思春期という言葉は，普段なにげなく使われており，特別説明の必要もないように思われる．ところが，「思春期」にかかわる領域が，あまりに多岐にわたるためか，この言葉の使われる状況により，その指している中味が同じとは限らない．

たとえば，小学校の高学年は，身体の面からは，まさに「思春期」であるが，社会的な話題の中では，「思春期」といういい方はあまりしない．女子が成人式を迎えるころは，身体からいえば，とうに「思春期」は過ぎているが，「思春期」のこころの問題では，多くの場合，この年代の人たちも入れて論じられている．

ひと言でいえば，「思春期」とは，子どもから大人への移行期である．問題は「大人」とは何かということにかかわる．プリミティブな社会では，ある年齢で成人式を行い，その時点で子どもから大人になる．われわれの社会では，大人になるのに，長い移行期があって，23歳くらいでも，本当には大人扱いをされないように思われる．「思春期は，文明の産物である」という言葉もあるくらいである．

心理学や社会学では，青年期という言葉のほうが好まれるが，この場合はもっと高い年齢まで含めるのが普通である．思春期のあとに青年期がくるというように，2つの言葉を使い分けている人もある．春機発動期という言葉もあったが，今ではほとんど死語といってよく，相当の老人でも使わないようになった．

2. 思春期のからだ
1）思春期にスイッチがはいる

子どもの成長が，もっともいちじるしいのは，いうまでもなく乳児期で，誕生日のころの体重は，平均して出生時の3倍にもなる．その後，成長はだんだんとスピードをおとし，穏やかなものになるが，女子では小学校高学年，男子ではやや遅れて再びスピードが速くなり，やがて成長が止まる．

子どもの2度目の成長の加速と時を同じくして，思春期の変化が始まる．この変化を始めるためのスイッチは，脳の奥のほう，間脳の中，視床下部にある．両方の耳の穴を結んだ線の中点のあたりに脳下垂体があるが，その少し上にあって，性中枢と呼ばれ，脳下垂体に指令を送っている．

脳下垂体は，性中枢から指令を受けると，性腺刺激ホルモンを血中に分泌する．これが血管を通って，性腺に作用し，その働きを開始させる．その結果，性腺からは，性ホルモン（女子では女性ホルモン，男子では男性ホルモン）の分泌が増加し，女子では月経が始まり，男子では，ペニスの勃起や射精が起こるようになる．最初の月経を初経，最初の射精を精通という．

最近の調査では，経験率が50％を超えるのは，月経では12歳，射精では15歳と

なっている．

2) ホルモンのはたらき

男性の精巣は，精子をつくる場所であるだけでなく，男性ホルモンを分泌する器官でもある．女子の性腺は卵巣で，たくさんの卵子が出番を待っているところであるが，女性ホルモンを分泌する器官でもある．

いずれのホルモンも，性器に働き，性器を発達させるので，男女とも外性器（乳房も含め）の発達が見られるが，男性の前立腺，女性の子宮・卵管などの内性器は，外からは見えないが，いちじるしく発達する．その結果がはじめての射精，月経などとしてあらわれる．

これらのホルモンは，性器以外にも作用して，さまざまな二次性徴をつくり出す．陰毛や男性の髭を含め，全身の発毛（男女で分布が違う），男性の筋肉の発達，声の変化，女性の皮下脂肪の蓄積，骨盤の発達などがその例である．

性ホルモン，とくに男性ホルモンには，骨に働いて，成長を早める働きと，やや遅れて成長を止める働きがある．女性でも副腎から男性ホルモンが分泌され，発毛や成長には，主要な役割を果たしている．

にきびも，男性ホルモンの作用で，皮脂腺の分泌機能が亢進することと，皮膚の角化が進むことの結果起こる現象である．良い薬ができたので，最近はさほど深刻な問題ではなくなった．

3) 女子のからだの変化

性ホルモンの分泌は，初経の前から，徐々に始まっている．性ホルモンは，見えないところで，子宮筋や子宮内膜，膣など内性器を発達させる．そのため，膣の分泌が増えて，心配して娘を受診させる母親もいるが，ほとんど異常は見つからないのが普通である．

乳房のふくらみは，はじめ小さなしこりとして始まり，「ガンじゃないか」などと心配する子どももいる．はじめは左右不対称だったり，一度膨らんだのがまたしぼんだりということもある．皮下脂肪のおかげで，全体的にふっくらとした曲線美が生まれる．将来の出産にそなえて骨盤が発達する．

最初の月経は，初潮と呼ばれていたが，初経という言葉を用いることになった．最初のころは，排卵を伴わない無排卵性月経で不規則なことが多く，だんだんと規則的になる．

月経の手当ては，ナプキンが普通であるが，水泳などでタンポンを使うときは，交換を忘れると膣炎の原因になる．

4) 男子のからだの変化

男子では，ペニスや陰嚢の発達が目立つ．大きくなるだけでなく，色素沈着も進む．陰毛や体毛が生えてくる．髭のそり方を教えるのは，当然，父親の役目であろう．男性ホルモンは，筋肉の発達を促進するので筋肉質になる．

性欲の亢進も，男性ホルモンのために，最初の射精は，マスタベーションの結果が多いのだが，睡眠中に夢精という形で起こることもある．

3. 思春期のこころ

思春期には，身体にもこころにも，大きな変化が起こる．こころの変化は，成熟過程の現れでもあるが，また一部は，社会における立場の変化にも原因がある．したがって，地域により，時代により，一様ではなく，とくに現代のように変化の激しい時代には，親の経験がそのまま若者に適用できないという問題もある．思春期には，抽象的な思考が発達し，感情が豊かになり，実行力がつくなど，知・情・意すべてに発達が見られるが，人間関係にとくに重要なのは自我の発達である．

神谷美美恵子の『こころの旅』は人間のこころの成長を愛情に満ちた文章で綴った名著であるが，思春期について，次のように述べている．

「この時期の最大の特徴は人間が生まれて初めて充分に発達した意識をもって自己のからだとこころに対面し，世界と社会の中における自己の位置と役割をしかとみさだめるところにあると思われる．」(神谷美恵子著作集3，みすず書房，p.83)

ここにいわれていることを，心理学の用語では，アイデンティティ（または自我同一性）の確立といっている．エリクソン，EHは，人間のライフステージには，それぞれの発達課題が存在し，思春期のそれは，アイデンティティの確立であるといった．自我同一性の確立に失敗した状態を，同一性の拡散という．「自分がわからなくなった状態」とでもいおうか．

思春期になって，自分の身体に変化が起きることは，必然的に身体への関心，また「自己とは何だろう」という疑問を引き起こす．自分の身体に起きた変化は，多くの場合，自分の理想像とは程遠く，自己嫌悪を引き起こすこともしばしばある．

親に対し批判的になり，「第二反抗期」などといわれるが，親としては，発達の正常なステップとして見守りたい．親からの自立のプロセスとして，友達，また先輩の存在が重要なものとなる．

社会的には，思春期は自己の進路が問われる時期でもある．「あなたは将来，何になるの？」と尋ねられることもあり，また，自問自答もする．親や教師のアドバイスも，時にはプレッシャーと感じるかもしれない．高等教育の普及は，最終決定を数年遅らせることになった．「モラトリアム」である．

4. 思春期のさまざまな問題

思春期の病気は，どこでみてもらったらよいか迷うが，一般的には，小児科，性器の関係は，男子は泌尿器科，女子は婦人科，心の問題は，心療内科あるいは精神科が相談に乗ってくれる．他の診療科が適当と思われるときは，紹介してもらえるので，あまり悩まず，門をたたいてみることである．

i) **早すぎる月経，遅すぎる月経** 女子では，10歳未満で月経を見た場合，早発月経，15歳になっても，月経がない場合，遅発月経とする．早発月経は，早発思春期を伴うことが普通であるが，遅発月経は，性器の異常や，染色体異常も原因になる．その他の思春期の早発，遅発はホルモンの異常が主で，精密検査が必要になる．

ii) **月経不順** 初経のころは，排卵を伴わない無排卵月経のことが多く，月経が不規則なのはむしろ普通である．半年くらい間があくようなら，婦人科で相談するとよい．とはいえ，すべて無排卵というわけではないので，妊娠の可能性が少しでも考えられるのなら，急いで受診すべきである．

月経が頻回にくることもあり，また，微量の出血が続くこともある．不快な思いを我慢することなく医師に相談しよう．

iii) **月経痛など** 月経痛や月経前の不快感は，思春期のころは，筋腫や内膜症などによることは比較的まれである．これも婦人科で相談されたい．

iv) **マスタベーション** 20世紀はじめにいたるまで，マスタベーション（とくに男子の）は，体力消耗，結核，弱視，てんかん，精神病など，さまざまな健康問題を引き起こすと考えられてきた．ところが，キンゼイの大規模な調査から，成人男子の大部分がマスタベーション経験者であることが明らかになり，現在では医学的にまったく健康な行為と考えられている．女子のマスタベーションも問題はない．ただし，異物を膣に入れるのは危険である．

v) **包茎** 包茎とは，ペニスの包皮が亀頭を覆っている状態をいう．幼児では包茎は普通であるが，恥垢がたまりやすいので，細菌が繁殖して炎症を起こすことがある．手術をすすめる医師もあるが，反転

して亀頭が露出できる仮性包茎であれば，心配ない．恥垢をとって清潔にしておけばよい．反転できない真性包茎なら泌尿器科に相談するとよい．日本人では，仮性包茎が大部分である．

vi) **やせと肥満**　人間の成長には，身体をつくる材料が栄養として摂取されなければならないのは当然のことであるが，栄養の蓄積と成長の間には，しばしば，わずかなずれがあって，体型はふっくら型とほっそり型とを繰り返しながら，成長すると考えている学者もいるようである．

思春期には，自分の身体が，ひどく気になり，とくに女子では，美しくなるために，ダイエットをしてやせようとする人が少なくなく，その結果，月経が止まってしまうこともある．栄養のバランスの崩れは，将来の骨粗鬆症の原因ともなる．

食欲は精神状態のあらわれといってよく，その結果の極端な肥満も，この時期に見られる．食欲不振とやけ食いを繰り返す人もある．早いうちに心療内科や精神科などに相談することをすすめたい．

〔宮原　忍〕

ロメオとジュリエット

文学の世界では，思春期というより，青春という言葉が普通だが，青春を描いた文学としては，シェークスピアの『ロメオとジュリエット』が代表といえよう．繰り返し上演され，映画にもなり，また，舞台を現代のアメリカに移して，『ウエスト・サイド物語』にもなったおなじみの物語であって，ストーリーをあらためて述べるまでもない．この可憐な女主人公ジュリエットは，「近く14歳の誕生日を迎える」という台詞があるので，13歳の少女であることがわかる．「あなたとおなじ歳の人は，もう結婚している人もあるのに」という台詞があるから，決して，当時としてませていたわけではない．まさに結婚適齢期だったのだ．

今でも，ベローナの町には，バルコニーを備えた「ジュリエッタの家」があり，観光客が絶えない．庭にジュリエットの像が立っている．近くにロメオの家もあるが，こちらは人気がない．

性行動と性教育

sexual behavir and education for sexuality

1. 思春期の性の現状

日本性教育協会は,1974年から,ほぼ6年間隔で若者の性行動調査を行ってきた.いちばん新しいのは,1999年11月から翌年1月にかけて行った第5回調査で,その結果は,「若者の性」という題で出版されている[1].表9.1は,性行動の経験率の変化をまとめたものである.

これで見ると(中学については,データの解釈に,多少問題が指摘されているので除外する),射精・月経,性的関心,男子のマスタベーションについては,調査年による変化はほとんどなく,これらが身体の変化,とくに性ホルモンに強く影響されていることを示唆する.デート,キス,ペッティング,性交の経験率は,年とともに増加しており,社会状況の変化が,思春期の男女関係に影響を及ぼしていることを示している.性の領域においては,積極的な男性と,慎み深く受身の女性というのが,伝

表9.1 若者の性経験率の推移

経緯の種類	学校	男子					女子				
		1974年	1981年	1987年	1993年	1999年	1974年	1981年	1987年	1993年	1999年
射精・月経	中学			37.8	46.7	52.9			75.0	80.3	83.4
	高校		87.1	83.8	86.0	88.6		97.2	95.5	95.1	96.3
	大学		95.4	92.0	91.5	97.2		98.4	98.4	98.0	98.0
性的関心	中学			52.5	53.9	59.2			45.5	48.6	49.2
	高校		92.8	89.6	98.9	90.5		75.0	71.4	70.5	76.9
	大学		98.2	95.9	96.7	99.4		89.0	84.5	87.9	89.5
デート	中学			11.1	14.4	23.1			15.0	16.3	22.3
	高校	53.6	47.1	39.7	43.5	50.4	57.5	51.5	49.7	50.3	55.4
	大学	73.4	77.2	77.7	81.1	81.9	74.4	78.4	78.8	81.4	81.9
マスターベーション	中学			30.0	33.0	41.6			6.9	10.1	7.7
	高校	84.1	77.1	81.2	80.7	86.1	21.6	17.2	10.0	12.6	19.5
	大学	90.4	93.2	92.2	91.5	94.2	26.1	28.6	21.1	25.8	40.1
キス	中学			5.6	6.4	13.2			6.9	7.6	12.2
	高校	26.0	24.5	23.1	28.3	41.4	21.8	26.3	25.5	32.3	42.9
	大学	45.2	53.2	59.4	68.4	72.1	38.9	48.6	49.7	63.1	63.2
ペッティング	中学				3.9					2.6		
	高校	13.9	13.1	17.8	18.2		9.6	15.9	14.7	16.5	
	大学	45.2	40.3	53.3	60.6		17.9	29.9	34.8	42.8	
性交	中学			2.2	1.9	3.9			1.8	3.0	3.0
	高校	10.2	7.9	11.5	14.4	26.5	5.5	8.8	8.7	15.7	23.7
	大学	23.1	32.6	46.5	57.3	62.5	11.0	18.5	26.1	43.4	50.5

注) 1974年,1981年は高校生・大学生(含短大)のみを対象に行われた.その他の空白部分は,調査項目に含まれていなかったものである.また1987年からは大都市・中都市に加えて町村部でも調査が行われたので,それ以前とはデータの性質が若干異なっている.
(日本性教育協会編「若者の性」白書,p.11,2001,小学館)

統的なイメージであったが，この表では，とくにデート，キスについては，女性が，時に男性を上回る経験率を示している．

人口妊娠中絶は，全体では，15歳から50歳までの女子1,000人について，1960年（昭和35年）には42.0回もあったが，2001年には11.8回にまで減った．ところがそのうち，20歳未満だけで見ると，3.2回から11.8回までに増加していた．

性感染症についても，クラミジアが若い人々に広がっていることが，専門家の間で問題になっている．このことはエイズが広がる素地が整っているということを意味するので，憂慮すべきことである．

2. 性教育

性は人間の本性の一部で，性を正しく認識し，性と賢く付き合ってゆくことは，人間が幸福に暮らすために重要なことである．望まない妊娠や，性感染症の予防のことだけを考えていると，性の否定的側面ばかりが強調され，禁止的な発言ばかりが多くなる．

自己を知り，アイデンティティを確立することは，思春期の中心的な課題であるが，性から目をそらすことは，この課題と取り組む上に，重要な妨げとなる．

世界保健機関が提唱している「セクシュアル・ヘルスの推進」は，性教育の目標として，

・セクシュアリティに対し，肯定的な態度と批判力のある考え方
・人権に基づく価値観
・礼儀正しく公平な人間関係
・性感染症の予防
・責任ある決断

を挙げている．

家庭における性教育は，機会を捉えての両親からの情報伝達が主となるが，両親の性に対する態度，行動から無意識的に伝えられる情報が，かなりの量を占める．したがって，両親が性について正しい知識をもつことが大切で，青少年向けの性教育書も，親にとってもよい情報源になる．

また，性行動の基本には，異性の人格の尊重があるべきで，そのモデルとなるのが，両親の関係である．

親と子が，率直に性についての対話ができることが理想であるが，思春期も後半期に入ると，対話が困難になる．これは自立の一過程と考えるべきで，この時期では，友人，先輩などからの情報が重要になる．友人関係がうまくいく環境を整えてあげるとよい．

友人や先輩からの情報伝達を，性教育に活用しようという動きが，国民運動として推進されている「すこやか親子21」の一環として，「ピア・カウンセリング」として広がりつつある．そのような集いに参加させるのもよく，学校や市町村などで情報が得られると思う．

学校での性教育には関心をもってほしい．学校と家庭での価値観が食い違うと，子どもは戸惑う．すべての教科で総合的に扱うという建前であるが，保健や総合学習の時間を使うことが多いようで，外から講師を招くこともある．エイズ教育の一部として，コンドームを教えるのは当然で，保護者としても十分な理解が望まれる．

〔宮原　忍〕

文　献
1) 日本性教育協会編:「若者の性」白書，小学館，2001.

10. 母子関係

母親の役割
mother's role

母親の役割は，その起源を生物学的なものにもつことから，母子関係の研究者と心の臨床家の間に一致した見解を有している．すなわち，その基本的機能は「安全性」にあるとの見解である．以下，このことを中心に母親の役割を述べる．

1. 母親の基本的役割

母親の基本的な役割は，子どもの「安全」にかかわることにある．母子関係の基本機能といってもよい．この関係そのものに安全性が機能しているといってもよいし，母親は子どもに安全性を提供する人であるといういい方もできる．ところで，この安全性を機能させるものは，子どもの危機，危険な状況であり，「外なる危機」といってよい．それは子どもにとって危険な環境—人・場・状況，そして，病気・事故などである．これらは子どもを不安や恐怖に陥れる．

この危機，危機状況に遭遇した子どもは，母親へと向かう生得的ともいえる行動（アタッチメント行動）によって母親との接近・接触を保つことによって安全を確保しようとする．この子どもの行動に対し母親は，生得的に母性行動（マターナル行動）を起こし応え，危険から守ろうとする．乳幼児期ほど長い人生の中で危険，危機状況に満ちた時代はない．けれども，この危機，危険に満ちた日常生活が，アタッチメント行動とマターナル行動を頻繁に生起させることにより，母子関係は形成され，発達することができる．

したがって，子どもにとっての「外なる危機」は母子関係の発達に寄与し，母親の役割を強化し，しかも，危機，危険な状況を安全な状況へと変えていくところから，この関係の中に「安全性」は強く働くことになる．

2. 安全性と心の健康

安全性は心の健康にとって重要な働きをもっている．というのは，この安全性が「安心感」「安全感」「確実感」「信頼感」を心に根付くように育ててくれるからである．ところで，なぜこれらの「感」が心の健康に重要な働きをもっているのであろうか．それは，絶対安全，絶対安心，絶対確実，絶対信頼はあり得ないからである．安全性に起源をもつこれらの「感」を十分に育て得なかったものは，あくことなく「絶対」を求めざるを得ないことになる．そこに生じる典型的な心性を「強迫観念」「強迫行動」という．この強迫心性を解説するだけで一項目立てなくてなならないほどであるが，最も簡潔にいえば，「何としても気がすまない」ということにある．この気のすまなさは半端ではない．たとえば，神経症性障害のなかで「不潔恐怖症」といわれる症状がある．周囲がばい菌だらけであることはみな承知している．外出したら，手洗いとうがいをするぐらいは常識であろ

う．しかし，ある不潔恐怖症の人は，外出着は洗濯に，薬用液状石けん3本を使って全身を洗わないと気がすまないのである．多彩な症状を示す神経症性障害のその起源は不安であり，いずれも「安全性」の欠如からなっている．これまで述べた「感」が生涯にわたり心の健康を支えているのである．

〔川井　尚〕

文　献

1) 小嶋謙四郎：乳児期の母子関係，医学書院，1968.
2) 川井　尚：母子関係―その光と影―．小児保健研究，**61**（2）：174-178, 2002.

アタッチメント
attachment

　アタッチメントとは,「愛着」とも訳されイギリスの精神分析学者のジョン・ボウルビィ（Bowlby, J, 1907～1990）が提案した概念である.
　ボウルビィは,「人間は, どの年齢層においても, 何か困難が生じた際に援助してくれると信頼のおける人が自らの背後に1人以上いるとの確信があるときに, 最も幸福であり, かつ能力を最大限に発揮できる」[1]といっている. この信頼される人を,「愛着対象（ボウルビィ, 1969）」といい,「一緒にいることで相手に安心の基盤を与えてくれる」存在と考えられている[1].
　従来母子関係を表す定義として使われていた「依存（dependency）」「自立（independency）」を, ボウルビィがいくつかの問題点があると指摘し, アタッチメント, 信頼（trust）, 信頼（reliance）, 自己信頼（self-reliance）という定義に置き換えたのは, ①依存, 自立という言葉には, 互いに背反しあうものがあるとみなされること. ②ある人を依存的と表現すれば, どうしても非難めいた感じが加わるが, 他者を信頼していると表現することは, そのような感じを与えないこと. ③アタッチメントという概念は, 常に1人以上の誰か, とくに愛する人に愛着することを意味するが, 依存という概念は, そうした関係を伴わず, 対象が明らかでない傾向があること. ④アタッチメントはライフサイクルを通して絆の永続性があり, しかも容易に放棄されないが依存にはこれが認められない. ⑤依存には必ずしも情緒を必要としないが, アタッチメントの形成, 維持, 分離, 更新の際に多様でしかも強く深い情緒が生じる. たとえばアタッチメントの維持に愛情が, 分離に不安, 喪失に悲嘆あるいは怒りが生ずるなどである. ⑥アタッチメントには, 依存にない両者の距離を近接保持する強い傾向があるとして, このアタッチメントという概念を提案したのである[1,2].
　アタッチメントは, 以下の4つの段階を経て発達する.
　第I段階　人の識別のない定位とシグナル行動の段階：ある人を他の人と識別する能力はまだ育っていないが, 人を志向する特定の行動,「目であとを追う」「手をのばす」「微笑」「発声」「啼泣」などの定位とシグナル行動を示す（通常出生から12週の間）.
　第II段階　ひとりあるいはそれ以上の識別された人への定位とシグナル行動の段階：12週以降第I段階でみられた行動が増大し, しかも特定の母性的人物に向かって明確な形で示される. また快活さと喜びを伴う社会的反応を示す（およそ6カ月まで）.
　第III段階　シグナルのほかに, 移動によって識別された人との近接を保持する段階：人に対する無差別な反応が減少し, 特定の母性的人物に選択的に行動する. そして移動の能力の獲得に伴い「後追い」「出迎え」そして探索活動のための安全基地として母親を利用しはじめる. 見知らぬ人への警戒, 恐れがはっきりしてくる. この段階で行動システムが目標—修正の基礎のもとに体制化される. 母親が立ち去る, 視野から消えそうになる恐れを感じとることのシステムを解発（特定の反応または行動が一定の要因によって誘発されること）させ, 後を追い, しがみつき, 母親をとらえ近接を保持する. ここに至って母親へのアタッチメントは明確に読み取ることができる（2, 3歳まで）.
　第IV段階　目標—修正的パートナーシップの形成の段階：母性的人物がいつどこ

でも永続し，独立した対象であることがわかり，そしてその人物の行動が予測可能であるということの認知が始まる．自分の行動が母親の行動に与える効果，母親のもつ行動目標をはじめはとらえられないが，しだいにいくつかの行動目標を達成するための母親のプランの一部について推察し，見通すようになる．母親の感情，動悸を洞察するようになると，パートナーシップを発達させる基礎が形成される．これは速くとも3歳以降から始まるが，少なくとも7歳以降に，互いに独立した社会的存在として，自己信頼と他者信頼に基づいた時間的にも空間的にも永続する愛情の絆の形成をみるようになる．このように形成され発達したアタッチメントは，ある人と他の特定の人との間に形成されている愛情の絆であり，両者を時間的にも空間的にも永続的に結びつけ合うものと定義される[2]．

子どもや人が状況によりよく対処できると思われる特定の人物に接近し，接近を保持する行動を「アタッチメント行動（attachment behavior）」という．それは，怖い思いをしたり，疲れ切ったり，病気になった時に最も顕著に出現し，慰められたり，世話されることで静まる．それ以外の時にはアタッチメント行動はそれほど目立たない．それにもかかわらず，アタッチメントの対象となる人物がいて，応じてくれることを知ることは，強い安心感を与え，その人物との関係を大切にし，持続するように促すのである[3]．

アタッチメントを求めることは，決して未熟であったり病的であることではない．アタッチメントの行動の活性化は，その時々によって異なり，その行動を終わらせる対応も異なってくる．

アタッチメントと探索は別個の行動システムであり，環境の新奇性の触発されるもので，知的・社会的発達に寄与するものである．そして探索行動を十分に行いうるのはアタッチメントの働きによるのであり，両システムのバランスが重要である[2]．

アタッチメントがしっかり形成されることは，その時に必要な安心基盤を与えてくれ信頼できる他者を見出すとともに問題解決に向かうことができ，相互に貢献しあえる関係を形成し維持していく能力に影響を及ぼす．また，自分に対して好意的で親切な他者を認識する能力の障害および互いに貢献しあう関係で協力し合う能力の障害は，程度もかたちもさまざまであるが，たとえば不安なすがりつき，年齢や状況の割には過多で過度の要求，冷淡な行動，反抗的独立，などがその人格に反映される[1]．

〔鈴木眞弓〕

文　献

1) Bowlby J（二木　武監訳）：ボウルビィ　母と子のアタッチメント―心の安全基盤，医歯薬出版，1983．
2) 川井　尚：親子関係とその評価法．小児科MOOK，No.29，1983．
3) Bowlby J（作田　勉ほか訳）：ボウルビィ　母子関係入門，星和書店，1981．
4) Bowlby J（黒田実郎ほか訳）：母子関係の理論 I　愛着行動，岩崎学術出版社，1963．
5) Bowlby J（黒田実郎ほか訳）：母子関係の理論 II　分離不安，岩崎学術出版社，1963．

母子相互作用
infant–mother interaction

ボウルビィは，従来の母親からの働きかけを重視した一方的な母子関係という見方ではなく，子どもには生まれつき親との関係を形成するのに役立つような行動が本能的に備わっていて，その子どもの行動に親がタイミングよく応答することから，アタッチメントが形成されると主張し，このような母親と子どもの双方のやりとりのことを母子相互作用という．

クラウスら（Klaus, Trause and Kennell, 1975）は，生まれた直後の子どもを母親が抱き上げ撫でることにより，子どもが落ち着くのを観察した．また，母親が手のひらでその子の頭や身体を触ろうとし，5, 6分のうちに，その子を自分の胸に抱くことが多く，赤ん坊はそれに反応して，長い間乳首をなめていることも観察した．また，生まれたばかりの子どもが，母親のみならず周囲の人間の注意を引きつける力をもっていることも見出した[2]．

生後2〜3週目の赤ん坊と母親の関係は，相互作用の相と無関心の相が交互に起きる．赤ん坊が，母親の方を向き，手と足を活発に動かすことで始まり，赤ん坊が別の方向を見てしまうことで終わる．赤ん坊は次の相互作用の相が始まるまで，しばらく別の方を向いている[2]．

そして，母親は赤ん坊の行動形式とタイミングに合わせていくことで，子どもが同調するように仕向け，対話をしていくのである[2]．

この相互作用は，「明らかに，母と子がそれぞれにかかわれるようにあらかじめ持ち合わせているものである．一報では，母親はそのような直感的な準備によって，子どもにも対する介入を子どものペースで行えるようになるのである．そしてもう一方では，その準備によって子どものリズムが次第に変化して母親の介入のタイミングに合うようになっていく」[2]のである．

エインスワース（Ainsworth, MDS）は，「0歳のときに子どもからの信号に母親が敏感に反応した場合は，敏感でない母親の子どもに比べて，1歳台で泣くことが少ないばかりか，親の要望により従おうとする」[3]と指摘しているように，子どもの方にも相互作用を発達させようとする力が備わっているのである． 〔鈴木眞弓〕

文　献

1) Bowlby J（作田 勉ほか訳）：ボウルビィ 母子関係入門，星和書店，1981．
2) Klaus MH and Kennell, JH：Maternal–Infant Bording. St. Louis：Mosby, 1976.
3) Ainsnorth MDS：Social Development in the First Year of Life：Maternal Influences on Infant–Mother Attachment. In Tanner JM（ed.）：Developments in Psychiatric Research. Hodder & Stoughton, 1977.

分離不安

separation anxiety

「分離不安とは，だれか愛する人を失うこと，あるいはその人から分離されることについての不安である」[1]．たとえば，親の「捨ててしまうよ」「(親が) 死んでしまうよ」という脅かしは，分離不安を強化するありふれた原因である．

ボウルビィは，分離によって 1 人でいることは，「危険を招く可能性のあるもの」とし，「その不安は生存のための機能であり，自己の防衛」であり，危険を招く一人を避けるための不安であるという．

分離不安をもっとも強く表すのは 1 歳から 2 歳～2 歳半までの時期である．

ボウルビィは，適度に安定した母子関係にあり，これまでに離れ離れになったことのない生後 15 カ月～30 カ月の子どもが母親から引き離された時の反応を次の 3 段階に分けた．

①抗議期 (phase of protest)： 子どもは泣き叫び，怒り，母親が戻ってくることを要求する．この時期には，母親が戻ってくるという希望をもっているように思われる．この反応は数日間続くこともある．

②絶望期 (phase of despair)： 表面上，子どもは静かになり，みじめな感じ，無感動さを示し，ひきこもりがちで，非活動的になる．しかし，別れた母親の存在に心は奪われたままであり，まだ母親が戻ってくる期待をもっている悲嘆の時期である．

この 2 つの時期には，希望と絶望がしばしば入れ替わる．

③離脱期 (phase of detachment)： より大きな変化が生じ，子どもは母親を忘れたかのようになり，母親が会いに来ても無関心のままであり，周囲への事物への関心も示さなくなるようにみえる．

この 3 つの時期のいずれにおいても，子どもはかんしゃくや破壊的行動を起こしやすいのである．

この分離を経験した子どもは，母親と再会した後もしばらくの間，無反応で何も要求しないことがある．その程度と期間は，分離期間の長さによる．

それが終わると，母親に対する子どもの強いアンビバレンス (ambivalence：両価性) 感情が表されてくる．母親への強いまとわりつきが生じ，母親との短時間の分離場面においても，不安と怒りを生じることがある．そして，この分離期間が長すぎたり，分離が繰り返されると，子どもが永久に離脱状態のままにとどまり，両親へのアタッチメントが回復しない危険性もある．

〔鈴木眞弓〕

文 献
1) Bowlby J (作田 勉ほか訳)：ボウルビィ 母子関係入門，星和書店，1981.
2) 庄司順一：アタッチメントの形成と発達．小児看護，**17** (11)：1994.

11. 父子関係

父親の役割
father's role

　生物学的基盤をもち，その上に心理・社会的関係を形成していく母子関係，ないし母親の役割は「安全性」にあることを「母親の役割」（p.140）において記述した．一方，生物学的基盤をもたず，はじめから心理・社会的関係を形成していく父子関係とそこに生まれる父親の役割については未だ明確な知見は見られない．
　そこで，本項では筆者らの研究から得られた知見を述べ，今後，より父親の役割が明確になるべき方向を示せればと考える．

1. 父親の役割
　表11.1に示したものは，筆者らのこれまで得られた研究知見に基づき父親の役割を14項目とりあげ，父母の回答（複数）を求めたものである．両者ともに一致して50%を越えて選択した4つの役割が認められた．すなわち，①「仕事を通して家族に貢献する」，②「子どもが社会的な存在として生きていけるための手助けをする」，③「妻（私）の相談相手になったり，精神的支持・援助をする」，④「家族を包み込むように見守っていく」という役割である．①の役割は，これまでの伝統的ともいえるものではあるが，重要であることに違いはない．②の「社会的存在として……」という役割については，育児の最終目的が"社会の中で生き，暮らせること"にあることから大きな役割である．ただし，どのように手助けするか，その具体的な言

表11.1　父親の役割（％）

	父親	母親
1. 母親の役割を一部担う	30.4	32.9
2. 母親とは別に，父親としても育児・家事を果たす	33.5	43.4
3. 仕事を通して家族に貢献する	73.6	72.6
4. いざというときだけ，指導的役割を果たし，最終決断をくだす	34.6	26.2
5. 日常生活全般にわたって主導的役割を担う	14.4	13.9
6. 妻（私）の相談相手になったり，精神的な支持・援助をする	68.1	80.5
7. 子どもが社会的な存在として生きていけるための手助けをする	70.5	67.5
8. 母親よりも客観的な立場に立って母親の養育母子関係を援助する	32.8	41.9
9. 家族全体を包み込むように見守っていく	53.4	66.6
10. 儀礼的なおつきあいをこなす	14.5	17.6
11. 母子とは距離を置いて冷静な立場で接する	7.1	9.7
12. 格別のことはしないで，自分は自分でやっていく	3.2	1.0
13. 男らしさを家族に示していく	11.3	16.8
14. 父親だけの固有の役割はない	7.5	5.7
15. その他	1.3	0.4

動は明確ではない．④の家族全体を見守る役割も，父親の役割が，父子，夫婦といった2者関係にのみで働かないことを示している．

ところで，③の「妻の相談相手，精神的支持・援助」の役割は，父親と母親とではその順位に差が見られる．父親の第1位は「仕事を通して貢献する（73.6%）」に対し，母親は「私の相談相手，精神的支持・援助」を80.5%の第1位にあげている．この③の役割を父親は68.1%，第3位としている．ここに両者の見解の相違がみられ，母親が期待する父親の役割には，父親のみとしてではなく夫婦関係も含まれ，夫としての役割が含まれているといってよい．とくに，夫との精神的，情緒的なかかわりを求めていると心の臨床からも指摘できる．いずれにしても，父親の役割は，父親（夫）・子ども・母親（妻）という3者関係の中にその果たす役割があると考えられ，現在研究を継続している．

2. 父親の役割—今後の課題

母親の育児不安の発生要因として，父親・夫が大きく関与していることをここでは指摘し，詳細は「育児不安」（p.226）を参照されたい．育児不安の軽減に，父親への支援・援助も今後必要である．ところで，これまでの父親研究と心の臨床の立場から，父親の役割についての今後の課題，とくに懸念されるところを指摘したい．

それは，今後ますます進展していく少子高齢社会と心理・社会・経済状況，そして，女性の社会的存在への高い動機を考えると，「男も女も仕事と家事・育児の両立」を必然的に要請される．このとき，父親・男性がその役割を果たすことは，母と子・家庭にとって有用であるだけではなく，父親にとっても利益あることと考える．

一方，父親・男性が家庭の中に入ってきたとき，3つのことが懸念される．1つは父親の育児不安の発生である．第2は現在実母に次いで第2位である虐待の増加を怖れる．第3は妻への暴力，ドメスティックバイオレンスの増加である．

以上のことも含め，現在，研究を進めており，機会があれば的確な知見を示したいと考える． 〔川井　尚〕

文　献
1) 川井　尚：育児における父親の役割．小児保健研究，**51**（6）：671-680，1992.
2) 川井　尚：子育てにおける父親の役割．教育と医学，**49**（11）：22-28，2001.

12. 子どもと生活

日常家庭生活
daily domestic life

家庭とは，親やきょうだい，祖父母などの近親者を中心とした人の集団（家族）が，日常生活を営む場ということができる．つまりその家族を構成する人員が変われば，家庭のありようも変化するといえる．そこでまず，最近の家族構成などの変化について述べる．

1. 家族構成や家族形態の変化

2002年の家族類型をみると三世代世帯の割合は10.0％，核家族世帯は60.2％である．1970年に遡ってみると，前者は19.2％，後者は57.0％である．三世代世帯はこの30年で年々減少してきていること，核家族化は少なくとも30年前からみられることがわかる．また，三世代世帯の減少と相まって単独世帯が増えている．これは，高齢者の一人暮らしの増加が大きい要因といえる．

核家族の内訳をみると，夫婦のみの世帯の割合がこの30年の間に増えていることも特徴的である．2003年の合計特殊出生率は1.29で，過去最低記録をさらに更新した．子どものいない世帯が増加し，2002年は72.2％を占めるに至っている（1970年は45.1％であった）．その他，一人親と子どもの世帯もやや増加の傾向がみられる．

以上のように，三世代家族が消えていく一方，子どものいない世帯が増加の一途を辿っているのが現状である．

2. きょうだい数

子どもの出生数が減ってきているなか，子どもがいる世帯のきょうだい数をみると，一人っ子も二人きょうだいもともに減少傾向にある．2002年の統計では，きょうだい数1人42.4％，2人42.8％，3人13.2％，4人以上1.7％であった．ちなみに3人以上のきょうだいの割合は，1965年以降多少の変動はあるものの横ばい状態である．したがって，非婚者の増加や晩婚化，結婚しても子どもをもたない世帯の増加が，少子化の要因と考えられる．

以上より，最近の子どもは，家庭の中にも外にも遊び友だちを見つけにくく，祖父母など年長者とふれあう経験が得られにくいなど，いろいろな人とかかわり合いながら育つことがむずかしい家庭環境におかれているということがいえる．

3. 日常家庭生活とは

子どもにとっての日常家庭生活はどのようなものであろうか．1日の活動内容から考えると，子どもの発達状況によって違いはあるが，大きく次の活動から構成されるといえる．

(1) 食事・排泄・睡眠など生命維持・発育にかかわる活動とそれらのしつけ学習
(2) 遊び
(3) その他：お手伝い，外出など，親の要請や都合で行われるもの

これらは，基本的にはいつの時代にも変わらない，子ども固有のものである．

しかし，それぞれの活動のあり様は，先に挙げた家庭の変化や大人自身の生活習慣や文化などの影響を受けて時代による違いが見られることに注目する必要がある．

たとえば，上記の活動に含まれる生活リズム，朝食のとり方やおやつ与え方，排泄のしつけを始める時期，ビデオ・テレビ視聴時間，習い事，お手伝いなどにその違いを見ることができる．

そこで，ここでは最近の変化に焦点をあて，「平成 12 年度幼児健康度調査報告書」をもとに概観する．なお，遊びについては，p.164 を参照されたい．

4. 生活リズム

1～6 歳の子どもの就寝時間は，午後 9 時がもっとも多く 41% で，次いで 10 時 (36%) が多かった．午後 10 時以降に就寝する児の割合を昭和 55 年と平成 2 年の調査結果と比べ，古い年代から並べると，1 歳 6 カ月児では 25%→38%→55%，2 歳児 29%→41%→59%，3 歳児 22%→36%→52%，4 歳児 13%→23%→39%，5～6 歳児 10%→17%→40% と顕著に増加しており，子どもの生活リズムが夜型になっていることがわかる．これは，大人の生活リズムに合わせられていることによると考えられる．

一方，起床時間は，どの年齢の子どもも午前 7 時が約 50% 前後でもっとも多い．次いで午前 6 時が 11%，午前 8 時が 29%，午前 9 時以降は 7% であった．昭和 55 年と平成 2 年の調査結果と比べると午前 6 時および 7 時の起床がやや減少し，8 時以降に起床する割合が増え，起床時刻もやや遅くなっていることがわかる．

ただし，起床時刻に比べ，就寝時間が顕著に遅くなっていることから，子どもの睡眠時間が短くなってきていることが推察される．

早寝早起きそして十分な睡眠は，生理学的にも大切であることが示されているが，食事や排泄のしつけ，ひいては心の健康に重要な役割を果たすものといえる．発育・発達の盛んな乳幼児期においては，なおさらのことである．したがって，最近の生活リズムの夜型化や睡眠の減少傾向は，今後見直していく必要があるといえる．

5. 朝食のとり方

朝食を毎日とる 1～6 歳の子どもは，全体で 87% であった．年齢によって大きな差はみられないが，3 歳と 2 歳の割合が他の年齢よりもやや低く，週 1～2 回ぬく子どもが 10% と 11%，週 3～4 回ぬくあるいは週 1～2 回しか食べない子どもが 4% と 3% であった．

朝食を毎日とらないことは，就寝・起床時間の遅延と睡眠不足と関連があると思われる．朝食は，子どもにとって有意義な午前の活動を支える重要なエネルギー源であり，大切にしたい習慣である．

6. おやつの与え方

おやつの与え方について，「とくに気をつけていない」は，年齢にあまりかかわらず全体で 44% みられ，平成 2 年の調査結果 28% と比べ増大している．「時間を決めて」は全体で 13% みられ，平成 2 年の 39% と比べて大きく減少している．また，「欲しがるときに」は，1 歳 7%，3 歳以上 22～23% で，年齢が高くなるにつれて欲しがるときに与える割合が大きい．一方，平成 2 年値では逆の傾向がみられ，年齢が高くなるにつれて割合は小さくなっている．以上のことから，食生活のしつけの 1 つとして「おやつの与え方」は重要視されなくなっている様子がうかがわれる．ただし，「栄養価に注意」が全体で 29%（低年齢でとくに多い）みられ，平成 2 年値の 10% と比べると「おやつの内容」には気を配っている様子がうかがわれる．

子どもにとっておやつは，身体発育を促

す栄養補給の補助的な役割を担うとともに、楽しみの1つでもある。おやつを子どもの欲しがるままに不規則に与えることは、子どもの規則正しい食生活習慣のしつけに悪影響を及ぼすだけでなく、楽しみをある時まで「待つ」という自制や忍耐の心を育て、楽しみ・嬉しさを十分味わう機会を奪ってしまうことになるということをおとなは認識する必要がある。

7. 排泄のしつけを始める時期

排尿のしつけは、「まだはじめていない」が、1歳86％、1歳6カ月52％である。昭和55年の調査では1歳28％、平成2年では1歳67％であった。「だいたいうまくいく」は、平成12年は1歳0.4％、1歳6カ月2.7％であった。平成2年では1歳0.8％、1歳6カ月11％であった。なお、昭和55年の調査では、1歳の18.6％が「全部自分でできる」と答えている。平成12年の調査では、3～4歳にかけて排尿の自立がみられる。

排便のしつけは、「まだ始めていない」が、平成12年では1歳6カ月69％で、昭和55年（1歳）は42％、平成2年（1歳6カ月）は42％であった。「だいたいうまくいく」のは、平成12年は3～4歳からで、昭和55年および平成2年よりもやや遅くなっている。

以上から、排尿も排便もこの20年の間に、しつけの開始の時期とともに自立の時期も遅くなってきている。

8. ビデオ・テレビ視聴，ゲーム

これは、子どもの日常生活のなかで「遊び」に含まれる活動である。平成12年の調査では、「1日にビデオやテレビを見せていない」とする割合は、12～17カ月6.6％を最大として、18カ月～6歳の子どもは0.8～2.2％であり、今や1日のうちにビデオ・テレビを見ない子どもはほとんどいない。視聴時間は、2～4時間未満にその多くが分布している。

また、年齢にかかわらず約8割の親が「忙しいなどの理由でビデオやテレビを見せることがある」と答えている。

「テレビゲームをしている（時々を含む）」子どもは、3歳14％、4歳27％、5～6歳44％で、年齢が高くなるにつれて割合も高くなる。そして、ゲームをする時間は1～2時間がどの年齢でも6，7割を占めもっとも高い。また、3時間以上する子どもがいずれの年齢でも3～4％いる。なお、「いつも遊ぶ場所」について「自分の家」と答えた割合（2歳以上の全体平均）は75％でもっとも高く、平成2年の9％と比べて顕著な増加を示している。

以上から、子どもの遊びの多くの時間が自分の家でテレビやビデオ、ゲームなどで過ごす時間で占められ、外遊びや友だちとの遊びなどの経験を狭めていることがうかがえる。

乳幼児期におけるビデオやテレビの内容、視聴時間の調整については、親や大人が責任をもって行うべきであろう。

9. 習いごと

習いごとをしている割合は、1歳4％、2歳9.4％、3歳17％、4歳27.1％、5～6歳46.9％であった。内容は、どの年齢でも多いのは「水泳」で、次いで「音楽（ピアノなど）」である。年齢特徴がみられるものは、1歳の「英会話」が23.3％、2歳の「幼児教室」が32.9％で、他の年齢より目立って高い。「英会話」は、平成12年のみの調査であるが、英語の早期教育志向がうかがえる。「幼児教室」の詳しい内容はわからないが、どのような目的でどんな内容の教室に通わせているのかが気になるところである。幼稚園受験や入園に向けての準備のためや、少子化の影響で遊ぶ友だちが近所にいない家庭が増えてきていることから未就園児の集団の遊び場としての利用などが推察される。年代による変化について

は，昭和55年値と比べて平成2と12年の値は類似しており，昭和55年よりどの年齢も「やらせている」とする割合が高い．この10年はほぼ同じような傾向で推移をしてきていることがわかる．なお，5～6歳になると習いごとの内容についての回答率が4歳以下より高く，複数の習いごとをしている子どもが増える傾向がうかがえる．

遊びを含め，子どもにとって大切な日常生活体験の時間が奪われ，社会性や生活力が育たないという問題が指摘される今日，日常家庭生活の中で習い事が子どもにとって有意義なものか，内容は子どもの興味や関心に合ったものか，などをよく考えて選択することが大切である．

10. お手伝い

幼児期の子どもは，お手伝いを喜んでしてくれるものである．お手伝いをすることによって子どもは，親の役に立つことを喜び，自分でできた達成感を味わい，自分に対する自信を高める．またお手伝いは，生活の技能を身につけ向上させる経験にもなる．

しかし，平成11年に内閣府が小4～中3の児童・生徒を対象に行った調査によると，小学生男子と中学生男子の約半数は，家の手伝いをあまりあるいはめったにしないと答えている．小学生女子の場合は34%，中学生女子は41%であった．つまり，女子が男子よりもよくお手伝いをしており，さらに年齢が低いほどその傾向が強い様子がうかがえた．社会では男女平等の意識が高まり，学校教育においては家庭科の男女共修が行われているが，家庭生活場面では親のしつけに対する性差別が存在することがうかがえる．

将来の社会的な自立に向けて，幼児期にとどまらず児童期以降もお手伝いをさせることは性別を問わず大事なことと考えられる．

乳幼児期は，生活習慣および人格形成の基礎を築く非常に重要な時期であり，それらは日々の家庭生活のしつけや遊びを通して獲得されていくものである．したがって，子どもの日常家庭生活が親や社会の影響を受けやすいことを大人は自覚し，子どもにとってどのような日常家庭生活のあり方が望ましいかを日々の生活のなかで見直しながら過ごすことが大切である．

〔安藤朗子〕

文 献

1) 厚生労働省大臣官房統計情報部：国民生活基礎調査，2002，2003．
2) 日本子ども家庭総合研究所：日本子ども資料年鑑，2003，2004．
3) 日本小児保健協会：平成12年度幼児健康度調査報告書，2001．
4) 川井 尚：平成12年度幼児健康度調査について．小児保健研究，**60** (4)：543-587，2001．

集団生活

group life, group daily life,
daily life with others

1. 社会の変化と集団生活の重要性

　情緒的な結びつきの強い家族関係の中で，大部分の幼児は安らぎのある安全で健康な生活を送り，安心感や安定感を得て次第に外の生活や家族以外の人とのかかわりに興味を示すようになる．かつてのように兄弟姉妹の多い時代には，外の世界の幼児とかかわりをもつ以前のいわば準備，練習をしてから他人である同年代の幼児たちとかかわる生活を始めることができた．また拡大家族の時代には，年齢や立場，考え方のさまざま異なる人々と自然なかかわりをもちながら，より広い新しい世界に目を向け，新しい人に関心をもったりかかわったり親しい関係をつくったりしながら，人とのかかわり方を学ぶことができた．しかし，少子核家族化の進んだ現代では家庭内ばかりか地域で同じ年頃の幼児同士一緒に遊ぶことさえむずかしくなっている．つまり，現在の子どもたちは，少数の親しい人間関係を軸にした家庭生活からウォーミングアップなしに保育所や幼稚園の集団生活を経験する場合が多いといえる．さらに閉鎖的な親子の生活しか経験しないために大人とは十分に楽しくかかわれるが子どもどうしのかかわりが苦手だったり，友達とかかわることを煩わしく感じ，一人を好む子どもが増えている．そのような状況の中で，子どもが集団生活を経験しさまざまなことを学べる保育所，幼稚園，学校の役割は重要である．

2. はじめての集団生活の場

　保育所や幼稚園は子どもが最初に経験する集団生活の場，教育の場である．どちらかというと無意図的で偶発的に行われる家庭教育と異なり，保育所や幼稚園の教育は組織的，計画的，体系的に行われる．保育所や幼稚園の集団生活の中で，子どもたちは保育者の援助を受けながら発達に必要な経験を得ていくのである．その際，幼児期の特性として，主として同年齢の子どもたちによる横の関係だけでなく集団の中での保育者と子どもの縦の関係も重要である．幼児は保育者（大人）に守られ受け入れられているという安心感や信頼感を基盤にして，次第に周囲の世界に興味・関心をもち他者とかかわっていくようになるからである．しかし子どもが複数いる中に入れれば集団生活になるわけではない．いくつかの段階を経ながら次第に集団が育ち，集団生活の意義も深まっていくのである．

　幼稚園教育では幼児期の特性を踏まえ「教師との信頼関係に支えられた生活」とともに「友達と十分にかかわって展開する生活」を重視するここされているが，その点について教育要領解説では次のように述べている[1]．「幼児期には，幼児は自分以外の幼児の存在に気づき，友達と遊びたいという気持ちが高まり，友達とのかかわりが盛んになる．相互にかかわることを通して，幼児は自己の存在感を確認し，自己と他者の違いに気づき，他者への思いやりを深め，集団への参加意識を高め，自律性を身に付けていく．このように，幼児期には社会性がいちじるしく発達していくものである．また，このような友達とのかかわりの中で，幼児は相互に刺激しあい，さまざまなものや事柄に対する興味や関心を深め，それらにかかわる意欲を高めていく．それゆえ，幼稚園生活では，友達と十分にかかわって展開する生活を大切にすることが重要である．」

3. 集団生活と個人

　保育園や幼稚園は「集団生活」の場であ

るという言葉が誤解され，既成の集団にあわせて同じように行動することだけが強調され重視されるきらいがある．たとえば保育現場で皆と同じことをしない子や同じように行動しない自己主張の強い子などがしばしば問題児としてとりあげられることがある．もちろん集団で生活しているのであるから，我慢したり譲ったりなど自分の個人的な欲求を抑えなければならない場面もあるだろう．しかし，常に集団が優先して考えられ，個々の幼児の興味・関心，気持ちや状況については理解されず，その子と集団の関係やその集団自身がもっているかもしれない問題点について検討されることもない状況では，個人は集団につぶされているといえよう．集団は一人ひとりを生かす集団でなければならないし，集団とのかかわりの中で個々の幼児の自己実現が図られなくてはならない[3]．また，本来，集団に適応するということは，ある集団状況に一方的にあわせる受動的な営みではなく，個が集団状況に働きかけ変化させながら両者の間に調和的で発展的な関係をつくる主体的で相互的な営みである．

4. 集団の育ちと個の育ち

仲間関係の芽生えともいえる他児への関心やかかわりは乳児期にすでにみられ，やがて保育者の仲立ちを受けながら相互のかかわり合いへと発展してく．その中で相手の存在に気づいたり，一緒に遊ぶ心地よさを知る．やがて友達の存在を意識するようになり特定の仲良しを見つけ，親しく遊ぶ楽しさを味わったりトラブルを経験したりしながら緩やかな仲間，めあてによる仲間へと発展していき，次第に心と心がつながった深い友達関係を築くようになる．たとえば，幼児なりに相手の気持ちや立場を理解し思いやりやいたわりを示したり，相手を許したりすることもある．目的に向かって友達と一緒に考えあい，協力しあうこともできるようになってくる．一緒に生活してきた仲間の特徴や良い点を互いに認めあって生かしあえるようになる．また卒園の頃にしばしば見られる姿だが，クラスの中で驚くほど情報が伝播していることに出会う．別々に遊んでいるのだが，互いに友達が今何に困っているのか，どんなことを楽しんでいるのかなど，それぞれの幼児がいつのまにか把握している姿がある．生活をともにしながら，互いの心がつながっているからこそ見られる姿である．

このように，自然に始まった他児とのかかわりが集団で生活することを通して相手への理解を深め心の絆を形成しながら深まり発展していく集団の育ちの過程は，それぞれの時期の個々の幼児の育ちと絡みあっている．自我の発達，他者理解，共感能力，コミュニケーション能力等々，さまざまな育ちと絡みあいながら集団としても育っていく．また，このような集団としての育ちを見るとき，友達の数や一人遊び，平行遊びから共同遊びへ，というような外形的な見方ではなく，かかわりの中でどのように葛藤し，共感しているかなど内面的な発達を見ていくことが大切である．

5. 異質な他者との出会い

集団生活では，わかり合え，安心して遊べる仲良しの友達の存在は欠かせない．しかし，そのような友達関係の中だけでは望ましい発達は期待できない．性別や年齢，生活経験や興味・関心，性格や得意・不得意，発想のしかた，発達の状況などなど，それぞれ異なる子どもたちが自然に出会い，交わり，刺激しあうことが必要である．その中ではトラブルや葛藤も経験することになるが，それを乗り越え共感したり伝わったりする喜びを味わうこともできる．そのことを通じて他者と自分との違いに気づき，人間の多様性を知り，さまざまな感情体験をし，他者とともにいる喜びを味わうところに集団保育施設としての存在意義がある．できるだけ面倒なことは避

け，同じような子ども同士で遊ばせ安心しようとしがちな現代の親の風潮の中で，集団保育施設はますます重要な意味をもつようになってくる．

本来仲間関係は子ども同士が一緒に遊ぶ中で自然に形成されるものだが，時には保育者が意図的にグループを編成したり，出会いのきっかけとなる活動を投げかけたりなど，さまざまな援助を行うことも必要になる．たとえば力関係が長い間固定されているような場合，いつも同じメンバーで遊んでいるため遊びがマンネリになっている場合など，保育者は実態をよくとらえ見通しをもちながら，柔軟に援助し集団を育てることが必要になる．

6. 集団生活と自己抑制

「ひとりではなく，他者とともに生活する」と自分の思い通りにならない場面に出会う．我慢しなければならないことも出てくる．家庭では思う存分好きなだけ使えたおもちゃも園では借りたり貸したり，順番に使ったりしなければならない．そのような場面を通して自分の欲求を抑える自己抑制を学ぶことができる．しかし，集団生活と自己抑制力を性急に結びつけるには無理がある．急ぎすぎて，他者から強制された我慢は，強制者がいなくなったとたんにできなくなったり状況に関係なく形だけの我慢になったり，不満やストレスの原因になったりする．幼児自身がその状況を理解し，必要感を感じ納得し，自分で自分の要求を抑える，そのことに満足し自身につながるような真の自己抑制は，自由にのびのびと活動し，さまざまな友達とのかかわりを通して次第に身についていくものである．自分を温かく見守り受け入れてくれる大好きな人との約束を守ろうとする気持ちからの場合もある．憧れている友達の真似をすることから始まることもある．自分の主張を通すことよりももっと遊びを楽しみたい気持ちのほうが強い場合もある．わがままを通したために友達が去り寂しい思いを経験してわかる場合もある．いずれにしろ，いろいろな経験を通して次第に自己抑制ができるようになる． 〔岸井慶子〕

文 献

〈引用文献〉
1) 文部省：幼稚園教育要領解説．フレーベル館，p 26, 1999．

〈参考文献〉
2) 森上史朗：人間関係の基礎づくりとしての幼稚園教育．初等教育資料 No.685, 文部省 1998．
3) 厚生省：保育所保育指針．フレーベル館，1999．

地域と子ども
community for children

1. 地域の変遷と子ども

「地域」とは，あるエリア（area）をいい，「地域社会」をもいう．地域社会は，その地域性と人々の共同性とを基本に成り立つ．地域性を強調すれば領域の特性に比重があり，共同性を強調すればそこに暮らす人々の共有する規範や関心の方に比重がある．したがって地域社会のあり方も多義的で，広がりも多様である．近隣や町内といった小さなまとまり（community）もあれば，広域の地方（regional society）をもいう．地域社会のあり方は，生産体制をはじめとする社会的基盤変動の影響を受けて流動的である．

戦後から21世紀初頭までの社会的経済的基盤変動，それに伴う地域社会と子どもの生活（《》で示す）の変容を記す．

1) 伝統的な地域共同体の時代

1950年代初頭まで，農業などの第一次産業従事者が過半数を占める．伝統的村落共同体は，地域と生産形態とが直結し，「結」に象徴される生産・生活共同体をなしていた．

《多産多死の時代の名残りで兄妹数も多い．子どもは"授かりもの"であり，大家族，地縁・血縁による地域で養育，「親はなくても子は育つ」という子育て観．子どもは，家事，子守り，草刈りなどの労働力でもある．子どもだけで自律的な異年齢集団を形成，遊びや季節行事などを通して成長する．》

2) 企業共同体が中心的になる時代

敗戦後のライフラインや生産基盤の復興・整備期を経て，1950年代半ばから建設および生産中心で第二次産業主体となる．60年代から70年にかけての高度成長期は，第二次産業からサービス業など第三次産業へと比重を移し，生産型から消費型社会へと転回していく．農村部から都市部へ労働力が大移動し，生業と生活場面とが分離．核家族を中心に「男は仕事，女は家事・育児」の性別役割分業が一般化する．大都市郊外に住宅団地が造られ，新興住宅地や農・住混合地域を形成．都市部で勤労者用集合住宅などが造られ，住宅地に事業所が混在，商工業者中心の町内に新住民が加わる．新しいコミュニティは未成熟の一方，伝統的村落共同体は兼業化や過疎化により従来の共同性を喪失していく．

《性別役割分業が進行し，育児はもっぱら母親に委ねられていく．経済成長優先で，人々の意識は企業共同体に帰属し，地域社会での人間関係は希薄化．工場や住宅建設により，子どもの"はらっぱ"や林などの自然を消失．交通量の増加で幼児の軒先遊びや路地遊びができなくなる．川や湖沼，海が工場排水などによって汚染され，水泳や釣りなど水遊びの場も消えていく．そうした変化のなか，子どもの自然発生的で自律的な異年齢集団もまた全国的な規模で消失していく．子どもの集団遊びは，学校の級友同士によるものが主体になる．都市公園法（1956）により児童公園が整備されるが，地域社会としては，地域性・共同性の両面で「子どもを育てる力」を急速に減衰した．子ども虐待の背景である「孤立化・母子密着育児」の淵源もこの時代に遡ってみる必要がある．》

「消費は美徳」（1963）とされ，社会的経済的基盤は生産型から消費型へ向かう．白黒テレビ，電気洗濯機，電気冷蔵庫のいわゆる三種の神器が家庭に普及し，情報化が進む．

《子どもは，菓子・おもちゃ産業をはじめテレビCMや番組の直接の視聴者とされ，商品や情報の消費者となっていく．》

地域社会は，地域性より規範や共通の関心など，共同性主体に形成されていく．「コミュニティ―生活の場における人間性の回復」(1968) が主題となり，「生活の場において，市民としての自主性と責任を自覚した個人および家庭を構成主体とし，地域性と各種の共通目標をもった，開放的でしかも構成員相互に信頼感のある集団」を標榜．住民主体の公害や環境の問題などが，地域に根ざしつつ，地域をこえて展開する．

《自然保護，反公害運動などは胎児を含む子どものための環境づくりの意味をもった．》

3) 高度情報・消費社会と地域社会

1970年代半ば，都市人口が70%を越え，各世帯の可処分所得の50%以上が必需消費以外の選択的消費という成熟した都市型消費社会へ．カラーテレビ，クーラー，カーの3Cが一般化．70年代後半から80年代にかけて，世帯単位の消費から一人一人の生き方や好みに応じた個人単位の消費主体となる．人々はメディアからの情報や商品のデザインなど付加価値をそのライフスタイルやステータスアップのため，消費する．大型スーパーに次いでコンビニエンスストアなど系列店が広域に展開され，地域共同体の担い手である個人商店は劣勢になる．

《かつて子どもは"授かりもの"で，働き手でもあり生産財であった．少子化の今日，子どもは親の人生を何らかの意味で益するもの（可愛がる対象，自分の成長のためなど）として"つくるもの"で，"少なく産んで丁寧に育てる"時代である．子どもも生産財から消費財に変化したともいえよう．》

《教育の低年齢化・個別化現象—ときに教育は，親が満足を得るため，将来子どものことで悩まないため，老後のためなど，子どもへの"投資"の一面をもつ．70年代後半以降，低年齢からの"英才教育"や学習塾，習いごとへ通う子どもが増加．またゲーム機など遊びの室内化も進み，「同年齢の遊び集団」も形成しなくなる．地域に遊ぶ子ども集団が見られないのは，少子化だけでなく，消費化が子どもの生活の個人化（個別化）に拍車をかけるためである．》

80年代，都市部では「空間」の開発が進み，高層化する．"地上げ"により商店街や町内共同体の蚕食化が進む．過熱する消費経済（バブル景気）は80年代末急速に破綻，90年以降の平成不況期へと入る．

通信機器の個人化が，ポケベルに続いて90年代にはPHS，携帯電話の普及で進行．たがいに深入りしない距離のコミュニケーションにより，自己の存在を確かめ合う"浮遊感覚"的時代であるともいわれる．パソコンが普及し，情報は個人発で，インターネット・通信衛星などによりグローバルに流通する．EU, ASEANなどモノも人も国境を越えて流動化し，外国人もまた地域社会の一員である．

《子ども世代は，通信衛星からの視点イメージをもち，ケイタイやパソコンにより遠近を問わず，未知・既知を問わずネットワークが可能．家族・学校・地域の直接的関係と別次元のハイイメージ，マスイメージに遊び，自分の世界を広げている（小学3年生4人に1人パソコンがあり，10人に1人ケイタイを持ち，加齢とともに増加する傾向にある．2002）．》

4) ノーマライゼーションの地域社会へ

人権の世紀ともいう21世紀，まず未曾有の高齢・少子社会を迎える．「男女共同参画社会基本法」(1999) は男女の平等の権利と責任を分かち合う社会の創造を定め，高齢・少子社会への基盤整備の意図ももつ．

少子社会にあっては，地域が子どもの育ちを，子育てを支える上で，あらためて大きな意味をもつ．少子社会対策基本法(2003)，次世代育成支援対策推進法

(2003) が施行され，児童福祉法が改正(2004) されて，高齢者の介護がそうであるように，子育てもまた社会のみんなで担う流れにある．それには，性別役割分業観の是正や，子どもの人権を尊重する視点に立ち，たとえば子ども虐待の温床ともされる親や保護者による子どもの私物化にも通じるこれまでの子ども観や子育て観の見直しが不可欠になる．

地域には，戦後の高度成長期を挟む急激な社会変動の影響で，世代や性の違いにより，子ども観，子育て観や役割意識についても多様な価値観・生き方観の人々が隣り合わせに暮らしている．それは"身近な他者"であり，葛藤を生じやすい反面，相互に尊重し交流することで新しい生き方観やネットワークを形成する可能性をもつ．私たちにとって"身近な他者"とは，あるとき「子ども」であり，「夫や妻・パートナー」であり，「近隣・地域の人々」，周囲の「自然」，ときに文字どおり「エトランゼ」である．たがいに排除せず，対等な立場での交渉と交流のうちにそれぞれの可能性が開かれるとき，豊かな関係と新しい価値が生まれる．

あるとき"身近な他者"は，みずからの「病」であり，「老」や「死」でもある．それを見守り，支援する多様なネットワークが欠かせない．「子どもを生み育てる」ことについてもしかりである．親子が豊かな交渉のうちにそれぞれの生をひらくには，その主体性を尊重し，見守り支えあうネットワークが必要である．「自然」までを含むそれは，介護をも含めた"日常からのいのちを育みケアするネットワーク"でもある．本来地域社会は，たがいに主体性を尊重しあい，その生を営むことを主題とする．その意味で，世代や性の違い，障害の有無をこえ，誰もがその可能性を育てあうノーマライゼーション社会を希求する．

2. 地域と子育て
1) 地域と子育て

図12.1は，母親はどんな人や関係の中で子育てをしたいか，実際はどうかを示すあるアンケートの結果である．それはそのまま子どもがどんな関係の中で育てられるのか，育つのかを示してもいる．

子どもは，母親，夫・パートナー，両親，友人・知人という私的な狭い人間関係によって養育され，必要に応じて病院，保育所などの機関を利用する．そして「近隣・地域」がきわめて希薄であることがわかる．そのことは，子どもの直接にかかわる世界が，ともすると身近な狭い関係世界に限定されがちであることを示してもいる．

「心の発達とは世界を知ることの全過程」であり，「その世界とは自己であり，他者であり，そして事物事象とこれらすべてが織りなすできごとである」．そうしたとき，地域は，子どもの育ちや子育てをする親たちの生活の拠りどころであると同時に，周囲の「他者」という二重性をもつ．

こうした二重性は，新生児とその母親や養育者との関係に相似している．子どもは

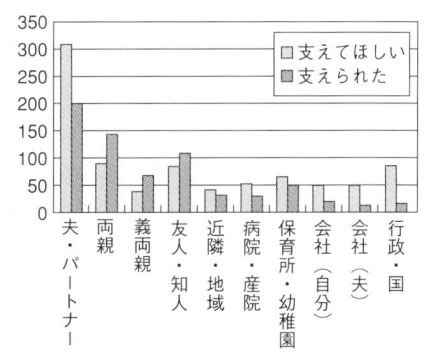

図12.1 母親の声—どんな人や関係の中で支えてほしいか，あるいは支えられたか
「とくに支えてほしい」2点，「支えてほしい」1点として計算．
（上尾育自ネットワーク：私たちによる，私たちのための〈子育ての環境及び子育て支援施策〉調査，2000）

母親やそのかかわる人と事象のネットワークの中に生まれる．新生児にとって，母親とその世界は未知の世界であり，母親の側にとっても，その新生児は未知の存在である．その属する文化に固有の乳児観があっても，血縁がわかっていても，たがいにストレンジネスな関係に違いはない．また養育者は，単にたとえば母親というだけでなく，妻・パートナーであり，社会人としての多様な顔をもつ．その意味でも乳児にとって母親や養育者は，みずからの生の根拠であると同時に，見知らぬ他者でもある．しかしヒトの乳児は，母親や養育者からの授乳やケアなしには生存できない．乳児にとっては，母親や養育者はまさに生死を託す人であるとともに，最初に出会う他者でもある．

だが，新生児や乳児は何もできない無能な存在ではなく，視・聴知覚などをもって周囲との相互作用を活発に行う．微笑や泣くことで親や養育者の関心や，乳児からの一方的ともいえる欲求への養護性（nurturance 生きとし生けるものへの共感をともなったサポートやケア）を引き出す能力（compitents）をもっている．親もまた子どもとの応答のうちに自身の関心や養護性，忍耐力を育む．両者が適切な相互作用のうちに，たがいの共感をもってこの二重性に気づいていくことが，自己を知り，他者を知ることであり，相手の立場を通して世界を知ることにもなる．安心できる養育者との世界があり，自在に帰還可能なとき，子どもは安んじて他者や新しい事象へと向かうことができる．乳児はその新しい対象に口で触れ，手を伸ばし，探索する．それがガラガラであればガラガラという音に出会い，自分で音を出して遊ぶようにもなる．自分の拠りどころである世界とはじめての見知らぬ世界との二重性を自在に行き来し，自発的に遊ぶことで，未知の人や事象を「摂りいれ」，自在に「つかえる」ものにしていく．それは自分の生きる世界の創造でもある．だが，もし親や養育者が他者性のみをもってかかわるなら，新生児や乳児はそのシグナルを顧みられないばかりか，たちまち存在の危機に陥ってしまう．この二重性はそうした構造をもっている．

同じことが親子の世界と地域との関係でもいえる．乳幼児や養育者にとって，近隣・地域は生活のベースであると同時に，まわりを囲む他者でもある．したがって，近隣・地域の人々が，乳幼児の育ちやその子育てを大切にするか否かは重要である．もし子どもや子育てに排他的だったり，無関心だとしたら，親と子はたちまち孤立し，たとえば母子間の相互作用も，その影響を受けかねない．それは「孤立化・母子密着」といった子ども虐待の背景にもつながる．

2) 遊びの時空間としての地域

一方，子どもの育ちを，親や養育者の子育てを，近隣・地域の人々が尊重し受け止めて関係を調整しあうとき，子どもも親も安んじて地域の人々と情緒的で豊かな応答関係を形成できる．それによって地域の人々も共同性としての養護性を育むことにもなる．子どもは，大人の世界である地域に，安んじて「子どもの世界」を重ね，その二重性に遊ぶことができる．道路さえも子どもたちの遊び場となり，1本の小路は別の世界へワープする通路になる．そこは禁じられた時空間を含む大人の世界でもあるが，子どもたちは，その二重性に遊びながら，いつか禁じられた時空間とそのかかわり方を知り，自分のものにしていく．子どもにとって地域は，豊かな交流と見守りの中，自在に遊べる時空間であることが望ましい．

3) 「ひとり」を見守る地域のまなざし

地域は，家庭や保育園，幼稚園，学校が存在する領域である一方，そのどこにも属さない領域でもある．子どもにとっては，家庭の自分でも，保育園・幼稚園や学校の自分でもない「ひとりぼっち」になる領域

でもある．子どもの成長にとって，その「ひとり」の体験は大切な意味をもつ．幼年期の子どもには，4～6歳児に顕著だが，伝達手段としての外言とともに自分の世界を思考する内言の育つ時期がある．また内言のはたらきは，思春期においても顕著である．「ひとり」であると知ることは，身近な人がいなくなる予感であり，身近な人にとって自分がいなくなる予感である．それは死に通じる想念でもある．自己の内的世界の形成はそうした危うさと表裏をなす（民俗学者の柳田國男は幼少期の危うい「ひとり」の体験を「神隠し」として語っている）．思春期には「ひとり」自分だけの世界を構築し，それをもって現実を支配しようとしたりもする（95年の神戸市少年A児童連続殺傷事件もそのケース）．そうした危うさと表裏の子どもにとって「ひとり」の体験は，それだけに自分の内的世界を育てる上で大切であるが，それには日常の豊かな応答の世界にいつでも帰ることができる居場所がなければならない．子どもが「ひとり」を体験する時空間でもある地域には，その主体性を尊重して見守り，ときに応じてサポートできる関係が形成されている必要がある．

3. ともだち

地域は本来，家庭でも学校でもない時空間である．子どもたちが自発的自律的なともだち関係を形成し，遊びを展開する場である．

乳児期の子どもは，地域のどこで友達をつくり，遊ぶのか．その機会はあまり多くない現状にある（「1）地域と子育て」p. 157参照）．しかしある乳児院での観察では，生後4カ月頃から，微笑，発声し見つめ合うなどの交流（相互作用）が始まる．5カ月頃に遊具争奪戦が，6カ月頃には遊具や身体をつかっての「いっしょ」の行動もみられ，自と他とその関係認識が7カ月頃には生まれる．11カ月頃イナイイナイバアをし，それを関係の調整にもつかう．12カ月を過ぎると遊びも追いかけっこが加わり，二者から三者のかかわりにもなる．情緒的交流も4カ月頃から始まり，6カ月頃他児が泣くと同調し，12カ月以降慰め行動をとる．これは乳児院での保育者の養護性に支えられた，なじみの乳児どうしの事例である．だが，保育者に限らず親など養育者との適切な相互作用に支えられ，乳児どうしなじむなかにあるとき，子どもたちは早期から社会性や養護性を育み合うことを示している．

孤立しがちな0歳児の子育てに，保健センターでは赤ちゃんサロンを設け，育児指導や親同士の交流を促している．また母親の自主グループも公民館などで子育てサロンを開いている．そのとき親同士の交流だけでなく，乳児同士のヨコの交流を重視する必要がある．子ども同士の自発的で自律的な関係や養護性を育て，当然それは親と子のタテの関係にもよい影響をもたらす．"赤ちゃんのための赤ちゃんさろん"は，母子の密着しがちな子育ての社会通念を解く契機ともなる．

幼児期の子どもは地域のどこでともだちと出会うのか．保育園，幼稚園での交流は当然として，ここではそれ以外の「地域でのともだち」について述べる．本来，幼児は自宅近くの軒先や路上，公園などで友達集団を形成して遊ぶ．だが今日ではそうした群れ遊びはあまり見られない．同じ保育園や幼稚園に通う子ども数人で遊び，それも室内が多い．それは大人の設ける多様な"仕切線"のためである．自動車や見知らぬ通過者も多く，周囲はおおむね大人の世界である．また保育園，幼稚園の一元化の流れもあるものの，職住の分離により保育園児と幼稚園児は，親共々交わる機会が少ない．保育園や幼稚園は，はだし保育など遊び主体から学習塾型まであり，親の選択次第で近所の子が同じ園とは限らない．幼稚園の放課後は絵画，バレエ，英語などカ

ルチャーセンター化し，多くの子が通う．親も生き方や子育て観の相違などから交流が乏しく，近隣意識も希薄な傾向にある．

幼児はいま，通う園が一緒で，親どうし付き合いがあるとき，アポイントメントを取り合いどちらかの家で遊ぶ．親に伴われ公園や児童館で遊ぶ．また親たちの生涯学習などの際の保育室でも子どもどうしの遊びが生まれよう．だがそれらは「子どもの時間，空間，仲間」が，大人の側の都合や意図につよく左右されることを示してもいる．

子どもの生にとって，自発的自律的な友達関係と自由な遊びは大切な価値をもつ．子どもにとって遊びは，仮象世界ではなく，もう1つの現実である．社会の現実的な枠組みに組み込まれる以前の子どもにとって，たとえば「ごっこ遊び」で母親になる子は，ウソッコという揺らぎのなかで"お母さんへと反転しそうな予感"を楽しんでいる．「かくれんぼ」は存在から不在への，生から死への反転の予感，生にひそむ危うさの感覚に，「ごっこ」のなかで触れてみる遊びでもある．そうした不安や怖れへの接触は，翻って生そのものに生彩を与える．現実の世界の枠組みに繋ぎ止められる前の"揺らぎ"の時を生きる子どもには，実際（ホント）と遊び（ウソッコ）との往還に遊ぶことを含めて，遊びそのものが子どもという存在の一様態なのである．

子どもが存在そのものの危うさに遊ぶとき，3つの関係が大切になる．1つはいつでも帰還できる自分が尊重されている関係や居場所が必要である．それは親や養育者との間に日々に形成される豊かな応答の世界である．むしろそうした自分が尊厳にみちた存在でいられる関係や居場所のあるとき，子どもは遊びの世界に安んじて遊ぶことができ，またその往還をも楽しむことができる．1つは自発的自律的な友達との関係である．遊びの始まりや終結を確認しあう上で，それからたがいの創意で自在に遊びを展開する上で，対等で呼吸のあう友達は大切である．もう1つは，子どもの自発的で自由な遊びを見守る共同性としての周囲のまなざしである．

子どもの自発性と自由への希求が尊重されるとき，遊びは想像力と創造性にみちたものになる．子どものそうした可能性を閉ざすことなく信頼しつづけるためには，大人もまた自らの可能性を信じ，それぞれの主体性を尊重しあうネットワークの形成が不可欠である．そのときはじめて，幼児同士の自発的自律的な友達関係や遊びの継続的な"磁場"も生まれる．その意味で，地域の人々による子育てサークルやネットワークづくりとその取り組みへの期待も大きい．

児童期の子どもは，学校に入り，自転車を利用することもあって，行動領域が一気に広がる．前述したように地域は，子どもたちの時空間でもある．子どもは林や池畔の洞を秘密基地にし，古ぼけた立ち入り禁止札の先を探索する．あるいは地域の境界を越えて盛り場をのぞきに行く．それは子どもの心的な世界の空間化である．しかし現在，子どもはそれをゲーム機で"体験"しているといえるかもしれない．しかも，放課後には塾やスポーツクラブなど個別の生活があり，子どもたちは少数の級友とアポイントメントを取り交わし，友達の家でテレビゲームなどをして遊ぶ．それも各個別々に興じることが多い（携帯型ゲーム機所有率小学3年生男子80%，女子63%，2002）．一方，行動領域は自転車によって学区内に止まらず，ときに友達と学区外へ探索や買い物に行くこともある．家庭や学校での上下関係のほかに，自発的自律的な横並びの友達関係を形成することは，児童期の子どもにとって何ものにも替えがたい価値がある．友達と率直にぶつかるなかで関係を深め合う．気のおけない友と語らい，性のことを知り，生きることの喜びや悲しみを分かち合う．また思春期は，自分

たちだけのきまりや価値観を核に仲間集団を形成する時期（gang age）ともいわれる．

しかし今日では，親の生き方観や子ども観によって子どもたちは個々別々の生活をする傾向にあり，それが受験や習い事などでうめられる時期でもあることから，たとえば映画「スタンド・バイ・ミー」の物語のような仲間集団が形成されなくなっている．いま子どもたちは，塾に学び，スポーツクラブに汗を流す．それぞれの熟練の指導者に委ねられる．だが地域で「子どもの健全育成」をいうとき，まだ現実世界の枠組みに分節化される以前の「子どもの自発的で自律的な世界」の尊重はきわめて大切であり，私たち社会全体の「健全育成」のためにも欠かせない．

4. 異年齢の友達との交流

異年齢の友達集団には，年上の友達，同輩の友達，年下の友達との3つの人間関係がある．年上の，それも2,3歳上の子のすることは，実現可能に思えて取り組みやすい．年下の子どもに対しては，その子どもの事情に応じた対応をし，それが受け止められるという体験は養護性を育て，自己肯定感にもつながる．それはまた，年上の子からしてもらいたいことであり，してもらってうれしく思えることでもある．同輩の友達同士は，原則的には対等であり，遠慮なく主張しぶつかりあうことで，「いざこざ」を通じて関係づくりや感情のコントロールを学び合う．またたがいに協調して事をなし，喜びをともにする関係でもある．そして2者間にありがちな孤立的な相互依存や葛藤といったタイトな関係を，第三者がかかわることで解き，集団全体の活発な力動のうちに取り込むことも可能である．このとき子どもたちは，年上，年下，同輩それぞれの2者関係だけでなく，3者の関係，さらには集団のもつ共同性の関係を獲得している．共同性の関係は

個々の意志を超えて動き，ときに大人の世界に反することもある．それは子どもたちにとって大人世界との関係調整を必要とするだけでなく，大人たちにとっても子どもとの関係を調整し，たがいに共有できる新しい価値観を見出す機会ともなる．多様な関係と次元とを含む異年齢の友達集団のもたらす"豊かな報償"は，高度成長期以降，異年齢集団が形成されなくなった今日，各所で見直されつつある．保育園・幼稚園での異年齢保育，子育て支援センターや児童館でのさまざまな取り組み，自然保護も視野にしたボーイスカウト・ガールスカウト運動，羽根木プレイパーク（東京都世田谷区）などの冒険遊び場の運動，住民主体の少年団づくり，協働して子どもの自主性を育む子ども会，子どもの自発的な生活づくりの場としての学童保育，そして子育てサークルや子育てネットワークの諸活動に顕著である．

5. 三世代交流

祖父母・親・子ども，もしくはその年代に相当する三世代の人々の交流．私たちの社会は，高度成長期や消費化・情報化とわずか半世紀ほどの間に社会基盤の急速な変化を体験した（「地域の変遷と子ども」（p. 155）参照）．そのため，世代間，男女間に生き方観や価値観の違いがいちじるしく，葛藤やすれちがい，断絶を生じやすい状況にもある．三世代交流は，地域のそうした"身近な他者"どうしが積極的に交流し理解し合い，おのおのの可能性を尊重しあうコミュニティ形成をめざすうえでも重要である．1970年以前に支配的であった男性優位の性別役割分業観は，高齢者や男性に根強いし，消費社会的な"ジコチュウ"傾向は若年層に多いとされる．交流には，対等の立場に立ち，おのおのの生き方の背景を共感をもって理解しあうこと．それには自分の価値観を押しつけず，よく聴くこと．閉鎖的にならず他地域とも交流し，

"エトランゼ"を歓迎することなどが大切になる.

また農山村だけでなく，高度成長期の郊外住宅地や，都市部でも地域によって高齢化が進み，独居老人も増えている．そうしたとき介護や子育てを，孤立することなく，家族のみで担わず，地域のみんなで支え合うためにも，三世代交流の意義は大きい．

各地の三世代交流事業の例を記す．ベーゴマなどの昔遊びや伝統芸能の伝承，伝統食を通じての交流．ゲートボール，グランドゴルフ，マラソン大会などのスポーツ交流．対等な立場で競える囲碁・将棋大会．お月見，クリスマスなどの季節行事．子育てに関しては，愛育班の離乳食指導と交流会．生後6カ月ぐらいから1歳未満の乳児に絵本を読み聞かせるブックスタート（秋田県藤里町三世代交流館ほか）などがある．地域に開かれた学校づくりでは，「語り継ぐ戦争体験」，子どもとお年寄りの交流ボランティア等々．「三世代交流アンケート」で環境の変化を調査している町もある．

最後に老人と子どもの交流の価値について触れる．子どもの時代は，やがて生産活動を中心とする現実社会に組み込まれる前の"揺らぎ"の時間に遊び，自由であると同時に自分を護る人々との別れの予感を生きている．老人は社会の第1線の規矩から外れた"揺らぎ"の中で，やはり自由と一抹の寂しさとやがてくる別れの予感を生きている．社会のしがらみから自由な子どもの生の輝きは，第1線を降りた老人の生を励ます．子どものもつ可能性は，死におもむく者にとって十分な希望である．そして子どもにとって，老人は永遠の別れを，死を教えてくれる「さよならの学校」である．

6. 地域の行事

子どもは地域で多様な人や事象と出会い，相互作用のなかで対象を自分の世界に摂り入れていく．行事では，それを行う人々とも一連の次第や物語を普段と違う次元に出会い，感じ，交感する．思いがけず出会うのもいいが，出向く準備に始まり，帰還して普段に戻るまでが行事のすべてである．行事と日常との往還も大切にしたい．

伝統の神事は，場への出入りにもきまりがあり，構造化されている．子どもは「七歳までは神のうち」であり，稚児など欠かせない存在である．「おままごと」も神事の際の「ままごと」に由来する．柳田國男によれば正月の左義長（とんど焼き）や盆踊りは同源で，早魃・虫害・疫病をもたらす祟り神を楽しませ鎮める歌舞であった．男子は子ども組として左義長の前後に合宿，それは性について学ぶ機会でもあった．道祖神の勧進と称し左義長の材料などをもらい歩き，惜しむと悪口をいい，通行人に銭をねだり，道に縄を張って掛け倒すなどの悪戯が半ば公認されていた．日を限って霊の使者兼取りなし役でもある子どもたちのなすに任せるのである．ヨーロッパのクリスマスの基底にある冬至祭でも祖霊の代わりの若者たちが贈り物をもらい歩き，暴れ回るのと似ていよう．特別な日に限って，人間の計らいの及ばない力の跳梁を容認し付き合うことで，日常の地道なかがやきをたしかめ安定を得る．そうした行事は思春期の子どもや青年期前期の若者を集団の一員として育むものでもあった．人は自分の内と外とに意志の通りにならないものを抱えて生きる．子どもや若者は大人の世界に収まる前の"揺らぎ"の時にあり，内なる力動もその意志を越えて動きやすい．そうした"意志のほかの力"の存在を確認し，承認することで，そしてその力を他者との相互作用の中で，遊芸や仕事などの形に整えていくことでもある．

私たちはいま，子どものなかの"意志のほかの欲求や力動"を承認し，相互作用の

うちにその子どもらしい世界が形成できるようにかかわることができているだろうか．一方的に自分の子ども観を押しつけ，大人の思う子どもらしさと子どもの世界とを提供し続けてはいないだろうか．地域の行事もその視点から見直されることによって，生き生きとしたコミュニティ形成が可能になろう．

地域には伝統行事だけでなく，多くのイベントが展開されている．市町村主催の祭りや公園での子ども祭り．屋台，フリーマーケットがあり，広場では音楽や踊りがある．スポーツ大会，生涯学習祭，国際交流フェスタ，自然観察ウォークラリー，パラリンピックなどテーマイベント．子ども会の花祭り，七夕，餅つきなど．幼稚園などの入園式，卒園式は子どもや親にも記念の行事．子育てサークルでは，苺摘み，落ち葉のプール，忍者ごっこなど．企業も地域の一員として施設を開放しイベントを行う所も増えている．

以下にこれからのコミュニティに欠かせないと思われることを記す．①行政主導から住民と行政の協働へ．それも行政主体の「住民参加」から住民主体の「行政参加」へ．②リーダー中心・参加呼びかけ型でなく，企画・広報・運営などに誰もがかかわる参画型へ．ことに子どもにかかわる行事はあらゆる場面で子どもが参画できることが望ましい．1例をあげる．ある子育てネットワークの開く遊びと学びの祭典（「こども夢未来フェスティバル」NPO法人彩の子ネットワーク・埼玉県，参加者5,000人）では，200人もの高校生など若者による保育ボランティアが参加して「閉じこめない保育」を実現，乳幼児も自由に場内を探索，交流する．乳幼児は保育室のあるフロアのテーマルーム（「ちいさなこどもとおおきなわ」）の一員でもある．子どもも大人も，誰もが対等にその可能性を尊重し，交流を通してひらき，ひらかれる試みといえる．

〔渡邉　寛〕

文　献

1) 女性の労働力状態．図でみる日本の女性データバンク（坂東眞理子編），2003．
2) 国民生活審議会調査部会編：コミュニティー生活の場における人間性の回復，1968．
3) 小学生・中学生・高校生の持ち物．日本子ども資料年鑑2003（日本子ども家庭総合研究所編），2003．
4) 川井　尚：摂り入れ，つかうことの心的過程．新版　小児の発達栄養行動―摂食から排泄まで/生理・心理・臨床―（二木　武・帆足英一・川井　尚・庄司順一編著）医歯薬出版，1995．
5) 柳田國男：故郷七十年．定本柳田國男集　別巻第三，筑摩書房，1971．
6) 川井　尚：赤ちゃんと赤ちゃんの相互作用．新しい子ども学　第1巻，海鳴社，1986．
7) 小学生・中学生・高校生の持ち物．日本子ども資料年鑑2003（日本子ども家庭総合研究所編），2003．
8) 今井祥智：さよならの学校．今井祥智童話館六年生の童話3，理論社，1987．
9) 柳田國男：こども風土記．定本柳田國男集第21巻，筑摩書房，1970．
10) 柳田國男：踊の今と昔．同上第7巻，1968．

子どもと遊び
child and play

1. 遊びの定義

遊びは，子どもの心身の発達にとって必要不可欠であることは，一般に認められている．

しかし，遊びの定義については，以下のように19世紀から現代に至るまでに多くの理論が示されている．

古典的な理論としては，進化論の立場から，遊びは現実の活動で使われなかった能力が遊びに費やされるとする「余剰エネルギー説」，将来の生活のために必要な事柄を遊びとして事前に練習し準備するという「準備説」，仕事がもたらす緊張から開放され消耗したエネルギーを回復するために遊ぶという「休養説」，先祖が行っていた活動を個体発生の過程で繰り返し行うのが遊びであるとする「反復説」などである．これらの理論は，遊びの一面を捉えてはいるが，遊びのすべてを十分に説明しうるものではない．

その後，クライン，グロースらが，怒りや攻撃性などの社会的に望ましくない情動が闘争遊びや競争によって浄化されるとする「浄化（カタルシス）説」を，フロイトらは，遊びには代償，補償，除反応，同化，投射，取り入れ，同一化などの心理機制が働くとされる「精神分析学説」を示し，カタルシス説と精神分析説から遊戯療法が発展した．またピアジェは，遊びは同化が調節に対して優位になったものであり，適応的活動から分化し，その活動シェマが同化の喜びや楽しみのために再生・反復されたものとする「同化説」を，バーラインは，個体は自分の覚醒の最適状態を維持するために環境に働きかける欲求をもつとし，遊びをその覚醒-追及行動の1つとして定式化した「覚醒-追及としての遊び説」を，ホワイトは，環境のなかで効果を生み出そうとする欲求によって遊びは引き起こされ，その結果効力感が生み出され次の欲求の動因につながるとする「能力-効力説」を示した．

以上，遊びの動機づけや内容，目的，機能などさまざまな観点から理論化され，意義が認められているものの，統一されたものはない．「遊び」とはそれだけ多様な要素をもった概念ともいえる．

子どもにとっての遊びとはどのようなことをいうのか，ここでは川井（1990）が示した6つの特徴からとらえることとする．これらの特徴は，先述のさまざま理論の有意義な知見が包括され，遊戯療法における「遊ぶこと」の意義につながる遊びの本質をとらえたものといえる．なお，以下の説明は，一部筆者が要旨をまとめたものである．

①自由であること：　強制されない，現実からの自由さというだけでなく，まさに自由であろうと希求する心そのものとしての自由さを有している．

②自発的でみずから創りだすこと：　遊びのマニュアルに従って行為したり，それにうまくのせられて遊ばされたりというものでない．一見他の人と同じ遊びのようにみえても，そこに表されているものはその人独自の固有のものとして創り出されたもの．

③心的距離，現実からある距離をもつこと，そしてその現実との間にきちんとした境があること：　ここでいう現実とは，その人が現におかれている社会の外的現実と，花はきれいでなくて恐いと思ってしまう，しかしその人にとってはそれが現実であるような内的現実の両方を指している．このような外的・内的現実に縛られていないこと．この現実と距離をもち，虚構の世

界にいてもそれをそうと認識し，現実との間にきちんと境がある．

④現実的な目的や，現実に直接役立つ意識がないこと： 大人は遊びを通しての学習という名の下に，子どもをうまくのせて勉強をさせようとするが，それは子どもにとって本当の遊びとはいえない．遊びは現実的な目的をもたない．

⑤遊ぶことの行為は常に不確定であること： 大人の現実行動は，こうすればこういう結果が得られるという確定性のあるものであるが，遊びの結果は不確定性に満ちている．遊びにルールがあっても，それを変えてもよく，状況や方法，結果は常に不確定である．

⑥常に快の情緒が優位・優勢であること： 遊ぶことは，楽しさ，嬉しさ，喜ばしさ，おもしろさなど，快の情緒とともにある．この情緒が遊ぶことへ誘い，遊びを生じやすくし，遊びの世界に生命を吹き込み，生成，創造がみられる．不快の情緒も生じるが，遊びのなかではうまく受け入れることが可能である．

2. 遊びの効果

子どもにとっての遊びの効果および意義についても多くの知見があるが，以下の5点をあげておきたい．ただし，これらのことは遊びの結果として得られるものであり，子どもは効果をねらって遊ぶのではないことに留意しなければならない．

①さまざまな発達側面の能力を高める．たとえば，粗大運動および手先の運動能力，認知能力，言語能力などがあげられる．

②想像力，創造力，表現力を高める．

③同年齢，異年齢，異性の友だちとの関係をもつことによって，さまざまな情緒を体験し，協調性を育む．

④規則，ルールを守ることの必要性を知り，自制心を育む．

⑤自発性，積極性を育む．

3. 遊びの分類

遊びは，定義と同様，さまざまな分類が行われている．

ビューラーは子どもの体験形式から，①機能遊び（感覚や運動の機能それ自体を喜ぶ遊び），②虚構遊び（現実を離れた想像による遊び）③受容遊び（絵本を見る，音楽やお話をきく）④構成遊び（積木や粘土で何かを作ったり，絵を描いたりする），に分類している．

パーテンは社会的行動あるいは対人関係の発達の観点から，①何もしていない行動，②ひとり遊び，③傍観者的行動，④並行遊び（同じ場所にいるがそれぞれ自分の遊びをしている），⑤連合遊び（物のやりとりなどのかかわりがみられ，同じような遊びをしている）⑥協同遊び（共通の目標に向けて組織され，役割分担がみられる）に分類している．

4. 遊びの変容

遊びは，文化の伝承という側面もあり，遊びの内容を細かくみるとそれぞれの文化の特徴が反映されている．また時代によって遊びの内容の変化もみられる．

最近は，ビデオ・テレビの視聴時間やゲーム遊びの時間にあらわれているように（「日常家庭生活」（p.148）参照），小さいころから視聴覚メディアで遊ぶ時間が遊びのかなりの時間を占め，幼児・児童期に盛んといわれる運動遊びの時間が少ない傾向が認められる．缶蹴りや鬼ごっこ，ゴム跳びなど戸外での仲間との遊びもみられなくなった．

遊びは，本来自由で，自発的で，創造的なものであることを考えると，テレビやゲームという大人から与えられたものに遊びの大半を費やしている現実は子どもにとって望ましいとはいえない．そして，早期から子どもがビジュアルな刺激過多の状況にあることについては，今後大いに研究や検討がなされる必要がある．

5. 遊びと発達

子どもの遊びは，運動，認知，情緒，社会性，言語，動機づけ，自己概念や自己統制，創造性などの発達と密接な，相互的な関連がある．つまり，これらの発達状況が遊びの発達に影響を与えると同時に，遊びもこれらに発達的な影響を及ぼしている．そして，子どもの遊びを観察することで，これらの発達状況をある程度とらえることができる．

ピアジェは，知的発達段階によって遊びの発達を次のように示している．第1段階は，感覚運動的遊びである．1歳半から2歳頃までに見られ，機能的快楽のために行う感覚運動の遊びである．頭や手足の運動，指や物を吸ったりなめたりする，喃語，対象物の操作や実験，追跡遊び，闘争遊びなどが含まれる．第2段階は，象徴遊びである．2歳から7歳ころまでに見られ，心象（イメージ）などの象徴を用いて，ある具体的なものに対するのと同じ行動を別の異なるものに対して行う遊びである．はじめは自分ひとりである物を何かに見立てて遊んだり，ふりをして遊んだりする遊びから，次第に社会化されて，集団のごっこ遊びや役割遊びになる．その他，空想遊び，演技遊び，構成遊びなどが含まれる．第3段階は，規則遊びである．7歳から11歳頃にみられ，守るべきルールのある社会的な遊びである．協力，競争，義務などを伴い，規則は制度的な拘束から相互義務的，自律的契約へと発達する．

また，ヴィゴツキーは，子どもは遊びにおいて日常的な行動以上の役割を果たし，自分の現在の能力より上のところへ立ち向かっていくことを指摘し，遊びがもつ発達の最近接領域における機能について論じている．

6. 遊びと環境

遊びが，子どもの発達にとって有意義な機能を果たすことができる，すなわち本当の意味で遊ぶことができるためには，次のような環境を用意することが大切である．

①安全で，子どもが安心感をもつことができること：子どものすべての発達にとって基本となることである．

②応答的であること：子どもが遊びのなかで，人や物に働きかけた際に子どもに合わせてタイミングよく応答してもらえる環境が大切である．子どもは，応答してもらったことでさらに遊びを広げ発展させていくことができる．子どもが小さいうちは，玩具についても，自分が働きかけて動きや変化がある物の方を喜ぶものである（玩具については，次項参照）．

その他，都市化が進み確保のむずかしくなった外遊びの場所や遊び友だちなどの環境を用意することも大人の責任である．

〔安藤朗子〕

文献

1) エリス，MJ（森 楙・大塚忠剛・田中亨胤訳）：人間はなぜ遊ぶのか，黎明書房，1977.
2) 川井 尚：母と子の面接入門，医学書院，1990.
3) 川井 尚：摂り入れ，つかうことの心的過程——遊ぶこと・居場所・アタッチメント．新版小児の発達栄養行動（二木 武・帆足英一・川井 尚・庄司順一編著），医歯薬出版，1995.
4) ピアジェ，J（大伴 茂訳）：遊びの心理学，黎明書房，1967.
5) 山下俊郎：改訂幼児心理学，朝倉書店，1967.

子どもと玩具

child and toy

1. 玩具とは

子どもを遊びの世界へ誘い，遊びを発展させることに重要な働きをする道具である．遊具と呼ばれることもある．心理療法の1つである遊戯療法においても玩具は欠くことのできないものである．

2. 玩具の種類

玩具の種類は，多種多様にあり，その分類の仕方もさまざまである．

エリスは，優れた玩具の特徴として次の4点をあげている．①新奇性を備えている，②その玩具の性質が子どもによって調べられるのに必要なだけの十分な複雑性を備えている（子どもが玩具の特徴をすぐに予測できるものはよくない），③応答性をもっている（子どもが操作して生み出される結果が多ければ多いほど優れている），④物理的にかかわり合えなくても，子どもに熟考されるだけの問題を備えている（十分変化に富んだ思考を引き起こすもの）．これらの特徴は，発達水準を問わず，子どもにとって魅力的な玩具であるための条件といえる．

山下は，①定型玩具（定まった形があり，使い方が限られている．はめ板，絵合せなど），②素材玩具（素材だけがあって，使い方は子どもの創意工夫にゆだねられている．積木，粘土，紙など），③運搬玩具（引いたり押したり，移動させたりして遊ぶ．乗り物玩具，ボールなど），④模倣玩具（ごっこ遊びで用いる．ままごと道具，人形，電話など），⑤絵本，に分類している．最近の子どもの遊びの大半を占めるビデオ・テレビ視聴をこの分類に当てはめると⑤絵本に入れることになるであろう．しかしビデオ・テレビ視聴は，絵本と異なり全く受容的な玩具であることに留意しなければならない．また，最近の流行であるコンピューターゲームなどのゲーム類は，ルールに沿った使用をするため，①定型玩具と考えることも可能であるが，内容はかなり複雑なものまであり，ゲームの到達点に至る過程は無数に存在するという性質を考えると，新たな玩具の種類として分類する必要がある．

3. 玩具と発達

子どもの年齢や発達水準によって，興味や関心を示す玩具は異なり，また同じ玩具であってもその使用の仕方が異なる．したがって，遊びの発達段階に合った玩具を選び，与えることが大切である．

そこで，ピアジェによる遊びの段階で考えると，第1の感覚運動的遊び段階（0～1歳半，2歳頃）では，新生児から6カ月ぐらいまでは目や耳を楽しませるオルゴールメリーやガラガラなど，6カ月から1歳ぐらいまではつかんだり振ったりなめたりしやすいものが適している．1歳を過ぎて歩けるようになれば，ボールや引いて遊べる玩具，押し車，ぬいぐるみや人形，ラッパやピアノなどの音を自分で出せる玩具などが好まれる．

第2の象徴遊び段階（2～7歳頃）では，組み立てたり壊したりすることができる積木やブロック，紙や粘土など自由自在に自分のイメージで遊べる素材遊びを取り入れることは発達的に望ましいし，子どもも好むものである．ままごと遊びやごっこ遊びも好きな時期であるので，それらの道具も用意してあげたい．なお，玩具は必ずしも市販されている物に限定されず，食べ物の空き容器や日用品など多くの物が玩具として活用できる．

第3の規則遊び段階（7～11歳）では，

守るべきルールのある社会的な遊びが登場する．最近は，コンピューターゲームなどの機器を相手に遊ぶことが多く，集団で外遊びをする場所や時間がなく社会的な遊びの経験が不足していることが問題である．子どもたちが，同年齢や異年齢の仲間と楽しく遊べるような時間，空間などの環境整備を大人は真剣に考え直さなければならない時代にあるといえる．　〔安藤朗子〕

文　献

(前項「子どもと遊び」の文献を参照.)

テレビ・ビデオ，テレビゲーム
television, video ; televigame

　テレビがわが国に普及してから50年の歳月が流れ，今やテレビ・ビデオのない生活は考えられず，テレビゲームもまた工夫に工夫を重ねて，多くの大人達，子ども達がこれに群がっているといっても過言ではない．

　テレビ視聴にどのくらいの時間をかけているかの調査があるが，それによると70歳の人間では合計しておよそ10年間に及ぶといわれ，睡眠時間を仮に1日8時間とすると，70年間で17年6カ月となることを考え合わせ，日々の活動的な時間は約48年間ということになる．すなわち，テレビ視聴時間は1日3時間を超える長時間ということになる．

　最近，テレビの視聴時間と子どもの問題行動との関係を論じた報告を散見するが，たとえば4時間以上の群では，2時間以下，2～4時間群に比し，社会関係をうまくつくれず，成績が低く，引きこもりがちであることが統計的に有意であるとし，また問題行動（注意力低下，衝動的行動，攻撃的行動）のスコアも有意に高いというものである．

　わが国における先達の報告にも，長時間のテレビ・ビデオ視聴の影響で，新しいタイプの言葉遅れの子ども達のいることから，今後とも言葉遅れの子ども，自閉的傾向の子どもを診察するに当たってはテレビ・ビデオ視聴時間の聴取が絶対条件であると強調している．

　しかし注意力低下や，言葉の遅れがテレビの長時間視聴に相関関係が認められたとしても，この場合テレビの長時間視聴がこれらの問題を招いたのか，注意力低下や言葉遅れ，自閉的な子どもがテレビを長時間視聴する傾向があるのかは定かでなく，しかし1999年米国小児科学会は「2歳未満の乳幼児のテレビ視聴は禁止すべきだ」と提言している．わが国でも日本小児科学会は同様に報告提唱している（2004）．それは2～3歳までの，最初の生後1年は音を聞き分ける「聞く準備」，それから1～2年は「話す準備」の時間であり，その間は主として母親，父親と「1対1で語り，遊ぶ」こと，加えて周囲の人，保育士などとの対話，活動的な遊びこそ重要であり，テレビ・ビデオのごとき一方的対話，動き，音声によって成長発達途上の子どもの感性を破壊しないことが大切である．

1. 子どもの感覚機能（感性）は胎内で芽生える

　これまでの40年間で子どもの生理感覚機能が母親の胎内において形成され，母親との間でのみ相互作用して成長していることが理論的に解明されてきた．それは触覚・視覚・聴覚・味覚・嗅覚・温覚・痛覚が10カ月間の妊娠中に開花し，そこから生じてくる生後の親子のかかわりには，まず母親に抱かれ，目を見て，優しく語りかけ，母乳を授けることによって始まり，父親や周囲の人達には恐る恐る近付くのが子どもの立場であり，それは緊張と不安をきたし泣きだす子どもを見ても明らかである．この泣いた子どもに優しく声をかけ，強く抱きしめ，また授乳することで子どもは安堵し泣き止む．これこそ「心豊かな環境」を授けたことであり，物質的豊かさはまったく関係のないことになる．胎児は母親の24時間の生活音を聴いて育つことになるが，ここには母親の感情の起伏，さまざまな不安要因，時としては気付かぬままのうつ状態も関与し，生育歴によってはみずからのトラウマ，子ども嫌い，育児拒否など，子どもの感性を押しつぶす結果さえ

考えられることがあり、いわゆる母親と子どもの間で、とくに子どもにとっては「心貧しい環境」をもたらすことにもつながる。これが子どもを放置し、虐待し、そこまでに至らぬとしても、テレビ・ビデオに子守りをさせる結果を招き、さらには乳幼児期から早期教育と称して物・金の豊かさに子どもを預けてしまうことにもなり、その弊害が多くの問題行動として大きな問題を保健医療スタッフに投げかけている。しかし最も必要とされることは主として夫の優しい労りと育児協力であり、はたまた保育や育児支援システムの有効な活用によって母親の中に心豊かさを取り戻し、子どもとの接点に「優しさ」という心豊かな環境をもたらすことである。母親を優しく支える能力を医療・福祉・保育・保健の全ての関係者が等しく備えることこそ求められている。

2. 心を育てる豊かさとは

子どもの精神運動発達がどのような順序で展開されるかは、すでに十分解明されてきている。しかし実際の保健指導、相談では子どもの表出している発達症状の正常・異常を発見することにとどまり、母親の不安や焦燥をあおることがあっても、容易にその不安を緩和するかかわりが少なかった事実を認めざるをえない。

子ども達はヒトの子どもであるが人間らしい生活・行動を始める前に必ずたどる道があることを忘れてはならない。それは①胎児期から生後4ヵ月までは魚類の発達である脊髄神経反射を十分に展開し、以下②4〜10ヵ月は両生類の発達を、③10〜18ヵ月は爬虫類の発達を、そして④18〜36ヵ月は霊長類・サルの発達（原始皮質）を順序よく系統発生して、ようやく分別をもつ人間らしい生活をとるようになる。

この3歳までの生活は十分に覚醒した時間にまず魚類のように「うつ伏せ遊び」を親と手をつないで繰り返し、両生類のように寝返りをうった子どもと一緒に腹ばいとなり、爬虫類の段階ではつかまり立ち、つたえ歩き、ヨチヨチ歩き、走り歩きから目を放さないこと、サルとのかかわりは手をつないで一緒に走り、子どものもつ関心をともに共有することで、実は親、とくに母親との間に愛着と信頼関係を熟成させていくのである。つまり、子どもとは遊び尽くして心地よい疲労感を常に喜ぶ、そのような生活が親や保育者との間で必要ということになり、この生活こそが家の中にあっては見るものすべてが親と共有している喜び、外にあっては森羅万象を語り合う中で「心豊かな環境」は成立する。それらのことが不可能であり、これをテレビ・ビデオに委ね、一方的なかかわりを子どもに印象づけすることこそ「心貧しき環境」ということになる。もしテレビ・ビデオを用いるとしても、まず1年間はもっぱら話し言葉、子どものはっきりしない声、言葉に合わせたかかわりを十分に通過した上で、歩き出した子ども向きのテレビを一緒に楽しく見、決して10回ダビングしてこれを見続けさせる愚かなことはしないこと。さらには乳児が目覚めている時、授乳時にはテレビを消すこと。テレビと親と子どもが三者一体になる雰囲気の中で、親は常にその内容を子どもに話しかけることが大切である。

3. 子どもには知識よりも社会性・人間性を

子どもにもたらす知識は親や保育者とともに過ごす生活の中で楽しく享受したものに尽きる。しかも新しい体験から体得する刺激や緊張・不安を優しいかかわりで緩和してあげる親の役割こそ、改めて考え直さなければならない。それは母親と添い寝をし、無理な断乳ではなく自然の乳離れであり、きょうだいや友達とのけんかは寛大に見届けて、常に弱者に優しくし、きつい叱責は全く不必要である。また下に子どもが

生まれた時も上の子の「赤ちゃん返り」を許してこそ心豊かな環境は維持され，その子どもに社会性を身につけるに十分な効果を発揮する．最近の研究によれば社会性・人間性，集中力（注意力）・創造性を司る中枢神経のあること，この研究の集大成が乳幼児の早期教育論は不必要であり，この中枢神経発達の基盤が2～3歳までの親子関係，大人との関係の中で形づくられることが強調されている．その中枢の熟成の上にたってはじめて知能の開発があってよいとの見解であり，その臨界期をこの研究では8歳としている．

4. テレビ・ビデオによる影響が考えられた時は

先にも述べたように注意力の低下した子ども，言葉遅れの子ども達を観察すると自閉的傾向があり，注意散漫，多動，衝動，固執，情緒障害，学習障害などをもたらし，親はもちろんのこと社会・学校関係者の悩みの種となっており，とくに親の子どもへの優しいかかわりを促す親支援はさまざまで至難をきわめることが多い．筆者の経験でも年余にわたって相談の相手となった親子は多いが，その際これまでの生活，育児環境，テレビ・ビデオの視聴，早期教育の1つ1つを「それはダメ」といっても，これは親を支援していることにはならず，むしろもっと悪い子どもの行動，親の対応のまずさを招くことになる．

したがってどの年齢で相談されたとしても，家族がみんなでテレビ・ビデオの視聴を禁止すること，もしテレビ・ビデオ，テレビゲームにのめり込んでいる子どもとは子どもの見ている内容を一緒に見て，親もその話に耳を傾けることが最初に必要となる．その上で乳幼児期に子どもが最も欲しがっていた活動的な遊びを取り戻し，時には互いに疲れ果てるまでかかわり，年齢区分を半分にしてでもふざけた遊びと甘えを許容していくことが大切である．しかし本来そのようなかかわりのできない母親でもあり，激しい葛藤と焦燥の日々を耐えて支援すること時として母子支援グループに紹介，通所してもらい子どものその時々のニーズを優しく受容する日々を積み重ねることで，新しい母子の関係，すなわち子どもの成長発達にふさわしい関係に到達するのである．これこそ心豊かな母子関係，父子関係であり，人間関係形成の基礎となりうるものである．また，その段階から子どもは内存している知能を発揮していくことも体験しており，長じて生じる凶悪な問題行動を抑止しうることにもなり，そのためにも集団生活での理解に努め，学校集団における困惑する問題を少しでも解決する努力を惜しんではならない．

5. 2～3歳までの子どもにテレビ・ビデオは禁止

米国小児科学会では「2歳までの乳幼児にテレビは禁止」の提言を1999年にしている．しかしテレビ・ビデオがここまで普及し，今の親達がいわばテレビ漬けで育ってきたことも考えると，どうして当たり前の生活に警告を与えるかと疑問を差しはさみかねない．しかし乳幼児の発達を順調に期待するためには，家庭の内外のすべての現象が子どもの感性に影響し，それを親，周囲の人達と楽しく共有・共遊してこそ獲得できることであり，この中にテレビ・ビデオ，テレビゲームは不要であり，飛躍して思うことは車社会もまた3歳までの子ども達に不要であり，ひたすら子どもの精神運動発達に率先してかかわること，可能な限りその環境を用意する努力をおこたってはならない．

しかし多様な価値観をもつ親・大人と共通理解することは至難の技である．たとえ育児拒否をしている母親でも父親の支援を探り，少しでも生活や育児に不安をもつ母親の心を緩和すること，これはひたすら不安，悩みの聞き役に徹する最低限のかかわ

りは誰にでも可能なことであり，気持ちにゆとりをもった母親と生活を共にした子ども達は健やかに成長するのである．

このようなかかわりなしに，ただテレビ・ビデオは禁止といっても無理なこと，しかし敢えて早いテレビとの生活が将来のIT生活に良好な効果をもたらすといった短絡的思考は避けなければならない．

〔南部春生〕

文　献

1) 小島謙四郎：新しいタイプの言葉遅れの子どもたち―保健所の三歳児健診から―子どもと都市，学陽書房，pp.74-80，1982.
2) 片岡直樹：新しいタイプの言葉遅れの子どもたち―長時間のテレビ・ビデオ視聴の影響，日本小児科学会雑誌，こどもの生活改善委員会報告，106 (10)：1535，2002.
3) American Academy of Pediatrics, Committee on Pediatic Education, Policy Statementmeia Education, Pediatrics, 104：341-343, 1999.
4) 谷村雅子・髙橋香代・片岡直樹ほか：乳幼児のテレビ・ビデオ長時間視聴は危険です．日本小児科学会雑誌，こどもの生活環境改善委員会，108 (4)：709-712，2004.
5) Ozmert E, et al：Behavioral correlates of television viewing in primary school children evaluated by the child behavior checklist, Arch Pediatr Adolesc Med, 156：910-914, 2002.
6) 南部春生：ハイリスクマザーへの支援，ハイリスク児の子育て支援．母子保健情報，8-9，2001.
7) 南部春生：3歳までの育児まるまる解決百科，法研，2001.
8) 片岡直樹：テレビ・ビデオが子どもの心を破壊している，メタモル出版，2001.
9) 岩佐京子：新版テレビに子守りをさせないで，水曜社，2000.
10) 志村洋子：母と子の初めての音楽体験，「子どもは天才！」音楽のある育て方，テレビなどはなるべく見せないほうがいい？音楽の友社，pp.38-41，1996.
11) 田澤雄作：新たな現代病―テレビゲームと不定愁訴―．日本小児科学会雑誌，102：787-791，1998.
12) 川島隆太：テレビゲームは子どもの脳を壊す，Yomiuri Weekly，19：86-88，2002.
13) 澤口俊之：幼児教育と脳（文春新書），文芸春秋社，1999.
14) 澤口俊之：子どもの脳を科学する―子どもの脳をいかに育むか―，第5回「子どもの心」研修会，前期講演集，pp.35-42，2003.

外出用の育児用品

child care goods for outdoor use

1. 育児用品の揃えかた

乳児用として生後すぐに使う育児用品は，出産前の妊娠中にあらかじめ買い揃えて用意をすることになる．

育児用品の中でも衣類や授乳用品，衛生用品など新生児用から最低限3カ月くらいまでのものは準備して，その後，必要に応じて買い足すのが一般的である．

ベッドやベビーカーなどは高価な上に種類も多く，長期にわたって使うため選ぶときは慎重にならざるをえない．

また，スペースをとる大きな育児用品や一時的に必要な用品は，レンタルやリサイクルを活用する方法もある．

日本の育児用品を他の国と比べると，近年，とくに優れた工業技術によって，きわめて種類が豊富で機能性やデザインが追求された高品質な製品が多いという特徴がある．そのためか，親や祖父母は赤ちゃんのためにとつい高価なモノをつぎからつぎへと買い与えて，「モノづくしマーチ」が始まることにもなりかねない状況でもある．

子どもと家族や保育者とのかかわりを通して心を伝えあう橋渡しになるのが育児用品である．したがって，子どもにとってのここちよさと，親にとっての利便性のバランスを考慮しながら，育児用品とかしこいおつきあいをしたいものである．

2. 育児用品情報の入手先

「育児用品を購入するときに，母親達はなにを参考にするか」という調査結果[1]では，①実物を見る 92.1%，②雑誌の記事を読む 68.1%，③使っている人に聞く 62.3%，④商品のパンフレットを見る 48.8%，⑤販売員のアドバイス 38.3% の順になっていた．

さらに，「育児用品に関する育児情報の入手先」を尋ねた調査[2]では，育児用品の種類によって母親は異なる情報源を使い分けていた．

「乳首や哺乳瓶など調乳用品」は，①育児雑誌 28.1%，②近所の友人 26.4%，③近所ではない友人 15.0%，④姉妹親戚 10.4%，⑤保健所 10.0% で，つぎに，「紙おむつ」は，①近所の友人 41.4%，②育児雑誌 30.7%，③近所ではない友人 21.9%，④テレビ 12.4%，⑤姉妹親戚 11.8% であった．

また，「おもちゃ」は，①近所の友人 21.4%，②育児雑誌 15.4%，③近所ではない友人 6.2%，④百貨店・スーパー 6.1%，⑤姉妹親戚 5.8% であった．

これら 0～3 歳の乳幼児をもつ母親達は，「育児用品全般」に関する育児情報源としては，実際に使っている身近な「近所の友人」と最新製品情報が網羅されている「育児雑誌」を 2 人に 1 人は活用していた．

3. 紙おむつの 20 年間

現在の母親達が，育児用品の中で「便利で，これがないと困るもの」として上位にあげるのは「紙おむつ」である．

紙おむつは，日本ではこの 20 年くらいの間に急速に品質改良されて定着してきた．

1981 年に日本のメーカーではじめて，ダブルテープつき紙おむつが発売されたのを契機に，紙おむつ業界が活気づいた．

それ以前にも外資メーカーから立体的ではないウィングホールドタイプというカバー不要タイプの紙おむつは世界的規模で発売されていた．

しかしながら，1980 年代に各社で開発改良された製品は，高分子吸収体（高吸水性ポリマー）で，しかも通気性がある「も

れない，むれない，かぶれない」紙おむつだった．

1980年代の初めには，おむつの総取替え回数に占める紙おむつの割合をいう「転換率」が10％以下であったのが，80年代後半には6倍以上になっていた．

その後，紙おむつメーカー各社では，さまざまな機能や軽量化の検討，経済性，キャラクター入りのデザイン面など多くの改良が加えられた[3]．

さらに，90年代に入ってからはパンツタイプの紙おむつの出現によって，立ったままおむつ替えができるようになった．

紙おむつの登場によって，親のほうは布おむつの洗濯や夜中のおむつ替えから解放されて外出や旅行も気軽になったが，この間に確実におむつはずしの時期はゆっくりと先送りになったともいえよう．

子どもの月齢別に見て，母親が「トイレトレーニング」を気がかりの第1位とする月齢の変化を調査結果で比べると，1991年では1歳4カ月～1歳半56.7％，1歳7カ月～2歳が76.0％で最多であった[4]．

しかし，1995年になると，1歳7カ月～2歳は68.6％で，2歳1カ月～2歳半が72.4％で最も多く，この4年の間にも気がかりのピークが半年遅くなっていることが明らかになった[2]．

育児用品の出現が子育てやしつけに大きく影響を与えてきた典型的な例であるが，現在は，意図的な「おむつはずし」から自然に「おむつはずれ」へと移行しているとさえいわれている．

4．前抱きが変えたお出かけ育児

紙おむつと同様に子育てスタイルを変化させた育児用品としてあげられるのは，前抱きバンド（子守り帯）である．

子守り帯の前抱きスタイルが出現したのは1980代のはじめである．

従来のおんぶ用子守り帯と大きく異なる点は，胸におぶい紐がくい込まないことに加えて，手持ちの好きなジャケットやコートをそのまま着られることで，広く母親から支持された．

子守り具の中には，子どもの発達月齢別，用途別にいくつかの異なった形状の種類がある．新生児を横抱きスタイルでベビーキャリアに寝かせたような状態で支えるために，肩からのベルトを装備した横抱っこタイプ．同じく首がすわらない新生児でもカンガルーのような二重袋状になっていて前抱きで両手が自由になる袋形状タイプは，現在は輸入品が主流である．

首がすわったら使えるおんぶと抱っこの両用タイプ．ウエストポーチ式の腰かけの上に乗せて抱っこするタイプ．従来から定番である背負子のように後ろに背負うパイプ式タイプなど種類は豊富である．

これらの中には，子どもを親と対面させるのではなくて，前向き抱っこもできるものもある．

また，子どもの成長と用途に合わせて，2～4通りに変化する多機能タイプは高額商品であるが，軽い素材やネットなど安価で簡易タイプも数多く出ている．

これほどまでに多くの種類がある子守り帯であるが，普及数を測る1つの目安として，（財）製品安全協会が発行しているSGマークの交付枚数があげられる．

前抱きが出始めた1981年度は427,809個で，1982年度は750,150個と，1年でおよそ33万個の増加を示し，1987年には1,153,693個で6年前の3倍近くになった．

その後は，少子化傾向やSGマークに適合しない製品の増加などもあり，1990年代後半からは交付数は減少して，1995年度は1,033,700個あったが，2003年度は571,725に減少している．

〈SGマーク〉 SGマークは，Safety Goods（安全な製品）の略号である．構造，材質，使い方などから見て，生命または身体に対して危害を与えるおそれの

ある製品について，安全な製品として必要なことなどを決めた基準を（財）製品安全協会が定め，この基準に適合した製品にのみ表示される．乳幼児関係の製品では，子守り帯，パイプ式子守り具，ベビーベッド，ハイチェア，ベビーカーなど21品目がある．消費者が正しい使い方をしていて，製品の欠陥による事故が起きたときには，最高限度額1億円までの損害賠償制度がSGマークには保証されている．

5．子どものためのマイカー選び

ベビーカーの種類は，A型とB型に分類される．A型は下記の表に示すように，ベッドのような安定設計でクッション性も高いが，場所をとり持ち運びには重いのが難点である．B型はコンパクトで小回りもきくが，リクライニングはA型のようには平らにはならない．

ベビーカーも車同様に毎年モデルチェンジされて新型が登場し，赤ちゃんにとって快適なシート構造や安全な素材などさまざまな機能面での技術開発が進んでいる．

日本のベビーカーは高品質で長持ちするため，リサイクルで何代も使い回しをした結果，備品が消耗したまま使用している場合も多い．また，過去には国民生活センターの危害情報室に各地の消費者センターから，新品のベビーカーの不良品による事故も報告されている．赤ちゃんにとっての安全性は育児用品選びや日々の使いこなしにおいて最も留意したいことである．

消費者としてのたしかな目で，つね日ごろから，子どものマイカーが安全走行できるような細部の点検整備と使いこなしかたを心がけたいものである．

6．家族での外出型育児をサポート

80年代に開発され広く定着した「紙おむつ，前抱きバンド，ベビーカー」という育児用品が母親達に子連れでの外出型育児をしやすくするきっかけづくりを提供した．

また，現在，車での外出には，安全性のために大人はシートベルトの着装，子どもはチャイルドシートが法定化されている．

チャイルドシートには生後間もなく使えるベビーキャリータイプから始まり，身体全体を包み込むチャイルドシート，そして，通称ブースターと呼ばれるシートベルトが首にかからないように座高を高くするためのシートタイプまで揃っている．

チャイルドシートを装着していたおかげで，車の事故に遭ってもことなきを得たという報告は多いので，車の必需品といえよう．

7．使う選択，使わない選択

外出用品に限らず便利な育児グッズが溢れているのが消費社会の日本である．

つぎつぎに買い与えられる衣服やおもちゃの数々が子どもの整理能力を超えて，片づけの習慣が身につかない一因にもなっているのではなかろうか．そこで，1歳から15歳（保育園1歳児クラス～中学3年生までの15学年）の母親に育児の気がかりを経年調査で尋ねた[5,6,7]．その結果では，15学年共通しての気がかりの第1位に，「遊んだ後や部屋の片づけ」があげられて

表12.1 ベビーカーのA型とB型の比較（SGマーク認定基準による定義）

タイプ	使用可能年齢	連続使用時間	振動吸収率	タイヤの直径	背もたれや構造形式
A型	生後1カ月～満2歳まで	2時間以内	約1G以上	115 mm以上	寝かせた状態で使用できる．リクライニング150°以上
B型	生後7カ月～満2歳まで	1時間以内			背もたれに寄りかけて座らせて使用．リクライニング110°以上

いた．近年，青年期や成人以後も身のまわりを片づけられない人達が増加していることが社会現象になっているが，親の不安はすでに子どもの乳幼年期から始まっていた．

おもちゃや衣類だけではなく利便性の高い外出用品も含めて，現代の日本では合理的な消費財としての育児用品と思いをこめて長い年月にわたって，代々受け継ぐ育児用品の「買い分けや使い分けの選択」が必要とされている．

たとえば，乳幼児とお出かけをするときには，ベビーカーで出かける，自転車の補助イスや自動車のチャイルドシートに乗せて連れていくなどの場面でいくつも便利な育児用品が活躍している．しかし，子どもと手をつないで歩いて出かけることやおもちゃがなくても親子で十分に遊べる「使わない選択」も子育ての中では大事にしたいことである．

大人が子どもに見せるモノの選びかたや日々の使いこなしかた，片づけの手順が，なによりも子どもへの生きた消費者教育になると思われる． 〔山岡テイ〕

文 献

1) わたしの赤ちゃん編集部：育児用品白書，主婦の友社，1987．
2) 山岡テイ：母親達の育児情報の受けとめ方に関する考察．厚生省心身障害研究，少子化時代に対応した母子事業に関する研究，平成6年度研究報告書，pp.308−320，1995．
3) 山岡テイ：子育て安心商品学，労働旬報社，1990．
4) 山岡テイ：育児白書，主婦の友社，1991．
5) 山岡テイ・樋田大二郎・木村敬子・渡邉秀樹・後藤憲子・間瀬尚美・川上道子・田村徳子：第2回子育て生活基本調査報告書，ベネッセ教育総研，1999．
6) 山岡テイ：育児不安と育児情報に関する子育て調査，情報教育研究所，2000．
7) 山岡テイ・樋田大二郎・木村敬子・青柳 肇・木村治生・青柳裕子・杏澤 糸：第2回子育て生活基本調査報告書，ベネッセ教育総研，2003．

13. 子どもと食事(栄養)

子どもの食生活
dietary life of children

1. 幼児期の栄養・食生活の基本
1) 栄養・食生活の特徴
①1歳以降では発育が緩慢化するとはいえ,乳児期に次いで発育の盛んな時期である.一方,歩行ができるようになるので,遊びのためのエネルギー消費が増加する.しかし,体重1 kg当たりのエネルギーおよび各栄養素の必要量は大人よりも多く,栄養・食生活のあり方が重要となる.

②消化器の機能は次第に整ってくるものの,発達途上の消化器で比較的多量のエネルギーおよび栄養素を処理しなければならない.したがって,食物の調理形態に留意する.

③大人に比べ,細菌に対する抵抗力が弱い.調理のみならず,食品の選択,食事のしつけにも留意し,これらの面からの感染の危険を防ぐことが必要である.

④幼児期は知能,情緒,社会性などの精神発達が目覚しい.それに伴い,食事の場面で幼児期特有の気がかりが多くなる.

2) エネルギーおよび栄養素の摂取目標
厚生労働省では,国民が心身を健全に発育・発達させ,健康維持・増進と疾病予防のために,日本人の食事摂取基準(2005年4月から2010年3月まで使用)を示している.これは標準となるエネルギーおよび栄養素の摂取量を摂取対象別に,1日当たりの数値で示したものである.その中から未就学児について,エネルギーはじめ代表的な栄養素の数値を表13.1に示す.

3) 栄養バランスのとれた食事の構築
われわれは日常,エネルギーや栄養素そのものを摂取するのではなく,それらを含

表13.1 幼児の食事摂取基準—身体活動レベル「ふつう」(Ⅱ)

年齢(歳)	エネルギー(kcal)		タンパク質(g)	脂肪のエネルギー比(%)	カルシウム(mg)		鉄(mg)		ビタミンA(μgRE)
	男	女			男	女	男	女	
1~2	1,050	950	20	20以上30未満	450	400	5.5	5.0	250
3~5	1,400	1,250	25	20以上30未満	550	550	5.0	5.0	300

年齢(歳)	ビタミンD(μg)	ビタミンB_1(mg)	ビタミンB_2(mg)		ナイアシン(mgNE)		ビタミンC(mg)
			男	女	男	女	
1~2	3	0.5	0.6	0.5	6	5	40
3~5	3	0.7	0.8	0.8	8	7	45

む食品により摂取する．何千種類もある食品を栄養学的視点から，似通ったものどうしをまとめ，それに基づいて食品を摂取すると，比較的容易にエネルギーおよび栄養素のバランスのとれた食生活を営むことができる．

厚生労働省では6群による分類を推奨している（第1群：魚・肉・卵・大豆，第2群：牛乳・乳製品・骨ごと食べられる魚，第3群：緑黄色野菜，第4群：その他の野菜・果物，第5群：米・パン・めん・いも，第6群：油脂）．

この食品分類に従い，食事摂取基準を勘案して策定した1日の食事摂取の目安（食品構成）を表13.2に示す．

これを3回の食事と間食とに配分する．幼児期には朝食と昼食に重点を置き，夕食を軽くするのが望ましい．しかし，昨今の大人の食習慣を重ね合わせて考えると，朝食20～25％，昼食30％，夕食25～30％，間食10～20％の範囲となろう．

1回の食事ごとにタンパク質性食品（1，2群），野菜・果物類（3，4群），穀類・イモ類（5群），油脂（6群）から1種類以上の食品を選んで調理し，毎食，栄養のバランスをとる．

4) 幼児期の間食
i) 間食の必要性

①栄養素などの補給の視点： 体重1kg当りの栄養必要量の値は大人よりも多いにもかかわらず，幼児の消化器は未熟である．したがって，3回の食事でそれらを摂取することはむずかしい．

②水分補給の視点： 子どもは大人に比べ，新陳代謝が活発なために水分の要求量が多い．したがって，間食時にお茶，麦茶，牛乳を添えて水分を補給する．

③精神的な視点： 食事と違った楽しみ，遊びの間での気分転換，保護者や友達とのコミュニケーションを楽しむなど，子

表13.2 幼児期の食品構成例（身体活動レベルⅡ（ふつう））

(g)

食品群	食　　品	1～2歳	3～5歳
第1群	魚・肉	30	40
	卵	10	15
	豆腐（絹ごし）	20	20
第2群	牛乳	200	200
第3群	緑黄色野菜	100	120
第4群	その他の野菜 果物・海藻	200	230
第5群	穀類[*1]	170	200
	イモ類[*1]	40	60
	菓子類[*1]	10	20
	さとう[*2]	5	7
第6群	油脂[*3]（種実類を含む）	13	20

[*1] 各人に必要なエネルギー量は体格，遊びなどによって大きく左右されるので，あまり分量にこだわる必要はない．タンパク質性食品，野菜，果物などを適量与え，空腹を補う程度で．
[*2] 強いて用いる必要はない．とり過ぎないよう注意．
[*3] 糖質と油類はいずれもエネルギー源となるので，両者の比率は個々の食習慣，嗜好などを尊重して，いくぶん増減する．

（水野清子）

どもにとって間食にはくつろぎの要素が存在する．

　ii）　**間食の適正量と回数**　　間食の適量は子どもの年齢，体格，日課，食欲，遊び方などにより異なるので，一律に決めることはむずかしい．成書によると1～2歳では1日に摂取するエネルギーの10～15%（約100～150 kcal），3～5歳，15～20%（約200～270 kcal）程度とされている．

　間食は子どもの生活に合わせることが望ましいが，一般的に午後3時頃に1回，早起きの場合には午前中に間食を与える．いずれの場合も，間食の時刻を決めて与えることが大切である．しかし，近年においては，子どもが要求するままに間食を与えている保護者が多いので注意したい．

　iii）　**望ましい間食内容**　　食欲不振や虫歯の原因になる間食の与え方は避ける．牛乳・乳製品，季節の果物を中心に，子どもの生活の仕方，食欲に合わせて卵，イモ類，小麦粉，穀類，豆類を主原料とした菓子類などを，食事の時の食欲に影響を及ぼさない程度で組み合わせる．

　子どもに与える間食には市販の菓子類が多い．市販の菓子類には脂肪，糖分，塩分が多く，また，添加物も気になる．市販品を使う場合には，これらの点に注意する．

2．保育所給食

　以前に比べ，保護者の乳児保育に対する要望の高まりとともに，その対応を行っている施設が増えている．また，延長保育や家庭で育児に携わっている母親に対する育児支援としての一時保育，障害児保育，夜間保育などの対応も求められている．

　生活の大半を保育所で過ごす乳幼児にとって，授乳や食事は重要な位置づけとなっている．しかし，保育の多様化に伴い，給食業務はいっそう複雑になっている．

　1）**保育所給食の役割**

　i）　**エネルギーおよび栄養素等摂取面に効を奏する給食**　　保護者の食意識の変化により，発育期にある子どもの栄養素等摂取に問題のある者が少なくない．小児期における生活習慣病の予防の視点からも食生活のあり方が問われている．保育所通所児にとって，給食は適正なエネルギーおよび栄養素の摂取の上で果たす役割ははなはだ大きい．

　ii）　**食習慣のしつけを習得する場としての給食**　　給食を通して食事に関する衛生面でのしつけ，望ましい食事態度や嗜好が育てられるなど，食事の基本的な習慣を身につける．また，偏食など食事行動上の問題を矯正する場にもなる．

　iii）　**情操教育の場としての給食**　　「孤食」（子どもが一人，または，子ども達だけで食事を摂る）が子どもの心に及ぼす影響が指摘されて久しい．このような時代の中で，子どもにとって保育所では同一の食事や間食を友達や保育士と一緒に摂取できる喜びは大きく，それが子どもの精神面に与える影響は大きい．「食べることは楽しい」と感じられるよう，周囲の大人の配慮が大切である．

　iv）　**食育の場としての給食**　　保育所は日々の給食活動，行事食や菜園活動を取り入れた保育活動を通して食育を行うことができる絶好の場である．また，給食便りの配布，保育所での試食会などにより，保護者の食事に対する関心を高めることもできる．

　2）**保育所給食の分類**

　これまでほとんどの保育所では，給食は3歳未満児と3歳以上児に大別し，さらに3歳未満児は，調乳，離乳食，1～2歳児とに区分して調理されていた．これは児の発育，摂食機能の発達を考慮すると，適切な区分であると思われる．とくに発育・発達のいちじるしい離乳期においては，それぞれの段階（離乳初期・中期・後期・完了期）に応じて食事を調整することが望まれる．

3) 給食の給与栄養量

「日本人の食事摂取基準」の発表を機に，厚生労働省からこの基準を活用しての児童福祉施設における食事計画が出された．

これによると，子どもの生活状況などにとくに配慮すべき問題がない場合には，昼食については1日全体の概ね1/3を目安とし，間食については発育・発達状況に応じて1日全体の10〜20％程度の量を目安としている．さらにエネルギー摂取量は定期的に身長・体重を計測し，成長曲線に照合しながら計画すること，総エネルギーに占めるたんぱく質の割合は10％以上20％未満，炭水化物は50％以上70％未満の範囲を目安とすること，脂質については量と質に対して配慮する旨が示されている．

乳児については具体的な指針は示されていないが，それぞれの乳児ごとの月齢・栄養法別食事摂取基準を用い，保育の実態に合わせた取り扱いをすることが望ましい．もちろん保育所で乳児にどれくらいのエネルギーや種々の栄養素を給与するかは，乳児の月齢や保育時間により異なるが，保育所と家庭の密接な連携のもとに種々の面から検討を加え，発育の盛んな乳児にとって，それを十分促すような食事を提供することが望まれる．

4) 保育所給食の課題

i) 個別対応　離乳期乳児への食事はもとより，保護者からのアトピー性皮膚炎，食物アレルギー児への食事の提供に関するニーズは高い．現在，保育所の約62％は離乳食を，88％はアトピー性皮膚炎・食物アレルギー児への除去食の対応を行っている．しかし，保育所における除去食の実施・解除などは，保護者の要望が優先し，その対応の仕方に問題は多い．

病後児や障害児への食事の対応を行っている施設は，上述の対応に比べ少ないが，今後，そのニーズは一層高まるものと推測される．

ii) 延長保育　延長保育に対する保護者のニーズは高い．保育所で夕食を提供することに対して賛否両論が聞かれるが，家庭における夕食時刻の遅延，それに伴う就寝時刻の遅延と朝食の欠食の問題などが浮上している．保育時間や家庭での食事の状況などを考えて柔軟な対応が必要であろう．

iii) 給食業務の多様化　従来から保育所給食は，保育所施設内の調理室で，保育所の給食関係者により調理されていた．しかし，平成10年度から，国では調理業務の外部委託（給食業務を行う人員を派遣し，保育所内の調理室で調理するシステム）を認めた．すでに市町村においてもこれを認め，給食業務を外部の給食関係者に委ねているところがある．

昨今では，保育所給食において子どもの存在がかすみ，経済が優先になりかねない．いずれの給食システムによる場合においても，子どもの心身の健全な発育・発達を促す望ましい食事の提供，環境づくりを第一に考えていかなければならない．

3. 学校給食

1) 学校給食の経緯

学校給食の発端は明治22年にさかのぼる．当時，山形県内の恵まれない家庭の児童を対象に，小学校で給食が無料で支給されたのがはじまりとされている．

昭和22年，戦後の経済的貧困，食料不足から児童生徒を救済するために，当時の文部省，厚生省，農林省の通達で，全児童の栄養改善を目的として学校給食再出発の体制が整備され，アメリカなどから脱脂粉乳をはじめ，種々の救援物資を受けるようになった．

その後，学校給食の意義に対する理解も深まり，昭和29年に学校給食法が制定され，それを機にそれまでミルクのみ，または副食中心の給食から，主食（パン），ミルク，副食を供する完全給食へと変わり，給食内容の充実が図られるようになった．

さらに昭和51年にはこれまで主食としてパンが主流であったが、米飯を導入するようになった。

学校給食は学校給食法、夜間過程をおく高等学校における学校給食、特殊教育諸学校（盲学校、聾学校）における学校給食に関する法律に基づいて実施される。

2) 学校給食の位置づけ

学校給食は、実際の食事という生きた教材を通して、正しい食事のあり方や好ましい人間関係を体得するための教育活動として位置付けられている。学校給食法に、給食を通して以下の4つの目標を達成するよう、努める旨が記されている。

①日常生活における食事について、正しい理解と望ましい食習慣を養うこと。
②学校生活を豊かにし、明るい社交性を養うこと。
③食生活の合理化、栄養の改善および健康増進を図ること。
④食料の生産、配分および消費について、正しい理解に導くこと。

3) 給食指導

現代では保護者の食意識の多様化、就労する母親の増加などにより、家庭における食生活のあり方に問題がみられる場合が少なくない。栄養素等摂取、欠食、偏食、食事マナー、食事環境などの改善の手立てとしての給食指導が必要である。

昭和61年に学校栄養職員の職務内容が定められ、学校給食は、児童・生徒が生涯を通じて健康で安全な生活を送るための基礎を培うための健康教育の一環として位置づけられた。指導の留意点として以下の事項が挙げられている。

①特別活動における給食指導を充実させる（学校栄養職員は特別活動の中で、肥満、アレルギー、貧血などの健康問題の指導体制が重視されている）。
②給食の時間は食事を提供するだけではなく、食事を通して人間関係を育てる。
③児童・生徒それぞれの心身の健康状態に配慮し、関係職員、保護者との共通理解のもとで指導する。
④健康教育における学校栄養職員の役割を明らかにして、献立を通した指導の重要性を図る。
⑤給食指導は管理職を中心とした指導体制の推進と関係職員の共通理解をはかる。

4) 学校給食の実施状況

給食の実態をみると、小学校では完全給食（パンまたはごはん、ミルクおよびおかずを供する）が95％以上を占め、補食給食（ミルクおよびおかずを供する）、ミルク給食（ミルクのみを供する）は数％に過ぎない。

小学校に比べ、中学校では完全給食の実施率は約7割に低下し、ミルク給食が約12％に上昇している。

特殊教育学校、夜間定時制高等学校での完全給食の実施率はそれぞれ約8割、6割で、夜間定時制高等学校では補食給食が約1/3を占めていた。

昭和51年から導入された米飯給食は、99.5％の学校で実施され、週に2.8回供されている。

完全給食を実施している公立の小・中学校のうち、単独調理方式をとっているところは45.6％、給食センターなど、共同調理方式をとっているところは54.4％であった。

5) 学校給食の効果

1日の栄養所要量に対する学校給食の割合は、エネルギーは33％、タンパク質40％、カルシウム50％、鉄33％、ビタミン類はおおよそ33〜40％になっている。

日本体育・学校健康センターの調査によると、給食が供される日では小・中学校の男女共にエネルギーはじめ種々の栄養素の摂取状況は良好であり、すべてが1日の栄養所要量を充足していた。これに比べ、給食のない土曜日にはエネルギー、タンパク質、カルシウム、鉄、ビタミン類（A, B_1, B_2, C）の摂取量は低下し、カルシウムと

鉄の摂取量は栄養所要量を下回っており，とくに中学生のカルシウム摂取の低下が顕著であった．

このように現代では，発育期にある児童・生徒にとって，学校給食をなくしてエネルギーおよび各栄養素の摂取を確保することはむずかしいといっても過言ではない．

また，学内における交流給食（同一学年，異学年，全校合同での給食），行事給食，バイキング・カフェテリア給食の実施，親子給食，招待給食，試食会などを通して家庭・地域との連携を図る試みなども行われている．これらの活動の効果に期待したい．

4. 子どもの食生活に関する気がかり

子どもの食生活に関する気がかりは，保護者側と専門職側からみた場合とでは異なることがある．保護者が訴える気がかりの中には，子どもの発達過程においてみられる当然の行動が含まれることが多い．

1) 保護者の気がかりの実態

厚生省（現厚生労働省）の調査によると，保護者の80％以上，日本小児保健協会の調査では60％近くが子どもの食生活上，困りごとがあるという．前者の調査では，遊び食い，むら食い，偏食，小食，食欲不振の訴えが多い．このうち，遊び食い，偏食，小食・むら食いに年齢特異性が認められている．

2) 摂食行動への対応

i) **遊び食い** この行動を食事上の気がかりとするか否かには異論があろう．とくに低年齢幼児では食具の使い方や摂食行動が未熟な時期であるので，この時期の食べ方は大人からみれば遊びのように受け止められることがある．しかし，摂食行動の未熟性は種々の経験を通して次第に完成されていく．それは，3歳以降になるとこの問題は減少していくことからうなずける．

ii) **むら食い，小食，食欲不振** 幼児期になると発育が次第に緩慢になるので，乳児期に比べ，一時的に食欲が停滞（食欲のむら）することがある．また，大人にも食欲の波，小食，大食があるように，子どもにもこのような現象が見られることを理解したい．これらの現象には子どもの体格，発育・活動状況，間食の与え方，家庭や食事環境，養育態度，子どもの心理状態などが関与する．小食や食欲不振の原因が疾病によるのか否かを確認したうえで，その原因を把握して対応する．

iii) **偏　食** 大人も子どもも，多かれ少なかれ食物に対する好き嫌いはあるが，幼児で偏食を訴える保護者は約1/4，この割合は3歳以降に増加しており，野菜が最も嫌われている．

小学生では，50～63％の者が食事の時に，嫌いなものをよく残すという．嫌われる上位3位には焼き魚，サラダ，刺身が挙げられており，魚や簡単に調理される野菜料理が敬遠されているようである．

偏食は子ども自身の問題よりも，家庭環境や養育態度が関与することが多い．家族の食習慣，食体験の不足，不規則な生活リズムや間食の摂取，食欲不振，甘やかしや食事の強制などが関与する．

iv) **夜　食** 1～4歳児において，22時以降に就寝する者の割合は，調査年ごとに増加している．夕食後，就寝まで時間が長ければ，夜食の摂取につながっていく．21時未満に就寝する者に比べ，それ以降に就寝する者に夜食の摂取回数が増え，とくにその差は23時以降に顕著であった．このような現象は，核家族化や少子化が進み，大人の生活リズムに子どもが余儀なく巻き込まれていることを物語っている．夜食の摂取は朝食時の食欲不振や欠食，虫歯，肥満の発生の原因になることはいうまでもない．

v) **食事環境** 子ども一人，または，子ども達だけで食事を摂る「孤食」が問題になって久しい．これまでの調査から，家

族揃って食事を摂るものに比べ，孤食をする者では食欲が劣り，また，摂取する食品数が少なく，栄養バランスも劣っていることが明らかにされている．食べることは人間関係のなかでなされ，人間の心の状態と食べることが密接に関係する．すなわち，子どもが楽しいと感じる食事環境は，子どもの心にも栄養を与えるのである．年少な時ほど，食欲は食事環境の影響を強く受ける．

　vi) 欠　食　ここ数年来，摂食上の問題として朝食の欠食が指摘されている．1～6歳児で朝食を週に1回以上摂らない者は約12%，とくに週に1～2回しか食べない者が約2%見られた．学童では朝食を食べない日の方が多い者と回答している者は小学生中・高学年でそれぞれ4%前後である．幼児が欠食する原因として，夜型の生活による生活リズムの乱れが挙げられる．一方，小学生では欠食する理由として食べる習慣がない，食欲がない，食べる時間がないなどを挙げており，これらの背景には夜型の生活や塾通いなどが関与しているものと思われる．発育期にある子どもにとって，欠食は発育や健康上，問題となることはいうまでもない．保護者の認識の改善を促したい．　　　　　　〔水野清子〕

　文　献

1) 厚生労働省：日本人の食事摂取基準，2005年版
2) 高野　陽ほか：小児栄養―子どもの栄養と食生活，医歯薬出版．2005．
3) 保育所における給食の在り方に関する調査研究（主任研究者：水野清子）．厚生科学研究（子ども家庭総合研究事業），平成12年度研究報告書．
4) 文部科学省スポーツ・青少年局：学校給食実施状況調査．2002．
5) 日本体育・学校健康センター：平成9年度児童生徒の食事状況調査報告書．1998．
6) 厚生省（現厚生労働省）児童家庭局母子保健課監修：乳幼児栄養の現状―平成7年度乳幼児栄養調査結果報告書．1997．
7) 日本小児保健協会：幼児健康度調査報告書（平成12年度）．2001．

生活習慣病予防

early prevention of life-style related diseases

　近代産業国家においては，便利で快適な生活に潜むいろいろな健康障害が，問題となってきたわけであるが，ことに身体的活動の低下，摂取エネルギー過多，脂質の多い飽食傾向そして競争社会における多種多様化した価値観やストレスの共存など，いわば都市型生活に伴ってみられるこれらの健康障害が，わが国でも広く蔓延してきている．厚生省公衆衛生審議会は，平成8年12月に生活習慣に依存して発症・進展する疾病を生活習慣病と呼ぶことを提唱した．成人慢性疾患の予防にとって，従来の「成人病」で扱われていた以上に子どもの時期から積極的に対応すべきであることが盛り込まれている．生活習慣は，食習慣，運動習慣，休養，喫煙，飲酒など成人病の発症・進行にかかわっている．これらの生活習慣病にかかわる諸因子は，大人となって突然に修正改善ができうるという性質のものではなかった．むしろ小児や若年の時期は，かような生活習慣を形成する重要な時期であり，対応が強く求められるわけである．この生活習慣病の予防のためには，それぞれの世代に応じた目標を決め段階的で集積的な予防策を行えるようにすべきである．このための小児期の方法論には，まず第1に幼児に対し家庭での保護者の生活習慣に関する指導を小児保健関係者が支援すること，第2に学校保健教育の立場から，学校における生活習慣病の健康教育を充実させる．それにはたとえば，実際の予防健診を利用するのも一案である．たとえ遺伝的な素因や環境要因として不利な立場であっても，健康的な生活習慣こそが，その発症・進展を抑止するなど，自分の健康は自分で守らねばならいものであることを自覚できるようにを目標に，スタッフとして家庭医や校医，養護教諭，栄養士，看護師，保健師，心理指導士および運動指導者などの活躍や充実が求められることになる．また，家庭崩壊による高度肥満や糖尿病，心因性の問題を抱えた事例については，現実には省庁の壁もあるが，療養所・養護学校や前席学校および病院との立体的指導の枠組についても構築される必要がある．

　現代社会における小児期からの生活習慣病予防は，保健所などの支援のもと幼小児期においても家庭における養育者の責務として行われるように，また，学童を対象に行われている生活習慣病予防のための学校保健教育の場とも有機的に結合し成人期へインテグレードさせてゆくべきである．

1. 学童期の生活習慣病対策の1つの方法
健診を通じた健康教育の価値

　概念的な講義のみのようなものではなくて，実際の健康診断的な内容を踏まえた健診を体験させた上で，生活習慣病予防の必要性を理解させるべきである．すなわち，生活習慣がもたらす健康障害が存在しうるということ，それをみずから人生のできる限り早い時に認識しうるように，そしてまた生活習慣病の危険因子をもっている場合にはどのように対応するのがよいか，といった内容を理解させ実践できるようにするのが本健診における目標である．このためには，健診の事前説明の際に，小学校4年生以上の生徒とその保護者が一緒にあるいは別々に養護教諭ばかりでなく，校医や専門家にも参加してもらうなどの努力を払うべきである．たとえば，肥満が生活習慣病の危険因子であるのはなぜか？肥満とは何か？肥満は実際の健診においてどのように判定されるのか？肥満であればどうすべき

なのか？などを認識してもらうわけである．高血圧や高脂血症も同様の説明を行う．この事前における説明はきわめて重要であり，生活習慣病における家族歴の聴取や以後の健診スケジュールを円滑に行う上でも重要な役割を担っている．そしてまた，事後の指導の際に再度解説が行われるはずである．ここで注意すべきは，この健診は狭義の検診ではないという点である．すなわち，疾患を発見し医学上の問題点を専門医が管理するようなものではないのである．したがってたとえば運動不足といった項目は，多くの生活習慣病の危険因子として現在および未来にかかわりをもちうるし，ほとんどの現在の成長期の子どもにとっては対応の必須の項目であって，ほぼ一律に指導がなされねばならないところである（集団的指導）．単なるラベリングを防ぐ意味でも，また肥満などのいじめの対象とされないための配慮として，肥満のみ抽出した対応よりも学校教育現場では好ましいという報告もみられるのであり，指導の共通性を意識して幅広く対応すべきである．

2. 児童生徒を対象とした生活習慣病予防健診の体制

学校保健教育関係者による協力しあった健診の体制づくりこそが，成長期の生活習慣病予防健診を有効に機能させる上で必要である．

健診の体系としては，①事前説明，②実際の体格血圧，採血など測定検査日，③事後指導の3つの系統に大別される．

①事前説明においては保護者にこの健診の意義と方法や流れを理解してもらい参加についての同意を得るわけであるが，各学校単位において校医や養護教諭，体育指導者，栄養士，そして校医あるいは学校保健担当の専門医などのいずれかが説明のため参加する．上述したようにこの事前説明については，家族歴の記載の重要性もおのず

と理解されるはずであるし，健診の全体に占める位置としても大変重要なものであることを認識すべきである．生活習慣病の家族歴は生徒の検査所見を判読する際にも貢献するところである．

②検査測定当日について，生徒のほとんどにおいてははじめて血圧を測定されたり，採血されたりする体験であり，緊張感をやわらげるための現場の対応を工夫することも必要である．このような体験は，自分自身の生活習慣と健康障害とのかかわりについての情報を得るために必要とされる最小限度の測定検査であることは，すでに事前の説明にてなされてはいるが，後の健診結果と合わせてやっと実感しうる内容に結びつく．この体験なくして，単に講義だけで真に成長期における生活習慣病の予防を実践させることは，絵に描いた餅に等しい．この意味で現場に立ち会う教師，看護師，養護教諭，医師などは生徒への理解を助ける役割として十分機能しなければならない．

③事後指導について，この健診の大変重要な点は異常を発見するだけに終わらない，やりっぱなしの検診ではないというところにある．すなわち，単にレッテルを貼るだけの検診であるならば，有害無益でしかないのである．事後指導にはいくつかの方法があるが，大きく分ければ集団指導と，個別指導とになる．集団指導の対象は，健診に参加したものすべてがその対象となる．専門家による講演，身体活動指導，栄養士などによる展示やイベント，パンフレットの作成配布，討論会なども企画される．上述したが，劣等感や差別化を防ぐのに集団指導は重要な役割を担うものであるということである．

個別指導の概念は，準医学的指導とでも呼べるものであるが，医学的な判断と実際の生活習慣上の問題点をより鮮明に個人の特異性に沿って指導しなければならない例がおもな対象となる．いいかえれば，成長

期の今はまったく臨床的には発現する可能性は低いが、将来其の危険性がいちじるしく危惧される例すなわち、ハイリスクと呼ばれる者がこの健診では予知されることがあり、このような例については、専門医の監督下に入るものの、日常の生活の仕方が実際に問われるわけであり、小児の生活習慣病においてトレーニングされた運動指導士や栄養士、養護教諭などスタッフの活躍するところとなる。実例として家族性高脂血症や合併症をもつ高度肥満例などは、個別指導を加えることになる。

3. 実際的な対処法
小児の肥満について

最近における子どもの肥満に関する問題点としては、次の5つが指摘できる。まず第1に、高度肥満の低年齢化と学童期における肥満治療についてかなり抵抗性を示し始めたこと、第2に、肥満に伴う現時点での糖尿病などの合併症の顕在化、第3に、高学年女児にてはまれに見かける拒食症へと進むケースがあること、第4は、不登校や心理情緒面における問題をかかえた肥満がいちじるしく増加してきたこと、第5に、子どもの時に高度肥満であると、成人肥満への移行もさることながら、生活習慣病の罹病率や死亡率が相当深刻な状態になることが知られてきたことである。

肥満改善のための具体的な対処法も今後ますます改良されねばならないし、また小児期からの肥満の予防が、これからの時代はきわめて重要な課題になる。小児でも肥満の合併症がすでに出現するという現実、そして未来にわたる生活習慣病への効率のよい予防は、正しい生活習慣を小児期から確立することにあるといえよう。この意味で、小児の肥満は飽食と身体活動減少の2大標的として集約されるような、家族家庭環境に依存した人為的な形成をなさぬように、家族の認識と協力のもと肥満予防に取り組まねばならないわけである。指導内容は、日常生活におけるチェックリストに該当する項目について、親子で意識した生活態度にきりかえてゆくようにすべきである。

また、「習慣として身体活動が活発に行えるようにする」ための行動目標は後述（p.188）のようになる。

4. 小児肥満のアプローチについて
1) 小児肥満の判定について

肥満とは小児であっても、体脂肪量の増加と定義されることに変わりない。したがって、厳密には体脂肪量を測定することが望まれるが、これは周知のように直接測定することは不可能である。現在、体脂肪として測定されているもののほとんどは間接法である。よって、体格指数による過体重の指標で代用することになるが、小児ではカウプ指数（体重g/身長cm^2、22以上を肥満）、ローレル指数（[体重g/身長cm^3]×10^4、160以上）、肥満度（[現体重－標準体重/標準体重]×100、20%以上）が用いられる。これらの指標による肥満の判定は、時に指導の必要性のない除脂肪量（free fat mass；FFM）の多い者も肥満と誤って判定されたり、逆にFFMが少ない体型では肥満の過少評価ともなりかねないので、視診や触診または皮脂厚計による上腕三頭筋背部中央や肩甲下部の皮脂厚の測定が判定の参考になる。視診で重要な点は、肩甲下部の皮下脂肪蓄積の状態が一目瞭然である時には、これは腹壁皮下の脂肪が多いことと相関し、また時には内臓脂肪蓄積をあらわす体脂肪分布の中心性蓄積としての合併症の可能性もある。さらに皮膚線条や頸部の黒色上皮腫も肥満の皮膚所見として認める。触診では、最初皮下脂肪をつまめないくらい脂肪細胞が緊満した状態を高度肥満において経験するが、指導による効果が進むと柔らかく皮下脂肪をつまめるようになる。成長曲線も症候性肥満と単純性肥満との鑑別、肥満の発症時期や誘因とな

ったエピソードの同定，さらに治療経過を追跡する上で参考になる．

2） 治療以前に確認すべき内容について
i） 家族歴について　単純性肥満は家族集積性が認められる．親が肥満である場合は3歳以下の低年齢から肥満を発症することもまれではない．また両親が肥満でなければ児の肥満は治りやすい．糖尿病や高血圧が二世代以上にみらるときには，児の合併症としてもとくに注意される必要がある．高コレステロール血症や60歳以前の若年性の心筋梗塞の患者が身内にいれば，肥満によるばかりでなく遺伝性の高脂血症も考慮すること．食事の仕方において早食いのみられる場合，家族の誰かがやはり肥満で早食いである例が多い．一人っ子，高齢初産，祖父母との同居も肥満の危険因子である．

ii） 肥満の発症時期　学童期の肥満は，5～6歳頃から過食が目立つ例が多い．間食や食事の仕方を注意する時期における親の対応がどうであったか，何か特別のエピソードが関係していたかどうかを確認しておくと以後の指導に参考となる．未熟児や幼児期早期に病弱であるとの理由で，時に過食の励行例もみられる．

iii） 食事調査　1日摂取カロリー，栄養摂取像の調査および家族の食行動パターンについての情報は親子別々に得ることもある．母親は子どもと一緒では，栄養士に正確な状況を述べないことがある．外食の回数，誰と食事をするのか，1日の食事回数やスナック菓子，清涼飲料水および肉食の回数について確認する．

iv） 身体活動の評価　学校外身体活動（20分以上）や塾通いは1週間のうちどれくらいか．テレビ，テレビゲームは1日何時間かも詳しく聞き取り，運動療法の指導の参考にする．

v） 医学的評価　小児肥満にみられる脂肪肝，高血圧症，耐糖能異常，高脂血症，睡眠時無呼吸などの合併症があるので，診察と必要な検査を行う．この中には，インスリン非依存性糖尿病，など入院治療による体脂肪の急速な減量を図る必要のあるものもある．

vi） 肥満治療についての「自覚」の確認，動機づけ　学童期以降は，本人に肥満について治療されねばならない理由を理解させ，自覚して肥満治療に向かわせるという努力が必要である．このために家族と一緒に十分時間をかけて話し合う．筆者は，日常生活における項目ごとに個人的な重みの違いや特性を考慮しつつ，具体的な対応法を説明しながら，自覚の確認と動機づけを行っている．一般的に体重グラフを継続して記録できる学童には自覚の表れとして治療成績の良いことが経験される．

3） 一般的な小児肥満の治療
小児の肥満は，成長期における肥満であることを考えて対応すべきである．厳格な食事制限による体重減少を行わねばならない例は，後述するように重症な肥満とその合併症を有するような場合に限定される．小児では毎年身長の伸びが期待され，現状の体重維持だけでも軽度の肥満であれば，早期に肥満は解消される．

小児肥満の治療の実際について肥満度30～50％程度の学童については，下記のごとくである．これらは医師1人の努力によるよりは栄養士，体育の専門家や理学療法士，看護師および心理療法士などとスタッフを組んで，子どもの生活時間や適した場所で，時にはグループで指導を行えるような状況が整備されるならば，その成果（減量への導入とその維持）をさらに高められると考えられるが，わが国ではまだ数少ない現状である．

i） 食事療法　学童期では一日摂取カロリーを1,600～1,700 kcal（必要量の15～20％減）とし，タンパク質，脂質，糖質の割合をそれぞれ20, 30, 50％にするという方法が一般的に行われていて効果が得られている．タンパク質は成長には必要

であり，制限し過ぎないよう注意をはらう．

ⅱ）**運動療法**　日常生活の身体活動を活発化させることと，学童肥満児の好む運動として水泳やゲーム性の高い運動の工夫，球技などを行えるよう指導している．専門家がいれば有効性が高いものである．運動量の設定の一応の目安は最大酸素摂取量の70％としている．

一般的に運動や身体活動に要するエネルギーは消費エネルギーのうちの10％であるが，これが十分に消費されないで日々脂肪蓄積にまわるのが問題なのである．とくに成長期においては脂肪細胞に対する運動の感受性は高い．高度肥満化は，その過剰な脂肪蓄積のため呼吸循環や交感神経機能の包括的障害が証明されるし，運動によりこれらの生理機能も改善される．小児の肥満対策ではもっと重視されるべきところと考えられる．

ⅲ）**行動療法**　指導の際，われわれは体系的ではないにしろとくに self monitering を中心に行っているものである．この療法のプログラムに参加しうる前提となる諸条件を完全に備えた肥満学童とその家庭がどれくらいいるのかも問題であるが，忙しい小児科医だけではまず実行しえないところであろう．また，わが国の状況からは未だ心理療法士がこの療法に十分に参加しうる状況になっていないと思われる．以下に，小児科診療において行われる具体的な行動療法の内容を列記しておく．

〈行動目標〉
①「食習慣を変える」
②「習慣として身体活動が活発に行えるようにする」

・食べ方への注意：　早食いを直す，肉食に偏らない．肉の部位による違い，お皿の大きさ，目にとまりやすいところに食べ物を置かない．

・体重コントロールにとって負となるような行為がどのようなものかを同定する：食べる早さ，いつも習慣化した二人前食，あるいは高カロリー食の選択，つまみ食い．

・記録カードや活動計画による身体活動の実行

・臨機応変的な身体活動の日常での習慣化：　学校まで歩く，階段を使う，横にならず座る．

・テニス，バドミントン，水泳などのスポーツによるリクリエイション領域を広げ深める．

・非活動的になる因子は何かを探求する：TV長時間視聴，ファミコン，帰宅後や食後のごろ寝，身体活動を嫌う友人の存在．

5．小児の高脂血症について

食事を含めたライフスタイルに関連することが多い．また遺伝的な高脂血症であってもその発現を完全には押さえられなくともライフスタイルによっては，増悪を招かずにすむ．指導は，現状における「暮らし方」の改善に意が注がれるべきである．一方，薬物療法に関する小児のコンセンサスは得られていない．成長期に高LDLコレステロール血症で動脈硬化がきわめて早く進行していると考えられるならば，まず陰イオン交換樹脂が勧められるであろう．最近では剤型が開発され飲みやすいものもでており，再評価されると思われる．HMG CoA還元酵素阻害剤などの新薬を用いた場合の長期の連用による副作用は未知数であるが，これらを要する場合がまったくないわけではない．しかし，小児の高脂血症への薬物療法は，特例を除き一般的な適応は限定されるものと考えられる．

1）**食事療法について**

学童期における高脂血症の治療の主体は，食事・運動療法である．最近における小児はとくに肉食に偏る傾向にあり，ファーストフードや外食産業への依存に注意を払う必要がある．コレステロールを低下さ

せる食品の摂取として大豆，食物繊維を多く含む野菜・海草類，不飽和脂肪酸（多価，単価），および低脂肪酪農製品に慣れさせるようにする．NCEP（National Cholesterol Educatoin Program）による高コレステロール血症への食事療法の勧告であるが，FH（家族性高コレステロール血症）やFCH（家族性混合型高脂血症）においては第2段階が勧められるが，これは日々の食事として行うと卵は1個すべてを食べられないという状態になるが，食事療法を長く習慣化させるには，たとえば1週間単位の総量計算の枠内であれば，誕生会などのイベントのおりにはアクセントをつけて許容する必要がある．

 i) **カロリー**　過剰なカロリー摂取は，肝での脂肪合成を促進する．このため脂肪肝や体脂肪として蓄積され肥満を増悪する．やはりインスリンの過剰分泌から高脂血症を合併しやすくなる．

 ii) **脂肪摂取**　飽和脂肪酸 SFA，コレステロールの取りすぎが血中脂質に影響することが多くの疫学的データにおいて示されている．Heagsted らによれば，ラウリン酸（C 12：0），ミリスチン酸（C 14：0）などの短鎖の SFA ほど TC 上昇作用は強く，長鎖脂肪酸のステアリン酸（18：0）はすぐ不飽和されてオレイン酸（18：1）となり TC は増加させないという．ヒトにおいて，成人では SFA の過剰摂取が肝における LDL レセプター活性を抑制して LDL の異化を遅延させ，高 LDL 血症をきたすといわれるが，小児における食事と LDL レセプター活性の関係は明確ではない．小児の場合，正常においては脂肪の負荷量や脂肪酸の種類も問題ではあるが，これが LDL レセプター活性を刺激発現させると思われることもある．もちろん，FH のように LDL レセプター活性が減少している例では SFA は制限されるべきである．

 n-6多価不飽和脂肪酸 PUFA の多い食事（P/S＝2）は，コレステロールを減らし血小板凝集能も抑制され，冠動脈疾患の死亡率を減らすことが報告されている．魚肉由来の n-3 PUFA を多くとるとエイコサペンタエン酸（EPA）やドコサヘキサエン酸（DHA）の血中濃度が増加し，血栓症の予防や VLDL の減少を示すことも知られている．SFA を減らし一価不飽和脂肪酸 MUFA を添加すると，TC を減らし HDL-C を低下させない，オレイン酸は TG を上げない，また LDL の酸化しにくくするなど，のために NCEP の勧告する脂肪酸組成には，MUFA が加えられている．

 iii) **タンパク質**　獣肉に含まれるリジンにはコレステロール吸収を促進し，LDL の異化を低下させるという．これに対してグリシンやアルギニンの大豆タンパクには，TC，LDL-C を低下させる作用がある．小児においても大豆タンパクによる効果が報告されている．豆腐，味噌，納豆などの大豆製品を減らさないようにする．

 iv) **食物繊維**　ペクチン，ガム類などの水溶性の繊維には腸管におけるコレステロール吸収阻害と，胆汁酸との結合を高め排泄を促進し，TC を下げる作用が知られている．野菜，海草類，穀物，豆類などから十分に食物繊維をとることも重要である．

 v) **抗酸化物**　LDL が酸化されスキャベンジャー経路としてのマクロファージへの取り込みを防ぐ作用を期待する食物としては，α-トコフェロールを含むカボチャ，ホウレン草，緑茶，果物がある．また，ビタミンCも野菜，果物に含まれる．人参，青海苔などには β-カロチン，そしてフラボノイドとしてリンゴ，タマネギ，茶類をとるようにする．

 2) **身体活動を活発に**

 運動や活発な身体活動を奨励すべき点としては，1つには HDL の増加，VLDL の低下や動脈硬化指数の低下といった脂質代謝の抗動脈硬化性への改善が期待できるからであり，第2に肥満や運動不足の危険因

子を排除しうること，第3にライフスタイルの形成上健康なストレスの発散方法の体得として意義深いと考えられる点にある．運動による血清脂質への影響として，早期に変化を示すのは TG 濃度の低下であり，多くの報告において男女，年齢および運動の有無にかかわらず，コントロールスタディにて共通した変化として認められる．この機序の説明としては，運動により脂肪組織や骨格筋のリポタンパクリパーゼ（LPL）活性が亢進し，TG リッチリポタンパクの異化が増加することや，血行力学的な影響としての血管緊張と内皮由来性 LPL 活性亢進，さらに慢性的な効果として組織でのインスリン感受性亢進とともに肝臓での TG 合成の低下によるものと考えられる．運動することの何が LPL 活性亢進をもたらすかについて，Weintraub らは最大酸素消費量と LPL 活性の相関を示している．

われわれの経験では FH や FCH において，上述した食事・運動療法で低下しうる TC, LDLC 値は，15％ ぐらいであり，そのレスポンダーも全体の 22％ であるのだが，将来薬物療法が用いられる際には大変有効性を発揮することとなるし，また他の危険因子をもたなければ，冠動脈性心疾患の発病を押さえられる可能性はきわめて高くなる．

3） 薬物療法について

薬物療法の適応には今後もなお多くの議論を要するところであろう．薬剤投与の開始年齢の目安が動脈硬化の病理象から十代半ば以降であること，食事療法後の効果を見て対応するという点，National Cholesterol Education Program（NCEP）の勧告では食事療法の効果が見られない場合，190 mg/dl 以上の LDLC 値の小児を対象とし，家族歴や本人に肥満や高血圧などの危険因子を 2 つ以上保有する場合には 160 mg/dl 以上が対象となる．そして薬物療法の目標は，血清 LDLC 値 130 mg/dl 未満に下げることに置かれている．

使用される薬物は，小児では胆汁酸分泌促進剤であるコレスチラミンが長期連用の安全性から第 1 選択，ニコチン酸がこれに次ぐ．これらの薬剤はおそらく NCEP の目標値に降脂させることは困難であろうし，コンプライアンスも悪いのが現状である．HMG CoA 還元酵素阻害剤は現在のところ小児への使用は長期の安全性の点でまだ確立していない．とくに思春期以降妊娠可能性が高くなる女子への投薬は問題の多いこと考えざるをえない．その他 FH ホモ接合体性には，HMG CoA 還元酵素阻害剤はレセプター活性がないことから有効ではないとされ，ニコチン酸が使用される，小児でもアフェレーシスを行う．

6. 小児の高血圧について

高血圧は，高脂血症や喫煙とともに動脈硬化の三大危険因子の 1 つに挙げられている．小児の高血圧は，1 つにはかような成人病予防としての観点とくに，本態性高血圧の小児期からの予防という未来志向的なところと，もう 1 つは原疾患に由来する二次性高血圧の診療という現実の問題とから構成される．小児の高血圧へのアプローチには血圧測定が基本となるのであるが，高血圧性成人病予防のための疫学的研究としてまた小児期からの高血圧スクリーニングとしても小児血圧基準値の設定は，今なおわが国において議論のあるところである．一方臨床的な小児高血圧症の診断や治療は，新しい検査法や新薬の登場により従来の様式とは変わってきたところもみられる．また，近年においては人の本態性高血圧の遺伝子解析が進むにつれ，これらの知見が小児期からの家族を含めた対処法にも将来変化がもたらすと予想される．小児血圧の諸問題の現実を述べてみたい．

一次性(本態性)高血圧小児の管理・指導について

i) 体重のコントロール 学校健診などの健常小児を対象としてスクリーニングされた学童の高血圧においては,先にも述べたようにその60%以上が肥満に伴っていたとする報告が多い.過食と運動不足の悪循環を断ち切る.肥満の食事療法については上述を参考にすること.多くの例では,体重減少に先行して降圧するが,中には家族性の高血圧を合併している例があり,肥満による血圧の高値化があり体重のコントロールと薬物療法を並行させる年長児もみられる.

ii) 塩分摂取の制限 欧米に比べわが国の食塩摂取量は多く,1987年の栄養調査では国民1人1日当たり11.7gである.厚生省によると日本人の努力目標は1日10g以下である.乳幼児期からつけもの,みそ汁などの塩分の多い味付けにならされるという影響は今日でも少なくない上,ポテトチップスやフレンチフライ,インスタントラーメン(1杯6g)に含まれる塩分量はかなり多く,この上さらにファーストフードとして飽和脂肪酸,過酸化脂質を多く取るのは高血圧児にも好ましくなく,また乳幼児期からの食習慣の形成上塩分への嗜好を減らすという方針からは,逆行している危険性が強いので注意が必要である.ことに家族歴を有する小児では日常での塩分への嗜好を減らすように,乳幼児期からの保健指導を家族歴を必ずチェックして行わなければ,減塩到達の目標はいつまでも困難なままである.

iii) 適度の運動 運動というと特別なように聞こえるが,日頃の身体活動を十分意識的に行う(基礎代謝を活発にする)こと,すなわち,食べてすぐに横になるとか,テレビや読書だけでまったく屋外に出るのを嫌う生活(高層マンション居住や階段のみの5階立て集合住宅),駅やデパートのエレベーターやエスカレーターをすぐ頼り階段を歩かない,またはせっかくスイミングへ行っても後は家でじっとしてまったく体を動かそうとしないなど,というのでは意味がない.運動というのは,このような日常の身体活動が確保された上に施行されて有効性を発揮する.高血圧児への明確な運動処方というものはないが,放課後の時間の取り方をまず問診し,家族の協力にてどのような運動が楽しく持続的に行えるか,居住環境との兼ね合いで決めることが,スイミング,長時間の歩行,ジョギング,野球,休日における野外活動を奨励する事例が多い.

iv) その他 薬物の服用との関連性も確認すべきである.小児期では副腎皮質ホルモンが問題となることがある.自律神経作用薬(エフェドリン,アンフェタミンなど)の服用や,最近では年長児では経口避妊薬(高脂血症もきたす)による場合もみられる.

〔岡田知雄〕

14. 子どもの健康と環境

環境汚染
environmental pollution

子どもは環境の中で育っていく．家庭生活や日常の活動のすべてが子どもにとっては環境であり，親や兄弟，周辺での人間関係，食事から遊び，温度，湿度，明るさ，音などが子どもの成育に影響している．この子どもを取り巻く環境が近年いちじるしく劣化していることが懸念されている．これらの環境のうち，公害あるいはいわゆる環境汚染物質として子どもの健康に影響する化学物質を環境汚染として取り上げ，子どもの健康への影響について述べる．

1. 環境汚染とは

近年，ゴミ焼却場から排出されるダイオキシンによる汚染が問題になり，さらに外因性内分泌攪乱化学物質（いわゆる環境ホルモン）による環境汚染が注目されるようになった．しかし，環境汚染が問題になったのは，ダイオキシンや環境ホルモンがはじめてではなく，有機水銀による水俣湾の汚染による水俣病やカドミウム汚染による神通川流域のイタイイタイ病，大気汚染として工場や自動車の排気ガスから排出される硫黄や窒素の酸化物による四日市や川崎などの喘息，鉛含有ガソリンの排気ガスからの鉛汚染などが問題になってきた．これらの汚染は，地域全体で目に見える健康被害が生じるため，大きな社会問題となり，予防対策が講じられるようになってきた．現在では対策により被害が生じなくなったものもあるが，未だ解決されない問題も多い．

一方，最近問題になってきたダイオキシンなどの汚染は，最初はベトナムでの枯れ葉剤による汚染や，PCB中毒とされ後にダイオキシンによる汚染であることが判明したカネミ油症のように，特定の地域の人に被害が現れ，従来の公害と同様に健康被害から注目されるようになった．しかし，非意図的に産生されて農薬や除草剤中に夾雑物として混入したり，ゴミや産業廃棄物の焼却中に生じることから汚染は広範囲におよび，ごく微量でも健康に影響する．このため，特殊な地域の住民だけでなく，すべての人の健康に影響が及ぶ可能性があり，環境問題として汚染が懸念されるようになってきた．プラスチックなどに含まれる内分泌攪乱化学物質も同様で，汚染源は本来自然界に存在するものでなく，われわれがつくり出し，近代生活の中で使用している物質の中に，エストロジェン様の作用を有し人々の健康に影響する物質が含まれることが明らかになり，その対策が求められるようになってきたのである．

最近では，生活様式の変化により職場や家庭内で発生する揮発性物質や塗装剤などの化学物質が，一般の人には影響を与えない程度の量であっても，特定の人には過剰な反応を起こす，いわゆるシックハウス症候群で苦しむ人が増えてきていることも問題になっている．この場合は単一の化学物質に反応するだけでなく，多数の化学物質

が関与して過敏症を起こしている可能性もあり，新たな環境汚染として今後取り組むべき課題になっている．

環境汚染はこのようにいくつかの類型に分けられるが，いずれの場合にも，個々の物質の環境中の濃度はごく微量のことが多く，しかも多くの人が汚染された環境で生活しているので，現在の汚染程度の濃度で人類にどの程度の影響が現れているかを明確にすることは必ずしも容易ではない．

しかし，動物や魚類では影響が報告されいることから，人への影響は否定できず，しかも汚染の影響が現れるとすれば胎児や子どもが最も被害を受ける可能性がある．このため，今後の人類の生存や質の低下を防ぐには環境汚染対策は妊婦と小児を中心に考えるべきであり，汚染の軽減こそは現在の大人に課せられた重要な課題である．

2. 環境汚染と対策
1) 重金属汚染

水銀とくに有機（メチル）水銀は水俣病の原因となり，感覚障害，運動失調，求心性視野狭窄，難聴などを生じ，重症になると昏睡となったり死亡する．母体を通じて胎児に蓄積した場合には，胎児水俣病として知能障害，言語障害，共同運動障害，四肢変形，原始反射の異常，流涎などの神経や発育発達の障害が認められる．水俣での汚染の後にも阿賀野川流域や世界各国でメチル水銀汚染で胎児水俣病の発生が報告されている．胎児水俣病は毛髪中の水銀が50 ppm 以上になると発生するとされ，最近では有機水銀汚染の排出の規制によりわが国では典型的な胎児水俣病の発症は認められなくなった．しかし，水銀は天然にも存在し，水中のバクテリアにより有機水銀に変えられるので，魚類に濃縮して蓄積される．最近になって 10 ppm 程度の微量の汚染でも胎児の神経発達に影響するのではないかと懸念されるようになり，米国のFDA（食品医薬品局）は妊婦の魚の摂取を通じての胎児への水銀汚染が懸念されるとして，メチル水銀の含有量がとくに多い4種の魚種：Shark（サメ），Swordfish（メカジキ），King Mackerel（ヨコシマサワラ），Tilefish（アマダイ）を指定して，妊婦，授乳婦，幼い子どもが摂取することは避けるべきであり，他の魚は低濃度なので安全だが 1 週間の摂取量は 12 オンス（約 340 g）以内が安全であると勧告している[1]．

魚は低脂肪で高品質のタンパクや n-3 系脂肪酸の有効な供給源であり米国でもその摂取が勧められているが，成人でも有機水銀の摂取量が多いと n-3 系脂肪酸の効果（心筋梗塞の発症予防）が低下する可能性も示唆されており[2]，今後は公害としての水銀ばかりでなく，通常の食事からの水銀汚染も問題になる可能性がある．

このほか鉛は，自動車のガソリン中への添加が禁止されたことから，わが国では汚染は問題にならないと考えられていたが，小児の環境では絵の具や蓄電池，遊具の塗料などによる汚染が問題になり，東京都ではガイドラインを作成して，子どもの活動する場所での鉛を含まない塗装とくに防錆塗料の使用を呼びかけている[3]．

重金属としてはカドミニウム，ヒ素なども環境汚染として対策が講じられているが，子どもへの影響の面からの見直しが必要であろう．

2) 大気汚染

昭和 30 年代にわが国の産業のいちじるしい発展があり，大きな製鉄所，製鋼所，石油コンビナートが建設された．これらの工場から排出された大気汚染物質により住民に健康被害が多発した．二酸化硫黄（SO_2）がおもな原因と考えられ，四日市ぜんそく，川崎ぜんそくなどと呼ばれる呼吸器疾患が生じた．また，工場や自動車からの排出物質による大都市の大気汚染や光化学オキシダントによる光化学スモッグなども社会問題となった．さらに自動車の排気ガスに含まれる鉛により東京の新宿区柳

町交差点などで住民の血中鉛が中毒レベルになっていることが問題になった。その後、公害に対する訴訟が起きたこともあって、国は1970年に公害対策基本法を制定し、水質汚濁、大気汚染、騒音、振動、悪臭、土壌汚染、地盤沈下を公害として規制するようになった。このような規制により、脱硫装置や煙の濾過による煤塵（浮遊粒子状物質）の減少などにより次第に大気汚染は減少してきた。また、ガソリンへのエチル鉛の添加の禁止や排気ガスの規制が行われ、自動車から排出される汚染物質は減少した。しかし、自動車数の増加により浮遊粒子状物質や窒素酸化物（NO_x）、多環芳香族化学物質による大気汚染はあまり改善されず、中でもトラックやディーゼルエンジン車からの排出が多いので幹線道路沿いの住民の健康被害が問題になっている。

3) 喫煙と受動喫煙

タバコは嗜好品として愛用されるが、環境汚染物質として考えると喫煙者にとっても非喫煙者にとっても、その健康障害は他の汚染物質と比較にならないほど大きい。

喫煙は癌、喉頭炎、肺気腫、気管支炎、冠動脈疾患、末梢動脈疾患、消化管潰瘍、不妊、流産、胎児発達異常、骨粗鬆症、血栓、塞栓など多くの健康被害を生じるが、喫煙者のみでなく、受動喫煙による他人とくに胎児や小児に及ぼす影響も深刻である。母親の喫煙による早産は非喫煙者の1.5倍、周産期死亡率は1.2～1.4倍、低体重児出生は2倍となり、奇形の発生や生後の心身の発育への影響も報告されている[4]。

わが国の成人男子の喫煙率は53.5%（平成12年）と先進諸国の中ではきわだって高く、女性も20代では23.2%が喫煙している。また、最近では若年の喫煙も注意を受けることなく放任される傾向にあり、若年者でも15～19歳で男子19%、女子4.3%が喫煙しているとされ、中学1年で男子22.5%、女子16.0%の報告もある[5,6]。

健康に影響を及ぼす影響は喫煙期間が長いほど大きいことが知られており、わが国の女性の平均寿命が長いことには過去の女性の喫煙率が低かったことが貢献していることも指摘されている。生活習慣の形成が大切な子どもの時期の喫煙が将来の健康に及ぼす影響はきわめて大きいこと憂慮すべきである。

喫煙者がいると環境中の空気の清浄化は換気を良くしてもきわめて困難であり、上述の喫煙率から見ると換気が十分でない家庭内で受動喫煙を強いられている子どもは多く、胎児期から影響を受けている可能性も高い。

受動喫煙による子どもへの影響としては、下気道感染症、気管支喘息、肺炎、中耳炎、小児癌の増加などのほか、身長の伸びが悪く、知能も低くなる。ADHD、SIDSの頻度の上昇も注目されている。タバコの煙にはニコチンをはじめ4,000種以上の化学物質が含まれるとされ、CO、ニコチンのほか、ベンゾピレン、ナフチルアミン、ニトロソアミンなど200種以上の発癌物質、発癌促進物質が含まれ、これらは副流煙中にも多く存在するので受動喫煙からの健康被害は大きい[7]。また喫煙により鉛やダイオキシンの摂取も多くなり、これらによる児への影響も懸念される。

4) 内分泌攪乱化学物質

環境省は内分泌攪乱作用を有すると疑われる化学物質67種を挙げている（表14.1）。これらの物質の中には、殺虫剤、除草剤、殺菌剤などとして使用されていたDDT、クロルデン、ディルドリンなどが含まれ、このうち19種の物質は、その毒性のためにすでにわが国では使用が規制または禁止されている。しかし、これらの物質は環境中に残存する性質があり、また脂溶性物質が多く、母乳を介して乳児は高濃度に汚染する可能性がある。

上記の67種のほかにも、内分泌攪乱作用が疑われる物質も多いが、わが国の環境

表 14.1 「環境ホルモン戦略計画 SPEED '98」(1998 年 5 月,環境庁）で,内分泌撹乱物質を有すると疑われる化学物質として挙げられた 67 物質

1. ポリ塩化ビフェニール（PCB）	35. トリフェニルスズ
2. ヘキサクロロベンゼン（HCB）	36. トリフルラリン
3. ペンタクロロフェノール（PCP）	37. ノニルフェノール
4. 2,4,5-トリクロロフェノキシ酢酸	38. ビスフェノール A
5. ヘキサクロロシクロヘキサン,エチルパラチオン	39. フタル酸ジエチルヘキシル
6. クロルデン	40. フタル酸ジ-n-ブチル
7. オキシクロルデン	41. ベンゾ（a）ピレン
8. trans-ノナクロル	42. アジピン酸ジエチルヘキシル
9. 1,2-ジブロモ-3-クロロプロパン	43. ニトロトルエン類（4-ニトロトルエン）
10. DDT	44. マンゼブ
11. DDE, DDD	45. アミトロール
12. アルドリン	46. アトラジン
13. エンドリン	47. アラクロール
14. ディルドリン	48. ケルセン
15. ヘプタクロル	49. エンドスルファン
16. ヘプタクロルエポキサイド	50. ベノミル
17. メトキシクロル	51. マンネブ
18. マイレックス	52. メトリブジン
19. ニトロフェン	53. シベルメトリン
20. トキサフェン	54. エスフェンバレレート
21. アルディカーブ	55. フェンバレレート
22. キーポン（クロルデコン）	56. ペルメトリン
23. メチラム	57. ジネブ
24. ビンクロゾリン	58. ジラム
25. フタル酸ジペンチル	59. フタル酸ブチルベンジル
26. フタル酸ジヘキシル	60. フタル酸ジエチル
27. フタル酸ジプロピル	61. 2,4-ジクロロフェノール
28. ダイオキシン類	62. ポリ臭化ビフェニール類（PBB）
29. 2,4-ジクロロフェノキシ酢酸	63. フタル酸ジシクロヘキシル
30. シマジン	64. ベンゾフェノン
31. カルバリル	65. オクタクロロスチレン
32. マラチオン	66. スチレン 2 量体・3 量体
33. メソミル	67. n-ブチルベンゼン
34. トリブチルスズ	

中に存在する程度の汚染量で,どの程度の影響が認められるかが問題になる．しかし,ダイオキシンを除けば,その人間への影響とくに乳幼児への影響が調べられた物質はほとんどないのが現状である．

　i) **ダイオキシン**　ダイオキシンは polyclor-di-benzodioxin（PCDD）と polyclor-di-benzofuran（PCDF）の構造をもつが,多くの異性体があるのでその毒性の強さ（TEF）から物質に含まれるダイオキシンの量を毒性等価量（TEQ）として表現し

ている．polyclorbiphenyl（PCB）の中にもダイオキシンとしての毒性をもつものがあるのでこれも加えてダイオキシン類として表現する．

　1968 年に北九州で生じたカネミ油症や 1979 年の台湾での油症は,PCB 中に生じた PCDF が製造中の米糠油に混入し,汚染された油を摂取した人に健康被害が生じた[9]．症状は黒色の分泌物を排出するニキビや肝機能傷害などで,胎児にも影響して皮膚の黒い赤ちゃんや知能発達の異常が報

告されている．ダイオキシン類は農薬や消毒剤を産生する際に夾雑物として生じるので，ベトナムでの枯れ葉剤散布の際に多量にまかれ汚染が生じた．その後ダイオキシン類を含んだ農薬などは使用されなくなったが，ゴミや産業廃棄物を焼却する際に生じやすく，とくに塩化ビニールを焼却する際に生じることから社会問題になった．

ダイオキシン類はきわめて安定な脂溶性の物質で，水に溶けないため，農薬に混じって散布されたり焼却場から排出したダイオキシン類は地面に残り，不溶性のため穀物などに濃縮することはないが，土などの微粒子とともに河川から海に流れ，それを摂取した生物が食物連鎖により次第に濃縮するために，高位に位置する生物ほど汚染が強くなる．人では魚，肉，乳製品などの食物の摂取によりダイオキシン類が体内に吸収される．体内に入ったダイオキシン類は消化管から吸収され，やがて脂肪内に蓄積するが，いったん蓄積した物質は体外に排泄されることがほとんどなく，蓄積濃度は年齢とともに増加する．唯一の例外は母乳で，母乳中には母親の脂肪が大量に分泌されるため，脂肪に溶けていたダイオキシン類も母乳中に分泌され，母親は授乳することにより体内蓄積量が減少する．しかし，乳児は母乳を哺乳することにより大量のダイオキシンを摂取することになる．

ダイオキシンの耐容一日摂取量（毎日摂取し続けても安全であると考えられる量）は 4 pgTEQ/kg である．わが国の初産婦の生後1カ月の母乳中のダイオキシン類濃度は全国平均で 25.2 pgTEQ/gFat である．哺乳期間の経過とともに次第に低下し，10カ月哺乳した後には初期の母乳の約3分の2の濃度になるが，母乳中の濃度と哺乳量とから計算すると乳児は毎日 TDI の20倍以上のダイオキシン類を摂取していることになる．このように乳児は成人に比し多量のダイオキシンを摂取するので健康被害が懸念されるが，厚生省の研究班はこれまでに悪影響が疑われたと報告されている発育発達，甲状腺機能，免役機能，アレルギーなどにつき1歳時に調査を行い，ダイオキシンによると考えられる異常は認められなかったとしている[10]．母乳の哺乳期間は1年間であり，ダイオキシン濃度は近年次第に低下し1970年代の約半分になっている．母乳には多くの利点があるのでダイオキシン汚染を理由に母乳を中止する必要はないが，今後とも子宮内での胎児汚染と母乳からの汚染を避けるために，母親の体内蓄積を少なくするように環境汚染を減少させていくことが必要である．

ii) その他の内分泌攪乱化学物質

卵胞ホルモン作用を有するジエチルスチルベストロール（DES）は，かつて流産防止のために処方されたが，本剤を妊娠中に服用した母体から出生した子どもは，成人となった後に膣癌や内性器の異常を発症することがある．この原因として，胎児期はごく微量の内分泌物質により，発育が調節されているので，成人には影響が認められない程度の軽微な量的あるいは質的な内分泌環境の変化でも，胎児の内分泌のみならず，神経や免疫など多くの機能に影響を及ぼすのではないかと考えられる．

現在環境中に存在する程度の量の汚染で，ヒトの乳幼児に影響が認められたとする報告は，ポリ塩化ビフェニール（PCB）による乳児の甲状腺機能や知能発達への影響などを除けばほとんどない．しかし，これまで問題になってきた環境汚染物質の場合のように，成人を中心として生命や健康に及ぼす危険が問題になったのと異なり，外因性内分泌攪乱化学物質では，こうした目に見える異常が生じていない場合でも，微妙な変化が母体を通じて子どもに現れる可能性がある．しかも DES の経験から，小児期には影響がないと思われていても，成人となった後に影響が出ることがあるとすれば，何十年も経過しないとその安全性が明らかにならないことになる．このた

め，環境ホルモンとして内分泌機能を攪乱する物質は，生活が多少不便になっても，「疑わしい物質は使用を禁止」する方がよいとの考えが出てくる．

母乳中にはダイオキシンを始め，PCB，DDT，HCB，ディルドリン，クロルデンなど多くの農薬や殺虫剤など脂溶性の物質が分泌される．これらの物質は母体内に蓄積しているので胎児にも影響が及ぶ可能性があり，環境中への排出を抑えるような製造や使用の禁止が必要である．また，プラスチックの可塑剤（フタール酸エステル類），界面活性物質（ノニルフェノールなど），樹脂原料（ビスフェノール A）などは動物で精子形成や生殖への影響が知られているので，哺乳瓶や玩具への使用や医療器具への使用制限など，とくに小児や妊婦への影響を考慮した規制が行われるようになってきている．

おわりに

ダイオキシンや内分泌攪乱化学物質などの胎児や小児の健康への影響が懸念されているが，これらの物質は単独で作用するだけでなく，複合して影響することも考慮しなければならない．タバコや飲酒の影響は明らかになっているが，他の環境汚染物質と複合して影響する可能性もあり，胎児や小児へ及ぼす影響を考慮に入れた対策に早急に取り組むことが必要である．

〔多田　裕〕

文　献

1) FDA Consumer Advisory：An Important Message for Pregnant Women and Women of Childbearing Age Who May Become Pregnant About the Risks of Mercury in Fish，March 2001.
2) Guallar E, Sanz-Gallardo MI, Veer PV, et al：Mercury, Fish Oil, and the Risk of Myocardial Infarction. NEJM **347**：1747-1754, 2002.
3) 東京都環境局：化学物質の子どもガイドライン—鉛ガイドライン（塗装編）—, 2002.9.
4) 森山郁子：嗜好品と周産期—タバコの影響. 周産期医学, **29**：469-473, 1999.
5) 厚生省：平成10年度 喫煙と健康問題に関する実態調査, 1999.
6) 星　旦二：女性・青少年の喫煙と禁煙支援. 日医雑誌, **127**：1031-34, 2002.
7) 田邊清男・木戸　進：喫煙による健康被害と禁煙による効果—妊産婦・胎児・幼児. 日医雑誌, **127**：1059-1062, 2002.
8) 後藤公彦：禁煙による医療費削減効果—年3兆2000億円. 日医雑誌, **127**：1064-65, 2002.
9) 環境庁ダイオキシンリスク評価研究会監修：ダイオキシンのリスク評価, 中央法規出版, 1997.
10) 多田　裕：母乳栄養とダイオキシン. 小児保健研究, **59**：3-8, 2000.

喫煙と医療費

　喫煙するか否かは自己決定事項であり，健康被害はみずから選択したので他人の干渉は受けないとする人が多い．しかし，喫煙による疾患や死亡に対する社会全体の医療費の負担は大きく，わが国では毎日約444人が喫煙により殺されていると報告されている[6]．喫煙による医療費の負担は国民医療費30兆円の少なくとも10％に相当し，喫煙する人もしない人も，成人1人あたり年間5万円程度の喫煙による医療費を負担している．このまま喫煙を放置すると医療費はさらに増加するが，禁煙すれば経済効果は年間3兆2,000億円にも及ぶと試算されている[8]．これらの試算には受動喫煙や地球環境へ及ぼす影響は除かれており，これらを考慮するとその影響はさらに大きくなる．

アレルギー
allergy

　アレルギー疾患の発症と経過には，遺伝学的な体質的な要因と環境に依存する物理的・化学的・生物学的な要因の双方が，複雑に関連して影響を与えていることはよく知られている．最近前者についての研究が進み，ことにアトピー素因については，関係が深い遺伝子が具体的に研究されているが，ここではこれについては割愛し，後者すなわちさまざまな環境要因の諸問題，ことに子どもの生活環境とアレルゲンについて，育児の立場からみてみよう．

1. 子どもの年齢とアレルギー疾患

　はじめに子どもの年齢別にみたアレルギー疾患とその特徴を概観し，育児における問題点をまとめておこう．
　表14.2に各種のアレルギー疾患の子どもの年齢別の頻度の傾向を示した．すなわちまずアトピー性皮膚炎は乳児期から幼児期早期にかけて最も目立ち，気管支喘息は幼児期から学童期に，アレルギー性鼻炎は幼児期後期から学童期以後に問題となることが多い．また食物アレルギーは乳児期から幼児期に，薬物アレルギーはむしろ年長児に多く認められる．アナフィラキシーや蕁麻疹などは，全年齢を通じて散発する．
　個々の子どもでもこの傾向はみられる．典型的な例を示すと，まず生後1〜2カ月で乳児湿疹といわれたものがしだいに全身に広がってアトピー性皮膚炎と診断されるようになり，1歳を過ぎるころから「かぜ」症状の後に喘鳴と咳が遷延することを反復し，そのうちに呼吸困難の発作がみられるようになると気管支喘息と診断される．それとともにアレルギー性鼻炎の存在も指摘されることが多い．このような経過をアレルギー・マーチと呼ぶことがあるが，子どものアトピー疾患が常にこのような経過をたどるわけではなく実際はかなり多様であるので，アレルギー・アラベスクと呼ぶほうがよいという説もある．いずれにせよ，子どものアレルギー疾患にはこのような年齢的な傾向があることは理解しておくべきであろう．

2. 育児からみた子どものアレルギー疾患

　子どものアレルギー疾患を成人のそれと比較すると，一般に表14.3に示すような特徴がみられる．
　前述した子どもの年齢による疾患の種類の変移とともに，同じ疾患でも年齢によって病態に差がみられることは子どもの特徴である．また子どものアレルギー疾患は治療によく反応し，成育するにつれて寛解あるいは軽快する場合が多いので，これを上手に利用して治癒に導くことが奨励されていることなども成人といちじるしく異なる

表14.2 アレルギー疾患の頻度

	乳児	幼児	学童	思春期	成人
気管支喘息	時に	多い	多い	多い	多い
アレルギー性鼻炎	少ない	時に	多い	多い	多い
アトピー性皮膚炎	多い	多い	多い	少ない	時に
食物アレルギー	多い	時に	時に	少ない	少ない
薬物アレルギー	少ない	少ない	時に	時に	多い
アナフィラキシー	少ない	少ない	少ない	少ない	時に

表14.3　子どものアレルギー疾患の特徴

1. 年齢によって見られる疾患の種類が異なる．
2. 年齢によって同じ疾患でも病態が異なる．
3. アトピー性の疾患がほとんどである．
4. 自然に寛解する場合が多い．
5. 治療によく反応するものが多い．
6. 合併症が成人とまったく異なっている．
7. 心身の鍛錬が有効なことが多い．
8. 家庭や学校などの環境の影響が大きい．
9. 両親の関心・理解と治療への熱意が予後に影響する．
10. 心理的な問題のみで発症するものはまれである．
11. 授乳・離乳・給食など，成人にはない問題がある．
12. 発症の予防についての試みがされている．

表14.4　育児からみたアレルギーの問題点

1. 妊娠中の母親の生活
　　食物，薬剤，嗜好，環境
2. アレルギー素因児の発病前の発見
　　家族歴，臨床検査
3. 乳児期の栄養法
　　母乳栄養，人工・混合栄養，離乳
4. 発病予防の対策
　　食物，薬剤，環境
5. 軽症のうちの早期の診断と対策
　　生活指導，薬剤，臨床検査
6. 幼児期の生活
　　食物，家庭環境，保育所・幼稚園，鍛錬
7. 学童期の生活
　　食物，家庭環境，学校，趣味・スポーツ，鍛錬，心理的な問題
8. 思春期
　　本人の自覚，学校・社会生活，心理的な問題，職業・アルバイト，受診は小児科か内科か

点である．また成人ではアレルギー疾患の早期発見と早期の治療介入が最近話題となっているが，子どもでは一歩進んで，疾患の発症そのものを予知予防する試みが従来から検討されていることも強調しておきたい．

しかしながら子どもでは，成人にはない独特の問題があり，その対策に留意する必要があることも忘れてはならない．以下これらについて育児の立場から簡単にみてみよう．表14.4にそのあらましを示した．

まず乳幼児では，母乳栄養か人工栄養かという問題がある．周知のように母子相互作用の確立や感染抵抗力の付与をはじめとして，母乳栄養が人工栄養より優位である要因は多いが，従来通説であった母乳栄養のアレルギー疾患の予防効果については，これを疑問とする学説がしだいに増している．ことに気管支喘息などの呼吸器のアレルギー疾患については，母乳栄養の予防効果は認められないとする学説が有力である．ただしこのことは，全体としての母乳栄養の有用性を否定するものではないことに注意してほしい．母親が摂取した食物の成分はほぼすべて微量ながら母乳中に分泌されるから，アトピー素因をもつと考えられる乳児の母乳栄養では，母親の食事内容にも配慮が必要であり，時に制限が課せられることもある．しかしその指導は経験ある小児科医によって適切になされるべきであり，あいまいな知識のみで不当に過剰な制限を行ってはならない．

牛乳に対してアレルギーを示すことが確実な乳児を人工栄養しなくてはならない場合は，大豆乳や低アレルゲン化処理をした特殊な育児用粉乳などを用いて哺育するが，この際もその実施に当たっては小児科医の指導が必須である．

次に乳児の育児で問題になることは，離乳である．鶏卵，牛乳などで食物アレルギーをきたすことが確実な乳児はもちろん，必ずしも明らかでない場合でも，状況によっては離乳の開始・進行の方法や与える食物の内容について，きめ細かい注意と指導が必要である．その際には常に子どもの発育・発達と栄養状態を勘案して適切な方針を立てることが重要であり，これこそまさに小児科医の真価が問われる場であるといえよう．

離乳が完了して幼児期になると，この食物によるアレルギーの問題はしだいに軽

減，解消してゆくことが多いが，子どもによっては依然問題が残る場合もある．その際にはこの時期になると家庭以外における生活時間が増えるので，食物の管理にかえって困難を増すことがしばしば経験される．

もちろん乳児期にも同じ問題があるとはいえ，幼児期以後は家庭外での活動もますます多くなるので，生活環境にあるアレルゲンを吸入したり，接触することによるアレルギー反応がますます重要になる．皮膚反応や血清 IgE 特異抗体検査でもそのことは証明される．したがって後述する環境のアレルゲンに対する認識やそれらを排除する努力は幼児期以後ますます必要性を高め，アレルギー疾患に対する対策の基本となるのである．

保育所，幼稚園，学校などにおける集団生活をかなりの時間にわたって行うことも，子どものライフスタイルの成人と異なるところである．アレルギー疾患の子どもの育児については，家庭生活のみならずこれらの集団生活に関する配慮も忘れてはならない．それぞれの年齢の段階についてそれぞれの注意すべき点があるが，ここでは年長の子どもの学校生活に関するアレルギー疾患の子どもの問題点を表 14.5 に示すにとどめよう．

これらの問題点について保護者は学校側とよく連係して，患児がスクールライフをより安全に，かつ楽しく過ごせるように努めなければならない．

3. 子どものアレルギー疾患と環境
1） アレルゲン

生活環境にある物質はいずれもアレルゲンとなりうると考えられるが，実際に問題となる物質はそれほど多くない．表 14.6 に主なアレルゲンとなる物質を示した．

これらのうち食物性アレルゲンは，ことに小児のアレルギー疾患との関係が深く診療上重要であるが，表題からはずれるので割愛し，ここでは育児の環境との関係が最も問題となる吸入性および接触性アレルゲンのみについてみてみよう．

吸入性アレルゲンは，気道より体内に侵入し主として気道のアレルギー疾患をもたらすが，その多くは同時に接触性アレルゲ

表 14.5 アレルギー児の学校生活の問題点

1. アレルゲンの回避
    →ハウス・ダスト，花粉，飼育動物，真菌，食物
    （教室，掃除，作業，校庭，給食，校外活動）
2. 環境の不適当
    →冷暖房，換気，日照，湿度
3. 予防接種
4. 教師・級友・校医の理解と協力の不足
    →治療行為への無理解
    （服薬，吸入，マスク，給食，遅刻・早退）
    →級友への教育・指導の不足
    （冷やかし，いじめ，甘やかし）
    →主治医・家族との連絡の不足
    （発作対策の遅れ，事故）
5. 教師・級友の精神的・心理的な支援
6. 喘息発作の予防と対策，ことに運動時や校外活動時
7. アトピー性皮膚炎の皮膚のケアー
    →運動の後，水泳，作業，工作など

表 14.6 おもなアレルゲン

1. 吸入性アレルゲン
    室内塵，チリダニ類，真菌類，動物皮屑，昆虫，花粉，繊維，寝具材料など
2. 接触性アレルゲン
    繊維，金属，ラテックス，蜂毒など
3. 食物性アレルゲン
    鶏卵，牛乳，穀類，魚・肉，ゼラチン，果物，野菜など
4. 薬物性アレルゲン
    抗生物質，抗けいれん薬，解熱鎮痛薬，ワクチン，血液製剤，化粧品など

表14.7 精製アレルゲンの例

1. ダニ： Der p 1, Der p 2, Der f 1, Der f 2
2. スギ： Cry j 1, Cry j 2
3. ヒノキ： Cha o 1
4. シラカバ： Bet v 1
5. ブタクサ： Amb a 1
6. ネコ： Fel d 1
7. イヌ： Chan f 1
8. アルテルナリア： Alt a 1
9. 卵白： Gal d 1
10. タラ： Gad c 1

ンともなりうるもので，家屋塵，チリダニ，真菌，花粉，ペットのふけなどが代表的である．中でもチリダニや動物のふけなどは感作されている患者の数が多く重要であり，花粉は花粉症の元凶として注目される．これらの主要なアレルゲンについてはその構造が明らかにされ，精製アレルゲンが研究されている．表14.7にその代表的なものを示したが，このような精製アレルゲンの研究はアレルギー疾患の診断や，免疫療法をはじめとする治療に進歩をもたらすものとして期待される．

小児のアレルギー疾患患者における各種の吸入性アレルゲンに対する感作頻度は，対象児の年齢，疾患，生活環境，検査方法，調査年次などにより多様であるが，乳児などの年少児を除き多くの場合は家屋塵とチリダニ類が最も頻度が高く，真菌や花粉がこれに次ぐが，最近ではペットのふけの頻度が増加している．おもなアレルゲンについてみてみよう．

家屋塵は種々の物質のカクテルであるが，中でもチリダニ，昆虫などの虫体や死骸，あるいはその排泄物などが重要である．チリダニではことにコナヒョウヒダニとヤケヒョウヒダニが世界共通な主要アレルゲンであり，それぞれ精製抗原が得られている．真菌でアレルゲンとして重要なものは不完全真菌類で，アルテルナリアやアスペルギルスなどが知られている．ペットのアレルゲンとしてはネコ，イヌが双璧であるが，ウサギ，マウス，ハムスター，小鳥など多彩である．ことにネコなどでは，家庭で飼育していなくてもいずれかで感作され，過敏となっている場合がある．昆虫アレルゲンとしてはチョウ，ガ，バッタ，ゴキブリなどのほか，ユスリカが気管支喘息を誘発するアレルゲンとして注目されている．花粉類はおもにアレルギー性鼻炎や結膜炎の原因となり，まれには気管支喘息を起こす．スギ，ヒノキ，シラカバなどの木，ブタクサ，カモガヤ，ヨモギなどのイネ科，キク科などを中心とする草の花粉が重要である．このほか枕に用いるソバガラ，カポックなどもアレルゲンとなることが多い．

接触性アレルゲンも小児でも問題となることがある．上記の種々のアレルゲンが皮膚や粘膜に接触した際に症状をきたすことが多いが，衣服の繊維や金属の装身具などがアレルゲンとなることもある．最近ラテックスがアレルゲンとして成人で注目されており，小児でも注意が必要であろう．

2) アレルゲン以外の環境因子

公害としての大気汚染の問題は他の項に譲り，ここではおもに室内の環境を汚染し，小児のアレルギー疾患に悪影響を与える因子についてみてみよう．

室内を汚染する化学物質としてはまず建材やこれに関連する材料から発生するものがあり，ホルムアルデヒド，トルエン，キシレン，防蟻薬，可塑剤などがこれに含まれる．次に暖房器具から発生する排気ガスの成分で，CO_2 や浮遊粒子物質などがある．また室内の消毒や殺虫に用いられる薬剤，ことに噴霧剤や薫蒸剤が気道を刺激し，仏壇の線香や強い香りの香水や化粧品もときに環境汚染の原因となる．

3) 育児環境の改善方法

以上述べたアレルギー疾患児の育児に不適当な環境を改善するための方法のうち，家庭で行えるものの概略を表14.8に示した．

表 14.8 アレルギー児のための家庭環境の整備

1. アレルゲンの除去
   1) 掃除機と拭き掃除による清掃の徹底
   2) 不要なじゅうたんの撤去
   3) カーテンや家具の清掃
   4) 不要な装飾品や家具の撤去,布製ソファは避ける
   5) 寝具の清掃と殺菌消毒,防ダニふとんやカバーの利用
   6) 水場や押し入れのカビ対策
   7) 花粉シーズンは窓を閉める
   8) 温血動物のペット飼育禁止
   9) エアコンなどのフィルターの清掃
   10) 生け花や観葉植物などの制限
   11) 縫いぐるみの制限,清掃
2. 室内微気象への配慮
   1) 過度の加温,加湿を避ける
   2) 適切な換気
   3) 窓の開閉やカーテンの使用の工夫
   4) 日照の加減
   5) 衣服の調節
3. 室内空気の汚染の防止
   1) 禁煙の励行
   2) 適切な換気
   3) 非換気型暖房の禁止
   4) 化粧品,殺虫薬,清掃薬,消毒薬,防臭薬などの適切な使用
   5) 調理による煙や匂いに注意
   6) 線香や香への対策
   7) 空気清浄器などの使用
   8) 工作や美術などの材料への配慮

　ダニや真菌類を除去する対策には,室内の温度とともに湿度の調整が重要である.ことに寝室や居間を,掃除機により十分に清掃する.室内を整理し,家屋塵が溜らぬようにする.じゅうたんや敷物はなるべく撤去する.寝具にも注意し,洗濯や乾燥,殺菌をまめに行う.高密度繊維を用いた防ダニふとんやカバーを使用することもよい.縫いぐるみやペナント,鉢植えの植物などもなるべく置かないようにする.また室内で飼う温血動物のペットは,アレルギー疾患では禁物である.
　室内の空気を汚染しないために暖房器具に配慮し,換気にも注意を払う.場合によっては空気清浄機を設置することも有益であるが,十分機能を果たす機種を選ぶ必要がある.室内での喫煙は厳重に禁止すべきであり,ことに同居する家族の喫煙は,患児の居室以外においても禁止する.
　着衣の繊維が重要なアレルゲンとなる場合はそれほど多くないが,衣服の種類によってはことにアトピー性皮膚炎などの悪化の原因となることがある.
　自動車の排気ガスをはじめとする大気汚染が,患児に有害であることはいうまでもない.住居を選択できる場合は,工場や幹線道路の近くを避けるなどの配慮をすべきである.

〔早川　浩〕

15. 子どもの発達障害

軽度発達障害とは―症候論的診断
mild developmental disorder：symptomatological diagnosis

1. 拡がる発達障害の枠
「発達障害」という概念の枠が急速な拡がりをみせている．その拡がりは，もはや発達障害への言及なくして育児や子どもの適応を語れない時代が到来したとの印象を抱かせるに十分なものといえる．

従来，子どもたちの不適応行動の多くは，子ども自身の気質や親子関係および家庭環境などに原因を帰して理解される傾向にあった．しかし近年，軽度発達障害（mild developmental disorder）に関する知識の集積にともない，そうした不適応行動の多くが軽度発達障害によるものとして位置づけられ，発達障害としての然るべき対応方法の必要性が訴えられるようになってきた．

後述するように，精神医学界は症候論を基に，単純には疾病といえない発達の偏りや教育上の問題についても積極的に診断分類を行うようになっている．これに追随する形で，教育界でもそれまでは通常学級に潜在していた軽度発達障害児（「LD」「AD/HD」「アスペルガー症候群」など本章各項目を参照）の発見とその対応に乗り出している．21世紀に入ると，文部科学省は戦後最大の障害児教育改革に向け，数年のうちに相次いで報告書を公表している（たとえば障害児教育の方向性を示した報告書「21世紀の特殊教育の在り方について」や，全国の小中学校に潜在する軽度発達障害児の実態を調査報告した「今後の特別支援教育の在り方について」，それを踏まえての軽度発達障害児への「教育支援体制の整備のためのガイドライン」など）．

時代は，親や教師が子どもの問題行動に対応しようとする場合，まずクリアしなければならない観点として発達障害の可能性を用意したのである．

そこで本章では，軽度発達障害を中心にその症状と診断および支援について解説することにより，現代の育児問題の一端を明らかにしていくこととする．

2. 病因論と症候論
従来，精神医学は，障害（disorder）の診断に際して，疾病（disease）と同様に，単一の原因が想定される病因論（etiology）を重視していた．つまり，因果論的な疾病理論を背景にした診断・治療が行われていたのである．しかし近年では，病因論は脇に置かれ，ともかく類似したいくつかの特徴的な症状（symptoms）が確認される場合にその集積をもって症候群（syndrome）とし，診断体系の中に位置づけていくという手法，すなわち症候論（symptomatology）がとられるようになってきた．これは，ことの成り立ち（内在するもの：病因）はさておき，今ある条件（顕現しているもの：症状）で同定するという操作的定義である．こうした動向により，従来は診断がむずかしかった軽度の発達障害に関して，医学モデルからのアプローチが容易に

3. 症候論の波及

症状の有無によって診断する上述の医学モデルは，特定の症状の軽減をターゲットとする対症療法的なアプローチを体系化するうえで大いに役立っている．その最たるものが，急ピッチで進む薬（とくに中枢神経系用薬）の開発と，その知見である．相次ぐ新薬の開発の一翼をになっているのが，実はこの症候論的診断を基にする医学モデルなのだといっても過言ではない．同じ薬が，たとえばうつ症状の緩和や強迫症状に，さらには自閉症状（とくに同一性保持）の緩和にと，特定の症状をターゲットとして利用されるようになってきているのだ．

ここで懸念されるのは，医学界のこうした動向をしっかり踏まえようとするあまり，親や教師，さらには療育関係者までもが従来から培ってきたそれぞれの視点からの子ども像を放棄し，医学モデルの前で受動的な構えに終始することである（本章 p.218「障害受容―歓待としてのインクルージョン」参照）．確かに，軽度発達障害という概念が周知されることで，親も教師も，自分はむずかしい問題（子ども）を抱えていて大変なのだということを周囲に表明して援助を求めやすくなっていく可能性は大である．その意味で，軽度発達障害という概念が流布することによる恩恵は計り知れない．しかし，医学の厳密で複雑な理論体系を気にするあまり，目の前の子どもを理解しようとするその眼差しに曇りが生ずるようなことがあってはならない．親や教師が医者になる必要はないのだ．

4. 診断分類の連続性

ところで，症候論的診断の代表例として挙げることのできるDSM-Ⅳ（アメリカ精神医学会の診断統計マニュアル第4版）などは，各診断分類が独立していることを前提とした分類（categorical classification）である．つまり，たとえばアスペルガー症候群（Asperger syndrome）はいくら落ち着きがなく衝動的でも，決してAD/HDではなく，あくまで別物という考え方である．

しかし，実際に子どもと接する場面でのアセスメント（見立て）では，診断分類の連続性（spectrum）を前提とした分類（dimensional classification）が有用となってくる場合が少なくない．この連続性をたとえるなら，虹の可視スペクトラムを想像するといい．人間の目が感知する色は何百万色にも及ぶといわれるが，実際にわれわれが虹に見る色は7色である．しかし虹は決して7色ではないのだ．ある部族では4色の色しか見ないのである．その文化が色に名前を付けることで，現実に見る色が決定されるのである．症候群も同じである．たとえ同じ症候群に分類されたとしても，その症状（色）が同じ種類・強さとは限らないのだ．

また，目の前の子どもを理解しようとするとき，その子の特殊性（障害名）を強調するあまり，他の子たちとの違いにばかり目が行くようであってはならない．連続性を前提とした理解の仕方が重要である．たとえば，真面目過ぎる学者肌の子や芝居がかった成りきりタイプの子からアスペルガー症候群までは1つながりである．気分にムラがあり好奇心旺盛，何でも度が過ぎてしまうお調子者のすね屋さんからAD/HDまでも1つながりである．記憶の苦手な子，リズム感の悪い子，文章の読解力が弱い子，不器用で工作が苦手な子からLDまでももちろん1つながりなのである．

5. 適応という視点

症候論で忘れられがちなのは，症状というものが，障害がありながらも子どもなりに適応しようとする過程で生ずる副産物であるという認識である．ちょうど生体が疾病から回復しようとして発熱という症状を

出すように，問題行動という症状は，適応しようとしての結果なのである．「あれができない，これもできない，だから何々の対応が必要なのだ」という直線的な発想だけでは，障害がありながら何とか適応しようとする生活者への想像力を欠いてしまうことになる．大切なのは，専門家がとりがちな認識「××障害の○○ちゃん」ではなく，家族や友達が覚える「○○ちゃんが見せる××障害としての行動」という感覚を忘れないことである．

また，適応という視点からは"情動"の果たす役割の重要性を指摘しうる．人は，情動によって自らの行動をまとめあげ，相手の受け取り方に情緒的影響を与えながら，環境形成そのものに加担するのだ．ところが，軽度とはいえ発達になんらかの障害があると，二次的に情動調整（emotion regulation）がむずかしくなり，自己コントロールや情動的な交流がうまくいかなくなる．その結果，いつもイライラしていたり，一方的な人間関係に固執したり，否定的な対人記憶を強く残してしまうといった問題行動が生じることになる．こうした情動の働きは，さまざまな症状（の顕現）を強めたり弱めたりすることになる．

軽度発達障害という概念の登場は，これまでの健常か遅滞かという二元論（dualism）を排し，唯一無二の個に即した理解へと一歩踏み出す準備が整いつつあることを予見させるものである．そのための知を提供できるかどうか，軽度発達障害という概念の真価が問われるところである．

〔平岡雪雄・島　智久〕

文　献

1) 下山晴彦：臨床心理学における異常心理学の役割．講座臨床心理学3 異常心理学I（下山晴彦・丹野義彦編），pp. 21-40，東京大学出版会，2002.
2) 須田　治：情動アセスメントの考え方と実際．社会・情動発達とその支援（須田　治・別府哲編），pp. 160-170，ミネルヴァ書房，2002.

自閉症（1）―自閉症のさまざまな成分

autism（1）: various ingredients of autism

1943年，アメリカの児童精神科医レオ・カナー（Kanner, L）がはじめて症例報告をして以来，自閉症に関する議論は多岐にわたって展開されてきた．現在，病因論（etiology：前項参照）としては脳内の神経伝達物質の代謝異常が明らかになりつつあり，いくつかの遺伝子の変異が想定されてはいるが，脳神経学的な原因が特定されたわけではない．診断はしたがって，症候論（symptomatology：前項参照）を援用した症状のチェックリストによる問診が中心で，子どもの示す行動・症状や生育歴などの記述的内容に依拠している．DSM（アメリカ精神医学会の診断統計マニュアル）では，広汎性発達障害（pervasive developmental disorder；PDD）の1つとして位置づけられている．

1. 自閉症のおもな症状

自閉症は，年齢によって症状の現れ方に違いがあるだけでなく，知的発達水準や気質によっても症状の現れ方に大きな差異が生じてくる．そのことを考慮しつつ，現在は，共通する障害として以下の3つの症状にまとめられている．

i）**人的相互反応の質的な障害**　社会性の発達の障害．人から働きかけられても無視していたり，一方的にかかわっていったりする．相手の気持ちに共感し，かつ相手の視点で物事を考えることが苦手で，その場の雰囲気を読めない．

ii）**意思伝達の質的な障害**　言語発達およびコミュニケーション能力の障害．実用的な話し言葉が極端に少なく，気に入った台詞や同じ質問を繰り返す．単調な話し方で助詞が入らず，オウム返しを多用する．身振りを理解しようとせず，相手の身体を直接使って要求の実現をはかる（クレーン現象）．

iii）**興味・活動の限局と常同的・様式的な行動**　パターンを繰り返し，特定の物事へとこだわっていくことで，ミニカーやアルファベットをひたすら並べたり，パズルや一覧表を完成させたりする．常同的に身体を動かす（手をヒラヒラさせる，ぐるぐる回る，ピョンピョン跳ねるなど）．変化を嫌い，同じ道，手順，配置などにこだわる．そうした「こだわり」は，表面化せずとも思考の柔軟性を欠く極端な律儀さとなって表れる．

以上のような三大特徴の観察が可能となる以前から，つまり乳児期から，自閉症の初期兆候を挙げることができる．おもだったものを列記すると，抱かれやすい姿勢をとらない，抱き手の顔を見ない，突然の大きな音にも驚かない，喃語をほとんど出さない，親の後追いをしない，呼んでも振り向かない，頭をぶつけるなどの痛い思いをしても泣かない，ベソをかくような抑制の効いた泣き方をしない，邪魔をされても怒らない，「ちょうだい」「どうぞ」などに応じない，指さしをしない，etc.である．

また，既述の三大特徴以外にも，自閉症特有の傾向がある．「感覚の異常と一貫性のなさ」である．たとえば，斜めからものを見る，特定の音に耳をふさぐ，極端に偏食がある，何でも鼻を近づけてモノの臭いをかぐ，全身を締め付けられる感覚に耽る，痛みに鈍感，etc.である．そして，これらの感覚に対する反応は時によって異なる（一貫性がない）のである．

2. 自閉症スペクトラム障害

近年，認知・言語などの発達は比較的良好で，自閉症としては軽症と思われた子が，学齢期以降に不適応を起こすケースが

少なからずあることが判明してきた.高機能自閉症 (high-functioning autism) またはアスペルガー症候群 (Asperger syndrome) の存在である.彼 (彼女) らを理解する上で,認知や言語とは別次元の,社会・情動的 (socio-emotional) 発達障害を説明する"自閉症の成分"が想定されるようになってきた.自閉症スペクトラム障害 (autistic spectrum disorders) という視点である.それは,自閉症の成分を想定し,その成分量に応じて,自閉症状を少し示すタイプから極端に示すタイプまでに同定しようという発想だ.ちょうど光の可視スペクトラム (虹) には実際に色の境界線が存在しないのと同じように,自閉症状の差異 (強弱) も連続性 (spectrum) で捉える必要があるというわけだ.

こうした動向に呼応する形で,自閉症と診断されるケースが増えてきている.以前は1万人に3～4人程度のまれな障害と考えられていたが,1990年代に入った頃から1万人に60～90人程度の,決してまれな障害ではないことが判明してきたのである.

ところで,スペクトラム的視点において高機能自閉症とアスペルガー症候群とを捉えた場合,その両極はどのように表現できるのであろうか.高機能自閉症が視覚・空間認知に優れ,言語の発達に遅れが出やすい傾向にあり,アスペルガー症候群は逆に聴覚・言語認知に優れ,不器用である場合が多く,演技じみた感情表現をする傾向にある.結果的に,図やイラストで理解するのを得意とする傾向にあるのが高機能自閉症であるのに対し,アスペルガー症候群では文章による理解を得意とする場合が多いのだ.ただ,これらの特徴が障害の本質に規定されたものなのかどうかはまだわかっていない.

では一体,"自閉症の成分"とはいかなるものなのであろうか.

3. 自閉症のさまざまな成分

これまでいろいろな心理学的仮説が検討されてきている.それらはみな,自閉症のさまざまな側面を照射しながら,昨今の自閉症観をつくり上げている.その成分ともいうべきキーワードをいくつかここに挙げておく.

i) 心の理論 (theory of mind)　1980年代,自閉症の中核的な問題を言語・認知発達の障害から社会・情動発達の障害として捉え直す契機となった概念.自閉症児は,相手の抱いている感情や意図・信念などを推察し理解する能力に根本的な障害があるとして,言語・認知障害説では説明のつかない自閉症状の発生機序・形成過程に迫ろうとした仮説.しかし,説明範囲の問題 (興味の限局や常同的な行動についての説明が不十分) や発症時期の問題 (心の理論が開花するのは4歳前後であるのに対して自閉症状が顕在化するのは1～2歳) があり,この概念のみで自閉症を説明するには不十分である.

ii) 実行機能 (executive function)　1990年代以降,脳をスキャンする装置が相次いで開発される中,前頭葉が司るものとして注目されるようになった脳機能.目標を実現していく上で,目の前の事態に対し工夫して問題解決を図ることを可能にする脳機能のこと.柔軟にものごとを捉え,方略を練り,不適切になった行動は速やかに停止するなど,円滑な日常生活には欠かせない情報処理能力.AD/HDを説明する概念としても重視されている.自閉症では,同一性保持や常同行動が現れる原因の1つに,この機能が十分に働かないことが想定されている.

iii) 求心的統合力 (central coherence)　無意味・無秩序を嫌い,何らかの関連・法則をそこに見出そうとする人間の性向を指す.自閉症はここに問題があるために,その場の雰囲気や文脈などを感知せず,全体よりも部分にばかり関心が向いてしまう

と説明される．標識，商標，数字，アルファベットなど，生活に散在する断片にばかり興味を抱き，図鑑的知識を機械的に収集し，パズルなどに高い能力を発揮する傾向が，この求心的統合力の欠如態で説明される．

　iv）**共同注意**（joint attention）　叙述の指さし（"あっ，～があるねぇ"などの気持ちを込めた指さし）に代表されるように，他者と同じものごとを感知しているという意識を，他者と同時に共有すること．この機能がうまく働かないことで，乳児期からディスコミュニケーション状態が続くと考えられる．

　v）**情動調整**（emotion regulation）期待感や不快感，不安感といった種々の緊張を適度な水準に保ち，相手の感情に訴えるように働きかけていくこと．自閉症児にとって，緊張を適度に調整することはむずかしく，新しい刺激は嫌悪反応を引き起しやすい．その結果，対人的刺激はいきおい不快なものとなり，自閉症児をして愛着（attachment）の形成を難しくさせていると考えられる．母親が抱こうとすると身体をのけ反らせたり，褒められても得意がることがないといった，乳児期からの関係障害を説明し得る概念である．

　vi）**接近‐回避動因葛藤**（approach-avoidance motivational conflict）　自閉症児が恐怖心から人を避ける傾向を動因の葛藤で説明した概念．愛着形成が困難な状態を説明しようとした1970年代の動物行動学的用語．近年，高機能自閉症者の手記による感覚過敏（sensory sensitivity）や，大脳辺縁系の扁桃体の機能（刺激に対する接近‐回避の価値判断）が明らかになるにつれ，再び脚光を浴びることになった．

　vii）**知覚変容現象**（perception metamorphosis phenomenon）　外の世界が非常に生き生きとして感じられ，わけもなく侵入的で迫害的・脅威的な様相を呈する一方で，いともたやすく心踊らされて没頭してしまうほどに魅力的なものとして映るなど，感覚過敏を基にした現象．この現象は，さまざまな感覚防衛（視線回避，耳ふさぎ，触覚防衛など）や同一性保持，自己刺激的な感覚遊びへの耽溺といった行動の誘因となる．

4．家族支援の基本

　自閉症への療育・援助方法は百花繚乱している．しかしいかなる方法を利用するにせよ，何よりもまず（薬物療法も含め）自閉症児の示す過剰な敏感さに狙いを定める必要がある．どのような治療法も，自閉症児の日常が安定しなければその効果は望めない．自閉症児の過敏さと関係する諸問題（感覚過敏，回避行動，パニック，同一性保持，睡眠障害など）は，互恵性（reciprocity）の少ない親子関係の原因となり，親に無力感，悲しみ，怒り，罪悪感といった精神状態を容易にもたらすのである．

　親と自閉症児の"あいだ"を支援することからすべては始まる．　　〔島　智久〕

文　献

1) Dawson G and Lewy A：自閉症児の覚醒と注意と社会情緒的障害．自閉症―その本態，診断および治療―ed by Dawson G, 野村東助・清水康夫監訳）．pp. 47-69, 日本文化科学社，1994.
2) 小林隆児：自閉症の関係障害臨床―母と子のあいだを治療する―，ミネルヴァ書房，2000.
3) Simon Baron-Cohen（長野　敬・長畑正道・今野義孝訳）：自閉症とマインド・ブラインドネス，青土社，1997.
4) 須田　治：情緒がつむぐ発達―情動調整とからだ，こころ，世界―，新曜社，1999.
5) 山上雅子：自閉症児の初期発達―発達臨床的理解と援助―，ミネルヴァ書房，1999.

自閉症（2）—アスペルガー症候群と共通感覚

autism（2）：Asperger syndrome and common sense

レオ・カナー（Kanner, L；アメリカ合衆国）は，1943年に世界で最初に自閉症の症例（狭義の自閉症）を報告した．翌年，1944年にハンス・アスペルガー（Asperger, H；オーストリア）が，カナーの症例とは異なる行動特徴を示す4症例を「自閉性精神病質」と名付け報告した．この報告はドイツ語であったことから英語圏ではあまり注目されなかった．また，カナーの症例との類似性からアスペルガーの症例は長らくはカナーの自閉症の亜型くらいにしか思われていなかった．その後DSM（精神疾患の診断，統計マニュアル）を始めとした診断マニュアルの確立や，広汎性発達障害（pervasive developmental disorder：広義の自閉症），自閉症スペクトラム（autistic spectrum）というような診断概念の包括化に伴い，自閉症と診断されるものが増えてきた．また知能の遅れのない自閉症に光が当てられる中でアスペルガーの症例報告が再度見直され，今日「アスペルガー症候群（Asperger syndrome）」として注目されている．

1. アスペルガー症候群の診断と症状

DSM-IVでは，自閉症の診断基準の3項目，①対人的相互反応の質的な障害，②意思伝達の質的障害，③興味・活動の限局と常同的・様式的な行動，のうち②の意思伝達の質的障害の条件を欠く場合にアスペルガー症候群と診断される．つまり自閉症の症状から"言葉の遅れ""コミュニケーションの問題"を除いたものがアスペルガー症候群ということになる．しかし自閉症における対人関係の特有の困難が「心の理論（theory of mind）」の獲得の遅れで説明されるように，ほとんどのアスペルガー症候群においても，コミュニケーション場面での問題を抱えることが実際は多いのである．言語獲得は正常で，むしろ語彙は豊かで大人びた喋り方であるにもかかわらず，相手の心が見えず，共感性を欠いた受け答えになったり，相手からのメッセージを字義どおりに受け止めてしまい，メッセージの背景にある感情や意図が理解できなかったりする．

例えば，
・「お疲れさま」という挨拶に対して「今日は疲れることはしていません．」と答える．
・電話の応答で「お母さんはいらっしゃいますか？」という問いに対して「います．」と応え，そのまま当然のように受話器を置いてしまう．

というようなやりとりになってしまうのである．

そしてこの"言葉の遅れのなさ"が他方アスペルガー症候群の診断の難しさにもなっているのである．狭義の自閉症児が乳幼児期から示すさまざまな行動特徴の中で，言葉の遅れが診断指標として最もはっきりしており，それゆえに早期の発見が可能となっているともいえるのである．多くの自閉症児をもつ親は子どもの言葉が出ないことを心配の契機とすることが多い．しばしばそれが耳の聞こえの悪さを疑う訴えともなる．いずれにせよ言葉の遅れのある子どもたちが比較的早期に専門的療育を受けられることになるのに対し，アスペルガー症候群においては認知や言葉の遅れがないゆえに，児童期まで診断がずれ込む，否，診断を受けないままで過ごしてしまうことが多いのである．事実彼らの様子は一見したところでは，いわゆる自閉症のイメージからは程遠く，「障害」というよりむしろ限りなく「普通」に近く感じられる．そのよ

うなアスペルガー症候群の症状は，各発達段階において周囲とのかかわりでどのような状態像を示すか以下に述べてゆく．

2. 乳幼児期

狭義の自閉症と同じく，アイ・コンタクト（eye contact）のとりにくさをはじめ，前項「自閉症（1）」のさまざまな成分に列挙されている特徴を示す．しかし上述したように言語面での発達が標準内におさまるため乳幼児健診で通過してしまう，あるいはフォローされても個性のうちとみられてしまうことが多いようである．

幼児教育の段階に入ると，集団行動はとらず，先生の指示には従わずマイペースに動き回る．換気扇に見入ったり，早くからアルファベットを読んだりと，自己の興味のみに没頭しカタログ的な知識の世界を構成する．また園での音刺激に耳ふさぎをしたりなど，感覚過敏（sensory sensitivity）に基づく感覚防衛行動も認められる．しかしまだ集団行動の枠がゆるい幼児教育においては，ここでも子どもの個性あるいは親のしつけの問題とされてしまうことが多いのである．

3. 学童期，中学期

小学校に就学すると，それまでの幼児教育と異なり集団行動が学校生活のほとんどとなる．いよいよ浮き上がった存在となってゆく．また集団行動を要求される機会も増え，パニックや暴力的な反応，あるいは奇妙な応答（周囲からはふざけていると見られる）になったりする．学校という雑多な刺激環境のなかで，予定変更などの事態に非常な不安と混乱を示すこともしばしばみられる．たとえばある子どもは，1年生の最初の避難訓練のサイレンの音に非常な不安反応を示し，それ以降年間行事の予定表を全部暗記した．友人関係では言語コミュニケーションが増えるにしたがって，集団を避けたり，あるいはマイペースで一方的にかかわってゆく行動になったりする．こだわり行動から周囲との軋轢が生まれたり，また身ごなしのぎこちなさ，独特な変わった表情なども加わって，からかわれたり，いじめの対象とされることもしばしば見られてくる．

高学年になると徐々に相手の気持ちがわかるようになり，また周囲も本人の行動傾向に馴れることと相まって安定した学校生活になる場合もある．また逆に周囲とのトラブルが絶えずいじめが深刻化したり，感覚過敏が高じたり過度のストレス状況で不登校になる場合もある．中学進学に伴う周囲のメンバーの変化は，新たな適応までの危機的な期間をもたらす．しかし学年が進むにつれ周囲の状況への理解も進み，「オタク」「変人」あるいは「学者」などと呼ばれながらもなんとか学生生活をおくる場合も多い．

4. 青年期，以降

障害として認知される以前も，アスペルガー症候群は当然存在した．大人としての彼らはやはり「ちょっと変わった人」から「変人」「非常識な人」「人嫌い」「喋りすぎ」「博識な人」「変わった趣味の人」etc.と周囲から呼ばれながら存在してきたのである．当然これらは単なるパーソナリティの偏りではなく，この障害ゆえの個性としてあるのである．その個性を形づくる大きな要因は，知的な遅れが伴わない（少なくともIQ 70以上）ことにある．上述したようにすでに幼児期から健気にも，社会的適応のための数多くの知的対処がなされているのである．そのストレスへの対処の結果，奇妙な行動様式になったり，驚異的な暗記力の活用になったりする．青年期に入ると周囲の人間と自分との違いが自覚化され，周囲の人と自然に交流できない自分に悩むことにもなる．われわれがごく自然にもつ自我意識，感情，それに伴う共通感覚（common sense），その上にたってなされる

立ち居振る舞いの自然さが,彼らには不思議なことなのである.

しかし,ここでも知的対処がはかられる.われわれが場面に応じたあり方,表出を直観的に行うのに対して,それらを1つ1つ学習して周囲に合わせることになるのである.この自覚化の程度,加えて知的対処の巧みさの程度において青年期以降の状態像はきわめて多様なものとなる.つまりほぼ完璧に一般の人に近い状態から,上述したような偏りをもちつつ適応してゆくことになる.対人的距離感や感情の文脈的共有などコモンセンスに基づく行動が,直覚ではなく学習性のものゆえ,対人関係における操作性が高まり,過剰となってとめどもない駄洒落家になったりもする.さらに,さまざまな人物の模倣という操作は「もの真似」,周囲とのギャップの滑稽さの操作は「お笑い」というような芸にさえなり得るであろう.このような「何者にでもなりうる」という存在様態は,アイデンティティの分裂,さらに「何者にもなりえない」という統合失調症様の「自明性の喪失(loss of natural self-evidence)」,精神そのものの崩壊の危機に隣接しているのである.

今後の課題

アスペルガー症候群の広汎性発達障害のなかでの位置づけは,未だ研究者によって異なり統一的ではない.たとえば従来いわれてきた高機能自閉症とは同じなのか,別のものか議論の分かれるところである.いずれにせよ自閉症とその近縁関係にあるこれらの障害がより包括的かつ斉合的に定義づけられ,広く世の中に知らしめられることが望まれる.そも自閉症そのものが,一般的にいろいろなイメージをもたれやすい.さらにアスペルガー症候群は専門家においても認知されて日が浅く,上述してきたように親をはじめ,子どもにかかわる保育士,教師においても正しく理解されずにいることが多い.知能の障害が伴わずとも,障害としての適応の困難に差はない.むしろ周囲から「障害」とは思われないことから不当な評価,処遇を受けているものも多いと思われる.症状の一部共通性からAD/HD,LDとみなされていることもありうる.育児のより早期からの障害の理解,サポートが肝要である. 〔平岡雪雄〕

文 献

1) Blankenburg W(木村 敏・岡本 進・島 弘嗣共訳):自明性の喪失―分裂病の現象学―.みすず書房,1978.
2) 内山登紀夫・水野 肇・吉田友子:高機能自閉症・アスペルガー症候群入門―正しい理解と対応のために―,中央法規,**2002**.
3) Wing L(久保紘章・佐々木正美・清水康夫監訳):自閉症スペクトル―親と専門家のためのガイドブック―,東京書籍,1998.
4) Wing L., 内山登紀夫:ハンドブック『アスペルガー症候群を知っていますか?』,日本自閉症協会東京都支部,2002.

AD/HD（注意欠陥/多動性障害）—行動抑制の障害

attention-deficit/hyperactivity disorder：behavioral inhibition disorder

1. 最近の"学校教育"現場から

思慮浅く，根拠のない自信をもち，感情を急変させて刹那に生きる．これは幼児の特権である．ところが近年，小学生や中学生になってもこの幼児期の特徴をそのままにしている子どもが増えている．退屈に耐えられず，楽しみを求めて安易に騒ぎ立てる子どもたち．注目を浴びたがり，平然と大人をばかにした言動をとる子どもたち．たとえ好きなことであっても根気強く粘って成し遂げる経験に欠け，些細なことで被害者意識をもつ子どもたち．

彼（彼女）らが注意欠陥/多動性障害（AD/HD）なのかといえば，決してそういうわけではない．彼（彼女）らの多くは，騒いでいる最中でも頃合いを見計って切り上げ，叱られるのを上手に回避することのできる要領のよい子どもたちである．ところが，彼（彼女）らの中の一部にAD/HD症状を示す子どもたちがいて，煩雑で騒がしい雰囲気の中，軽い興奮状態のまま区切りがつかず，結局いつも叱られる側に回ってしまうのである．わかってはいても何かしら"しないではいられない"子どもたちである．

教師がこうした子どもたちへの配慮を間違え，振り回されるように注意を払い過ぎたり，逆に無力感から放置してしまうと，やがて教師は他の児童たちから厳しい批判の眼差しを向けられるようになる．教師が急速に学級内での凝集力，影響力を失っていく1つの機序である．

2. AD/HDブーム

ここ数十年，われわれの生活は，物や機会を容易に手に入れることのできる利便性が急激に高まった．その半面，生活圏には物が溢れ，スケジュールには予定がぎっしり詰め込まれるようになった．われわれにとっては，いろいろな物事に注意をほどよく配る能力（注意のコントロール）や計画的に行動する能力（衝動性の抑制）がますます重要になってきている．そして，注意が散漫な子どもや衝動的で落ち着きがない子どもが学校現場などで問題となってきたのと相俟って，大人から子どもまでAD/HDが一種の社会現象ともなっている．

このAD/HDブームの発端は，1980年代，アメリカ精神医学会（統計診断マニュアル第3版：DSM-III）がそれまでの多動児の概念を一新したことに遡ることができる．診断基準に基礎的障害として注意欠陥障害（attention deficit disorders；ADD）を想定したのである．そして1990年代半ばには「注意欠陥/多動性障害（AD/HD）」として，3つのサブタイプ（後述）に分けて診断されるようになった．

21世紀に入ると，教育界の動向がAD/HDブームを決定的なものにした．戦後最大といわれる障害児教育改革に向けた文部科学省の相次ぐ報告書の公表がそれである．全国5地域の公立小・中学校370校（41,579人）を対象にアンケート調査を実施し報告した「今後の特別支援教育の在り方について（最終報告）」では，知的発達に遅れはないにもかかわらず学習面か行動面でいちじるしい困難を示す児童生徒が全体の6.3％を占め，その内訳として，不注意によりいちじるしい問題を示す子が1.1％，多動性―衝動性によりいちじるしい問題を示す子が2.3％，両方の問題をいちじるしく示す子が2.5％という結果になっている．これは医師による正式な診断を基にした調査ではないとはいえ，教育現場の実態を適切に表している数字として見てよ

い．

3. AD/HD 症状（3つのサブタイプ）

黄金の三兆候と表現されることがある．「不注意（inattention）」「多動性（hyperactivity）」「衝動性（impulsivity）」の3つの症状を指していう．AD/HDは，この症状を基に以下のような3タイプに分けて診断される．なお，診断は症候論（symptomatology：本章 p.203「軽度発達障害とは—症候論的診断」参照）を援用したチェック項目による問診が中心で，複数の場面で6カ月以上続いて見られる場合が条件となる（DSM–IV）．

そこでまず，3つの兆候すべてが該当する場合であるが，これは混合型（典型的AD/HD）と診断される．自己コントロールがなかなか身につかず，落差の激しい態度変化を示す子どもたちである．たとえば，授業中，何かしら思いつけばもう黙っていられないかと思うと，逆にボーッと窓の外を眺めるなどして教師の説明を聞き逃す．勝つことに非常にこだわって主導権を握ろうと躍起になっていたかと思うと，すぐに諦めてしまう．急に大人に媚びた態度で助けを求めたかと思うと，「こんなのつまんない！」「飽きた！」などと突然不平をいいだす．関心を向ける対象が急変するので，同じことを何度注意されてもその経験を生かし切れず，忘れ物などを延々と繰り返す．

多動/衝動性優勢型として分類されるAD/HDは，就学前，不注意による不適応が顕現化する前の段階で診断されることが多い．臨床的には典型的AD/HDの若年型である可能性が高い．また，小学校高学年になって，行動面の多動は治まったとしても，思考面での多動（結果的に不注意となる）が残存することが多いようである．

多動/衝動性が目立たない多動児もいる．少しわかりにくい概念ではあるが，不注意優勢型といわれる子どもたちである．不注意とは，注意を集中できないことを意味しない．集中はできるのだが，適切な時に適切な物事へ適切なだけ注意を配分することができないのである．すなわち注意のコントロールができないのである．この不注意は，忘れ物の要因となるほか，事実関係を誤認することで，友達とのトラブルや，親への嘘の報告の要因にもなっていく．

4. AD/HDの中核症状

このようにさまざまな症状を示すAD/HDの中核的な障害は何か，という議論で登場しているのが「行動抑制の障害（behavioral inhibition disorder）」説である．年齢相応の衝動抑制が困難な場合，目先の楽しみから目をそらせることがむずかしく，通常4歳頃から形成され始める自尊心（「ボクはもう大きいから泣かない」「お兄ちゃんになったから頑張る」など）による行動制御が作用しないままとなる．換言すれば，"こうありたい"という内発的動機づけによる自己コントロールが未熟な状態にとどまるのである．

この自己コントロールの未熟さは，社会的場面でいっそう明らかとなる．何かをしようと目的的に動くというよりも，何かに突き動かされているかのように多動になるのだ．その場のルールを自ら引き受け，相手との協調関係に重きを置き，言葉を選んで働きかける，ということがむずかしくなるのである．

5. AD/HDへの対応

対応は「衝動抑制力」の強化に主眼を置くことになる．

薬物療法としては中枢神経刺激剤が第1選択薬として用いられ，AD/HD症状を示す子の3分の1以上に有効であることが確かめられている．この中枢刺激剤は，行動を抑制して注意や努力を持続させる機能を司る脳の領域を活性化させるといわれている．症状によっては抗うつ剤が使用される

こともある.

　教育的援助方法としては，叱るべき行動を厳選し（優先順位をつけ），具体的な振る舞い方を提示してイメージさせることで，本人の衝動の抑制を援助する．その過程で褒められる機会を増やし，自尊心（self-esteem）を高めることを目指す．小学校低学年くらいまでは，とくに，興奮した時に気を鎮めるために抱っこ（holding）を利用するなど，素直な甘え上手にさせることが肝要である．

　なお，AD/HD 症状を示す子の保護者は，周囲からしつけの至らなさを暗に指摘され，精神的に傷つくことが多い．それは，他のどの発達障害児の親が感じるストレスよりも強いといっても過言ではない．親自身が子どもの衝動抑制の力となれるよう，学校をはじめ周囲の理解を促進する支援が重要となる．

　また，AD/HD 症状の場面依存的性質を理解することも大切である．とくに男児では，父親といるときよりも母親といるときに断然多くの AD/HD 症状が出やすいことが知られている．それゆえ父親は，母親に比し問題意識をもちにくいばかりか，母親にとって精神的支えにもならないことがある．そうでなくても父親は，子どもが時折見せる集中力・持続力を論拠に，AD/HD 症状を精神論的に解決しうると考える傾向にあり，問題を助長させかねない．症状の場面依存的性質はまた，家庭と学校とで子どもの示す態度に開きをもたらすことがあり，良き理解者を周囲に増やしていく上で支障となる場合がある．

6. AD/HD と合併障害

　AD/HD には実に多くの合併障害が認められる.

　よく知られているのは学習障害（learning disabilities；LD）である．読み書き障害，算数障害などの合併率は 30％ を超えると考えられている．そして幼児期から現れやすい反抗・挑戦性障害（oppositional defiant disorder；ODD）を合併する率は 3 分の 2 ともいわれている．さらに問題行動の深刻さが増す行為障害（conduct disorder；CD）への移行率の高さも報告されている（3〜4 人に 1 人）．しかしこの合併率の高さは，ODD や CD を呈した AD/HD の子が病院受診をする可能性が高まることに起因しているのかも知れない．また 10 人に 1 人は不登校を経験するとの報告もある．このほか，躁うつなどの気分障害，さらにはトゥレット障害（多発性運動チックと音声チックが認められる）を併発する例が多いのも AD/HD の特徴である．なお，広汎性発達障害（pervasive developmental disorder；PDD）が認められる場合はその診断が優先され，AD/HD と診断されることはない．ただし，PDD の中のアスペルガー症候群（Asperger syndrome；AS）と AD/HD の不注意優勢型とでは，幼児期の特徴に類似点が多く，就学前後（対人関係が複雑になって AS の特徴が明確になる）まで確定診断がずれ込む場合もある．スペクトラム障害としての理解が求められるゆえんでもある．

〔島　智久〕

文　献

1) Barkley RA（海輪由香子訳，山田　寛監修）：ADHD のすべて．VOICE，2000．
2) 原　仁：学習障害ハイリスク児の教育的・心理的・医学的評価と継続的支援の在り方に関する研究，国立特殊教育総合研究所，2000．
3) 平林伸一：軽度発達障害の診断をめぐって―特に非言語性の障害について―．小児の精神と神経，**42**（3）：pp. 145-152，2002．
4) 近藤文里：注意欠陥/多動性障害．講座臨床心理学 3 異常心理学 I（下山晴彦・丹野義彦編），pp. 245-265，東京大学出版会，2002．

LD（学習障害）―特別支援教育の意味

learning disabilities : meaning of special support education

　学齢に達するまでは何の心配もなかった子どもが小学校に入学し，国語や算数を学びはじめたが，読み書き，あるいは計算がどうしても身につかないということがある．それまでは「大人のいうこともよく理解しているようだったし，しっかりお話もでき意思の疎通にも問題はなかった．幼稚園時代にはお友達ともいっぱい遊べたし，行事にも楽しく参加できたのに….」親はそれまでは，わが子に発達的問題があるなどとはつゆほどにも思っていなかったというわけである．

　学習を困難にする条件，すなわち知能の遅れや視覚・聴覚の問題，あるいは環境や心の問題，それらが何も認められないのに学習に困難を示す子どもたちである．その子たちの発達を理解する観点が学習障害 (learning disabilities) という概念であり，英語の頭文字をとって LD と呼ばれてきたものである．

1. LD 概念の展開

　この子どもたちは，かつて微細脳機能障害 (minimal brain dysfunction) という医学的疾患概念に基づいて捉えられていた時代もあった．脳の目に見えぬほどの微細な損傷から生ずる症状と考えられたのである．この医学モデルにかわって生まれたのが LD 概念である．その後現在までの LD 研究の展開は教育的観点をとりこみ，この子たちの行動の発達的個性を捉えることを可能にしてきた．そしてこの LD 概念の展開こそが，軽度発達障害 (mild developmental disorder : p. 221 参照) の障害理解と教育的支援の方向をリードしてきたともいえるのである．発達障害といえば，それまではほとんどが知的発達を中心に据えたものであった．そこに「認知の歪み」(LD)，「社会性の問題」(アスペルガー症候群または高機能自閉症)，「行動の問題」(AD/HD) などの観点が加わり，軽度発達障害の多様な個性を描くことが可能となったのである．

　いわゆる通常学級の一人の LD 児の教育を模索する時，気がつけば彼のまわりにいる一人ひとりの子どもにも特別な支援が必要であることが判明する．つまり，LD 児への教育的支援は「通常―特殊」や「健常―障害」といった二元論 (dualism) を超える教育につながるものである．時代は子どもの多様な個をありのままに受け止め，すべての子どもの個としてのニーズに応え得る支援システムを求めているのである（本章 p. 221「軽度発達障害の早期発見・早期療育」参照）．

2. 狭義の LD の定義と症状

　LD 概念の成立および展開を反映して，LD には，大きく分類すると医学的定義と教育的定義の 2 つが併存する．前者は ICD（世界保健機構の国際統計疾病分類）や DSM（アメリカ精神医学会の診断統計マニュアル）に示されるもので，学習能力の中の，読み，書き，計算という限定された 3 つの能力の障害を LD (learning disorders) とする．

　LD の主症状は読み書き障害 (dyslexia) である．英語圏では発生率は 5％ から 10％ ともいわれよく知られており，LD の大半がこの読み書きの障害といわれている．英語はわずか 26 文字のアルファベットの組み合わせですべての単語が構成されている．同じ母音でも幾とおりもの発音がなされ，それが弁別できないと正しく読むことはできないのである．他方日本語の仮名のように 1 文字が 1 音に対応する言語（他に

ドイツ語，スペイン語，イタリア語など）では発生率が低いことが知られている．従来わが国では 0.5％ 以下といわれてきたが，その診断は他の軽度発達障害と同様に増加の傾向にある．

たとえば，1文字ずつしか読めない（拾い読み），文字の左右を反対に書く（鏡文字），似た形の仮名を混同する，促音や拗音などが1文字1音でなかったり，漢字2字の熟語の上と下の音訓が異なる重箱読み，反対の湯桶読みなど通常の規則からはずれたものに困難が生じるのである．したがって文章の読みということになるとさらに困難さは増し，どうにか1文字1文字を拾い読みしても，読み間違いにより中途で意味がわからなくなったりする．当然文章を書くとなるときわめて困難となるのである．また算数障害では，数字が覚えられない，計算記号（＋，－，×，÷）が正確に読めない，数の大小がわからない，繰り上がりがわからない，小数点・分数が理解できないなど，概念理解や操作が困難となるのである．

3. 広義のLDの定義と症状

一方，文部科学省の特別支援教育の報告書では次のように定義されている．「学習障害とは，基本的には全般的な知的発達に遅れはないが，聞く，話す，読む，書く，計算するまたは推論する能力のうち特定のものの習得と使用にいちじるしい困難を示すさまざまな状態を指すものである．

学習障害は，その原因として，中枢神経系に何らかの機能障害があると推定されるが，視覚障害，聴覚障害，知的障害，情緒障害などの障害や，環境的な要因が直接の原因となるものではない．

つまり知的発達をはじめとして明らかな知覚障害あるいは心の問題などがないのに，学習面で何らかの困難をもつときにLDと判断されることになる．

そして読字，書字，算数障害という狭義のLDの症状に対して，広義のLD（learning disabilities）においては聞く，話す，推論する能力の学習困難の症状が加わることになる．さらに読み，書きなどの言語性のLDはないものの，算数障害とともに空間認知，左右認知，協調性運動の障害などを示す非言語性LDと呼ばれる一群も教育的定義のLDのなかには含まれてくる．

この非言語性LDは，時間，空間，方向，順序，位置関係などの基本的な情報を関連づけて把握すること（体制化），つまり自分をとりまく環境を意味づけ理解することに困難が生ずるものである．たとえば，地図の見方がわからない，道に迷いやすい，話しているうちに話題がズレてまとまりがつかなくなる，描画が下手，文章の行を飛ばし読みするなどとなる．このような認知の偏りは，さらに相手の表情，態度，ジェスチュアの意味の読み取りや社会的ルールの理解といった社会的認知や身体運動知覚に基づく協応運動にも問題を起こすこととなる．また，情報を関連づけて把握することは，イメージや概念形成の基礎でもあり，ことばの発達に少なからぬ影響を与える．

ちなみにDSMでは広義のLD症状の中の，聞く，話すの障害はコミュニケーション障害，いわゆる不器用な子どもたち（clumsy child）は発達性協調運動障害 DCD（developmental coordination disorder）と分類している．これはたとえば，身体の動きがぎくしゃくして力の加減が下手，スキップ，ダンス，鉄棒，縄跳びといった運動が苦手，あるいは手先を使う動きが苦手であったりする子どもたちのことを指している．

4. 近接する発達障害との異同

LD概念が展開してゆくなかで学習困難のさまざまな様態が明らかになってきたのであるが，冒頭に記述したような学齢に達し，教科の学習が始まってはじめて障害が

明確になってくる LD はいうなれば純粋な読み書き障害であり，幼児期に特別な特徴を示さないのが特徴といってもよい．しかし広義の LD の子どもたちにおいては乳幼児期から発達的特徴を示す．前項 AD/HD (p. 212) で触れたように LD と AD/HD との合併率はかなり高いことが知られている．研究者よっては 90% 以上で合併するとみる者もいる．また乳幼児期に高機能自閉症（high-functioning pervasive developmental disorder）の診断基準を満たしていた子どもが，時間的経過のなかで基準を満たさなくなり（残遺型），学童期には LD と診断される場合もある．つまり近接する発達障害との重なり合い，あるいは関連は明確なものではない．とくに非言語性 LD と呼ばれる一群は，一見言語能力には問題はないものの，周囲の状況の把握，言葉のニュアンスの理解，ソーシャル・スキルの獲得が困難であり，不器用でもあることからアスペルガー症候群 (p. 209) にきわめて近い臨床像を示す．さらに非言語性 LD の運動面の不器用さは上述した DCD の中核的症状であることが指摘される．

今後の課題

以上のように，教育的用語としての広義の LD は，発達障害の中での位置づけ，すなわち他の近接する発達障害との関連や鑑別については，さまざまな見解がある．軽度発達障害全般の課題ではあるが，LD についてもより斉合性をもった臨床像を示すことが課題である．

他方，教育的定義の LD が，診断における症候論的明解さではなく，子どもの発達的個性を追究することによって，一人ひとりの子どもが必要とする教育的支援を模索してきたことはすでに述べたとおりである．文部科学省の 21 世紀の新しい教育支援の方向性の提起は，この模索の 1 つの成果ともいってよいであろう．

そしてこの「子どもの個性をありのままに受けとめる」ということこそ，現代の育児・教育における古くも新しい，緊要の課題なのである． 〔平岡雪雄〕

文　献

1) 文部科学省：学習障害（LD）への教育的支援—全国モデル事業の実際—，ぎょうせい，2002.
2) 尾崎洋一郎ほか：学習障害（LD）及びその周辺の子どもたち—特性に対する対応を考える—，同成社，2000.
3) 榊原洋一：アスペルガー症候群と学習障害—ここまでわかった子どもの心と脳—，講談社，2002.
4) 柘植雅義：学習障害（LD）—理解とサポートのために—，中央公論新社，2002.
5) 文部科学省：小・中学校における LD（学習障害），ADHD（注意欠陥/多動性障害），高機能自閉症の児童生徒への教育支援体制の整備のためのガイドライン（試案），文部科学省，2004.

障害受容—歓待としてのインクルージョン

disability acceptance : inclusion as a warm reception

1. 発達障害観の3つの動向

近年，発達障害に関する認識が国際的な変化を見せている．その変化について，本章 p. 203「軽度発達障害とは」において2つの動向を概説した．

1つの動向は，発達障害という診断を適用する範囲が拡大する傾向として顕れていた．それは，軽度発達障害に関する知識の集積によって生じた現象であった．ただし，発達障害が軽度であるとはいえ，必ずしも良好な適応が保証されているわけではなかった．

もう1つの動向は，診断分類の方法に顕れていた．すなわち，病因論（etiology）から症候論（symptomatology）への移行である．内在する病因の究明はとりあえず脇に置き，まずは顕現する症状によって診断するというもので，これによりマニュアル化した客観的な診断が容易になったといえる．

本項では，さらにもう1つ別の動向を基軸に発達障害の問題群に言及する．その基軸とは，医学モデル偏重から社会モデル（人間―環境相互作用モデル）併用への移行である．そこには，障害は個人の側にのみあるのではなく，障害たらしめる社会の側にもあるという認識の転換がある．障害は単純には目に見えない形で社会の中にも存在しているというわけだ．

2. 障害はどのようにして「在る」のか？

障害を障害たらしめているのは社会の側であるという，問題の1つのありどころを社会に求める趨勢，これを最も端的に示し

た例が，2001年の世界保健会議（WHO総会）において21年ぶりに改定された国際生活機能分類（国際障害分類改訂版）：ICF（International Classification of Functioning, Disability, and Health）である．ICFは，同じ世界保健機関（WHO）による国際疾病分類：ICD-10と相補的な関係にある．つまり，ICD-10が個体モデルの疾病概念による障害分類であるのに対し，ICFは社会モデルを援用しながら（医学モデルは当然活用して）障害の程度を評価するものである．まさにICFは，障害のある人々の生活の質を他の一般の人々と同じ視点で評価し，これを保証するための指針となるよう意図してつくられたものである．そこでは，障害を分類する際に使用してきた語句にも変更が施され，たとえば，従来の disability（能力障害）は activity limitation（活動制約）に，handicap（社会的不利）は participation restriction（参加制約）になった．つまり，障害は個体能力としての生物学的な欠損（impairment）だけではなく，社会的に構築される障壁（barrier）としてはっきりと位置づけられたのである．

ところでこの社会の側の障壁としては，従来，次のような4つの次元が想定されてきた．①物理的な障壁（交通機関，建築物など），②制度的な障壁（就学先・資格取得の欠格条項など），③情報面の障壁（点字・手話・視覚情報など），④意識上の障壁（障害者は庇護されるべき存在であるという観念など）である．しかし，この最後の"意識上の障壁"は，他の3つの障壁とは異なり，社会に働きかければその分だけ障壁が低くなるという単純なものではない．

3. 障害受容はどのようにして「成る」のか？

「障害受容（disability acceptance）」という言葉がある．わが子の障害を告知された

親の，心理的な1つの到達点を示す意味で使われることが多い．それは，健康な親子あるいは家庭というイメージを喪失する体験として，不治の病を宣告された患者の心の動き「自己受容（self-acceptance）」に似て，「ショック」→「否認」→「悲しみと怒り」→「適応」→「再起」といった段階を経るとされるものである．

しかし，新しい何らかの価値観が開けた心の状態に達するまでの道のりは，決して平坦なものではないはずである．何度も「ショック」を味わい，そのたびに「再起」を果たすのであろう．その繰り返しに，否定的感情の強さは緩和されるとしても，持久力の勝負と思えるほどに幾重にも重なってそれらはやってくるようだ．近隣や血縁あるいは家庭内といった周囲の目は，大きなストレッサー（stressor）候補である．子どもからの感情的な励まし（互恵性：reciprocity）の少なさもストレッサーとなる．家庭経済の負担しかり，生活スタイルの変更しかりである．予定どおりに事が運ばないことからくるストレスには日々さいなまれるであろう．一般に親が子どもの成長を実感する絶好の機会となるできごと（life events）も，障害のある子の親にとっては容易に緊張と不安の連続となり得てしまう．たとえば，幼稚園の入園式，七五三，運動会，生活発表会，遠足，卒園式，就学，等々．そのたびに味わうことになるであろう感覚，それは「同情されているのではないか」「特別視されているのではないか」「噂の的になっているのではないか」「見下されているのではないか」「依存していると思われているのではないか」「どうして私だけが…」など，劣等感や疎外感，屈辱感，あるいは不条理感といえるものなのかも知れない．

このような，社会的に受容されていないとの思いを幾度も超えてゆく障害受容は，いわば格別な心的状態であるといっても過言ではない．

ところが近年，そのようにすべてを個に帰して周囲の対応を不問に付すかのごとき疑義をただすべく，社会こそ障害を受容すべきであるとの主張が展開されるようになった．これは，社会の側の"意識上の障壁"を取り除くという，「社会受容（public acceptance）」の中でも最も繊細な側面に触れることを意味する．

4. インクルージョンをめぐって

冒頭にも記したように，時代は医学モデル偏重から社会モデル併用へと移行している．これと並行するように，教育理念も統合教育（integration）からインクルージョン（inclusion）へと移行している．つまり，場面をともにするという行為自体をとりあえずの目標にした統合教育の時代から，子どものもつ特別なニーズに合わせて現場を工夫し，仲間として参加できるかどうかを問題にするインクルージョンの時代への移行である．

この理念の下，しかし現実は，親をして自分の情緒体験に面と向かいにくくさせるというデメリットも含んでいる．ことあるごとに親が社会に対してわが子の受容を求める方向にばかり傾くのであれば，たとえそれがインクルージョンという理念に基づくものであろうとも，際限のない要求行動に終始することにも繋がる．社会の側の受容を促進させようとする親の強いパターナリスティック（paternalistic）な願いは，その一生懸命さから周囲に緊張した態度をとりやすくさせ，対峙し合う関係をつくってしまう場合が多々見受けられる．親が望んだのは社会の側の親身な対応のはずが，現実は逆へ逆へと心理的距離を増大させていくことになり兼ねない．意図せざる結果として社会の"意識上の障壁"を強化してしまうのである．さまざまな価値観が併存する社会を良しとする多元論（pluralism）を標榜し，結果的に望ましい社会と望ましくない社会という二元論（dualism）に陥っ

てしまいやすいと換言してもよい．

一方，当の子ども自身はどうかといえば，形式だけのインクルージョンに走られた場合，その子はいつでもお世話される立場，励まされる立場であり続けるであろう．個体能力的に対等であってはじめて可能となる"競い合って励まし合って迷惑掛け合ってお互い様"という関係，その機会が失われがちなのだ．

5. インクルージョンとしての歓待

社会は役割行動で構成される側面をもつ．その役割は，与えられたことにのみ忠実に従い続けることで硬直化し，閉塞する．そのとき人は単なる役割遂行器と化す．いうなれば親身な対応を可能にする関係とは対極にある状態である．そうではなく，求めるべきは，その人らしい声，表情，しぐさを一瞬取り戻し呼応し合うことで，再び生き生きと役割を担い続けることである．たとえば，「専門家」の役割と「障害児の親」の役割を互いが真面目に演じきることに専念している場合，そこに親身な対応は生じにくいであろう．

ここで，親身な対応を「生き生きと役割を担い，他者を温かく迎え入れ，呼応し合ってもてなす行為」と換言すれば，臨床哲学ではそれを「歓待（hospitality：a warm reception)」と呼ぶ．そこで重視されるのは，相手を迎え入れるとき，もてなす側が実はそのことによって逆に迎え入れられてもいるという自覚をもつことだ．受容することによって受容されて在るという関係性．能動と受動の反転が起こり得るとき，相手との間に歓待が起こる．

はき違えてはならない．大切なのは，誰もが同じ経験ができるように配慮することではない．結果の平等を求めるあまり，むしろ"競い合って励まし合って迷惑掛け合ってお互い様"という経験の機会が失われることにわれわれはもっと注意深くいる必要がある．個体能力的にある程度対等であって初めて可能となる集団体験，これを得られないのは不幸なのだから．

おわりに

特別支援教育の名の下，たとえば「AD/HDの子にとって良い教育は健常児にとっても望ましい教育だ」と単純化したまま思考停止状態に陥る危険性はないだろうか．それぞれの障害を受容した（特化した）教育を目指すのであるならば，健常といわれる子どもたちそれぞれの能力も受容した（特化した）教育を目指して然るべきである．自閉症に特化した「構造化した教育」と，健常といわれる子どもに特化した「創造性を重視した教育」は，果たして相容れるものなのであろうか．一緒を目指して混同してしまわないよう，注意深くありたい．

〔島　智久〕

文献

1) 海津敦子：発達に遅れのある子の親になる—子どもの「生きる力」を育むために—，日本評論社，2002．
2) 小浜逸郎：「弱者」とはだれか，PHP研究所，1999．
3) 障害者福祉研究会編：ICF国際生活機能分類—国際障害分類改訂版—，中央法規出版，2002．
4) 中田洋二郎：子どもの障害をどう受容するか—家族支援と援助者の役割—，大月書店，2002．
5) 南雲直二：社会受容—障害受容の本質—，荘道社，2002．
6) 鷲田清一：「聴く」ことの力—臨床哲学試論—，TBSブリタニカ，1999．

軽度発達障害の早期発見・早期療育―二元論を超えて

early diagnosis and intervention of mild developmental disorder : beyond dualism

1. 発達障害と早期療育

　地域療育とは，地域に生きる障害児・者への保健，福祉，医療，教育，司法 etc. というさまざまな領域からのトータルな支援を指す．そこにおいて最初に課題とされることは，地域における療育体制の確立であり，障害児がその支援システムの軌道に早くから乗れること，すなわち障害の早期発見・早期療育（early diagnosis and intervention）ということである．

　早期からの対応ということでは，先天性の疾患やダウン症候群（Dawn's syndrome）のように出生直後から診断できるもの，脳性麻痺（cerebral palsy）や運動発達の遅滞を伴う精神発達遅滞（mental retardation）のように乳児健診で発見されるものがある．このように早期からの療育を受けられるものもあるが（もちろん，出生前診断もあるがここでは触れない），現在の療育体制では，重度の精神発達遅滞やカナー型の自閉症（early infantile autism）が発見されるのに1歳6カ月健診まで待たなければならないこともよくある．さらに中度の精神発達遅滞や，それまで気づかれないできた自閉症が3歳児健診でようやく療育につながることもある．要するに，障害が軽度になるにしたがい療育支援のスタートが遅れることになるのである．

　ところで本章で中心的に扱ってきた軽度発達障害，すなわちアスペルガー症候群（Asperger syndrome），注意欠陥/多動性障害（attention deficit/hyperactivity disorder；AD/HD），学習障害（learning disabilities；LD）は，各項で述べてきたように幼児期に入ってもはっきりした発達障害の症状が発現しない，あるいは症状が少しずつ発現し集団場面での不適応行動が目立ちはじめても，親の育て方や本人の個性ということで障害が認知されないことが多い．さらに学童期に入り症状が顕著になり問題行動となってはじめて障害と認知されることになればよいが，現状では「本人のわがまま，怠惰」「親のしつけの失敗，愛情不足」などと片づけられてしまっていることもまだまだ多いのである．そしてこの発達障害の認識を欠くことで問題の解決がなされず，二次障害として情緒問題，学校不適応が生じていることがしばしば認められる．

　たとえば，アスペルガー症候群の項で見たように，周囲との軋轢が高じていじめが深刻化したり，過度のストレス状況で不登校になったり，精神症状を呈することもある．逆に早期から療育のルートに乗った場合，学校適応，長期予後も比較的良好な経過をたどることが十分可能である．本人を取り巻く周囲の発達障害の理解に基づいた人間関係や環境調整が，適応にとくに有効なものとなるのである．

2. 療育支援と育児支援

　軽度発達障害の発達的個性は，ほとんどの場合すでに乳児段階で「遅れ」なり「偏り」なりの形でその特徴を示していることが知られている．しかし，その程度が軽微なゆえに問題とされないのである．

　たとえば言語発達を見てみると，1歳6カ月健診時点ではやや言葉が遅い程度で，実際2歳以降には追いつきはじめ3歳児健診時にはまったく遅れは認められなかったという報告をしばしば認める．他の側面を見てもやや愛着表現が少なかった，落ち着きがなく目を離せなかった，カンシャクがひどくいつも泣いていた，一人遊びが多かった，乱暴で無鉄砲だった，話しかけても一方的でやりとりしにくかった，歩き方走り方がぎこちなかった，転ぶことが多かっ

た，偏食がひどく限られたものしか食べなかった，夜泣きがひどくよく夜中に起きていた…等々である．

これらは症状以前の発達的個性であり，事実その後まったく問題なく成長してゆく子どもも多い．したがってこれらをもってして障害の予測，スクリーニングはむずかしいといわざるをえない．

しかし母親からすると育児をしていて，何らかの違和感や漠然とした不安，気がかりを感じている場合が多い．同じく専門の臨床家もそれらの個性に発達的偏りの萌芽を感ずることができるのである．すなわち早期療育とはいわずとも，将来的に軽度発達障害のリスクをもつ子どもとして早期からの対応が可能となる．そのためには育児にかかわる専門家が軽度発達障害について十分な臨床経験を積み，知悉していなければならない．乳幼児健診では医師・保健師その他が，乳幼児の集団の場である保育所・幼稚園では保育士・幼稚園教諭が，子どもの発達的個性に気づく能力と同時に，母親の感じている戸惑い，不安などを受け止めうる感受性を養っておく必要がある．このような条件が整えられたならば，幼児教育段階で大半の軽度発達障害への支援がスタートできると思われる．つまり学童期に顕在化してくる症状への対処や二次障害の予防が可能となるといえよう．

3. 二元論を超えて

人間の思考傾向は，決定的に二元論（dualism）である．その傾向は容易に克服できるようなものではない．対象を二元対立的に図式化し，単純化して捉える魅惑から逃れるのは容易なことではないのだ．われわれの周りはこの二元論的・分岐論的発想で満ち満ちている．「善—悪」「混沌—秩序」「異常—正常」「障害—健常」「病気—健康」「心—身」「特殊—通常」「個人—集団」「受動—能動」「施すもの—施されるもの」「支援するもの—支援されるもの」「差別するもの—差別されるもの」「弱者—強者」…等々．還元的知，それは人間の1つの思考様式であり，いうまでもなくこれにより物質文明は発展してきた．だがその一方で，還元主義（reductionism）により本来のありのままの対象からどれだけ疎外されてきたことであろうか．

ところで，育児期における軽度発達障害への支援は，LDの項で述べた教育的支援と同様に，「健常—障害」という二元論を超えることにつながってゆく．すなわち「障害児への療育支援」と「育児不安への育児支援」との間に厳格な境界はないのである．上述したさまざまな発達的個性は障害であろうとなかろうと，その個性に応えてゆかなければならない．

たとえば，多動で衝動性を示す幼児への支援はAD/HDへの早期対応かも知れないし，被虐待児（abused child）への早期保護となるのかも知れない．現代の育児において，軽度発達障害は障害のまわりにある多様な個性を浮き彫りにし，それぞれに応じての育児支援の必要性を明らかにしてくれるのである．

しかしここで誤解してはならないことはその個性とは単に障害およびその疑いのある周辺にあるものということではない．教室の中の一人のLD児への教育的支援を模索するとき，見えてきたのは隣りに座る子ども，そして教室に居るすべての子ども一人ひとりの個としてのニーズであった（p. 215）．つまり大切なことは，そこに開かれてくる視界の転換そのことなのである．障害のあるなしといった二元論的視座ではなく，いうなれば「一即多」として個と全体とを同時に捉えてゆく視座である．それは安易に対象すべてを一元的に見てゆくこと，決して「いっしょくた」にすることではない．一人の個を徹底的に見きわめてゆくなかで，初めて到達しうる知の地平である．このような視座の転換が，軽度発達障害の診断そして支援の方向性を示してきた

のである．
　たとえば「自閉症スペクトラム」という概念は，文字通り「白―黒」の二元対立ではなく連続体として捉えるという発想により，ありのままに自閉症を表現してゆこうとしているともいえるのである．もとより存在のすべては時間的にも空間的にも連続体なのである．しかし既成の科学が成立するためには，科学の原理（grammer of sciense）の第１法則「対象の明証なる存在性」が保証されなければならない．つまり連続体からある部分を切り取り，対象化しない限り科学研究は成立しないのである．そして対象化されたものの限りにおいての還元主義的知の集積が近代科学の知識である．そこでは対象化している主体を無きが如くすることで，あたかも客観的普遍性というものが実在するかのごとき幻想を生み出したのである．前世紀においてこのような科学のパラダイムの限界が諸科学において噴出してきたのであるが，この軽度発達障害の診断学的展開もまた新しいパラダイムを求めての，模索過程の１つであるといっても過言ではない．
　二元対立の図式の思考から解かれた，還元主義の知的呪縛から逃れた，真知が要請されているのである．

おわりに―地域療育の充実をめざして

　発達障害の支援の今日的課題は，地域における育児・子育て支援と療育支援とのさらなる連携である．上述したように子どもの発達的個性への気づきのみならず，養育者の不安・困難も含め子どもを取り巻く全体を捉え，適切な支援が成されなければならない．虐待の予防と発達障害への対応のどちらもが，同時に起動しうるような柔軟な支援システムが求められているのである．また教育においても発達障害の理解とその啓発と同時に，すべての子どもの多様なニーズに応えてゆく教育支援が求められている．特別支援教育をはじめ少人数教育，スクールカウンセリングなど既成の支援体制の枠を外し，学校外の地域資源も取り込んだ学校体制の再編が必要とされているのである．

　育児において，子どもの個性が最大限に許容される時代，そのことが育児を困難としていることも事実である．子どもの個性をありのままを受け止めるということはどういうことか．軽度発達障害の理解と支援は，現代の育児における諸問題の解決の方向性を示唆するものと期待される．

〔平岡雪雄〕

文　献

1) 小林堤樹：大人になった障害児，メヂカルフレンド社，1991．
2) 三島二郎：障害児の教育心理学，発達助成の原理，ぶどう社，1988．

16. 親と子の精神保健

マタニティ・ブルーズ
maternity blues

　マタニティ・ブルーズとは，出産後3日から5日をピークにし，ほぼ10日ぐらいまでに生じ，終息するものであり，おもに一過性の軽度の抑うつ感，および，疲労感・不眠・頭痛などの心身症状と，心理的には，不安感，寂寥感，孤立感，無力感として体験されるものをいう．原因としては，分娩後に生じるプロゲステロン，エストロゲンの急激な低下によるといわれている．このことと関連をもつのか，筆者らの産褥期の心身状態の調査によると，この時期は情緒的な昂揚期にあって，情緒易刺激状態にあり，ほんの些細なことでも情緒が刺激され，これらの症状を生じさせるものと考えられる．したがって，医療看護スタッフはもちろん夫や家族の言動に刺激されやすいことを心得ておきたいし，とくに，甘えてる，怠けている，単なるヒステリーなどと思われがちで，さらに母親を苦しめることになる．そこで，夫，家族に上述の症状・経過の説明と対応の仕方を伝えることが必要である．
　母親自身にもこのような状態が一過性に生じることがあることを知っておいてほしいのと，スタッフや家族が適切に対応するために，母子健康手帳の「出産後の母体の経過」欄に「気分が沈んだり涙もろくなったり，何もやる気になれないといったことがありますか」の項目が入っている．母親には，この状態は一過性で必ずもとに戻ること，そのために十分な睡眠と心身の休養が大事であることを伝える．当然，母親が十分休養できるように，周りのものが支持・支援しなくてはならない．ただし，うつ病（p.230「産後うつ病」の項も参照のこと）への移行の可能性もなくはないとされているので気をつけて経過を見守る必要がある．
　一方，産褥期の多くの母親は，表16.1〜16.3に示すように生まれた子どもと出

表16.1　反応カテゴリー

A	1	子どもへの素直で親和的な感情
	2	子どもへの母親行動
B	1	子どもによる快感情体験
	2	〃　　母親の変化（＋）
	3	〃　　　〃　　（－）
	4	〃　　不快感情体験
	5	〃　　両価的感情体験
	6	母親としての実感・自覚
C	1	紋切り型（母親について）
	2	〃　　（子どもについて）
D	1	叙述的反応（感情語が含まれる）
	2	〃　　（叙述のみ）
E	1	子どもに関しての妥当な心配
	2	〃　　　不適当な過剰な心配
F	1	アタッチメント行動あり
	2	なし
G	1	母親の自己評価（＋）
	2	〃　　（－）
H	1	母親自身についての希望・意思
	2	子どもへの　〃
I		なし
J	1	その他（＋）
	2	〃　　（－）

表16.2 妊娠期—SCT項目とおもな反応カテゴリー頻度 （数値はカテゴリー/人数%）

＊2. はじめて妊娠に気づいたとき, 私は
　（B1：35.7%, B5：21.4%, D2：14.3%）
＊4. おなかが大きくなってくると
　（B6：35.7%, D1：35.7%）
＊6. 出産
　（D1：42.9%, D2：28.6%）
＊11. 私は子どもと
　（H1：57.1%, A2：28.6%）
＊12. 妊娠して, 私のかわったことは
　（B2：50.0%, B3：14.3%, D2：14.3%）
＊13. 子どもを育てることは
　（D1：64.3%, C1：14.3%）
＊17. おなかの赤ちゃんが動くと
　（A2：35.7%, D1：28.6%, B1：14.3%）
＊22. 乳房
　（D1：28.6%, H1：21.4%, D2：14.3%）
＊25. 私の子どもはきっと
　（D1：57.1%, D2：21.4%）
＊30. 私はおなかの赤ちゃんに対して
　（A2：35.7%, H2：21.4%）
＊34. 子どもが泣きやまないと
　（E1：42.9%, A2：14.3%, D1：14.3%,
　E2：14.3%, J2：14.3%）
＊35. 私は母親として
　（H1：35.7%, G2：21.4%, D1：14.3%,
　G1：14.3%）

表16.3 産褥期—SCT項目とおもな反応カテゴリー頻度 （数値はカテゴリー/人数%）

＊1. はじめて赤ちゃんと会ったとき, 私は
　（B1：64.4%, D1：8.9%, J1：6.7%）
＊2. 出産
　（D1：40.0%, D2：26.7%, J2：11.1%,
　C1：8.9%）
＊3. 赤ちゃんが泣くと
　（A2：22.2%, D1：15.6%, D2：13.3%,
　E1：13.3%, A1：11.1%）
＊5. 乳房
　（D1：46.7%, D2：26.7%, C1：6.7%,
　E1：6.7%）
＊6. はじめての赤ちゃんを抱いたとき, 私は
　（B1：24.4%, A1：22.2%, D1：15.6%,
　D2：13.3%）
＊9. おっぱいをあげたとき, 私は
　（D1：24.4%, B1：20.0%, B6：17.8%,
　A1：15.6%）
＊11. 赤ちゃんが生まれて, 私のかわったことは
　（B2：42.2%, D2：17.8%, D1：11.1%,
　I：8.9%）
＊12. 赤ちゃんがいると, 私は
　（B1：66.7%, D1：8.9%, A2：6.7%,
　B2：4.4%）

会い, かかわることにより強い快の感情体験をもっており, この体験が母子関係を形成するための母性行動を生じさせるものと考えられる. なお, 表にみるように妊娠期よりも産褥期の母親の方にポジティブな反応が多いことに注目される. （SCTとは, sentence completion test 文章完成法テストといい, 表にあるような書きかけの言葉につづけて文章を完成させる臨床心理検査の技法である.）　　　　〔川井　尚〕

文　献

1) 川井　尚ほか：心理学者からみたマタニティ・ブルーズ. 周産期医学, **16**（3）：377–381, 1986.
2) 川井　尚ほか：母親の子どもへの結びつきに関する縦断的研究—妊娠期から幼児初期まで—. 発達の心理学と医学, **1**（1）：99–109, 1990.
3) 川井　尚：妊娠・産褥期の母子精神保健. 母子保健情報, **33**：9–14, 1996.

育児不安
anxiety to child rearing

今ほど子どもと親の心の健康に注目されていることはない．このことは今いかに心の健康が危ぶまれているかということにほかならない．そこで，「健やか親子21」は，20世紀に取り残した心の健康問題を，21世紀に取り組むべき重要課題とし各地域での国民運動として実践することを要請している．そして，そこに提起された4つの柱の中に「子どもの心の安らかな発達の促進と育児不安の軽減」がある．

子どもの心の健康と発達には，母親の抱く「育児不安」の軽減が必要不可欠であると指摘されているといえよう．

以下，筆者らの「育児不安研究」のおもな知見を取り上げ記述する．

1. 育児不安の本態とその関連要因
1) 育児不安の本態

育児不安の本態を示す心性とは次のようである．その第1心性は，育児への「自信のなさ・心配・困惑・母親としての不適格感」であり，第2の心性は，子どもへの「ネガティブな感情・攻撃・衝動性・母親としての不適格感」である．そして，この2つの心性の間には，強い相関関係があって第1心性の強い母親は，第2心性も強く生じている．

また，従来育児不安として通常考えられてきたものは，ここにいう第1心性に近いと考えられる．

ここで重要なことは，育児不安には，子どもへのネガティブ心性，すなわち，第2心性がはたらいていることである．この心性により，育児不安は常に「虐待へのリスク」をはらんでいるといってよい．

加えて，強調されることは，この2つの心性に共通する「母親としての不適格感」である．育児不安をもつ母親は常にこの不適格感を抱えながら子どもを育てていると心得ておくことが，母親支援を行うときの大きなポイントである．

ところで，この2つの心性の間に強い相関があるところから，第1心性をおもてに表す母親も，その心の内に第2心性である子どもへの「ネガティブな感情・攻撃・衝動性」を必死に抑えていること，そして，その逆の姿をみせる母親もいる．そこで，乳幼児健診や育児相談を行うときに，おもてに表れている母親の姿のみにとらわれてはならない．

2) 子どもの月年齢と育児不安

母親の育児不安は，0～11カ月児では「第1心性」のみが見出されている．それだけにこの月齢の児をもつ母親に「第2心性」がみられる場合，虐待へのハイリスクを考えなくてはならない．1～2歳未満児，2～3歳未満児に，そして，3～7歳未満児の母親では，その心性を示す項目に多少の違いはあるが，いずれも第1心性と第2心性を有している．

3) 育児不安を生じさせる関連要因

ここでは育児不安を生じさせる代表的な要因を示すことにしたい．この関連要因をみることにより，育児不安の発生は母親起源のみによるものではないことが理解され，相談の際の有力な手がかりとなる．

i) 夫・父親・家庭機能の問題 これには「夫は精神的に私を支えてくれない」「夫と気持ちが通じ合っているとはいえない」「夫は子どもに関心がない」「子どもは父親になついていない」「家庭としてのまとまりを感じない」「家庭のなかがしっくりいかない」「家庭にわたしの居場所がない」などである．育児不安は夫婦，父子といった人間関係とその織りなす家庭の機能と有意な関連をもっている．

ii) **母親の抑うつ状態**　抑うつ状態は乳幼児期を通して育児不安と強い関連をもっていることをはじめに強調しておきたい．抑うつ状態は「億劫」「何もやる気がしない」「憂うつ」といった精神状態とバイタリティの欠如，つまり身体の芯に力がない状態をいう．そこで，抑うつ状態の見きわめが重要で，精神科治療が必要な場合もあることを心得ておきたい．

また，0〜11カ月と2歳児の母親は不安・抑うつ状態にある．通常不安と抑うつはコインの表裏の関係にあり，どちらかがおもてに表れるのであるが，このように混在することがあり，当人にとってはより辛い心理状態となる．項目をあげると「不安や恐怖感におそわれる」「いても立ってもいられないほど落ち着かない」「気が滅入る」「何ともいえず淋しい気持ちにおそわれる」などである．

iii) **difficult baby**　構成する項目は「よく泣いてなだめにくい」「あまり眠らない」「1日の生活リズムが一定していない」など，いわば育てにくい乳児である．これらはもって生まれた特徴であり，このような育てにくさは母親に自信を失わせ，母親として不適格と感じさせる一因となる．

iv) **夫の心身不調**　これは当然夫婦関係とも関係し，育児不安をもたらす大きな要因である．「イライラしている」「精神的にゆとりがない」「沈みがち」「眠れない」などと，現在の社会経済状況も関連しているのか，「仕事に行きたがらなかったりやる気を失っている」という項目もある．ここで留意し，今後考えていかなくてはならないことは，母親の育児不安の軽減には父親への援助，相談をも必要としていることである．父親不在をはじめ父親が問題視されてきた，その視点を変えて，父親も援助の対象であることを強調したい．

2. 育児不安の軽減—その基本的対応

育児不安の軽減は，母親の心の健康を取り戻すことを第1目的に，最終目標は順調な母子関係の発達にある．なぜならば，心の健康の基盤と安全性が十分機能するものは母子関係にあるからである．ここから子どもの心に根付くように「安全感」「安心感」「確実感」「信頼感」が育ち，これらの「感」が心の健康を支えるのである．このように母親が育児不安の状態にあれば安全性のある母子関係を発達させることはなしえない．かえって虐待へのハイリスクをも懸念される危機，危険に満ちた関係にあって，子どもの心の健康は危ういことになる．したがって母と子丸ごとの相談を行うこと，さらに子どもの心の健康がすでに脅かされているとすれば子どものプレイセラピーなどの心のケアーが必要となる．このことを心得として以下，育児不安とその関連要因からどのようなところが相談のポイントになるか，これまでに述べたことと重複するところあるがあらためて示したい．

第1に，すでに述べたが，育児不安は諸要因との関連をもって生じていること，そして，各要因も相互に関連をもっている．したがって，母親のみの問題，あるいは母親起源のみではないということであり，このことをしっかり認識し相談にあたることが重要である．

第2に，0〜11カ月児の母親は第1心性のみを示すが，それ以降の母親は第1心性の育児への「自信のなさ・心配・困惑・母親としての不適格感」と，第2心性の子どもへの「ネガティブな感情・攻撃・衝動性・母親としての不適格感」という異なる心性を併せもっていることにある．第1心性をおもてに表す母親のその陰に第2心性が潜んでいる，あるいはその逆のありようを示す母親もいることが考えられ，相談の際におもて立った態度，感情にのみとらわれないことである．また，ここに虐待へのハイリスク要因が考えられること，その虐待傾向の背景に第1心性もあることを心得て相談にあたりたい．

第3に，抑うつ状態に注意をはらいたい．母親自身ではどうすることもできない状態であり，しかも甘えている，怠けているとまわりから思われ，余計に母親は苦しめられることになりがちである．支持的で現実的な相談で乗り切れる場合もあるが，状態をよく見きわめ抗うつ剤の効果が期待できることを理解してもらい，精神科，あるいは心療内科への受診をすすめたい．

この場合も心の相談を継続することが必要である．

第4に，difficult baby，すなわち育てにくい乳児については，乳児健診の場でその特徴を捉え，対処の方法を含めよく説明することが大切である．とくになだめにくい泣きに対しては「抱っこ」が最も効果的であり，それも穏やかな状態になるまで抱ききることが肝要である．

第5に夫婦，父子関係とそれが織りなす家庭の問題を視野に入れた相談が必要である．育児相談の場で夫婦の問題を直接取り上げることはむずかしい．そこで，父親の意見，考え，心配などを母親に尋ねていくと浮かび上がってくることがある．父母合同の相談がもてれば普段の生活の場ではわからないお互いの考え，気持ち，感情を表現し，相互理解や関係を修復する機会になる．また夫の心身不調は大きな要因であり，従来等閑視されてきた父親の相談が必要である．父親も援助の対象であることを強調したい．

第6に，これまでふれてきたように，育児不安は実母による虐待へのハイリスク要因であることをよく認識しておきたい．育児不安の軽減は虐待の発生予防のための相談でもある．　　　　　　〔川井　尚〕

文　献

1) 川井　尚・恒次欽也・庄司順一ほか：育児不安に関する臨床的研究Ⅱ―育児不安の本態としての育児困難感について―．日本総合愛育研究所紀要，**32**，29-47，1996.
2) 川井　尚・恒次欽也・庄司順一ほか：育児不安に関する臨床的研究Ⅴ―育児困難感のプロフィール評定質問紙の作成―．日本子ども家庭総合研究所紀要，**35**，109，1999.
3) 川井　尚・恒次欽也・庄司順一ほか：育児不安に関する臨床的研究Ⅵ―子ども総研式・育児支援質問紙の臨床的有用性に関する研究―．日本子ども家庭総合研究所紀要，**36**，117-138，2000.
4) 川井　尚：父親の役割と父親面接．小児保健研究，**58**（2）：197-203，1999.
5) 川井　尚：子どもの心の健康と育児―育児不安とその対応―小児科，**41**（5）：795-802，2000.
6) 川井　尚：虐待する母親への心のケア―その基本的心得―平成13年度厚生科学研究「被虐待児童の保護者への指導法の開発に関する研究（主任研究者　庄司順一）」報告書．17-21，2001.

親の精神障害

mental disorders of parents

ここでは親の精神障害のいくつかを選んで記述する．育児の役割を果たすべき親の精神状態に異常，障害が発生，または既存する場合，子供の心身の発達に重大な障害や危機が発生しうる．育児上重要な問題である．

1. うつ病（depression）および抑うつ状態（depressive state）

うつ病は，古代からメランコリー（melancholie）の名（黒い胆汁の意．体液説では，黒胆汁の増加によって，この精神状態が起こるとされた）でその存在が知られていた．比較的近年に至るまで，この名称が用いられることがあった．「更年期メランコリー」や，後述するうつ病者の病前性格として有名になった「メランコリー親和性格」などがこれである．近代精神医学の父とも呼ばれるクレペリン，E はさまざまな経過の後に（1889），躁うつ病（Manisch-depressives Irresein）という大きな精神疾患をまとめて提唱し，うつ病をそれに組み込んだ．現在，「国際疾患分類第10版（ICD-10）」においても，「精神障害の分類と診断の手引き第4版（DSM-IV）」においても，躁病，うつ病ともに，気分（感情）障害〔MOOD（AFFECTIVE）DISORDER〕としてまとめられている．

このうち，躁病期，うつ病期を共に有するもの（双極性感情障害 bipolar affective disorder），躁病期のみのもの，うつ病期のみのものなどの症例が存在する．実際にはうつ病期のみを示すうつ病が大多数を占める．

注：うつ病は，ICD-10においてはうつ病エピソード（depressive episode），DSM-IV では大うつ病性障害（major depressive disorder）と命名されているが，本稿では日本で一般に用いられることの多い「うつ病」としておく．

うつ病例のなかには，うつ病期を反復する反復性うつ病性障害（recurrent depressive disorder）と，生涯に1回のみ本病を示す単相性（monophasic）のものがあり，近来，ことに中高年に初発する後者の増加が目立っている．

うつ病の原因については，多種，多領域からの研究がなされているが，本病の多様性を一元的に説明するに足るものはいまだ明らかではない．

本病に罹患しやすい性格特徴，ないし，傾向を問題とする研究の中で，代表的なものを2つ挙げておく．

下田光造は，循環気質と躁うつ病との関係を論じたクレッチマーの学説に反対し，新たに「執着性格 immodithymic character, 1941, 1950」を提唱した．この性格特徴は，凝り性，熱中性，徹底性，几帳面，強い責任感などであり，この性格特徴から精神的疲労状態に陥りやすく，その極において躁うつ病を発症すると考えた．今日，とくにうつ病との関係でこの性格は重視されている．

テレンバッハ，H は現代の現象学的人間学派を代表するドイツの精神医学者であるが，彼はその主著「メランコリー」において，うつ病（ことに単相性）を対象とした研究を行い，発病状況と「メランコリー親和型 Typus melancholicus」性格との関係からうつ病発症を論じた．この性格の特徴は，職業生活のうえでは，几帳面，堅実，勤勉，強い責任感，仕事の虫などとして示され，対人関係においては誠実，律儀，世話好き，権威や秩序の尊重などが挙げられている．いずれも一般社会において，他者からの評価が高い性格傾向である．

この日独2人の精神医学者の学説は、第二次世界大戦の戦前、戦後の時代的懸隔を越えて、重なり合う点の多い点、きわめて興味深いものがある。

近来、治療との関係も含めて研究が盛んなのは、生物学的研究、ことに神経伝達物質（neurotransmitter）やその受容体（receptor）をめぐる領域のものであろう。

神経伝達物質には多くの種類があるが、うつ病と関係の深いものとして注目を集めているのは、主としてノルアドレナリンとセロトニンである。

中枢神経系において、ことに神経間隙（シナプス synapse）におけるこの2種類の神経伝達物質の欠乏状態が、臨床的にみられるうつ病の症状を引き起こす重要な要因であるとする考えである。この仮説に基づいて、神経伝達物質の増加を図る多くの薬物がつぎつぎに開発され、医療に用いられている（抗うつ剤 antidepressant）。

うつ病の一般的な症状として ICD-10 にまとめられているものを以下7項目に示す。

①集中力と注意力の減退
②自己評価と自信の低下
③罪責感と無価値感
④将来に対する希望のない悲観的な見方
⑤自傷あるいは自殺の観念や行為
⑥睡眠障害
⑦食欲不振

うつ病は病的な憂うつ感、抑うつを基本とする病態である。以上の諸項目に記載されている諸症状は、この憂うつ感情・気分から導かれたものともいえる。

睡眠障害は本病ではほとんど必発し、病者の最初に気づく症状の1つである。一般に睡眠障害は、入眠（寝つき）の障害、睡眠の深さの障害、睡眠持続の障害などに分けられるが、うつ病者ではこれらがすべて体験されることが多い。就床しても長時間寝つけず、輾転反側し、ウツラウツラの眠りで、未明に目覚めてしまう（早朝覚醒）。

憂うつ気分は、ことに、午前中に強いことが多く、「朝の憂うつ（morning depression）」と呼ばれる。思考面、行動面の機能低下（抑制 inhibition）が「考えがまとまらない」「アイデイアが浮かばない」と体験され、日常些細な作業までひどく億劫なものに感じられる。自己の能力への極端な自信欠乏から、自己存在そのものが無価値で、周囲の人々にとっては迷惑以外のなにものでもなく（罪業感から罪業妄想へ）、経済的にも最悪な状態にあると思い込む（貧困妄想）。本病はしばしば、身体症状を伴い、食欲不振、便秘あるいは下痢、心悸亢進、胸苦しさなど種々であり、憂うつ気分をさらに重いものにする。このように苦痛に満ちた精神身体症状から、自殺が企図されることが少なくない。ことに、焦燥感の強い、不穏な例（激越うつ病、agitated depression）で自殺企図が多く、中高年にみられることが多い（初老期・更年期うつ病、presenile/involutional depression）。

治療の中心は、薬物療法で、種々の抗うつ剤剤を中心に抗不安剤、睡眠導入剤などが併用される。自殺の危険性がことに高い例では、速効性が期待される電気けいれん療法も選択される。病者の悩みをひたすら傾聴することが重要で、一方、激励、鼓舞することは厳に避けなければならない。

「抑うつ状態」は慣用されることの多い用語であるが、病名ではなく、あくまで状態像を表現するのみであり、うつ病、神経症性障害、統合失調症、器質性精神障害等、種々の精神障害にみられる。

2. 産後うつ病（状態）（postpartum depression）

産後（一応、産褥期から産後6カ月）は産婦にとって1つの危機的状況となりうる。育児をめぐる不安感、さらには自信の動揺は多くの産婦が経験する心理であり、

出産に伴う身体的疲労，全身のホルモンのバランスの不均衡，これに伴う自律神経系の失調なども関係しながら精神的不安定，さらには抑うつ状態（depressive state）を示す例が少なくない．多くの場合，このような精神状態は自然に改善，消失していくが，深刻な抑うつ状態に陥る症例が存在し，それが長期化する場合もあり，産後うつ病と呼ばれる．上記のようなホルモン・アンバランスに力点を置いていわゆる「内分泌精神病」に包含させる視点もある．マタニティ・ブルーズの状態からこのような状態に移行する場合もある．

典型的な例では，強い抑うつ感情，罪業感，思考の抑制，高度の不眠などが示され，自殺を企図することも少なくない．

病前の性格特徴（下田の「執着性格」，未熟な人格，強迫傾向など），家族要因（夫婦間の諸問題，核家族の中での支援者の乏しさなど），月経前後の気分変調の既往，新生児の形成不全などが関与する場合がある．

日本的特徴とされる「母子心中」は古来ともすれば美化されがちな「心中」の名を冠してはいるが，実体は「わが子殺し」である．母子の一体化，母親の子への一方的所有感，新生児・乳児をそれぞれ，自己とは別個の「人」「人格」として認知することができない母親のわが子観が大きな問題である．

しかし，この悲劇的，悲惨な事件事例に見る母親が産後うつ病の状態にあった例は決して少なくない．

産後うつ病の発病の予防には，妊娠，出産，産褥，育児に至る全期間における妊産婦の心身両面にわたる負担軽減に向けて，家族の理解，支援や協力が不可欠であるが，過度の激励や，忠告は避けるべきである．

また，医療面からの予防的アプローチとしては，婦人科，産科，小児科，精神科の医師，看護師，カウンセラーなどの協力が必要である．

治療に当たっても，上記の臨床各科，各職種の治療チームとしての機能が不可欠である．抗うつ剤，抗不安剤，睡眠剤などの，精神科薬物療法の施行にあたっては，副作用，ホルモンアンバランス，母乳を介しての薬物の乳児への移行などに関する細心の配慮を欠かすことができない．

3. 神経症性障害（neurotic disorder）

古くから，神経症（neurosis）の名称で広く用いられてきた病名で，そのドイツ名Neuroseが，わが国でも一般的に「ノイローゼ」として汎用されてきた．

歴史的にこの名称は，カレン（Cullen, W）の1784年の著書にはじめて登場する．しかし彼のneurosisは今日の神経症以外に，種々の神経疾患や精神病まで含んだ広範な概念であった．19世紀になって，シャルコー（Charcot, JM）の催眠現象に関する研究，フロイト（Freud, S）の精神分析的研究，ジャネ（Janet, P）の理論，ノンネ（Nonne, M）の心因論など，多くの研究の成果を踏まえて次第に「心因性」の，特有の症状群を示す精神障害の一群として整理されてきた．国際疾患分類においても，第9版（ICD-9）までは「神経症」として一項を設け，その下部概念として，8型を挙げていた．しかし第10版（ICD-10）では「ICD-9ではみられていた神経症と精神病の間の伝統的区別（これらの概念を明確に定義しないまま意図的に残されてきたところがあるが）は，ICD-10では採用されていない」として，より広い「神経症性障害，ストレス関連障害および身体表現性障害（neurotic, stress-related and somatoform disorders）という大きな「包括群」としてまとめられるに至った．

以下，この項目に含まれている下位分類（ICD-9から大きく変化しているので，以下ICD-10に準ずる）について紹介する．

1) 恐怖症性不安障害（phobic anxiety disorders）

この障害においては，通常一般には，危険を伴わない（患者の外部の）ある特定の状況や対象によって強い不安が誘発される．その結果として，これらの状況あるいは対象は，いろいろな手段で回避される．この場合，その不安の重症度はさまざまで，軽い落ち着きのなさから，いちじるしい恐怖までに至る．患者の関心は，動悸あるいはめまいのような個々の身体症状に集中することが多いが，しばしば，死ぬこと，自制を失うこと，あるいは気が狂うのではないかというような，二次的な恐怖と関係している．このような状況や対象が他の人にとっては，危険とも脅威とも感じられていないことを十分にわかっていながらその不安は軽減しない．このような状況や，対象を意識しただけで，予期不安にとらわれてしまうのである．次のような亜型が分けられている．

i) 広場恐怖（agoraphobia）　この型の障害は，以前よりもより広い意味で用いられている．単に開放空間に対する恐怖でなく，群集の中にいるとか，安全な場所（家庭など）にすぐには逃げ出すことが困難であるなど，空間に関連する恐怖も含まれている．したがってこの用語は，家を離れること，店，雑踏および公衆の場所に入ること，あるいは列車，バス，飛行機などで一人で旅行することなどが含まれる．不安の重症度や，これらの対象からの逃避行動はさまざまであるが，重症の場合，家に完全に閉じこもってしまう例もある．発症は通常成人早期である．症状の多少の動揺があっても慢性化することが少なくない．

ii) 社会恐怖（social phobias）　青年期に好発する傾向がある．比較的少人数の集団内で（前項とは逆に），他の人々からの注目についての恐れを中核的症状とし，普通，社会状況を回避するようになる．通常，低い自己評価と，批判されることに対する恐れが関連している．極端な場合，ほとんど完全な社会的孤立にいたることがある．

iii) 特定の（個別的）恐怖症（specific (isolated) phobias）　これらは特定の動物への接近，高所，雷，暗闇，飛行，閉所，公衆便所での排便，特定の食物の摂取，血液あるいは傷害の目撃，特定の疾患の罹患に対する恐れなどのように，きわめて特異的な状況に対してみられる恐怖症である．

2) 他の不安障害（other anxiety disorders）

不安の発現がこれらの障害のおもな症状である．次のような亜型を含む．

i) パニック［恐慌性］障害（panic disorder）（臨床的意義が大きく別項 p.234 に述べる）

ii) 全般性不安障害（generalized anxiety disorder）　どのような特殊な周囲の状況にも限定されない全般的，持続的な不安である．慢性化することが少なくない．

3) 強迫性障害［強迫神経症］（obsessive-compulsive disorder）

この障害の本質的な症状は反復する強迫思考あるいは強迫行為である．強迫思考は繰り返し患者の心に浮かぶ観念，あるいは衝動である．強迫思考は常に苦しみをもたらすものであり，患者はしばしばその思考に抵抗するが成功はしない．

強迫行為は何度も繰り返される行為である．通常患者はこの行為が無意味であることを十分わかっていながら，繰り返し抵抗しようとする．

4) 重度ストレス反応および適応障害（reaction to severe stress and adjustment disorders）

重度，または持続的なストレスに対して惹起された不適応反応である．

i) 急性ストレス反応（acute stress reaction）　日常生活の中で，例外的な強い身体的または精神的なストレスに反応し

て発生する重度ではあるが一過性の障害であり，通常数時間から数日以内でおさまる．この場合強いストレスの衝撃と発症との間に，明かな時間的関係が成立しなければならない．

ii) **外傷後ストレス障害（post-traumatic stress disorder）** わが国でも阪神大震災以降PTSDの略称が有名になった．自然・人工災害，激しい事故，近親者の死，テロリズムの目撃などのような，非常に脅威的，あるいは破局的なできごと，事件などに対して発生する比較的長期にわたりうる反応状態である．このような外傷体験後，数週から数カ月にわたる潜伏期（6カ月以内とされる）を経て発症する．

iii) **適応障害（adjustment disorders）** 重大な生活の変化や，ストレスの多い生活上のできごとに対応していこうとする時期に発生する主観的な苦悩や情緒障害の状態であり，通常社会的な機能と行為を妨げる．カルチャー・ショックなどもこれに含まれる．

5) **解離性（転換性）障害（dissociative (conversion) disorders）**

過去の記憶，一個の人間としてしての統一された自己という感覚・意識，そして身体運動のコントロールの間の統合が，部分的あるいは完全に失われる状態である．

この病態は長い間，古い語源をもつヒステリーの名で呼ばれていた．近年まで，たとえば国際疾患分類第9版（ICD-9）においてすら神経症の1型として，まさに「国際的」に用いられ続けてきたのである．しかしこの用語はしばしば混乱を引き起こしてきた歴史もあるので，改定されるにいたった．

この病態は，心理的要因をもち，外傷的な体験，対人関係上の困難性，耐えがたい心理的苦痛などに対する心理的防衛機制の表現として理解される．診断的には，①以下に述べるそれぞれの亜型に記載される臨床症状を示すこと，②症状を説明するに足る身体的根拠がないこと，③ストレスの多いできごとや問題，あるいは障害された対人関係と時間的に関連する心理的原因の存在の3点が存在することが前提となる．

i) **解離性健忘（dissociative amnesia）** 最近の，重要なできごとの記憶喪失であり，器質的な基盤をもたず，通常の物忘れや疲労では説明できないほどに強い．この場合の健忘は外傷的な出来事に関係していることが多い．

ii) **解離性遁走「フーグ」（dissociative fuge）** 解離性健忘のすべての病像を備えている以外に，意図的に，家庭や職場から旅に出てしまい，その期間中は身辺の自弁が可能である．この間の記憶は失われるが，行動そのものは完全に正常に見えることが少なくない．

iii) **解離性昏迷（dissociative stupor）** 長時間ほとんど動かないまま横になったままでいる．随意運動，外的刺激に対する反応はいちじるしく減弱，または欠如している．意識障害は認められない．

iv) **トランスおよび憑依障害（trance and possession disorders）** 自己と状況の認識の両者が，一時的に喪失し，「他の人格，霊魂，神，あるいは［力］にとりつかれているかのように振舞う」（ICD-10）．

6) **運動および感覚の解離性障害（dissociative disorders of movement and sensation）**

強い心理的葛藤からの逃避や，怒りの無意識的な表現として，運動麻痺，けいれん，感覚・知覚脱出などが示される．この場合，患者はこのような自己の心理については否定的であり，このような障害に他者が注意を向けることを期待しているため，症状はしばしば演劇的に誇張される．臨床的な検査によってこの障害の基盤となるような所見は，まったく見出されない．

7) **身体表現性障害（somatoform disorders）**

医師が，いかなる身体的疾患も証明され

ないことを繰り返し説明しても，医学的検査の続行を執拗に要求し，身体的な訴えを続けるものである．心気妄想との鑑別が必要になる例もある．

8) その他の神経症性障害（other neurotic disorders）

i) 神経衰弱（neurasthenia） この病型では，精神的な努力の後に疲労が異常に強く感じられ，しばしば職業の遂行や日常的な仕事の能率の低下が起こってくる．

ii) 離人・現実感喪失症候群（depersonalization-derealization syndrome） 自分自身の精神状態，存在感や周囲の情景・状況に現実感がもてない，「実感がもてない」状態である．このような体験や症状は，統合失調症やうつ病の場合にも認められるので，鑑別上注意が必要である．

4. パニック［恐慌性］障害（panic disorder）

特別な状況や環境的背景には無関係で，予知不可能な反復性の不安発作（panic attack）を主要症状とする．

一般的に不安，怖れ，恐怖などの言葉は，しばしば混同されて用いられるが，精神医学や臨床心理学の領域では，不安と恐怖は明確に区別される．

この区別はフロイトに発する．彼はいわゆる不安を，現実性不安（realistic anxiety）と，神経症性不安（neurotic anxiety）に分けた．前者は，あらゆる人が，いわば，日常的に経験する不安であり，人生のさまざまな場面で起こる感情の状態である．このような場合，その不安はそれぞれ特有の外的対象（天変地異，貧困，失業，事故など）をもつ．このような特定対象をもつ不安は，恐怖（fear）とも呼ばれる．

一方，後者はこのような対象をもたない，あるいは対象不明確な恐れの感情で，漠然とした内的体験であり，これも多くの人の体験するところであるが，病的範疇に属するに至る場合が少なくない．．

この病的な，神経症性不安，あるいは単に「不安」についてのフロイトの研究は，1895年の「強迫と恐怖症」に始まり，1926年の「制止，症状，および不安」に至る．

不安は自我に対する信号で，自我にとって受け入れられない欲動が意識された表象として現れようとしているものとした．そしてこの不安は神経症性障害の基本的症状といえる．

不安は，多少とも，自律神経系を中心とする身体症状を伴う．心悸亢進，呼吸困難，胸部の締め付け感，めまい感，手足のふるえ，冷汗，吐き気などである．

パニック障害の特徴的な症状は反復性で重い不安（パニック）発作である．この発作は持続は，比較的短いが（通常一時間以内），強い不安におそわれ，上記の種々の自律神経系のさまざまな身体症状の出現をみる．その場にいたたまれずに去るとか，うずくまるような行動が見られることが少なくない．めまいや，非現実感（離人感），さらには死の恐怖まで伴うことが多い．

まさに「パニック（恐慌）」の名にふさわしい．

5. 統合失調症（schizophrenia）

ドイツの著名な精神医学者クレペリン，Eは，1899年，躁うつ病と対置させる形で，早発性痴呆（dementia praecox）という病名を提唱して本病の最初の記載者となった．しかしまもなく本病患者がかならずも早発（若年発症）するものではなく，また，「痴呆」に陥ることもないという事実が判明し病名・疾患概念の改変が要請されるに至った．1911年，スイスのブロイラー，Eは精神分裂病と邦訳されたSchizophrenieを新病名とした．今日なお，ICD-10においてはこの原著名が使用されているが，その邦訳「精神分裂病」は多くの国民の間でその症状，経過，予後に関連した多くの誤解や偏見が生まれ，患者の社会復

帰, 社会生活に重大な障碍となり続けてきた. 患者, 患者家族, 精神医療・福祉関係者は本病名の不当性を訴え続けてきた.

日本精神神経学会は, 患者, 家族会からの要請, 医療側の反省・批判を踏まえ本病呼称の変更, 新呼称への改定を議論する委員会を設定し, 数年の論議を経て「統合失調症」の新病名を通常総会に提案し, 決定された（平成14, 2002年）. 新病名はこの年, 世界精神医学会（WPA）においても了承された.

本病の原因探究の歴史は長い. 現在においても, 神経化学, 電気生理学, 精神分析学, 神経病理学, 遺伝学, 画像診断学, 臨床心理学, 社会病理学などの諸研究分野において多くの知見が報告されてきたが, いまだ結論, 決定を得るに至っていない.

20世紀に入って, 精神医療の中に次々に身体的療法が導入されてきた歴史がある. その中でもっとも画期的だったのは, 1952年に始まる精神科薬物療法の導入と発展である. そして本療法の最大の対象疾患が統合失調症であるといえよう.

クロールプロマジンやレゼルピンに始まる本療法で今日使用されている薬物が数十種に達している. ことに近年, 新しい薬理作用をもち, 少量で有効性が高く, 副作用も少ない薬物が世界的規模で適用されるようになった.

このような新しく開発された薬物（向精神病薬）を従来の薬物を定型薬と呼ぶに対して, 非定型薬と呼んでいる.

ブロイラー, Eが精神分裂病を提唱するにあたって,「精神分裂病または精神分裂病群」と呼んだ. 本病が単一の疾患単位ではなく, 症候群である可能性をすでに予想したうえでの病名提唱であったと考えられる. 事実, この病名を適用された人々が, それぞれ多彩, 多様をきわめた症状と経過を示すことは精神科臨床医の多くが, 日常的に経験し続けてきたところである. そしてまた, 時代による症状・経過の型の変遷も論じられてきた歴史がある.

ブロイラー, Mが1941年に316人の本病者について行った長期予後調査は経過良好例から不良例にいたる7型についての報告, さらに1965年の再調査での経過変化報告が代表的な例である.

ICD-10では, 本病の一般的特徴としてまず次のように述べている.「思考と知覚の根本的で独特な歪曲, および不適切な, あるいは鈍麻した感情によって特徴づけられる. ある程度の認知障害が経過中に進行することはあるが, 意識の清明さと知的能力は通常保たれる」. つまり本病の基本的な症状には意識や知能の障害は見られない. さらに診断上重要な症状として以下の9項目に分けている.

①考想化声（自分の考えがそのまま外部から声になって聞こえる型の幻聴）, 考想奪取（自分の考えが他者によって奪い取られる）, 考想伝播（自分の考えの内容が多くの他者に伝わってしまう）.

②支配される, 影響される, あるいは抵抗できないという妄想で, 身体や四肢の運動や特定の思考, 行動, あるいは感覚に明らかに関連づけられているもの, および妄想知覚（種々の知覚体験を妄想的に解釈する）.

③患者行動にたえず注釈を加えたり, 仲間たちの間で患者のことを話題にしたりする幻声, あるいは身体のある部分から発せられるという他のタイプの幻声.

④宗教的あるいは政治的な身分, 超人的な力や能力といった, 文化的に不適切でまったく不可能な, 他のタイプの持続的な妄想.

⑤どのような種類であれ, 持続的な幻覚が, 明かな感情的内容を欠いた浮動性の妄想か部分的な妄想, あるいは持続的な支配観念をともなったり, あるいは数週間か数カ月間毎日連続的に生じている.

⑥思考の流れに途絶や挿入があり, その結果, まとりのない, あるいは関連性を欠

いた話し方をしたり，言語新作（まったく新しい言葉を創作する）がみられるたりするもの．

⑦興奮，常同姿勢あるいはろう屈症（ろう人形のような固定的姿勢），拒絶症，緘黙，および，昏迷（完全な自発性欠如）などの緊張病性行動．

⑧いちじるしい無気力，会話の貧困，および情動的反応の鈍麻あるいは不適切さのような，ふつうには社会的ひきこもりや社会的能力の低下をもたらす「陰性症状」．これらは抑うつや向精神病薬の投与によるものでないことが明らかでなければならない．

⑨関心喪失，目的欠如，無為，自分のことだけに没頭した態度，および社会的ひきこもりとして明らかになる，個人的行動のいくつかの局面の全般的な質にみられる，著明で一貫した変化．

これら諸項に述べられたさまざまな症状，または症状群はそれぞれの病者で，さまざまな時期，経過のなかで，多様な組み合わせで出現する．

このような多彩な症状を陽性症状（positive symptom）と陰性症状（negative symptom）の2群に大別する見解がある（シュトラウス，JS，カーペンター，WT，クロウ，TJなど）．上記9項目中①から⑦までが陽性，⑧と⑨が陰性症状に相当する．

クロウは陽性症状は神経伝達物質の異常，陰性症状は脳室拡大，脳萎縮に対応するとした．一般に，抗精神病薬は陽性症状に奏効することが多いが，陰性症状を改善するのは困難である．

多くの統合失調症患者が長期入院者となって，病院を治療の場としてよりも生活の場とし続けている精神障害者の実態調査結果や，地域で人間関係を取り結ぶことが困難なため，家庭内で「引きこもり」生活を続けているのは，この陰性症状のためであることが多い．これらの障害者を社会生活に連れ戻すために，社会復帰訓練施設の整備や，国民を挙げての障害の理解，障害者への地域における持続的な支援ネットワークの形成が不可欠である．精神保健福祉法はその法の「目的」のなかで「精神障害者の医療及び保護を行い，その社会復帰の促進及びその自立と社会経済活動への参加の促進のために必要な援助を行い云々」をうたっているが，日本の精神障害者対策は先進国中の後進国であり，ここでいう精神障害者の大部分が統合失調症者であることを常に認識すべきである．医療と福祉の協力が叫ばれて久しいが，その大前提がこの障害者に対する国民すべての理解と協力なのである（精神保健福祉法第3条「国民の義務」）．

6. 薬物依存（drug dependence）

かつて薬物中毒，薬物嗜癖，薬物乱用などの用語が，混用されてきた経緯があるが，1960年代に世界保健機関WHOは専門委員会の反復協議を経て，1969年に「薬物依存」を統一概念として提示し，以後この用語が国際的に使用されるようになった．WHOのこの概念は「生体と薬物の相互作用の結果として生ずる，特定の精神的，時にまた身体的状態を併せていう．特定の状態とは，ある薬物の精神的効果を体験するために，また，時に退薬による不快感から逃避するために，その薬物を継続的に，あるいは周期的に摂取したいという強迫的な欲求をつねに伴う行動や，他の反応によって特徴づけられる状態をいう．耐性はみられることも，みられないこともある．一人のものが1つ以上の薬物に依存することもある」とされている．そしてこの概念中にある薬物摂取への強迫的欲求である「精神的依存」と，摂取が中断すると，身体的な退薬症状が発現してくる「身体的依存」，さらに「耐性」の有無，強弱によって8型を分けて提示した．

①モルヒネ型依存，②睡眠剤（アルコールをも含む）依存，③コカイン型依存，④

大麻型依存，⑤覚醒剤型依存，⑥有機溶剤（シンナー）型依存，⑦幻覚剤型依存，⑧カート型依存（アフリカ周辺の特定地域のみに限定される）．

その後の経過の中で，現在用いられている国際疾患分類第10版（ICD-10）では「精神作用物質による精神および行動の障害」としてまとめられるに至っている．ここでは「アルコール」を独立させ，「タバコ」を加え，「カート」は除かれている．

ICD-10では，依存症候群の診断ガイドラインとして，以下のように記述している．

「依存の確定診断は，通常過去1年間のある期間，次の項目のうち3つ以上がともに存在した場合にのみ下すべきである．

①物質を摂取したいという強い欲望あるいは強迫感．

②物質使用の開始，終了，あるいは使用量に関して，その物質摂取行動を統制することが困難．

③物質使用を中止もしくは減量したときの生理学的離脱状態．その物質に特徴的な離脱症候群の出現や，離脱症状を軽減するか避ける意図で同じ物質（もしくは近縁の物質）を使用することが証拠となる．

④はじめは少量で得られたその精神作用物質の効果を得るために，使用量をふやさなければならないような耐性の証拠（この顕著な例は，アルコールとアヘンの依存者に認められる．彼らは，耐性のない使用者には耐えられないか，あるいは致死的な量を毎日摂取することがある）．

⑤精神作用物質使用のために，それにかわる楽しみや興味を次第に無視するようになり，その物質を摂取せざるをえない時間や，それからの回復に要する時間が延長する．

⑥明らかに有害な結果が起きているにもかかわらず，いぜんとして物質を試用する．たとえば，過度の飲酒による肝臓障害，ある期間物質を大量使用した結果としての抑うつ気分状態，薬物に関連した認知機能の障害などの害，使用者がその害の性質と大きさに実際に気づいていることを（予測にしろ）確定するよう努力しなければならない．」

わが国では，昭和20年代の，いわゆる「戦後の混乱期」に，覚醒剤依存の大流行を経験した（第一次覚醒剤流行期）が，その後もモルヒネ型，睡眠剤型，有機溶剤型依存などが次々に，流行的に多数発生した．

（国際的には，コロンビア，ペルー，ボリビアなどの南米諸国で，非合法的に密造され，密輸入されたコカインによる依存の流行に悩むアメリカ合衆国が展開する「麻薬戦争」が長期にわたって続いているのが目を引く．）

現在，多数のアルコール型依存（別項で記述）は別としても，覚醒剤型，有機溶剤型依存はあとを絶たないし，コカイン，大麻の密輸の摘発も続いている．

有機溶剤依存は，青少年で目立つ．そしてこの薬物依存に関連した非行，犯罪も多い．さらに，この型の依存からより危険性の強い覚醒剤依存へ移行していく例が少なくなく，薬物依存の最初の踏石（stepping stone）ともみなされている．有機溶剤は，中枢神経系との親和性が強いため，使用時の酩酊感も強く，しばしば深い意識障害を示し，事故死に繋がる怖れも大きい．また神経系の障害として，脳萎縮に至る例まで報告されている．

本剤は，価格も比較的安価で，塗装業では日常的に使用されていることもあって，入手しやすいために流行が持続する要因ともなっている．

第一次流行後，一時ほとんど廃絶したかにみえた覚醒剤依存も，昭和40年代後半から次第に復活の兆候がみられるようになり，50年代には激増し，今日にいたるまで多少の波状の経過を示しながらも，流行は続いている（第二次，第三次覚醒剤流行

期).依存者は男性に多いが,ごく普通の家庭主婦も含んで女性症例も存在する.密売人がスリム志向の女性に「やせ薬」と称して売り込む手口も存在する.平成11 (1999) 年の覚醒剤事犯統計では20～40歳が最多で,約70％を占めるが,未成年例も5％を越える.

覚醒剤は特異な中枢神経興奮効果をもち,同時に比較的短期間に精神病状態を発現させる.幻聴を主とする幻覚と関係・被害妄想が中心的な精神症状である.また薬物使用を中止した後,他の薬物使用(たとえば飲酒),心理的ストレスの負荷などによって,突然,精神病状態が再現することも少なくない(フラッシュバック現象).

第一次流行期の覚醒剤は,昭和26 (1951) 年の取締法施行以後,国内での密造によるものが中心であったが,第二次以降は国外からの密輸品が大部分となり,その摘発,取締りがより困難なものとなっているのも,流行を阻止しえない要因である.

密輸コカインもかなりの量に達しているが,依存流行には至っていない.この薬物も精神病状態をきたしやすい.

一般に薬物依存が成立した場合,依存者はもとより,その家族全体が機能不全におちいる.入院によって薬物使用を中止し,発現した精神病状態が消失しても,強い精神的依存は容易に再使用への道を開く.依存者どうしの連帯・互助が回復・再起への最大の力となる.

密造・密売にかかわる非合法組織の壊滅にむけての国際的協力が不可欠である.

7. アルコール依存 (alcohol dependence)

アルコールはおそらく人類の歴史とともにあるといえる代表的な嗜好品であり,依存性薬物である.中毒,嗜癖の名で呼ばれた時代を経て,アルコール症,さらに,アルコール依存として定着した.数ある薬物依存の型の中で,最も普遍的で,最多であり,依存者個人のみならず,家族,社会の大きな問題となっている.WHO概念でいう「精神的依存」「身体的依存」「耐性」は共に強く,入手が最も容易な依存性薬物であるため,その数も特定の宗教圏を除けば世界的規模の大問題である.

わが国においては,第二次大戦後,経済成長と並行するかのように,アルコールの消費量は急増していき,その後の時代においても,減少する気配は見られない.

「阿片は孤独の毒であり,酒は社交の毒である」という言葉がある.人の社会生活,適応行動,政治・経済活動のさまざまな場面でアルコール飲料の果たす役割は非常に大きい.比較的少数の「アルコール不耐症」を除いて,人は多かれ少なかれ飲酒の機会をもつ.

ことにわが国では,自動販売機の普及,アルコール飲料関連のテレビ・コマーシャルの無規制などもこれの加速・増大化に寄与して,「日本はアルコール天国」の汚名を冠されている現状がある.

飲酒は次第に習慣化し,耐性も次第に形成されるが,その中から依存に陥っていく人々の群れがある.飲酒量も,飲酒回数も増加の一途をたどり,酩酊時の問題行動,身体的な不調,疾患罹患の多発にもかかわらずアルコール飲料への探索行動はとどまることを知らない.アルコール依存の成立である.

1979年の第32回WHO総会において,「アルコール関連問題」として次のような諸問題が討議された.①健康問題:潰瘍,胃腸障害,胎児障害,肝臓障害,脳障害,癌,心臓疾患.②事故:飲酒運転による事故,レクレーションに関する事故.③家族問題:児童虐待,配偶者虐待,離婚,夫婦間暴力.④職業問題:産業事故,短期および長期の欠勤.⑤犯罪:他殺,強盗,暴行.

アルコール依存者はこれらのすべての問

題項目に関係しうるのである。近来,女性の飲酒者も増加し,依存に陥る例は少なくない。上記の健康問題のうちで,女性依存者が妊娠し,なお飲酒が継続される場合,胎児に重大な心身の障害を生じうる。「胎児アルコール症候群」がこれである。小頭症,頭蓋・顔面の形成不全,四肢や心臓の一部欠損などがみられる。生後の精神発達遅滞,さらには成人の低身長や不適応行動にまで関係しうる。

アルコール依存による脳障害は,最終的に①ウエルニッケ脳症,②コルサコフ病,③アルコール痴呆にまで到達しうる。

ウエルニッケ脳症は,意識障害,眼球運動障害,運動失調などをおもな臨床症状とするが,大量,長期のアルコール摂取と栄養障害の結果,ビタミン類,ことにB_1の欠乏の結果生ずる脳障害で,脳の特定部分に病変をきたし,このような特異な臨床症状を招来するもので,早期に発見,治療されれば回復可能である。

コルサコフ病はさらに重症の脳障害で,同じくビタミンB_1欠乏が関与するものではある。「健忘症候群」として,記銘力障害,健忘,見当識障害,作り話などが精神症状として示される。ウエルニッケ脳症から移行する例も多いが,この段階にまで至ると回復は困難である。

脳障害がさらに高度となれば,アルコール痴呆が成立する。

飲酒運転による事故は,度重なる罰則・取締りの強化によっても,あとを絶たない。

種々の家族問題を生ずるが,近来,激増する児童虐待を含む「家庭内暴力(domestic violence)」は深刻化するばかりである。

また専業主婦が,家族の不在時間帯に,ひそかに飲酒行動を示すいわゆる「台所の飲酒者(kitchen drinker)」も女性のアルコール依存の特別の形態を示すものである。

職場の精神保健上の大きな問題として,3Aとされるものがある。事故(accident),欠勤(absentism),アルコール症(alcoholism)がこれである。そして,これら3種のAはそれぞれ別種の問題ではなく,しばしば合併,共存する相互関係が成立するのである。暴力犯罪にアルコールがからむ例はきわめて多い。

アルコール依存から招来される精神病状態のなかで,振戦せん妄は,ICD-10によれば,「せん妄を伴う離脱状態」に含められている。このせん妄は,振戦せん妄と呼ばれ,他の要因によるせん妄から区別されている特異な症状を示す。通常長期にわたる飲酒歴をもつ重度の依存者が,完全あるいは不完全に離脱した結果発生するからである。「典型的な前駆症状は,不眠,振戦そして恐怖である。離脱けいれんが先行することもある。症状の古典的な三主徴は,意識混濁と錯乱,どの種類の知覚にも認められる生き生きとした幻覚と錯覚,そして著明な振戦からなる。妄想,激越,不眠あるいは睡眠サイクルの逆転,そして自律神経の過剰な活動も通常存在する」(ICD-10)。

これらの記述は,精神神経科領域でみられる振戦せん妄の臨床像を,簡潔,明瞭に描き出している。

アルコール依存に由来する精神病性障害には,いずれも振戦せん妄に比較すればその例数は少ないとはいえ,次の病名で呼ばれるものを追加すべきである。

①アルコール幻覚症: 振戦せん妄が,主として視覚領域の幻覚(幻視)を主とするに反して,本病では,聴覚性幻覚(幻聴)が中心的な症状で,その内容は威嚇的,脅迫的であることが多く,二次的に被害・関係妄想を呈する。禁酒と薬物療法により,比較的短期間に改善することが多い。ときに遷延して統合失調症や覚醒剤幻覚症に類似することがある。

②アルコール嫉妬妄想: 主として配偶者に恋人がいる,不倫を働いていると確信する。この妄想に支配されて,配偶者に対

する暴力・傷害事件に発展することもある．

依存者の劣等感，家族が示す蔑視・不快感，依存者がしばしば陥る栄養失調，糖尿病などに由来する性的不能などから，ある程度，正常心理学的に妄想の発展過程が了解可能な例もある．

アルコール依存による身体疾患，精神病状態に対して，医療は有効性を発揮することも多い．しかし，いったん，成立した精神的依存に関しては，無効であり，再発を阻止することは困難な場合が多い．この点に関しては，依存者の自助組織であるA. A.（alcoholicus anonymous）や断酒会の果たす役割は非常に大きい．

8. 人格障害（personality disorder）

人格の特性，特徴，傾向はもとよりきわめて個人的な属性である．それぞれの文化圏，国民，民族において国民性ないし民族性と呼ばれるような，集団的な，平均的な人格の傾向があるにしてもである．この個人的な人格特性の多様性を踏まえながらも，人格障害の概念は古くから論じられ，多くの概念が形成され，多様な人格障害のタイプが論じられ，記載されてきた．

ヨーロッパではことにこの概念をめぐる研究は多く，歴史的に，フランスのモレル（Morel, BA）の「変質者」，イギリスのプリチャード（Prichrd, JC）の「背徳者」などが有名である．しかしことに日本で戦前からしばしば引用されてきたのは，主としてドイツの学者の学説であった．

クレッチマー（Kretchmer, E）がその著書「体格と性格」で論じた細長型体型者と分裂気質，その異常型としての分裂病質，精神病としての統合失調症との関係，他方，肥満型体型者と循環気質，循環病質と循環病（躁うつ病）との関係は最も有名なものの1つである．

シュナイダー（Schneider, K）の代表的著書である「精神病質人格」はさらに広範に受容された．ある社会における人格特性の平均基準（平均人）からの異常偏異である「異常人格」の中で，その異常な人格のために「自らが悩むか，社会が悩む」という価値基準を加えた「精神病質（人格）」概念は，彼が示した10の亜型である「意思欠如性」「無力性」「情性欠如性」「爆発性」「気分易変性」「自己顕示性」「発揚性」「抑うつ性」「自己不確実性」「狂信性」とともに精神医学的概念，診断として慣用された．

現行の「精神保健福祉法」でいう精神障害者の中に未だ「精神病質」としてその名をとどめている．

このような，ある意味では歴史的な，クレッチマー概念，シュナイダー概念は「国際疾患分類第10版（ICD-10）」の中に，改変されながらも導入されている．

ICD-10ではF6「成人の人格および行動の障害（Disorders of Adult Personality and Behaviour）」という1章が設けられている．

要するに，ある特定の文化圏の中にあって，平均的と目される人間が知覚し，考え，行う，そしてとりわけ他者へのかかわりのあり方からの極端な，あるいは，際立った偏倚を示すような，持続する行動パターンであり，広い範囲の個人的，および社会的状況に対する不変の反応としてあらわれるものとした．

ここで扱われる「障害」は広範をきわめている．すなわちF60「特定の人格障害（10型）」，F61「混合性および他の人格障害（2型）」，F62「持続的人格変化，脳損傷および脳疾患によらないもの（4型）」，F63「習慣および衝動の障害（6型）」，F64「性同一性障害（5型）」，F65「性嗜好障害（9型）」，F66「性の発達と方向づけに関連した心理および行動の障害（5型）」，F68「他の成人の人格および行動の障害（3型）」，F69「特定不能の成人の人格および行動の障害」より構成されてい

る．これらのうちF60「特定の人格障害」に属する10型が臨床上最も適用されることの多い項目であり，以下にその人格障害名のみを挙げておく．

0) 妄想性人格障害, paranoid personality disorder

1) 分裂病質性人格障害, schizoid personality disorder

2) 非社会性人格障害, dissocial personality disorder

3) 情緒不安定性人格障害, emotionally unstable personality disorder

4) 演技性人格障害, historionic personality disorder

5) 強迫性人格障害, anankastic personality disorder

6) 不安性（回避性）人格障害, anxious (avoidant) personality disorder

7) 依存性人格障害, dependent personality disorder

8) 他の特定の人格障害, other specific personality disorders

9) 人格障害，特定不能のもの, personality disorder, unspecified

〔加藤雄司〕

文　献

1) 融　道男，中根允文，小見山実監訳：「ICD-10・精神．および行動の障害―臨床記述と診断ガイドライン，医学書院，1993.

17. 子どもの病気

子どもの急性疾患
acute diseases

1. 呼吸器の病気
1) 肺炎
肺炎の原因になる病原体には細菌，ウイルス，マイコプラズマがある．細菌では肺炎球菌（最近抗生剤が効きにくいPRSPと呼ばれる菌が増えている），インフルエンザ桿菌，ブドウ球菌などであり，ウイルスではアデノウイルス，RSウイルス，インフルエンザウイルス，パラインフルエンザウイルス，水痘ウイルス，麻疹ウイルスなどが挙げられる．治療は発熱や咳嗽に対して対症的な療法が行われるが，細菌性肺炎では有効な抗生剤の投与が必要である．

2) クループ症候群
喉頭（声帯の部分）が炎症を起こし，嗄声（声がれ）や犬吠様の咳，時には呼吸困難を起こす急性の気道疾患である．原因はウイルスによることが多いが，その他細菌やマイコラズマによることもある．この疾患は生後6カ月から6歳くらいまでの乳幼児に多く見られ，短時間に呼吸困難が進行し，気管内挿管（気管の中にチューブを挿入し呼吸を確保する），人工呼吸が必要な場合もあるが，大部分は短期間に軽快する．

3) 細気管支炎
RSウイルスがおもな原因となる．RSウイルス感染症は毎年冬季に流行し，乳児の70%が1歳までに罹患する．潜伏期は4～5日と考えられ，咳嗽，鼻汁などの上気道症状が2～3日続いた後，感染が下気道に及ぶに従って喘鳴，多呼吸，陥没呼吸などが出現する．早期乳児では呼吸困難がひどくなり，酸素投与や人工呼吸管理が必要になる例もある．診断は，現在鼻汁中の抗原を検出する迅速診断キットが広く普及している．平成14年に予防薬として抗RSウイルスヒト化モノクローナル抗体が新発売され，早産児や気管支肺異形成など呼吸器系に基礎疾患のある新生児・乳幼児への使用が始められた．

2. 循環器疾患
1) 川崎病
原因は特定されていないが，病原体に対するホストの強い免疫反応により，全身性の血管炎が起こっている状態である．診断は以下6つの主要症状うち5つ以上の症状を伴うものを本症とする．①5日以上続く発熱，②急性期の手足の硬性浮腫，回復期の手掌ないしは指趾末端の紅斑，指先からの膜様落屑，③不定形発疹，④両側眼球結膜の充血，⑤口唇の紅潮，いちご舌，口腔咽頭粘膜のびまん性発赤，⑥急性期における非化膿性リンパ節腫脹．ただし，6つのうち4つの症状しか認められなくても，経過中に心臓の超音波診断あるいは心臓の血管造影で冠動脈（心臓を養う動脈）に動脈瘤が認められれば川崎病と診断する．治療にはアスピリンの内服，γ-グロブリンの大量投与が有効とされている．最も注意すべき合併症は冠動脈に現れる血管性病変（動脈瘤）であり，第2病週前後に明らか

なることが多い．発見するためには心臓の超音波診断（心エコー検査）が不可欠であり，冠動脈病変が認められる場合には，退院後もしばらくの間，心電図，胸部レントゲンとともに心エコーによる経過観察が必要になる．

3. 消化器
1） 乳児下痢症
乳児期の急性下痢として最も多く経験されるのが腸管感染症で，ウイルスに由来するものが圧倒的に多い．ロタウイルスはその中でも頻度が高く，冬季（最近は3月〜4月になっても発生が多い）乳児下痢症の主因となっている．その他アデノウイルス（晩秋から冬季），エコー，コクサッキーウイルスなどのエンテロウイルス（夏場）などが知られており，症状として病初期に嘔吐が見られることが多く，発熱を伴っても数日間で解熱する．腹痛は軽度である．

細菌性胃腸炎の病因としては，大腸菌，サルモネラ菌，キャンピロバクターなどの病原菌があげられる．症状としては，細菌性毒素による急激な下痢と腹痛，組織進入型の細菌では発熱と血便が特徴的である．治療は，下痢の改善を目標として整腸剤や消化酵素薬を主体とした内服薬，制吐剤の投与，食事療法が行われ，脱水がある場合は輸液が必要である．細菌性腸炎の場合には抗生剤の内服が行われる．

乳児下痢症は腸管外の感染症でも認められ，ことに尿路感染症や中耳炎，インフルエンザ，突発性発疹，川崎病などの随伴症状としてもよく経験される．

2） 腸重積
腸管の一部が肛門側の腸に嵌入した状態であり，90％は原因不明である．回腸（小腸）末端が結腸（大腸）内へ入り込む形が最も多い．80〜90％は2歳以下に発症し，とくに4カ月から1歳の乳児期が好発年齢である．症状としては，①間欠的な腹痛，乳児では間欠的に不機嫌に泣くなどの症状で気づく．②嘔吐，③粘血便がおもで，病初期から顔面蒼白でぐったりしていることが多い．診断は，症状とあわせて腹部に腫瘤を触知すること，超音波検査や，診断と治療を兼ねて注腸造影が行われることが多い．治療としては，内科的にバリウムによる高圧浣腸や空気注腸による整復が試みられるが，整復が困難な場合や，発症から時間が経過しており，腸管の壊死が心配される場合は外科的手術が行われる．また，約10％にはこの疾患を引き起こす病変（憩室，ポリープ，リンパ腫など）が見られることがあり，重積を繰り返す場合には手術的処置が勧められる．

4. 腎，泌尿器
1） 急性腎炎
先行感染の後に一定期間（多くは2〜3週間）を経て菌体成分により形成された免疫複合体が，腎臓の糸球体を障害するために生じるものとされている．本症を引き起こす原因となる起炎病原体のうち，最も多いのが溶血連鎖球菌（A群β溶連菌）である．血尿，タンパク尿，尿量減少，浮腫，高血圧がおもな症状である．治療としては，病初期は塩分制限，水分摂取の制限といった食事療法が必要である．また，必要に応じて高血圧や高カリウム血症，心不全症状などに対し薬物療法が行われる．急性期には安静を保つことも大切である．

2） 尿路感染症
腎臓，尿管，膀胱，尿道の腎尿路系のどこかに細菌感染によって炎症を起こした状態をいう．一般に乳児期では男児に多く，以降は女児に多くなる傾向がある．尿路感染症の起炎菌として頻度の高いのは大腸菌，変形菌，*Klebsiella*属のグラム陰性桿菌である．大部分が尿道から逆行性（尿の流れに逆行）に菌が進入する．症状としては，膀胱炎を中心とする下部尿路の感染のみの場合は頻尿，残尿感，排尿時痛などの膀胱刺激症状のみで発熱を伴わないことが

多く，腎盂腎炎を中心とする上部尿路の感染の場合は発熱を伴うことが多いとされる．しかし新生児期や乳児期では膀胱の症状ははっきりせず，下痢，嘔吐といった消化器症状や不機嫌，顔色不良など非特異的な症状であることも少なくない．診断には尿の細菌検査（培養）が必要である．また，尿路感染症の患児には膀胱から尿管への逆流（膀胱尿管逆流；VUR）を合併している例が多いといわれ，排尿時膀胱尿路造影（VCG）などの画像診断が勧められる．治療は抗生物質の投与が行われるが，VUR が発見された例では，手術が必要な場合もある．

5. 神 経
1) 髄膜炎, 脳炎
細菌やウイルス，真菌などの病原体によって脳が炎症を起こしたものが脳炎，脳や脊髄を包んでいる髄膜（脳を包んでいる膜）に炎症を起こしたものが髄膜炎である．髄膜炎の原因としては夏場に流行するエンテロウイルスが多く，脳炎の原因としても麻疹，ムンプス，単純ヘルペスなどのウイルスが多い．発熱，頭痛，嘔吐がおもな症状で，脳炎ではけいれん重積や意識障害へと進行しやすい．診断には髄液検査が必須で，髄膜の炎症を反映して細胞数が増加する．細菌性の場合は髄液の培養による原因菌を検出する．また，特定のウイルスに関しては分離が可能であるが，検査に時間がかかる．治療は，細菌性であれば効果（感受性）のある抗生物質が使用される．また，一部のウイルスに対しては抗ウイルス剤が開発されている．その他，けいれんがある場合には抗けいれん剤，脳浮腫に対する治療などが行われる．細菌性のものは進行が早いため，早期の診断と抗生剤による治療が必要である．

2) 熱性けいれん（Fs）
発熱によってけいれんが誘発されるもので，髄膜炎や脳炎など中枢神経の感染症によるけいれんは除外される．6 カ月〜6 歳まで，とくに 1 歳〜3 歳で好発する．日本では，3 歳児健診などでの調査で，7〜8％の子どもが経験するという結果が示されている．一度 Fs を起こした子どもがその後再び Fs を起こす（再発）危険は平均で 30％ほどといわれているが，7 歳までに数％がてんかんを発症するという報告がある．対応としては，けいれんは発病後（発熱しはじめて）24 時間以内が多いため，発熱に気づいた時にけいれん予防のジアゼパム座薬（商品名ダイアップ）を 8 時間間隔で 2 回使用するという間欠投与法が一般的である．

6. 感染症
1) 細菌感染症
i) 百日咳 特有の発作性の咳が長期にわたって続く感染症である．患者のくしゃみや咳などによって排出された百日咳菌に感染することによって起こる．潜伏期は 1〜2 週間で，初めの 1〜2 週間は通常のかぜと区別がつきにくい症状で，次第に特有の発作性の咳になる．真っ赤な顔で咳き込み，コンコンと激しい咳の後，"ヒュー"と息を吸い込むのが特徴．3 カ月未満の乳児では呼吸が停止したり，全身のけいれんを起こすこともある．この咳は通常の咳止めでは止まらず，自然経過では 4 週間以上続くため，この病名の由来となった．早期に抗生物質を投与することで除菌は可能であるが，咳発作はすぐには治まらない．DPT 3 種混合ワクチンの接種によって予防可能であるが，大人では咳があまり強くならず，通常のかぜと区別がつきにくいため，知らないうちに持ちこんでしまう場合があるので，ワクチン接種前の乳児に対しては注意が必要．

ii) 溶連菌感染症 溶血性連鎖球菌（溶連菌）が咽頭，扁桃に感染し，発熱，鼻水など上気道症状を引き起こす．さらに菌体毒素のため発疹が出現し，苺舌といった症状が出たものを猩紅熱と呼んでいる．

皮膚に感染して膿痂疹（とびひ）を起こすこともある．患児からの飛沫感染で，潜伏期は1～3日．咽頭炎は6～12歳，膿痂疹は6歳以下に多い．診断は咽頭粘液の培養検査で菌が検出されれば確定であるが，最近はストレプトテストという迅速診断法が多く用いられている．治療は抗生物質を10～14日服用する．合併症として中耳炎，リウマチ熱，急性糸球体腎炎などが知られているが，急性腎炎は感染後3～4週間後に起こるとされているので，忘れずに尿検査を受けるようにしたい．

2) ウイルス感染

i) 日本脳炎 コガタアカイエカなどの蚊によって媒介される日本脳炎ウイルスによって引き起こされる脳炎である．ほとんどは発病しない不顕性感染であるが，およそ300人に1人の割合で発病する．発病した場合，死に至る率は5～40％で，小児・老人では死亡率が高い．また，命をとりとめても，45～70％で後遺症を残すといわれ，ことに小児では高率に後遺症が見られる．潜伏期は6～16日で，発熱，頭痛，悪心・嘔吐といった症状から急激に進行し，数日の内に意識障害，けいれんといった脳炎の症状を呈する．日本脳炎ウイルスに対する抗ウイルス薬は現在のところない．もともと人から人へ感染する病気ではなく，日本国内ではこの病気の発生はみられないが，ウイルスは西日本や九州などを中心に豚から検出されており，予防のためにワクチン接種が欠かせない．なお，ワクチンの効果を維持するためには，3～4年に1度追加の接種が必要になる．

ii) 麻疹 発熱，上気道症状，特有の発疹を有する感染力の強い疾患である．麻疹ウイルスの飛沫感染によって引き起こされる．潜伏期は10～12日で，伝染力が強く，発疹が出現する前後4, 5日が最も他へ伝染しやすい時期である．はじめは発熱，鼻水，咳といった上気道症状，目やにがみられ，（カタル期）2, 3日して一時熱が下がったように見えた後，再び発熱とともに全身にバラ色の細かい発疹が出現する．数日すると解熱してくるが，発疹は1週間から10日くらい茶褐色に色素沈着を残す．この病気に特徴的な症状として，発疹の出現する前後数日間，口の中にコプリック斑といわれる白い水疱がみられ，診断の助けとなる．この病気では体力の消耗が激しく，二次感染で肺炎や中耳炎，まれには脳炎を引き起こすこともあり，有効な抗ウイルス剤がないため，ワクチン接種が勧められる．なお，麻疹に対して抗体をもたない者が患者と接触した場合，72時間以内に免疫グロブリンを注射することにより発病を予防することが可能といわれている．

iii) 風疹 特有の発疹，発熱，リンパ節腫脹がみられる疾患である．風疹ウイルスの飛沫感染によって起こる．潜伏期は2～3週間．発疹出現の7日前から出現後5日間位が他へ伝染しやすい期間である．症状としては，麻疹に似た細かい発疹が出現するが，色素沈着も残さず3～5日間で消失する．このため3日はしかともいわれる．発熱が見られるのは半数程度で，発疹と同時期に発熱し，3日程度で解熱することが多い．また，特徴的な症状として，後頸部のリンパ節腫脹がみられる．また，結膜の充血もみられる．合併症として血小板減少性紫斑病や，関節炎，脳炎などがみられた例もあるが，ごくまれで，一般に予後良好であるが，妊婦が妊娠初期に感染した場合の胎児への影響（先天性風疹症候群）が問題となるため，ワクチンの接種が勧められている．

iv) 水痘 水痘・帯状疱疹ウイルスの初感染による疾患．水痘の治癒後，ウイルスは肋間神経などの神経の中に潜み，免疫状態が低下したときに帯状疱疹として再発症する．主として飛沫感染であるが，膿・水疱中にはウイルスがいるので接触感染もするため,すべての発疹が痂皮（かさぶ

た）になるまでは，他人にうつす恐れがあり，登園や登校は避ける．症状としては軽い発熱とともに発疹が出現し，赤い小さな発疹が水疱となり，最期には痂皮になる．新しくできはじめた発疹と痂皮化した発疹が入り混じって見られる．発疹が頭髪の中や口の中にまで出現するのが特徴．発疹は痒みを伴う．治療としては抗ウイルス剤のアシクロビルが有効である．予防法としては任意接種のワクチンがあるが，ワクチン接種による抗体保有率（90％以上）も高く，副反応も少ないことが認められている．

v） おたふくかぜ（流行性耳下腺炎）
耳下腺の急激な腫脹をおもな症状とする疾患である．患者の唾液の中にいるムンプスウイルスが飛沫感染することによって起こる全身感染症である．潜伏期は14～24日で，約1/3は症状の出ない不顕性感染である．耳下腺の腫脹が主症状で，時に顎下腺の腫脹も伴う．耳下腺腫脹は片方のみのこともあるが，1～2日遅れてもう一方も腫れることが多い．2～3日が腫れのピークで，7～10日程度で消退する．合併症として無菌性髄膜炎が10％程度にみられるため，頭痛，嘔吐のあるときには要注意である．思春期以降は精巣炎や卵巣炎を合併することがあるが，多くは片方のみの炎症で，不妊症になることはまれである．予防接種は任意接種（自費）であるが，約80％は感染を予防できる．耳下腺腫脹が消退するまでは他人にうつす恐れがあるので，登園，登校は控える．

vi） 手足口病 口の中の粘膜や手足に水疱を生じる発疹性疾患である．主としてコクサッキーウイルスA16型やエンテロウイルス71型が飛沫感染することによって起こる．潜伏期間は2～7日．春から夏にかけて多く，流行のピークは7月頃である．手のひらや足の裏に小さな硬い水疱，口腔，咽頭粘膜に痛みを伴う水疱ができ，痛みのために摂食が困難になることが多い．38℃前後の発熱を伴うが，通常1～3日で解熱する．大部分が自然に治癒するが，まれに無菌性髄膜炎や脳炎を起こすことがある．特別な治療は必要としない場合がほとんどであるが，ときには点滴などの非経口的な水分補給が必要なこともある．

vii） ヘルパンギーナ 主として咽頭の粘膜に水疱，潰瘍を生じる夏かぜの一種で，乳幼児に多く見られる．主としてコクサッキーA群ウイルスによって起こる．患者の咽頭からウイルスが排泄される（発病後2～3日くらいの間）ことによる飛沫感染が主であるが，発病後1週間くらいは便中にもウイルスが排出されるといわれ，経口感染にも注意が必要である．潜伏期は2～7日．突然の高熱と咽頭痛，嚥下痛が主な症状で，特別な治療は必要としない場合がほとんどで，通常対症療法で1週間程度で回復する．

viii） りんご病（伝染性紅斑） かぜ様症状を認めた後に頬部に少し盛り上がった紅斑が見られる疾患である．その状態から一般にりんご病と呼ばれている．ヒトパルボウイルスB16の飛沫感染によって起こる．潜伏期間は17～18日といわれ，ウイルスが排泄されて感染の危険があるのは，発疹の出現する1～2週間前の数日間といわれている．おもな症状は，かぜ様症状と，特徴的な顔面の発疹，腕や大腿の網目状の紅斑である．発疹は痒みを伴うこともある．その他まれに溶血性貧血や血小板減少，関節炎などを起こすことがある．4～10歳が好発年齢であるが，一度罹患すると終生免疫が得られるため，年齢とともに抗体保有率が高くなる．20～30歳で30～40％が抗体をもっているといわれるが，妊婦が罹患すると胎児死亡が起こることがあり，注意が必要である．

ix） プール熱（咽頭結膜熱） 発熱，結膜炎，咽頭炎を主症状とする疾患で，夏から初秋にかけて幼児から学童の間で流行する，夏かぜの一種．プールを介して流行することが多いので，一般にプール熱とい

われる．アデノウイルス3型がおもな病因である．突然の高熱，咽頭痛が数日から7日程度続く．特別な治療法はなく，手洗い，うがい，水泳前後のシャワーや眼を洗うなど予防が大切である．主要症状が消退してから2日経つまでは登園や登校は避ける．

x) **突発性発疹** 数日間の発熱の後に解熱とともに発疹が現れるという文字どおりの病気である．病因はヒトヘルペスウイルス6であるが，7も同様の症状を示すことがわかっている．生後5カ月頃から1歳にかけてほとんどの乳児がかかり，生まれてはじめて高熱に見舞われることで親を慌てさせる．潜伏期は約10日．突然39〜40℃の高熱が3〜4日続き，解熱とともに全身に細かい赤い発疹が出現することで本症の診断がつく．発疹は数日で消えるが，下痢を伴うことが多く，熱性けいれんを起こすこともあるが，多くは全身状態は良く，特別な治療は要さない．原因ウイルスが2種類あるので，2度同じ病気に罹患することがある．

xi) **インフルエンザ** 冬場に流行する高熱を特徴とする伝染病である．病因はインフルエンザウイルスであり，かつて世界的大流行を示したことがある．患者の鼻腔，咽頭，気道粘膜の分泌物からの飛沫感染による．インフルエンザウイルスにはA，B，Cの3つの型があるが，そのうちで問題になるのはA型とB型である．A型は全国的に大流行しやすいが，B型は局地的な流行にとどまることが多い．毎年12月頃から翌年3月頃にかけて流行する．潜伏期は1〜2日．悪寒とともに高熱を発し，頭痛，腰痛・関節痛，筋肉痛を伴うことが多い．咽頭痛，鼻汁，下痢・腹痛を伴うこともある．近年インフルエンザウイルスに対する治療薬が開発され，病気の初期（できれば発症後48時間以内）に使用すれば有効である．最近はインフルエンザAの迅速診断用のキットが普及してきており，外来で手軽に診断が可能になっている．小児では，けいれんやごくまれに脳炎，脳症を引き起こすこともあり，二次的に肺炎や中耳炎など余病を引き起こすことも少なくないため，予防手段としてあまり有効性は高くはないが，ワクチン接種が勧められる（7割ぐらいが予防できる）．成人では毎年1回接種，13歳未満は毎年2回接種が必要である．

7. 膠原病と周辺疾患
1) **血管性紫斑病**

アレルギー性紫斑病，アナフィラクトイド紫斑病，シェーンライン・ヘノッホ紫斑病ともいわれる．現在でも病因は明らかではないが，免疫学的機序により，全身の小血管に血管炎が生じると考えられている．多くの場合（約60％），細菌やウイルスの感染が先行する．誘因としては溶連菌が約25％を占めるといわれ，他にエルシニアやレジオネラといった細菌，マイコプラズマ，EBウイルスやB型肝炎ウイルス，水痘ウイルス，パルボウイルスなどのウイルスが原因になり，また，抗生物質などの薬剤，予防接種や虫刺されがきっかけになることもあるという．2〜8歳の男児に多くみられ，症状としては，①皮膚症状：左右対称に，主として下肢，膝，臀部に紫斑（小さな点状の皮下出血）が出現する．②腹部症状：約60％に強い腹痛，血便，嘔吐がみられ，腸重積，腸閉塞や穿孔を起こすこともある．③関節症状：約60％に主として膝関節や足関節に関節痛や腫脹がみられる．一般に予後は良好で，安静と対症療法で紫斑も1〜2週間で消退するが，腹痛が強い場合には副腎皮質ホルモンの投与が有効で，入院を必要とする場合がある．腎炎を合併する例が20〜60％あるが，慢性腎炎に移行するのは1％程度である．また，腎症状出現の約80％は本症発症後1カ月以内であるが，それ以降の場合もあり，定期的な尿検査が必要である．〔上石晶子〕

子どもの慢性疾患

clonic diseases

1. 呼吸器疾患
1) 先天性喘鳴

喘鳴とは，気道の狭窄により生じ，主として吸気（息を吸う）時に聞こえる雑音で，そのうち，出生後数週までに現れる先天性であるものを先天性喘鳴という．鼻咽頭，喉頭，気管いずれの部分の狭窄でも起こりうるが，乳幼児では，構造として鼻腔，咽頭腔が細くて狭いこと，喉頭は小さく軟弱であること，また，感染を起こしやすく，気道粘膜の腫脹をきたしやすいという特徴から，気道閉塞や喘鳴（息をするとき喉がゼーゼー，ゴロゴロいう症状）が多い．先天性喘鳴のなかで最も頻度が高いのが喉頭軟化症といわれるもので，喉頭をかたどる軟骨組織が未熟で柔らかいために起こる．生後数日から数週の間に吸気時の胸の陥没と喘鳴が出現し，3～6カ月頃に顕著となる．その後徐々に改善して，18～24カ月で自然に消失する場合が多い．

2. 循環器疾患
1) 先天性心疾患

先天性の心臓病で，心臓の形態異常によることが多い．頻度の高いものでは先天性心室中隔欠損症，心房中隔欠損症，心内膜床欠損症，動脈管開存症，肺動脈狭窄症，肺動脈閉鎖症，大動脈狭窄症，大動脈縮窄症，ファロー（Fallot）四徴症，大血管転位，総肺静脈還流異常，三尖弁閉鎖症，単心室，右胸心など多くの先天性心疾患がある．診断には心雑音の聴取，胸部のX線撮影，心電図，心超音波断層などの検査が必要である．代表的な先天性心疾患について説明しておく．

心室中隔欠損症は，左右心室の中隔の先天性の欠損であり，全先天性心疾患の20～25％を示している．出生1,000人中1～2人の発症頻度である．心臓内の血液は左室から右室へと逆流し，逆流する血液量が大ければ重症である．軽症例では自然治癒するものも多く，20～40％といわれている．重症例では手術を必要とする．

心房中隔欠損症は，左右心房の中隔の先天性欠損であり，乳児期に心雑音で発見されるものを除いては，小児期には無症状のことが多く，偶然心雑音や心電図で発見されることが多い．乳児期に発症する血液の逆流の多い型では，早期に心不全に陥る場合があり，手術が必要になる．先天性心疾患のうち，5～15％を占め，1,000出生中0.6人ぐらいの頻度である．

動脈管開存症は肺動脈と下動脈を連絡する血管で胎生期には大切であるが，出生後は機能的に閉鎖し血流が途絶える．しかし，閉鎖せずに開存すると大動脈と肺動脈の圧落差により，大動脈から肺動脈に血液が短絡する．未熟児の呼吸障害の治療中にみられることが多く重要な疾患である．インドメサシンのような薬物療法でも閉鎖するが，効果のないときは外科的に結紮する．

肺動脈狭窄症は全先天性心疾患のうち，8～11％，1,000出生中0.6人の頻度といわれている．症状は収縮期雑音であり，狭窄の程度が重いと心房中隔を通して，右心房から左心房への短絡が起こり，肺へ行く血流が減少する．また，右心室の内圧が高くなり右心不全を引き起こすので，手術が必要になる．狭窄の程度の軽い場合は経過をみればよく，予後は良好である．純系肺動脈閉鎖症は肺動脈が閉鎖しており，右室から駆出される血液の短絡路（動脈管開存と心房中隔欠損）の程度により予後が左右される．手術が必要である．

大動脈狭窄は大動脈弁，弁上・弁下狭

窄，大動脈縮窄症に分けられる．中には無症状に経過するものもあるが，いずれも左室からの血液の駆出が制限されるため，左心室の内圧が高くなり，ときには突然死を招くことがある．手術が必要である．

ファロー四徴症は肺動脈狭窄または閉鎖，心室中隔欠損，大動脈騎乗，右心肥大の4つの異常の組み合わせであり，全心疾患のうちの約10%を占める．心室中隔欠損は大動脈弁下の大きな欠損である．右心系の静脈血が大動脈内に流れ込み全身を循環するためチアノーゼを示す．

大血管転位は右室から出ている肺動脈が左室に転位し，左室から出ている大動脈が右室に転位している形態異常である．新生児期から重症な状態を示すチアノーゼを主徴とする先天性心疾患の代表である．

総肺静脈還流異常症は乳児期大多数が死亡する予後の悪い疾患で，肺静脈（酸素化された血液で左心房に連結）がすべて右心房に連結している異常で，肺静脈の右房への還流の仕方で4つのタイプに分類される．

三尖弁閉鎖症は右房と右室の間の弁が閉鎖しており，右房と右室の連絡がないものである．全身から戻ってくる静脈血は右房に入り，その後卵円孔を通り左房に流入する．肺へ還流される血液が少ないのが特徴で，チアノーゼを伴う．

単心室は左右の心房の血液が1つの心室に流入する形態異常で予後はきわめて悪く，多くは乳児期に死亡する．

右胸心は心臓が右にあるもので，内臓の位置も左右逆転しているものと，内臓の逆転を伴わないものがある．内臓逆位を伴うものは左右の鏡像を示しており他の異常を伴わない．

3. 消化器
1) **便 秘** 排便回数は個人差があり，年齢（月齢）や食習慣によっても異なるが，通常週2回以下では少ないと考えられる．しかし，排便回数が少ないというだけで便秘というのではなく，便が硬く，腹部膨満や腹痛，あるいは排便時の苦痛を伴う場合を便秘と考える．対応としては，食習慣を見直し，繊維質を多く取り，水分を多く取るようにするとよい．

4. 腎，泌尿器
1) **ネフローゼ症候群**

腎臓の中で血液を濾過する糸球体に障害が起こり，尿中にタンパクが大量に漏れ出るため，血液中のタンパクが減少したために，浮腫（むくみ）などの症状が出現する．2～6歳に多く（5歳未満が2/3といわれる），男女比は2:1と男児に多い．原因は現在のところはっきりしていない．症状としては浮腫が主で，尿量減少や腹痛，嘔吐といった消化器症状，全身の倦怠感（だるさ）などがあらわれる．診断はタンパク尿（血尿はないか軽度のことが多い），低タンパク血症，高脂血症に一定の基準を設けて判断されている．その他の検査上の所見として，血液凝固能の亢進がある．腎機能は通常正常範囲である．治療としては，副腎皮質ステロイドの内服が行われ，反応すれば1～4週間で尿タンパクは消失する．病初期は安静や水分，塩分の制限といった一般的療法のほか，浮腫がひどく，高血圧が明らかな場合には利尿剤の投与などが行われる．症状が軽快すれば安静や食餌療法は不要となる．ネフローゼ患児の80%程度はステロイドに反応し，組織学的には微小変化群といわれるものであるが，ステロイドの減量，中止により再発する例が多い．非再発例は30%程度，他の30%は頻回再発例といわれるが，将来的に腎不全に移行する可能性は低い．頻回に再発したり，ステロイド依存性の経過をたどる例では，ステロイド投与が長期になってくると成長障害や白内障，緑内障といった眼の合併症，骨粗しょう症などの副作用の問題もあるため，免疫抑制剤などが用いられる．

頻回再発例やステロイド抵抗性症例（一般に8週間ステロイドを投与しても効果ないもの）では腎生検で組織所見を確認することが勧められる.

5. 神経・筋疾患
1) てんかん

脳の神経細胞が電気的に異常放電（興奮する）を起こし，その結果繰り返してみられるさまざまな症状のことをてんかん発作という．脳波上で，その異常放電をとらえたものが発作波である．ただし，脳波は脳細胞の活動を頭皮上から増幅して記録したもので，感度，精度の点で限界がある．また，人間の脳は常に活動しており，限られた脳波検査の時間では，活動の一部分のみをみているに過ぎないことを念頭におかなくてはならない（1回の脳波検査で発作波が認められなくても，常時発作波がない，発作が起きないとはいえない）．てんかんは，脳形成異常，早産や仮死などの出生前後の要因，代謝異常，脳炎・脳症の後遺症や外傷・脳腫瘍といった外科的要因などさまざまな原因から起こるが，原因が不明な例（特発性）も60％と多数である．家族にけいれんまたはてんかん患者のいる例は20％程度といわている．発作の型は大きく分けて，体の一部分に限られた症状を示す部分発作と，全身症状を引き起こす全身発作との2つに分けられる．全身発作の中には，全身を硬直させる強直発作，ガクガクと四肢をふるわせる間代発作，突然動作が止まり，ぼんやりと意識を失ってしまう欠神発作，短い筋肉のピクツキであるミオクロニー発作，突然力が抜けてしまう脱力発作，ウエスト（West）症候群に特徴的な首をカクンと前屈させる点頭発作などがあげられる．診断には脳波検査が重要であるが，その他脳の画像診断（MRIやCTなど）や血液，髄液検査が必要である．治療には抗けいれん剤を用いるが，けいれんの型により薬剤を選択する．どのような薬剤を用いてもけいれん発作が消失しない，いわゆる難治性てんかんといわれる例が10〜15％程度あるといわれているが，小児期のてんかんの大部分は抗てんかん薬の内服によって発作はコントロールされ，年齢とともに軽快する予後良好なものである．ただし，数年にわたっての内服が必要であり，定期的な通院，副作用検査が必要である．

6. 内分泌・代謝性疾患
1) 小人症（低身長）

低身長とは，同性同年齢の子どもの平均身長と比べて，身長がいちじるしく低い，あるいは成長の速度がいちじるしく遅い場合をいう．基準は，①身長が同性同年齢の子どもの平均より2倍の標準偏差（平均値のばらつきをみる統計量）小さい場合，②1年間の身長の増加が，同性同年齢の子どもの平均値の80％以下（小学校低学年では約4cm以下）で，これが2年以上続く場合とされている．低身長のおもな原因として，①病気とは考えにくいもの（体質，家族性，未熟児で産まれて，その後も伸びが遅いなど），②子どもの成長を調節するホルモンの異常（成長ホルモンの不足，甲状腺ホルモンの不足など），③染色体の異常（ターナー症候群など），④骨や軟骨の異常（軟骨異栄養症など），⑤主要臓器の病気（心臓，腎臓，肝臓，消化器など）⑥心理社会的な要因⑥栄養状態が悪いなどがあげられる．成長ホルモン分泌不全性低身長，ターナー症候群や軟骨異栄養症，慢性腎不全による低身長に対して成長ホルモンの治療効果が期待できるとされており，一定の基準を満たせば国の指定する「小児慢性特定疾患治療研究事業」の適応を受けられ，医療費の自己負担分が補助される．ただし，現在のところ成長ホルモンは注射しか方法がなく，目標とする身長に近づくまでほぼ毎日，何年にもわたって注射を続ける必要がある．また，治療開始はできるだけ早い時

期が良いとされ，身長の伸びが悪いようなときには専門医に相談した方がよい．

2) 糖尿病

糖尿病とは，糖を代謝するインスリン作用の低下もしくは欠如によって高血糖（血液中のブドウ糖濃度が上昇した状態）になり，尿に糖が出ている状態である．持続する高血糖が本疾患の特徴である．糖尿病には1型，2型と2種類があり，10歳未満では大部分が1型であるが，以降では2型も多くみられる．1型は厳密なところは明らかではないが，自己免疫機序により膵臓の細胞が傷害され，最終的にはインスリン分泌の欠乏に至る．2型では遺伝的要因のある人が，肥満になるなど生活習慣の悪化をきっかけにインスリンの不足状態に陥るものである．1型では生命の維持のためにもインスリンの補充が必須であるが，現在のところ注射しか方法がない．うまく補充するためには頻回の注射と血糖モニター（自己測定）値による注射量の調節が必要である．食事は成長に合わせてバランスよく必要な量を取ることが大切であり，運動も積極的に行う．治療中に注意する大切なことは，①低血糖（血中のブドウ糖濃度が下がりすぎてしまう状態）：通常 70 mg/dl 以下になると，手が震える，冷や汗が出るなどの症状がみられる．血糖のコントロールが悪い状態が続くと，糖尿病性網膜症，糖尿病性腎症といった腎臓や眼の合併症を起こしてしまうことがある．1型糖尿病は現在のところ治る病気ではなく，生涯にわたってうまくコントロールし，付き合っていくという心構えが必要である．

7. 血液・悪性疾患

白血病　子どもの悪性疾患（がん）の中で最も多く，約半数を占めるのが血液のがんといわれる白血病である．骨髄の異常により白血球ががん化して異常に増えるため，血液中の他の正常な赤血球，白血球，血小板といった細胞が減少して貧血，出血傾向（鼻出血，紫斑），発熱などの症状が出現する．その他，リンパ節の腫脹，肝臓や脾臓の腫大などがみられる．経過によって急性と慢性，また，がん化した白血病細胞の種類によってさまざまに分類されるが，小児ではほとんどが急性で，しかも急性リンパ性白血病といわれるタイプが80％を占める．このタイプでは近年の治療法の進歩により約70％が長期生存，治癒している．白血病の発生には遺伝的要因，ウイルス，放射線や化学物質などさまざまな要因が関与しているといわれている．最近では白血病細胞の染色体の検査をすると，さまざまな異常がみられることが知られるようになってきた．治療は化学療法といわれる抗がん剤の投与が主で，病型により使う薬剤の種類や量，投与法が違ってくる．また，治療によりいったん白血病が治ったように見える状態（寛解）となっても引き続き治療が必要で，強化療法または維持療法として通常2～3年にわたっての治療が必要である．治療終了してもそれですぐに治癒とはいえず，1年以内に1割程度の再発がみられるといわれる．

8. アレルギー疾患

1) アトピー性皮膚炎

乾燥肌であることにより皮膚が荒れやすくなっていることとアレルギー反応による皮膚の炎症がかさなって皮膚に湿疹が生じるもの．一般に3～6カ月くらい頃から，顔や首，体に湿疹ができ始め，乳児期は滲出傾向（じくじくする）が強い．幼小児期になると皮膚は乾燥傾向が強まり，肘の内側，膝の裏など典型的といわれる部位に湿疹ができる．思春期までに70～80％は軽快するが，最近はそのまま成人になっても症状が続く例が増加している．

病因としては，①乾燥肌のため，皮膚の保護機能が低下し，汚れ，汗，細菌など，外界からの刺激により簡単に皮膚に炎症を起こすようになること．②特定のアレルゲ

ンに対するアレルギー反応によって皮膚に慢性の炎症を起こすことがあげられている．アレルゲンとしては，乳幼児期は卵などの食べ物が関与していることもあるが，幼児期ではほこりやダニに対するアレルギー反応が関与する．治療の基本は皮膚の保護と清潔を保つことである．

2) 気管支喘息

激しい咳込みとともに，呼気（息を吐く）時に「ヒューヒュー，ゼーゼー」といった喘鳴を伴う呼吸困難が発作的に起こる病気である．喘息は気管支の炎症による慢性的な病気で，発作が繰り返し起こることが特徴である．アレルギー反応により気管支粘膜が腫脹し，気管支平滑筋が収縮することによって気管支腔が狭くなるのに加えて，分泌物が増加するため，呼吸困難に陥る．喘息患児は気管支が過敏な状態にあり，アレルゲン以外にも煙や冷気，天候の変化，激しい運動などが発作を悪化させる要因となる．対応としては，生活の中でアレルゲンの除去に努めるとともに，抗アレルギー剤といわれる発作を起こしにくくする薬が用いられることがある．また，発作が起きてしまった場合には，気管支拡張剤などを用いて発作を鎮める治療が行われる．発作が起きた場合には，家庭では，落ち着いて腹式呼吸をし，水分を多く取って痰を切りやすくするよう努める．上体を起こしていた方が呼吸が楽である．しかし，呼吸困難が強く，顔色が悪くなるようであれば，救急で医療機関に相談した方がよい．

3) 食物アレルギー

特定の食物を摂取することにより蕁麻疹を生じたり，アトピー性皮膚炎などの湿疹が悪化するなどの皮膚症状のほか，喘息症状を引き起こすこともある．乳児では嘔吐，下痢といった消化器症状のこともある．アレルゲンとなる食品は除去することが根本的な対応となるが，栄養面や乳幼児の成長への影響を考慮し，必要最低限にする必要がある．卵などは加熱するとアレルギー症状の誘発率が低くなることが知られているし，低アレルギー性ミルクや代替食品などの利用が可能である．また，卵，牛乳，大豆，コメなどは年齢とともにアレルギー反応が寛解する傾向があるといわれている．除去食療法では効果が不十分であったり，多種類のアレルゲンが原因と考えられ，すべてを除去することが困難な場合などには抗アレルギー薬の内服が考慮される．診断は血液検査によって特異的IgE抗体を測定することができるが，疑わしい食物を除去することによって症状が改善するかどうか確認することも重要である．

〔上石晶子〕

文　献

1) 小児疾患診療のための病態生理1, 2. 小児内科, **34, 35**, 増刊号, 2002.
2) 親への説明マニュアル. 小児科診療, **65** (11), 2002.
3) 小児疾患の診断治療基準. 小児内科, **33**, 増刊号, 2001.
4) 小児の治療指針. 小児科診療, **65**, suppl, 2002.

薬の与え方
giving medicines

家庭で子どもに適切に薬を与えるためには，大きく分けて2つの重要なポイントがあるように思われる．第1は，子どもへの薬の投与について十分な知識をもっていることである．その薬は何の目的で投与するのか，どんなふうに効くのか，どれくらいの期間にわたって投与すべきなのか，副作用の心配はないのかなど，十分な知識をもつことにより，適切な治療を安心して行うことができる．第2は，薬の与え方そのものである．とくに，薬をいやがる子どもに上手に飲ませるにはどうしたらよいか，いろいろな工夫が必要である．これらの2点について簡単に説明したい．

1. 子どもの薬について必要な知識
1) 薬を与える目的を考える

子どもの病気は多数ある．「それぞれの病気によく効く薬があって，それを与えればすぐに病気が治る」というわけにはなかなかゆかない．一般に，薬は有益ではあるけれども，効果には限界がある．したがって，その薬を与える目的は何なのかを理解することは，適切な薬の使用のためには必須である．

解熱剤を例にして考えてみよう．解熱剤を与える目的は，いうまでもなく，熱を下げること（あるいは痛みを和らげること）である．しかし，熱を下げた方がほんとうによいのだろうか．体温の上昇は病原体と戦うための体の反応であって，体温を下げることは必ずしも有益でない．したがって，発熱時には必ず解熱剤を使うのでなく，たとえば38.5℃以上で，発熱によって子どもがつらそうで消耗していれば，解熱剤を使って子どもを楽にしてあげるのがよいだろう．また，解熱剤は，あくまでも発熱という症状を緩和するために用いるのであって，発熱の原因を断ち切る治療ではない．すなわち，解熱剤によって治るわけではないことを理解したい．

病気を治すためには，たとえば多くのウイルス感染症の時のように子どもの免疫力に任せて待てばよいのか，あるいは細菌感染症と考えて抗生物質を与えた方がよいのか，主治医の説明に納得したうえで治療法を選択する必要がある．抗生物質を使用する場合は，病原体を十分に制圧しないと再発したり，残った菌が抗生物質の効きにくい菌（耐性菌）になりやすいので，熱が下がってもすぐに中止しない（上気道炎では少なくとも合計4日間は続ける）のが合理的である．

このように，その薬を与える目的を理解すれば，与えるタイミングや期間についても適切な判断ができるはずである．

2) いろいろな剤型がある

同じ薬剤，あるいは同効の薬剤でも，いくつかの剤型をもっていることが多い．それぞれの剤型の性質を理解したうえで，いちばん適切なものを選ぶことができる．

シロップ剤は，甘いものが多く，乳幼児には飲ませやすい．スポイトや計量カップなどで量を測れるので，（それが必要な場合に）量を調整しやすい．しかし，容器内のシロップは汚染しやすく，混合変化も起こりやすいので長期保存に適さない（とくに混合してある場合は1週間を超えたら飲ませない方が安全である）．また，他の剤型に比べて量を間違えて投与しやすいので，注意が必要である．

ドライシロップ剤は，水に溶かしてシロップ剤と同じように飲ませることができる．ただし，一部の薬剤ではヨーグルトなど酸性の飲料に溶くと苦味が出るものがある．

散剤，顆粒剤は，一般に量が少なく味も悪くない利点があるが，一部の薬剤では苦味や薬の独特の味のために飲ませにくいこともある．

錠剤，カプセル剤は，薬剤を確認できること，投与量が正確なこと，苦味などの味の悪さがカバーされること，ゆっくり吸収されるなどのしくみを組み込みやすいこと，などが利点として挙げられる．幼児には飲ませにくく，また，体重に合わせた量の調整ができないが，小学校3～4年生以上ではそういった問題は小さくなるので，すすめられる．

貼付剤は，貼ったその部位に効かせたい種類のもの（鎮痛剤など）と，吸収された薬剤が全身に作用するのを目的とするものがある．後者に属するアドレナリン β 刺激剤の貼付剤（ホクナリンテープ）は，安定した血中濃度が持続する点では経口薬よりも優れている．

座薬は，薬を飲めない子どもや嘔気のつよい場合にも確実に薬を入れることができる．また，経口薬よりも早く吸収されて血中濃度の上昇が早い利点があるので，熱性けいれんの予防などにもふさわしい剤型である．

2. 上手な薬の与え方

薬の剤型によって上手な飲ませ方は違うので，剤型ごとに述べる．経口薬一般にあてはまるのは，日常と同じように（薬と関係ない）話をしたりしながらリラックスさせ，口を自然に開かせて飲ませられるのが理想である．子どもを前にして，「絶対にこの薬を飲まないといけない」とか，「飲まないと病気が治らない」とかいいながら飲ませるのは，得策ではない．

1) シロップ剤，ドライシロップ剤

シロップ剤は，はじめに容器ごとよく振って，指示された量をスポイトや計量カップで測りとる．子どもを座らせて，スポイトで直接，またはスプーンでシロップ剤を飲ませる．ドライシロップ剤も少量の水に溶いてシロップ剤に同じように飲ませる．口直しに水かぬるま湯を飲ませる．

2) 散剤，顆粒剤

粉薬（散剤，顆粒剤）は，そのまま舌の上に振りかけて水とともに嚥下させられればよい．むずかしい場合には少量の水に溶いて口に含ませるか，2～3滴の水でペースト状にして頬の内側か上あごに塗りつけて，水で流しこむようにして飲ませる．甘い方が好むようであれば，水のかわりに単シロップで溶いてもよい（単シロップは医師から処方される）．筆者の病院の小児病棟では，粉薬は封を切った薬袋の中に少量の単シロップを注ぎ，針のついていない5 ml のディスポの注射筒で全量を吸い，子どもの口に注射筒をくわえさせて注入しているが，その方法だとほとんど失敗がない．また，子どもの服薬の助けになるようにつくられたゼリー状の製品も販売されているので，これにくるむようにして飲ませることもできる．

服薬のあとには水を飲ませて口の中に薬が残らないようにする．そのあとの口直しには，好きな飲みものを選んでよい．しかし，好きな飲みものに直接に薬を混ぜると味が悪くなって，その飲みものも飲まなくなることがあるので，避けた方がよい．

3) 錠剤，カプセル剤，チュアブル剤

錠剤やカプセル剤は，噛まずに飲みこむ必要がある．小学校高学年になったらこのような剤型も服用できる方がよいので，小さい錠剤から試してみるのがよい．具体的には，一口の水を飲んで口の中を濡らし，舌のやや奥の方に錠剤を置き，水と一緒に嚥下させる．錠剤を口に含んでから時間がかかるとしばしば苦味などが出てくるので，準備を整えてから薬を口に入れる．

チュアブル剤は，口の中で噛んで飲みこむ製剤であるが，一部の薬剤しかこの剤型のものはない．味は悪くないはずなので，はじめに飲み方を上手に指導しながら飲ま

4) 座薬

乳児では仰臥位，幼児では側臥位に寝かせて，片手で両方の臀部の皮膚を広げて肛門を露出させる．反対の手で座薬をティッシュペーパーに挟んで持ち，尖った方から肛門に速やかに挿入する．座薬を挿入したら，そのまま親指のはら（指掌）で座薬を肛門と一緒に圧迫して押し込む．十分に奥に（肛門括約筋より上に）挿入されれば，押さえ続ける必要はない．指を離して座薬が戻ってこないことを確認する．もし，戻ってくれば，再び圧迫して押し込めばよい．なお，はじめに坐薬を水で濡らしておくと抵抗が少ない．

〔横谷　進〕

医療と QOL 向上のための支援
supports for medical care and for quality of life

1. 病気の子どもとその家族の要望
小児慢性特定疾患治療研究事業の今後のあり方と実施に関する検討会の報告書[1]によれば，慢性疾患のある子どもとその家族の要望は，①よりよい医療，②安定した家庭，③積極的な社会参加，に集約されていた．

1) より良い医療
病気の子どもは，当然のことであるが，より良い医療を受け，可能な限り治癒・回復を図ることを願っている．

小児医療は，治療技術の進歩が目覚ましい．日本では，世界最低の乳児死亡率がほぼ毎年更新されるなど，大きな成果が得られている．これは，医療に携わる多くのスタッフの絶え間ない努力の結果である．今後も，さらに研究を推進させ，診療を向上させて，より良い医療を実現させることが必要である．

2) 安定した家庭
病気の子どもを家族がまとまって支えながらも，家族全員がそれぞれの人生を充実して送れるようにしたい．家庭で療養している病気の子どものケアは，家族がその大部分を担っている．病気の子どもが療養を心配なく続けるためには，家庭が安定することが欠かせない．

一方，子どもが病気になると，親・きょうだいの家族関係や職場など社会との関係に影響を与える．そのため，ケアの負担軽減や，きょうだいの支援など，家族の支援も必要である．

また，慢性疾患の場合は，長期の療養になるとわかった早い段階で，必要な知識や技術を伝えて将来の不安を軽減したり，状況を受け入れられるように支えることが望まれる．

3) 積極的な社会参加
病気の急性期は治療のために生活制限が必要になることは多いが，体調が安定してきたら，子どもがもって生まれた能力の可能性を十分に発揮させたい．本人の能力や必要なケアの状況に応じて，教育，また社会参加が十分に行われるように支援しなければならない．

2. さまざまな支援活動
前述のような要望を実現させるために，以下のようなさまざまな活動主体が協力して対処する必要がある．

1) 医療機関
病気の子どもがより良い医療を受けられるように，おのおのの医療機関は努力しなければならない．そして医療機関には医師や看護師のほかに多くのスタッフがいるので，それぞれが担っている役割を認識して支援活動を向上させることが望まれる．

2) 行　政
行政は，医療支援，福祉サービスなどの実施や連絡調整役を担っている．医療施策と関連する障害者施策や，教育，就労など各種の分野と連携をはかりながら，各種の施策，行政サービスを実行する必要がある．

3) 患者家族会，民間支援団体
病気の子どもやその家族，また病気の子どもを育てた経験のある者も，他の病気の子どもと家族のために力になれるので，活動主体として重要である．必要な場合に医療機関や行政に働きかけたり，募金活動などの民間支援団体と協力して活動したい．

4) 民間企業，地域社会
各種の病気に対する社会の偏見を取り除くのみでなく，入院している病児の家族に宿泊施設を提供するなど，より積極的に社会支援活動することが望まれる．

3. 公費負担医療制度

子どもの医療とQOL向上のために，医療費が高額になる病気や重症な病気に対して，また少子化対策の一環として乳幼児に対して，医療費の助成が行われている．

健康保険等社会保険の給付（療養の給付）についての自己負担分を対象とする公費負担医療制度が多い[2]．国や地方自治体が税を財源として，その自己負担分を助成している．そのおもな制度を以下に述べる．

1) 未熟児養育医療

未熟児は医学的なケアを必要とする場合が多く，養育のため医療を必要とする未熟児を病院に入院させて必要な医療を給付したり，それが不可能な場合は，必要な医療を受けるための費用を支弁する事業である．母子保健法に基づく．

指定養育医療機関に入院した出生体重2,000 g以下，あるいは周産期に重症な合併症をもった乳児の医療がおもな対象である．給付範囲は，診察，薬剤または治療材料の支給，医学的処置，手術およびその他の治療，病院または診療所への収容，看護，移送である．2001年度は，27,688件が医療給付を受けた．

2) 乳幼児医療費助成制度

乳幼児の健やかな育成と子育て支援をはかるため，乳幼児を育てている保護者に対して，乳幼児に係る医療費の一部を助成する市区町村事業である．

その対象年齢，入通院の別，所得制限などは市区町村により異なる．少子化対策などにより，助成範囲は毎年少しずつ拡大されている．厚生労働省母子保健課の資料によれば，2001年の対象者は，3歳未満児は入院ほぼ100％，通院約95％，6歳未満児は入院約60％，通院約30％であった．

3) 小児慢性特定疾患治療研究事業

別項参照

4) 特定疾患治療研究事業

治療がきわめて困難であり，かつ医療費が高額となる特定の疾患に対して，医療の確立と普及，また患者の医療費の負担軽減をはかる事業である．希少性，原因不明，効果的な治療法未確立，生活面への長期にわたる支障の4要素を選定基準としている．子どものみでなく大人も対象にしている当事業では，年ごとに対象疾患が増え，2001年5月には46疾患が対象となった．

5) 育成医療，補装具の交付

身体に障害のある児童が，短期間の治療により生活の能力を得られる疾患が対象である．児童福祉法に規定されている．

基本的には身体障害者施策であり，患児の現時点での日常生活がどの程度できるかに着目している．疾病の罹患によって生じた障害も含まれるが，障害の程度によって各種の医療，サービス，経済支援などが行われている．

肢体不自由，視覚障害，聴覚・平衡機能障害，音声・言語機能障害，心臓障害，腎臓障害，その他の内臓障害，ヒト免疫不全ウイルスによる免疫機能障害が対象である．2002年度の給付決定件数は，入院41,849件，通院24,673件，総数66,523件であった．

身体障害者手帳の交付を受けると，盲人安全つえ，補聴器，義肢，装具，車いすその他の補装具の交付と修理が行われる．2000年度の交付決定件数は109,781件，修理件数は31,305件であった．

6) その他

公害健康被害の補償などは，特定の地域で，気管支喘息など特定の疾患に関して行われている．この事業は，各地域が独自に実施しており，対象基準は年度により変更される場合もある．

生活保護の1999年の保護率（当該年齢階級人口に対する割合）は，0～14歳児は6.34‰であり，医療扶助者は少ない．結核児童の療育の給付も対象数が少ない．国の直接給付である戦傷病者や原爆被爆者などは小児の対象者はほとんどいない．

4. 医療・療養環境の向上

医療費の支援のほか，医療や療養に関するさまざまな環境の向上，また，病気の子どもの家族への支援が求められている．以下のような課題に関して，医療・療養環境の向上をはかる必要がある．

1) 全国的な質の高い医療

質の高い医療，また確立された治療を全国で受けられるように，医療関係者がさらに取り組む必要がある．国立成育医療センターなどが中心となり，子どもの病気の治療を含む成育医療（小児医療，母性・父性医療および関連・境界領域を包括する医療）の全国水準を引き上げる必要がある．

2) 情報提供体制の確立・向上

病気の治療法や受けられるサービス，家族会に関する情報など，療養に関する一般的な情報は，医療機関，患者家族会，民間支援団体，製薬企業などが，それぞれ相談に応じたり，インターネットなどによる情報提供を行っている．今後，これらの活動主体のほか，行政も積極的に参加し，情報提供体制の確立・向上をはかる必要がある．

3) 関係者のネットワークの強化

療養のために必要なサービスは，個別の状況に応じて，医療機関の医師，病棟看護師，訪問看護師，臨床心理士，医療ソーシャルワーカー，自治体に所属する保健師，学校関係者などが提供している．

今後は，各関係者が意識や知識をさらに向上させ，また関係者間のネットワーク機能を強化することが望まれる．保健所など地域の保健機関は，このネットワーク機能を必要に応じて主導し，支援する役割を果たす必要がある．

4) 円滑な長期療養の推進

慢性疾患の子どもが長期の療養を円滑に始めるためには，療養を始める際に，病気の見通しや，利用できる支援についての情報，適切なケアの仕方など，療養を続けるための正しい知識と技術を伝える必要がある．そして，将来の不安を軽減させ，家族がおかれた状況に共感しつつ，家族が前向きな姿勢をもてるよう支援する必要がある．

これらは，医療・保健・福祉の専門家による相談・カウンセリングのみでなく，患者団体など他の病気をもつ子どもやその家族との交流を通しても行われる．今後，これらをさらに有効なものとするためには，慢性疾患の子どもを育てた経験者にも支援に参加してもらうなど，支援するしくみの体系化が望まれる．

5) 病棟保育士の設置

病棟保育士の設置については，病棟保育士設置促進モデル事業として，病院の設置者を対象に費用の補助が行われてきた．また，診療報酬の2002年4月改定により，小児入院医療評価の充実の1つとして，病棟に常勤の保育士とプレイルームを設置した場合の加算が行われた．さらに，民間支援団体による病児訪問なども行われている．

こうした取り組みを通じて，病気の子どもの成長・発達を支援する体制を充実させる必要がある．

6) 病気の特性に応じた日常生活用具

一部の病気では，病気の特性に応じた日常生活用具や，予防的に車椅子が必要になる場合がある．このような子どもの療養を支援するためには，病気の特性に基づいて必要となる日常生活用具などを給付する制度を検討する必要がある．

7) レスパイトケア

慢性疾患の子どもを含む，児童に対する保護者の社会的事由による短期入所事業が行われている．慢性疾患の子どもの家族を支援するためには，さらに医療的ケアも実施できる医療機関での実施拡大や，レスパイトケア（家族の休息を目的としたケア）の実施，派遣型のケアの実施など，病気の特性に応じたきめ細かいサービスを提供することが望まれる．

8) 宿泊施設

離れた地域で長期の治療を受ける場合の家族のための宿泊施設について，1998年度と2001年度の補正予算での対応や，民間で独自に取り組んでいるものも含め，全国で約100個所が設置・運営されている．今後も，小児医療施設の整備状況に応じて，民間の力も活用し，このようなニーズに取り組む必要がある．

5. 一人ひとりにあった教育

病気の急性期は安静を要することが多い．しかし，体調が回復してきた子ども，また，慢性疾患があっても病状が安定している子どもにとっては，一人ひとりにあった教育が大切である．

その教育は，学習の遅れの補完，学力の向上，積極性・自主性・社会性の涵養，心理的安定などの意義があり，また，病気の自己管理能力の育成など治療上の意義も認められる．病気の子どもも，同じ年齢の子どもが経験することを，可能な範囲で体験することが，子どもの社会参加，また自立を促す．このような教育をいっそう充実させるためには，以下の課題に対処していく必要がある．

1) 教育関係者の病気への理解

学校で，病気の子どもに対して不必要な制限が行われたり，また逆に無理な活動を強いたりしないで，個々の病気に応じた適切な支援を行いたい．

そのためには，それぞれの病気とその子どもを理解した専門性の高い教員などを配置する必要がある．通常の学級担任も含め，教育関係者が病気の子どもの実態を理解できるような研修なども必要である．

2) 平等な進学・進級の機会

病気の子どもにも，その状態に応じて，できるだけ健常児と同様な進学・進級の機会を与えたい．その実現のためには，病弱養護学校の幼稚部や高等部の整備および配置などについて，地域の実状に応じて検討，対応することが必要である．

3) 院内学級の確保

慢性疾患の子どもが入院する場合，成長・発達途上にあるという特性を踏まえて生活環境を整備しなければならない．入院児のQOL向上のために病院は，市区町村教育委員会と連携して，院内学級などに必要な面積の専有空間の確保など教育の場を提供する必要がある．

4) 円滑な転学

文部科学省は，近年の医学，科学技術などの進歩を踏まえ，病弱養護学校や特殊学級に就学すべき疾病などの程度を定めた就学基準などを見直し，2001年に制度を改正した．専門家とともに保護者の意見を踏まえて，市区町村教育委員会が慢性疾患の子どもの就学先を決定し，また，病弱養護学校と小・中学校間の転学が円滑に行われるよう配慮する必要がある．

5) 体育の柔軟な学習プログラム

運動の制限を余儀なくされている病気の子どもの体育について，その健康状態に応じた柔軟な学習プログラムを実施することが望まれる．その取り組み状況をいっそう重視した評価が行われるよう配慮したい．

6) 保護者の付添が不要な教育環境

病気や障害をもつ子どもが自立していくためには，学校において保護者の付添を必要としない環境づくりが大切である．

病弱養護学校などにおける看護師による対応など医療的ケアの体制整備や教員との連携のあり方などについて，医療・教育・福祉などの関係機関が連携をはかりながら検討する必要がある．　　〔加藤忠明〕

文献

1) 厚生労働省雇用均等・児童家庭局母子保健課：小児慢性特定疾患治療研究事業の今後のあり方と実施に関する検討会報告書，2002.
2) 厚生省児童家庭局母子保健課監修：小児慢性特定疾患早見表，平成10年度版．社会保険研究所，1998.

小児慢性特定疾患

chronic pediatric diseases of specified categories

1. 小児慢性特定疾患治療研究事業とは
1) 目的
小児の慢性疾患の中で，治療しないと子どもの発育や生命に重大な影響をもち，治療期間が長期で，かつ高額な医療費を要する疾患を小児慢性特定疾患[1]（以下，小慢疾患）として，小児慢性特定疾患治療研究事業（以下，小慢事業）で対象にしている．小慢事業は，対象疾患の研究を推進し，その医療の確立と普及をはかり，併せて患児家族の医療費の負担を軽減する事業である．

2) 対象疾患群
対象疾患は，悪性新生物，慢性腎疾患，ぜんそく，慢性心疾患，内分泌疾患，膠原病，糖尿病，先天性代謝異常，血友病等血液疾患，神経筋疾患の10疾患群に分類され，500種類以上の疾患がある．

3) 実施主体
実施主体は，都道府県，指定都市，中核市である．国が定めた対象疾患・対象基準（国基準）以外に，実施主体が独自に基準を設けて，県単独事業として小慢事業を実施している疾患もある．

4) 医療費助成
健康保険など社会保険給付の自己負担分の公費支給が行われる．国基準の小慢事業では，実施主体と国とが，1/2ずつ医療費助成を行っている．2002年度の給付人数は104,620人であった．

子どもの悪性新生物の治療成績が近年，向上した背景として，小慢事業によりすべての子どもが治療を十分受けられるようになっていることも大きな要因である．

2. 小児慢性特定疾患治療研究事業の経過
1) 小慢事業の開始前
子どもの慢性疾患の医療費負担を軽減する取り組みとしては，1968年にフェニルケトン尿症など先天性代謝異常，1969年に血友病，1971年に小児がん，1972年に慢性腎炎・ネフローゼおよびぜんそくの各疾患について，入院治療を対象とする制度が開始された．

2) 小慢事業の開始，拡大
前述の制度は，1974年に対象疾患を拡大するとともに9つの疾患群にまとめられ，小慢事業に統合された．

その後も対象疾患の追加，一部の疾患の入院から通院への拡大，対象年齢の18歳未満から20歳未満への延長が行われた．1990年には神経・筋疾患が対象疾患群として追加された．

3) 全国的な登録開始
小慢事業での医療費助成は，1995年度より本人（保護者）の申請で，保健所を窓口として行われることとなった．そして，1998年度にその登録様式が全国的に統一された．すなわち，申請書に添付される医療意見書は，全国的にほぼ同様の書式となり，その内容をプライバシー保護に十分配慮しながら，コンピュータ入力・集計して登録・管理する方式になった[2]．

4) 小慢事業の検討会
小慢事業は，1974年の創設以来，4半世紀が経った．そこで，今日的視点で小慢事業を見直し，今後も慢性疾患の子どもに適切な医療やサービスを安定的に提供できるように検討会が開催された[3]．

検討課題は，小慢事業の見直しの考え方，医療サービスのあり方（対象疾患，対象者），福祉サービス（在宅福祉，就学，就労），調査研究の内容，自己負担など経済的側面などであった．小慢事業の法制化ないし制度化を目指して，2001年9月～2002年6月に10回開催された．

3. 小児慢性特定疾患の登録状況
1) 登録方法
1998年度以降の小慢事業の全国的な登録では，自動計算された患児の発病年月齢や診断時（意見書記載時）の年月齢は含まれるが，プライバシー保護のため，患児の氏名や生年月日，意見書記載年月日などは自動的に削除されている．

また，小慢事業として研究の資料にすることへの同意書を患児（保護者）から得ている．そして，インターネットなどに接続していない専用のパソコンで解析し，コンピュータウイルスに感染しないように，また外部への資料の流出や外部からの改ざんを防止できるように配慮した．

2) 年次推移
1998年度の小慢事業は，全国から延べ106,790人分，1999年度は全国から115,893人分，2000年度は6割以上の実施主体から延べ74,278人分の資料が得られた[4]．

1999年度の登録は，1998年度に比べて，国基準の小慢事業での登録数が多くなり，全般的に登録数がやや増加した．そして明らかなコンピュータ入力ミスなど，不明な内容が減少した．したがって，小慢疾患の全国的な実態をより反映した，より正確な資料になっている．

3) 頻度の高い疾患
1999年度に全国で1,000人以上登録された小慢疾患は，県単独事業も含めて多い順に，成長ホルモン分泌不全性低身長症12,469人，気管支喘息8,849人，白血病6,422人，甲状腺機能低下症4,873人，1型糖尿病3,603人，脳（脊髄）腫瘍3,487人，川崎病3,414人，ネフローゼ症候群3,168人，甲状腺機能亢進症3,112人，血管性紫斑病3,045人，慢性糸球体腎炎2,550人，神経芽細胞腫2,457人，心室中隔欠損症2,385人，思春期早発症2,158人，若年性関節リウマチ2,051人，先天性胆道閉鎖症1,674人，悪性リンパ腫1,333人，血友病A 1,276人，水腎症1,003人であった．

4) 疫学的な有用性
10疾患群の中で，とくに悪性新生物と先天性代謝異常は，高い登録率と登録データの精度の向上によって，全国的な疾患の現状を把握することが可能となり，疫学的な有用性が高まった．

悪性新生物は，従来の全国小児がん登録と比較して，脳神経外科医の申請が多い脳腫瘍，整形外科領域の骨肉腫，ユーイング（Ewing）腫瘍の頻度が高かった．欧米諸国との比較では，神経芽腫の頻度が高く，悪性リンパ腫，とくにホジキン病が低かった．

5) 縦断的解析
ネフローゼ症候群，若年性関節リウマチ，1型糖尿病などは，1998年度から2000年度まで縦断的に解析することにより，診断や治療に関する有益な知見が得られた．

ネフローゼ症候群と診断され，経過中に悪化した症例の多くに腎生検が実施され，IgA腎症，メサンギウム増殖性腎炎などと診断されていた．

若年性関節リウマチは，罹病期間5年以上，リウマチ因子が持続陽性または経過中に陽性化，抗核抗体320倍以上陽性の患児では，臨床的寛解を得ることが困難であった．また，男児に眼症状が見られたり，血沈1時間値20 mm以上，またCRP 6 mg/dl以上の場合，その後，再燃する可能性が高かった．

1型糖尿病は，体重が急増しHbA1c 12％以上，肥満度が常に20〜40％以上，HbA1c 14％以上，血糖値400 mg/dl以上，意識障害または昏睡を経験した症例，その他の合併症が無から有になった症例に糖尿病性合併症が発現していた．これらのコントロールが糖尿病患児の治療の際，とくに大切と考えられる．

4. 小児慢性特定疾患治療研究事業の課題

1) 疾病像の変化

多くの疾患群において，医療技術の向上に伴って生命の危機が回避される患児が増えた反面，療養が長期化し，心身面の負担は以前にもまして大きくなっている．

ことに近年の周産期医療・新生児医療の進歩により，救命可能になった未熟児は多いが，その後のケア，心身面の負担軽減が求められている．慢性疾患の子どもとその家族の負担が様変わりしているので，それに対応できる制度にしていかねばならない．

2) 対象疾患と対象者

対象疾患の中には一部急性疾患が含まれている一方，現在は対象外であるが長期的に濃厚な治療を必要とする慢性疾患も存在する．また，同一の疾患であれば，症状や治療法からみて重症度とは無関係に小慢対象になっている．

3) 対象年齢と入通院

対象年齢が18歳未満の疾患群と20歳未満のものがある．また，対象とする治療が1カ月以上の入院治療のみの疾患群と，1カ月未満の入院治療や通院治療を含むものに分かれている．

4) 財政的な不安定性

国や地方の厳しい財政状況を背景に，補助金などの削減が行われている．小慢事業も，毎年度削減の対象となる奨励的な補助金事業に位置づけられている．

5. 小児慢性特定疾患治療研究事業の方向性

前述のような課題に対応しながら，小慢事業を今後安定的な制度として確立させたい．そのためには，他の施策との整合性をはかりつつ，以下の事項をさらに検討し，具体的に対応することが必要である．

1) 多額な療養費用の支援

慢性疾患の子どもを抱える家庭の子育ての力を維持することが重要である．長期的にみて療養にかかる費用が多額になると考えられる慢性疾患の子どもを優先して支援の対象にしたい．

2) 対象疾患と対象者の明確化

長期的な医療費用は，現在の療養のための費用，予想される将来の療養のための費用，また予想される療養の期間によって変動する．それらを考慮して，対象疾患と対象となる病状や治療法を明確にしたい．

したがって，急性に経過する疾患や，療養の経費が長期的に低廉にとどまる疾患は対象外にせざるをえない．

3) 将来の悪化が予想される場合も支援

どのような状況にあっても，慢性疾患の子どもとその家族が前向きに療養に取り組む姿勢が不可欠である．将来の悪化が強く予想される場合も，この視点から支援する必要がある．

4) 見直しの機会

対象疾患と対象者の症状や治療法の基準を策定するには，医学的知見に基づかねばならない．専門家の意見を求めるとともに，将来，疾患概念の変更や治療法の進歩も予想されるので，見直しの機会を定常的にもつことが必要である．

5) 地域格差の是正

現在，地域によって小児人口あたりの患者数に格差がみられる．これは医療状況や他の医療費支援制度の違いのみでなく，実施主体に設置されている小児慢性特定疾患対策協議会などの審査が必ずしも統一されていない可能性がある．今後，安定的な制度として患児家族を支援していくために，さらに公正な認定を行うしくみが必要である．

6) 必要な自己負担

育成医療や未熟児養育医療など，国が関与する他の公費負担医療制度では，基本的に適正な受益者負担を求めている．

小慢事業も法制化ないし制度化にあたっては，他の施策と同様に，限りある財源を

効率的に活用するとともに，受益するサービスに対する適正な認識を患児家族に求めざるをえない．

7) 対象者の認知

小慢事業の対象者が，この制度をよく認知できるように，医療関係者も，また行政も対象者に利用を促すなど，制度の運用改善をはかることが必要である．

6. 小児慢性疾患に関する研究の推進

慢性疾患の子どもとその家族は，病気の治癒・回復を願っている．医療の向上は続いているが，さらにこれを加速させ，成果を得ることが求められている．最終的に治療成績を向上させるため，以下の課題に対応して，小児慢性疾患の研究を充実させる必要がある．

1) 研究者の協力

小慢事業に関する多くの研究者の協力により「小児慢性特定疾患治療マニュアル」[5]および「小児慢性特定疾患療養育成指導マニュアル」[6]が作成され，治療・療育の向上に貢献している．

今後さらに，全国の研究者が相互に支援する体制を強化し，治療指針など治療の向上につながる成果を目指していく必要がある．

2) 医療意見書のデータの解析

小慢事業の申請書に添付される疾患群ごとの医療意見書には，貴重なデータが記載されている．このデータの登録解析は，今後の医療に役立つ貴重な知見を効率的に得る機会となっており，他の手段では容易に代替えできない．したがって，今後もより多くの成果を得るために改善を図り，継続する必要がある．

十分な個人情報保護を前提として，いろいろな研究者が解析を行い，多くの成果が得られるように努めたい．また，意見書の書式についても，解決すべき課題を検討し，より成果の得られるものに随時見直す必要がある．

3) 申請者の同意

意見書のデータ活用には，申請者の同意が必要である．しかし，現在，必ずしも同意が得られない申請者がいる．この背景として，データ解析の意義が十分理解されていない，情報の保護が確保されているか不安であるなど，データ解析について情報が十分伝わっていない心配がある．

今後，データの登録解析の理解を得るため，それまでに得られた成果や個人情報保護の取り組み体制などを分かりやすく患児家族に伝える必要がある．

4) 解析結果の公表

解析結果は，現在，研究報告書にまとめられ，ホームページ（厚生労働科学研究成果データベース：http://webabst.niph.go.jp/，日本子ども家庭総合研究所トピックス http://www.aiiku.or.jp/aiiku/mch/syoman/syo.html 国立成育医療センター成育政策科学研究部：http://www.nch.go.jp/policy/shoumann.htm）にも掲載されている．

さらに成果を分かりやすくパンフレットなどにまとめ，保健所に置いたり，患児家族や医療機関に還元するように努める必要がある．

〔加藤忠明〕

文　献

1) 厚生省児童家庭局母子保健課監修：小児慢性特定疾患早見表，平成10年度版．社会保険研究所，1998．
2) 加藤忠明：小児慢性特定疾患の全国登録状況．小児科，41（8）：1487-1493，2000．
3) 厚生労働省雇用均等・児童家庭局母子保健課：「小児慢性特定疾患治療研究事業の今後のあり方と実施に関する検討会」報告書，2002．
4) 平成13年度厚生科学研究報告書：小児慢性特定疾患治療研究事業の登録・管理・評価に関する研究（主任研究者 加藤忠明），2002．
5) 柳澤正義監修：小児慢性特定疾患治療マニュアル．診断と治療社，1999．
6) 柳澤正義監修：小児慢性特定疾患療養育成指導マニュアル．診断と治療社，1999．

18. 感染症と免疫

感染症と免疫
infectious disease and immunity

1. 感染と感染症

　病気を起こす微生物（病原体）が生体内に侵入し，定着し，増殖した状態を感染といい，それによって症状が発現し発症したものを感染症という．感染は必ずしも感染症に結びつくものではない．症状が発現した場合を顕性感染といい，感染があっても発症しない場合を不顕性感染という．不顕性感染であっても免疫を残す可能性がある．感染があっても，多くの場合免疫の働きによって病原体は駆除されるが，時に病原体が長期にわたって存続することがある．そのような状態を持続感染という．病原体が侵入してから発症するまでの期間を潜伏期というが，症状を起こすまでには病原体は生体内で増殖し，標的臓器に到達し，そこで増殖する必要があり，そのための時間が必要だからである．

　病原体となる微生物には，ウイルス，リケッチア，クラミジア，トレポネーマ，マイコプラズマ，細菌，真菌，原虫，蠕虫などの種類がある．遺伝情報をもち生命の基本となるのは核酸であり，DNA と RNA とがある．他の生物は DNA と RNA との両方をもつが，ウイルスのみその一方しかもたない．したがってウイルスは DNA ウイルスと RNA ウイルスとに分けられる．ウイルスは増殖には細胞を必ず必要とするという点でも他の微生物と異なっている．ウイルスは細胞内に侵入しその中で自己の核酸を複製し増殖するのである．細胞に感染するためにはウイルス表面の特定の分子と，それに対応する細胞表面の特定の分子（ウイルスレセプター）との結合を必要とする．このことによって，あるウイルスはある特定の組織でしか増殖しないという特異性が生まれる（ヒト免疫不全ウイルスは細胞表面の CD 4 という分子に結合して感染するので，CD 4 分子を表出している一部のリンパ球と一部のマクロファージにしか感染しない）．

　感染が成立するか，あるいはそれが感染症に発展するかは，微生物側の要因と生体側の防御力（免疫力）との力関係による．通常人では病気を起こせないような微生物でも，生体側に防御上のハンディキャップがあると，生体内に侵入し病気を起こす．このような感染症を日和見感染という．免疫系のどこかに欠陥があり防御力に欠陥をきたし感染を受けやすい状態になっていることを免疫不全症という．このうち，生まれつき免疫系に欠陥があるものは原発性免疫不全症，何らかの原因（ヒト免疫不全ウイルスの感染，薬物の使用など）で二次的に免疫系が障害されたことによるものは続発性（二次性）免疫不全症と呼ばれる．このような人では日和見感染（サイトメガロウイルス，カリニ，真菌，弱毒細菌などによる）を起こすし，感染症にかかりやすく，感染症を反復し，また感染症は重症化・遷延化しやすい．栄養状態が悪いと免疫機能が低下するし，粘膜のバリア機能も悪

くなる．タンパク，エネルギー，亜鉛，ビタミン（A, C, E）などの不足で免疫機能が低下することが知られている．精神的ストレスも副腎皮質ステロイドやアドレナリンの分泌亢進を介して一部の免疫機能を低下させることが知られている．免疫機能に欠陥がなくとも感染に対する抵抗力の低下が生じる場合がある．病原体は外界から皮膚，粘膜を通過して侵入してくるので，皮膚，粘膜が最初のバリヤとなる．皮膚は角質が発達していて容易に微生物の侵入を許さないが，熱傷，湿疹などがあるとそのバリア機能は損なわれる．解放創があると感染をうけやすいのはいうまでもない．粘膜の表面には粘液が存在し，異物が付着してもそれらは上皮細胞の繊毛運動などによって外界に洗い出されるようになっている．気管内への挿管，尿路の狭窄などによってその流れが停滞していると微生物の定着を許しやすいことになる．一方，微生物の方はさまざまの手段を用いて生体側の防御機能に対抗する．免疫機能を抑えるような物質をつくる，抗原（免疫系の標的分子）を変化させるなどである．そのような能力の高い病原体は毒性が強いということになろう．

病原体の中には生物外でも増殖し，そこから感染を起こすものもある．食物中で増えたサルモネラ，大腸菌，ブドウ球菌が食中毒を起こしたり，空調器で増えた真菌を吸入したりする場合である．一方，感染を起こし生体内で増殖した微生物が，他の個体に感染するという場合も多い．ウイルスの場合は常に生体から生体への感染である．他の微生物でもそのような場合が少なくない．ヒトからヒトへの感染ばかりでなく動物からヒトへの感染もある（オウム病，Q熱，狂犬病など）．病原体を保持していて感染源となるような個体をキャリヤ（保因者．細菌の場合は保菌者）という．キャリヤは必ずしも発病しているわけでなく，無症状のキャリヤのことを無症候性キ

ャリヤという．健康者に常在している微生物（鼻腔のブドウ球菌，腟のB群レンサ球菌など）がハンディキャップのある者に感染し感染症をもたらすこともある．

2. 免疫の担い手

麻疹にかかった後，二度と麻疹にかからなくなるという抵抗性の獲得を"免疫ができた"という．予防接種の目的は問題の微生物を弱毒化したもの，殺したもの，あるいはその成分を人為的に接種して，その微生物に対する免疫をつけることである．この場合，今までなかった抵抗力が新たに獲得されるので，獲得免疫という．獲得免疫の特徴は当の微生物には有効であるが，他の微生物には無効であるという点である．この関係は厳密な1対1の対応をもっていて，免疫学的特異性という．免疫が獲得されたということは生体内でどのような変化が生じたのであろうか．

生体内で免疫の働きを分担しているおもなものには，リンパ球（B細胞，T細胞，NK細胞，NKT細胞），食細胞（好中球，マクロファージ），樹状細胞，マスト細胞，好塩基球，好酸球などの細胞と，抗体（免疫グロブリン），補体などのタンパクがある（図18.1）．このうち多種類の相手におのおの1対1の対応をするのはB細胞，T細胞，抗体のみである．したがって，免疫学的特異性のある獲得免疫はこれらの関与による．これらが1対1で対応する相手のことを抗原という．B細胞とT細胞とは抗原と鍵と鍵穴の関係のように1対1の対応で結合する抗原レセプターをもっている．1個の細胞は1種類の抗原レセプターしかもたないので，1個のB細胞ないしT細胞は特定の1種類の抗原に対応する．ある微生物の侵入をうけると，その抗原に対応するB細胞，T細胞は細胞分裂を起こして増殖し，仲間をふやす．また機能的にも成熟する．すなわち，その抗原に対応するB細胞，T細胞が数がふえ成熟するわ

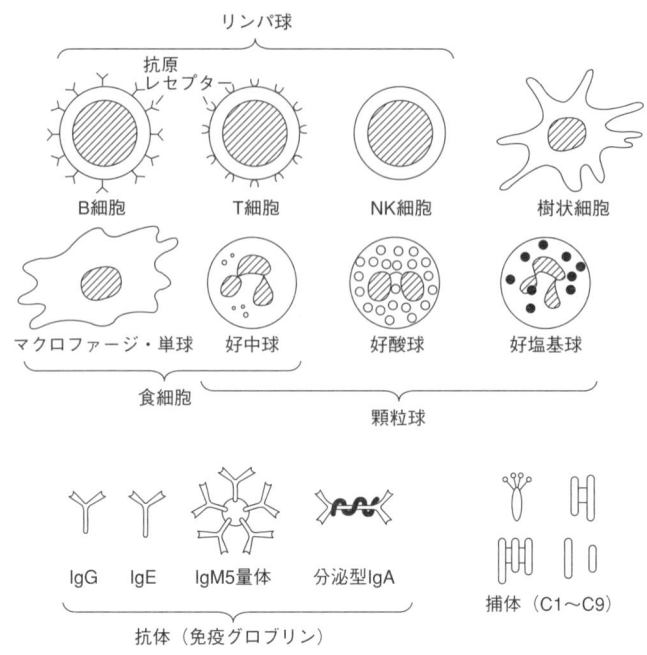

図 18.1 免疫の働きの担い手

けである．B細胞は当の抗原に対応する抗体を産生するので，抗体も存在することになる．このような状態のところに，同じ微生物が再度侵入してくると，存在する抗体の反応をうけ，数がふえていて成熟したT細胞の作用をうけてただちに処理されてしまう．これが免疫が獲得されたことの内容である．他の微生物に対しては，それに対応する抗体はつくられていないし，T細胞もふえていないので抵抗力はできていない．

一方，食細胞やNK細胞，補体にはそうした免疫学的特異性はなく，何度同じものが侵入してきても同じ反応しかしない．これらは獲得されるものでなく最初から自然に備わっているものであるところから，その働きは自然免疫という．狭い意味で免疫というときは獲得免疫を指すが，広い意味では自然免疫も含めて論じられる．また，皮膚，粘膜のバリヤ機能も含めて，生体の防御機構のことを免疫という場合もある．獲得免疫も自然免疫も互いに独立して働くわけでなく，協力して作用するが，獲得免疫ができるまでには数日以上の日時を要するので，初回の感染ではまず自然免疫で対応することになる．

3. 細菌に対する防御のしくみ

一般の細菌は多くの場合好中球の食菌・殺菌作用によって処理される（図18.2）．そのためには好中球は血中から細菌の侵入部に動員され（遊走），菌を捕らえて細胞の中に取込み（食菌），殺す（殺菌）必要がある．好中球をその部に呼び寄せる走化因子には，細菌由来の物質，細菌によって活性化された補体由来の物質，細菌物質の刺激によってその部の線維芽細胞，表皮細胞，血管内皮細胞，マクロファージなどの産生する物質がある．また，局所の細胞から産生された物質（細胞が産生し，他の細

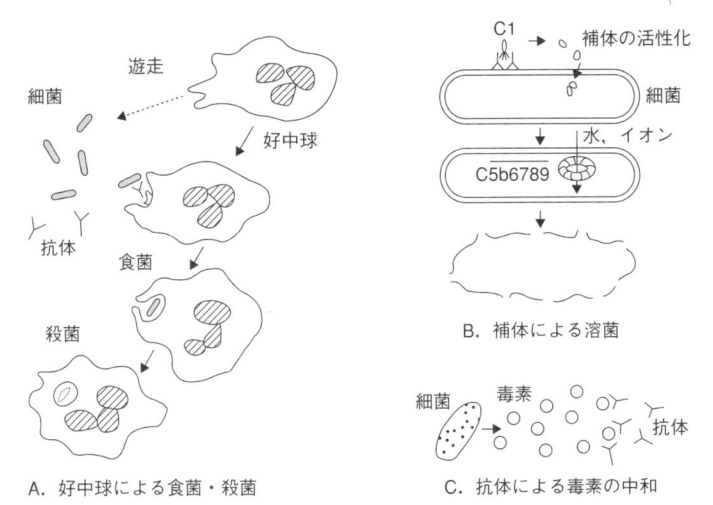

図 18.2　一般細菌の防御機構

　胞上のそれに対するレセプターに結合してその細胞の増殖・分化・機能発揮を誘導するタンパクを広くサイトカインという．そのうち走化因子として働くものをとくにケモカインという）は血管内皮細胞および好中球上の接着分子の表出を高めるので，好中球はその部で血管壁に粘着し，血管外へ遊出してきやすくなる．好中球は細菌を捕らえるが，このとき，細菌に抗体（IgG）や活性化補体（補体は細菌表面の物質あるいは細菌と反応した抗体によって活性化される）の第3成分（C3b）が結合していると，食菌の効率がいちじるしくなる．好中球の表面にはIgGのFc部，C3bに対するレセプターが存在するからである．肺炎球菌，インフルエンザ桿菌などは抗体が結合しない限り食菌されない．食細胞の食作用を促進する物質を広くオプソニンという．細胞内に取込んだ細菌に対し好中球は活性酸素，リソゾームのタンパク分解酵素などを作用させて殺菌を行う．
　グラム陰性菌には活性化補体による溶菌も有効である．活性化補体の後半成分（C5b, C6, C7, C8, C9）は細菌膜に孔をあけ，外界の水やイオンを菌内に流入させて菌を破壊する．ナイセリア（髄膜炎菌，淋菌）の処理にはこの機序がとくに重要である．
　細菌は毒素を産生し，その毒素が病変をもたらすことがある．ジフテリアや破傷風は外毒素による病気である．抗体は毒素に結合し毒性を失わせるので，その防御に抗体が重要である．

4.　細胞内寄生細菌，真菌，原虫の防御のしくみ

　細菌の中には増殖は速くないが殺菌作用に抵抗性で細胞内でも生存するものがある（結核菌，らい菌，サルモネラ，リステリアなど）．このような細菌は寿命の短い好中球では殺し切れない．代わりに寿命の長い食細胞であるマクロファージが処理にあたる（図18.3）．マクロファージの表面にはヒトには存在せず微生物などにしか存在しない物質に対するレセプター（Toll様レセプターなど，広くパターン認識レセプターという）が存在するので，抗体や補体の関与なしにでも微生物をよく捕らえることができる（抗体や補体の微生物への結合も食菌を助ける）．Toll様レセプターはマク

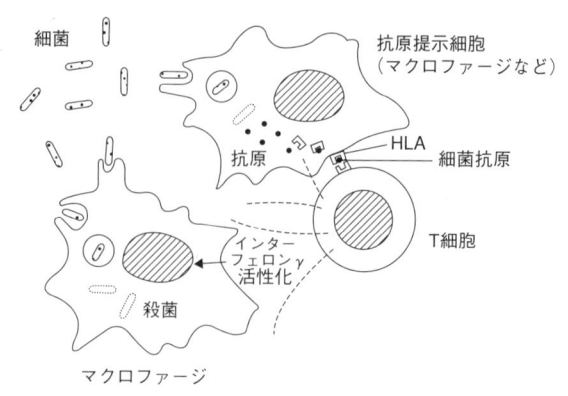

図 18.3 細胞内寄生性細菌の防御機構

　マクロファージは通常は老廃化した細胞，組織，異物などを取り込み，消化して処理する掃除役（スキャベンジャー）をしている．このような時殺菌物質を放出すると，周辺組織が巻き添えによる傷害をうけかねない．そこでマクロファージは相手を取り込んだだけでは殺菌物質を十分産生しないことが多い．この場合，微生物抗原と反応したT細胞がインターフェロンγなどのサイトカインを産生し，マクロファージに作用させ，表出した分子（CD 154）をマクロファージ表面の分子（CD 40）に結合させたりすると，マクロファージは活性化され，十分に殺菌物質を産生できるようになる．マクロファージの殺菌物質としては酸化窒素も活性酸素，タンパク分解酵素に加えて重要である．細菌が長く存続するような時にはT細胞の産生するサイトカインやそれによって活性化されたマクロファージの産生するサイトカインなどによって，線維芽細胞の増殖，マクロファージの集積（類上皮細胞に変化する）などによる肉芽腫がつくられ，細菌を封じ込める働きをする．

　B細胞は抗原と直接反応し，それに対する抗体をつくるが，T細胞はHLA分子に微生物抗原が結合したものに反応する．HLA分子は細胞表面の分子であるから，T細胞が抗原と反応するには，抗原物質を取込んでみずからのHLA分子に結合させ表出するような細胞の存在を必要とする．そのような細胞を抗原提示細胞といい，おもに樹状細胞，マクロファージ，B細胞がその役割を果たす．したがって，樹状細胞・マクロファージが細菌を取込み，その抗原を提示したものにT細胞が反応し，そのT細胞が産生するインターフェロンγなどの作用をうけてマクロファージは殺菌を行うという手順になる．

　T細胞がインターフェロンγを産生してマクロファージを活性化すると述べたが，すべてのT細胞が同一のサイトカインを産生するわけでなく，T細胞にはインターフェロンγなどを産生するものとIL-4（インターロイキン4）などを産生するものとの2種類がある．T細胞は表面にCD 4分子をもつものとCD 8分子をもつものとに大別されるが，CD 4分子を表出しているものでインターフェロンγなどをつくるものをTH 1細胞，IL-4などをつくるものをTH 2細胞という．マクロファージを活性化するのはTH 1細胞ということになる．B細胞は抗体を産生するリンパ球であるが，抗体を産生するにあたって多くの場合T細胞の補助が必要でその中心になる

のはTH2細胞である．抗体が中心になる免疫反応は体液性免疫，T細胞が中心になる免疫反応は細胞性免疫とも呼ばれるが，TH1細胞は細胞性免疫に，TH2細胞は体液性免疫にかかわっているともいえる．一般細菌の場合，獲得免疫としては抗体が中心となるので体液性免疫が重要ということになるし，結核菌，サルモネラなどについてはT細胞が働くので細胞性免疫が重要ということになる．

カンジダ，アスペルギルスなどの防御，マラリア，カリニなどの防御についてもおおむね細胞内寄生性細菌に対するものと同様と考えられる．

5. ウイルスに対する防御の仕組み

ウイルスは他の微生物と異なり，細胞に感染し，その細胞を利用して自分の核酸を複製して増殖する微生物である．細胞内に溶け込んだ型になっているので，そのウイルスを除去するには感染細胞ごとの処理が必要となる．ウイルス感染細胞を破壊するのは主としてT細胞（とくにCD8を表出しているT細胞）とNK細胞である（図18.4）．ウイルス感染細胞はウイルス由来の抗原をHLA分子に結合させた型で表出しているのでT細胞はそれに反応し，傷害物質（パーホリン，グランザイム）を感染細胞に作用させて細胞死を誘導する．NK細胞は感染細胞上の糖タンパクやウイルス由来物質に反応して，同様の機序で細胞を傷害する．NK細胞に対しHLAクラスⅠ分子をよく表出しているような細胞は抵抗性であるが，ウイルス感染細胞ではHLA分子の表出が低下していることが多いので傷害作用をうける．宿主細胞が死滅するとウイルスは増殖の母体を失うので消滅する．細胞に侵入する以前の遊離状態のウイルスは抗体の結合をうけると感染能力を失ってしまう．したがって，ウイルスの侵入の予防や血液を介してのウイルスの拡散の阻止には抗体が有効に働く．ウイルス

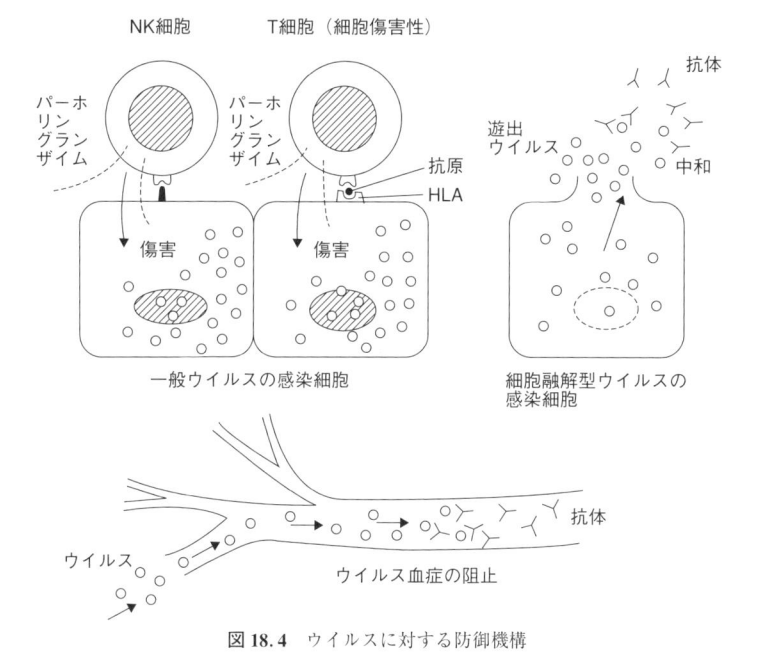

図 18.4 ウイルスに対する防御機構

表18.1 微生物の種類とそのおもな防御機構

微生物	主たる防御機構	担当因子
一般細菌	・食菌・殺菌	好中球,抗体(オプソニン化) 補体(走化因子,オプソニン化)
	・溶菌(グラム陰性菌)	補体,抗体(補体活性化)
	・毒素の中和(ジフテリア,破傷風)	抗体
細胞内寄生細菌・ 真菌・原虫	・貪食,殺作用	マクロファージ T細胞(マクロファージの活性化)
一般ウイルス	・感染細胞の破壊除去 ・ウイルス拡散防止 ・ウイルス増殖過程阻止 　(細胞融解型ウイルス)	T細胞,NK細胞 抗体 抗体

の中には細胞の中で増殖すると宿主細胞をみずから破壊し,一斉に遊出して新しい細胞に感染するというような増殖様式をとるものがある(細胞融解型ウイルス,ポリオ,コクサッキー,日本脳炎,デング出血熱など).このようなウイルスはT細胞やNK細胞が感染細胞を破壊しなくとも,遊出ウイルスに抗体が結合しそれを中和すればウイルスの増殖過程を阻止でき,このようなウイルスの防御には抗体のもつ比重が高い.

6. 局所免疫

微生物は外界から皮膚や粘膜を介して生体内に侵入してくる(胎児期は胎盤を介しての感染もある).皮膚は厚い角質があり,創傷の存在,注射,咬傷,刺傷などがない限り容易に微生物の侵入を許さない.したがって粘膜を経由して感染を起こしやすいが,粘膜の表面には粘液が存在し,その中には抗体(分泌型IgA)やさまざまの抗菌物質,抗ウイルス物質が存在し,病原微生物の侵入を防いでいる.常在する非病原性細菌の存在も病原細菌の定着を防ぐのに役立っている.粘膜下にはさまざまのリンパ組織(Peyer板など)が存在し,全身の免疫系とはある程度独立した免疫系を形成している.腸の粘膜で抗原と反応したT細胞やB細胞は循環しても再び腸や気道など他の粘膜組織に戻ってくる.また唾液腺や乳腺に移行し,そこで抗体を産生する.粘膜関連リンパ組織ではIgAが産生されやすく,それは粘膜上に分泌型IgAとして分泌され,局所免疫に好都合にできている.また腸のリンパ組織では食物にやたらに免疫応答しないよう,侵入してきた抗原に免疫トレランスをつくりやすい機構も存在する.

粘膜にはその部だけで独立して感染を防いでしまう機構が存在するのである.これを局所免疫という.

微生物の種類とそれを防御する主要な免疫反応との関係を表18.1に示した.

〔矢田純一〕

文　献

1) 矢田純一:感染防御免疫機構.医系免疫学,中外医学社,2005.
2) 特集　感染防御の再認識.小児内科,**32**(1):5-45,2000.

微生物の免疫回避手段

生体は免疫の働きによって病原体を排除しようとするのであるが,微生物側もあの手この手を使ってそれを逃れようとする.獲得免疫は微生物の抗原に向けられたものであるけれども,免疫ができると微生物の方はその抗原を表出するのをやめて新しいものをつくり,免疫反応を受けないようにしようとする(インフルエンザ,マラリアなど).マクロファージ(大食細胞)はリンパ球の反応を強めたり,炎症反応を起こしたりする物質(IL-1, IL-2, TNF-αなど)をつくる一方で,それを抑えるような物質(IL-10, TGF-β,プロスタグランジンE_2など)をつくって免疫応答を調節しているが,らい菌などはマクロファージにもっぱら後者をつくらせて,自分を攻撃する免疫反応が生じないようにしたりする.サイトメガロウイルスはウイルス抗原が感染細胞上に表出されるのを抑えたり,偽のサイトカインレセプターをつくって免疫反応の媒介タンパクであるサイトカインの働きを封じ込めたりする.

最も強力に免疫系を破壊してしまうのがエイズウイルス(HIV)である.HIVは細胞上のCD4およびその他の分子に接着して感染する.したがってCD4分子を表出している細胞のみが感染をうける.血液中のリンパ球の約80%がT細胞で,その約60%がCD4を表出している.マクロファージの一部もCD4を表出している.CD4をもつT細胞は,他のT細胞を活性化したり,B細胞の抗体産生を助けたり,マクロファージを活性化したり,免疫応答の司令官ともいうべき働きをしたりしている.そのT細胞がウイルスの感染をうけたり,ウイルスの付着をうけたりして,次第に死滅していく.そのためHIVの生存のみならずさまざまの微生物の感染を許してしまうことになるのである.

19. 予防接種

予防接種

vaccination, immunization

感染症を予防するために，人工的に毒力を弱めた病原体や不活化した病原体またはその毒素（総称してワクチン）を，経口的ないし非経口的（注射または経皮穿刺）に生体に与え，免疫を産生させる方法をいう．

1. 予防接種の歴史

ジェンナー（Edward Jenner）が，牛痘に罹った牛の膿に触れて手に病変のできた乳搾りの女性たちは痘瘡（天然痘）に罹らないことに気づき，牛痘の膿を近所の少年の腕に接種して痘瘡の予防に成功したのが種痘であり，予防接種の最初である（1798年）．このため，予防接種の英語ワクチネーション（vaccination），予防接種に用いる薬剤の名称ワクチン（vaccine）はラテン語のvacca（牛）に由来しており，種痘に用いていたウイルス名もワクチニア（vaccinia）ウイルスである．

微生物を顕微鏡で観察し報告したのはレーウェンフック（Anton van Leeuwenhoek, 1632-1723）が最初であるが，微生物を病気と関連づけて学問として体系立てたのはコッホ（Robert Koch, 1843-1910）とパスツール（Louis Pasteur, 1822-1895）であった．コッホは炭疽菌（1876），結核菌（1882），コレラ菌（1883）を発見し，その後も多くの弟子たちによる病原体の発見があったため，細菌学の祖と仰がれている．一方パスツールは予防接種に関する多くの知見を発見し，炭疽病のワクチン（1881），狂犬病のワクチン（1885）を開発し，その応用によって多くの人命を救った．その後，病原体の発見やその培養の成功によって，次々とワクチンが開発されている．

わが国では，江戸時代末期にオランダ医モーニケ（Mohnike, OGJ）により長崎に痘苗（痘瘡ワクチン）がもたらされ（嘉永2年，1849），蘭方医の先達たちによって各地に持ち帰られたが，江戸ではお玉が池に種痘所が開設された．明治18年（1885）種痘施術心得書，同43年（1910）種痘法が施行されている．その後昭和23年（1948）予防接種法が施行され，現行予防接種については，結核（BCG）（1951），日本脳炎（1954），ジフテリア・百日咳（1958），ポリオ（不活化ワクチン1960, 生ワクチン1961），インフルエンザ（1962），ジフテリア・百日咳・破傷風，DPT三種混合ワクチン（1968），麻疹（1969），風疹（1977），がそれぞれ定期接種あるいは緊急接種や勧奨接種の形で実用化された．種痘は世界からの痘瘡根絶状況と副反応の大きいことから1976年に中止され（1980年からは世界的に中止），その後任意接種の形でおたふくかぜ（流行性耳下腺炎）（1981），B型肝炎（1985），水痘（1987），A型肝炎（1995）のワクチンが市販されている．

また最近では，近年のわが国の結核の現状に鑑みて，平成15年度からBCG接種

は乳児期だけになり，小中学校でのツベルクリン反応と BCG は中止された．

2. 生ワクチンと不活化ワクチン

予防接種に使用する薬剤をワクチンと総称するが，ワクチンには大別して，弱毒生ワクチン，死菌ワクチン，不活化ウイルスワクチン，トキソイドがある．

弱毒生ワクチンは，病原体を試験管内でいわば飼い慣らし，病原性を弱めた微生物を生きたまま用いるワクチンで，BCG は牛型結核菌を弱毒化した細菌性の生ワクチンであり，他は低温馴化と適当な株の拾い出し（クローニング）を行う方法で選んだ弱毒ウイルス株を用いた生ワクチンである．ポリオ，麻疹，風疹，おたふくかぜ，水痘など，比較的最近開発されたワクチンはこのタイプである．種痘に用いられた痘苗はヒトの痘瘡ウイルスと近縁の牛痘のウイルスをそのまま利用したのが初めであったが，長年にわたって植え継いできたためか，近年まで使用されていたワクチン（痘苗）のウイルスは，人痘と牛痘の中間のような性質に変わっており，ワクチニアウイルスと呼ばれている．

死菌ワクチンは病原細菌をホルマリンで殺してつくったワクチンで，かつての百日咳ワクチンや腸チフスワクチンはこのタイプであったが，副反応が強い欠点があり，現行の百日咳ワクチンは菌体の中の必要な抗原部分だけを抜き出したワクチンで，菌体そのものを含んでいない（無菌体ワクチン）．病原体がウイルスの場合は，殺すという表現が使いにくいので，不活化と呼んでいる．現行の日本脳炎とインフルエンザのワクチンは不活化ウイルスワクチンである．病気が病原体の出す毒素によって起こる場合には，病原菌を培養し，産生された毒素をホルマリンで不活化してワクチンをつくる．これをトキソイドと呼び，破傷

表 19.1 生ワクチンと不活化ワクチン（トキソイドを含む）

	定義と剤形	効果	副反応
弱毒生ワクチン 例：BCG，ポリオ，麻疹，風疹，おたふくかぜ	病原体を継代などの方法で弱毒化して製造．多くは凍結乾燥してあり，溶解して使用する．	自然感染に近い免疫長期にわたる効果．液性免疫も細胞免疫獲得．通常 1 回接種	もとの病原体で起こる症状の可能性がある．数日以上の潜伏期後に発症．
不活化ワクチン 例：日本脳炎，百日咳，インフルエンザ	強毒病原体をホルマリンなどで不活化して製造．通常液状で，凍結せずに保存．すべて注射．	2 回以上の接種と，数年ごとの追加接種が必要（効果は数年） 液性免疫が獲得できる．	通常，2 日以内に発熱などの反応と，それに伴うけいれんや脳炎脳症の発現が起こりうる． 数日以上を経ての発症はきわめてまれ．
トキソイド 例：ジフテリア，破傷風	病原体の産生する毒素を不活化して製造．通常液状，保存などは同上．		

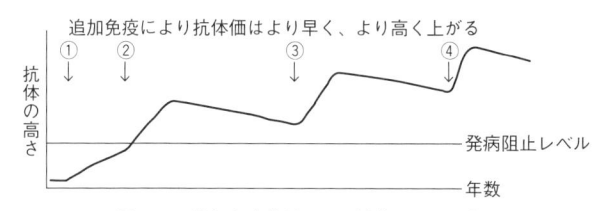

図 19.1 追加免疫効果による抗体の上がり方

風, ジフテリアのワクチンがこのタイプである. 死菌ワクチン, 不活化ウイルスワクチン, トキソイドは性質が同じであるので, 総称して不活化ワクチンと呼ぶ.

生ワクチンと不活化ワクチンのそれぞれの特徴を表 19.1 に示す.

3. 追加免疫効果 (ブースター効果, booster effect)

上述のように, 生ワクチンは自然感染と同様な経過で免疫を産生できるので, 1回の接種で長期にわたる抗体の獲得が可能であるが, 不活化ワクチンの場合は複数回の接種 (注射) ではじめて発病を阻止できるだけの抗体が産生される. この状態を図示したのが図 19.1 である. 通常, 不活化ワクチンの場合, 1回の接種では抗体が発病阻止レベルにまで達せず, 最低 2 回の接種を必要とする. その後も抗体は低下していくので, 有効レベルを維持するためには何年かおきに追加の接種が必要になる. この追加接種を繰り返すと, 抗体はそのつど, より早く, より高く上がるようになる性質があり, これを追加免疫効果という. この現象は生体の免疫担当細胞が, 抗原 (病原体) を記憶している証拠であり, これを免疫学的記憶という. 予防接種を繰り返し接種するのはこの性質を利用して有効な効果の持続を図っているのである.

〔平山宗宏〕

子どもに使用するワクチンの種類

immunization schedule for children

1. 予防接種の考え方の変遷—現行予防接種法の考え方の基本

予防接種は，対象とする感染症の世界的状況の変化と，まれながら起こりうる副反応（健康被害）に対する国民の意識，さらには予防接種健康被害集団訴訟の高裁判決をふまえ，裁判所の考え方に対応できる体制として平成6年の法改正が行われた．また平成13年には高齢者へのインフルエンザ予防接種に伴い，対象疾患が一類と二類に分類された．予防接種に対する考え方には次のような変化があった．

①予防接種対象疾患の変化： 世界における重大な伝染病の制圧により，わが国の予防接種の対象も次のような疾患に限定されてきた．
 a) 予防接種を中止すれば再び流行の起こるおそれの大きい疾患（例：百日咳，ジフテリア，ポリオ，日本脳炎）
 b) 現在でも重症化や死亡のおそれの大きい疾患（例：麻疹，結核）
 c) 常時感染の機会のある疾患で，災害時の社会防衛上必要なもの（例：破傷風）
 d) 先天異常の原因となる疾患（例：風疹）

その結果，小児の定期接種として定められている一類の疾患は以下の8つである．
百日咳，ジフテリア，ポリオ，麻疹，風疹，日本脳炎，破傷風，BCG

また，世界的にWHOがすべての国で子どもに接種すべきワクチンとして，予防接種拡大計画（EPI：expanded program of immunization）の対象にしている疾患はこのうち風疹，日本脳炎を除く6疾患である．

なお，予防接種法の二類に指定されているのは，高齢者での罹患で重症化を防ぐ目的で接種されるインフルエンザの予防接種である．

このほかで任意接種として希望する小児に用いられているのは，おたふくかぜ（流行性耳下腺炎），水痘，インフルエンザ，B型肝炎などである．

②義務接種から勧奨接種へ： 法律による強制接種をやめ，必要な予防接種を国が勧め，国民はこれを受ける努力をする（努力義務）という形の，いわゆる勧奨接種になった．任意接種ではない．

③救済制度は存続する

④医療関係者や保護者への情報の提供（インフォームドコンセント）に努める

⑤集団接種から個別接種中心にする：
その子どものことをよく知っていてくれる家庭医（主治医）に子どもの健康状態や家庭の都合まで考慮して接種を依頼するのがベストであるので，個別接種が原則となった．

2. 予防接種を行う期間（定期の接種）

定期接種の期間は，小学校入学時に未接種であることがわかった場合にも，接種してやれる余裕を考慮して，乳幼児期に行う予防接種の期限は生後90月までとしてある．しかし接種が遅れないために，「標準的な接種時期」として勧めたい時期を示している．接種率確保のためには，乳幼児健診の機会に接種状況のチェックを行い，未接種者に接種を勧奨することにしている．

3. 予防接種を控えるべき状態（禁忌）などについて

予防接種による健康被害を防ぐために，予防接種法では次の条件が決められている．

①予防接種を行ってはならないもの（省令）： 明らかな発熱を呈している者など，当然接種を見合わせるべき条件．

276　　　　　　　　　　　　　　　　19．予 防 接 種

表 19.2　予防接種一覧表

	ワクチン種類	接 種 の 時 期*	接種方法	副反応	注 意 事 項
定期接種（予防接種法）	ジフテリア (D) 百日咳 (P) 破傷風 (T) (不活化)	第1期—DPTで3〜90カ月未満 初回接種：3〜8週間隔3回〈3〜12カ月〉 追加接種：初回接種終了後6カ月以上後〈12〜18カ月〉 第2期—DTで11, 12歳〈小学校6年〉	皮下注射3回 皮下注射1回 皮下注射1回	時に接種局所に発赤、腫脹2〜3日で消退。	注射部位の発赤腫脹がいちじるしかった時は次回は医師に申し出る。 DT二種ワクチンを用いることもある。 個別接種が原則。
	ポリオ (生)	3〜90カ月未満〈3〜18カ月〉 6週以上の間隔をおいて2回	経口服用 2回	ごくまれに麻痺。	副反応の心配はまずない。 間隔があいてもまず2回飲むこと。
	麻疹 (生)	12〜90カ月未満〈12〜15カ月〉 保育所・幼稚園の入園前でもかかりやすい疾患なので、早めにかかりつけ医に相談して受けるのがよい。	皮下注射 1回	注射後1週前後に発熱をみることがあり。(20%く らい)	麻疹は合併症が多いので罹患前の接種を。ひきつけを起こしやすい子どもは主治医に相談を。
	風疹 (生)	12〜90カ月未満〈12〜36カ月〉 麻疹予防接種の後に計画する。麻疹との混合ワクチンも開発中。	皮下注射 1回	通常副反応はない。	幼稚学童の罹患や流行の阻止を目的とする。
	日本脳炎 (不活化)	第1期—6〜90カ月未満 初回接種：1〜4週間隔2回〈3歳〉 追加接種：初回終了後おおよそ1年後〈4歳〉 第2期—9〜12歳〈小学校4年〈9歳〉〉 第3期—14, 15歳〈中学校2年〈14歳〉〉	皮下注射 2回 1回 1回 1回	時に発熱、注射局所の発赤や痛み。	左記の接種で免疫を維持するには十分。 流行のおそれのないところでは実施しないこともある。
	BCG (生)	生後6カ月に達するまでに1回（災害など特別な事情があった場合は1歳に達するまでに）	管針法 2カ所	針跡が一時小さい膿疱になる。	なるべく乳幼児期の早いうちに受けるのがよい。
臨時予防接種		12カ月以降 免疫に異常がある、水痘が重症化するおそれのある者、未罹患の成人女性が対象だが、健康小児にも広く受けている。	皮下注射 1回	ほとんどない。	免疫異常の患児には主治医の判断で接種。 健康児にも希望により行われる。接種してもり患する場合があるが一般に軽症ですむ。
任意接種	おたふくかぜ (生)	12カ月以降 3歳以降時に希望者が受ける。成人が受けてもよい。 欧米ではMMRワクチンを使用。	皮下注射 1回	発熱、嘔吐、時に無菌性髄膜炎。	自然感染のおたふくかぜでの髄膜炎合併率は3%。希望者は小児科医に相談を。
	インフルエンザ (不活化)	インフルエンザ予防には生後2カ月から、その他医療関係者など患者接する小児、高齢者、慢性疾患患者は毎年受けるとよい。有効期間は3カ月程度。 成人は1回、小児は2回接種で有効期間は3カ月程度	皮下注射 毎年2回	注射局所の発赤、時に発熱。	あきらかな卵アレルギー者は注意。 発病予防は十分だが重症化は防げる。
	B型肝炎 (不活化、遺伝子組み替え)	母子感染予防には生後2カ月から、その他医療関係者など感染リスクのある者が受ける。 一般には必要なし。	皮下注射 3回 必要なら追加	局所の発赤、痛みの程度。	抗体産生しにくい場合は、製造法の違うワクチンを使うとよい。

*定期接種としての期間と、〈 〉内は標準的な接種時期を示す。

②接種を行うに際し注意を要する者（通知）：　基礎疾患や副反応を疑う症状を呈したことのある者など，医師の判断による条件．

③病後，予防接種を実施できるまでの間隔：　規則の明記はないが，体力，免疫産生力，余病発病のおそれなどを考慮して判断する．細胞免疫力の低下する疾患（麻疹．1月くらい免疫力が低下），二次性脳炎など合併症のおそれがある疾患（麻疹，ムンプス，水痘など）などが問題で，麻疹後は1月あけ，かぜ程度ならば治癒後1週間，やや問題のありそうな疾患では治癒後2週間程度あけるのがめどとされる．

4. 子どもを対象にした予防接種

定期接種，任意接種として子どもに勧められる予防接種は，表19.2に示すとおりである．　　　　　　　　　　〔平山宗宏〕

ワクチンの効果と副反応

effects and untowardreactions of vaccine, adverse event follwing immunization

予防接種の必要な条件としては，対象とする疾患がある程度以上重くて予防する意味があり，かつワクチンの副反応が自然罹患に比べて明らかに軽微であることである．また，予防接種に用いるワクチンは，確実に対象疾患を予防し，副反応がゼロであるのが理想であるが，現実には受けたヒトの側の状況や，ワクチンに免疫機能を刺激するだけの抗原性がなければ有効でないこともあって，理想どおりにはできない限界がある．実際には，効果が95％以上，重い副反応はきわめてまれ（接種10万回に1回以下）というあたりが目安になろう．

1. ワクチンの効果

ワクチンの効果は，接種者群のその疾患罹患率が非接種者群より明らかに低いことで判断される．たとえば，ジフテリア，百日咳のワクチンは使用によってこれら疾患の激減を見ており，接種率の低下による流行の再現も経験している．百日咳ではわが国で接種率の低下した1976年から79年に多発，79年の届出数1万3000（実数ははるかに多い）に達したが，ワクチンの改良による接種率の回復で収まった．ジフテリアでは1990年から94年のロシア，旧ソ連圏での流行が報じられている（患者14万，死亡4000）．痘瘡はワクチン（種痘）によって地球上からの根絶に成功し，予防接種も中止できた．ポリオも生ワクチンによりアフリカとインド周辺を除き野生株（病原株）の絶滅に成功し，世界からの根絶を目指している．なお根絶を可能にする条件は，その病原体が自然界にヒト以外に宿主をもたないことと，優れた生ワクチンがあることであり，WHOは，ポリオ根絶の次には麻疹を目標にしている．

ウイルス感染症の場合は，病原ウイルスが侵入門戸（飛沫感染症では咽頭・鼻腔粘膜）で一次増殖した後，血液中に入って全身を廻り（ウイルス血症），そのウイルスが親和性をもつ組織や臓器に達して侵入し，それを侵す（二次増殖）ことで発病する経過をとる．血液中に抗体があれば，病原ウイルスは血中に入った時に不活化され目標組織に到達できず，発病が阻止できる．したがってワクチン接種によって抗体が産生されれば，そのワクチンは発病阻止に有効であるといえる．同様に，トキソイドの場合も抗毒素が産生されれば有効といえる．現行の多くのワクチンは，抗体産生を確認することによって有効性を判断している．

例外はインフルエンザである．インフルエンザウイルスは原則としてウイルス血症を起こさず，咽頭粘膜で増殖しただけで毒素的な因子を産生し，そのために発病する．したがって血中抗体があっても咽頭粘膜に抗体がないと発病は阻止できない．現行の注射による不活化ワクチンは血中抗体はよく産生するが，粘膜上の抗体産生は不十分なので，発病阻止効果も十分とはいえない．しかし血中抗体をつくることによって合併症などの重症化は防げる．

また結核ワクチンのBCGは，乳幼児期の結核性髄膜炎や粟粒結核などの重症型の予防には優れた効果が確認されているが，成人型の肺結核の予防効果は50％程度と不十分である．また，従来のツベルクリン反応とBCGによる集団検診方式が，わが国の小児の低い感染率では効率が悪すぎることから，BCG接種は乳児期のみとし，小中学生でのツ反とBCGは平成15年度から中止された．

一般にワクチンが効かない場合として

は，被接種者になんらかの免疫産生不全の状態がある時，生ワクチンではワクチンウイルスを不活化する状態（たとえば，先行した感染症による非特異的感染抑制因子・インターフェロンの産生，治療に使用されたガンマグロブリン製剤など）などがあげられる．またワクチンの保存状態の不適切などがあれば，ワクチンの有効性は当然損ねられる．

2. ワクチンの副反応

ワクチンの副反応とは，ワクチン接種後

表19.3 予防接種後副反応報告書―報告基準

予防接種	臨 床 症 状	接種後症状発生までの時間
ジフテリア 百日咳 破傷風 日本脳炎	1.アナフィラキシー 2.脳炎，脳症 3.その他の中枢神経症状 4.上記症状に伴う後遺症 5.局所の異常腫脹（肘を超える） 6.全身の発疹または39.0℃以上の発熱 7.その他，通常の接種ではみられない異常反応	24時間 7日 7日 * 7日 2日 *
麻疹 風疹	1.アナフィラキシー 2.脳炎，脳症 3.その他けいれんを含む中枢神経症状 4.上記症状に伴う後遺症 5.その他，通常の接種ではみられない異常反応	24時間 21日 21日 * *
ポリオ	1.急性灰白髄炎（麻痺） 　　免疫不全のない者 　　免疫不全のある者 　　ワクチン服用者との接触者 2.上記症状に伴う後遺症 3.その他，通常の接種ではみられない異常反応	 35日 1年 * * *
BCG	1.腋窩リンパ節腫脹（直径1cm以上） 2.接種局所の膿瘍 3.骨炎，骨膜炎 4.皮膚結核（狼瘡など） 5.全身播種性BCG感染症 6.その他，通常の接種ではみられない異常反応	2カ月 1カ月 6カ月 6カ月 6カ月 *

注1) 表中にないものでも下記の趣旨に合致すると判断したものは報告すること．
　　①死亡したもの，②臨床症状の重篤なもの，③後遺症を残す可能性のあるもの
注2) 接種から症状の発生までの時間を特定しない項目（＊）についての考え方．
　　①後遺症は，急性期になんらかの症状を呈したものの後遺症を意味しており，数カ月後，数年後に初めて症状がでた場合をいうものではない．
　　②その他，通常の接種では見られない異常反応とは，予防接種と医学的に関連があるか，または時間的に密接な関連性があると判断されるもの．
　　③ポリオ生ワクチン服用者との接触者における急性灰白髄炎（麻痺）は，接触歴が明らかでない者でもポリオワクチンウイルス株が分離された場合は対象に含める．
注3) 本基準は，予防接種後に一定の症状が現れた者の報告基準であり，予防接種との因果関係や予防接種健康被害救済と直接結びつくものではない．

に発生する医学的できごとのうち，ワクチン接種が原因であるものである．しかし実際には次のものが含まれている．

①ワクチンの反応： 正しい接種手技を用いても起こりうる，ワクチンのもつ性質によって発生した事象．たとえばかつての痘瘡ワクチンによる種痘後脳炎やワクチンの安定剤として含まれていたゼラチンによるアレルギー反応などで，医学的に因果関係が証明されている．

②プログラム・エラー： ワクチンの製造，保管，準備，取り扱い，接種手技の誤りによって発生した事象．たとえば米国における不活化ポリオワクチンのウイルス不活化の不備による麻痺発生（カッター社事件）や，ワクチンと消毒剤の取り違え事故など．

③偶発事故： ワクチン接種と関係なく偶然に起こった事象．たとえば予防接種後に偶然発症した細菌性髄膜炎や出生時からあった疾患に予防接種後気づいた例など．

④注射による反応： ワクチンのためというより，注射への不安や痛みによって引き起こされた事象．たとえばツベルクリン反応実施時に脳貧血を起こしたケースなど．

このように，予防接種後に気づかれる異常は，ワクチンとの因果関係を医学的に鑑別するのが困難なため，後述する予防接種健康被害救済制度では，その因果関係が医学的に否定できない場合は救済する実態になっている．

痘瘡やペスト，コレラなど，死亡率の高い伝染病が恐ろしかった時代には，多少の副反応があっても予防接種は重要視され，法律によって強制してでも集団接種し，免疫の壁で国ぐるみ伝染病を防ごうという集団防衛方式が成り立ったが，伝染病のリスクが低くなると，予防接種の効果よりも副反応の方が問題になってくる．わが国では痘瘡がゼロになった一方，種痘後脳炎などの副反応の被害が目立つようになったことから，法律で強制していた予防接種の副反応には国が賠償すべきとの世論が高まり，昭和45年（1970）から閣議了解による予防接種事故救済措置がとられ始め，昭和51年（1976）の予防接種法改正の機会に「予防接種健康被害救済制度」が法的に創設された．

この救済制度は，予防接種後に異常が生じた時，被害者が主治医の診断書や医療記録を添えて市町村を通じて国に申し立てる形をとり，厚生労働省の委員会で認められれば，医療費の個人負担分が公費で負担さ

表19.4 予防接種副反応報告の概要（平成6年10月～14年3月までの7年半の合計）

ワクチンの種類	1年間の接種概数	重症副反応の種類と症例数（6年半合計）	
		脳炎脳症（死亡数）	アナフィラキシー*
DPTとDT合計	約583万	6（1）	35
麻疹	112万	2	64
風疹	208万	1	47
日本脳炎	420万	19（2）	92
ポリオ	235万	麻痺9	
BCG	257万	全身性BCG感染症3，骨髄炎5	

注）年間接種者数は平成9年度の接種概数
*アナフィラキシーは，ほとんどが当時ワクチンに含まれていたゼラチンによるものであり，その後はゼラチンが除去されたのでゼロに近くなっている．

れ，後遺症を残せば年金が，死亡すれば一時金が支払われる制度である．また同時に健康被害発生時には，担当した医療関係者に故意または重大な過失がない限り責任を問わない（民事訴訟の対象にしない）ことに連結しており，予防接種事業への医師などの協力を得る保障にもなっている．

この救済制度の適用を受けるのは，入院治療を要した程度以上の異常であり，注射局所の軽い発赤腫脹や軽度の発熱程度の副反応は，通常見られる程度の副反応として適用されない．一方，医師は予防接種後の小児に異常を認めた場合には市町村長に報告することになっており，その場合の判断の基準も定められている．すなわち，そのワクチンによって起こりうる副反応の病状とその時期などであり，表19.3のごとくである．

この制度で届け出られた症例は，厚生労働省が集計して報告書を発表しているが，平成6年10月から13年3月までの6年半の間に報告された重症例は表19.4のごとくであった． 〔平山宗宏〕

文　献

1) Plotkin SA, Mortimer EA Jr.：Vaccines, W.B. Saunders, 1988.
2) 木村三生夫・平山宗宏・堺　春美：予防接種の手びき（第9版），近代出版，2003．（ほかにも類書（解説書）あり．）
3) 予防接種法研究会監修：予防接種関係法令通知集，予防接種リサーチセンター，平成16年改訂版．
4) 同上監修：予防接種健康被害救済制度の手引き，同上，平成16年改訂版．

20. 小児歯科

子どもの歯と口
teeth and mouth of children

1. むし歯の成因と予防
1) むし歯（齲蝕）の成因

むし歯は子どもの病気の中では，罹患者率が非常に高いのが特徴で，また育児の視点からすると，日常の生活習慣が反映されることが多い疾患の1つである．生活習慣が形成される幼児期から小児期に一致して歯が生え，歯並びが完成し，咀嚼や言語の機能が獲得される．そこで，むし歯は生活習慣に密着した多要因疾患であることから，日常生活が健全になされているかについてのスクリーニングの1指標にもなりうるともいわれている．

歯は食べる，話すなど生活機能に密接に関連することから，むし歯になると日常生活に影響を及ぼす影響が大きい．歯には乳歯（20本）と永久歯（28〜32本）があるが，むし歯の基本的な成因には違いはない．

むし歯は，いくつかの要因が重なって生じる多要因疾患であり，大きく4つの要因が重複したときにできると考えられている．その4要因とは，歯の質，細菌，食物（とくにショ糖）の3要因に，それらの要因が重なっている時間要因が加わる．つまり上記の3要因が重なった状態で一定時間経過することによってむし歯が発生する（図20.1）．しかし，むし歯の成因は，齲蝕原性細菌こそが唯一の原因であり，歯，食物，時間は，むし歯の発生の場に影響を与える「誘引」や「素因」である．

2) むし歯の進行と症状

むし歯の成因は，乳歯，永久歯とも同じであるが，その進み方や症状には特徴的な違いがある．乳歯のむし歯は，進行がとても早く，また自覚症状があまり明確ではないことが多いため，育児担当者が気づかないうちに大きなむし歯となってしまう場合も多い．永久歯の場合には，冷たい物がしみる，違和感を感じるなどの自覚症状が出て比較的早く気づくことが多い．

3) むし歯の予防

むし歯の予防は，成因を考慮すると，歯の質，細菌，食物の3要因が重ならないようにすること，重なってしまってもなるべく重なる時間を短時間にすることが基本です．また，他の面からの予防法の基本は，3要因の1つずつに対する働きかけである．

①歯質をフッ素の作用で強固にする（アパタイト構造を変える），歯垢を排除でき

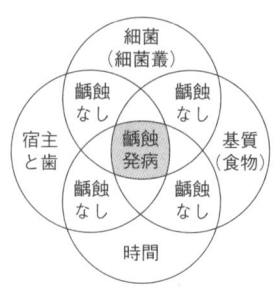

図 20.1 Newbrun の4つの輪

子どもの歯と口

にくい臼歯の咬合面（噛む面）の溝を健康な状態のままシールする（シーラント）など歯の構造や形に対する予防対応がある．

②細菌に対しては，細菌の塊である歯垢が歯の表面につかないように取り除く（ブラッシング）ことや，細菌数をなるべく少なくして活動性も低下するように口腔内の清潔さを保持するよう予防対応を行う．

③食物の要因では，むし歯の原因菌である齲蝕原性細菌の餌となるショ糖などの糖類の摂取量と頻度を少なくすること，齲蝕原性細菌に利用されない糖アルコールなどの代替甘味料を用いた食品を摂取するようにすること，歯に付きにくい粘性の少ない食品を選択することなどが齲蝕予防になる．代替甘味料のキシリトールは他の糖アルコール同様にエナメル質の初期脱灰部分の再石灰化をもたらすとともに，齲蝕原性細菌の活動を抑えるプラーク抑制作用がある．また，酸産生菌の活動によって酸性に大きく傾いた歯垢を中性に近く戻す緩衝作用が強い刺激唾液（耳下腺唾液）の分泌を促すように，しっかりよく噛みながら食べることも効果的な齲蝕予防となる．

2. 歯の萌出
1） 歯の生え方の順序（図 20.2）

乳歯の歯胚は胎生 7 週頃にできはじめ，石灰化は胎生 4 カ月過ぎから始まる．これらが生後 8〜9 カ月頃に下顎の前歯として最初に生えてくる．1 歳のお誕生日頃には上顎前歯 4 本，下顎前歯 2 本程度が生えている子が多いが，お誕生日近くまで歯が生えていない子もあり個人差が大きい．歯の生え方は，栄養状態や体格などに影響されるのか興味のあるところだが，約 60 年前に乳歯の萌出状態を研究した報告と最近の報告とでほとんど変わらず，栄養状態や体格などに影響されないとされている．

乳歯は 20 歯あり，それらがすべて生えそろうのは，3 歳前後である．

永久歯は下顎の第 1 大臼歯と下顎の前歯がほぼ同じ時期に萌出してくることが多い．その後に次々と乳歯から永久歯に交換して，第 2 大臼歯が 12 歳頃に生えて永久歯列が完成する．第 3 大臼歯（知歯）は歯胚が生来ない場合も多く，また石灰化して歯の形となっても歯槽骨の中にとどまり，口の中に生涯萌出しないままの場合も多

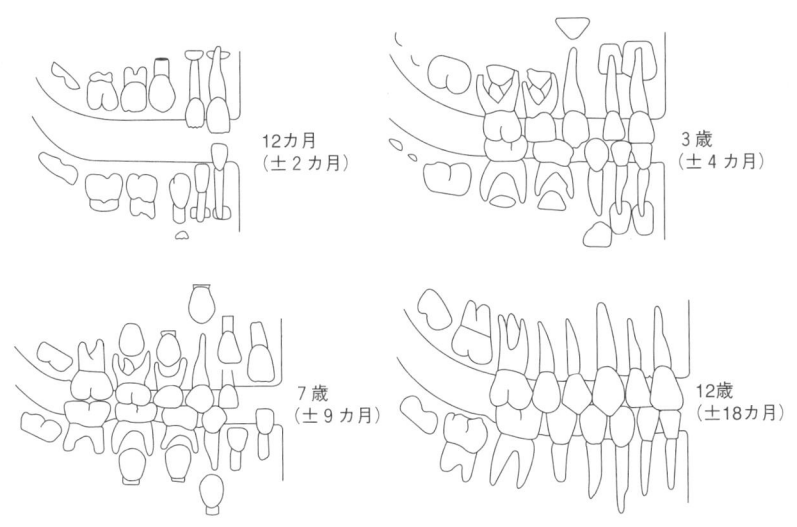

12カ月（±2カ月）

3歳（±4カ月）

7歳（±9カ月）

12歳（±18カ月）

図 20.2　歯の生え方の順序

い．

2) 歯の萌出にかかわる問題

i) 先天性歯 歯が出生時にすでに生えている場合や出生4週未満の新生児期に生えてきた場合を先天性歯と呼ぶ．歯種は下顎乳中切歯がほとんどである．先天性歯は，早く生えてくるため歯の形成が未熟で，エナメル質が薄く歯根もほとんどできていないためにグラグラと動揺していることが多い．対応は授乳時に舌の裏側を傷つける（リガ・フェーデ病）することがある場合には，歯の先端を丸くして傷つけにくくする．とくに問題がない場合には，そのまま様子をみるが，動揺が強くて抜け落ちて誤飲（誤嚥）の危険性があるときには抜歯が必要となる．

ii) リガ・フェーデ病 吸啜（きゅうせつ）運動によって舌の裏側に生じた潰瘍を2人の人名をとって「Riga-Fede病」と呼ばれている．先天性歯や早期に生えてきた下顎乳中切歯の先端が尖っている場合には，乳首が母乳，人工乳首の区別なく歯の上に舌が乗って吸啜運動が営まれることによって潰瘍が形成される．

iii) 癒合歯 乳歯の前歯には，2本の歯がくっついて1本の歯のようになっている「癒合歯」が時々見られる．頻度の高い部位は，乳中切歯と側切歯の癒合歯で，癒合の程度によって1本の歯が同種の反対側の歯に比べて幅が広い程度から歯が2本くっついた場所に切れ目があってハート型に見えるものまでさまざまである．永久歯への交換時には抜歯が必要となることも多いので，スムーズに永久歯へ交換するために適当な時期にレントゲン検査などが必要である．

3. 歯並び，噛み合わせ

人の歯は，正常の場合には上下顎とも半円形に近い形で並んでおり，上顎の歯列が下顎を覆うようにして噛み合っている．これらに問題がある場合を歯列・咬合の不正（異常）と呼び，上下の歯列の歯並びが不正な歯列不正と上下の噛み合わせ（咬合）が不正の咬合異常に分けられる．

1) 成長に伴う一時的な歯列，咬合の不正

発育期の一定期間，歯並び，噛み合わせが不正の状態の時期がある．とくに乳歯から永久歯への交換は，一時的に歯列不正の状態を呈する．また，歯の交換期は上顎が合わさる咬合についても，上下で噛み合わない歯が存在したりして，一時的に咬合が悪くなる．これらの一時的な歯列や咬合の不正は，誰もが通過する生理的な成長過程である．この時期には，歯列と咬合の一時的ではあるが，その不正による機能低下と外傷などの危険の予防についての周囲の配慮が必要である．

①前歯交換期： 前歯部に空隙があるために，サ行，タ行などの発音（構音）に影響するとともに，上顎前歯の萌出期は外傷を受けやすいので注意が必要される．

②臼歯交換期： 噛み合う面積の減少が咀しゃく能力の低下となり，食事時間の延長や噛み砕かれていないままの食物を丸呑みしてしまうなどの食べ方の変化が生じやすいので注意が必要とされる．

2) 生理的な範囲を超えた歯列，咬合の不正（図20.3）

生理的な範囲を超えた歯列，咬合の不正は，その症状により以下のように分類（日本学校歯科医会）されている．

①反対咬合： 下顎の前歯が上顎の前歯より前方で噛み合っており，3歯以上この状態であると反対咬合としている．一般に「受け口」と呼ばれており，審美面および咀嚼能力の低下や顎関節の不快事項の原因となることも多い（図20.3a）．

②上顎前突： 上顎前歯が下顎前歯に対して大きく前方に突出している．上顎前歯が前方に突き出しているため口唇を閉鎖するのが困難な場合も多い．外傷を受けやすく，口唇閉鎖困難のため上顎前歯部が乾燥

子どもの歯と口

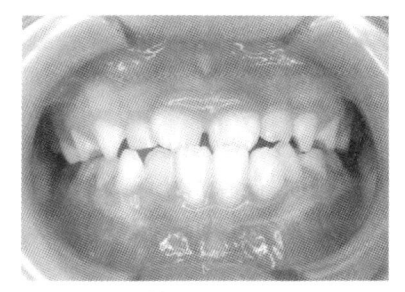

(a) 反対咬合

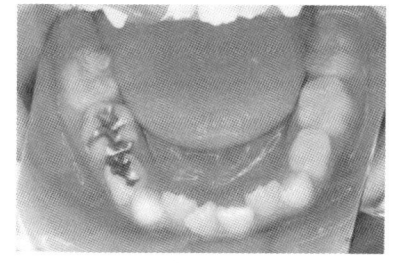

(c) 叢生

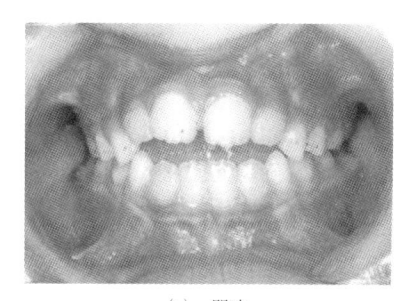

(b) 開咬

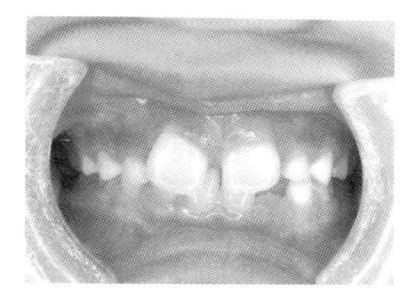

(d) 正中離開

図20.3 生理的な範囲を越えた歯列，咬合の不正（日本学校歯科医師会，2002）

して歯肉炎になりやすい．機能面では咀嚼や構音へ影響する場合が多い．

③開咬： 上下顎の臼歯がしっかり噛みこんでいる状態で前歯が噛み合わなく，空隙が開いている（8 mm 以上）もの．口に食物を取り込む際に，前歯で咬み切ることができない．また嚥下（飲み込み）時に舌の突出を招きやすいため開咬を増悪することも多い．審美や発音にも影響する（図20.3 b）．

④叢生： 隣どうしの歯が互いに歯の幅の1/4以上重なり合っている．いわゆる，乱ぐい歯と呼ばれるものであり，隣接面の齲蝕と歯肉炎のリスクファクターとなるため注意が必要である（図20.3 c）．

⑤正中離開： 上顎の左右中切歯間に空隙（6 mm 以上）があるもの．一般に「すきっ歯」と呼ばれるもので，審美的な問題が大きい．発音にも影響する（図20.3 d）．

⑥その他： 上記以外の不正咬合でとくに注意すべき咬合（過蓋咬合，交叉咬合，鋏状咬合など）や1歯でもいちじるしい不正では，摂食や言語機能および審美面へ影響を及ぼすことが多い．

〔向井美惠〕

21. 子どもの事故

子どもの事故
injury in childhood

1. 子どもの事故の実態
1) 事故による死亡数
わが国では，1960年以降，0歳をのぞいた小児の死因の第1位は不慮の事故となっている（表21.1）。今年も，来年も，そして10年後も小児の死因の第1位は不慮の事故である。

不慮の事故による死亡のなかで最も大きな割合を占めているのは交通事故であるが，死因は年齢層によって異なっている（表21.1）。先進国においても0歳をのぞいた小児の死因の第1位は不慮の事故となっているが，わが国の乳幼児の事故による死亡率は先進国に比べて高く，改善の余地がある[1]。

2) 医療機関を受診した事故の発生件数
不慮の事故は多発しているが，正確な発生数は不明である。幼児健診の場を利用したアンケート調査の一例を表21.2に示した。3歳児健診を受診した約6,300名の保護者を対象に，医療機関を受診したり電話で相談した事故の経験の有無について調査が行われた。その結果，ほぼ80%の子どもが医療機関を受診するような事故に遭遇していた。他地域での調査でも，ほぼ同じ結果が得られている。

国民健康保険の資料をもとに試算されたデータによれば，乳幼児では，1年間に，不慮の事故のために入院する割合はほぼ200人に1人，医療機関の外来を受診する割合（カッコ内）は，0歳（4人に1人），1～4歳（2人に1人），5～9歳（3人に1人）と推定されている[1]。3歳までの事故は半数以上が家庭内で起こっており，それ以降は家庭外の事故が多くなる。

これらのデータをもとに，事故の氷山図が作成された（図21.1）[1]。1～4歳の年齢層では，死亡，入院，外来を受診した事故のもとに，家庭で処置が必要であった事故は死亡1件に対して10万件，家庭で処置の

表21.1　年齢階級別，不慮の事故の死因別，死亡数（2002年）

死因＼年齢	0歳	1～4歳	5～9歳	10～14歳	15～19歳
総数	167	293	277	174	907
交通事故	16	101	158	91	764
転落・転倒	9	32	9	10	30
不慮の溺死および溺水	10	90	46	31	47
不慮の窒息	119	42	20	17	19
煙，火および火災への曝露	3	21	32	17	17
その他	10	7	12	8	30

子どもの事故

表21.2 医療機関にかかったり，電話などで相談した事故を経験した人の数（生まれてから3歳3カ月まで．兵庫県，1995年，$n=6,294$）

事故の種類	経験人数（発生頻度）
窒　　息	21　（3.3）
おぼれ事故	141　（22.4）
はさまれ事故	371　（58.9）
や　け　ど	791　（125.7）
誤　　飲	629　（99.9）
転　ん　だ	815　（129.5）
落　ち　た	1,408　（223.7）
ぶつかった	484　（76.9）
交　通　事　故	102　（16.2）
そ　の　他	222　（35.3）
合　　計	のべ4,984

発生頻度は，回答者1,000人あたり何人に発生したかという数．

必要がない事故は19万件発生していると試算されている．

3）子どもの事故の発生率の地域差，経年変化

日々，厖大な数の事故が発生しているが，地域のレベルで収集された事故のデータを比較すると，子どもの年齢層，事故の種類，発生頻度はどれも酷似しており，地域差はほとんどみられない．

また発生頻度の経年変化をみる一例として，医療機関を受診した誤飲の発生頻度について検討すると，この10年間，まったく同じ頻度であった[2]．すなわち現在でも，ある月齢，あるいは年齢になると，ある一定の頻度で事故が発生している．

4）子どもの事故の法則

小児においては，不慮の事故の発生は発達段階と密接な関連がある．小児の発達に伴って起こりやすい事故はどのようなものかはわかっている．どの地域においても，毎年，同じ年齢層の子どもが，同じ頻度で同様な不慮の事故に遭遇している．一件，事故が発生すると，他の地域でも必ず同じ事故が発生する．また，子どもの生活環境に新しい製品が出回ると，必ず新しい事故が発生する．

2. 事故に対するコメント

最もよくいわれるのが「子どもの事故は親の責任」「親が不注意だから事故が起きる」という指摘である．保健師の中には，「私はいつもお母さんに，手は放して，目は離さないでといっています」と胸をはっていう人もいる．子育ての経験のある人な

0歳　←1（死亡）／35（入院）／1,200（外来）

1～4歳　←1（死亡）／65（入院）／4,500（外来）

5～9歳　←1（死亡）／110（入院）／6,200（外来）

10～14歳　←1（死亡）／160（入院）／9,400（外来）

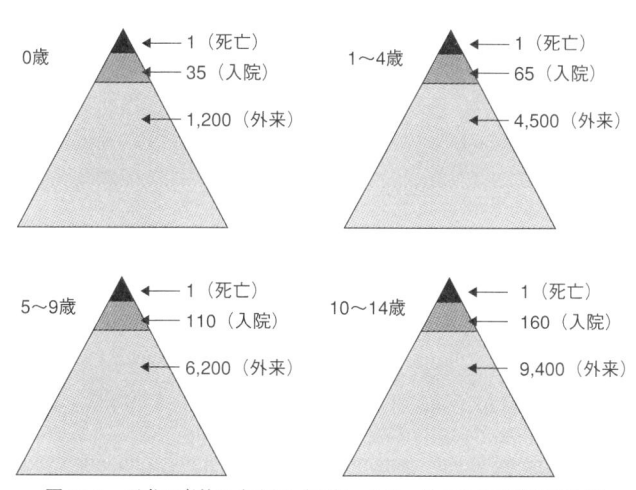

図21.1　不慮の事故の氷山図（死亡・入院・外来の患者数の割合）[1]

表 21.3　事故のために受診した保護者から聞く言葉

・ちょっと目を離したスキに……
・出かけようとしてバタバタしていたら……
・動けないはずなのに……
・いつもはおとなしいのに……
・夫に子どもをみてもらっていたら……
・危ないといつも気をつけてはいたんですが……
・おとなしいのでおかしいなと思ったら……
・アッと思ったときにはもう遅く……
・120％反省し，今後は絶対に目を離さないようにしようと思いました

表 21.4　事故の予防として頻用されている言葉，標語

・「ほんのちょっと……」が事故のもと
・油断は大敵，くれぐれも目を配りましょう
・一瞬でも気をぬかないようにしてください
・目と手を離さないでください
・周囲の大人が目を光らせることで事故の 6 割は防げます
・前もって「心構えを整える」ことで多くは予防できる
・ちょっとした甘え，気のゆるみが招く事故
・危ないところへ行っては絶対にだめと言い聞かせる
・危ないものは遠ざけましょう
・事故はつねに起こりうると心を引き締めることが大切です
・○○の管理は 24 時間しっかりぬかりなく
・○○をつけること，○○することを忘れずに
・厳重に，十分注意して
・十分な配慮，十分な気配りと目配り
・○○から注意をそらさないようにします
・大人のちょっとした声かけや気遣いで防ぐことができる
・注意をおこたりがちです
・気持ちが緩みがちですが，目配りを
・お手本になるよう心がけたいものです

言葉のパターンは決まっている。表 21.3 に示すようなことをいいながら，診察ベッドに横たわっている子どもの脇で「ごめんね，ごめんね……」と母親は泣いている。

事故を予防する言葉は巷にあふれている。雑誌や本にもたくさん書かれている。しかし，これらの言葉によって事故が予防できることはありえない。よく目にしたり，聞いたりする言葉，標語を表 21.4 にあげてみた。

安全であることは当たり前で，空気のようにタダだと思っている人にとっては，事故の予防はとても億劫なものである。とくに法制化されたものについては，安全のために必要と考えて実行するのではなく，どうしたら罰則を受けないようにできるかということばかり考える人が数多くいる。よく聞く事故予防をしないいいわけを表 21.5 に示した。事故が起こったときの行政の対応は「責任逃れ」ということに終始する（表 21.6）。

事故予防の最も大きい問題は，人々が事ら，こんなことは不可能なことはすぐわかる。また，見ている目の前で起こるのが事故である[3]。これら，実行することが不可能な言葉，全く内容のない言葉，意味が不明瞭な言葉が事故の予防として数多く述べられているという現状を紹介しよう。

誤飲，やけど，転倒，溺水などの事故で受診する子どもを毎日診ていると，保護者たちが事故が起こった状況について話をす

表 21.5　事故予防をしないいいわけ

・事故の予防が大切だということはよくわかっている
・今日はしなくてもいい，明日からすればいい
・ちょっとそこまでだから，しなくていい
・今回はすぐに終わるから，しなくていい
・まさか，うちの子に限ってそんなことはおこらない
・私が気をつけているから大丈夫

表 21.6　事故が起こったときの行政の対応

・うちの課の担当ではない
・そのようなことはまれなこと，ふつうは起こらない
・うちではそんなことは起こらないので考えなくていい
・事故に遭った本人が悪い
・本人の使い方，遊び方が悪い
・「このような痛ましい事故が二度と起こらないよう関係者，関係部署は迅速に対処されたい」という文書を出す

表 21.7 事故に対する意味不明のコメント

・子どもは，転んで擦りむいたりしながら平衡感覚を身につけ，だんだん大きくなっていくものだ．些細な事故など，いちいち防止する必要はないのではないか
・子どもは元気よく駆け回り，転んで少しぐらい傷ができたほうがいい
・けがは子どもの勲章．子どもにけがはつきもの
・あれもしてはダメ，これもしてはダメというのは，結局何もしなければ事故にはならないということですか
・あれもこれも禁止しては，子どもの発達に問題が出るのでは……
・お母さんたちに事故のはなしをすると暗くなるので……

故を自分の問題としてとらえていないことにある．病気については，自分は癌になっているかもしれないと定期的に検診を受ける人が多いが，その検診場に行くとき，シートベルトを着用せず，時速 120 km で自動車を運転していけば，病気と事故のリスクはどちらにあるか明白である．

さらに，事故についてはいろいろな人がいろいろなことをいう．どういう目的でそのようなコメントをしたのか，理解に苦しむコメントも数多くある（表 21.7）．

今回，表 21.3～21.7 まで執拗に示したのは，事故の問題はこれらの言葉や対応の中で焦点がぼけてしまい，予防活動に取り組むときの大きな障害となるからである．すなわち，表 21.3～21.7 は禁句であると考えて予防に取り組む必要がある．

3. 事故の問題へのアプローチ

上記のような事実から，事故の問題は小児の最も重要な健康問題となっているが，事故に対するアプローチはむずかしい．

事故の問題について考える場合，①事故が起こる前，②事故が起こったとき，③事故が起こった後，の 3 つの phase（相）に分けて考える必要がある．起こる前は「予防」，起こったときは「救急処置」，起こった後は「治療，リハビリテーション」となる．この中で，最も大切であり，経済的にもすぐれたアプローチは「予防」である．

事故は，健康を障害する事象として科学的に分析し，具体的な予防策を考える必要がある．その場合，①重症度が高い事故，②発生頻度が高い事故，③増加している事故，④具体的な解決方法がある事故，について優先的に取り組む必要がある．

また，予防活動の評価は，①事故の発生数の減少，あるいは，②傷害の重症度（通院日数，入院日数，医療費など）の軽減によって科学的に判定する必要がある．

4. 事故予防への取り組み（injury prevention）

取り組みの基本として，事故予防のために求められる努力量と，実際にそれによって予防が可能となる量との関係を図 21.2 に示した．予防効果が最大で，求められる努力量が最小であるものとは，すなわち「全く気をつけていなくても，安全が確保されているしくみ」となる．具体的に，水薬の誤飲の予防について例示してみた．

表 21.8 事故対策の効果

事故の例	製品の改善 >	環境の改善 >	安全教育
薬の誤飲	セーフティキャップの薬ビンの使用	薬棚に入れて施錠	予想される事故について教える
自動車乗車中の事故	チャイルドシートの装着 エアーバッグの装備	道路の構造の改善	公共の安全教育
火事	火災安全タバコの使用	煙感知器の設置	学校での火災訓練

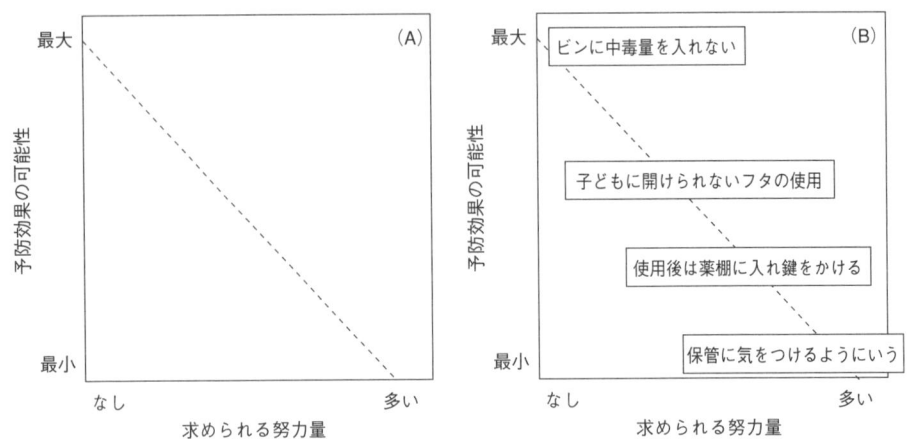

図 21.2 事故予防のために求められる努力量と，実際にそれによって予防が可能となる量との関係
A：一般論，B：水薬の誤飲予防の例にあてはめてみたもの．

表示方法を変え，表にしたものを表21.8に示した．この表でも明らかなように，安全教育よりは環境の改善のほうが有効であり，さらに製品を改善すれば効果がより確実となる．安全教育には大きな限界があると認識すべきである．

事故予防の取り組みとは，図21.2の左上の方向をめざして，いろいろな分野の人たち，すなわち小児であれば，医療関係者，教育関係者，公的機関，法規の制定者，法を執行する専門職，ボランティア団体，製品設計者・建築家・建設業者・エンジニア，販売業者・製造業者，マスメディアなどがそれぞれ活動することである．

事故予防の指導においては，保護者が実行可能で，かつ科学的に有効とされている予防策を示し，保護者がその予防策を実行するという行動変容が重要となる．この行動変容があってはじめて，事故は予防されうる[4]．

表21.9に具体的な予防策を示した．これらを一言でいえば，「目を離さないで」ではなく，目を離してもいい環境を前もってつくる必要があるということである．

5. 事故サーベイランス・システムの必要性（injury surveillance）

科学的な事故予防を行うためには，地域において事故の実態を継続的に把握する事故サーベイランス・システムを確立し，そのデータ分析によって予防活動を評価していく必要がある．欧米ではすでに医療機関の救急室を定点とした事故サーベイランス・システムが確立[5]し，事故の科学的な分析が行われ，予防活動が展開されているが，わが国ではそのようなシステムはない[6]．

6. 自動車乗車中の事故の予防

ここでは，具体的な予防活動の一例として，重症度が高い事故である「自動車乗車中の事故」に対する予防活動を取り上げた．

1）実 態

小児の不慮の事故死の中で最も重要な位置を占めているのは交通事故である．自動車事故による傷害を軽減するためには，チャイルドシートで身体を拘束することが必要である．

1985年までに，すべての州でチャイル

表21.9 優先すべき子どもの事故の予防策

自動車の事故：
　車に適切に装着されたチャイルドシートを使用
　どの年齢層でも，自動車に乗る場合には必ずチャイルドシートを正しく使用
　車中に乳幼児を一人で放置しない
　後部座席でもシートベルトを使用
　妊婦もシートベルトを使用
　ソフトカー（速度調節メカニズムの車）の使用
自転車の事故：
　ヘルメットの着用
　足部ガード付きの椅子の使用
　子どもを乗せる時は最後に，下ろす時は最初に
浴槽での溺水
　洗い場から浴槽の縁までの高さが50cm以下の浴槽は転落する危険性が高い
　2歳になるまで残し湯をしない
　子どもが浴室に入れないようにする
　子どもだけで入浴させない
水遊び，釣り，ボート遊び：
　ライフジャケットの着用
ベビーカーからの転落：
　5点式シートベルトで拘束
　ベビーカーを止めたときに安定，固定の確認
ベッドからの転落：
　ベビーベッドの柵はつねに上げる
　乳児を大人用ベッドに寝かせない
クーハン，歩行器，ショッピングカートからの転落：
　使用しない
　使用する場合はベルトで固定
スキー，スケート，スケートボード，キックスケーター：
　ヘルメットの着用，肘・膝のプロテクターの使用

スポーツ（球技・団体競技，格闘技）：
　マウスガードの使用
階段からの転落：
　転落防止の柵をつける
ベランダや窓からの転落：
　踏み台となるものを置かない
　窓際にベッドやソファを置かない
ドアで挟む事故：
　玄関ドアの蝶番側にカバーをつける
　ドアクローザーの使用
　子どもを確認後に自動車のドアを閉める
熱傷：
　給湯温度の設定を50℃以下にする
　子どもを熱源から遠ざける
　途中で火が消えても花火をのぞき込まない
　花火は水につけて完全に消す
火災・火傷：
　消火器，熱・煙探知器の設置
　難燃性のパジャマや毛布の使用
　身体にフィットした寝衣を着る
　防火タバコの使用
誤飲・窒息：
　口径39mm以下の大きさのものは，床面から1m以上の高さの場所に置く
　誤飲チェッカー（販売：日本家族計画協会：Fax 03-3267-2658）でチェック
　セーフティ・キャップの水薬ビン（金鵄製作所）の使用
　飲み物の容器に食品以外のものを入れない
　公園で遊ぶときは，かばんや輪になったヒモ状のものは身につけない
気管支異物：
　3歳になるまで乾いたピーナッツは食べさせない
　仰臥位や歩きながらものを食べさせない
　小さな食物塊やオモチャなどを放り上げて口で受けるような食べ方や遊びをさせない

ドシートの着用が法的に義務づけられた米国においては，2000年の時点でも，5台のうち4台はチャイルドシートが自動車に適切に取りつけられていない誤使用（misuse）の状態であると報告され，現在，全米でチャイルドシートの着用実地講習会が積極的に展開されている．

わが国では，2000年4月より，6歳未満の小児を自動車に乗せる場合にはチャイルドシートの着用が法的に義務づけられたが，未だその使用率は低い（6歳未満全体では52.4%，1歳未満：74.8%，1〜4歳：52.4%，5歳：32.2%）[7]．また，チャイルドシートの誤使用の調査によると，乳児用シート（後ろ向き取り付け）の背もたれ角度の調査（$n=124$）で角度が適切であっ

たものは58.1%，幼児用シート（前向き取り付け）のぐらつきの程度の調査（n = 1800）でしっかり取り付けられていたもの（3 cm以内）は29.1%であった．これらのデータから，わが国でもチャイルドシートの誤使用の頻度が高いことが判明し，当クリニックでチャイルドシートの着用状況をチェックして指導する着用実地講習会を行うこととした[8]．

2) チャイルドシートの着用指導

乳幼児健診の場で，保護者にチャイルドシートの使用状況についてたずねた．後部座席に前向きに取りつけるチャイルドシートの場合は，「シートの背もたれを前方向に強く引っ張って，チャイルドシートの背もたれの上部と自動車のシートのあいだが10 cm以上動く場合はうまく取り付けられていない」と評価方法を保護者に数値で示し，不安があればチャイルドシート着用講習会への参加をすすめた．

当クリニックの前にある公共駐車場の一角で，ほぼ2カ月に1回，土曜日の午前にチャイルドシート着用講習会を開催した．平成12年4月から平成13年10月のあいだに10回の講習会を行い，自動車の総参加台数は66台であった．うまく取りつけられていないチャイルドシートは59台（89%），きちんと取りつけられていたのは7台（11%）であった（表21.10）．自分の車で，正しいチャイルドシート装着法を実地に学んだ参加者の満足度は非常に高かった．

3) 今後の活動

現在，チャイルドシートの多くは誤使用の状態と考えられるが，その問題点についてほとんど認識されていない．「チャイルドシートは，正しく取りつけられていなければ有効に働かない」「誤使用の頻度は高く，チャイルドシートの装着状態をチェックすることが不可欠」ということを啓発し，実地の着用講習会を展開していく必要がある．

7. 事故に対する認識の変革を

子どもの健康にとって最大の敵は「不慮の事故」であることを再認識する必要がある．子どもの発達に伴って起こりやすい事故のパターンは決まっており，それらに対する有効な予防法もほぼわかっている（表21.9）．事故予防活動は，地域に基盤を置き，継続的に行っていくことが必須である．

子どもに対する保護者の責任とは，前もって安全な環境を整備，確保することであるが，個人レベルの責任だけを追及しても効果はない．子どもの安全に対して，社会が大きな責任を負っていると認識すべきときであり，今，そのような意識の改革が求められている．

子どもの安全のために，安心な子育てをサポートするために，そしていっしょに子どもの事故予防を推進するために，「子どもの事故予防情報センター」(http://www.jikoyobou.info) を開設したので，ぜひご覧いただきたい． 〔山中龍宏〕

表21.10 講習会に参加した車の台数とチャイルドシートの着用状況（緑園こどもクリニック）

開催月	参加台数	適切な取り付け
平成12年4月	5	0
6月	6	1
9月	11	1
10月	6	1
11月	5	0
平成13年3月	8	0
5月	8	1
6月	7	1
7月	3	0
10月	7	2

文 献

1) 田中哲郎：小児の事故．小児保健研究，**61**：179-186，2002．
2) 山中龍宏：小児の誤飲と中毒—タバコの誤飲

は防げるか．医学のあゆみ，**190**：1045-1050，1999．
3) 山中龍宏：子どもの誤飲・事故を防ぐ本，三省堂，1999．
4) 山中龍宏：小児の事故防止．小児内科，**32**：423-427，2000．
5) 山中龍宏：事故のサーベイランス．小児科臨床，**51**：418-426，1998．
6) 山中龍宏：事故の情報収集システム（事故サーベイランス）．小児科診療，**59**：1579-1587，1996．
7) 警察庁・日本自動車連盟：チャイルドシート使用状況全国調査．2002年6月．
8) 山中龍宏：チャイルドシート着用実地講習会の展開．外来小児科，**4**：364-365，2001．

22. 救急医療の必要性の判断と応急手当

救急医療の必要性の判断
necessity of emergency medical care in children

小児の場合,同じ症状であっても緊急性の有無が異なることも多い.小児の訴えで最も多いのが発熱である.乳児とくに3カ月未満の発熱は他に症状(ぐったりするなど)がなくても検査が必要となる.以下に救急医療が必要なおもな症状(外傷は除く)について解説する.

1. 発　熱

上述のごとく小児の訴えで最も多い.親は発熱自体を心配するが,重要なのは発熱の程度ではなく原因である.体温は通常腋窩温を測定するが,直腸温は腋窩温に比べ0.5～0.8℃高く,口腔温は0.2～0.5℃高い.電子体温計は水銀計より0.2℃程度高めとなる.乳幼児は年長児に比べ0.5℃高く平熱でも37℃をこえることがある.3カ月未満の乳児の発熱では細菌感染症(尿路感染症が多いが,敗血症,髄膜炎もみられる)が疑われるので血液,尿検査が必要となる.一次救急対応施設から二次対応診療施設を紹介されることになる.3カ月以上で発熱だけで水分も十分に摂取可能で機嫌も日常と変わらなければ緊急受診の必要性は少ない.発熱以外に機嫌が悪く水分を取らない,下痢を繰り返す,嘔吐を繰り返す場合は脱水状態の可能性があるので受診する必要があるかもしれない.機嫌が悪いのでなく寝てばかりいるのも状態が悪い(意識障害の可能性)場合があるので相談

表22.1　発熱時に注意する随伴症状

1. 全身症状：　意識,機嫌不良,食欲不振,顔色不良
2. 呼吸器疾患：　咳,鼻汁,鼻閉,呼吸困難,胸痛
3. 消化器系：　悪心,嘔吐,下痢,血便,腹痛,腹部膨満,圧痛
4. 循環器疾患：顔色不良,チアノーゼ
5. 泌尿器疾患：　排尿痛,頻尿
6. 骨格筋・関節疾患：　筋痛,筋力低下,歩行障害
7. 血液疾患：　顔色不良,貧血,出血斑
8. 中枢神経系：　頭痛,けいれん,意識障害

表22.2　とくに注意の必要な発熱

1. 乳児期(特に3カ月未満の早期)
2. 5日以上続く発熱
3. 以下の症状を伴うもの:ぐったりして元気がない,意識障害,けいれん,呼吸困難,チアノーゼ,貧血,腹痛,脱水
4. 先天性心疾患,免疫不全などの既往がある小児

すべきである．表22.1に発熱患児の注意する随伴症状，表22.2に注意の必要な発熱を示した．

2. 下痢，嘔吐，脱水

急性腸炎によって下痢・嘔吐を呈してもウイルス性の下痢・嘔吐は半日から1日で改善することが多く水分が1日中全く摂取できなくなることは少ない．しかし，乳児では半日嘔吐・下痢が頻回に繰り返すと脱水状態におちいり尿回数が減少あるいはなくなる．ぐったりし遊ばなくなり笑わなくなり皮膚，口腔内も乾燥する．以上のような脱水状態が疑われる場合は受診する必要がある．経口で水分が取れるようになれば緊急性は少ない．脱水状態には等張性，低張性，高張性の3種類の状態がある．表22.3に脱水の重症度を示した．

3. 腹痛，腹部膨満

年齢によって訴え方が異なる．乳児は啼泣，幼児はぽんぽん痛いと訴えるが腹痛を指すとは限らない．幼児以上の場合，鼓腸によるいわゆるガスペインが多い．便秘も多く認められる．苦悶様顔貌，顔色不良，痛みで体を動かさない，腹を抱えて体を屈曲する体位は重篤な場合があるので診察を要する．乳児で血便，嘔吐，不機嫌，腹部膨満を伴うときは腸重積が疑われる．発熱，右下腹部の圧痛は急性虫垂炎が疑われる．新生児で便秘，腹部膨満を認めるときは消化管異常が疑われる．急にぐったりしたり元気がない場合は緊急に受診すべきである．表22.4におもな腹痛の原因疾患を示した．

4. 乳児の不機嫌

多くの場合は緊急性を必要としない．夏・冬を問わず暖め過ぎによって一時的に体温が上がり不機嫌となることがある．乳児は空腹で泣くが満腹でも泣く．眠い，寒いなどの生理的理由でも不機嫌になる．異常に腹部が腫れ上がったり嘔吐を繰り返す場合は消化器の異常が疑われるので受診が必要である（とくに突然の場合は腸重積が疑われる）．また中耳炎なども疑われる．表22.5に不機嫌のおもな原因を示した．

5. 咳，喘息発作，呼吸困難

乳幼児で仮性クループ，百日咳や喘息発

表22.3 脱水の重症度

	等張性	低張性	高張性
皮膚ツルゴール低下	＋	＋＋	－
舌，粘膜	乾燥	湿	著明に乾燥
口渇	＋	＋	＋＋＋
脈拍	弱い	速く弱い	速く緊張よい
神経症状	脱力	無欲状	興奮

表22.4 おもな腹痛の原因疾患

2歳以下	2～5歳	5～12歳
乳児コリック	急性胃腸炎	急性胃腸炎
急性胃腸炎	尿路感染症	外傷
ウイルス感染症	虫垂炎	虫垂炎
	肺炎，喘息	尿路感染症
	ウイルス感染症	便秘，ウイルス感染症

(Ruddy RM: Pain-abdomen. Textbook of Pediatric Emergency Medicine, pp.340-347, 1993より一部改変)

表22.5 乳児の不機嫌の原因

1. 生理的原因： 空腹，満腹，口渇，眠い，暑い，寒い
2. 精神的原因： 興奮，生活リズムの変調，環境の変化（転居，養育者の交代など），甘え，人見知り，夜泣き
3. 身体的原因： アトピー性皮膚炎，中耳炎，尿路感染症，口内炎，髄膜炎，脳炎，腸重積，鼠径ヘルニア嵌頓，便秘，異物誤飲

（吉永陽一郎：乳児の不機嫌．小児内科, **31**, 318-321, 1999 より一部改変）

表22.6 小児のけいれん性疾患

1. 新生時期： 低酸素性虚血性脳症，頭蓋内出血，化膿性髄膜炎，低血糖，電解質異常，先天性代謝異常，脳形成異常，てんかん
2. 乳児期： 化膿性髄膜炎，脳炎・脳症，脳形成異常，頭蓋内出血，熱性けいれん，てんかん
3. 幼児期： 熱性けいれん，てんかん，化膿性髄膜炎，脳炎・脳症，脳腫瘍
4. 学童期： てんかん，化膿性髄膜炎，脳炎・脳症，脳腫瘍

作のため呼吸が苦しく水分も取れない状況であれば受診するべきである．年長児の喘息発作は患児ががまんしてしまうため，突然呼吸困難を呈することがある．日頃からどの程度の呼吸困難を呈したら受診すべきか主治医と相談しておく．自宅で吸入療法を行うときも改善が少なければ受診した方が良いであろう．6カ月未満の乳児ではとくに冬季にRSウイルスによる細気管支炎に注意が必要である．症状は喘息に似て喘鳴と咳が激しく哺乳困難となる．顔色不良，口唇のチアノーゼを認めれば早めの受診が必要である．乳幼児の場合，呼吸困難であってもそれを表現できない．よって患児の呼吸状態の把握が大切である．呼吸困難におちいると乳幼児では不機嫌，哺乳力低下，顔色不良，ぐったりする，多呼吸，無呼吸，喘鳴（呼気の延長），鼻翼呼吸，肩呼吸，泡沫状喀痰，チアノーゼ，陥没呼吸などを呈する．呼吸困難が疑われればただちに受診する必要がある．

6. けいれん，意識障害

はじめてけいれん発作を呈したら発熱を伴う，伴わない，年齢に限らず受診すべきである．てんかん発作，熱性けいれん，脳腫瘍，頭蓋内出血などが考えられる．熱性けいれんの既往があっても，15分以上けいれんが続いて止まらない，けいれんが左右対称でない，けいれんがおさまっても意識がはっきりしないときは受診する．けいれんがなくても意識が急にもうろうとしたり歩行障害や言語障害などを認めるときは緊急受診が必要である．発熱を伴うときは急性脳炎・脳症が疑われる．表22.6に小児のけいれん性疾患を示した．

7. 頭痛

頭痛のみでは緊急性は少ない．発熱・嘔吐を伴う激しい頭痛は髄膜炎の可能性は否定できない．また，発熱は伴わないが数日にわたって突然嘔吐・頭痛を認める場合脳腫瘍などの頭蓋内占拠病変も疑われるので受診が必要となる．頭部打撲の既往（とくに1カ月以内）があって繰り返し頭痛・嘔吐を認める場合慢性硬膜下血腫の可能性がある．表22.7におもな頭痛の原因疾患を示した．

表 22.7　おもな頭痛の原因疾患

1. 頭部以外の原因
   眼科：視力障害（屈折異常，乱視，斜視など）
   耳鼻科：副鼻腔炎
   歯科：齲歯，歯根炎
2. 頭蓋骨，筋，皮膚の原因
   骨性：骨髄炎
   筋：筋性頭痛
   皮膚：膿瘍，帯状ヘルペス
3. 脳の原因
   脳圧亢進：脳腫瘍，脳症，水頭症
   牽引性：脳腫瘍，脳動静脈奇形，腰椎穿刺
   血管性，循環性：片頭痛，起立性低血圧，高血圧
   髄膜性：髄膜炎
   てんかん性：てんかん
   心因性：心気症，抑うつ状態

（大塚親哉：反復性頭痛．今日の小児指針，2版，医学出版，pp.118-121, 1990 より一部改変）

8. 排尿痛，頻尿

原因は尿路感染症（腎盂炎，膀胱炎）がほとんどであり緊急性は少ないが夜間不機嫌で眠れないほどのこともある．排尿痛によって排尿困難をきたし膀胱に尿が充満してしまうこともある．このような場合は受診せざるをえない．

9. 頭部打撲

明らかに外傷がある場合は速やかに受診すべきである．問題なのは頭蓋骨骨折や頭蓋内出血の有無であるが，明らかな外傷がない場合受傷後6時間は頭痛・嘔吐など出現しないかとくに注意し，これらの症状が認められる時は受診する．

10. 発　疹

発疹のみで救急受診する必要性は少ない．発疹性感染症（麻疹，風疹，手足口病，突発性発疹など）や急性湿疹，皮膚炎などいろいろあるが全身状態が良ければ心配はない．もちろん正しい診断を受けるため小児科・皮膚科受診は必要である．じんま疹では呼吸困難を呈する場合があるので注意が必要である．全身に出現し掻痒が激しければ受診すべきである．じんま疹に似た発疹で多型浸出性紅斑がある．

〔作田亮一〕

応急手当法について

methods of emergency medical treatment

1. 発　熱

　小児とくに乳幼児は環境温度で体温が左右されやすい．運動の後や激しく泣いた後，入浴でも体温は上昇する．まず発熱を認めたら室温を下げたり（20℃位にして換気を良くすること），衣服を脱がせ涼しくさせてみる．手足が冷たく悪寒戦慄があれば毛布で温め熱が上がりきって手足が熱くなれば薄着にする．頸部，腋窩部，鼠径部をタオルで包んだ氷嚢でクーリングする．発熱時は発汗が多く水分の摂取も少ないため脱水状態に陥りやすい．水分を少量頻回に与えるようにする．飲みづらければ氷を含ませてもよい．解熱剤は発熱の当日であれば原則的には使用する必要はない．なぜなら発熱はそれ自体が感染に対する防御反応だからである．しかし高熱により不機嫌，頭痛，関節痛など訴える場合はそれらの軽減のために使用してもかまわない．しかし解熱剤は乳幼児，とくに6カ月未満では使用すべきではない．解熱剤の種類としてはアセトアミノフェンが一般に用いられる．しかし大量投与では肝不全を起こすことが報告されている．

2. 嘔吐，脱水

　乳児下痢症で嘔吐があるときは嘔吐がおさまるまで数時間は絶食にする．嘔吐がおさまってきたら経口電解質液などを少量頻回にスプーンで与える．嘔気がなくなったら十分欲しがるだけ与える．その後食事を開始する．成人用のスポーツドリンクは糖分が多い割には電解質濃度が低いので小児脱水の治療には不向きである．

3. 腹　痛

　幼児以上で便が出ていないときは鼓腸によるガスペインが多いので，浣腸をしてみる．排便しなくてもガスがでるだけですっきりしてしまうこともよく経験する．患児の状態が悪いときは勝手に浣腸を行うことは避けるべきである（腸重積の際に腸管穿孔の危険性もある）．

4. 呼吸困難

　呼吸困難は生命にかかわることが多く自宅での応急処置はむずかしい．呼吸困難の症状に早く気づくことが肝要である（上述）．生理的上気道狭窄を防ぐため頭部を後屈させ下顎を挙上させる．鼻，口腔内に分泌物があるときは取り除く．気道を確保した上で呼吸しているかどうか確かめる．自発呼吸は胸部や腹部の動きを見たり呼気を口元や鼻で手で触れて確かめる．人工呼吸は乳児に対しては，口と鼻を手で同時に覆い息を吹き込む（口対口鼻呼吸）．鼻だけを口で覆い息を吹き込む方法（口対鼻呼吸）でも良い．幼児期以降では口対口呼吸を原則とする．まず，1回の息の吹き込みが1.0～1.5秒程度になるようにゆっくりと2回息を吹き込む．この2回の息を吹き込み後も自発呼吸がない場合は1分間に20回のペースで呼吸の補助を行う．気道異物による窒息に対しては，乳児では腹臥位にして背部をたたく背部叩打法がよい．それ以上では仰臥位または座位，立位で腹部を圧迫する方法がある．いずれにせよ救急受診が必要である．

5. けいれん

　けいれんの持続時間はほとんどが2～5分以内に自然に止まるので落ち着くことが大切である．最初のけいれんで脳に障害を呈し急死することはめったにない．けいれん発作を認めたら，気道の確保（呼吸を楽にすること）を考える．横向きに寝かせ衣服を楽にする．嘔吐したとき吐物を誤飲さ

せないようにする．けいれん時に舌を噛まないように口の中にスプーンや箸を入れることがあるが不要である．かえって患児の呼吸困難や誤飲の原因になる．熱性けいれんの既往があり主治医からジアゼパム座薬を処方されている場合は医師の指示にしたがって使用する．

〔作田亮一〕

医療機関の選び方，かかり方
measures for emergency medical care

親にとって，子どもが発熱や嘔吐などを呈してぐったりしてしまうと自宅で対応できるのか，それとも緊急に小児科医を受診する必要があるのか判断に迷うことは必ず経験するであろう．核家族化がすすみ養育環境が大きく変化した結果母親にとって子どもが病気になったとき身近に気軽に相談できる相手がいないことも一因と考えられる．小児救急医療は成人救急医療と異なり，ほとんどが軽症であるが，それらの軽症患児の中には見過ごすことのできない重大な疾患が隠されていることも事実である．

小児救急医療の体制はその地域によっても異なるが，おおむね以下のような体制が整えられている．救急医療は一次（初期），二次（臨床検査を行い場合によっては入院加療する），三次（生命の危険が予想され緊急入院し集中治療を行う）と区別されている．多くの小児患者は一次救急の患者である．各地域には休日・夜間急患センターが初期救急医療に対応するために設立されていることが多い．その他医師会病院などが対応したり地域の開業医が在宅当番医として輪番制で機能している．時間外診療の情報は地域の保健所などで知ることができる．もし，かかりつけ医がいればかかりつけを受診するのが望ましいが，かかりつけ医が時間外であったり，かかりつけ医をもっていない場合には上述の急患センターや在宅当番医診療所（病院）を受診することになるであろう．ただし，注意すべきこととして，地域によっては夜間急患センターや在宅当番の医師が必ずしも小児科医が担当しているとはかぎらないことがある．せっかく受診しても（とくに乳幼児など年少児のとき），担当医が判断できず結局二次救急病院へさらに紹介される場合もある．よって，もし，受診する場合は，いきなり受診するのではなく電話をかけて患児の状況を相談し，受診の必要性があるかどうか相談すべきである．電話相談で患児への対応方法を聞くことにより，わざわざ急患センターを受診しないでもよいことも多い．場合によっては患児の状況が重症と考えられ，さらに二次救急対応の病院を紹

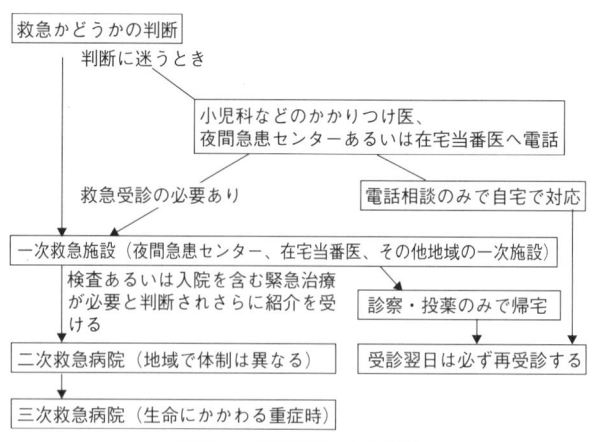

図22.1 救急機関のかかり方

介されるかもしれない．いずれにせよ，自分の住んでいる地域にどのような救急体制が敷かれているか日頃から気にかけて情報を手に入れておくことが必要である．図22.1に救急時の医療機関への受診の流れについて示した．

急患センターでの受診はあくまでも必要最小限の診断と応急処置を受けるためにされるものと認識しておくことも大切である．昼間に受診する時間がなかったので昼間の受診の代わりに来たというのでは救急の意味がない．受診時他院で加療されている場合はその内容がわかるようにメモや体温表，処方薬を持参するとよい．患児の全身状態が良好であれば診察のみで投薬もなされないであろう．投薬されないと不満をもらす親がいるが，診断と患児の対処法の説明をよく聞いて帰ることがもっとも重要である．もちろん状態が悪ければさらに診断を明確にするため，二次救急病院に紹介され血液検査，レントゲン検査など受けるかもしれない．急患センターを受診して帰ったら翌日は必ずかかりつけ医，小児科あるいは関連する科を受診すべきである．

〔作田亮一〕

23. 保育所と幼稚園

保育所の生活
life of nursery

1. 保育所とは？

保育所とは児童福祉法第7条に依拠する児童福祉施設で「養護環境上に問題のある子どものための通所施設」の1つである．同法第30条には「保育所は，日々保護者の委託を受けて，保育に欠けるその乳児又は幼児を保育することを目的とする施設とする」とある．「保育に欠ける」子どもとは，児童福祉法施行令第9条の3に次のとおり規定されている．また，参考に横浜市で具体的に明記している内容を（ ）内に記す．

「児童の保護者のいずれもが次の各号のいずれかに該当することにより当該児童を保育することができないと認められる場合であって，かつ，同居の親族その他の者が当該児童を保育することができないと認められる場合に行うものとする

①昼間労働することを常態としていること（会社や自宅を問わず，1日4時間以上，月16日以上働いているとき）
②妊娠中であるか又は出産後間がないこと（出産予定日の前後8週間で，父親が働いているなど保育できない場合に限られる）
③疾病にかかり，若しくは負傷し，又は精神，若しくは身体に障害を有していること（病気で1カ月以上入院，または，自宅療養で週1回以上通院をしている時．身体障害者手帳（1級～3級）や療育手帳の交付を受けている．その他障害の程度によって，保育できないとき）
④同居の親族を常時介護していること（介護を受ける人が③に該当するか，常時介護を要するとき）
⑤震災，風水害，火災その他の災害の復旧にあたっていること
⑥前号に類する状態であること（大学や職業訓練校，専門学校に通っているとき，職を探しているとき（3カ月以内），別居の親族を常時介護している時）」

このように6項目を挙げているが，今日ではこのうち，「①昼間労働することを常態」という理由が大勢を占めている．

保育所は児童福祉施設最低基準により最低満たさなければならない職員配置，面積その他の基準が法令により義務付けられている．保育士の数は乳児おおむね3人につき1人以上，満1歳以上満3歳に満たない幼児おおむね6人につき1人以上，満3歳以上4歳に満たない幼児おおむね20人につき1人以上，満4歳以上の幼児おおむね30人につき1人以上となっている．自治体によってはそれ以上の保育士数が加算されていたり，乳児保育を行っている保育所には看護師，栄養士が加算されている自治体もある．認可された保育所には公的な運営費が国や自治体から支払われている．

保育所には公立と私立（社会福祉法人立，宗教法人立，個人立などがある．最近

では企業が運営をし認可を受けている保育所もできてきた）がある．

公立は市区町村直営で，職員は公務員である．市区町村内で人事異動があるので，園による保育内容の違いが少なく均一的で標準的な保育がなされている．設備なども最低基準を上回るものが多い．労働条件がよく，勤続期間が長くベテランの保育士が多いのも特徴の1つである．しかし，規則優先になり融通が利かないという利用者からの苦情が出がちなのも公立保育園である．

私立は設備，人手などハード面の基準は公立と同じだが，保育内容はその園独自の保育計画をもち個性があり保育所による差が大きい．特別保育もその保育所独自の判断で行うことができるので実施率が高い．

公立，私立とも保育所に入園するには「保育に欠ける」と行政が審査の上で認め，許可されなくては入園できない．したがって，この保育所がいいからと，直接その保育所に申し込んで子どもを預けることはできない．まず，市町村の福祉事務所や保育課などに入園申請をする．住所のある自治体と保育所のある自治体が異なる場合は住所のある自治体に申し込むことになる．その際に家族の就労状況，入園希望園などを第3志望くらいまで記入する．そのほか，就労証明や源泉徴収票，確定申告控えなどの所得証明を添付して提出する．

「保育に欠ける」要件が満たされていて定員に空きがあれば希望する園に入ることができる．それ以上の希望者がいる場合は入園申請を希望している前月に自治体担当者により選考の会議を行い，申し込み順ではなく，仕事の状況やその他の世帯状況など，総合的に保育所に入所する要件の高い保育の必要性の高い家庭の子どもが選ばれる．待機児童の多い地域では自治体独自でその判定を客観的に公平に行うため，独自の入所選考基準を設けてランクをつけて選考を行っている．要件は満たされていても，空きがない場合は「保留」ということで入所を待たなくてはならない．これが待機児童となる．

保育所は空きがあればいつでも入れることになっているが，年長児が小学校に入学し，各年齢の子どもが進級する4月入所がいちばん入りやすいといえる．保育所によっては年齢が上がるにつれ定員が増えるところが多いので入所できる可能性が高い．また，転勤などの転居で退所する子どもも多少いるものと思われる．4月入所を希望する場合は12月頃から各自治体で書類を配布し始める．書類提出期間が定まっており，その期間中に役所や福祉事務所，保育園に書類を提出する．その後，面接，選考が行われ，結果は2月末，遅いと3月になることもある．広報などでその方法や期間が周知される．

保育所に対しては，公的な運営費が国と自治体から支払われる．それにより，私立の保育所でも公立に準じた安定した保育を供給することができる．

保育料は通っている保育所が公立であっても私立であっても同じ自治体に住所がある者は同額であり，住所のある自治体に収めることになる．保育所の保育料は，前年の所得税額と子どもの年齢（3歳未満児と3歳以上児）によって決定される．保育料の算定には国の基準があり，年額負担が世帯の収入の8％を占めることになっている．しかしこれでは負担が大きすぎるということで，多くの自治体で補助をつけ，国の基準より低めに押えている．その額は自治体によってばらつきがあるが，1カ月の保育料は，3歳未満児の最高額で4万〜7万円台前後，3歳以上児で1万5千から3万円台くらいである．4歳以上だと減額される自治体もある．また，同一世帯から2人以上の子どもが入所している場合は第2子，第3子の保育料が減額される自治体もある．月の途中で入所，または退所した場合は日割りの計算になる．

保育料に関しては，親の所得に関係なく，子どもの年齢ごとに均一の保育料を定めようという，保育料の一律化の動きがあるが，まだ具体化までは検討が必要であり時間がかかるものと思われる．

保育所の受け入れ年齢と人数は保育所ごとに異なる．0歳児保育については産休明けから，6カ月から，1歳からと園によって受入年齢が異なるので注意したい．4月1日現在の年齢でクラス分けされている．

3歳未満児の定員は全国的に少なく，不足している．1992年に「育児休業法」が施行され，さらに1995年から育児休業期間に休職前所定月収の25％まで支給されるようになり，女性が，出産，育児を乗り越えながら仕事が継続できる制度が整ってきた．育児休業を1年取ると，一般的には年度途中での復帰となるので保育所に入りにくいことになる．そのため，保育所では産休明け，育児休業明けの子どもが年度途中であっても定員枠を超えて入所ができるようになった．しかし，その枠が増えても希望の時期に入所できない場合も多く，育児休業を早めに切り上げ，4月からの入所を考える人も多い．

育児休業で休んでいる間の上の子どもは本来保育に欠ける状態ではなくなるので退所することになるが，3歳以上児（自治体によってはそれ以下であっても）であれば園長の意見書に基づいて保育の継続をすることができるようになっている．しかし，復帰の際に子どもが通っている保育所に空きがなければ下の子どもは同じ保育所に入所できないということも起こってくる．また，公務員などの育児休業が3歳になるまでとれるようになった．この場合の上の子どもの保育の継続については横浜市では翌年就学の場合などを除き，基本的に1年間のみ（誕生した子の誕生日の前日まで）入所継続を認めることとし，年度途中の場合は，その年度末までは入所継続可能となっている．いったん保育所を退所後，育児休業明けに再入所するときは優先度を上げるとのことであるが，実際入れるかどうかはそのときの空きの状況によることになる．

新しくできる保育所は3歳未満児の定員を増やしているところが多い．しかし，そのような保育所は年齢が上がるにつれ定員が増えることが少ないので，0歳児入所以外の入所が大変むずかしくなっている．

また，保育時間についても保育所によって異なる．通常保育時間は8時間とされているが，長時間保育（特例保育，時間延長などと呼ばれている）を含む標準開所時間は11時間とされている．また，それ以上1時間，2時間，3時間延長する延長保育を行う保育所も増えてきている．午後7時までの保育ではおやつ，それ以降も保育をしているところでは軽食が保護者の実費負担で行われている．

また，午前11時〜午後10時までを開所時間としその前後を時間延長して，朝から深夜まで保育する「夜間保育所」も存在する．私立の保育園がほとんどを占めているが，品川区立の公立保育所では午後10時までの延長保育を行い，実質的には夜間保育所の役割を果たしているところもある．

認可外（無認可）保育所

認可保育所以外の保育施設を総称して認可外（無認可）保育所といっている．認可外保育所は最低基準を満たしていないために，認可を受けられず，国からの運営費の補助はない．

一部の優良な認可外保育所を選び，認可保育所と無認可保育所のいわば中間に自治体独自の保育施設を認め，補助金を出しているところがある．たとえば，横浜市では3歳未満児を保育する施設に対して，独自に保育料，保育環境，保育時間などに一定の基準を設け，その基準を満たす施設を「横浜保育室」として認定し，助成している．

東京都では都独自の認証基準を設定し設置を認証した施設を区市町村が指導をする

「認証保育所」に運営費の補助を行っている.

川崎市は「地域保育園援護制度」を設けて一定の基準を満たし良好な保育環境を提供し「保育に欠ける子」を保育する場合に,自治体として補助金を出す制度がある.

子ども未来財団が助成金を出している駅型保育所,厚生労働省からの運営補助を受けている職場に設けられる事業所内(企業内,院内)保育所などがある.

また,いわゆるベビーホテルなど補助金を受けていない託児施設がある.24時間保育や一時預かりをするものが多く,個人が運営する託児室,企業が経営するチェーン店などいろいろなものがある.質も料金もさまざまで,経営者の考え方によって保育内容は大きく異なる.園庭がなかったり,設備が不十分な施設も多いが,小規模の利点を活かして家庭的な保育を行って評判の高い施設もあるが,中には子どもの心身の発育に望ましくない劣悪施設もあるので十分な見学をし,吟味することが必要である.

認可外保育施設における虐待,死亡事故の事件を受け平成12年12月厚生省(現在の厚生労働省)において「よい保育施設の選び方十か条」を作成しているので参考にするとよい.

2. 保育所の選び方

いろいろな保育所がある中で,どんな子どもにも保護者にも,ぴったり合う理想の保育所というものはなかなかない.子どもの性格や好きな遊び,親の性格や保育方針に合うところ.そして住居や勤務先からの距離,保育時間などの条件が親の生活に合うところがその子どもと保護者に合ったよい保育園といえる.

まず,市区町村の保育担当課などで情報の収集や相談をし通園することができる保育所をいくつか選択する.近隣の人の評判や,実際に子どもをその保育所に通わせている人の話を聞いてみる.また,写真やビデオなどがあれば見せてもらう.

実際に見学に行き日常の生活を部屋の中まで入って見せてもらうようにする.保育に自信があれば子どもの様子など快く見せてくれるはずである.見学に行く前に園の外から子ども達や先生の様子を見たり,公園などに散歩に来ている様子を見たりするのもよい.突然訪問しても人手がなく対応できる職員がいないことがある.事前に電話などで問い合わせて予約をしておいたほうがよいだろう.資料や入所申込書などをもらって簡単な話を聞く程度なら予約なしでも対応してくれることもある.

見学は2園以上行って,見比べてみるとその特徴がよくわかる.子どもと一緒に行き,子どもの反応をみてみる.長時間,延長保育の時間,土曜日は職員が少なく保育内容が違う場合もあるので避けた方が無難である.行事を土曜日や日曜日に行う保育所も多いので,そのような時に見に行くのもよいだろう.

建物が古くても新しくても,補修され清潔に保たれているか.安全に対する配慮がなされているか.子どもが過ごしやすい環境か,温度,湿度,換気,非常時の対応をどのように配慮しているかなどをみる.

どのような保育方針なのか,私立の場合はとくに園長がどんな考え方なのかを聞いてみよう.どういう人柄か,どういう信念で保育所を運営しているのかなど見きわめる.シュタイナー,モンテッソーリ教育などを柱に行っている保育所である場合は,その保育について,本などで基礎知識をもち,納得した上で選択した方がよい.

保育する人の数は十分かどうか.自治体によっては最低基準以上の配置になっているところもある.また,保育士の話し方や雰囲気,挨拶のしかた,話し方や服装,髪型など,子どもへの声のかけ方,接し方なども気になる.あまり大きな声ではなく,

静かに丁寧なことばで子どもに話し掛けているか．また，見学をしている人への態度はどうか．長時間，子どもを見てもらうので信用できると思えることは重要である．認可外の施設では，資格をもつ人がどのくらいいるのかを聞いてみたほうがよい．また，保育する人の中に経験豊かな人がどのくらいいるのかもポイントだろう．

子ども達の表情や動きなども参考になる．生き生きと楽しそうにしているか，ひとりひとりよく遊んでいるかなど，どのように遊んでいるのかなどをみてみる．

給食の内容や手作りおやつの頻度などは給食の献立を見たり，その日の給食を展示しているところもあるのでそれも参考になる．どんな食器を使っているか，味付けはどうか，おかわりはできるのか，好き嫌いに対する対応などを聞いてみる．時間が合えば見学してみると様子がよくわかる．

園庭，室内の設備，遊び道具はそろっているのか，それは子どもの発達を考えたものであるか．日常の保育については1日のうち，どれくらい外遊びをするのか，散歩の行き先や頻度はどのくらいか．

園のしおりやパンフレット，購入用品一覧表，園だよりや給食の献立表などをもらって見比べてみるのもよいだろう．

最近ではホームページを作成している保育所も増えているので，保育方針や保育の様子，子どもの写真などを見ることができるので参考にするとよいだろう．

3. 保育所保育指針

保育所保育指針は，保育所に入所している児童への日々の保育内容などに関する視点や方向性などを，保育所保育のガイドラインとして示したものである．

現在の指針は児童福祉法の改正を受け，また幼稚園教育要領の改訂がなされたことにより平成12年より改訂された．

新しい指針では，保育所は家庭養育の補完という保育所の立場をもとにいっそう家庭との協力のもとに行うという保育所内保育の改訂のほかに，地域における子育て支援の役割が明記されている．また，障害児保育，延長保育，夜間保育，虐待など特別な配慮を必要とする子どもと保護者への多様なニーズへの対応と，地域における子育て支援として一時保育，地域活動事業，保育相談に関する留意事項が詳述されている．

子どもの最善の利益という新しい時代的な配慮として，人権，異文化，性差別，虐待，心身への不当な強圧に関しての配慮についても述べられている．誤解されがちな年齢別保育に関しては，これを発達過程と改め，その援助に関して子どもの育ちにおける基本理念を具体化するために保育士の姿勢とかかわりの視点について記述されている．

最近，保育所が低年齢児の増加傾向にあることから，低年齢児の保育に関する記述や，健康・安全に関する注意事項において，乳児保育についての配慮を特記して，その上で3歳以上児の保育に関しては，すでに改訂されている幼稚園の教育要領との整合性を図っている．保育所がどうしても集団一斉保育に流れることに関しては，子どもの個別的な関係から人間関係の発展としての集団参加が読みとれるように，異年齢児保育についての留意事項が記されている．

また，疾病，異常などに関する対応に関して，主治医や園医などの連携を基にした保育所の心得や乳幼児突然死症候群の予防やアトピー性皮膚炎対策などについて書かれている．病気の子どもの保育としては地域の乳幼児健康支援一時預かり事業の保護者への情報提供なども挙げられている．

一時保育

保育所に通っていない乳幼児が一時的に保育が必要なとき，保育所で預かる制度．保育所の自主事業なので地域や施設により多少の違いがある．一時保育の保育形態は

その理由により次の3つに分けられている．

①非定型型保育（おおむね週3日以内）： 保護者のパートタイム労働，職業訓練，就学などにより，家庭における保育が断続的に困難となる児童

②緊急保育（おおむね2週間以内）： 保護者の傷病，看護，災害，事故，冠婚葬祭など社会的にやむをえない事由により，一時的に保育が必要となる児童

③リフレッシュ保育（1回につき1日）： 保護者が育児に伴う心理的・肉体的負担を解消するためなど，その他の理由により，一時的に保育が必要となる児童

保育時間は保育所により異なる．普通保育時間のみのところ，長時間，延長保育時間まで利用可能な所などがある．また，料金も1日単位，半日単位，時間単位，長時間分別料金など保育所により独自のものとなっている．土曜日は受けていないところもある．

定員については，専用の保育室があるところと，普通保育の同年齢のクラスで一緒に過ごすところがあるが，たいてい10人前後というのが一般的であろうか．

一時保育室を利用するには，直接その保育所へ連絡し，利用方法を聞いてみるのがよい．一部の自治体では役所で受け付けているところもある．

一般的な流れとしては，登録，面接を行い，保育日を予約する．人数が多い場合は断られることもある．とくに非定型は定期的に予約が入っているので，途中から予約を入れるのがむずかしい．当日キャンセルを狙うのも手だろう．幼稚園や保育所に入園する4月は予約がとりやすくなることもある．

また，利用できる年齢も施設によって違うので注意する．産休明けから，3カ月から，1歳から，1歳3カ月からなどいろいろである．上限は小学校就学前というのが大半を占めている．

保育内容については専用の保育室を設けている施設では，選任の保育士が対応し，その部屋を拠点に保育を行う．クラスに入る場合はそのクラスの保育内容に合わせることになる．非定型で定期的に来ている子どもはだんだん落ち着いて過ごすことができる．緊急枠の場合は，慣れる前から長時間の保育になることがあるので子どもにとって負担が多いこともあるが，緊急の内容によっては一時保育を受けるのが最適だと考えられる場合がある．緊急の場合でも，預ける日が事前にわかっている場合は慣らし保育をすることもある．

休日保育

仕事や，都合で日曜日，祝祭日に子どもの保育が必要なときに預かるシステムである．センター方式で同じ地域の保育所に通っている子どもが利用できるようになっているところが多いようだ．何回か利用しているうちに子どもは慣れてきてそこでの遊びや人間関係を楽しむことができるように工夫されている．利用時間，利用料はそれぞれの施設によって違うので事前に問い合わせておくとよい．

4. **地域子育て支援活動**

保育所は地域子育て支援の中心的な機能を果たし，相談指導，子育てサークル支援などの多様なニーズに対応できるよう整備されてきた．いろいろな試みが行われている．

1） **子育てサークル**

就園前の親子が参加する．保育所によって内容はさまざまだ．子どもを他の子どもや保育士と遊ばせながら，話をしたり，遊ばせ方をお互いにアドバイスしたりしている．あらかじめプログラムを組んでいることも多い．製作やリズム，人形劇，クッキングなど保育所での活動をベースに行っている．専用のスペースが確保されていたり専任の保育士がいるところもあり積極的な活動が行われている．

2) 園庭開放

　園児と一緒に，または園児が使用していないときに園庭を開放している保育所が増えている．公園に友達がいないと思ったら保育所の園庭にいたといって遊びに来る親子もいる．

3) 育児講座

　保育所の職員による講座や，専門の講師を依頼しての講座を行っている保育所がある．年間でプログラムを組んでいて募集を行っていたりするので，各保育所に問い合わせてみるとよい．「遊び」「病気」「おもちゃ」や「体操」「リズム」「子育てについて」などの講座など積極的に行っている．また，親同士で話をするサロン的な試みも行われている．

4) 育児相談

　育児相談は相談日が決まっていて専任の相談員が受ける場合と，その保育所の園長，主任，看護師，栄養士が随時受けるものとがある．また，電話などの相談も受けてくれる．また，育児サークルや園庭開放時に，自由に話しながらの相談は構えることなく，他の人が同じ悩みをもっていたり，お互いにアドバイスしあったりで参加しやすい．

5. 保育所での与薬

　本来，かかりつけ医から乳幼児に投薬された薬は保護者が与えるべきものである．保育所ではやむを得ず与えることができないとき保護者からの「与薬依頼票」を求めた上で協力していることがある．薬は子どもを診察した医師が処方したもの，あるいはその医師によって薬局で調剤したものとし，保護者の個人的判断で用意した売薬は与えないのが原則．「薬剤情報提供書」がある場合はそれも添付する．ない場合はどのような薬か薬剤師に聞きメモを添付．

　薬は必ず1回分にし，直接容器や薬包に名前を記入しておく．保護者はかかりつけ医に保育所に通っていること，原則として保育園では薬の与薬ができないことを伝え，保育時間にどうしても飲まなければいけない薬なのかを確認する．日に2度の与薬でよいものや，時間をずらせるものはできるだけ，保護者が与えることが望ましい．

　慢性疾患（気管支炎，てんかん，糖尿病，アトピー性皮膚炎などのように経過が長引く病気）の日常的な与薬は，保護者，かかりつけ医との連携の上，連絡票などで，病状を定期的に確認し依頼する．長期用の与薬依頼票を別に用意している保育所もあるので相談してみるとよい．

　与薬依頼票には，「医師から伝えられている病名または具体的な症状」「処方内容，服薬方法（回数，時間帯），保存方法」「処方した医療機関名（医師名）」「調剤薬局名」などを記入する．また，保育所では子どもの手の届かない所定の場所，指示があれば冷暗所に保存し，与薬依頼票に受領者，与薬者，与薬時間などを記入し，誤りのないように与薬している．

　座薬については副作用を考慮し，基本的には行わない．やむをえず使用する場合は医師からの具体的な指示書を添付してもらい預かっておく．座薬が必要な状態になったときは，保護者への連絡をし，できればかかりつけ医に確認した上で行う．

6. 病児保育，病後児保育（乳幼児健康支援一時預かり事業）

　病気の回復期に乳幼児を一時的に預かるという取り組みは，わが国では昭和40年代の前半に誕生し，地域の小児科医院や乳児院を中心に整備されてきた．

　平成6年に厚生省は，核家族化，都市化の進展，女性の社会進出の増大など，児童を取り巻く環境が大きく変化するとともに，家庭や近隣社会における子どもの養育機能の低下が指摘されている中で，子育てと就労の両立支援の一環として，保育所へ通所中の児童が「病気回復期」のため，自宅での育児を余儀なくされる期間，当該児

童を病院，診療所，乳児院などで一時的に預かることにより，保護者の子育てと就労を支援する「乳幼児健康支援一時預かり事業」の実施要綱を作成した．病後の児童を一時的に預かり保育することから，一般的に「病後児保育」とも呼称されている．平成7年度からの緊急保育対策5カ年計画を契機に全国的に設置数が増加している．

平成11年12月に新しい5カ年の計画として策定された新エンゼルプランの中で，平成12年度より実施施設を医療機関などから保育所にも拡大し，新保育所保育指針においても，保護者に本事業の利用についての情報提供に努めることを盛り込んでいる．

実施主体は市町村（特別区を含む）で，事業の一部を社会福祉法人などに委託することができるとされている．

実施施設は病院併設型，乳児院併設型，単独型，保育所併設型などいくつかの型はあるが，職員配置は看護師および保育士などを配置することとされ児童2名に対し職員1名の配置が基本とされている．とくに看護師を配置することは必須の条件になっている．

対象児童は，病気または回復期にあることから，集団保育が困難な児童で，かつ，保護者が勤務の都合，傷病，事故，出産，冠婚葬祭などで育児を行うことが困難な児童であって，医師が利用可能と認めたものとされている．保育所に通所している児童だけでなく，小学校低学年の児童などが含まれる．

センター方式であるので，保育所に併設されている場合でも地域の他の保育所，幼稚園や小学校に通う児童，また，家庭で養育されている児童も利用することができる．

対象疾患は，感冒，消化不良など乳幼児が日常罹患する疾病や，麻疹，水痘，風疹などの感染性疾患，喘息などの慢性疾患やけど，骨折などの外傷性疾患などとされ

ている．感染症については隔離室がない施設では医師からの登園許可書がないと利用できない．

回復期と急性期の区別は明確な医学的定義はなく大変むずかしい．母子保健課長通知によると「病気回復期にあり，医療機関による入院治療の必要はないが，安静の確保に配慮する必要がある集団保育が困難な児童」とし，実施施設が病院，診療所の場合には「急性期」も含めて差し支えないとのことで「入院を必要としない病状」であれば受け入れてもよいことになっている．

利用は連続して7日までとしているが，児童の健康状態についての医師の判断および保護者の状況により必要と認められる場合には，7日を越えることができる．

費用については国の補助があるので，保護者は利用料2,000円と飲食費等を負担することになる．施設により金額が違う場合があるので確認する必要がある．

「子どもが病気のときぐらいは親が面倒を見るべきだ」という声もあるが，病気回復期の子どものケアは「あと1日の休養が大事」なことがある．普通保育に戻ったために，集団の中で無理をしてしまいぶり返してしまう．現在の社会では両親がこの「あと1日」の休暇を取ることが必ずしも容易ではないのが現実だ．子どもの病気の際に気兼ねなく仕事が休める社会システムができるとうになることも必要だろう．

〔森田倫代〕

文　献

1) 民秋言：改訂　保育内容総論 改訂第3版, pp.10-11，萌文書林，2002.
2) 前田正子：保育園は，いま―みんなで子育て, pp.26-56，岩波書店，1997.
3) 西村重稀：保育所保育指針の解説, pp.20-31, 日本保育協会，2000.
4) 巷野悟郎：保育保健の基礎知識　第2版, pp.161-165，日本小児医事出版社，2002.
5) 帆足英一：新病時保育マニュアル, pp.202-212，全国病児保育協議会，2000.

幼稚園
kindergarten

　幼稚園は満3歳から小学校入学までの幼児を対象とした，文部科学省の所管する「教育機関」である．1年間の教育週数は特別の事情がない限り39週を下ってはならないとされ（学校教育法施行規則75），一般には4月から始まり3月に終わる．しかし最近では満3歳になった時点から順次入園を受け入れる幼稚園もでてきている（満3歳児入園制度）．保育時間は標準4時間とされているが，実際には朝から昼食（保育園と異なり弁当持参の園も多い）をはさんだお昼過ぎまでが一般的となっている（幼稚園教育要領）．しかし，保育時間の延長や保育時間終了後夕方まで希望に応じて保育する「預かり保育」などが行われ，それぞれの園によって異なってきている．また，地域の実情や公・私立によっての違いも大きい．園児の送り迎えは保護者が行う園もあれば，通園バスで家の近所まで送迎する方法をとっている園もある．私立幼稚園の園児募集にとって，園バス，給食，保育時間延長は"3種の神器"であるといわれるほどに必要な条件になっている．

　保育は，国の基準（幼稚園教育要領）に従いそれぞれの園がたてたカリキュラムに基づいて行われる．保育園は保育所保育指針にもとづいて保育を行うことになっているが，この指針は3～5歳に関しては「幼稚園教育要領に準ずる」という取り決めがあるため変わらないというたてまえになっている．幼稚園は専門性を備えた保育者による適切な援助のもとで，幼児期にふさわしい環境が整えられ幼児期に必要な経験が得られることになっている．家庭とは違ってさまざまな個性をもつ多くの同年代の幼児や保育者と温かい人間関係を結び，支えあいながらともに生きる喜びを感じることができる．そこでは，遊びはもちろん食事や片付けなどの生活習慣にかかわる活動においても幼児自身の意識や必要感，納得，興味などが尊重され，幼児にとって自然で主体的な生活が展開され，自由感と充実感を感じながら心身を成長させていくのである．

1. 幼稚園のはじまり

　ヨーロッパにおいては，18世紀後半から19世紀前半にかけて幼児の保護や教育を目的とした施設が相次いで設立されているが，一般に，世界最初の「幼稚園」は1840年にフレーベル（Frobel, FW, 1782-1852）がドイツのブランケンブルクに開設した「キンダーガルテン」（Kindergarten）であるといわれている．フレーベルは人間教育の原点は家庭であり，有能な母親を育てなければならないと考え，1839年に母親訓練と指導者養成を目的とした「幼児教育指導者講習科」を開き，その実習所として6歳以下の子どもを対象とした「遊戯および作業教育所」を付設した．この子どものための施設にふさわしい名前を与えようと苦心の末，ドイツ語のKinder（子どもたち）とGarten（庭）という言葉から「キンダーガルテン」の語がつくられ1840年に改称された．これは自ら育つ力を内在する植物（子ども）が優れた園丁（保育者）のもとでそれぞれ花開かせる（個性豊かに育つ）花園を意味しており，そこでの幼児の自発活動を重んじた．この名称は以後世界中に広まっていった．日本でもそのままを訳し「幼稚園」としている．

2. 日本の幼稚園のはじまり

　日本で最初の本格的な幼稚園は，1876年（明治9年）に東京女子師範学校（後に東京女子高等師範学校，現在のお茶の水女

子大学の前身）附属幼稚園であるとされている．それ以前にも，たとえば1871年，横浜にはプロテスタント宣教師らの米国婦人一致外国伝道協会によって「亜米利加婦人教授所」が設立され女子教育と保育が行われたり，1875年京都，柳池小学校に「幼穉遊嬉場」が付設され保育が行われていたが，どれも短期間で閉鎖され発展をみなかった．

東京女子師範学校附属幼稚園は，明治政府の近代化政策の一環として当時の文部大輔（大臣）田中不二麿や東京女子師範学校摂理（校長）らの熱意と努力により創設された．初代の監事（園長）は通訳としてヨーロッパに渡り，イギリスの女子教育や幼児教育への見聞を広めた関信三，主任保母は結婚のため来日したドイツ人松野クララである．彼女はベルリン生まれでフレーベルの没後に彼の養成学校で学んだ経験から，豊田芙雄や近藤濱ら日本人保母の指導にあたった．同時に保母養成科で恩物についての講義を行ったり，弾ける者がまだいなかった当時，自ら遊戯室のピアノを弾いて幼児たちを楽しませたりしたという．

保育は3～6歳の上流階級の子弟を対象に1日4時間，20～45分単位の時間割にそって進められていた．内容は恩物の操作が中心で，そのほかに唱歌，遊嬉，説話などが行われていた．漢文調に直訳されていた外国のものを当時の保母たちが幼児向きに改めて行ったり，手元にない遊具などは文章を頼りに考案創作したりするなど大変な苦労があった．しかし幼児にとっては難解で退屈なことも多かった．つまり日本の幼稚園は日本古来の文化や庶民性，子供らしい自然な遊びからはかけ離れ，外国の直輸入模倣や形式的，貴族的性格という特徴をもって始まった．

その後，明治末期になると欧米の児童中心主義保育やアメリカのデューイ（Dewey, J, 1859-1952）の流れを汲む統合主義保育などの新しい考え方の影響やそれまでの保育への反省から，中村五六，東基吉，和田実，他の先覚者たちによって従来のような恩物中心の保育や形骸化したフレーベル主義保育が批判された．幼児の生活や素直な感情に即した保育の試みが提唱されたが，先駆的すぎて取り入れられず保育の実際はあまり変わらなかった．

しかし，大正期になると新しい指導者，倉橋惣三（1882-1955年）によって，遊びを中心とした保育が推進されるようになる．彼は1917年に東京高等師範学校附属幼稚園の主事になって以来第二次世界大戦後まで日本の保育をリードし続けただけでなく，現在にいたるまでその考え方は影響を与えているといってよい．彼の保育理論は幼児中心主義に立脚した「誘導保育論」と呼ばれ，幼児の自然な生活形態から遊離せず，幼児が自己充実するよう環境を整えて援助し，より豊かな生活へと誘導していくところに保育者の役割があるとした．

3. 幼稚園の法的規定と幼稚園教育要領制定の経過

幼稚園関係の規定は1899（明治32）年に文部省が「幼稚園保育及び設備規定」を制定するまでは国の規準はなかった．その後小学校令施行規則に組み込まれたりそこから保育事項に関する条文が削除されたりの経過をたどり，1926（大正15）年にはじめて幼稚園についての単独勅令「幼稚園令」および同施行規則が制定され幼稚園の制度的地位が確立した．

1947（昭和22）年に制定された学校教育法77条では幼稚園は「幼児を保育し，適当な環境を与えて，その心身の発達を助長することを目的とする」就学前教育機関として規定され，学校教育の一環として位置付けられた．翌年保育内容の基準として文部省から出された「保育要領」は，幼稚園だけでなく家庭や保育所にも参考となるよう配慮された，いわば幼児教育全般の手引書であり，法的な拘束力はもたなかっ

た．この内容は，連合軍司令部（GHQ）教育局顧問のヘファナン（Heffernann, H）がアメリカ進歩主義保育の流れを汲む人であり，日本側作成準備委員長であった倉橋惣三の考えに非常に近かったことから，倉橋の保育理論を十分に取り入れたものとなった．つまり，戦後の日本の保育は幼児の興味や自発活動を尊重する方向で始まったといえる．

その後，その時々の社会や保育の状況変化に応じて改訂が行われ（1956年，1964年，1989年，2001年），現在に至っている．1964年からは単なる手引書から幼稚園教育課程の基準として明確に位置づけられた．1989年の改訂は大規模で，以後，小学校以上の学習指導要領と同様に10年ごとに改訂されることとなった．

4. 幼稚園教育要領

現行「幼稚園教育要領」は，第1章総則，第2章ねらい及び内容，第3章指導計画作成上の留意事項，の3章から構成され，第2章では各領域ごとに，①ねらい，②内容，③内容の取扱い，を示している．そこに示された「ねらい」は幼稚園修了までに育つことが期待される心情，意欲，態度であり，そのねらいを達成するために幼児自身が環境にかかわって展開するする具体的な活動を通して教師が指導する事項が「内容」である．それらは，①心身の健康に関する領域「健康」，②人とのかかわりに関する領域「人間関係」，③身近な環境とのかかわりに関する領域「環境」，④言葉の獲得に関する領域「言葉」，⑤感性と表現に関する領域「表現」，の5つの領域に分けられて示されている（表23.1）．

5. 幼稚園の普及と現状

1876年（明治9年）に官立として設立された東京女子師範学校附属幼稚園をモデルとして，その後幼稚園は各地に普及した．第二次世界大戦中に減少したものの，戦後は飛躍的に園数・在園児数が増加しとくに昭和30年代にその伸びはいちじるしく，日本の幼稚園教育普及の歴史上注目される．つまり，わが国の幼稚園が一部の上流階級の子弟のものから一般家庭の子どもたちのものに変わっていったのである．そしてこの急激な増加は，保育者養成や幼稚園教育内容のありように影響を与えることとなった．数の増加とともに公立にかわって私立幼稚園が占める割合も増加してきている．つまり日本の幼稚園教育では国立から始まり，少なくとも在園児数の上では私立幼稚園が担うようになってきているという特徴がある（表23.2）．現在では3〜5歳の幼児のほとんどが保育園か幼稚園に通い，5歳児就園率（小学校1学年の児童数に占める幼稚園修了者数の割合）は前年度よりやや下がり59.9%（平成14年度学校基本調査速報）．その7割以上の幼児が私立幼稚園に在籍しているという状況からい

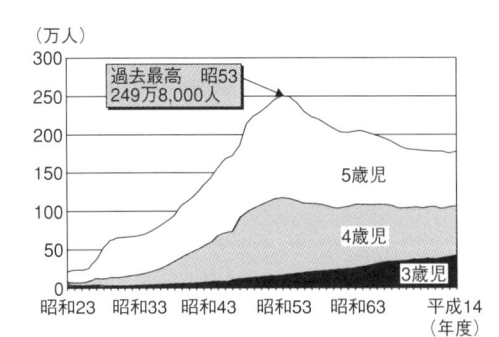

図 23.1 幼稚園の園児数の推移（文部科学省学校基本調査報告書，平成14年度）

表 23.1 幼稚園教育 5 要領の領域に示されたねらい

「健康」
(健康な心と体を育て，自ら健康で安全な生活をつくり出す力を養う．)
ねらい (1) 明るくのびのび行動し，充実感を味わう．
(2) 自分の体を十分に動かし，進んで運動しようとする．
(3) 健康，安全な生活に必要な習慣や態度を身に付ける．

「人間関係」
(他の人々と親しみ，支え合って生活するために，自立心を育て，人とかかわる力を養う)
ねらい (1) 幼稚園生活を楽しみ，自分の力で行動することの充実感を味わう．
(2) 進んで身近な人とかかわり，愛情や信頼感をもつ．
(3) 社会生活における望ましい習慣や態度を身に付ける．

「環境」
(周囲のさまざまな環境に好奇心や探究心をもってかかわり，それらを生活に取り入れていこうとする力を養う．)
ねらい (1) 身近な環境に親しみ，自然と触れ合う中でさまざまな事象に興味や関心をもつ．
(2) 身近な環境に自分からかかわり，発見を楽しんだり，考えたりし，それを生活に取り入れようとする．
(3) 身近な事象を見たり，考えたり，扱ったりする中で，物の性質や数量，文字などに対する間隔を豊かにする．

「言葉」
(経験したことや考えたことなどを自分なりの言葉で表現し，相手の話す言葉を聞こうとする意欲や態度を育て，言葉に対する感覚や言葉で表現する力を養う．)
ねらい (1) 自分の気持ちを言葉で表現する楽しさを味わう．
(2) 人の言葉や話などをよく聞き，自分の経験したことや考えたことを話し，伝え合う喜びを味わう．
(3) したいこと，してほしいことを言葉で表現したり，わからないことを尋ねたりする．

「表現」
(感じたことや考えたことを自分なりに表現することを通して，豊かな感性や表現する力を養い，創造性を豊かにする．)
ねらい (1) いろいろなものの美しさなどに対する豊かな感性をもつ．
(2) 感じたことや考えたことを自分なりに表現して楽しむ．
(3) 生活の中でイメージを豊かにし，さまざまな表現を楽しむ．

表 23.2 幼稚園数・在園児数と国公立幼稚園の占める割合
(文部科学省「学校基本調査」)

	幼稚園数 (在園児数)	国公立園数 (在園児数)
1896 年 (明治 29)	233 園 (18,604 人)	73.5% (84.6%)
1916 年 (大正 5)	665 園 (53,611 人)	36.8% (51.8%)
1936 年 (昭和 11)	1,944 園 (152,627 人)	
1956 年 (昭和 31)	6,141 園 (651,235 人)	
1976 年 (昭和 51)	13,489 園 (2,370,388 人)	40.6% (25.5%)
2002 年 (平成 14)	14,277 園 (1,769,097 人)	41.1% (25.5%)

える．ただし，幼稚園や保育所は市町村によって偏在し，幼稚園・保育所それぞれへの在園率や公立か私立かの割合は，地域により違いが大きい．

6. 地域の子育て支援への役割

上記のような幼児の心身のよりよい発達を図るという幼稚園の役割に加えて，近年の社会状況の変化は幼稚園にさらなる役割を求めている．それは地域の子育てセンター的な役割である．それは第1には地域の人々の関心を幼児に向け幼児の成長に関与する機会を増やし，幼児がよりよい成長を促すようにすことである．また第2には少子化の進展に伴って子育てに不安を抱く保護者と協力しあいながら，子育ての喜びを再発見したり，子育てが大人自身の考え方や感じ方を広げ成長させてくれる充実感を共感し合えるよう支援するパートナーとしての役割である．つまり，幼稚園が親も子もともに育つような場になるということである．いつでも気楽に相談できる雰囲気や状況をつくるよう努めたり，保育後に園庭を開放し子ども同士の遊びの場や保護者どうしが交わる場を提供したり，必要に応じて保育時間の延長をするなどニーズに応じた弾力的運営など小さな試みは始まっている．

7. 幼保一体化への動き

その他，幼稚園には保育所との一体化という新たな流れが始まってきている．森上によれば，それは「子どもと家庭を支援するための文部省・厚生省の共同行動計画」（文部省・厚生省 1998年10月）によって，保育内容，研修，人事交流などに関する幼保一体化推進が確認されたことで一気に加速された．その背景として，①幼稚園の保育時間延長や給食導入，保育所の「措置から選択へ」という制度変更などで両者の垣根が低くなったこと，②少子化により同一地域に幼稚園と保育所を併設することの困難や経費節減目的，③幼保の人事交流によって人事構成のバランスをとる，④両親の共働き以外のさまざま複雑な「保育にかける」理由が多くなり区別が困難になってきた，⑤その他，すべての子どもが同じ環境で同じ保育を受けることによって発達を保障しようという考えなどが挙げられるという．さまざまな地域ですでに試みが始まったり，始められようとしているが，経費補助金や保育料の仕組みの違い，長い間研修や交流をしてこなかった歴史的背景，そこで生活する子ども自身の状況の違い，その他問題点も多い[1]．　　〔岸井慶子〕

文　献

1) 森上史朗：保育所と幼稚園一体化の取組み　愛育ねっと解説コーナー，2003.1.
2) 文部省：幼稚園教育要領解説，フレーベル館，1999.
3) 文部省：幼稚園教育要領，文部省，1998.
4) 日本保育学会：日本幼児保育史，フレーベル館，1968-1975.
5) 文部省：幼稚園教育百年史，ひかりのくに，1979.
6) 文部科学省：学校基本調査報告書平成14年度，財務省印刷局．
7) 森上史朗：保育原理，ミネルヴァ書房，2002.

24. 障害のある子の育児（障害児・者福祉）

障害のある子の育児
care of disabled children

　社会のマイノリティーである障害のある子どもの社会的存在を明らかにするためには，子ども自身の主体性の確保であり，主体性が確保されての社会への参加であることは，大人の障害者と何ら変わることはない．1981年の国際障害者年を契機に「障害者のための」から「障害者主体の」へと理念が転換された．障害のある子どもへのケアは，本人主体を考えるとき，ひとりひとりのニーズに応じた支援的対応を充実させることが重要な課題となる[3]．
　障害があるがゆえに，偏見をもたれ，社会の片隅でひっそりと暮らしている障害児とその親もけっして少なくない．親が，「うちの子は障害児です」と胸を張って生活していけるように，周辺の人々の心のバリアフリー化を推進し，障害児とその親自身がエンパワーメントすることを支援する必要がある．筆者は障害をもった子どもと親のグループに参加し，アドバイザーを務める傍ら活動の支援を行っている．マイノリティーであるこの子どもたちを支える地域でのボランタリーな取り組みが，障害をもった子どもたちとその親の在宅支援にとって重要な役割を果たしている．近年，障害児を支える社会制度が次々に改革されており，いずれも，時代に即した改正であり，一定の効果は期待できるが，必ずしも，子どもとその親のニーズを反映しているとはいいがたい．支援費制度の導入も特別支援教育制度の導入も然りである．また，2004年秋には発達障害者支援法が成立し，今まで十分な対策がとられていなかった発達障害児（者）に対して支援の手を差し延べようというものである．この法律でいう「発達障害」の定義は自閉症，アスペルガー症候群その他の広汎性発達障害，学習障害，注意欠陥多動性障害その他これに類する脳機能の障害であって，その症状が通常低年齢において発現するものとしている．
　子どもの障害はさまざまであり，障害児のための福祉サービスも多岐に及んでいる．また，障害児（者）は，そのライフサイクルを通して継続したサービスが受けられるように制度化されているが，ときとして，その連続性が断たれることがあり，当事者の利益を最善とする制度になっていない点に少なからず問題がある．ここでは，東京都の障害児（者）福祉サービスを中心に解説しようと思う．

1．手　帳
　心身障害児（者）が各種の援助を受けるために，身体障害児（者）には「身体障害者手帳」，知的障害児（者）には「療育手帳」（国），「愛の手帳」（東京都），精神障害者には「精神障害者保健福祉手帳」が交付される．
1）身体障害者手帳
　手帳の等級には1～6級（級が小さいほど重度）まであり，各等級は指数化されて

おり，重複する障害では，重複する障害の合計指数により決定される．肢体不自由の7級の障害のみでは手帳は交付されない．

①視覚障害（1〜6級），②聴覚障害（2〜4級，6級），③平衡機能障害（3級，5級），④音声機能・言語機能・そしゃく機能の障害（3級，4級），⑤肢体不自由（上肢，下肢，乳幼児期以前の非進行性の脳病変による運動機能障害）（1〜7級），⑥肢体不自由（体幹）（1〜3級，5級），⑦心臓，腎臓，呼吸器，膀胱，直腸，小腸の機能障害（1級，3級，4級），⑧ヒト免疫不全ウイルスによる免疫機能障害（1〜4級）がある．申請は福祉事務所または町村役場，15歳未満では保護者が代わって手続きを行う．

2）**療育手帳**（東京都では「愛の手帳」）

交付対象は，児童相談所（18歳未満）や知的障害者更正相談所（東京都では心身障害者福祉センター）（18歳以上）により知的障害と判定された人であり，障害の程度は総合判定され，愛の手帳では1度（最重度），2度（重度），3度（中度），4度（軽度）に区分される．療育手帳では最重度から重度の人をAとし，中度から軽度の人をBと呼んでいる．

3）**精神障害者保健福祉手帳**

交付対象は，精神疾患を有する人（精神保健福祉法第5条の定義による精神障害者）のうち，精神障害のため長期にわたり日常生活または社会生活への制約がある人（知的障害は含まない）である．障害の程度は障害年金の障害等級に準拠（1級，2級，3級）する．

2. 手　当

心身障害児に対して支給される手当は，20歳未満の心身障害児のいる家庭に対して，特別児童扶養手当（国），障害児福祉手当（国）がある．また，20歳未満の障害児を扶養している人に対して児童育成手当（障害手当）が支給される．重度な知的障害で著しい精神症状などのため常時介護を必要とする人，重度な身体障害と知的障害が重複している人，座位困難な肢体不自由児（者）には重度心身障害者手当が支給される．

1）**特別児童扶養手当**

支給対象は，①精神の発達が遅滞しているか，精神障害があり，日常生活に著しい制限を受ける状態にある，②身体に重度，中度の障害や長期にわたり安静を必要とする病状があるなど，日常生活に著しい制限を受ける20歳未満の児童を監護している父母または養育者である．支給には所得制限があり，また児童が施設に入所しているときには支給されない．

2）**障害児福祉手当**

20歳未満で精神または身体に重度の障害があるために，日常生活において常時介護が必要な状態であり，身体障害者手帳1級および2級の一部，愛の手帳1度および2度（療育手帳A程度）の一部あるいはこれと同等の疾病，精神障害の状態にある人．

施設に入所している場合や，障害を支給理由とする公的年金を受けている場合は除外される．また，本人や扶養義務者の所得による制限がある．

3）**特別障害者手当**

20歳以上で，精神または身体に著しく高度の障害があるため，日常生活において常時特別な介護を必要とする者に支給される．身体障害者手帳1級，2級程度，愛の手帳1度および2度（療育手帳A程度）の重複障害あるいはこれと同等の疾患，精神の障害を有する者に支給．

4）**児童育成手当**（障害手当）（東京都）

20歳未満で愛の手帳1〜3度程度の知的障害児，身体障害者手帳1〜2級程度の身体障害児，脳性麻痺または進行性筋萎縮症児を扶養している人に支給される（都内在住者のみ）．ただし，施設等へ入所している場合は支給されない．

5）**重度心身障害者手当**

重度な知的障害で著しい精神症状などの

ため常時介護を必要とする人，重度な身体障害と知的障害が重複している人，座位困難な肢体不自由児（者）に支給される．施設に入所している場合や病院あるいは診療所に3カ月を超えて入院している場合は支給対象から除外される．また，20歳未満の場合には扶養義務者の所得により制限される．

このほか，20歳以上で支給される心身障害者福祉手当，特別障害者手当がある．日常生活に著しい不自由をきたす程度の障害児が20歳を超えたとき，生活の安定が損なわれるのを防止するために，障害基礎年金が支給される．また，心身障害者扶養年金（東京都），心身障害者扶養共済制度があり，心身障害者を扶養している人が掛け金を拠出して，加入者が死亡して扶養できなくなったときに，その心身障害者に終身年金を支給して生活の安定を図る制度がある．

3. 支援費制度

2003年4月より，障害福祉サービスの一部が，かつての行政がサービスの内容や提供する事業者を決定する「措置制度」から，障害児（者）みずからがサービスを選択し，契約によりサービスを利用する「支援費制度」が導入された．

1) 支援費制度の利用の仕組み

利用者は市区町村の障害福祉担当窓口に，利用したいサービスを相談して申請する．申請を受けた市区町村の職員は利用者の障害の程度や，他のサービスの利用状況，介護者の状況などを聴き取り，支給内容を決定し「受給者証」を交付する．

利用にあたって，利用者はみずからが選んだ都道府県指定の指定事業者や市区町村が認めた基準該当事業者と契約を結び，サービスを利用する．東京都では利用者がサービスを利用しやすいように「障害者サービス情報システム」により指定事業者の情報を提供している．

利用者は，あらかじめ決められた利用者負担額を指定事業者に支払う．残額は市区町村が利用者に代わって指定事業者に支払い，事業者はこれを「支援費」として，利用者に代わって，代理受領するという仕組みである．

2) 支援費制度により利用できるサービス

居宅介護等事業（ホームヘルプサービス），デイサービス事業，短期入所事業（ショートステイ）であり，これに知的障害者地域生活支援（グループホーム）が加わる．児童福祉法に定められた障害児施設サービスは，従来どおりの「措置制度」により行われ，障害児の通園・通所，重症心身障害児通園も措置にて行われる．

4. 在宅支援サービス

1) 心身障害児（者）居宅介護事業（ホームヘルプサービス）

心身障害児（者）の居宅でホームヘルパーにより日常生活全般にわたるサービスを提供するもので，入浴，排泄，食事などの身体介護，調理，洗濯，掃除などの家事援助，視覚障害児（者），知的障害児（者），全身性障害児（者）の外出のときの移動介護，日常生活全般に介護を必要とする全身性障害児（者）に対する身体介護，家事援助，見守りなどの日常生活支援がある．

利用は市区町村より支援費制度による支給決定を受け，指定事業者や基準該当事業者と契約する．費用は所得に応じて負担する仕組みになっている．

2) 心身障害児（者）の短期入所（ショートステイサービス）

居宅で介護を受けることが一時的に困難になった心身障害児（者）が，施設に短期入所して必要な援助を受けるもので，市区町村からの支援費制度による支給決定を受け，指定事業者と契約する．費用は所得に応じて負担する仕組みになっている．

3) 日常生活用具の給付

在宅の身体障害者手帳所持者または知的障害児（者）が対象である．

① 浴槽（湯沸かし器含む），便器，特殊寝台，体位変換器：学齢児以上で，下肢または体幹の障害程度1級，2級の人，体位変換器は下着交換などにあたって他人の介護が必要な人．

② 入浴担架，移動用リフト：3歳以上で下肢または体幹の障害程度1級，2級の人．

③ 特殊便器：学齢児以上で上肢の障害程度が1級，2級の人および学齢児以上で愛の手帳1度，2度程度の知的障害児（者）．

④ 特殊マット：3歳以上で，愛の手帳1度，2度程度の知的障害児（者），3歳から18歳未満で，下肢または体幹の障害が1級，2級で常時介護を必要とする人．

⑤ 頭部保護帽：愛の手帳1度，2度程度の知的障害児（者）で，てんかん発作を繰り返す人．

⑥ 訓練いす：3歳以上18歳未満で，下肢または体幹の障害程度が1級，2級の人．

⑦ パーソナルコンピュータ：学齢児以上18歳未満で上肢の障害の程度が1級，2級で書字困難な人．

⑧ 意思伝達装置：学齢児以上で，全両上下肢の機能が全廃の人で，言語および筆談による意思伝達のできない人．

⑨ 携帯用会話補助装置：学齢児以上で音声もしくは言語機能障害または肢体不自由で音声言語に著しい障害を有する人．

⑩ 入浴補助用具：3歳以上で下肢または体幹機能障害の人で，入浴に介助を必要とする人．

⑪ 自動消火装置，火災警報器：身体障害の程度が1級，2級の人．

⑫ 特殊尿器：学齢児以上で下肢または体幹の障害が1級以上の人で，常時介護を必要とする人．

⑬ ルームクーラー：18歳以上で頸髄損傷などにより体温調整機能を喪失した人．

⑭ 電磁調理器：18歳以上で視覚または上肢の障害が1級，2級の人および下肢または体幹の障害が1級の人，または愛の手帳1度，2度程度の知的障害．

⑮ ポータブルレコーダー，点字タイプライター，音声式体温計，活字文書読み上げ装置：学齢児以上で，視覚障害の程度が1級，2級の人．ただし，点字タイプライターは就学もしくは就労（見込みも含む）している人．音声体温計は視覚障害者のみの世帯かこれに準じる世帯．

⑯ 時計（音声時計も含む），体重計：18歳以上で視覚障害の程度が1級，2級の人．

⑰ 音響案内装置，拡大読書器：学齢児以上の視覚障害児（者）を対象．

⑱ 屋内信号装置（18歳以上），情報受信装置，会議用拡聴器（学齢児以上），携帯用信号装置（学齢児以上），聴覚障害者用通信装置（学齢児以上）など障害の程度が決められているが，聴覚障害児（者）や音声・言語機能障害児（者）に給付される．

⑲ 酸素吸入装置，酸素ボンベ運搬車：おおむね18歳以上の呼吸障害の程度が3級以上の人に給付．

⑳ 空気清浄器：18歳以上で呼吸機能障害者．

㉑ ネブライザー，電気式たん吸引器：学齢児以上で呼吸機能障害3級以上の人．

㉒ ガス安全システム：18歳以上で喉頭摘出などにより嗅覚機能を喪失した人，下肢または体幹の障害1級の人．障害者のみの世帯．

㉓ 福祉電話貸与：18歳以上の難聴者または外出困難な身体障害者で1級，2級の人．

㉔ フラッシュベル：学齢児以上で聴覚・音声言語機能障害3級以上の人．

㉕ 透析液加温器：3歳以上で，人工透

析を必要とする自己連続携行式腹膜環流患者．

㉖ 歩行支援用具：3歳以上で，平衡機能，下肢もしくは体幹機能障害の人で，家庭内の移動で介助を必要とする人．

㉗ 点字ディスプレイ：18歳以上の視覚・聴覚重複障害者．

㉘ 視覚障害児（者）用ワードプロセッサー（身体障害者福祉センターや点字図書館での共同利用），点字図書など．

これらの日常生活用具の貸与は無料であるが，給付は市町村で定めた基準により一部費用を徴収される．

4）補装具の交付と修理

身体障害者手帳をもっている人に対して，職業その他日常生活の能率の向上を図るために，補装具の交付と修理を行う．費用は市区町村が定める費用徴収基準に基づく．

5）税金の減免

身障手帳1級，2級または愛の手帳1度，2度（療育手帳A）の人では所得税，住民税，相続税の障害者控除が受けられる．

6）自動車税，軽自動車税，自動車取得税の減免

心身障害者またはその人と生計をともにする者が所有し，障害者自身が運転する自動車，または生計をともにする者がその障害児（者）の通学，通院，通所のために運転する自動車について減免する．

7）公共料金の免除，割引

療育手帳所持者ではテレビ受信料，携帯電話の割引サービスを受けられることがある．

8）各種交通費の割引，駐車禁止規制の除外

JR，航空，バス，タクシー料金，さらに有料道路通行料金の割引が受けられる．タクシー料金は定められた数量のクーポン券の交付が行われているところもある．また，障害児（者）の通学，通院，通所などの目的で用いられる車両に関して，駐車禁止規制が除外される．

5. 医 療

1）在宅酸素療法

いろいろな病気が原因で，酸素がうまく身体の中に取り入れられない患者のために，医師の指示によって，患者に機器を貸し出し，在宅で酸素を吸入することをいう．周産期における慢性肺疾患などで，退院後も引き続き酸素吸入が必要なケースも適応になる．

在宅酸素療法で使用する機器は，電気によって酸素を供給する機器「酸素濃縮装置」と，外出時に使用する「携帯用酸素ボンベ」であり，医療保険が適用される．身体障害者手帳を所持していれば，医療保険の自己負担分につき心身障害児（者）医療費助成制度（次の項2）を参照）も適応されるが，20歳未満の場合は扶養義務者の所得による制限を受ける．また，保険診療となっているので，月に1度は医療機関を受診する必要があり，そこで，在宅酸素療法指導管理料という形での保険請求がされる．この保険点数は現行では8,000点であり，費用に換算すると毎月，自己負担2割では16,000円，3割なら24,000円になる．これに再診料が加算される．

2）心身障害児（者）医療費助成制度

各種医療保険の被保険者および被扶養者で，身体障害者手帳1級，2級の人（心臓，腎臓，呼吸器，膀胱，直腸，小腸，ヒト免疫不全ウイルスによる免疫機能障害の内部障害者は3級の人も含む），愛の手帳1度，2度の人（療育手帳A）．なお，生活保護を受けている人や施設に入所している人は適応外になる．支給額には，本人または被保険者の所得による制限を受ける．

3）育成医療

18歳未満で，治療のために手術が必要であり，確実な治療効果が期待できる子どもに適応される．対象疾患は，①肢体不自由児，②視覚障害，③聴覚・平衡機能障

害，④音声・言語・そしゃく機能障害，⑤心臓障害，⑥腎臓障害，⑦呼吸器，膀胱，直腸，小腸，その他の先天性内臓障害，⑧免疫機能障害である．扶助される医療費は医療保険の自己負担分である．なお，18歳以上では更正医療が適応される．

4) 進行性筋萎縮症の療養の給付
身体障害者手帳を有する進行性筋萎縮症の人で，指定の療養所へ入所でき，必要な治療と訓練，生活指導を受けられる．

5) 在宅重症心身障害児（者）訪問看護（東京都）
都内に居住し，在宅療養している重度の知的障害と肢体不自由が重複している人で，18歳未満にその状態になった人．援助内容は看護師が家庭を訪問して，家族とともに日常生活上の看護を行うほか，家族への看護技術指導，相談および助言を行う．

東京都以外では，心身障害児（者）巡回療育相談事業が行われており，在宅の重症心身障害児（者）とその保護者に対して，委託を受けた施設の職員が，障害に関する各種の相談に応じるとともに，家庭療育に関する必要な助言・指導を行っている．

6) 心身障害者歯科診療
東京都では，都立心身障害者口腔保健センターをはじめ，地区口腔保健センター，民間病院および心身障害者施設で障害者を対象とした歯科診療を実施している．

6. デイサービス
在宅の心身障害者およびその介護を行う人に対して，自立の促進とその生活の向上を図ることを目的として，通所による創作活動や機能訓練を行っている．この事業は，身体障害者デイサービス事業および知的障害者デイサービス事業がある．

また，身体に障害のある子どもまたは知的障害のある子どもに対して，日常的な基本的動作や集団生活への適応を身につけるための児童デイサービス事業が用意されている．

7. 児童福祉法に定められている児童福祉施設
心身に障害がある18歳未満の児童を対象とする児童福祉施設には，肢体不自由児施設，肢体不自由児通園施設，盲児施設，ろうあ児施設，難聴幼児通園施設，重症心身障害児（者）施設，重症心身障害児（者）通所施設，知的障害児施設，知的障害児通園施設，自閉症児施設がある．これらは，児童相談所または福祉事務所で入所に関する相談受付を行う．現行制度では，入所は措置により決定されるために利用者の希望は反映されない．

1) 肢体不自由児施設
上肢，下肢または体幹の機能に障害のある子どもで，医学的治療，訓練および生活指導を必要とする子どもまたは筋萎縮症の子どもが対象になる．

2) 肢体不自由児通園施設
上肢，下肢または体幹の機能に障害のある子どもで，通所できる子どもが対象で，医学的治療，訓練および生活指導を受けられる．

3) 盲児施設
目が全く見えない子ども，あるは少し見えても日常生活が困難である子どもを対象にして，入所による保護，生活指導および職業指導．盲学校への通学などを行う．

4) ろうあ児施設
全く耳が聞こえないか，少し聞こえても日常生活が困難である子どもが対象．入所による保護，生活指導および職業指導．ろう学校への通学など．

5) 難聴幼児通園施設
全く耳が聞こえないか，少し聞こえても日常生活が困難である幼児が対象．通所による聴能訓練，言語機能訓練および生活指導を行う．

6) 重症心身障害児施設
重度の知的障害と重度の肢体不自由の重

複児（者）であり，入所による治療と日常生活の指導を行う．

7) 重症心身障害児（者）通所施設

重症心身障害児（者）の通所による日常生活動作訓練，運動機能低下防止訓練および集団生活訓練を行う．

8) 知的障害児施設

知的障害のため，入所による集中訓練の必要な子どもまたは家庭や子どもの状況などから保護者に監護させることが不適当な子どもを入所により保護，生活指導，社会適応訓練，職業指導および教育指導を行う．

9) 知的障害児通園施設

保護者のもとから通園可能な知的障害児が対象で，通園により生活，学習，運動などの指導を行う．

10) 自閉症児施設

自閉症児施設には第1種と第2種施設があり，第1種施設は医療が必要な子どもを対象としている．第1種施設では，児童精神科医による一般的な診療，心理指導，生活指導が行われ，第2種施設では生活指導が行われる．第1種施設への入所は無料であるが，第2種施設への入所は費用負担がある．

これらの児童福祉法により定められた障害児のための児童福祉施設のほかに，15歳を超える子どもおよび成人のための入所および通所施設が用意されており，肢体不自由者更正施設，視覚障害者更正施設，聴覚・言語障害者更正施設，内部障害者更正施設，身体障害者療護施設，身体障害者授産施設（入所と通所がある），身体障害者小規模通所授産施設，知的障害者更正施設，知的障害者授産施設，知的障害者小規模通所授産施設，心身障害者福祉作業所，心身障害者生活実習所，精神障害者のための各種施設がある．

8. 在宅重症心身障害児（者）のための地域ネットワーク[2]

在宅重症心身障害児（者）では医療ニーズの高い超重症児が増加してきている．また，寿命の延長にともない，青年期，高齢期の在宅重症心身障害者も増加することが考えられる．

重症心身障害児という概念は，法的には施設入所の対象者として適応された障害に対する概念である．しかし，昨今の支援費制度，公的介護保険制度などの社会保障制度改革や医療制度改革の中では，在宅の重症心身障害児（者）という概念はあいまいになってきている．支援費制度における障害の分類の中でも，重症心身障害児という障害区分はなく，身体障害，知的障害の障害程度区分として登場しているにすぎない．また，支援費制度と介護保険との統合の議論の中で，重症心身障害児（者）が介護保険に位置付けられ，一般化される可能性も出てきている．しかしながら，重症心身障害児（者）は発達障害であり，てんかん，筋緊張亢進，呼吸障害，消化管障害，泌尿器障害などさまざまな合併症を抱え，日常生活における専門的な医療ケアを必要とし，専門職による療育的対応を欠かせない．

重症児では誤嚥や感染症を契機として，呼吸状態の悪化を来したり，てんかん発作の重責など急激な状態の変化を起こしやすい．在宅での重症心身障害児（者）のケアでは，こうした緊急入院の受け皿がどうしても必要であり，特殊な合併症を有することから，一般医療機関では対応しきれない．したがって，重症心身障害児（者）施設の後方医療支援体制が必要になってくる．

また，在宅支援において重要な役割を占めるのは，短期入所の受け皿である．短期入所は利用者が増加してきており，専門的医療ニーズの高い重症心身障害児（者）では，一般施設や医療機関での対応は困難である．在宅の重症心身障害児（者）は施設入所により，母親以外の介護者にケアされるときに，非常に緊張が高まり，分離不安や適応障害のための重篤反応を示すことが

ある．

　これらのことを勘案すると，在宅の重症心身障害児（者）を支えるしくみは重症心身障害児（者）施設を医療・療育の拠点として，一般病院，かかりつけ医，訪問看護ステーション，通園施設，リハビリテーション施設，障害児（者）地域療育等支援事業，市町村保健センター，福祉事務所，児童相談所などを結んだ有機的ネットワークが必要になる．　　　　　〔中村　敬〕

文献・資料

1) 東京都福祉保健局編：2004年社会福祉の手引き，東京都，2004年
2) 江草安彦編：在宅生活を支えるための重症心身障害通園マニュアル　第2版，医歯薬出版，2004年
3) 障害者白書：内閣府ホームページ「共生社会政策―障害者―障害白書　平成15年，平成16年」，http：//www.cao.go.jp/（アクセス日2005年1月10日）．

障害児のための教育

special education for disabled children

　学童期にある障害児の発達を促すためには，発達障害児医療と連携する教育学的アプローチの存在が重要である．障害児も，障害という特徴を別にすれば，一人ひとりの個性を有する子どもであり，あたりまえの教育が行われるべきである．しかし，障害という特性を有するため，医学的・心理学的知識や技術，さらには福祉の援助に裏打ちされた特別の教育が必要となる．
　わが国の障害児教育は，1947年制定の教育基本法および学校教育法などの法令により行われている．その目標は，学校生活を通し，集団の経験を生かしながら個々の発達を促し，社会生活の自立に向けた指導を行うとともに，質的に豊かな人生を目指して全人的成長をはかることである．
　ことに，1993年障害者基本法が制定され，わが国においても障害者の自立と社会参加の促進がはかられることになった．障害のあるなしにかかわらず，障害のある人も障害のない人と同じように社会生活を送り，自立し，社会参加するという，ノーマライゼーションの理念の実現に向け，教育，福祉，労働などの各分野においてさまざまな取り組みや連携がなされるようになった．これを受けて障害児教育の分野においても，障害児の可能性を最大限に伸ばし，自立し，社会参加するための基礎づくりをし，「生きる力」を育むため，一人ひとりのニーズに応じたきめ細かな手厚い教育が行われている．

1. 障害児教育の場

　昨今障害児教育の分野においても，障害の重度・重複化や多様化，社会の変化に伴うニーズの多様化が顕著となっており，一人ひとりのニーズにあわせた特別の教育的支援が行われている．
　すなわちわが国の障害児教育では，障害種別および発達段階に応じて専門教育の場が確保されている[1]．その教育の場とは，盲学校，ろう（聾）学校，養護学校（以上を総称して特殊教育諸学校といい，ここには幼稚部および高等部をおくことができる．さらに重複学級も設けられている），小中学校の障害児学級（特殊学級），および小中学校の一般の学級（普通学級）などである．さらに通常の学級では，通級による指導や巡回による指導も行われている．障害児が障害のない子どもとともに教育を受ける形態を統合教育という．また養護学校では訪問による教育や施設内教育（施設内学級），病院内教育（院内学級）も行われている（詳細については後述）．
　盲学校およびろう学校については戦前からある程度整備が進んでいたため，一般の小中学校に少し遅れて義務制実施がなされた．しかし，肢体不自由，知的障害，病弱の3種類からなる養護学校については，かなり遅れて1979年4月1日より養護学校教育義務制が実施されることとなった．東京都においては，国に先がけて1974年4月より，小・中学校段階に就学を希望する障害児の全員就学を実施している．
　養護学校の義務制に伴い，都道府県の養護学校設置義務と，保護者が子どもを就学させる義務が課せられ，以後わが国の就学猶予・免除の児童数は激減し，全員就学制度以前の約2万人から，平成13年5月1日現在の147人にまで減少している．義務制度実施以後も就学猶予・免除の制度は残されているが，学齢児童に病弱・発育不全など健康上の理由で療養に専念させる必要のある場合，またはその他のやむをえない事由により就学困難と認められる児童に限定されている（表24.1）[2]．

表24.1 義務教育段階の児童生徒就学状況（平成13年5月1日現在）

全　学　齢　児　童　生　徒　数	11,343,210 人	100.0 %
特殊教育を受けている児童生徒数（A＋B＋C）	157,094	1.385
盲・ろう・養護学校在籍者数（A）	50,289	0.443
特　殊　学　級　在　籍　者　数（B）	77,240	0.681
通級による指導を受けている児童生徒数（C）	29,565	0.261
障害により就学猶予・免除を受けている者	147	0.001

就学猶予・免除者の内訳
　盲・弱視　　　　　　　　　　　1 人（ 0.052%）
　ろう・難聴　　　　　　　　　　1 人（ 0.052%）
　知的障害　　　　　　　　　　 39 人（ 2.027%）　　147（7.640%）
　肢体不自由　　　　　　　　　 25 人（ 0.052%）
　病弱・虚弱　　　　　　　　　 81 人（ 4.210%）
　児童自立支援施設・少年院　　250 人（12.994%）
　その他　　　　　　　　　　1,527 人（79.366%）

表24.2 義務教育段階の盲・ろう・養護学校および特殊学級の現状―国・公・私立計
（平成13年5月1日現在）

区　　分			学校数	児童生徒数	区　　分		学　校　数	児童生徒数
特殊教育諸学校	盲 学 校		67 校	1,169 人	小・中学校特殊学級	知的障害	17,005 学級	50,886 人
	ろ う 学 校		98	3,499		肢体不自由	1,592	2,816
	養護学校	知的障害	472	30,535		病弱・虚弱	803	1,687
		肢体不自由	194	12,173		弱　視	149	194
		病　弱	95	2,913		難　聴	528	1,068
		小　計	761	45,621		言語障害	342	1,211
	計		926	50,289		情緒障害	7,292	19,378
						計	27,711	77,240
児　童　生　徒　数　合　計					127,529			

　障害児学級（特殊学級）には，知的障害，肢体不自由，病弱，身体虚弱，弱視，難聴，言語障害，情緒障害の7種がある．小・中学校における特殊学級設置率は，養護学校教育義務制実施1979年の約42%から，2001年の約50%と増加しており，およそ2校に1校の割合で設置されていることがわかる．2001年5月1日現在，27,711級で，77,240人が学んでおり，知的障害特殊学級への就学者が，全特殊学級就学者の約65%を占めている（表24.2)[3]．

2. 教育の判別基準

　障害児に適切な教育の場を提供するためには，障害の種類および程度を医学的に判定する必要がある．さらに，個々の子どもの運動機能，知的機能，健康状態などを把握し，医学と教育両分野の連携のもと，障害児教育が行われなければならない．
　適切な教育の場を決定するにあたりわが国では，「学校教育法施行令第23条の3」により，「盲学校，ろう学校，又は養護学校に就学させるべき盲者，ろう者，又は知的障害者，肢体不自由者若しくは病弱者の心身の故障の程度」を規定し，学校教育措置の基本としている（表24.3）[4]．
　心身の障害の状態がおおむね表24.3に規定する程度に達しない，比較的軽度の障害の子どもは，特殊学級，通級による指導，もしくは場合によっては通常の学級へ

の就学となる．

3. 就学手続[5,6]

障害児の入学に関する相談を「就学相談」という．市（区）町村教育委員会の「学務係」や「就学係」が「就学相談」の窓口となり，随時相談を受けつけている．就学相談では，一人ひとりの子どもの力を伸ばすためにはどのような教育が必要か，また障害の種類や発達の程度に応じて必要となる配慮など，保護者の意見・要望を聞きながら話し合いが行われる．就学相談により親が信頼し安心感をもって適正就学がなされると，子どもも楽しく学校に通い，意欲的な学校生活を送ることができる．

毎年10月1日現在で市（区）町村教育委員会は次年度入学予定者の名簿（学齢簿）を作成し，11月末までに就学予定の子ども全員に就学時健康診断を行う（日時や場所は教育委員会から家庭に通知）．

就学時健康診断では，栄養状態，脊柱および胸郭の疾病および異常の有無，視力および聴力，眼の疾病および異常の有無，歯および口腔疾患および異常の有無などの健康状態と，発達状況を検査する．この結果，心身に障害があり，小・中学校の通常学級での学習に適さないと判断された場合，すなわち，盲者，ろう者または知的障害者，肢体不自由者もしくは病弱の疑いがある場合には，適切な就学相談，就学指導が行われることになる．

就学指導の対象となった子どもについては，市（区）町村や都道府県の教育委員会が構成した就学指導委員会により総合的に就学相談が行われ，適正就学へとすすめられる．就学指導委員会は，医師，教育職員，心理学の専門家，児童福祉法に定める児童福祉施設職員などにより構成され，医師の診断，子どもの行動観察など，総合的な調査・審議を行い，一人ひとりの子どもの障害にあった適正な就学相談・就学指導を行うものである．

表24.3 盲者等の心身の故障の程度
第22条の3 盲学校，聾学校又は養護学校に就学させるべき盲者又は知的障害者，肢体不自由者若しくは病弱者の心身の故障の程度は，次の表に掲げるとおりとする．

区　分	心身の故障の程度
盲　者	両眼の視力がおおむね0.3未満のもの又は視力以外の視機能障害が高度のもののうち，拡大鏡等の使用によっても通常の文字，図形等の視覚による認識が不可能又は著しく困難な程度のもの
聾　者	両耳の聴力レベルがおおむね60デシベル以上のもののうち，補聴器等の使用によっても通常の話声を解することが不可能又は著しく困難な程度のもの
知的障害者	1　知的発達の遅滞があり，他人との意思疎通が困難で日常生活を営むのに頻繁に援助を必要とする程度のもの 2　知的発達の遅滞の程度が前号に揚げる程度に達しないもののうち，社会生活への適応が著しく困難なもの
肢体不自由者	1　肢体不自由の状態が補助具の使用によっても歩行，筆記等日常生活における基本的な動作が不可能又は困難な程度のもの 2　肢体不自由の状態が前号に掲げる程度に達しないもののうち，常時の医学的観察指導を必要とする程度のもの
病弱者	1　慢性の呼吸器疾患，腎臓疾患及び神経疾患，悪性新生物その他の疾患の状態が継続して医療又は生活規制を必要とする程度のもの 2　身体虚弱の状態が継続して生活規制を必要とする程度のもの

備考
1　視力の測定は，万国式試視力表によるものとし，屈折異常があるものについては，矯正視力によって測定する．
2　聴力の測定は，日本工業規格によるオージオメータによる．
＊昭37政令114・追加，平成6政令303・繰り下げ，平成14政令163・全部改正
［参］ 法71の2
［行］ 障害のある児童・生徒の就業について（初中局長通知平成14.5.27）

すなわち，表24.3[4]「学校教育法施行令22条の3，盲者などの心身の故障の程度」に基づく就学基準に該当する場合は，盲・ろう・養護学校への就学となる．上記基準に該当しない場合，もしくは障害の状態に照らして小・中学校において適切な教育を受けることができる特別の事情が認められる場合（認定就学者）は，小・中学校への就学となる．

「認定就学者」とは，就学基準に該当する場合でも，市(区)町村教育委員会が地域や学校の状況，児童生徒への支援の内容，保護者の意見などを総合的に考慮したうえ，小・中学校において適切な教育を受けることができる特別の事情があると判断して，小・中学への就学を認める者である．

保護者は就学相談にあたり，学校見学や就学説明会などにより，学校の教育方針や教育環境，学習の実際の様子などを具体的に知る機会を与えられる．さらに，実際に授業に参加して学習活動を体験する体験入学や，先輩の保護者から得た情報などを参考に，わが子に最も適正と思われる就学先を要望することができる．

教育委員会は，就学指導委員会の意見と，保護者と本人の意向などを総合的に考慮した上で就学先を決定する．就学通知は，市(区)町村教育委員会，あるいは都道府県教育委員会から，保護者へ就学2カ月前の1月31日までに届けられ，就学予定先の学校と入学期日が通知される．

4. 障害児教育の実際[6]
1) 盲学校

就学基準では，両眼の矯正視力おおむね0.3未満または視野狭窄などが高度の視機能障害があり，拡大鏡などによっても通常の文字などの認識が不可能またはいちじるしく困難な者を対象とする．

幼稚部では，遊びやさまざまな体験学習を通して，物の触り方や見分け方が可能となるよう指導する．

小・中学部では，基本的には通常の小・中学校と同じ教科書を使い，視覚障害に配慮しながら学習する．触れることによる物体の形状・大小の理解，聴覚や嗅覚を手がかりとした状況予測や確認，点字による読み書きの学習，白杖による歩行，コンピュータなど情報機器の操作等を学ぶ．さらに視覚障害の程度に応じて，視機能訓練，残存視力の保持，弱視レンズの使用法も学習する．

高等部では普通科の教育のほか，専門学科であん摩マッサージ指圧師，はり師，きゅう師，理学療法士などの資格取得を目標とした職業教育が行われている．

2) ろう学校

両耳の聴力レベルがおおむね60デシベル以上で，補聴器によっても通常の話声の理解が不可能またはいちじるしく困難な者が対象となる．

ろう学校では聴覚障害が重度の場合，3歳未満の乳幼児期から保護者への相談や指導を行っている．とくに，聴覚障害児の聴能および言語能力の発達を促すためには，聴神経の髄梢化が進む以前に聴覚刺激を豊富に与えることが必要である．超早期療育の重要性がうたわれるゆえんである．

幼稚部では，補聴器の使用により，子どもどうしのコミュニケーション活動の活発化や表出言語の獲得をはかり，言語力を高める指導を行う．

小・中学部では，基本的には通常の小・中学校に準じた教科書の指導を行い，基礎学力をつけさせる．同時に，障害に基づくさまざまな困難を改善・克服すべく自立活動を指導する．

高等部では普通科のほか，多種の職業学科が設置されている．一人ひとりの適性および希望に応じて，産業工芸や機械・印刷業の知識・技術の習得，情報機器の操作・活用などを学習する．また，理容科や歯科技工科で資格を取得し，職業自立につなげることができる．

3) 知的障害養護学校

就学基準では，知的発達の遅れが，意思疎通が困難で日常生活にひんぱんに援助が必要，あるいは社会生活への適応がいちじるしく困難な者が対象となる．子どもの運動機能，知的能力，言語機能，社会性などに配慮し，個に応じた指導や，小人数の集団で指導がなされている．

小学部では，基本的習慣の確立，対人関係の育成をはかり，物の概念と理解・認知力を高める．さらにいろいろな場面や遊びを通して自信や意欲をひき出す．

中学部では，小学部の指導をいっそう発展させるとともに，集団生活における円滑な対人関係や協調性，自己コントロールや行動統制，職業生活についての基礎的指導が行われる．

高等部では，社会生活能力を高めるとともに，家政，農業，工業などを学習する．企業実習などにより，実際に働く経験をとおして働く喜び，自立への意欲を育てる．

4) 肢体不自由養護学校

就学基準では，補装具によっても歩行，筆記など，日常生活の動作が不可能または困難であるか，常時医学的な観察指導が必要な者が対象となる．

小・中学部では，一人ひとりの障害の程度や発達段階に応じ，通常の小・中学校の教育内容に準じて，国語，算数などの教科学習が行われる．さらに身辺自立や社会的自立を促すため，歩行や着脱などの日常生活動作の獲得，コミュニケーション能力の獲得などを指導する．

高等部では進路指導を行い，企業や社会福祉施設と連携して実習を行う．

5) 病弱養護学校

慢性の呼吸器疾患・肝機能疾患などの病弱者または身体虚弱者で，継続して医療や生活規制を必要とする者が対象となる．

医療や生活管理を要するため，入院しながら病院内または病院に隣接する病弱養護学校に通学して学習する．通常の小・中学校の教育内容に準じた教科学習に加えて，健康状態の維持，病気の理解や回復に関する知識，生活管理などを学習する．

6) 小・中学校の特殊学級

心身の障害の状態が表24.3[4]の「盲者等の心身の故障の程度」に達しない，軽度の障害のある子どものため，小・中学校には，①知的障害，②肢体不自由，③病弱・身体虚弱，④弱視，⑤難聴，⑥言語障害，⑦情緒障害の特殊学級が設置されている．

基本的には，小・中学校の学習指導要項にそった教育が行われるが，障害の状態や発達段階に応じ，盲・ろう・養護学校の学習指導要領も導入してきめ細かな指導を行っている．

7) 通級による指導

小・中学校の通常学級で学ぶ子どものうち，軽度の障害があるため学習効果が十分に上がらない子どもに対し，ほとんどの授業を通常の学級で受けながら，障害の状態に応じた特別の指導を特別の場（通級指導教室）で受けられるよう，「心身の故障に応じた特別の指導―通級指導」が設けられている（学校教育法第73条の21）．

通級による指導は，個別または集団で行われ，対象は①言語障害者，②情緒障害者，③弱視者，④難聴者，⑤その他心身に故障のある者で特別の教育課程による教育を行うことが適当な者となっている．

地域の事情により通級指導が実施できない場合，専門の教師が定期的に学校を巡回して巡回による指導が行われている．

8) その他

i) 通常学級における特別な教育的支援

小・中学校の通常学級に在籍する学習障害（LD）児，注意欠陥/多動性障害（AD/HD）児，高機能自閉症児などは，特別な教育的支援を要するため，専門的指導法確立にむけての取り組みがすすめられている．すなわち，通常学級における担任の配慮による指導を中心に，授業時間外における教室での指導や通級による指導などが行

われている．
 ii) **重複障害学級**　盲・ろう・養護学校には，一般の学級および重複障害学級が設けられている．就学する学校の決定後，学校と保護者の話し合いにより適切な学級が決定される．表24.4に，盲・ろう・養護学校の重複障害学級在籍率の推移を示す．昭和60年度との比較で，盲学校，ろう学校，肢体不自由養護学校では，重複障害学級在籍者の増加がいちじるしい．
 iii) **訪問教育**　障害の重度・重複または病気などにより通学が困難な場合，養護学校に在籍し，養護学校の教師が家庭や施設，病院を訪問し，週3回，1回に2時間程度一人ひとりの障害に即した指導を行う．個に応じた指導および在宅でのQOL支援といった点で特徴的な教育制度である．表24.5に，訪問教育対象児童生徒数の推移を示す．小・中学部対象者の減少傾向は，通学籍への移行による推察される．
 iv) **寄宿舎設置校**　盲・ろう・養護学校に設置されている寄宿舎では，寄宿舎指導員が学校と連携し，日常生活指導や介助を行う．寄宿舎設置の有無は，通学の利便性と福祉施設利用の違いにより影響を受ける．北海道，山形県，山梨県，長野県，島根県などで寄宿舎設置率が高い．
 v) **スクールバス**　盲・ろう・養護学校では通常の交通手段では通学困難な児童のためスクールバスを運行している．バリアフリーに配慮したノンステップ型や，車椅子のまま乗降可能のリフト付スクールバ

第24.4　重複障害学級在籍率の推移（小・中学部）

（各年度5月1日現在，文部科学省）

区　分	昭和55年度	60年度	平成2年度	7年度	12年度	13年度
総　計	31.0	36.6	38.3	43.8	45.1	44.6
盲学校		26.6	30.9	35.4	41.9	43.3
ろう学校		12.7	12.7	15.7	17.9	17.4
知的障害養護学校		34.1	34.0	37.2	37.6	36.7
肢体不自由養護学校		53.9	59.9	71.4	75.0	74.9
病弱養護学校		33.3	33.0	31.4	32.5	34.1

単位：%．
（発達障害白書2003，p.66）

表24.5　訪問教育対象児童生徒数の推移（盲・ろう・養護学校小・中・高等部）
（小・中学部は各年度5月1日現在，高等部は'97～'00年度4月1日現在，文部科学省）

区分（年度）	小学部	中学部	小・中学部合計	高等部
1990（平成2）	2,742	1,564	4,306	―
1991（平成3）	2,587	1,446	4,033	―
1992（平成4）	2,501	1,322	3,823	―
1993（平成5）	2,381	1,228	3,609	―
1994（平成6）	2,162	1,134	3,296	―
1995（平成7）	2,021	1,104	3,125	―
1996（平成8）	1,916	1,061	2,977	―
1997（平成9）	1,815	1,069	2,884	164
1998（平成10）	1,685	1,000	2,685	473
1999（平成11）	1,602	965	2,567	752
2000（平成12）	1,548	949	2,497	878
2001（平成13）	1,494	894	2,388	895

単位：人．
（発達障害白書2003，p.69）

障害児のための教育

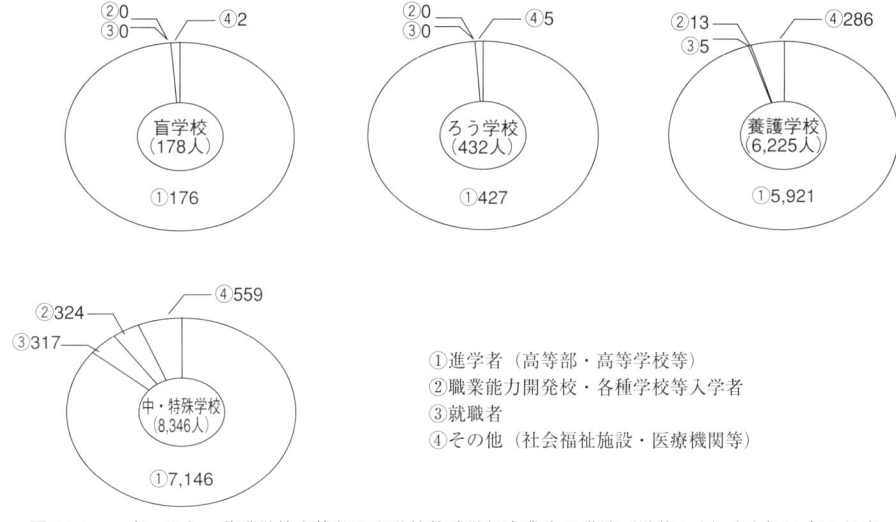

図24.1-a 盲・ろう・養護学校中等部や中学校特殊学級卒業生の進路（単位：人）（平成13年3月卒業，文部科学省）

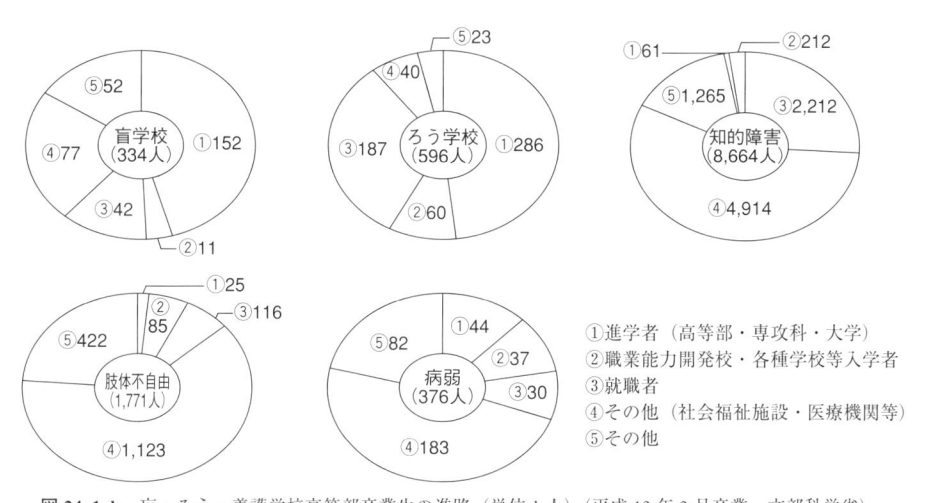

盲学校（178人）：①176 ②0 ③0 ④2
ろう学校（432人）：①427 ②0 ③0 ④5
養護学校（6,225人）：①5,921 ②13 ③5 ④286
中・特殊学校（8,346人）：①7,146 ②324 ③317 ④559

①進学者（高等部・高等学校等）
②職業能力開発校・各種学校等入学者
③就職者
④その他（社会福祉施設・医療機関等）

図24.1-b 盲・ろう・養護学校高等部卒業生の進路（単位：人）（平成13年3月卒業，文部科学省）

盲学校（334人）：①152 ②11 ③42 ④77 ⑤52
ろう学校（596人）：①286 ②60 ③187 ④40 ⑤23
知的障害（8,664人）：①61 ②212 ③2,212 ④4,914 ⑤1,265
肢体不自由（1,771人）：①25 ②85 ③116 ④1,123 ⑤422
病弱（376人）：①44 ②37 ③30 ④183 ⑤82

①進学者（高等部・専攻科・大学）
②職業能力開発校・各種学校等入学者
③就職者
④その他（社会福祉施設・医療機関等）
⑤その他

スが導入されている．

vi) 高等養護学校と専攻学科 小・中・高等部一貫の養護学校の高等部とは別に，軽度の知的障害児を対象とする高等部だけの高等養護学校を設置している都道府県もある．

盲学校・ろう学校は高等部卒業後の専攻科を設置し，理学療法，理容・美容・歯科技工などの資格取得に向けて職業訓練を行っている（図24.1-a）[6]．

vii) 卒業生の進路 文部科学省による平成13年3月における特殊教育卒業生

の進路を図 24.1-b[6]に示す．

5. 今後の課題および動向
1) 養護学校における医療的ケア[7]

近年障害の重度・重複化に伴い，養護学校における医療的ケア（吸引・経管栄養，導尿など）のあり方や，その実施における医療機関との連携が課題となっている．すなわち，医療の進歩と社会の変化により医療的ケアが在宅で行われるようになった結果，地域の養護学校に医療的ケアを要する子ども達が多数就学することになり，肢体不自由養護学校では制度に先行して医療的ケアが実施されるようになった．しかしこれらのケアは医療行為との認識から，教師が行うことの是非が全国的に議論され，さらに法的責任や安全性の問題から，保護者が学校に付き添い実施していた．

その後医療的対応についてのニーズが一段と高まる中，平成 10 年文部省により「特殊教育における福祉・医療との連携に関する実践研究」が実施され，以後自治体において医療的ケアを含む適切な教育のあり方が模索され，さまざまな取り組みがなされるようになった．

最近では医療的ケアを，本人の主体性の尊重と教育上の特殊なニーズとして位置付け，医療行為でなく生活行為としての認識も広がりつつある．すなわち，医療的ケアは親権者の対応が前提とはいえ，学校生活の場においては，特定の保護者に過度な負担をかけることなく医療的ケアを行うことにより，子ども達が良好な体調，楽な状態で教育活動に参加できることが望ましい，とするものである．そのためには，医師による指導体制の確立や指導医・看護師の配置，個々の検診の充実や主治医との連携，教員の実技研修の充実，緊急時対応体制の確立などが必要となる．国の制度・体制の整備が望まれる．

2) 特別支援教育[8]

2003 年 3 月に出された，心身の障害や LD（学習障害）など，教育上の配慮が必要な子どもたちに対する学校教育のあり方を検討してきた，文部科学省の調査研究協力者会議の最終報告[8]によると，盲・ろう・養護学校を軸に，子どもの障害の種類や程度に応じて行われている現在の「特殊教育」から，LD や AD/HD（注意欠陥/多動性障害），高機能自閉症なども対象に含めた「特別支援教育」への転換が提唱されている．さらに，一人ひとりのニーズを把握して，「個人の教育支援計画」をつくる，福祉，病院など関連機関との連絡調整役として学校に「特別支援教育コーディネーター」を置く，盲・ろう・養護学校を改めて「特別支援学校」を創設する，通常の学級に在籍しながら特別な指導を必要に応じて受ける「特別支援教室」を学校に置くなどの提案がされた．

文部科学省は今後，中央教育審議会の審議を経て，報告内容の実現に向け，必要な法改正も視野に入れ準備をすすめていくものと思われる．

〔峯島紀子〕

文　献

1) 佐藤久夫：障害者福祉論, p.175, 誠信書房, 1996.
2) 発達障害白書 2003, p.63, 日本文化科学社, 2002.
3) 発達障害白書 2003, p.229, 日本文化科学社, 2002.
4) 教育小六法 2003, p.117, 学陽書房, 2003.
5) 土橋圭子：発達障害児の医療・療育・教育, p.269, 金芳堂, 2002.
6) 三浦　和：お子さんに合った教育を求めて, 全国特殊教育推進連盟, 平成 14 年.
7) 療育の窓 No.114 養護学校における医療的ケア, 全国心身障害児福祉財団, 平成 12 年.
8) 文部科学省特別支援教育の在り方に関する調査研究協力者会議：今後の特別支援教育の在り方について（最終報告）, 2003.

障害児(者)への自立支援
support for independent living of the disabled

わが国の障害児(者)福祉は，施設に入所させ保護する「施設福祉」から始まった．すなわち 1945 年の児童福祉法制定以後，各地に障害児(者)の施設がつくられたが，それでも待機者が後を断たなかった．しかるに，1964 年，東京オリンピックに続いて開催されたパラリンピックは，わが国の障害者および福祉関係者に衝撃を与えた．日本の選手のほとんどが施設に入所している障害者であったにもかかわらず，欧米からの参加者は職業をもち自立して地域で暮らす障害者であったからである．さらに障害者福祉の基本原理としての「ノーマライゼーション」の理念の導入により，わが国でも「地域福祉」が重要視され始めた．その結果，生活の場としての家庭の重要性が認識され，通園・通所施設やホームヘルパーなどの在宅対策への要望が高まり，1970 年代に入ると日常生活用具の給付，社会適応訓練事業なども始められた．さらに 1983 年「国際障害者の 10 年」を記念して来日した米国自立生活運動のリーダー，ジュディ・ヒューマンによる講演を通し，障害者の自立への要望が高まり，自立支援へのさまざまな取り組みがなされるようになった．

1.「自立」とは
1)「ノーマライゼーション」から「インクルージョン」へ

ノーマライゼーションは 1950 年代北欧に始まった理念であり，デンマーク 1959 年法に述べられている「知的障害者のために可能な限りノーマルな生活状態に近い生活を創造する」という精神を基礎としている．その後スウェーデンのニリエは具体的なノーマライゼーションの原則として，①普通の 1 日のリズム，②普通の 1 週間のリズム，③普通の 1 年間のリズム，④一生を通しての普通の体験，⑤あたりまえの尊敬が払われること，⑥男性・女性どちらもいる世界に住むこと(異性との良い関係)，⑦普通の生活水準，⑧普通の環境水準(普通の地域の普通の住宅に住む)の 8 項目をあげている．

ノーマライゼーションの実践的方法論としては，脱施設化 (deinstitutionalization)，統合化またはインテグレーション (integration)，インクルージョン (inclusion) 等がある．インテグレーションは，教育，労働，生活，住居，文化活動が障害のある人においても障害のない人と同様に行われることであり，米国ではメインストリーミング (mainstreaming) の語が使われている．インクルージョンは「すべてを包みこんでいく」というさらに進んだ考え方であり，「障害のある人は障害者である前に一人の人間として存在しており，障害があるための特別のニーズは多様な援助によって解決し，ともに生活できる」としている．すなわちニーズに応じた適切な支援により，どんなに障害が重くとも地域で自立した生活ができるよう「共生」を図ろうという考え方である．

2)「ADL」から「QOL」へ

「全人的復権」を理念とするわが国のリハビリテーションの主たる目標は，ADL (日常生活動作 activities of daily life，食事，更衣，排泄など)の自立と職業的自立である．しかるに自立生活の考え方では，身辺介助を要することと，自立(自律)とは基本的に別であるとしている．すなわち，ADL の自立度は高いほどよいが，福祉機器を使って ADL の自立をはかったり，介助者に対するコントロール権を障害者が所有する限りは介助者による身辺介助を受け

ていても，それは自立生活であるとされる．すなわち障害者が公的資金を使って介助者を雇用し，介助方法を指示し，必要に応じて解雇する権利を有すれば，たとえ全介助であっても自立（自律）生活を送っているのである．長時間かけて自分で着替えをするより，介助を受けて短時間ですませれば，就労や社会参加が可能となる．ADL から QOL（quality of life，生活の質）へということが障害者の自立生活である．

3） 自己決定，自己選択

「自立（自律）生活」は，みずから主体的に独立した生活を営むことである．

あたりまえの暮らしの条件は，「選択の自由」にある．たとえ障害が重度で介助者の援助が必要であっても，精神的に自由であり，みずからの選択で生活様式や行動を律し，みずから決めた人生を歩むのが自立生活であり，そのためには「自己決定」「自己選択」が要求される．

しかるに障害児(者)は従来，本人の意思とは無関係に親や教師，福祉関係者により，施設入所，就学，卒業後の進路などを決められてきた．これらすべてに管理された生活から脱け出して，みずからの生活，人生をみずから選び決定することが自立生活への第 1 歩となる．そのためには，家庭や通園施設などにおける療育，学校教育（前述）などにおいて，自己決定，自己選択の力を身につけるよう，繰り返し経験させることが必要となる．

4） ピープルファースト（people first）

近年知的障害分野において「本人活動」と呼ばれる，障害者どうしが集まり当事者活動を展開するセルフ・ヘルプ・グループ（自助グループ）が日本各地に広がっている．

とくに 1970 年代に北米で始まった「私たちは障害者である前に人間です」という障害者のメッセージをそのまま名前にした「ピープルファースト」運動は 1993 年以後日本でも活発化した．1994 年には「わたしたちに関することはわたしたちを交えて決めさせて下さい」という「本人決議文」が発表され，「本人主体」「自己決定」の重要性が再認識された[1]．

2. 自立生活にむけて

1） 就労

国際障害者年（1981 年）のスローガン「完全参加と平等」は障害者における人それぞれの形での完全参加の実現を目指すものであり，必ずしも企業就労や経済的自立のみがその最終目的ではない．すなわち，障害者が就労により収入を得て経済的に自立することも重要だが，社会参加することにより，健康な生活リズムが整い，日々の生活に意欲をもって臨むことを可能にするのが就労である．

障害者就労の形態はさまざまであり，次に述べる企業就労（一般就労）であれ，福祉的就労であれ，「働く場」に変わりはないのである．

i） 一般就労 企業や官公庁における雇用をいう．わが国においては障害者雇用制度により，一般の民間企業（雇用者 56 人以上）で 1.8%，国および地方公共団体で 2.1% など，従業員の一定数以上が身体障害者または知的障害者（重度身体障害者は 1 人で 2 人分にカウントする）となるよう雇用しなければならないとしている（雇用率制度）．

この雇用率を満たしていない場合，職業安定所長は「障害者の雇い入れ計画の作製」を命ずることができ，さらには「適正実施の勧告」が行われる．それでも障害者雇用が進まない場合は，事業主（企業名）の公表が行われる．ちなみに，2000 年の雇用率は法定雇用率 1.8% に対し 1.49% であり，雇用未達成企業の割合は 55.7% に達しており，不況下で障害者雇用が進んでいない状況にある[1]．

さらに障害者雇用をすすめる施策として，法定雇用率未達成の事業主からは雇用

納付金を徴収し，法定雇用率を超えて障害者を雇用している事業主には調整金（常用労働者301人以上）または報奨金（同300人以下）を支給している．また各種助成金の支給（設備改善，雇用管理，雇用継続などに要する費用）や障害者への訓練手当支給などの制度を設けて，障害者の雇用促進を図っている．

　ii）**福祉的就労**　福祉工場，授産施設，地域作業所などにおける就労を福祉的就労という．

　福祉工場は雇用の困難な身体障害者，知的障害者，精神障害者が，職業による自立した生活を行う施設である．

　福祉的就労の中心を占める授産施設は，雇用の困難な障害者に必要な訓練を行い職業を与える施設であり，身体障害，知的障害，精神障害の障害種別，重度その他の障害の程度別，入所・通所の区別など多様である．また法外の通所施設（通称，小規模作業所）に対し障害種別による関係3団体を通じて国庫補助が行われている．また2001年には，小規模作業所が法内化された小規模授産施設が創設されている．ただし，これらの福祉的就労における収入は非常に低額であり，知的障害者福祉的就労における収入は1カ月1万円以下が全体の40％（軽度障害の25％，中度以上では約40〜60％）を占めている[3]．

　このほか在宅の障害者が通所して，その更生に必要な生活指導や訓練を受ける通所更生施設や在宅障害者デイサービスセンター（通称生活実習所など）では，創作活動，機能訓練，社会適応訓練，入浴，給食サービス，余暇活動などが行われている．これらは職業にはつながらず，生産性はないが，社会参加の機会や交流の場を提供し，その自主的な活動を支援しており，福祉的就労とみなされている．

　iii）**自　営**　自営は一般的に数は少ないが，とくに身体障害者においては，最近のパソコンやインターネット活用による自営業が増加の傾向にある．

　2）所得保障（経済保障）

　一般就労することが困難な重度の障害者は，地域の作業所などで働く場を得ているが，受けとる賃金はごくわずかである．また企業に就労できても，作業効率などから賃金格差を生じることが多い．この格差を保障するのが所得保障であり，1986年の年金制度の改革により制度化された障害基礎年金（20歳以上の受給）がその根幹をなしている．ちなみに，2000年度改正による年金額は月額一級83,775円，二級67,017円となっている[3]．また重度の障害があるため日常生活において常時特別の介護を必要とする場合支給される特別障害手当や地方自治体独自の福祉手当制度もある．さらには，所得税，住民税，相続税などの減額・免除制度，NHK放送受信料，JR運賃などの割引制度もある．しかしこれら各種の制度が設けられているものの，勤労収入の少ない障害者が自立した生計を営むには不十分であり，多くの障害者が生活保護（障害者加算，重度障害者加算，介護料などが別に支給される）を受けているのが現状である．

　3）住まい

　身体障害者，知的障害者が24時間そこで生活する授産施設（雇用が困難な者を入所させ自活に必要な訓練を行い職業を与える）や更生施設（障害者を入所させ必要な治療や指導，訓練を行う）のように，住まいとなる施設もあるが，近年の動向では，脱施設化の推進に伴い，知的障害者通勤寮，福祉ホーム，グループホーム，身体障害者のケア付き住宅，公営住宅などにおける自立生活が増加している．また都道府県，市町村などで，住宅確保のための助成制度を設けているところもある．

　知的障害者通勤寮は，約20名の通勤している知的障害者を一定期間入所させて，対人関係の調整，余暇の活用，健康管理など独立自活の指導をする．

知的障害者福祉ホームは，約10名の就労自活している知的障害者に利用させ，就労に必要な日常生活の安定を確保する．

グループホームは，地域において小規模の共同住宅を確保し世話人を配置して日常生活を援助する国の事業（1989年の知的障害者地域生活援助事業）によるもので，最近増加がいちじるしい．グループホームの入居者は4〜5人，一般住宅地域に位置し（バックアップ施設から30分以内の範囲にあることが適当），一般住宅と同様に居室は1人1室4.5畳程度以上，入居者は15歳以上の知的障害者で数人で共同生活することに支障がない程度の身辺自立ができていること，就労していること（福祉的就労を含む），日常生活を維持するにたる収入があること（年金などを含む）などが条件となる．またグループホームには専任の世話人がおり，食事準備，栄養管理，健康管理，日常生活における相談や助言，人間関係の調整，余暇活動への助言，事務手続きなど，入居者が円滑に日常生活を営むために必要な世話をする．さらに1992年には，精神障害者グループホーム制度も発足した．

身体障害者のケア付き住宅は，1981年東京都の制度として東京都八王子市に「肢体不自由者自立ホーム」として開設されたのが最初であり，重度の身体障害者が地域で自立生活を営めるようケアの付いた住宅の要求運動をした結果実現したものである．

3. 支援費制度による居宅介護事業
1) 支援費制度

1997年頃より検討がすすめられてきた「社会福祉基礎構造改革により，従来の措置制度（行政が行政処分によりサービス内容を決定する）が見直され，①障害者の自己決定の尊重，②利用者本位のサービス提供，③利用者と事業主の対等な関係の構築，④障害者みずからのサービスの選択，⑤契約によるサービスの利用，⑥利用者の選択に応じられるサービスの質の向上，を目指す支援費制度が2003年からスタートした．

すなわち，これからの障害者福祉は，障害者の「保護」ではなく，障害者の「自立」を目的とし，利用者個々のニーズに応じた質の高い各種のサービスが用意されなければならない．そしてサービスの利用は，利用者と事業者の対等な関係における「契約」に基づくことを基本としている．費用は，国が1/2を補助し，都道府県と区市町村が残り1/4ずつを負担する．

支援費制度のうち，居宅生活支援には，デイサービス事業，短期入所事業（ショートステイ），居宅介護事業などが含まれており，自立支援に貢献している．

2) 居宅介護事業

障害児者が居宅において日常生活を営むことができるよう，その状況や環境に応じて，入浴，排泄，食事などの介護，調理・洗濯・掃除などの家事を援助したり，生活などに関する相談および助言，ならびに外出時における移動の介護，その他生活全般にわたる援助を行う事業である．この事業は，身体介助や家事援助中心の支援だけでなく，外出支援にも利用可能であり，ヘルパーと買い物に出かけたり，映画鑑賞など余暇活動にも利用できる．経費は前述の支援費制度によりまかなわれ，ADL全介助の重度障害者の地域での自立した生活を可能とするものである．

4. 自立生活（IL；independent living）

国際障害者年を契機にわが国にも広まった「自立生活運動」は，1970年代に米国でスタートし，組織的運動を通して「障害者が地域で自立して生活すること」を実現したものである．実際には障害者みずからが自立生活センターを設立・運営し，自立生活訓練を行い，センターを中心とした支援を受けて地域で自立して生活するもので

ある．日本における自立生活センターは現在約100個所あり，自立生活支援やピアカウンセリング（経験のある障害者自身による相談・援助）を行っている．

従来「障害者の自立」は，「ADLの自立」「職業自立」とされてきたが，自立生活運動の考え方では，たとえADL全介助であっても「自己選択と自己決定で生活することこそ真の自立」であり，「障害者は常に保護される存在ではなく，自己責任において危険をおかす権利を有する」としている．

「自立生活」に必要となるのは，ホームヘルパーなどによる介助システムの確立（居宅介護事業における利用制限の撤廃など更なる充実），年金による生活保障の確立，住まいおよび交通機関におけるバリアフリーなどであり，これらの支援が整った時，どんなに重度な障害者でも，地域で自立した生活を送ることのできる社会となるのである．〔峯島紀子〕

文　献

1) 知的障害者の本人活動，療育の窓，No.125，全国心身障害児福祉財団，2003．
2) 手塚直樹：障害者福祉とはなにか，pp.168，ミネルヴァ書房，2002．
3) 発達障害白書 2003：pp.306，日本文化科学社，2002．
4) 厚生労働白書（平成15年版）：pp.503，ぎょうせい．
5) 佐藤久夫：障害者福祉論，誠信書房，1991．
6) 中澤　健編著：グループホームからの出発，中央法規出版，1997．
7) 小田島明ほか：療育の窓 No.126〔特集〕障害児の在宅ケアと支援費制度，全国心身障害児福祉財団，2003．

障害のある子の親の会と育児グループ

parent association of disabled children and parent group of disabled children

同じ障害の子どもをもつ親が集まり，情報交換，福祉制度の確立とサービスの拡大にむけた行政や自治体への要求運動，障害の原因究明・治療法開発のための医療・研究機関への協力，障害児(者)のQOLの向上などを目的として活動する団体を「親の会」「父母団体」と称する．

親の会は[1]，昭和30年代後半から40年代前半にかけて，それぞれの切実なニーズを抱えて次々と誕生した．しかし，全国各地にいる在宅の障害児およびその家族を守り，連携を図って事業を行うためには資金を必要としたが，個々の団体ではその効果が十分得られなかったため，心身障害児の問題に深い理解を示していた園田直元厚生大臣・太宰博邦元厚生事務次官をはじめ各界有志の協力を得て，昭和45年10月，障害児とその家族たちの中央における共同の拠点として，社会福祉法人「全国心身障害児福祉財団」が誕生した．その事業内容は，肢体不自由児通園施設「中央愛児園」および，外来療育相談部門「全国療育相談センター」の経営に加え，国や諸団体から補助金・助成金を得て，在宅心身障害児の保護者およびボランティアに対する療育研修会や介護技術教室の開催，障害児(者)の療育援助，療育キャンプ，指導誌・会報の発行，社会理解推進啓発事業などを父母団体と協力して行っている．

表24.6[2]に，同財団と密接に関係をもちながら事業を行っている父母団体一覧を示す．

1. 親の会の概要[3]

全国組織を有する代表的親の会を紹介する．

1) 全国言語障害児をもつ親の会

昭和39年結成．言語障害のある子どもの医療・教育・福祉の充実を目標とする．会の活動により平成5年「通級指導制度」が実現した．専門性のある教師の配置や，短期間の交替の改善，孤独感を味わっている2～3歳児の母親への支援体制づくりにとりくんでいる．

2) 全国視覚障害児(者)親の会

個人加盟の全国組織として昭和56年に結成され，会員・賛助会員あわせて620余人．視覚障害者全般の問題について，障害児施策の充実や制度の創設などを関係省庁に要請している．地域によって処遇や負担に大きな差があり公平性を欠く現状の改善，最も遅れている重度重複障害者の制度・施策が今後の課題である．

3) 全国肢体不自由児・者父母の会連合会

戦後各地で活動していた手足の不自由な子どもを育てる親の会が，昭和36年全国組織として結集した．おもな活動内容は，全国大会・各ブロック大会の開催，広報事業，タイプアートコンテスト，障害者と家族のための海外旅行の企画・催行，国際交流事業，調査研究事業，研修，キャンプなどのリクリエーション事業ほかを行っている．特に障害の早期発見や二次障害に対する医療ケアの確立，幼児期からの療育，自立・選択のできる教育体制，就労の場の拡大と雇用の促進，自立生活支援の環境整備とQOLの向上，重度重複障害者の地域における生活の場づくりなどの実現に向け，国や自治体に要望や運動を行っている．

4) 全国重症心身障害児(者)を守る会

昭和39年発足．会員は1万2,000人．「最も弱い者を一人ももれなく守る」を基本方針に，施設対策と在宅対策の運動をすすめ，親の意識啓発と連携を密にするため

表 24.6 父母団体一覧

団体名	代表者	事務所所在地	指導誌・会報
全国ことばを育む親の会	会長 土谷さとる	〒162-0051 ☎・FAX 03-3207-7182 東京都新宿区西早稲田 2-2-8 全国心身障害児福祉財団内	ことば(年6回) 指導誌(年4回)
全国視覚障害児(者)親の会	会長 諏訪　勝三	〒162-0051 ☎・FAX 03-3208-3845 東京都新宿区西早稲田 2-2-8 全国心身障害児福祉財団内 http://homepage3.nifty.com/shikaku-oyanokai/	つえ(年2回)
社団法人 全国肢体不自由児・者父母の会連合会	会長 橋本　勝行	〒171-0021 ☎03-3971-0666. FAX 03-3982-2913 東京都豊島区西池袋 4-3-12 http://www.zenshiren.or.jp/	いずみ(年2回) 指導誌(年1回) 全肢連だより 「わ」(年4回)
全国肢体不自由養護学校PTA連合会	会長 村上　節子	〒162-0051 ☎・FAX 03-5272-1210 東京都新宿区西早稲田 2-2-8 全国心身障害児福祉財団内	会報(年3回)
社会福祉法人 全国重症心身障害児(者)を守る会	会長 北浦　雅子	〒154-0005 ☎03-3413-6781 FAX 03-3413-6919 東京都世田谷区三宿 2-30-9 http://www.normanet.ne.jp/~ww100092/index.html	両親の集い (月刊)
全国心臓病の子どもを守る会	会長 斉藤　幸枝	〒170-0013 ☎03-5958-8070 FAX 03-5958-0508 東京都豊島区東池袋 2-7-3 柄澤ビル 7F http://www1.normanet.ne.jp/~ww100078/ E-mail:heart@blue.ocn.ne.jp	心臓をまもる (月刊)
全国知的障害養護学校PTA連合会	会長 中村　文子	〒110-0006 ☎03-5294-6853 FAX 03-5294-6852 東京都台東区秋葉原 1-10 号 第二山本ビル 3 階	会報 (年2回)
全国病弱虚弱教育学校PTA連合会	会長 越川　年	〒162-0051 ☎055-921-8509 FAX 055-925-0334 東京都新宿区西早稲田 2-2-8 全国心身障害児福祉財団内	会報 (年1回)
全国盲学校PTA連合会	会長 鶴東　光子	〒162-0051 ☎・FAX 03-5273-3455 東京都新宿区西早稲田 2-2-8 全国心身障害児福祉財団内	手をつなごう (年1回)
全国聾学校PTA連合会	会長 丸山　俊博	〒162-0051 ☎・FAX 03-3204-2558 東京都新宿区西早稲田 2-2-8 全国心身障害児福祉財団内	会報 (年4回) 指導誌 (年1回)
全国難聴児を持つ親の会	会長 稲田　利光	〒162-0051 ☎03-5292-2882 東京都新宿区西早稲田 2-2-8 全国心身障害児福祉財団内	べる (年4回)
社会福祉法人 全日本手をつなぐ育成会	理事長 藤原　治	〒105-0003 ☎03-3431-0668 FAX 03-3578-6935 東京都港区西新橋 2-16-1 全国たばこセンタービル http://www1.odn.ne.jp/ikuseikai/index.html	手をつなぐ (月刊)
社団法人 日本筋ジストロフィー協会	理事長 河端　静子	〒162-0051 ☎・FAX 03-5273-2930 東京都新宿区西早稲田 2-2-8 全国心身障害児福祉財団内 http://www.jmda.or.jp	一日も早く (年6回) 指導誌 (年2回)
社団法人 日本自閉症協会	会長 石井　哲夫	〒162-0051 ☎03-3232-6478 FAX 03-5273-8438 東京都新宿区西早稲田 2-2-8 全国心身障害児福祉財団内 http://www1.biz.biglobe.ne.jp/~asj/	いとしご (年6回) 心を開く
財団法人 日本ダウン症協会	理事長 玉井　邦夫	〒162-0051 ☎03-5287-6418 FAX 03-5287-4735 東京都新宿区西早稲田 2-2-8 全国心身障害児福祉財団内	会報「JDSニュース」(月刊)
社団法人 日本てんかん協会	会長 鶴井　啓司	〒162-0051 ☎03-3202-5661 FAX 03-3202-7235 東京都新宿区西早稲田 2-2-8 全国心身障害児福祉財団内 http://www.normanet.ne.jp/~ww100032/index.htm	機関誌　波 (月刊)

全国各地（都道府県）に支部を置き，地域活動・施設活動を行っている．本部施設（重症心身障害児療育センター）で診療・療育相談・重症心身障害児（者）の通園・通所事業を実施，受託事業として世田谷区立重度重複障害者通所施設・都立東大和療育センターおよびよつぎ療育園の運営，重症心身障害児（者）の訪問看護などを実施している．さらに平成13年から国立療養所足利病院の経営移譲を受け，重症心身障害児施設，小児慢性疾患，筋神経難病などの地域医療と福祉の向上に努めている．

5) 全国心臓病の子どもを守る会

昭和38年発足．会員数6,000世帯．会員どうしの交流・情報交換と国・自治体・社会への働きかけを行い，機関誌「心臓をまもる」を毎月発行している．心臓移植の国内での早期実現と定着，治療費の全額公費負担の継続，就労の保障，年金の拡充，病児にあった教育の保障などを活動方針とする．会の中に本人グループを組織し，患者本人の精神的・社会的問題の解決に向けて活動している．

6) 全国難聴児を持つ親の会

聴覚障害の早期発見と早期教育システムの確立に向けて活動した成果として，新生児聴覚スクリーニングが平成14年より，全国的実施に向け4つの県をモデルケースとして始まった．さらに難聴学級の設置と難聴児教育の充実，聴覚障害に配慮した高等教育機関筑波技術短期大学の開校，聴覚障害者を排除する法律の改正（欠格条項の緩和により医師・薬剤師・看護師が可能となった）などが実現した．

7) 全日本手をつなぐ育成会

全都道府県と希望する政令指定都市の育成会（55団体）の正会員と約32万人の個人会員（市町村の親の会2,760団体に入会する）からなる．また国際育成会連盟（Inclusion International）に加盟している．活動内容は，社会福祉事業（知的障害児および知的障害者更正施設の経営，相談事業ほか），啓発情報事業（機関誌「手をつなぐ」や各種書籍・小冊子の発行・全国放送ほか），大会研修事業（各種大会・セミナー・研修会議・スポーツ大会ほか），調査研究事業，施策推進事業，国際交流事業などである．さらに，障害を理由とした欠格条項の改善・撤廃，権利擁護ネットワークの確立，義務雇用実施支援体制の確立などに向けても積極的に活動している．「本人活動」を支援，毎年の全国大会で本人部会を開催し，「本人大会」「スキルアップセミナー」へと発展した．

8) 日本筋ジストロフィー協会

昭和39年発足．「根本的治療法の確立」と「患者のQOLの向上」を二大目標に強力な運動を続けてきた．会員数約2,500人．要望事項は，①研究費の増額・新薬開発の促進，②患者の福祉増進・教育の充実・施設整備・生きがい対策の充実，③国立療養所筋ジストロフィー専門病棟の改善，④地域医療・介助システムの確立，⑤インターネットなどの情報化社会参加への支援，⑥年金・手当の増額などであり，進行性の難病で加齢により機能が衰えるため，保護者が患者を支えて活動を進めねばならない．

9) 日本自閉症協会

昭和32年設立．会員数約1万1,000人．各都道府県に支部組織をもつ．自閉症児・者のための指導相談事業，調査・研究，会誌・指導誌・図書類の刊行を行う．とくに「自閉症・発達支援センター」を各自治体に設置，早期療育システムの確立と内容の充実，適切な教育環境と指導方法の確立，就労援助体制の確立と職域拡大（ジョブコーチの要請と派遣），自閉症本態の解明研究の助成，医療・教育・福祉の現場の専門家の養成と研究内容の充実に取り組んでいる．

10) 日本ダウン症協会

1995年発足．正会員（家族会員）約4,800人．賛助会員約500人からなる全国団体．

月1回発行の会報編集と相談員ネットワーク活動を日常活動として重視．有志会員の当番制で電話相談と相談活動を行っている．また，成人期問題について専門家とチームワークを組み，全国研修事業で研修会を開催．ダウン症児者の芸術創作活動として，ダンスライブを開催している．年1回全国大会により，会員の親睦・交流と開催地支部活動の活発化を図っている．

11） 日本てんかん協会

1976年設立．会員数約7,000人．患者・家族を中心に，専門医・専門職・ボランティア市民の協力によって運営され，全国都道府県すべてに支部を有する．最新の情報を提供する機関誌「波」の発行，相談活動・講演会・てんかん基礎講座の開催による社会啓発，てんかん学会・国際てんかん協会との連携，国会にむけての請願活動を行う．その成果として，自動車免許の取得にかかわる「欠格条項」の見直しについて一定の成果をあげた．

2. 育児グループ

障害のある子どもの子育てにあたり，思いを同じくする仲間が集まり，ともに助け合い，育ちあうのが育児グループといえよう．情報交換や行事などで交流・親睦を深め，またよりよい福祉サービスを受けるため地域の自治体に要求活動なども行うが，親の会が全国的組織をもち大局的見地に立って活動するのに対し，育児グループは地域密着型の「一人で悩むのはいや」との思いからスタートする小規模な活動であり，その数の把握は困難である．ユニークな活動例を次に報告する．

1） おもちゃの図書館[4]

おもちゃの図書館は，障害児の地域療育システムがある程度整った1981年，豊かな遊びをとおして障害児のQOLを高めるボランティア活動としてスタートした．沢山のおもちゃと安心して遊べる場所を提供し，障害児はのびのびと好きなおもちゃでボランティアと楽しく遊び，親たちは日頃の悩みを自由に語りあえる，また好きなおもちゃは無料で借りて帰り家でも楽しく遊べるという活動であり全国約500館が開かれている．一例として，障害のある子どもをもつ4～5名の親の集まりから始まった「ひまわりクラブ」が平成12年に開いた室蘭おもちゃライブラリーは，子どもの生活の質の向上を求めて活動する育児グループの一例である．

2） めだかふぁみりぃ[5]

「障害のある人もない人もともに育ち豊かに生きよう」という思いで一自閉症児の両親が埼玉県川口市で始めた「めだかふぁみりぃ」の活動は，1983年4月6家族による「めだかスポーツクラブ」に始まり，その後「おもちゃの図書館活動」と続き，現在では通所授産施設として手作りクッキーの工場と店「すいーつばたけ」を運営し，さらに本人活動（お花・料理・キャンプほか），青年の広場（同年代の障害のある青年とない青年どうしでスポーツや合宿・旅行を楽しむ），MICS事業（宿泊体験・レスパイト・ガイドヘルプを行う），カルチャースクール（ハンドベル・エアロビほか）など，子どもたちの成長にあわせてさまざまな活動を行っている．

おわりに[3]

父母団体の長年にわたる活動が，法律や制度をつくり，サービスを拡充し，生活の保障・権利を確立し，社会の認識をあらためノーマライゼーションの理念の浸透をもたらしてきた．今後は，障害者本人の自己選択・自己決定を大切にしながら，父母団体がいっそう互いに連携して，より成熟した運動を展開することが望まれる．また地域の育児グループには，障害の告知を受け悩んでいる若い両親に，先輩の親としての経験を生かし精神的ケアや育児援助の手をさしのべることも大切な役割の1つであると期待する．　　　　　〔峯島紀子〕

文　献

1) 心身障害児者とともに，p.164，全国社会福祉協議会・心身障害児者団体連絡協議会，1992.
2) 療育の窓，No.130，全国心身障害児福祉財団，2004.
3) 療育の窓，No.121，全国心身障害児福祉財団，2002.
4) おもちゃの図書館育成ハンドブック，No.47，p.4，日本おもちゃ図書館財団・全国心身障害児福祉財団，2004.
5) めだかふぁみりぃ：ぼくらはこの街で暮らしたい，ぶどう社，2000.

25. 育児支援

保健福祉サービス（1）
―健康診査
health checkups

健康診査（health checkups．以下,「健診」とする）や相談などの保健サービスは，母子保健施策の一環として，自治体が中心となって実施されてきた．これらの事業のおもな目的は，事業開始当初は疾病や異常を早期に発見し，適切な治療や療育に結びつけるとともに，育児に関する正しい知識を普及することであった．

しかし，少子化の進展や医療体制の整備などに伴い，乳幼児健診に求められる役割は変わってきている．母子保健サービスにも子育て支援としての役割が強く求められており，福祉や教育などの関連施策との連携が，これまで以上に重要になってきている．

健診には，自治体が公費で実施する健診と，受診者がみずから医療機関を受診して受けるものがあり，後者の場合，費用は全額本人の負担となる．健診の対象とする年齢や実施方法はさまざまであるが，各自治体では，医療機関や保健医療スタッフの確保状況などに合わせて健診を実施している．

1. 健康診査の目的と内容

健診の目的は，健診対象者の異常を早期発見し治療，療育に結びつけ，医師や保健師などが必要な助言を行い，保健サービスに関する情報提供を行うことである．

しかし，現在では，発育・発達に大きな影響を及ぼす恐れのある疾病や異常は，多くの場合は保護者が気づいて医療機関を受診したり，主治医が新生児期からフォローしており，健診で重大な疾病や異常が新たに発見されることはほとんどない．

もちろん，異常の早期発見は大切なことではあるが，それに加えて少子化の現代では，健診には子育て支援としての役割が求められている．子どもの身体的な異常の発見ばかりに力を注ぐことなく，子どもの心の問題や親子関係，ひいては親の身体や心の問題に至る，家族全体を支援することが重要である．

さらに，健診の大きな役割の1つは育児不安を解消することである．保護者の多くは，異常を発見してもらうつもりで受診しているのではなく，むしろ，健診で「異常なし，問題なし」のお墨付きをもらって，安心したい，というのが本音である．そのためにも，アドバイスが必要と思われる場合でも，受診者に無用な不安を与えないよう，細心の注意を払って話をする必要がある．

また，健診は発育や発達などに関するさまざまな心配事や，育児の悩みを相談する場である．とくに集団健診では，同じ月齢・年齢の児と保護者が集まるため，月齢や年齢に合わせた保健・栄養指導や，子育てに関するさまざまな情報の提供がしやすい．たとえば，予防接種の受け方や，よく見られる子どもの病気や異常の見方など，一般的な子育てに関する知識や情報を提供

することは意義のあることである.

しかし,保護者の悩みは人それぞれであり,育児書などの一般論や,他人の経験談を聞くだけでは解決しない場合も多い.健診スタッフは,保護者の個々のニーズを十分に聞き出し,それぞれの置かれた立場や家族の状況などを勘案したうえで,どのような支援が必要か,保護者と一緒に考える姿勢で臨むことが大切である.健診スタッフ側の価値観だけで一方的に指導することは,保護者の共感が得られず,指導効果が上がることは少ない.

その一方で,健診は地域で子育てする仲間と知り合う機会でもある.小さな子どもを育てている家庭は,近隣とのつきあいが少ない核家族が多く,同世代の子ども同士のつきあいがないこともまれではない.とくに集団健診では同月齢,同年齢の子どもとその親が一同に会しているのであるから,グループワークなどにより,孤立しがちな親子同士の交流をはかる絶好のチャンスとなりうる.

2. 健康診査を実施する月齢・年齢

乳幼児期には,発育・発達を定期的にチェックし,異常の早期発見・治療をはかるとともに,必要な相談・指導を行うことが重要である.

通常の健診は,乳幼児の発育・発達のポイントとなる月齢・年齢を選んで行う.「異常の早期発見」というと,健診の時期は早ければ早いほど良いと思われがちであるが,早すぎるチェックは健診する側にとっても無駄が多いし,かえって保護者の不安を増やすことも危惧される.

たとえば,「首すわり」を例としてあげると,生後3カ月ちょうどでは約半数の児は首が座っているが,その時点で首が座っていない子の大多数も,4カ月末までにはしっかりしてくる.つまり,生後3カ月ちょうどに健診を実施すると,半数の子は「首すわりが不十分なため経過観察」となる可能性が高い.保護者に十分に説明しても,次回の健診までの間は「子どもに発達の遅れがあるかもしれない」と,必要以上に思い悩むことになりかねない.

したがって,乳児期の発達評価の大事な指標である「首すわり」をチェックするためには,生後4カ月で健診を実施することが効率的であり,保護者に無用な不安を与えずにすむことになる.

自治体によって健診の実施時期や回数は異なるが,公費で行う健診は,おおむね乳児期に2～3回,1歳6カ月,3歳時に実施している.乳児期の健診は,4カ月,6カ月,9カ月に実施することが多い.

各回の健診では身長,体重などを計測し,身体発育の状況を確認する.さらに,問診や診察により,発達の遅れや異常の疑いがないかチェックし,必要な指導・相談を行う.

3. 健診の実施方法

健診を大別すると,集団健診と個別健診に分けられる.集団健診は区市町村が日時,会場などを指定して,多くの場合は同じ月齢,年齢の児を対象に,自治体のスタッフが直営で実施する.また,個別健診は,対象者が医療機関(おもに小児科)で個別に受ける健診で,自治体から医療機関に委託して実施している(表25.1参照).

それぞれの特徴としては,集団健診では,①医師以外の保健師,栄養士,歯科衛生士などの多職種のコメディカルスタッフによる相談が可能である,②未受診児の把握や健診後の支援が行いやすい,などの意義がある.一方で,個別健診には,①かかりつけ医にみてもらえる,②受診者の都合のよいときに受診できる,③検査や治療が必要な場合,引き続き医療を受けやすい,などの利点がある.

4. 健診後のフォローアップ体制

健診時に異常が見られず,保護者から個

表25.1 東京都内で実施している乳幼児健康診査

	健診の種類・対象月齢	健診方式
全員が対象	3〜4カ月	集団直営
	6〜7カ月	個別委託
	9〜10カ月	個別委託
	1歳6カ月	集団または個別委託
	3歳	集団直営
必要児のみ対象	経過観察健診	直営
	発達健診	直営
	乳児精密健診	個別委託
	1歳6カ月児精密健診	個別委託
	3歳児精密健診	個別委託

別の相談がない場合には，通常は健診当日に一般的な保健・栄養指導を行い，その後は定期健診を利用してフォローを行う．

しかし，乳幼児期の集団健診，個別健診などで疾病や異常の疑いがある場合や，保護者の育児不安が強く，引き続き支援していく必要がある場合などには，健診後もフォローしていくことが必要である．

疾病の疑いがあり，急いで精密検査を行う必要があれば，医療機関で個別に精密健診として必要な検査を行う．しかし，すぐに受診するほどではないと判断される場合は，健診機関でしばらく経過を見て，必要時にあらためて精密検査を勧めることになる．その際には，「経過観察健診」などとして，再度健診の機会を設けていることが多い（表25.1参照）．

また，親の育児不安が強かったり，親子関係の問題や子どもの心理的な問題がある場合などは，個別のフォローに加えてさまざまな育児グループなどを活用するなど，親子の活動の場を広げることも大切である．

〔住友眞佐美〕

保健福祉サービス（2）
―子育てに関する相談および家庭訪問

health counseling and home visit health guidances

少子化の進展に伴い，子育てに不安や悩みを抱える親が多くなっている．子どもが心身ともに健康的な生活を送り，親が子育てを楽しむ余裕をもてるためには，さまざまな子育て支援が必要である．

その中で，不安や悩みに的確にアドバイスを行う相談体制を整備することは大切であり，行政機関が健康診査などの際にも指導を行っているし，民間の相談機関も数多く存在し，とくに最近では電話やインターネットを活用した相談も行われるようになっている．

ここでは，おもに保健センターなどで自治体が行っている子育てに関する相談や家庭訪問について概略を述べる．

1. 子育て相談の目的と意義

乳幼児をもつ親，とくに母親は，子育てに不安や悩みを誰かに相談したいと思うことがしばしばある．家族や友人に相談することで悩みが解決することもあるが，核家族化がすすみ，おばあちゃん世代も，育児のアドバイスができるほどの豊富な子育の経験はないことが多い．近隣に同世代の子育て仲間がいないことも少なくなく，母親は子どもを抱えて孤立しがちである．

子育て相談は，このような親の不安や悩みに専門スタッフが応じることで，親の負担感を軽減することが主な目的である．子育ての悩みは一人ひとり異なっており，個別相談では「一般的なアドバイス」をするだけでなく，個々の状況に合った的確な対応をすることが可能である．その際には，相談スタッフが一方的に指導して「問題を解決してあげる」だけではなく，親に「みずから問題を解決できる力をつけさせる」ことが大切である．

とくに第1子の場合，乳児期前半には育児に慣れないこともあり，ちょっとしたトラブルでも過大な不安を抱きがちである．どのような悩みでも，いつでも気軽に相談できる体制を整備することが望まれる．

2. 月齢・年齢ごとの悩み

乳幼児を持つ親の心配事は，子どもの月齢・年齢などによって異なる．育児上の気がかりを月齢別にみると，月齢が低いうちには，湿疹などのトラブルや発育・発達などの身体や病気に関するものが多い．また，「ミルクを飲まない」「離乳食を食べない」などの食事に関する悩みや，「寝付きが悪い」「夜泣きをする」など，睡眠や生活リズムについてのトラブルもよく聞かれる．

乳児期も後半以降になると，前記の心配事に加えて，卒乳（哺乳瓶の使用や母乳をやめること）や食事のマナーなど，いわゆる「しつけ」についての悩みが出てくることが多い．

1歳を過ぎると身体や病気に関する悩みは徐々に少なくなってくるが，かわってトイレットトレーニングなどのしつけの問題や，子どもの性格や心に関すること，友達関係などに関心がうつっていく．

3. 相談の実施方法

自治体では，子育てに関する相談はさまざまな機会に行われている．保健センターでは保健師や栄養士などが子育てに関する相談を受けており，保育所や児童館，児童相談所などの福祉機関でも親からの相談を受けている．

相談機関では，それぞれの専門性を活かして相談に応じているが，相互に連携して親を支援していくことが大切である．

自治体が保健センターなどで行っている

相談の概略は，以下のとおりである．

1) 育児相談

保健センターでは，乳幼児健診や育児学級などの際に「個別相談」として個別の問題について相談を受けているほか，「育児相談」の日時を設定し，専門スタッフが面接などにより相談を受けている．それ以外にも，電話による相談は随時行っている．相談を受けるのは，医師，保健師，栄養士などの保健医療スタッフである．

2) 家庭訪問

家庭訪問による相談は，保健センターなどで行う面接に比べて，家庭の状況をより詳細に把握できる．また，新生児や障害児などを抱えて外出しづらい家庭では，自分から出かける必要がないため，ゆっくりと相談することが可能である．

基本的には，家庭訪問は「新生児訪問」として生後1カ月までに行われており，原則として第1子を対象としている．保健師，助産師などが訪問して相談を受けている．里帰り出産などにより1カ月までに新生児訪問を受けられなかった場合には，自宅に戻ってから訪問を受けることもできる．

通常は産後1週間前後で医療機関から退院するが，母子の1カ月健診頃までの時期は，母親の不安がとくに大きい時期である．「マタニティ・ブルーズ」には至らなくても，母親は心身ともに不安定になりがちで，子どもの体重の増え，あるいは湿疹や便秘など，さまざまな心配事を抱えやすい．この時期に家庭を訪問して体重のチェックを行ったり相談に応じることは，育児不安の軽減につながり，その後の子育てにも大きな影響を与える．

親の育児不安がとくに強かったり，低出生体重などのリスクがある場合には，必要に応じて再度訪問してフォローアップしたり，病気や異常の疑いがある場合は医療機関の受診をすすめている．

3) 電話相談

電話による相談は，相談者が自分の都合に合わせて相談することが可能で，乳幼児を連れて出かけなくてもすむなど，手軽に利用できる．匿名での相談ができることも多く，話しにくいことも相談できることもある．自治体によっては，夜間に相談を行っているところもある．

その一方で，直接会って行う相談に比べると，相談者の詳細な状況の把握がむずかしかったり，その後のフォローアップができないこともあるなどの制約もある．

4. 相談を受ける際に気をつけるべきこと

相談を受ける際には，スタッフそれぞれの専門性を生かしてアドバイスするが，注意すべきことには次のようなことがある．

1) 親のしていることを頭から否定しない

はじめての子どもを育てている親は，試行錯誤で育児にあたっており，毎日，「こんな育て方ではいけないのではないか」と不安をもちながら生活している．慣れないながらも，その人なりには努力しているのである．そんな時に，相談を受ける者が不用意に発するひとことが，親の自信を失わせるのである．

また，他人に悩みをうち明けて相談するのは，思いのほか勇気がいる．「笑われるのではないか，怒られるのではないか」と心配しながら相談しているものである．相談スタッフは，親が気軽に話ができるよう心がけなくてはいけない．

専門家の目から見て改めてもらいたい点があったとしても，親の努力を認めてあげたうえでアドバイスすれば，親にも比較的受け入れられやすいのではないだろうか．

2) 具体的にアドバイスすること

現代の親の世代は，マニュアルどおりには行動できても，応用問題は苦手な世代である．したがって，相談を受ける際には，なるべく具体的に指導することがポイント

である．たとえば，「おやつは食べ過ぎないように」というだけでなく，「おやつの買い置きをしない」とか「ひとり分ずつとり皿に盛って出す」など，具体的な行動としてアドバイスするとよい．

3) **ポイントをしぼって指導を**

親のやることを見ていると，問題がたくさんあっていろいろな注意をしたくなるものである．また，次に指導する機会がいつになるか分からないと，あれもこれもと注意しがちである．

しかし，聞く側にしてみると，一度にいわれても理解しきれないし，改善しなくてはならないことが多くて，パニックに陥ることもある．それよりも，ポイントをしぼって伝えるか，いろいろアドバイスするにしても，優先順位をつけて示す方がよい．

4) **家庭の状況を考慮したアドバイスを**

相談を受ける場合には，子どものおかれた家族環境・養育環境にも注目することが必要である．

たとえば，いくら「家族そろって楽しく食事を」とすすめても，親の仕事の都合で子どもといっしょに食事ができない家庭もある．家庭の事情を考慮しないでアドバイスしても，親は指導者に対して信頼感をもてない．もちろん，いくら家庭の事情とはいえ，命にかかわるような重大な問題を見過ごすことはできないが，基本的には家庭の都合も考えて指導を行うべきである．

5) **相談を受ける際には自己紹介を**

相談スタッフは自分の名前，職種を自己紹介して相談を受けるべきである．

医療機関では，「診察室で机の前に座っている人は医師」ではあるが，保健センターなどではさまざまな職種のスタッフがおり，親には誰がどのような職種なのか，何を相談すればよいのか理解しにくいものである．自分がどのような相談を受ける立場・職種かを先に話せば，親も相談しやすくなることが多い．

とくに電話相談ではお互いに顔が見えないこともあり，誰が相談を受けているのかわかりにくい．誤解やトラブルを防止するためにも，自己紹介は必要である．

6) **自分で問題を解決できる力をつける**

育児の指導は，乳児期に一度行えばよい，というものではない．前述のように，次々に悩みは出てくるし，そのすべてに相談スタッフが対応できるわけではない．むしろ，自分の問題を自分で解決できるような指導を心がけなくてはいけない．

そのためには，指導者が自分の価値観だけで指導するのではなく，親みずからがいろいろな情報を活用して，それぞれの問題解決に向けた努力をできるよう支援すべきである．

〔住友眞佐美〕

保健福祉サービス（3）
―子育てサークル（グループ）

group work for child raising

　子育てサークルは，子育てをしているものどうしが集まる小集団であり，子育ての当事者としての悩みや子育てに必要な情報を交換し，子育てにまつわるさまざまな問題を相互に解決することを目的としたグループワークである．グループワークは，1940年代初頭にアメリカ合衆国のクルト・レビン（Kurut Levin）により創始されたグループダイナミクスの知識に基づいている．グループワークはグループを構成するメンバーが共通の目標をもっており，存在意義をメンバー間で共有し，相互に作用するシステムを形成している．

　子育てサークルは子育てに関するさまざまな問題を解決する方法としては，きわめて有効であるとする研究報告が多い．子育てサークル（グループ）に，参加している親の割合は，子育て中の親の約15％ぐらいであり（2000年度幼児健康度調査），参加の感想を聞くと，大部分は仲間づくりができたこと，子育てに安心感を得たこと，子どもの遊び相手ができたこと，有益な情報が得られたことなどの利点を挙げている．しかし，反面，内部の人間関係や運営・企画の煩わしさが新たなストレスにもなり，とくに小さい子どもを抱えている親には負担感が大きいという回答も得ている．

　多くの子育てグループは継続性がなく，短期間で解散してしまう宿命にあるようであり，子どもが幼稚園に入園するのを契機にして，グループを卒業する人たちが多い．中には内部組織がしっかりしており，リーダーや中心になるメンバーが円滑に交代して継続しているグループもある．組織力が大きくなるとNPO化するグループもみられる． 〔中村　敬〕

文献・資料
1) 日本小児保健協会編：「幼児健康度調査」，2000年度版報告書，「愛育ねっと（子ども家庭福祉情報提供事業）」平成12年幼児健康度調査結果報告書：http://www.aiiku.or.jp（日本子ども家庭総合研究所）（2005年3月現在）
2) 中村　敬：平成13年度厚生労働科学研究（子ども家庭総合研究事業）：「地域における子育て支援ネットワークの構築に関する研究」報告書, 2001．
3) 中村　敬：平成14年度厚生労働科学研究（子ども家庭総合研究事業）：「地域における子育て支援ネットワークの構築に関する研究」報告書, 2002．
4) 中村　敬：平成15年度厚生労働科学研究（子ども家庭総合研究事業）：「地域における子育て支援ネットワークの構築に関する研究」報告書, 2003．
5) 中村　敬：育児不安軽減に向けた取り組み，小児保健研究, **63**（2）：118-126, 2004．

仕事と子育ての両立支援
support for the balancing of work and child rearing

　女性の子育てと仕事の両立のためには，男性を含めた多様な働き方の見直しなど職業生活と家庭生活の両立が基本になる．男性を含めた働き方を選択できる社会構造が求められ，オランダで実施されているワークシェアリングの導入など，企業を含めた広い視野での検討が必要になっている．平成15年7月に成立した次世代育成支援対策推進法でも，すべての働く人々が，仕事時間と生活時間のバランスがとれた多様な働き方を選択できるような方策が求められている．職業優先の意識や固定的な性別役割分担意識の解消が必要であり，広く労働者，事業主，地域住民の意識改革を推進するための広報，啓発，研修，情報提供が国を含めた都道府県，住民に身近な市町村において積極的に推進される必要がある．
　女性の労働市場への参入が進み，子育てと就労をいかに両立させるかが，重要な課題として捉えられてきていた．ここで，注意を払っておきたいことは，就労している親を支援する方策が，子どもの権利を保障し，子どもに最善の福祉を提供するものであることを大前提としなければならないことである．就労している親を支えるために安易に託児の拡大というのでは，子どもの権利が保障されない．子どもの生活に親の生活を合わせるという発想が必要になる．
　就労に対する支援サービスの代表は託児である．日本では，託児は施設保育を中心に展開されるが，多様な保育ニーズに対応するためには，施設保育だけでなく，家庭的保育などさまざまな形態が求められている．また，非就労家庭の子どもが利用できる在宅福祉サービスの整備も望まれている．
　フランスの保育の状況を参照すると，3歳以下の子どもの3分の2，3歳以上の子どもでは95％が家庭外保育を受けている．フランスでは，小さい子どもを母親以外の人たちに預けるのは当然のことのように考えられている．フランスには公立の保育園や一時預かりの託児所や自宅乳母などのネットワークがあり，それらは2カ月半からの乳児の保育を請負い，母親は安心して仕事を続けることができる．国は，保育施設で子どもが受けている保育の質が十分なものであるか，また，それら施設の職員に対する教育が保健衛生面だけでなく，子どもが求める愛情にも配慮しているかを監視する大きな責任をもっており，さまざまな分野の専門家を集めて，親の役割を果たす保育施設の職員に対する援助，教育や指導を行っている．ここで，問題になるのは家庭外保育は子どもの発育・発達にどのような影響を与えるかということである．一応の見解として保育の質がよければ，家庭外保育を受けていた子どもでも特別の問題は生じないと考えられている．
　それでは本当に，家庭外保育は子どもにとって，問題はないのであろうか．乳幼児の時期に家庭外保育を受けた子どもが，親のもとで育てられた子どもに比べて，健康や発達において，悪影響をもたらさないとする見解は多いが，先に述べたとおり，保育施設や保育者の保育の質が大きく関与しているものと考えられ，保育の質をいかに確保するかが大きな課題になっている．
　現在，日本で実施されている仕事と子育ての両立支援のための補完的託児サービスは，住民の相互援助システムによるファミリーサポートセンター事業（p.354，375参照），保護者が仕事などの理由によって，恒常的に帰宅が夜間にわたる場合や休日に不在の場合などでは，平日午後10時まで（または引き続き宿泊も含めて），休日に子

どもを預かるトワイライトステイ事業がある．また，感染症などの子ども特有の病気の回復期に，保育所などの集団生活への復帰は，他児への感染の可能性などの点で避けなければならないなどの理由で，一時的な託児を有することがあり，これに応えて，病後児保育（健康支援一時預かり事業）が展開されている．また，幼稚園の教育時間終了後から保護者が帰宅するまでの間，幼稚園で預かり保育を行うサービスも展開されている．保護者の就労などによって放課後十分な保育を受けられない小学校低学年の児童を対象として，児童館等の施設で育成指導を行い，遊びを主とした健全育成活動を推進する学童保育が，国の事業としては，「放課後児童対策事業」として制度化されている．また，保護者のパート勤務，職業訓練，就学等で原則週3日程度家庭における養育が困難な場合，保育所を利用した一時保育の制度がある．

1. 保育所

保育所（園）は児童福祉法で規定された児童福祉施設であり，厚生省の認可基準に準拠し，都道府県知事，政令市市長，中核市市長から設置の認可を受けた認可保育所と，認可基準に適合せず運営の許可を得ていない認可外保育所がある．認可保育所は法の基準により設置された施設であるから，設置や運営のための費用が補助されるが，認可外保育所は法の枠外であり，補助金は受けられない．したがって，認可外保育所は監督官庁への設置に関する届け出や運営に関する報告の義務も有していなかった．厚生労働省は認可外保育所を事業所内保育所，へき地保育所，ベビーホテルの3群に分類している．昨今，ベビーホテルで発生した子ども虐待や死亡事故などを重視して，厚生労働省は認可外保育所に対する届け出と運営に関する状況報告を義務づけるための法改正を行った（児童福祉法一部改正，平成13年）．また，保育士資格が国家資格として法定化され，「保育士」としてより専門性をもたせたものになった．

もともと保育所は，児童福祉法により家庭における保育に欠ける状況をカバーすることを目的として設置されており，利用者は利用する保育所を選ぶことができなかった．ところが，平成9年に児童福祉法の大幅な改正が行われ，保育制度が見直され，柔軟に保育サービスに対応できるように，①保護者が希望する保育所を選択，②保育料の均一負担方式，③地域への保育相談助言活動を打ち出した．いわゆる措置から契約への変更である．一方でこれまでの規制・基準の緩和・弾力化をはかり，①乳児保育の一般化，②短時間保育士の導入，③調理の業務委託，④開所時間の弾力化，⑤分園方式も基本的な条件を満たせば認めることとし，利用者の視点にたった保育サービスをすすめる方向が打ち出された．しかしながら，保育所を利用する条件は両親の就労などで家庭保育が困難な場合が優先され，利用者の選択権が認められはしたが，決定はあくまで市町村長の措置という型が残されている．保育に欠ける状態は，児童福祉法施行令第9条の3に保育の実施基準として規定されている．これによれば，児童の保護者のいずれかが，①昼間労働，②妊娠中であるか出産後間もない，③疾病あるいは負傷し，または精神的もしくは身体的に障害を有している，④同居の親族を常時介護，⑤震災，風水害，火災その他の災害の復旧に当たっている，⑥①～⑤に類する状態に該当し，かつ同居の親族その他のものが児童の保育をすることができない場合としている．

保育サービスの充実は子ども家庭支援サービスの主目標であり，①低年齢児の保育，②保育時間の延長（延長保育，夜間保育，休日保育など），③一時保育，④障害児保育が今後とも整備されていく必要があるとともに，多様化する保育需要に対して，保育の質をどう保証するかがこれから

の課題である．

1) **一般保育所**

一般的に乳幼児のデイケアを実施するところであり，定員60人以上，午前7時から夕方6時まで開所している．国の設置基準を満たしており，認可保育所と呼ばれる．

保育所の設置認可基準は，①施設の設備基準としておもなものは，乳児室の面積，ほふく室の面積，保育に必要な用具の備え，遊戯室，屋外遊戯室の確保，保育室・遊戯室の面積，建築基準法に定める設備など，②職員の基準として主なものは，保育士の数，嘱託医，調理員など，③運営上の基準の主なものは，1日の最低保育時間（原則8時間），保育の内容（健康状態の観察など），第3者評価などである．

2) **小規模保育所**

過疎地域をその区域としている保育所や3歳未満の措置児童をおおむね8割以上，かつ，乳児を1割以上入所させることとしている保育所などで，定員30人以上60人未満で設置認可が受けられる．

3) **夜間保育所**

夜間就労者のための保育であり，午前11時から午後10時頃まで開所しており，認可保育所である．

4) **認可外保育施設**

i) **事業所内保育所** 企業が女性従業員のために企業内に設けた保育施設であり，看護職員確保のために病院が設けた保育施設を院内保育所と呼んでいる．

ii) **へき地保育所** 山間，離島など保育に欠ける児童数では認可保育所の児童数に満たない場合，地域全体の児童数を対象として保育所が開設されている．これらをへき地保育所と呼んでいる．

iii) **ベビーホテル** 厚生労働省が定めた設置認可基準を満たしていない保育施設をいう．ベビーホテルは設置基準を満たしていないため国庫補助は受けられない．厚生労働省は認可外保育所に対する届け出と運営に関する状況報告（都道府県知事）を義務づけるための法改正を行った（児童福祉法一部改正，平成13年）．認可外保育所は認可保育所のみでは対応しきれない多様な保育需要に対応している．しかしながら，保育の質の評価は利用者に任されるなど制度上の問題も大きい．

iv) **認定保育所（神奈川県）** 平成14年度から一定の基準を満たした私設保育施設（認可外保育施設）を市町村が認定し，県と市町村が助成する「認定保育施設」制度．定員10名以上，原則11時間以上の保育，有資格者の施設長，神奈川県私設指導監督基準を満たし，児童福祉施設最低基準を満たすことなどがあげられている．

v) **認証保育所（東京都）** 東京都では認証保育所という制度を設け，平成13年8月よりスタートさせている．これは駅型保育所であり，送迎に便利な駅前に設置し，0歳児からの保育を行い，13時間以上の開所を基準としている．民間業者によるA型保育所と個人によるB型保育所があり，マニュアル作成や東京都と市町村に対する運営報告の義務，情報の公開を義務づけている．いずれのタイプでも運営に関する費用は，東京都と市町村が折半し，全体の1/2を補助する制度である．

vi) **駅型保育所** 厚生省（現厚生労働省）が1994年に策定したエンジェルプランに先立つエンジェルプランプレリュードで取り上げられたものである．都市近郊に居住する両親が，出勤途中で子どもを預けることができるように，駅周辺の駅ビルなどに設置された保育所を指しており，多様な労働形態に適合した新しい保育サービスとして注目された．事業の位置づけは公益事業であり，子ども未来財団が補助金拠出事業者となっている．しかし，実際には駅周辺に保育所を設置する場所を確保するには，多大な経費がかかることや認可外保育所として運営せざるをえないなど多くの問題を含んでおり，広く普及するには至ら

なかった．最近ではこのバリエーションともいえる形態が紹介されている．たとえば，近郊の保育所から駅前まで送迎車を運行して子どもを預かり，両親の帰宅に合わせて，送迎車で子どもを両親に戻すというサービスも開始されている（埼玉方式）．

2. 病後児保育（乳幼児健康支援一時預かり事業）

疾病にかかっているおおむね10歳未満の児童（回復の過程にあるものに限る）であって，その保護者の労働その他の理由により家庭において保育されることに支障があるものについて，病院または診療所，保育所等の施設（施設型）を利用したり，当該児童の家庭または保育士，看護師その他のものの居宅（派遣型）で，適当な設備を備えることにより，保育を行う事業が展開されている．適応は保育所に通所中の子どもが病気の「回復期」であり，集団保育の困難な期間に限られる．

3. トワイライトステイ事業

保護者が仕事やその他の理由（通院など）により平日の夜間または休日に不在となり家庭において子どもを養育することが困難となった場合その他緊急に必要がある場合，市町村長が適当と認めたときに，児童養護施設，母子生活支援施設，乳児院などにおいて必要な保護を行う事業（夜間養護等事業）とされている．あらかじめ登録している保育士・里親などに委託して，保育者の居宅もしくは保護者宅に派遣して養育を行うことも含まれている．原則として，平日は午後10時まで（または引き続き宿泊も含めて）あるいは休日の日中に子どもを預かる． 〔中村　敬〕

文献・資料

1) 全国学童保育連絡協議会ホームページ http://www2s.biglobe.ne.jp/~Gakudou/（2004年9月21日アクセス）.
2) 全国病児保育協議会ホームページ http://www.byoujihoiku.ne.jp/（2004年9月21日アクセス）.
3) 厚生労働省ホームページ「少子化対策ホームページ」厚生労働省少子化対策推進本部 http://www.mhlw.go.jp/topics/bukyoku/seisaku/syousika/index.html（2004年9月21日アクセス）.
4) 枋尾　勲・迫田圭子編：保育所運営マニュアル，中央法規出版，2004.

地域の育児支援資源（1）
resorce of activities for child rearing in the community

1. 保健所

保健所は，地域保健法に定められた施設であり，地域保健法の第5条に「保健所は，都道府県および地方自治法（昭和22年法律第67号）第252条の19第1項の指定都市，同法第252条の22第1項の中核市その他の政令で定める市又は特別区が，これを設置する」としている．保健所の役割は，次に掲げる事項につき，企画，調整，指導及びこれらに必要な事業を行うとしている．①地域保健に関する思想の普及及び向上に関する事項，②人口動態統計その他地域保健に係る統計に関する事項，③栄養の改善及び食品衛生に関する事項，④住宅，水道，下水道，廃棄物の処理，清掃その他の環境の衛生に関する事項，⑤医事及び薬事に関する事項，⑥保健師に関する事項，⑦公共医療事業の向上及び増進に関する事項，⑧母性及び乳幼児並びに老人の保健に関する事項，⑨歯科保健に関する事項，⑩精神保健に関する事項，⑪治療方法が確立していない疾病その他の特殊の疾病により長期に療養を必要とする者の保健に関する事項，⑫エイズ，結核，性病，伝染病その他の疾病の予防に関する事項，⑬衛生上の試験及び検査に関する事項，⑭その他地域住民の健康の保持及び増進に関する事項．

地域保健法第7条では，以上の他に地域住民の健康の保持及び増進を図るため必要があるときは，次に掲げる事業を行うことができるとしている．①所管区域における地域保健に関する情報を収集・管理・活用すること，②所管区域における地域保健に関する調査・研究を行うこと，③歯科疾患その他厚生労働大臣が指定する疾病の治療を行うこと，④試験及び検査を行うこと．

保健所には医師，歯科医師，薬剤師，獣医師，保健師，放射線技師，栄養士などの専門職員が配置され，地域保健法第8条では，保健所は所管区域内の市町村の地域保健対策の実施に関して，市町村相互間の連絡調整，市町村の求めに応じて技術的助言，市町村職員の研修その他必要な援助を行うことができるとしている．

現在，指定都市，中核市，特別区以外の保健所では，未熟児の訪問，未熟児養育医療，障害児の療育，慢性疾患児の療育などの専門的サービスを担い，基本的な母子保健サービスである母子健康手帳の交付，健康診査，新生児・妊婦の訪問指導は市町村が実施している．

2. 市町村保健センター

地域保健法は地域保健対策の推進に関する基本方針を示してあり，保健所や保健センターの設置，その他の地域保健対策の推進に関して基本となる事項を定めている．市町村保健センターは地域保健法第18条に規定されており，市町村は市町村保健センターを設置することができるとしている．市町村保健センターは，住民に対し，健康相談，保健指導及び健康診査その他地域保健に関し必要な事業を行うことを目的とする施設であり，第19条では，国は市町村保健センターの設置に要する費用の一部を補助することができるとし，第20条ではその整備が円滑に実施されるように適切な配慮をするとしている．

地域保健対策のうち，住民に身近な保健サービスは市町村保健センターにおいて実施し，保健所は広域的・専門的なサービスを実施することになっており，母子保健分野では未熟児の訪問，未熟児養育医療，障害児の療育，慢性疾患児の療育などは保健所の役割とされている．市町村が担当する

母子保健サービスは母子保健手帳の交付，妊産婦，乳幼児，1歳6カ月児，3歳児の各健診，妊産婦および新生児の訪問指導である．この他，育児に関する相談，親子のグループワーク，母と子の教室 (mother and child group) など，心理相談や健診後の経過観察，発達に関する相談を行っている．また，保健師による訪問指導に力を入れているところもある．市町村保健センターでのサービスは，基本は同じであるがそれぞれの自治体によって異なる．

市町村が運営する保健センターへは，保健師，看護師，栄養士などの主として対人保健サービスにあたる専門職員が配置されている．

3. 幼稚園

幼稚園は学校教育法第7章に規定されている教育機関である．したがって，監督官庁としては文部科学省に属しており，同じ幼児を扱う保育所は厚生労働省の管轄下にあり，目的も異なる．幼稚園は，幼児を保育し，適当な環境を与えて，その心身の発達を助長することを目的とする（第77条）．幼稚園は次の目標の達成に努めなければならないとされている（第78条）．①健康，安全で幸福な生活のために必要な日常の習慣を養い，身体諸機能の調和的発達を図ること，②園内において，集団生活を経験させ，喜んでこれに参加する態度と協同，自主及び自律の精神の芽生えを養うこと，③身辺の社会生活及び事象に対する正しい理解と態度の芽生えを養うこと，④言語の使い方を正しく導き，童話，絵本等に対する興味を養うこと，⑤音楽，遊戯，絵画その他の方法により，創作的表現に対する興味を養うこととしている．幼稚園に入園することのできる者は，満3歳から，小学校就学の始期に達するまでの幼児であり，幼稚園には，園長，教頭及び教諭を置かなければならない．また，幼稚園には，養護教諭，養護助教諭その他必要な職員を置くことができるとしている．

幼稚園は地域における幼児ケアの中心であり，その目標は幼稚園教育要領に定められている．卒園までに育つことが期待される生きる力として，幼児の発達の側面から，心身の健康に関する領域「健康」，人とのかかわりに関する領域「人間関係」，身近な環境とのかかわりに関する領域「環境」，言葉の獲得に関する領域「言葉」及び感性と表現に関する領域「表現」からねらいと目標を定めている．①健康な心と身体を育て，みずから健康で安全な生活を作り出すこと，②他の人々と親しみ，支え合って生活するために，自立心を育て，人とかかわる力を養うこと，③周囲のさまざまな環境に好奇心や探究心をもってかかわり，それらを生活に取り入れていこうとする力を養うこと，④経験したことや考えたことなどを自分なりの言葉で表現し，相手の話す言葉を聞こうとする意欲や態度を育て，言葉に対する感覚や言葉で表現する力を養うこと，⑤感じたことや考えたことを自分なりに表現することを通して，豊かな感性や表現する力を養い，創造性を豊かにすることを掲げている．

昨今，地域における幼稚園に対する要望として，幼児教育の場としてだけではなく，幼児保育の場としての対応が求められており，幼稚園教育時間終了後の預かり保育や就園前の親子のための教室の実施など地域における子育て支援サービスを展開しており，保育園との差がなくなってきている．また，保育園においても幼児教育の導入などにより，幼稚園との境界が不明瞭になってきている．

幼稚園と保育園との一元化（幼保一元化）論も活発になってきており，幼稚園の空き教室を利用した保育の実施など「幼保統合施設」を目指して検討が続けられている（2005年以降の制度改正）．少子化が進む中で，同じ地域の子どもたちを保育園と幼稚園に分けて通わせることに無理があ

り，幼保統合施設の検討が始まっている（東京都足立区の例：1～3歳は保育園，4歳～就学前は幼稚園の統合施設）．しかしながら，もともと目的が異なる制度であり，一元化を図るためには，両者で異なった従事者の資格など解決しなければならない多くの問題がある．

4. ファミリーサポートセンター

厚生省と合体する以前の労働省が提唱した事業で，地域住民の相互援助による一時保育制度として，ファミリーサポートセンターが設置されている．これは，保育施設の保育開始前や終了後保護者が帰宅するまでの間子どもを預かる，保育施設までの送迎を行う，学童保育終了後保護者の帰宅まで子どもを預かる，学校の放課後子どもを預かるなどを援助項目として，子どもを預かる援助会員および子どもを預ける利用会員の双方を登録制にし，双方の調整役にアドバイザーをおき，子どもを援助会員宅で預かる制度である．援助会員への報酬（利用会員から直接支払われる）は1時間700～800円で，民間のベビーシッターよりは安い単価であり，有償ボランティアとしての活動に根ざしている．活動はあくまで，補完的，一時的援助であり，厚生省と労働省が統合されてから，従来は仕事と子育ての両立支援として行われてきた事業であったが，専業主婦も含めて子育てのレスパイトケアや一時保育としても利用されており，子育てのストレス軽減に向けた地域住民の相互援助活動として普及している．

5. 家庭保育室，家庭福祉員（保育ママ）

わが国の保育形態は施設型集団保育が大多数を占め，個人の家庭での保育はほとんどかえりみられなかった．しかし，1960～1970年代に家庭的保育制度が開設され，一時，利用者が増加したが，その後停滞し廃止の方向を示していた．1990年代に入り保育所待機児童の解消の手段として，再び注目されるようになった．家庭的保育制度は保育ママとも呼ばれ，保育についての技量と経験を有する者が，その家庭において乳幼児（3人程度）を保育する家庭的保育システムである．実施する自治体により名称も運営方法も異なる．通常は，保育者の自宅で子どもを預かるが，保育室を設け施設型に近い形で保育を行うものなどまちまちであり，登録により自治体の助成が受けられる．家庭的環境をベースにしており，子どもには適した保育形態と考えられるが，施設保育が充足されるまでの補完的制度とみる考えもある．いずれにせよ，保育の質が確保されることが前提である．

6. 子育てひろ場

子育て中の親が子どもを連れて集まるフリースペースであり，「子育てひろ場」，「子育てサロン」などの呼び名があり，参加は自由である．国は「つどいの広場事業」として，設置に対して補助金を拠出している（国1/3，県1/3，市町村1/3）．この事業は主に乳幼児（0～3歳）をもつ子育て中の親が気軽に集い，うち解けた雰囲気の中で語り合うことで，精神的な安心感をもたらし，問題解決への糸口となる機会を提供するものである．「つどいの広場事業」においては，次の4事業を実施することになっている．

①子育て親子の交流，集いの場を提供すること．
②子育てアドバイザーが，子育て・悩み相談に応じること．
③地域の子育て関連情報を，集まってきた親子に提供すること．
④子育てサポーターの講習を実施すること．

実施場所は，おもに公共施設内のスペース，商店街の空き店舗，公民館，学校の余裕教室，子育て支援のための拠点施設，マンション・アパートの一室などで，事業の実施は，週3日以上行うことを原則として

いる．また，茶菓代などは，利用者から実費を徴収するとしている．

子育てひろ場は，地域子育て支援センター，NPO 法人，地域住民のボランティア組織やネットワーク，社会福祉協議会など公民さまざまな実施主体により実施されている．これは子育てに関する情報収集の場として，仲間づくりの場として，子どもの遊び場として，子育てに関する情報センターとして，子育てに関するアドバイスを得る場として，全国的に普及し展開されている．

子育てひろ場は，子育てグループと異なり，支援者により運営されるため，子育て中の親たちは，運営等の負担なしに利用できる点で利用者が多い．

7. 地域子育て支援センター

地域子育て支援センターは，市区町村が実施主体になり，保育所など児童福祉施設を経営する社会福祉法人，NPO 法人などへ運営を委託することができるものとされている．一般的には保育所や児童館に併設されることが多く，ときには公設民営による常設型施設も出現している．内容的にはフロアを用意して，子育て中の親や家族が集う場を提供し，育児不安や育児に関する悩みを解消するための相談事業や交流事業，子育てグループ等の育成・支援，情報提供事業などを行う．保育所では園庭の開放など，地域の子育て家庭に対する子育て支援を行うことを目的としている．

地域子育て支援センターは地域の子育て支援のための拠点であり，保健センターにおける健診事業や各種グループワークと連携して，地域子育て支援のための中核をなすものである．ここでは，問題を抱えた子育て家庭に対する援助や子ども虐待の予防や早期発見のための機能が求められ，また，親が子育てを学ぶための学習の場としても重要な役割を担っている．また，地域の人的資源を子育てアドバイザーとして活用して，地域ぐるみの子育て支援体制を築く拠点にもなっている．

8. 地域の子ども家庭在宅サービス

子ども家庭に対する在宅サービスは，困っていることへの気楽な相談機能，気軽に参加できる交流の場，困ったときの子どものショートステイ，夜間や休日保育サービス，困ったときや息抜きのための一時保育（デイケア），家庭へのヘルパーなどの派遣などである．現在，展開されている子ども家庭在宅サービスは，ショートステイ事業，トワイライトステイ事業，一時保育事業，訪問型一時保育事業，産後支援ヘルパー派遣事業などである．

1) ショートステイ事業

子どもを養育している家庭の保護者が疾病等のため，家庭での養育が困難になった場合に，児童養護施設，母子支援施設，乳児院等で一時的に養育する事業であり，該当児童の近隣に該当する施設がない場合には，あらかじめ登録してある保育士や里親等に委託して，委託を受けた保育者の居宅か，保護者宅に派遣し養育を行う．

2) トワイライトステイ事業（p.351 参照）

3) 一時保育事業

認可保育所など（東京都では保育室，家庭福祉員宅を含めている）で一時保育のための部屋を確保して，保護者の仕事，疾病，事故，出産，介護，冠婚葬祭など社会的にやむを得ない理由があるとき，緊急・一時的に子どもを預かる事業であり，このほかに保護者の育児にともなう身体的・心理的負担を軽減することが必要になった場合にも利用可能である．

4) 訪問型一時保育事業

保護者の疾病，入院などにより緊急・一時的に保育が必要になったときに，保育士または乳幼児の養育に経験のあるものが，保護者宅において養育を行う事業．

5) 産後支援ヘルパー派遣事業

出産後間もないため家事や育児が困難な核家族家庭に対して，訪問により身の回りの世話や育児を行う事業で，周産期からの育児支援という視点からも重要なサービスである．マタニティー・ブルーズ（産後うつ病）や多胎児が援助の対象になり，1日4時間以内，産後1カ月で10日以内，多胎児では出産後1年以内に15日を限度と定められている．援助者は看護師，保育士，乳幼児の養育に経験のあるものとされている．

9．ベビーシッター

ベビーシッターは保護者の居宅などにおいて保育するものであり，法的な定義や公的な資格はない．日本では昭和40年代半ばよりベビーシッター事業が増加してきており，国も昭和60年代よりベビーシッターに対する研修や情報収集に関与し始めている．平成元年（1988年）に全国ベビーシッター協会が設立され，平成3年（1991年）に国はこの団体を社団法人として認可している．全国ベビーシッター協会は厚生労働省の指導の下に，ベビーシッターや事業者に対する研修や調査研究を進めてきており，平成5年（1993年）には「ベビーシッター業の自主基準」を策定している．

ベビーシッターの保育形態は，保護者宅における保育サービス，保育施設・保育室における保育サービス，保育受託・派遣による保育サービス，保育者宅における保育サービスなど多様であり，保育者のニーズに合わせた延長保育，夜間保育，障害児保育，一時保育，送迎サービスなどが行われている．

全国ベビーシッター協会では，一定の研修，認定試験および審査により「認定ベビーシッター」資格認定制度を実施しており，ベビーシッター及びベビーシッター事業の質の向上とベビーシッターの社会的地位の確立を目指している．

現在，ベビーシッター協会受託事業として，育児と就労の両立を支援する「ベビーシッター育児支援事業」（補助事業者はこども未来財団）他が実施されている．この助成が対象とするサービスの内容は，乳幼児または小学校低学年の児童の家庭内での保育あるいは保育所等への送迎を行うことで，ベビーシッターサービスの利用1日につき1,500円（対象保育所等の場合には2,000円）の利用料金の割引が受けられるベビーシッター育児支援割引券（または延長保育従事保育士割引券）を発行する仕組みになっている．「双生児家庭育児支援事業」は，児童手当法の児童育成事業として，児童の健全育成に寄与することを目的として実施するもので，就学前の双子や三つ子などを養育している両親等のレスパイトケアとして実施されている．保護者が児童手当法第20条に規定される一般事業主に雇用されている社会保険適用の人（自営業者や公務員は対象にならない）であり，かつ義務教育就学前の3歳未満の双生児など多胎児を養育している場合に対象になる．利用1回当たりの助成額は，対象となる児童が双子の場合には9,000円，三つ子以上では18,000円で割引券が発行される．「産前産後育児支援事業」は保護者が児童手当法第20条に規定される事業主に雇用されている社会保険適用の人で，核家族等の世帯で義務教育就学前の児童を養育している場合に対象になる．1日1回年度内4回で1回1,500円の割引券が利用者に発行される．

〔中村　敬〕

文献・資料

1) 財団法人母子衛生研究会編：わが国の母子保健，V. 参考，pp.82-97，平成15年度版．
2) 中村　敬：地域における子育て支援の課題と展望，大正大学大学院研究論集，No.27：338-308，2003年3月．
3) 中村　敬：育児支援ネットワークの構築に向けて―育児不安軽減に向けた取り組み―，小児保健研究，**63**(2)：118-125，2004．

4) 厚生労働省ホームページ「少子化対策ホームページ」厚生労働省少子化対策推進本部 http://www.mhlw.go.jp/topics/bukyoku/seisaku/syousika/index.html（2004年9月21日アクセス）.
5) 栃尾 勲編：保育所運営マニュアル，中央法規出版，2004.
6) 財団法人女性労働協会ホームページ「ファミリーサポートセンター」http://www.jaaww.or.jp/top.html（2004年9月21日アクセス）.
7) 全国ベビーシッター協会「あばねっと」http://www.netcircus.com/babysitter/（2004年9月21日アクセス）.

地域の育児支援資源（2）
resorce of activities for child rearing in the community

1. 児童館，児童センター（児童会館を含む）(child social center)

平成14年10月には4,590館設置されており，保育所に次いで設置数が多い児童福祉施設である．児童福祉法第40条に規定された屋内型の児童厚生施設である．東京のように624館と多く設置されている地域もあるが福岡市は1館，千葉市，横浜市0館と設置数は都道府県指定都市ごとでおおきなばらつきがある．厚生労働省の定めた「児童館の設置運営要綱」に基づいて運営の指導がなされている．児童館の種類は5つあり，施設規模の小さい順にコミュニティ児童館（放課後児童健全育成事業対応型），小型児童館（地域型），児童センター（小型児童館に体力増進機能付加型），大型児童センター（中高校生対応型），大型児童館（A型・B型・C型）（都道府県立の大型）である．児童の遊び場としてのイメージが強いが決して単なる遊び場ではない．児童福祉法第40条には「児童厚生施設は，児童遊園，児童館等児童に健全な遊びを与えて，その健康を増進し，又は情操をゆたかにすることを目的とする施設とする」と規定されている．児童館の設置目的は大きくとらえれば健康増進と情操の涵養であり，児童福祉施設としての側面からかつ現代的にとらえると情緒の安定と生活問題の予防であるといえる．そして，この目的を実現させるための方法が「遊びの活動」であるといえる．勤務する職員は一般に児童厚生員（児童館の設置運営要綱3(2)）と呼ばれるが，児童福祉施設最低基準第38条での名称は「遊びを指導する者」

と規定されている．

実際の活動は，幼児とその保護者を対象とした体操や，歌，リトミック，手遊び，絵本の読み聞かせ，簡単な工作などの子育て支援活動と，放課後や学校休業期間に小学校の低学年をおもな対象として実施される放課後児童健全育成事業（いわゆる学童保育），そして自由利用の3つから成っている．自由利用の活動はクリスマス会などの季節行事や子どもまつり，ゲーム大会，卓球大会などの行事活動や，漫画クラブ，一輪車クラブ，剣玉クラブなどのクラブ活動，児童館にある遊びの素材や備品などを使って自由に遊ぶ屋内型の公園的な活動の3つが中心である．

児童館の基本的な機能は在宅サービス開発機能，在宅サービス供給機能，地域活動センター機能の3つである．加えて，社会福祉施設のもつ共通機能として運営促進機能が挙げられる．在宅サービス開発機能は，子ども家庭の実態把握とそれに基づいた児童館事業や地域福祉計画などの企画や提案などの活動である．在宅サービス供給機能は，子どもたちの遊びを通した仲間づくりや交流を促進する厚生サービスや相談などの予防サービス，放課後児童クラブ事業（＝放課後児童健全育成事業）や幼児と保護者のための子育て支援活動，障害児などのためのおもちゃ図書館や不登校児や中高校生のたまり場活動などの在宅ケアサービス，社会教育施設や科学館，保育所などのサービス代替・補完・促進機能などから構成されている．地域活動センター機能は地域活動の交流や連携を促進するロビー機能のほか，ボランティアや地域組織活動（従来は母親クラブと称されてきたもの）などの地域の組織化，ネットワーキング，そして地域住民などの活動支援のため会場や物品などの社会資源の提供などが行われている．

児童館は，これまで行事やイベントの運営が事業の中心であったが，むしろこうし

た行事などはコミュニティづくりの観点からも地域住民の力に期待することが重要であろう．今後は児童館の予防福祉の機能をまず再確認した上で，放課後児童健全育成事業や子育てサークルの支援などの活動のいっそうの推進とともに，近年は児童の居場所としての役割が期待されるなど中・高校生など年長児童のための事業展開がもとめられている．加えて，地域の子ども自身や保護者の相談機関としての体制の強化がきわめて重要な課題になってきている．

2. 放課後児童健全育成事業（通称：学童保育または放課後児童クラブ）
（day care center for school child）

小学校の下校後から保護者が帰宅するまでの時間，おもに低学年児童を対象に「適切な遊びおよび生活の場」を提供しケアする事業で児童館や小学校の空き教室などを利用して開設される．地域によって呼称は多様であるが学童保育や放課後児童クラブ，学童クラブなどが一般的である．これまでは児童館や保育所の付加的な役割として児童福祉法第40条や第39条第2項などに基づき運営されてきた．平成9年の児童福祉法の改正で第6条の2第6項（その後同法の改正があり現在は児童福祉法第6条の2第7項に規定）に法制化された．厚生省の調査によると平成14年現在13,698個所あり，現在は国庫補助事業となっている．担当する職員は放課後児童指導員と呼ばれ，遊びを指導する者（児童福祉施設最低基準第38条）の基準を有する者が望ましいとされている．こうした専門性の不明確さに加え，非常勤身分の者が多い．実際の運営は厚生省児童家庭局長通知「放課後児童健全育成事業の実施について」に基づく「放課後児童健全育成事業実施要綱」によって行われている．平成13年度より，過疎地域の10人以上の小規模クラブへ補助枠拡大や障害児受入促進試行事業が開始された．

学校の授業がある期間は下校後から利用が開始され，子どもたちは毎日「ただいま」と挨拶をしながらクラブを訪れる．自由な遊びや行事などのプログラム活動，必要に応じて学校の宿題に取り組み，夕方にはおやつを食べ，掃除をし帰宅の途につく．一般に午後5時で終了であるが，保護者や地域の実情に応じた時間延長などの対応が始まっている．

この事業は昭和22年の児童福祉法制定当時は児童館で実施する予定であった．しかし，当時隣保館などで開設されていた児童館の数は増えるどころか減少するなか，厚生省は母子家庭などの窮状に児童福祉法第39条を改正し「その他の児童を保育することができる」の1項を加え保育所でも実施することに道を開いた．しかし，保育所での実施も進まずその後の父母による自主運営や設置運動（いわゆる「つくり」運動）などによって大きくその設置数を増やしていった．すなわち行政主導ではなく，住民運動主導で発展してきた事業である．

本事業は従来一般に「学童保育」と称されることが多かった．しかしこうした名称は保育所などでの「保育」イメージが強すぎ，処遇内容や方法が限定的制約の多いものになる傾向も少なくない．たとえば，楽しむための「おやつ」が，「給食」に，小学生の体力や生活圏の広がりに応じたダイナミックで広域な遊び欲求は満たされず，施設敷地内での遊びに矮小化されていることなど挙げられよう．近年は「学童保育」ではなく，児童クラブや学童クラブなどの名称を使用するところが次第に多くなっている．

本事業の課題は，運営のオープン化，養護機能の強化，サービスの多様化である．外へ遊びにいけない，友達が遊びに来ることができない，地域住民との交流がないなどの閉鎖性の改善とともに，ひとり親家庭や被虐待児など社会的援助が必要な子どもや保護者への相談援助やサービス時間の延

長やトワイライトステイなどの社会的養護機能にも力を入れていかなければならないだろう．また，退会後の子どもたちの学校休業中の昼食の孤食の防止やケガなど突然のできごとなどへの対応，年齢が高くなってもケアが必要な障害児への対応などのサービスの多様化が重要になってきている．

3. 児童相談所

児童福祉システムの中核機関である．児童福祉法第15条の2に基づき設置されている．全国に182個所（平成15年5月現在）あり，都道府県は児童福祉法第15条により設置義務がある．要養護児童や非行少年や障害児の療育などの相談や判定，指導，措置などを実施している．その運営は児童相談所運営指針（平成12年11月改定）に基づいて運営されている．

組織は職員の人事や給与，施設や物品の管理などの業務などを行う総務部門，相談の受付，受理会議の実施，一時保護手続き，調査・社会診断・医学診断・心理診断や指導，判定会議の実施，療育手帳，処遇会議の実施，措置事務，児童記録票などの整理保管，家庭指導などの業務を行う相談・判定・指導・措置部門，一時保護の実施，一時保護児童の保護・生活指導・行動観察・行動診断，観察会議の実施をする一時保護部門の3部門をもつことが標準である．

児童相談所に勤める職員は，所長，児童福祉司，心理判定員，相談員，医師，児童指導員，保育士などを始めとして，心理療法担当職員，保健師，理学療法士，作業療法士，言語療法士，臨床検査技師，看護師，栄養士，調理員から構成されている．児童虐待の急増により児童虐待対応協力員の配置も平成12年度から行われている．

児童福祉司が措置の中心的役割を担う．心理担当職員の業務は従来診断的性格のものが多かったが子どものケアや家族の再統合のための保護者も含めた心のケアなどの業務が多くなってきている．しかし，ケアのプログラム開発や必要な専門家の導入は進んでいない．

児童相談所の業務は，前述したとおり子どもに関する相談を家族や子どもから受け，子どもやその家庭の調査や医学的・心理学的・教育学的・社会学的および精神保健上の判定とそれに基づく必要な処遇・指導，そして一時保護も行う．処遇・指導は児童相談所長として行う措置（児童福祉法第26条）と，都道府県の機関として行う措置（児童福祉法第27条）とがある．

こうした処遇は大きく3つに分かれる．まず1つは在宅での指導である．助言や児童相談所への通所や児童福祉司や児童委員の訪問などによる指導で相談件数のほぼ9割を越える．第2は児童福祉施設への入所措置である．児童養護施設や乳児院などへの入所や里親委託などである．第3は非行などの事案などの家庭裁判所への送致や家事審判請求（親権喪失宣告や施設入所の承認，後見人の選任・解任に請求）である．

このように児童相談所は相談機関としては重装備の機関だが，相談する側は各地域担当の児童福祉司に気軽に相談をもちかけてよい．近年は電話相談も実施しており，より簡便に相談できるように配慮されている．平成14年には全国で約40万件で，1つの児童相談所あたりに割り返すと1日あたりの平均約6件の相談がせられている計算になる．

児童相談所は児童福祉の中核機関として機能してきたが，すべての機能を担うには相談件数に比較すると設置数が少なく，数を増やすには重装備の機関で大幅な増設は困難である．平成16年の児童福祉法の改正により今後は，判定と措置，そして治療の機能を残し，あとは児童家庭支援センターや市町村が相談援助の中核機関となり，そこが基本的な相談対応を行う形態に移行する予定である．

4. 児童家庭支援センターなど児童福祉の相談機関（家庭児童相談室，地域子育て支援センター，児童委員，子育て支援員，子育て支援総合コーディネーター，社会福祉協議会など）

1） 児童家庭支援センター

地域社会での子どもや家庭への支援を早期に行うためには，公や民間の社会サービスなどの情報提供や相談活動が重要になる．平成9年の児童福祉法の改正により新たに地域の相談機関として児童家庭支援センターが設置された．予算措置上は平成15年度中に40個所の設置を目指している．全国175個所の児童相談所だけでは相談に十分に対応できないことから，在宅介護支援センターの児童版として設置運営されている東京都の子ども家庭支援センター（平成7年より運用）などをモデルに構想されたのが，児童家庭支援センターである．児童福祉法第44条の2に規定され，厚生省児童家庭局長通知「児童家庭支援センターの設置運営について」（平成10年5月）に基づき運営されている．乳児院や児童養護施設，母子生活支援施設，情緒障害児短期治療施設，児童自立支援施設に付設される．職員は相談・支援を担当する職員（常勤1名，非常勤1名）と心理療法などを担当する職員（非常勤1名）の3名となっている．援助の方法は訪問などによる状況把握や援助計画の作成，その他の援助を行うことになっている．アウトリーチに力点を置いた援助方法である．そしてその役割は，①相談・助言や，②児童相談所からの受託による相談指導，③地域の関係機関との連携などとなっている．こうした性格上，相談内容も下記の地域子育て支援センターと比べ重い，困難なケースの相談が寄せられている傾向が強いことが近年の調査で明らかになってきている．

しかし，都道府県単位の機関であり，かつ児童養護施設などの取り組みも活発でないため設置数の増加は鈍く，平成13年度で22個所しか配置されず，市町村の子ども家庭関係機関へのアクセスや連携もあまりスムーズとはいえない．また，相談支援を担当する職員については附置している施設職員が登用されることが多い．しかしこれら職員の積み重ねてきたスキルはケアワークでソーシャルワーカーとしての機能を十分担い切れないきらいもある．平成14年度より市町村が設置することも可能となった．今後は，こうした公的機関がセンターの運営を担う傾向を強め市町村の子どもや家庭の地域での支援の拠点として，とりわけ多様なサービスの総合調整による重篤なまたは複雑な問題に対し，適切な解決支援を行えるようケースマネージメント機関としてスタッフの専門性や配置数の充実を伴って発展させていくことが期待されよう．

2） 福祉事務所（家庭児童相談室を含む）

福祉事務所（福祉に関する事務所）は社会福祉法（旧社会福祉事業法）第14条から第17条に基づき設置されている機関である．都道府県や市は設置が義務づけられていて，福祉地区ごとに設置しなければならない．配置基準としては人口がおおむね10万人に1個所程度となっている．平成15年4月現在1,212個所設置されている．配置する職種は「指導監督を行う所員」「現業を行う所員」「事務を行う所員」の3職種となっている．都道府県立の福祉事務所と市町村立の福祉事務所の2種類がある．福祉事務所の中心的な業務を担う社会福祉主事については第18条でその業務を第19条でその資格を規定されている．

業務内容としては生活保護法，児童福祉法，母子及び寡婦福祉法，知的障害者福祉法などに定める措置業務などを行っている．所長や事務職員，社会福祉主事（現業員），査察指導員，母子相談員，身体障害者福祉司，知的障害者福祉司，老人福祉指導主事が配置されている．

児童福祉分野の業務は，児童福祉法では第18条の2で，また福祉事務所長の措置については同法第25条の2に明記されている．児童福祉法に基づき福祉事務所が行う業務は3つに分かれる．「児童や妊産婦の福祉に関する実情把握」「児童や妊産婦の福祉に関する相談・調査・必要な指導等」「児童相談所から委嘱された調査の実施」の3つである．そして，福祉事務所長の措置権の中身も3つある．児童福祉施設入所などの指導やそのための判定が必要な児童や保護者を児童相談所に送致することがまず挙げられよう．次に社会福祉主事や知的障害者福祉司による指導，そして助産施設や母子生活支援施設など児童福祉施設の入所の相談をしたり，保育の実施が必要な児童を市町村長へ報告または通知などを行うこととなっている．しかし，福祉事務所はいまや地域での児童家庭福祉問題への中心的位置は占めていない．業務としては位置づいているが，具体的な人的配置や担当部所がないなか実質的には補足的，連絡的なかかわりしかもてていないのが現状である．

福祉事務所の多くに併設されている家庭児童相談室の運営は昭和39年の「家庭児童相談室の設置運営について」に基づいている．家庭における人間関係の健全化や児童養育の適正化などの家庭児童福祉の向上を図ることを目的としている．社会福祉主事や家庭相談員，そして必要に応じて事務員が配置される．平成130年10月現在全国に958箇所設置されている．相談指導の内容で最も多いものが生活環境や福祉関係と学校生活関係となっている．しかし，スタッフ数不足や，スタッフの専門性の問題などで，地域の児童家庭福祉機関として十分機能しているとはいえない．地域での予防的支援のセンターとしての役割やケースマネージメント機関としての役割，ソーシャルワーク機関としての役割など現在社会的に期待が高まっている機能について担えていないところも多い．

3) 地域子育て支援センター

前述の児童家庭支援センターが子ども家庭関係の総合型の相談機関とすると，地域子育て支援センターはおもに乳幼児とその保護者のための相談支援機関である．厚生省児童家庭局長通知「特別保育事業の実施について」（平成10年4月）の別添4「地域子育て支援センター事業実施要綱」に基づき原則として保育所に設置され運営されている．保育所の機能拡張サービスとして位置づけされた機関である．職員は地域子育て指導者（指導者）と子育て指導者（担当者）の原則2名（小規模型の機関には地域子育て指導者1名のみ配置）配置し，平成16年には3,000個所設置される計画である．①育児相談や②子育てサークルなどの育成・支援，③特別保育事業の積極的実施と普及，④ベビーシッターなど地域の保育資源に情報提供，⑤家庭的保育を行う者への支援のうち3事業の実施（小規模型は2事業）をしている．

地域子育て支援センターは保育所の機能拡張事業であることから児童館や母子生活支援施設や児童養護施設，乳児院など幼児を対象とする施設への併設は原則的には認められていない．しかし地域特性にみあった併設施設の柔軟な選択，とりわけ児童館などきわめて多くの乳幼児とその保護者が日常的に利用している地域福祉施設への併設も可能となることが課題であろう．

4) 児童委員（主任児童委員も含む）

児童委員は，児童福祉法第12条に基づく行政の補助機関で，その具体的な業務については児童委員活動要領にまとめられている．児童委員の業務内容は平成13年の児童福祉法改正で第12条の2に規定されている．

児童福祉法第12条の2 「一．児童及び妊産婦につき，その生活及び取り巻く環境の状況を適切に把握しておくこと

二．児童及び妊産婦につき，その保護，

保健その他の福祉に関し，サービスを適切に利用するために必要な情報の提供その他の援助及び指導を行うこと

三．児童及び妊産婦の係る社会福祉を目的とする事業を経営するもの又は児童の健やかな育成に関する活動を行う者と密接に連携し，その事業又は活動を支援すること

四．児童福祉司または社会福祉法に規定する福祉に関する事務所（以下「福祉事務所」という．）の社会福祉主事の行う職務に協力すること

五．児童の健やかな育成に関する気運の醸成に努めること

六．前各号に掲げるもののほか，必要に応じて，児童及び妊産婦の福祉の増進を図るための活動を行うこと」

これらの規定は，これまでは同第12条第2項にあったが，12条の2に移動した形である．内容に「児童の健やかな育成に関する気運の醸成に努めること」が新たに加わったことも特筆されよう．また第13条の2に児童委員の研修の計画的実施についても規定された．なお，主任児童委員はこれまでは局長通知「主任児童委員の設置について」に基づいて任命されていたが，今回の改正で第12条に明記，法定化された．

民生委員はすべて児童委員を兼ねていて，おのおのが担当区域を持ち，地域に張り付いて活動をする形になっている．任期は3年で平成13年12月の一斉改選後の委嘱数は約22万7千人で，うち主任児童委員は20,497人である．民生児童委員の活動のうち相談・指導件数は年間約130万件で，うち児童関係のものが13万件と1割程度と少ない．なお，女性児童委員を中心とした活動に「心豊かな子どもを育てる運動」がある．

しかし，民生委員としての活動が多忙で，また比較的年齢が高い委員が多いことから子どもや子育て世代との世代間ギャップにより児童委員活動の不活発状態が長く続いたため児童委員の強化が以前から指摘されていた．平成6年1月に児童委員活動を促進する有効な方策として主任児童委員が発足した．民生委員と兼務せず，児童委員だけを担当し，担当地域を持たない委員である．連絡調整や担当区域を持つ児童委員とチームで子どもや家庭の問題に当たり，児童健全育成活動なども行う．平成10年12月の改選で約1万4千人が委嘱されている．集中的な研修の実施や地域活動の経験がある人材の参加により，児童委員活動の推進役として大きな役割を果たしだしている．また，地域担当の児童委員と主任児童委員とのチームアプローチ方式も次第に定着しつつある．また，こうした児童委員活動の振興により地域で子育て支援のための活動，たとえば一時保育サービスや乳幼児と保護者のサロンなどを地域でのパイロット事業，自主的活動（行政協力的な活動ではなく）として実施している児童委員や民生委員児童委員協議会も多くなってきている．全国民生委員児童委員協議会では児童委員活動強化のため，「全国児童委員活動強化方策」をまとめている．また平成12年度より全国民生委員児童委員連合会が主唱し児童委員活動の強化のための行動計画（アクションプラン）の策定が全国ではじめられている．

5） 子ども家庭支援員

平成14年度から実施された施策で，家庭訪問支援事業に位置づけられている．地域で子育てに困難を感じている家庭にボランティアの子育ての専門家を1日2時間程度派遣し，子育てのアドバイスをするとともに，子育ての一部を担う制度である．里親や保育士の資格取得者などの中から選ばれる．イギリスで実施されている類似の活動，Home-Startは高い効果をあげていることから日本での本事業の発展が期待される．平成16年度より育児支援家庭訪問事業に統合された．

6) 子育て支援総合コーディネーター

市町村段階で子育て支援情報を一元的に把握し，利用者に情報提供したりサービスのあっせんをするもので，地域子育て支援センターや市町村に平成15年度より配置されている．市町村が子どもや家庭への支援を本格的に取り組み出すためのきっかけとなることを期待したい．

7) すべての児童福祉施設などでの福祉相談

平成9年の児童福祉法の改正で同法第56条の6第2項に児童福祉に関する機関・施設などの設置者の努力義務として，「…相互に連携を図りつつ，児童及び家庭からの相談に応ずることその他の地域の実情に応じた積極的な支援を行うよう努めなければならない」という規定が新たに盛り込まれた．とりわけ保育所については，別規定が設けられ地域の相談・助言に応じることとなった（児童福祉法第48条の2）．また，そのため保育所保育指針でも相談や保護者への支援についても明記された．

56条の6第2項ではすべての児童福祉施設や事業で地域の子どもや家庭からの相談サービスが提供されることが努力目標とされている．実践的に非常に重要な規定として位置付ける必要があるだろう．こうした地域での相談などの支援活動が活発化することは，市町村を単位とした在宅サービスの整備に発展することにつながることから，大きな期待が寄せられている．

8) ボランティア・市民活動センター（社会福祉協議会）

社会福祉協議会は全国のすべての市町村，都道府県に設置されている民間の社会福祉法人である．社会福祉法第107条と第108条に基づき設置運営されている．昭和20～30年代以降は子どもやその保護者を対象とした活動はほとんど取り組まれていないといっても過言ではなかった．しかし，平成12年ごろから市町村の社会福祉協議会の子育てサロンへの取り組みが地域によっては急速に進展し，全国社会福祉協議会（社会福祉法第109条に規定）では「ふれあい・子育てサロン」活動の開発のための調査研究事業企画委員会を設置し振興策の検討を始めた．平成15年度より全国的に活動展開されている．社会福祉協議会は従来は高齢者を対象とした「ふれあいサロン」への取り組みの経験があることから今後の発展に期待ができよう．「ふれあい・子育てサロン」は保護者や地域住民の自主的な乳幼児とその保護者のための居場所（ドロップインセンター）づくりの活動である．その活動のイメージは「気軽に，無理なく，楽しく，柔軟に」である．こうした活動を始めたい人や団体への支援を社会福祉協議会が行い，もって子育て中の親の孤立化防止を目的としている．こうした支援のための窓口としては社会福祉協議会が運営するボランティアセンター・市民活動が担当することも多い．

5. 公民館 (community center of learning)

公民館は，社会教育法の「第5章公民館」部分（社会教育法第20条から第42条）に基づく社会教育施設である．「住民のために実際生活に即する教育，学術及び文化の振興，社会福祉の増進に寄与する」ことを目的としている．市町村によって設置され，分館の設置ができることになっている．全国に18,257館（1999年現在）配置されている．公民館運営審議会を設置することができ住民の参加を前提とした運営を想定している．職員は全国で兼務と本務を含めて25,664人（1999年現在）おり，館長をはじめとして一般に社会教育主事や公民館主事が配置されている．本務の者が52.4%で兼務者より若干多い．成人団体の利用が最も多く次いで，婦人団体，青少年団体の利用の順で，高齢関係の団体の利用は最も少ない．教養の向上に関する事業が多く，趣味やけいこごとに関する事業が

2番目に多く実施されている.おおむねどの市町村にも設置されているが,東京(設置率44.4%),北海道(設置率社会56.5%),沖縄(設置率67.9%)と地域差がある.東京の場合は変則で区部は公民館の代わりに社会教育会館が設置されているためこうした数字になっている.東北はほぼ100%の設置率である.社会福祉ときわめて近親的な施設で,その源流はセツルメントハウスや隣保館である.こうした住民の生活支援の活動を教育の視点から行っている施設である.

公民館は伝統的に子育て支援の活動に力をいれてきた.従来は,家庭教育学級の乳幼児版や子育て講座のような講義形式の取り組みが多かった.教育の専門家や学校や幼稚園の先生,心理カウンセラーなどにより子育ての知識を獲得することに主眼を置いたものであった.現在でも家庭教育講座という形でこうした取り組みの形態は多い.いわば「講義モデル」といえよう.しかし,こうした「硬い」講座のスタイルは若い親たちに受け入れられず,またこうした講座に参加しない層が生活問題を抱える可能性が高いことなどから近年は「子育てサークル」や「子育てサロン」のようなたまり場(ドロップインセンター)の形態や子育てグループの育成の形態,換言すると「相互学習モデル」の形態をとるところが増加している.

また,社会教育活動への参加促進のため保育ボランティア講座を実施し講演会や講習会などの際の保育を担う人材を育成したり,子育てサポーターの講座などのように子育ての当事者たちの活動を支援したり子育て家庭へのアドバイスをしたりする人材を育成する取り組みも一般化してきている.加えて,公民館という限られた空間から活動の場をネットワークの手法を使い地域全体に広げ,多様で多重的な支援が可能となる住民主体の取り組みを始めている大阪の貝塚市の中央公民館が支援している「貝塚子育てネットワークの会」のような先駆的活動もある.

公民館では,こうした子育て活動支援のために,活動のための会場の提供したり,活動の促進のための情報提供をしたり,活動する人と人をつなげるなどの役割を積極的に担うよう努めている.近年は公民館や児童委員,保健師,児童館,ボランティア,社会福祉協議会など子育て支援の関係者が保護者とともに,共催で子育て支援事業に取り組むことも多くなりだしている.

〔西郷泰之〕

養護系の児童福祉施設など（社会養護のための生活型施設など）

child welfare facilities
—foster care and residential facilities—

家庭での養護が困難，または家庭で養護することが子どもの成育にとって不適切な場合は家庭以外での養育，すなわち社会養護の形態をとる．わが国では児童養護施設など施設入所形態をイメージしがちだが，国際的には家庭的な養護形態を基本としている．この項目では社会養護の柱となる家庭的養護と施設養護の2つについて説明することとしたい．

1. 家庭的養護
1) 里親や保護受託者

児童福祉法上の里親は，養育里親で児童福祉法第27条に規定され，戸籍上の親子関係はない．いわゆる里親には2つの形態があり養子縁組を前提とした養子縁組里親と養子縁組を目的とせず児童が自立するか親元に帰るまでの一定期間の養育を行う養育里親との2つにわけられる．養子縁組里親は，民法792条以下に規定されている養子縁組（戸籍上の親子関係はあるが実の親との関係も維持される）や1988年の民法の改正で同法第817条の2以下に規定された特別養子縁組（戸籍上の親子関係あり．実の親との戸籍上の関係はない．）の制度によっても児童の保護がされるものである．養育里親を経て家庭裁判所へ特別養子縁組の申し立てを行い，成立するケースが多くなっている．

保護者のいない児童または虐待など保護者に養育させることが不適当である児童を対象とし，児童福祉法と厚生事務次官通知「里親等家庭養育の運営について」（昭和62年）に基づき運営されている制度である．里親への委託は都道府県の措置として児童相談所により実施されている．「児童を一時的又は継続的に自己の家庭内に預かり養育することを希望するものであって，都道府県知事が適当と認めたもの」とされ，5年ごとに再認定される．不適格者は里親認定を取り消される．平成12年現在登録里親数は7,403人で，ピーク時の4割に減少している．1,699の里親で2,157人の里子の養育がされている．養育里親には平成14年度は2万9,000円の手当てと，4万8,210円の生活費が毎月支払われている．後で述べる平成14年度から実施された専門里親は，3倍の9万200円の専門里親手当が，親族里親は生活費のみが支給され約6万円となっている．

専門里親制度と親族里親制度は平成14年度より新設された新しい制度である．専門里親は被虐待児などの専門的ケアが必要な児童を対象とし，原則として2年以内の期間で委託する．家庭復帰を前提とし，児童の養育経験がある里親，子どもの教育・福祉・保健・医療などに従事した経験がある者が選ばれ，おおむね3カ月の研修（通信教育，スクーリング，実習）を経て認定される．親族里親は米国などではよく活用されている制度で，保護者が行方不明・死亡・疾患・拘禁などの場合，3親等以内の親族（祖父母，伯父伯母，兄弟）によって養育を行う制度で，里親と同様2～3日の基礎研修を受けなければならないとされる制度である．

国際的には里親による家庭的養護が基本になっていることや，近年，里子のなかにも被虐待児などのいわゆるdifficult childが多くなっていること，そして児童養護施設や児童相談所の一時保護所に空きがなく，その代替措置として里親がクローズアップされてきていることなどから近年急激に焦点化されてきている制度である．

今後の課題は，里親支援体制の整備であろう．平成14年度より里親支援のための

制度が3つ加わった．里親研修事業と養育相談事業，そして一時的休息のための援助である．こうした公的機関による里親や養子縁組への支援制度の充実が急務であることは間違いない．里親が専門技術を習得し，スーパービジョンを必要に応じて受けられ，レスパイトの機会も用意されるなかで里親による養護の推進がなされないと，里親が問題を抱え込んでしまいかねない．これらの制度の発展に期待するとともに，里親としての適格性や里子と里親の関係のスクリーニングまたは里親によるサービスの点検・評価が確立し，指導・援助，などを担当する専門機関や担当者の新たな設置が期待される．東京都の養育家庭センターなどはその草分け的取り組みとなろう．

保護受託者制度は，1954年に制度化され中学卒業後の児童に生活の場を与え，1年間仕事の指導をさせることを目的とした制度で，いわゆる職親的な役割をもった制度である．平成13年現在213組の受託者がいる．児童福祉法第27条に規定されている．制度制定当時の家庭内でのまたは住み込みによる労働形態を予定している制度のため現在利用者は少ない．本制度は新たな検討の時期を迎えている．

2) 自立援助ホーム

中学卒業後に児童養護施設や児童自立支援施設などを退所，就職する児童に対し供給される共同生活を営むための住居を指し，児童福祉法第6条の2第5項に基づく事業で児童自立生活援助事業に基づく住宅をいう．児童指導員や保育士などが配置され，相談や日常生活上の援助や指導を行い自立の促進を目指している．昭和63年から国庫補助がされ平成9年に第二種社会福祉事業として法制化された．平成12年現在全国で18カ所しか設置されず，原則18歳未満までしか利用できないこと，そして建物が一般に住宅というより施設形式の場合が多く利用希望者が少ないことなどの問題も多い．

2. 施設養護

生活型の児童福祉施設としては，乳児院や児童養護施設，情緒障害児短期治療施設，児童自立支援施設，母子生活支援施設などがある．

1) 乳児院

養護が必要な乳児を入所させ養育するための施設で，全国に115個所ある．児童福祉法第37条に規定され，乳児を入所させて養育する施設で，とくに必要のある場合はおおむね2歳未満まで利用できる．乳児院退所後は7割が家庭に帰り，2割程度が児童養護施設の利用となる．ショートステイなどのサービスや母子での子育ての学習プログラムなどの提供も行っている．

表25.2 生活型施設

施設種別	条文	施設数	役割
乳児院	37条	115	保護者が病気や虐待など家庭での養育が困難または不適切な乳児などを入所させ養育する
児童養護施設	41条	550	虐待やネグレクトなどにより家庭での養育が困難な児童を入所させ養護する
情緒障害児短期治療施設	43条の5	17	軽度の情緒障害児を短期間入所させまたは通所させ治療する施設
児童自立支援施設	44条	57	不良行為などを行ったもので保護者などの監督が期待できないものを入所や通所で相談指導を行う施設
母子生活支援施設	38条	286	母子家庭を入所させ，保護し，自立促進のためにその生活を支援する

職員は施設長，医師または嘱託医，看護婦，栄養士および調理員，保育士などから成る．なお，平成11年度より家庭支援専門相談員（ファミリーソーシャルワーカー）の配置を開始し，家庭復帰のための調整を行っている．乳児院業務の家庭環境の調整への重点化や，児童養護施設へのスムーズな措置変更，第3者評価の推進，心理職の積極的導入，児童数に対し職員の配置基準が少なすぎることなどが課題である．家庭問題の複雑化，重度化により専門的技能や知識をもち，家族関係の調整ができる職員の採用なども重要な課題になってきている．

2) 児童養護施設

児童福祉法第41条に「乳児を除いて，保護者のない児童，虐待されている児童その他環境上養護を要する児童を入所させて，これを養護し，あわせてその自立を支援することを目的とする施設」と規定されている．形態は大舎制，中舎制，小舎制，ファミリーホームなどがある．指導は計画的手法を導入し，自立援助計画を作成して指導・援助をしている．全国に550個所（平成13年現在）あり，公立が66個所，私立が484個所で，28,041人の児童が利用している．原則的には高校など卒業時（高校などに進学しなかった者は中学校卒業時）までの利用であるが，児童相談所が必要を認める場合は20歳まで利用することが可能だ．昭和36年には両親の死亡が理由で入所した児童が21.5%と最も多かったが，平成4年の「養護児童等実態調査」では虐待や放任，父母の精神障害が高いポイントとなっている．ショートステイやトワイライトステイなどのサービス供給をしている施設もあるが，その数は少ない．

職員は，施設長，児童指導員，嘱託医，保育士，栄養士および調理員，職業指導員（職業指導を行う場合のみ）が置かれている．なお，平成10年より自立支援のための非常勤職員を，そして平成11年度より被虐待児など心理療法担当職員が心理療法を必要とする児童が一定数入所している施設に配置されるようになった．また，平成4年度から児童養護施設分園型自活訓練事業＝施設退所後に就職するものを対象として施設外のアパートなどを利用して自活のための訓練をする事業が始められている．また，平成12年度より定員が6名の小規模児童養護施設の設置が可能となった．施設退所後のアフターケア，子どもの生活集団の小規模化，養護モデルの明確化，被虐待児童への治療的ケア，障害児への処遇などが課題となっている．

3) 情緒障害児短期治療施設

児童福祉法第43条の5に定められ，全国に平成13年現在19個所（公立11個所，私立8個所）あり，719人が利用している．平成9年度まではおおむね12歳未満までが利用対象であった．しかし，児童福祉法改正により満20歳まで入所期間を延長することもできるようになった．また，入所形態だけでなく，通所形態での援助も受けられるようになった．施設長，医師，心理療法を担当する職員，児童指導員，保育士，看護師，栄養士および調理員などが配置されている．

情緒障害とは情動障害ともいい，情緒を適切に抑制したり表出したりできないことを示す言葉である．家庭機能の回復と生活環境の調整を図る家族療法が平成6年から実施されている．しかし，設置数が伸びないことや，治療期間の長期化や被虐待児などの治療技法も体系化されていないこと，重症化，そして大人数をケアの単位を前提とした施設設備などの問題も山積している．

4) 児童自立支援施設

全国に55個所，うち公立が53個所，私立では留岡幸助の設置した北海道家庭学校と横浜家庭学園の2個所設置されている．児童福祉法第44条に基づく施設で，不良

行為をしたり，またはする虞（おそれ）のある児童や，家庭環境やその他の環境上の理由により生活指導が必要な児童を入所形態や通所形態で指導し，自立への支援を行う施設である．平成13年現在中学生を中心に1,573名が利用（入所）している．施設長，児童自立支援専門員，児童生活支援員，嘱託医および精神科の診療に相当の経験を有する医師，栄養士および調理員などのスタッフがいる．

平成9年の法律改正以前は教護院と称されいわゆる年少の非行少年たちを入所させる形態の施設であった．同法改正後は通所形態も取り入れられ，対象となる児童も環境上の理由で生活指導を要する児童まで拡大された．しかし通所形態の利用はほとんどない状態である．また，従来，学校教育に準ずる教育が実施されていたが，公教育の保障の観点から分校・分教室の設置などにより学校教育が実施される方向で調整が進んでいる．

5) 母子生活支援施設

児童福祉法第38条に基づく施設で「配偶者のいない女子又はこれに準ずる事情にある女子及びその者の監護すべき児童を入所させて，これらの者を保護するとともに，これらの者の自立の促進のためにその生活を支援することを目的とする施設とする」とされ従来は母子寮と称されていた施設である．平成13年には全国に286施設あり公営が182，私営が104個所で一般に公営施設はいわゆる屋根対策（住まいの提供）のみで生活の支援活動が活発ではないところが多い傾向にある．施設長，母子指導員，嘱託医，少年を指導する職員，調理員，保育士などがおかれている．平成13年度から女性への暴力に対応するため夜間警備体制の強化や心理療法担当職員の配置が実施される．

課題としては，積極的なソーシャルワークの導入や，夜間の対応体制や精神疾患・人格障害などの入所者への理解と治療プログラムの開発，施設長の資格，インディペンデント・リビング・スキルの育成方法，そして施設内保育の条件整備などが挙げられよう．

〔西郷泰之〕

地域の子育て支援ネットワーク―行政主導

support network system for child rearing in the community
―public service

急速な少子高齢化が進んでいる．女性の社会進出，晩婚化が進み，離婚や single mother も増えている．核家族化が進み，育児の伝承がなくなり，かつての地域社会もなくなった．赤ちゃんをさわるのは，わが子がはじめてということもまれでなくなった．コンビニエンスストアと携帯電話が普及し，毎日の生活を大きく変えた．このような背景をもとに，子育ては当たり前のことではなくなり，子どもの虐待が大きな社会問題となり，子育て支援が注目されるようになってきた．

1) 中心は子どもと家庭

これまでの保育行政は保育園や児童館の充実を柱に進められてきた．また福祉政策も，問題を抱えた要支援家族に対して，子育て支援，障害，虐待とそれぞれ別々に施策が検討されてきた．しかし，地域で生活する子どもと家族にとって，そのような区別があるわけではない．子育て不安は虐待につながり，虐待を受けて育った子どもは発達障害をきたし，また障害は被虐待のハイリスク因子である．子育て支援は，子どものいるすべての家庭を対象としなければならない．

東京都三鷹市では，保育園を中心にした子育て支援施策が以前から実践され，障害児者の拠点施設である北野ハピネスセンターを中心にした障害をもつ子どもの早期発見，早期療育のネットワークづくりも実践されてきた．そして平成 7 (1995) 年に実施した「子育て家庭のニーズ調査」で，子育て不安が広がり，密室の中で孤独な子育てが行われていることなど，現在の育児状況が把握された．乳幼児期の子育て支援施策はすべての子どもと家庭を対象として，親自身の心の豊かさを視野に入れた幅広い施策が必要であることが明らかにされた．そして子育て支援ネットワークの要となる施設と方策が検討され，子ども家庭支援センターの開設と子どもの相談連絡会の拡充など，その後の三鷹市の子育て支援施策の展開と充実につながった．

2) 東京都三鷹市の子育て支援

子育て支援に関する施策は，国のレベル，都道府県のレベルそして区市町村のレベルのものがある．区市町村の中でも担当する部署はさまざまで，そのなかで多様な施策がたてられている．全国それぞれの地域で，その地域独自の社会的資源を活かした子育て支援施策とネットワークがあるといって過言ではない．

東京都三鷹市は東京都のほぼ中央に位置する，人口約 17 万人の住宅地域である．出生数はおおよそ年 1,400 人である．三鷹市はファミリーソーシャルワークの手法を用い，公設公営の 2 つの子ども家庭支援センター，母子保健の実践機関である総合保健センター，障害児者の拠点施設である北野ハピネスセンターと保育園を 4 つの拠点とし，子どもの相談連絡会（子ども家庭支援ネットワーク）を子ども家庭支援センターが所掌することを条例で明記し，行政が主導するしっかりとしたネットワークを構築している．また医療とは地域医師会，市内の大学病院と近隣の医療，療育施設と連携をはかっている．

3) ファミリーソーシャルワークと地域のネットワーク

ファミリーソーシャルワークは，問題状況に直面している一個人のみをクライエントとしてみるのではなく，問題をその個人を含めた家族全体の中で捉え，家族関係のあり方に介入することで問題の解決・緩和を図ろうとする援助方法である．

問題を抱えた人はみずから問題を抱えて

いるといい，どこかに相談に訪れることは少ない．何が問題なのか，どこに相談をしに行ったらいいのか，どこで適切なアドバイスが得られるかわからないことが多い．むしろ，その問題に気づいていない．またたとえ相談できる場所がわかっても，予約をとって，見ず知らずの人に相談することはしないものである．子育て支援にかかわる人は，これら養育者が抱えている問題に気づく「センス」をもつことが求められる．しかし，気づいてもそれを一人で解決しようとしたり，抱え込んでもならない．適切な機関と人と連携をとることが必要である．中心となる機関と人を決め，一機関，一個人で抱え込まずに対応するには，関係するそれぞれの機関が高い機能を持ち，各々の人（専門職）が自らの業務を把握し，限界を知り，人の顔と顔の見えるネットワークの後ろ盾があるという認識をもって対応することが必要である．

4) 子ども家庭支援センター

東京都児童福祉審議会の提言に基づき平成7（1995）年度から開始された東京都独自の子育て支援事業である．保育園や児童館が行う軽易な相談と児童相談所の一時保護や施設入所など法的対応と専門的指導援助の中間に位置し，子どもと家庭に関するあらゆる問題についての総合相談，援助の実施，サービスの提供と調整などを行うほか，地域における子ども家庭支援ネットワークの拠点としての役割を担うこととされている．東京都では人口10万人に1個所程度の整備を目指している．

平成9（1997）年，三鷹市はそれまで保育園の地域開放事業のための施設だった「すくすくひろば」を建て替え，条例により子ども家庭支援センターすくすくひろばを設置した．公設公営で運営され，三鷹市健康福祉部子育て支援係に所属する．4人の常勤職員のうち2人は市の正職員で，公立保育園からの人事異動で保育士が配属されている．三鷹市は平成14年2つ目の支援センター「のびのびひろば」を開設した．

すくすくひろばは市立保育園と公園に隣接し，建物の1階にはいつでも誰でも来て帰れる「わいわいひろば」と名づけたホール，2階には食事ができる「サロンコーナー」や「子育てグループ室」，年齢別のグループ遊びに使用する部屋などがある．特別な相談室はない．「わいわいひろば」を中心に利用者は1日に親子で約170人，年間では延べ約4万人になる．

また三鷹市は在宅サービスとして一時保育，トワイライト，ショートステイなどを実施しており，子ども家庭支援センターはその相談，受付のみならず決定を行っている．さらに地域の子育て支援ネットワークの推進のための「子どもの相談連絡会」を支援センターが所掌することを条例（「子どもと家庭支援に係わる関係機関の連携及び調整に関すること」）で規定している．そして支援センターの相談の特徴は，とくに予約などをとらず，子どもと家族のことなら，いつでも何でも受け付けるという，敷居の低さにある．年間約1,000件の相談を受け，100件は他機関と連携をとっている．そして支援センターは子どもの遊び場であるだけでなく，母親同士の情報交換の場，母親自身の心休まる居場所，仲間づくりの場にもなっている．

5) 総合保健センター

新生児，乳幼児，思春期から老人まで，母子保健，思春期保健，成人保健，老人保健さらに精神保健の実践機関である．これら地域保健活動の担い手の中心は保健師である．保健センター保健師は健診などを通して，地域のすべての養育者と子どもに会う機会がある．また家庭訪問の機能がある．

母子保健事業の柱は健診，相談と指導である．健診の目的は時代により変わってきている．感染の予防，栄養，疾病や発達障害の早期発見，さらに事故の予防などに加

え近年，子育て支援や虐待の早期発見，およびその後の地域での支援にも大きな期待が寄せられている．保健センターでは発育，発達，心理，栄養，歯科などさまざまな相談が行われている．保健センターの相談は専門性が高く，随時予約は受け付けても，相談内容によってできるだけ専門職が相談に当たることになる．しかし，保健師は健診の場，電話相談などでも，「なんでも相談にのる」というメッセージを送り，相談をうけやすい関係づくりを心がける必要がある．また虐待を含め，問題を抱える家庭は，健診未受診者の中に隠されていることが明らかになっている．健診未受診者のフォローアップは大きな課題である．そして保健師はマニュアル的な指導ではなく，支援的な態度で接することが望まれている．さらに保健センターでは健診だけでなく，健診後のグループ指導や健診などをきっかけとした，仲間づくりにも積極的に取り組んでいる．

6) 北野ハピネスセンター

三鷹市北野ハピネスセンターは昭和58（1983）年に開設された，在宅心身障害児（者）を対象にした公設公営の福祉施設である．デイケアをはじめとして療育相談，医療相談，歯科相談，福祉相談，リハビリテーション，日常生活訓練などを行っている．就学前児童の発達障害の早期発見早期療育システムの拠点施設であり，通園訓練部門「くるみ幼児園」，外来部門として母子グループ「ひよこ」のほか，コミュニケーション・トレーニング（言語療法），理学療法，感覚統合療法，音楽療法，運動療法などの個別及び集団による専門訓練を行っている．ハピネスセンターにはケースワーカーが配置されており，関係機関との調整役を担っている．

かつてハピネスセンターは，障害児の通う「暗いところ」というイメージがあり，利用されづらい施設とみられていたことがあったが，最近では多くの専門職がいて，専門的なアドバイスが得られ，訓練を受けられる所と肯定的に認められるようになってきた．ハピネスセンターは館祭りや施設解放，「ことばの相談室」の開設，保育園・幼稚園に対する巡回指導，保健センターの健診との架け橋として巡回療育相談などを介して，他機関との連携をはかるとともに，市民の間にも認知されるようになった．「心身障害児福祉センター」という名称よりも，ハピネスセンターという名称も役立っている．

7) 保育園

三鷹市の公立保育園は，以前から電話や来園によるすくすく保育相談，行事への招待，保育展，図書の買出し，園庭解放やホールの貸し出しなどで地域との連携をはかってきた．また緊急一時保育も行っている．また三鷹市では公立保育園に指定園を設定し，障害をもつ子どもと健常の子どもの統合保育を行うクラスを設けている．入園児童は保育の実施条例に基づく選考基準によらず，三鷹市独自の「障害児保育実施要綱」で定める入園会議において決定している．このため三鷹市では母親が専業主婦であるなど，保育の実施要件の有無にかかわらず，子どもの発達にとって統合保育が必要かつ適切と判断された場合には入園が可能である．障害児保育指定園へは，各園に年間5回の北野ハピネスセンター巡回指導が制度化されている．

保育園の主役は保育士である．三鷹市の保育士は市立保育園のみならず，北野ハピネスセンター，児童館，社会教育会館，子ども家庭支援センターなどの間でローテーションがある．そのため保育園以外の親子の様子を知ることができ，それぞれの業務内容がわかり，連携がとりやすくなっている．ハピネスセンターで障害をもつ子どもの療育を経験した保育士が各保育園にいるようにもなった．また児童館や社会教育会館に配属された保育士も，そこで出会う養育者の抱えている問題に気づくように，ネ

ットワークにつないで対応するように心がけている.

8) ハピネスセンター巡回指導

療育施設である北野ハピネスセンターの保育園と幼稚園に対するサービスである.ハピネスセンターで療育を受けた後,保育園や幼稚園へ進んだ子ども達に対し,言語聴覚士や心理療法士などの専門職を派遣し,さまざまな保育上の助言や指導を行うことを目的として始まった.しかしすでに入園している障害が疑われる子ども,ちょっと気になる子どもについても専門的な保育上の助言を求める依頼が多くなった.依頼状況に応じて専門職とケースワーカーを派遣し,集団の中で子どもの様子を観察,評価を行い,事後の対応などについてアドバイスを行い,障害の発見,把握の場としても重要な役割を果たしている.障害児保育指定園には年間5回,その他の公私立保育所,幼稚園へは園長からの依頼により随時行っている.いずれの形式の巡回指導にもケースワーカーが同行し,連絡調整や関係機関との連携を行っている.

9) 巡回療育相談

在宅心身障害児巡回療育相談事業は,東京都の事業として発育・発達に遅れがある乳幼児をもつ保護者からの相談に応じるために,おもに保健所で行われている.三鷹市では東京都との共催事業として月に1回北野ハピネスセンターで行っている.東京都からは都立病院の小児神経または小児精神の専門医師と保健所保健師,三鷹市からは保健センター保健師,ハピネスセンター理学療法士および早期発見早期療育フォローチームが参加する.おもな目的は健診とハピネスセンターでの療育の橋渡しである.療育が必要と評価されたときには,北野ハピネスセンターの場所とスタッフとも会っているため,スムーズにまた早期に療育が開始できる.療育に入った後も,医療面の相談を受けるため継続して利用することができる.また,子どもが在籍する保育園などから保育士が,医師などからのアドバイスを受けるために保護者の了解の下に参加することもある.

10) 子どもの相談連絡会(子ども家庭支援ネットワーク)

子どもの相談連絡会は平成2年に保育園の相談事業を母体にして始まり,子ども家庭支援センターすくすくひろばが開設され時,機能を拡充し,その機能を条例により規定した.北野ハピネスセンターくるみ幼児園園長,早期発見早期療育ケースワーカー,保健センター保健師,市立保育園園長・保健担当保健師・看護師・栄養士,児童館児童厚生員,生活保護担当ケースワーカー,社会教育会館保育士,母子生活支援施設少年指導員,杉並児童相談所児童福祉司,三鷹武蔵野保健所保健師など,普段から実際に子どもと家庭にかかわっている三鷹市と東京都の関係機関のスタッフにより構成されている.毎月1回の定例会では情報交換だけでなく,個別の事例についても具体的な支援方法や連携の方策を検討している.また,児童虐待問題などの研修会も定期的に行っている.

さらに平成14年4月に2つ目の子ども家庭支援センター「のびのびひろば」を開設した際,教育委員会,小中学校,幼稚園などの教育の領域,医師会,助産師会,警察署,民生・児童委員,主任児童委員,児童養護施設に私立の保育園,幼稚園も含め構成機関を拡大し,子ども家庭支援ネットワークとして就学後も含めたネットワーク構築を目指している.

11) 子どもの医療と育児支援

わが国の乳児死亡率は出生1,000対3.2と世界最低レベルにあり,死亡原因の第1位は先天異常である.1歳から15歳未満の児童死亡原因の第1位は事故である.しかし子どもの医療機関への通院理由の大半は依然として感染症である.かかりつけ医,かかりつけ薬局,かかりつけ歯科医をもつことが大切である.予防接種や,健診

をきっかけにかかりつけ医をもつことがすすめられる．かかりつけ医の多くは地域の医師会の中核として健康審査，予防接種などを通して母子保健に，また園医，校医としても子ども達にかかわっている．

子どもの救急医療は社会問題化している．三鷹市では市内の大学病院と隣接市にある日赤病院が24時間体制で救急医療に当たっている．少なく子どもを産んで育てる（貴重児化），育児情報の氾濫，マニュアル志向，核家族化による育児能力の継承不足などから，養育者とくに母親の疾病・急病不安が強まっている．母親は少しでも早く，正確な診断と対応を望んでおり，その時間帯は問題ではない．子どもを持つ親は「いつでも」「どこででも」「小児科の専門医」の診療を期待する．そして必要な検査，入院治療も1個所でできることを望んでいる．子どもの医療は成育小児科学として救急医療は大切な育児支援の場であると認識してはいるが，小児医療の重労働，不採算性，小児科医の不足や偏在など，多くの問題を抱えている．

12） 子どもの虐待

三鷹市では，虐待を疑ったらどの施設，部署でも，誰でもまず子ども家庭支援センターへ連絡することを啓発している．連絡を受けた支援センターは個別の事例に対して臨機応変に関係機関とともに支援チームを立ち上げる．適時関係機関とネットワークミィーティングを開き，必要に応じ児童相談所児童福祉司のスーパービジョンを得ながら対応している．子ども家庭支援センターは常時200件を越す要支援家庭をフォローしている．「養育困難」として援助を継続するなかで育児放棄（ネグレクト）が明らかになることが多い．また援助例の中には精神心理的な問題を抱えていることがまれではない．このような事例は保健師が中心となり，精神神経科医療につなげる重要な役割を果たすことが多い．障害が関係すれば北野ハピネスセンターと，医療との連携が必要な時は総合保健センターや地域の医療機関と連携をとっている．医療機関の中では医療ソーシャルワーカーが連携の要になる．

また三鷹市の総合保健センターでは「癒しのグループ」として虐待など不適切な育児をしている母親とその子ども，親自身が被虐待経験を持ち，子育てを適切に行えない，親自身が生きにくさを感じている母親とその子ども，その他家族関係や対人関係に悩み，その解決に向けて取り組みたいと考えている親子を対象として，心理相談員，保健師と保育士がチームを組み，保育士が子どもをみて母子分離をし，グループワークを行っている．また地域の中核医療機関である杏林大学附属病院は児童虐待防止委員会を設置しており，また誰でも参加できる勉強会を開いている．

13） 公設公営の意味，計画の建て方

区市町村が福祉施策，子育て支援施策などを策定するとき，企画部門やシンクタンクなどがおもにかかわって計画が策定されるところが少なくないという．現業部門の職員はヒアリングと称して意見を聞かれるだけで，いざ実施という段になり，現場は「知らない」「できない」という現場の抵抗がでてくることもあるという．全国約3,200市町村のうち虐待防止の機能をもつネットワークを設置したのは平成14(2002)年おおよそ700個所である．関係機関を招集し，会議を開き，それぞれのところで検討し，持ち寄ってマニュアルを作っても，決してそれはネットワークとしては動かない．

三鷹市では従来から福祉計画を策定する時に職員はもとより，市民参加さらには子育て，障害や高齢の当事者が参加して計画の立案に取り組んできた．またハピネスセンターの設立には「三鷹市の地域における心身障害児の早期発見・早期療育に関する地域システム改善のための報告と提言」が，子ども家庭支援センターの設立には

「子育て家庭のニーズを把握するためのアンケート調査の分析」が，実際の現場職員が加わって調査分析が行われた．公設公営というと，柔軟性のなさ，硬直的な体質，事務的な対応，縦割り行政などマイナスの面が強調される．しかし三鷹市では調査分析を職員参加で行い，計画の立案に職員，市民さらに当事者も参加して行い，それぞれの役割と責任の所在を明確にしている．ネットワーク内の各機関・施設の専門領域の専門意見を尊重して，相談者の目線で対応し，立場的に上下のないことが公設公営のメリットといえる．

14） ファミリーサポートセンター

子育て支援を受けたい人，子育て支援ができる人を利用会員，援助会員として登録しておき，会員同士で支えあう子育て支援である．ちょっと用事を済ませたい，歯科医に行く，美容院に行く間，上の子どもの授業参観の間，など有料ではあるが，気軽に利用することができる．下記のネットでもアクセスできる．

15） 新しい試み「みたか子育てネット」

平成13年から三鷹市では子育てに関係する諸機関を集結し，総合的なインターネット窓口「みたか子育てねっと」を立ち上げた．中心市街地活性化法に基づく特定会社「まちづくり三鷹」が運営している．市の児童福祉，母子保健，医療情報のほか，各種申請用紙をダウンロードすることができる．また実際に子育て中の母親が，ボランティアとして中心になり「子そだてコンビニ」として，毎日の生活に密着した情報を提供し，なんでも書き込める掲示板「子そだてひろば」，メール相談もある．

三鷹市のパーソナルコンピュータの普及率は約70％，インターネット普及率は約60％である．インターネットは地理的・時間的・年齢格差を超えて情報を正確，迅速に伝えることができる．子育て中の養育者は夜9時以降の利用が多かった．このネットを立ち上げ運営する過程で，各部門・施設間の意思疎通をはかることができ，保育園がホームページを立ち上げる際，保育士同士のみならず，コンピュータを得意とする母親との連携がとられたりした．また，民間ボランティアの人たちの仲間づくり，行政との接点ができるなどのメリットがあった．

16） 気づきの「センス」のレベルアップ

これまで述べたように子育て支援にかかわる人は相談窓口で待っている，健診などで指導するような姿勢では子育て支援にはならない．子どもと養育者の抱いている問題に気づき，適切な対応につなげる，気づきのセンスとソーシャルワークが求められる．

三鷹市では計画策定や新規プロジェクトなどの立ち上げに職員の参加が当たり前という土壌があり，その結果が施索に反映されている．子どもの相談連絡会，巡回指導，巡回療育相談などで普段から連携がはかられている．それぞれの機関と人が，どこで，どのような役割をしているのかが，目に見える形で連携がとられている．保育士は保育園だけでなく，多くの部署を経験することにより，保育園以外の場所での子ども達，障害をもった子ども達，そして小中学生にも触れることができる．行政も子育て支援係を新設し，「みたか子育てねっと」でも，連携がはかられている．

気づいた時に，相談できる場所と人がいる，という多様なバックアップがあって，「気づき」のセンスが生かされる．

〔松田博雄〕

文　献

1) 松田博雄・山本真実編著：三鷹市の子ども家庭支援ネットワーク，ミネルヴァ書房．2003.

地域の子育て支援ネットワーク—地域住民による
support network system for child rearing in the community-by the residents

1980年代後半から全国的に自然発生的に広がってきた「子育てサークル」が横につながって生まれた「子育てネットワーク」という活動がある．この活動の生い立ちにはいくつかの型があるが，「子育てサークル」をベースとして誕生した「子育てネットワーク」という活動が多い．これは意識的な専門職や市民の積極的な働きかけがあって生まれてきたという経緯がある．この代表的活動である「貝塚子育てネットワークの会」が1987年に誕生しており，全国でも最も成熟した子育てネットワークの1つである．その後，各地で子育てネットワークが生まれているが，いずれも，社会教育の専門職の働きかけが大きく影響している．「子育てサークル」から生まれた「子育てネットワーク」は，地域に根ざしており，市区町村単位のものがほとんどである．

「子育てネットワーク」のもっている役割は，①孤立した育児をなくす取り組み，②「子育てサークル」を新しく立ち上げたり，その活動が継続できるように支える役割，③個々のサークルを結ぶ役割，とくに何かと負担の多いサークル・リーダーを支える役割や新たにサークル・リーダーを養成する役割，④子育てのテーマだけでなく，親のニーズに合った親のための学習を企画・運営する役割，⑤行政と連携し，子育てしやすい環境づくりに取り組む役割，⑥活動を通して，親同士の横のつながりを強化し，地域の養育力や問題解決能力を高める役割などを担っている[1,2,4]．

現在，「子育てネットワーク」は全国的な展開をみせており，NPOとして組織化の進んだ団体も数多く出現している．もともと，民間から自然発生した活動であるため，団体ごとに異なった活動様式をもっているが，共通する活動は，子育て中の母親達のたまり場である「子育てサロン」を開催，子育てサークルへの運営や立ち上げのアドバイス，勉強会への講師派遣，活動中のグループ保育，行政への橋渡しなどが行われている．

地域での子育て支援のための活動はさまざまであり，ブックスタートを支援する活動，子育て家庭へ出向いて母親の話し相手をする活動，一時保育あるいは集団保育サービスなどがある．これらの地域に根ざした子育て支援活動が軒を連ね始めており，これらの間を結ぶネットワーク形成が求められている．

現在，社会教育部門が実施している「子育てサポーター」「子育てパートナー」などの支援者が各地に誕生しており，これらが組織化し「子育てサロン」を中心として，子育て支援活動を展開している．子育てサークルとは異なり，組織力があり，時代のニーズに乗ってその活動の範囲を広げている．

〔中村　敬〕

文献

1) 原田正文：育児不安を超えて—思春期に花ひらく子育て—，朱鷺書房，大阪，1993．
2) 原田正文：みんな「未熟な親」なんだ—グループ子育てのすすめ—，農文協，東京，1999．
3) 服部祥子・原田正文編：みんなで子育てQ&A—はじめの一歩からネットワークづくりまで—，農文協，東京，1997．
4) 原田正文：「子育て（支援）ネットワーク」の歴史的考察と現在の問題点・課題の分析，および今後の方向性について—子育て支援ボランティア活動を通して—（中村　敬：平成14年度厚生労働科学研究（子ども家庭総合研究事業）：『地域における子育て支援ネットワークの構築に関する研究』報告書，2002．

地域の子育て支援住民組織
―愛育班，母子保健推進員
AIIKU-HAN, maternal-child health volunteer

子育てを支援する住民の活動や組織活動について，本稿では市町村母子保健事業（現在は育児等健康支援事業の地域活動事業となっている）として行われている「母子保健推進員活動事業」「母子保健地域組織活動育成事業」を取り上げ，とくに全国レベルで活動が展開されている「愛育班」と「母子保健推進員」について述べる．なお，「愛育班」は母子保健地域組織活動育成事業において，その組織の一例として記載されている．

1. 愛育班活動
1）愛育班とは
愛育班とは，共同体意識のある小学校区程度の地域において，母子保健を中心に住民共通の健康問題を住民みずからが（家庭の主婦が中心），自主的活動と民主的運営によって（家庭訪問，話し合い），組織的な活動で問題の発見とその解決をはかり，豊かな地域社会をつくろうとする民間の婦人組織である．その活動の目的は，すべての人間の基礎をつくる母子の保健と福祉の向上，生活の基盤である家庭を中心にした地域全体の健康づくり，地域住民の自立と連帯意識を高め，あわせて地域の民主化をはかることにある．

平成14年現在，30道府県の367市町村（政令指定都市，中核市を含む）に1,089の単位愛育班があり，約5万人の愛育班員が多彩な活動を展開している．愛育班活動の普及や組織化は，恩賜財団母子愛育会（愛育推進部）が行っている．

2）愛育班の歴史（由来）[1]
愛育班のルーツは恩賜財団愛育会（昭和9年創立）が，昭和11年（1936年）に「愛育村」を指定したことに始まり，とくに当時の高い乳幼児死亡率（昭和10年106.7）を下げるための方法として提言された愛育村事業にある．第1回は，昭和11年，神奈川県高部屋村，千葉県富崎村，埼玉県日勝村，福井県社村，石川県金丸村の5村が指定された．「愛育村事業」の中心的存在として「愛育班」は位置づけられ，村ぐるみで「母子愛育」をテーマとした乳幼児，妊産婦死亡率の改善を目標とする，農山漁村の生活改善運動が始まった．当時の愛育村では，愛育班員による家庭訪問のほか，①季節保育所の設置，②母性相談（健康相談を含む），③乳幼児相談（健康相談を含む），④母子栄養の指導（共同炊事その他），⑤衛生施設の拡充，⑥講習会，講演会，講座，座談会，乳幼児審査会，展覧会などの開催，⑦母の会の設立などの事業が行われた．

その後，昭和16年（1941年），人口政策確立要綱が閣議決定を受けて，人口増強政策の一環として母子保健対策が推進され，また厚生省社会局からの補助もあり，全国一斉の普及が図られた．昭和19年（1944年）には各都道府県に支部が設置され，終戦後の昭和21年までに1,173市町村で愛育村事業が展開された．

昭和22年以降は，国や恩賜財団母子愛育会からの補助金が打ち切られ，町村の自立的経営にゆだねられた．22年（1947年）児童福祉法が公布され，母子保健行政も戦前の人口増強政策から児童の保護や健全育成を中心としたものに変化し，同年保健所法の改正で，保健所網が整備された．母子愛育会の愛育村事業の指導は漸次低下したため，その指導は保健所の力に期待することとなった．29年（1954年），厚生省の児童局長は「愛育村活動は現在のわが国にもっとも適した母子保健向上の方法である」

とし,「母子衛生を主とした地域組織の育成について」を通達し,愛育班の育成をはかった.昭和30年(1955年),日本は国際連合児童基金(ユニセフ)から脱脂粉乳を贈与されたが,この配布に関する協定の中で支給先として「母子衛生地域組織」が指定され,また「愛育村として知られている母子衛生地域組織の拡充を奨励すること」が決められ,多くの地域で愛育班が結成された.この時期から,村ぐるみの愛育村事業という運動形態から,母子保健(狭い意味での乳幼児,妊産婦保健)のみを対象とする愛育班の活動へと変化した.

昭和40年(1965年)母子保健法が公布,母と子に対する一貫した母子保健サービスが積極的に施策化され,きめ細かなサービスを提供するために愛育班活動へいっそう期待が寄せられた.この時期,母子愛育会は日本船舶振興会の補助を受け(昭和43年,1968年),愛育班の普及拡充に努め,戦後停滞し,形骸化しつつあった愛育班の"活性・拡充化"が図られた.昭和50年代以降,わが国の地域保健活動は新しい局面を迎え,疾病対策から健康づくり対策へと変化した.加えて人口構造の変化,少子高齢化が進み,対象とする母子の減少もあり,愛育班の活動においても母子保健に限定せず全般的な健康づくりの活動を展開するようになった.現在の愛育班の活動対象は,平成12年度の愛育班全国調査[2]によると「地域の人たち全員」が73%と高率を示し,愛育班長は,活動への意見として「対象を限定せずに,地域住民の健康づくりに関する活動」(51%)と回答している.

3) 愛育班の組織

愛育班の組織は,小学校区程度の地域に組織され活動の主体となる「単位愛育班」と,この単位愛育班を市町村レベルでまとめた市町村愛育会の組織がある.市町村の規模によっては,市町村で1つの単位愛育班となっているところもある.また,地域によっては,保健所や郡レベル,あるいは県レベルの連合会を組織化している.単位愛育班が活動の主体で,連合体は連絡調整機能をもった協議体と考えればよい.したがってここでは,基本的な単位愛育班の組織について述べる.

地域の住民すべてを会員とし,便宜上会員は世帯単位となる.この会員10世帯程度から「愛育班員」を1名選出する.班員5~6人あるいは町内会や字の範囲で分班を構成し,この班員の中から「分班長」を選出する.この分班が小学校あるいは分班長15人以下で単位愛育班を構成し,「愛育班長」を選出する.会員―班員―分班長―班長という組織で,このうち班員―分班長―班長を役員という.ほかに班長を補佐する役員として,副班長,書記,会計をおくところもある(図25.1).愛育班の組織が他の地域組織と大きく異なっているのは,受持ち制と分班制である.住民全部を対象とし少数の隣近所を受け持つ「受け持ち制」は,次に述べる「家庭訪問」活動を容易にし,「分班制」は少人数の話し合い学習や民主的運営を可能にしている.

4) 愛育班の活動

愛育班活動の基本は,「家庭訪問」と「話し合い」である.愛育班員が自分の受け持ち世帯に声をかけ,健康の確認をする「家庭訪問」が行われる.家庭訪問で健康についての情報収集・情報提供を行い,ここから班員会議,分班長会議,そして保健師などへ地域の状況が流れ,逆に健康情報が地域に流れていくことになる.この家庭訪問では,その様子を記録する「訪問カード」や保健師から班員へのアドバイスが書かれた「連絡カード」を使用しているところもある.

家庭訪問からでてきた話題を中心に,地域の健康づくりの学習,解決方法の検討をするのが分班長会議である.つまり活動は,家庭訪問→班員会議→分班長会議→班員会議→家庭訪問の螺旋型の活動展開がな

地域の子育て支援住民組織―愛育班・母子保健推進員　　379

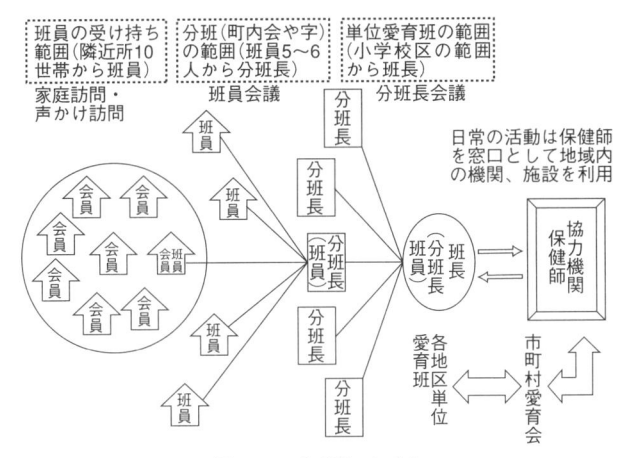

図25.1　愛育班のしくみ

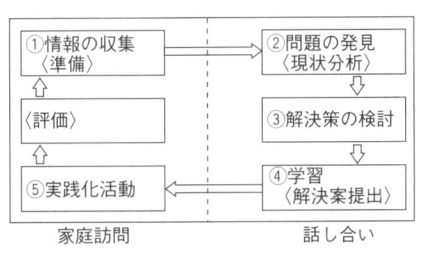

図25.2　愛育班活動の機能

されているといえよう．この活動展開は，PLAN-DO-SEEの流れと合致しているのが，特徴である．愛育班活動は，①情報の収集（地域の実態を知る），②話題，問題点の発見，抽出（身近なものや，やさしいものを選ぶ）③話題，解決策の検討（どのような活動を展開するか），④学習，⑤実践への刺激，といった機能をもっており，これらが関連して機能している．班員の家庭訪問は①と⑤，話し合い（班員会議，分班長会議）は②，③，④などの機能をもっている（図25.2）．

このほか，行政や他の団体組織と協働して，健康・愛育まつりや健康相談，講演会を開催したり，行政事業への協力をしている愛育班もある．

5）　愛育班の運営

愛育班では，規約を定め，年1回総会を開催し，運営されている．事業計画，予算などについては，行政の援助を受けていることもある．前述の全国調査によれば，役員の選出については任期が決まっているところが多く，半数の組織が任期で交替していると回答していた．事務局を市町村役場等の行政機関においている愛育班が多く，約9割の愛育班が補助金ありと回答していることから，行政との関係は，かなり緊密である．

愛育班と行政とのパートナーシップ，他の関連組織や団体との連携のあり方が，今後の地域保健福祉の向上に大きく影響するものと考えられる．

2.　母子保健推進員
1）　活動の目的

母子保健推進員は，市町村長の依頼を受け，「①母性および乳幼児の保健に関する問題点の把握」と「②母子保健の各種申請を行っていないものおよび保健指導，健康診査を受けていないものなどの把握に努め，妊産婦等の自発的な申請，受診等が行われるように協力する」ことを目的とし

て，昭和43年（1968年）に「市町村母子保健事業」として制度化された．

母子保健推進員は，地域の助産師，保健師，看護師または母子保健に熱意のあるものから選ばれ，その依頼は，書面により期間を定めて行うこととなっている．市町村によっては，条例などを整備し，委嘱している自治体もある．また，活動に当たっては，「推進員であることを証明する証票」を携行し，推進活動の記録と市町村長への報告を行うことになっている．母子保健推進員は，市町村長の依頼による個人の活動である．しかし，市町村によっては，母子保健推進員を組織化し，定例の会議や自主的な事業や活動を展開しているところもある．

平成9年度の（社団）母子保健推進会議の調査では87,208人となっており，現在（平成16年）推定約12万人が全国で活躍している．なお，全国母子保健推進員連絡協議会が発足し，全国大会が開かれている．「母推さん」（機関紙）の発行や研修などは（社団）母子保健推進会議が行っている．

2) 活動の根拠

昭和43年6月5日付，厚生省発児第101号，厚生事務次官通知「市町村母子保健事業の推進について」をもってスタートした．現在は，平成9年6月5日付，児発第396号，児童家庭局長通知「児童環境づくり基盤整備事業の実施について」の別紙の「育児等健康支援事業実施要綱」ならびに平成7年4月3日付，児母第19号，児童家庭局母子保健課長通知「育児等健康支援事業の実施について」の1地域活動事業の（1）母子保健推進員活動事業についてを根拠としている．

3) 活動内容

母子保健推進員は，母子保健上の問題点の把握と母子保健施策・サービスがもれなく行き渡るように該当者に働きかける役割が期待されている．市町村の母子保健サービスについてよく理解し，各種の事業の紹介，参加の勧奨などが主な活動となる．とくに，出生時の全戸訪問で，母子保健サービスの紹介や勧奨，子育て支援制度や地域の子育てグループの紹介などが子育て支援として，また虐待の予防という点でも期待されている．また，母子保健施策の普及のほか，地域の母子保健上の問題点の把握のためには，妊産婦をはじめ子育て層や将来母親となる思春期層までを含め，地域の女性のよき相談相手となることが必要となっている．

地域の問題点を持ちより，組織として育児グループ，サークルの育成をしたり，母子保健の学習会，講演会を企画するなど，依頼された活動のみならず自主的な活動にも力を入れているところが増えている．

3. 地域母子保健事業における地域活動事業

愛育班に代表される母子保健地域組織の育成事業と母子保健推進員活動事業は，ともに地域活動事業として重要な活動である．近年，行政施策の決定・実施には，住民の参加が不可欠なってきている．母子保健事業の展開に当たっても同様で，地域の問題点の把握，妊産婦や母親層への働きかけには，愛育班員や母子保健推進員の活発な活動が期待される．両者とも行政のパイプ役として，住民の主体的活動としてのリーダシップを期待されているが，支援するにあたってはその性格が大きく違っている点を考慮する必要がある． 〔斉藤 進〕

文 献

1) 愛育村および愛育班：母子愛育会五十年史，pp.191-239，恩賜財団母子愛育会，1988．
2) 斉藤 進ほか：保健福祉における住民組織活動の実態と連携に関する研究（1）―愛育班全国調査から―．日本子ども家庭総合研究所紀要第37集：145-158, 2001．

ベビーシッター

baby-sitter and others

　就労と子育ての両立支援のために，平成6年12月から始まったベビーシッター育児支援事業がある．これは，厚生労働省の援助事業で，(財)こども未来財団を通して実施されている．この事業は社団法人全国ベビーシッター協会に加盟している，ベビーシッター会社を利用した場合にその料金の一部が補助されるものである．本事業は，児童手当法第20条に規定する一般事業主の従業員または延長保育促進事業もしくは長時間延長保育促進基盤整備事業の国庫補助を受けている保育所，児童養護施設，乳児院などの職員がベビーシッター育児支援サービス（乳幼児または小学校低学年の児童の家庭内での保育あるいは保育所などへの送迎を行うこと）を利用した場合に，その利用料金の一部を補助するというものである．

　内容は就労のためにベビーシッターを利用した場合，1日につき1,500円の割引が受けられる「ベビーシッター育児支援割引券」が発行される制度である．その他次の場合にも利用できる．①家庭内で乳幼児や小学生低学年の児童および学童保育ができないとき，②残業で保育所などへの送迎ができない場合，③子どもが病気で，保育所で預かってもらえないとき，④母親が病気で，父親が子どもの世話をしなければいけないとき，⑤会社復帰や就職の際，保育所などへ途中入所ができないとき．

　これに類似した社会サービスとしてファミリー・サポート・センター事業がある．これは，地域住民の相互援助活動を基盤とした厚生労働省の事業で，市区町村が実施主体である．成立当時は就労と子育ての両立支援として旧労働省が提唱しスタートしたが，厚生労働省の事業として再スタートしてからは，子育てのレスパイトケアも含めて利用されている．内容はサービスを利用する利用会員とサービスを提供する援助会員があり，いずれも登録制を敷いており，援助会員による一時保育，保育所などへの送迎であり，利用できる事由として冠婚葬祭，上の子の入学式，家族の病気，レスパイトケアも含めて対応されている．1時間700円～900円の援助料を援助会員に支払うしくみである（p.356）．

〔中村　敬〕

参考資料
1)「あばねっと」http://www.netcircus.com/babysitter/index.htm（社団法人全国ベビーシッター協会）（2004年9月現在）
2)「財団法人子ども未来財団」http://www.kodomomiraizaidan.or.jp（2004年9月現在）

26. 育児と情報

母子健康手帳
maternal and child health handbook

母子保健法の定めにより，市町村が妊娠届を受けた時，妊婦に交付することになっている手帳．妊娠中から分娩後までの母親の健康記録，出生児の小学校入学までの健康の記録を行い，妊娠中や育児のために必要な情報を記載してある．

1. 母子健康手帳の歴史

母子健康手帳の前身は，昭和17年（1942）に創設された妊産婦手帳（図26.1）である．当時，妊産婦死亡率も乳児死亡率も高かったので，それらの低減のために妊産婦の健康診断と周産期の保健教育を目的として妊娠を届け出た妊婦に交付された．厚生省は昭和13年に設置されたが（社会局に保護，福利，児童，職業の各課が置かれた），当時のわが国は戦時体制下にあり，結核対策と人口増加策が国の方針であった．厚生省の医官で産婦人科医であった瀬木三雄が，ドイツの妊婦健康記録自己携行制度の「ムッターパス」を参考にして妊産婦手帳を作成，制度化したもので，世界初の妊婦登録事業でもある．妊産婦手帳は8ページの薄いもので，妊産婦の心得，妊産婦・出産児の健康状態，分娩状況，出産申告書を記載するようになっている．妊産婦

図 26.1　妊産婦手帳の表紙（昭和17年当時）

図 26.2　母子手帳の表紙（昭和23年当時）

の心得は木下正中の執筆で簡略なものだが，国民向けに配布された保健教育資料のはしりといえる．

戦後の昭和22年（1947），厚生省に児童局が新設され母子衛生課ができたが，妊産婦手帳は児童福祉法の制定に伴って出生児の記録を含めた母子手帳（図26.2）となり，昭和23年から配布され始めた．妊婦の記事，出産申告書，お産の記事，産後の母の状態，子どもの記事，乳幼児期の健康状態，配給の記事，乳幼児発育平均値のグラフなどを含む24ページの手帳であった．この当時までは食料や物資が乏しく，配給の時代であったが，この手帳を持っていると食料や木綿布の加配が受けられたこともあって，妊娠届と手帳の受給は広く実施され，定着していった．

昭和25年：妊娠中の健康状態，検査所見等を改訂し，育児の心得を新設，表紙もイラストを加えたものになった．

昭和28年：妊娠中の経過，歯の衛生が加えられ，新生児，乳幼児，予防接種，発育グラフ，発達など育児に関する内容が充実され，出産申告書や配給の記録欄はなくなった．また，児童憲章（昭和26年制定）が掲載された．

昭和31年：乳幼児の発育平均値（曲線）が改訂された．

昭和40年（1965）に母子保健法が制定されて母子手帳は母子健康手帳と改称された．医学的記録のほかに妊娠・出産・育児情報が充実され，予防接種の記録にポリオが加わり，46ページの手帳となった．

昭和45年：予防接種法の改正により，腸チフス，パラチフスが除外された．

昭和46年：前年行われた乳幼児発育調査の結果により，発育曲線が改訂された．

昭和48年：出生場所の記載が市町村まででよいことになった（差別問題を考慮）．

昭和51年には，それまで研究班が数年かけて検討してきた報告を受け，大幅な改正が行われた．主要な改正は次の三点にまとめられる．

①妊婦の職業と環境，体重記録欄が新設され，妊婦自身が記入しておく欄も設けられた．また，母乳の勧め，母子医療の補助制度の説明が加えられた．

②乳幼児期は健康チェックに適した時期ごとに（1カ月，3〜4カ月，6〜7カ月，9〜10カ月，1歳から6歳までの各年齢ごと），見開きで左側は「保護者の記録」としてその月年齢に見合った発達や健康状態のチェック項目を掲げ，時期ごとに保護者が子どもを観察して記録し，またメモを記して簡単な育児日記となるページとした．この記録は健診や小児科受診の際に，発達が正常かどうかの判断や特定の疾患（先天性胆道閉鎖，網膜芽細胞腫，聴力障害など）の発見にも役立つ．また，右側は「健康審査の記録」として体位測定結果と医師や保健専門職による健診や育児指導の記録記入のページとした．

③乳幼児発育曲線がパーセンタイル表示（10パーセンタイルと90パーセンタイルの2本の曲線で示す）になった．それまでは平均値プラス・マイナス1/2標準偏差の2本の曲線で示してあったが，それでは線の間に1/3の子どもしか入らないため，親の不安を招きやすいことを考慮したものである．このパーセンタイル表示だと線の間に全体の子どもの80％が入る．

昭和52年：予防接種法の改正で種痘が廃止された．

昭和55年：WHOの勧告にもとづき，妊娠期間の表示が月数から週数に変更され，先天代謝異常などの検査，妊娠中毒症などの療養援護事業の追加があった．1歳6カ月健診の発足に伴って1歳6カ月の頁が追加された．また，予防接種に麻疹が加えられた．

昭和56年：前年の乳幼児発育調査の結果を受けて発育曲線が改訂された．また，栄養の説明で4つの群の食品から6つの群に変更，出産予定日の表現が分娩予定日に

変更された.

昭和62年：妊娠中の経過にB型肝炎抗原検査が加わり，保護者の記録のページにも改正が加えられた．また健診の記録に視力・聴力検査の結果記入や歯科保健の充実が図られた．

平成4年には大幅な改正が行われ，現在の形式になった．すなわち前半の省令様式の部分（妊産婦や保護者自身と医療・保健の担当者が記入する妊産婦や新生児・乳幼児の記録に関する欄．省令によって定められ，官報に掲載される全国一律の部分）と後半の情報の部分（妊産婦の健康管理や新生児・乳幼児の養育に必要な情報，予防接種や母子保健サービスに関する情報，母子健康手帳を使用するに当たっての留意事項などを記載している部分）とで構成されるようになった．

このうち，後半の情報部分は，母子健康手帳の作成・配布の主体である市町村が，それぞれの地域の実情に合わせて独自に作成してよい（任意記載）ことになっているが，現実には市町村が独自に作成するのが困難であるため，国が専門家の意見による見本を示しており，全国的にほぼそのまま用いて手帳が作成されている．

また平成2年に10年ごとの乳幼児発育調査が行われたので，その結果に基づく発育曲線の改正が行われ，それまでの10と90パーセンタイル曲線に加えて3と97パーセンタイル曲線が表示された．この前半の省令で定められる部分ではかなりの文言の改定が行われたが，国際化の進展を考慮して予防接種の記録と乳幼児期に罹患した疾患（学校保健との連携を考慮しておもに小児期の感染症）の記録のページは，日本語と英語の併記とした．

後半の情報の部分は妊娠中から幼児期までを通して重要な注意事項をミニ育児書的に解説しており，公費負担制度や働く女性のための法律や支援の制度も解説している．総ページ数は80ページほどになっている．

平成10年：省令部分での改正として，妊婦の職業欄を女性の就業状況に即した内容とし，1カ月頃の保護者の記録の頁で先天性胆道閉鎖症を疑う便の色の表現を改め，同じく3～4カ月頃の質問項目で日光浴を削り，外気浴の勧めだけにした．また，幼児の身長体重曲線を追加し，情報部分に乳幼児突然死症候群の解説を加えるなどの改訂が行われた．

平成14年には，平成12年（2000）に行われた乳幼児身体発育値調査に基づく発育曲線が作成されたので母子健康手帳に示されたグラフも改訂され，この機会に他の部分についても改訂が行われた．この新版の母子健康手帳（図26.3）は平成14年4月から配布されている．改正点は以下のごとくである．

①母子健康手帳の大きさが自由化され，それまでのA6版という定めがなくなった．

②離乳と断乳についての記載変更．厚生省は平成7年12月に離乳の基本の改正で，

図26.3 母子健康手帳の表紙（平成14年4月以降配布の手帳）
父母の氏名が記入できる．図案はいろいろある．

「離乳の完了時期」に余裕をもたせ，12〜15カ月頃，遅くとも18カ月頃としたので，これに合わせた記載にした．また，できるだけ母乳栄養を勧めており，母乳をやめる時期を規定する必要もないことから，「断乳」の表現をやめ，1歳と1歳6カ月のページで「母乳を飲んでいるか，いないか」を訊ねて記載するだけにした．

③乳幼児の発達や生活に関する質問項目の一部を改訂した．専門家の意見や平成12年に行われた「幼児健康度調査」の結果などを踏まえた修正・追加である．

④乳幼児身体発育曲線の改訂．平成12年の乳幼児身体発育調査の結果に合わせて発育曲線などのグラフを改正したが，体重と身長のグラフは10および90パーセンタイル曲線を削除して，3と97パーセンタイル曲線だけにした．保護者の余計な心配を避けるために，表現を単純にしたものである．なお，この20年間，発育曲線はほとんど変わりはない．また首すわりやひとり歩きなどの発達についても変化はない．

⑤育児休業制度と父親の育児参加を促進するための記述を追加した．

⑥子育て支援，児童虐待予防についての配慮として，「子育てについて困難を感じることはありますか」という質問を保護者の記録のページの一部に追加した．育児に困難感をもつ保護者の中に児童虐待につながるおそれのある者もあるので，乳幼児健診の機会にあわせて設定した．児童虐待のリスクが感じられる保護者に気付いた時は，虐待に至らないよう早期に支援をしたいという願望の現れである．「子育てに関する相談機関」も改正した．

⑦予防接種の接種勧奨のために，1歳6カ月，3歳，6歳という主要な幼児健診のページに接種を受けたかどうかのチェック欄を設けた．未接種の者には接種を勧めるためである．

⑧揺さぶられっ子症候群の予防に関する記載を追加した．首の筋肉の未発達な時期，とくに首座り前の乳児を強く揺さぶると，脳出血を起こすおそれがあるためである．

⑨歯科保健としては，保護者の記録のページに仕上げみがきや指しゃぶりについての質問を追加したほか，解説も充実した．指しゃぶりについては，気持ちが落ち着く働きがあるが，過度な場合は歯列不正やあごの発育に障害をきたすことがある旨の記載をした．

⑩幼児期における生活リズムの形成，食生活上の注意についての解説を追加した．

⑪葉酸の摂取が二分脊椎などの神経管閉鎖障害の発生を減らすのに有効との「先天異常の発症リスク低減に関する検討会」（平成12年12月）の報告を踏まえ，日頃からの葉酸摂取やバランスのよい食事のすすめを解説に追加した．

⑫妊娠中や分娩時の薬の影響や育児期間中の周囲の人も含めた禁煙と，飲酒を控えるようにとの記載を充実した．

⑬親子のふれあい，スキンシップによる安心感など，心の面での解説を充実した．

⑭もやもや病の気付きとして，育児のしおりの4歳頃の記載に，「笛を吹くなど深く呼吸しているときに一瞬気を失うような症状がみられたら医療機関にかかりましょう」という記載を追加した．

⑮事故予防のために，自動車のチャイルドシートの着用，日本中毒情報センターによる中毒110番の紹介などを追加した．

⑯働く女性・男性のための出産，育児に関する制度の解説を充実した．

2. 母子健康手帳の利用法

妊娠に気付いた女性は，産科医の確認診断を受けたならば居住する市町村役場（政令市・特別区では保健所の場合もある）に妊娠を届け出て母子健康手帳の交付を受ける．この場合単に事務的に手渡すだけでなく，保健専門職が対応して，希望や必要があれば家庭訪問やアドバイスをするなどの

支援が行われることが望ましい．手帳とともに妊娠中2回の公費負担による妊婦健診が受けられる受診券や，母親（両親）学級の情報が得られる．学級は診てもらっている病院，保健所，あるいは市町村が行っている．

母子健康手帳に記載してある手帳の利用法は以下のとおりである．

①手帳は母子の健康を守るためのもので，受け取ったらまずひととおり読み，その後は妊婦自身の記入欄や保護者の記録欄など必要なところに記入する．

②手帳は母子の健康記録なので，診察や保健指導などを受ける時は必ず持参し，必要に応じて記入してもらい，また母子自身の健康についての覚え書きとしても利用する．

③子どもの健康診断や予防接種の記録として重要なので紛失しないようにする．

④多胎の場合は，子ども一人につき1冊を給付する．

⑤破損したり紛失した時は，再交付する．

⑥分からないことは，手帳を受け取った市区町村役場や保健センターに問い合わせる．

3. 母子健康手帳の意義

わが国で用いられている母子健康手帳は，世界でも他に例を見ないほど活用されており，小冊子ではあるが内容も充実している．わが国で用いられてきたことの意義・メリットは次の二点に要約されよう．

①自分が持っている健康記録として重要である．プライバシーも守られ，健康上必要な場合にいつでも参考にできる．また妊娠中や育児上必要な情報がコンパクトに入ったミニ育児書である．

②わが国の母子の死亡率が戦後50年の間に世界最低レベルにまで下がった理由の中で，妊娠届出制度と母子健康手帳の果たした役割は大きい．この両者が妊婦の健康管理と国民の保健知識を格段に向上させた．

こうしたことから，わが国が母子保健で国際協力している国で，母子健康手帳の自国版を開発して活用しようとする国もある．インドネシアは全国規模での展開を進めており，中国，メキシコなどでも試作，試用が行われている．ただし親たちが読んで利用してくれる必要があるので，国民の教育（識字率の向上），と母子保健サービスシステム（行政組織や人材の養成）が併せて重要である．　　　　〔平山宗宏〕

育児書

book for childcare

　育児のガイドラインとして「育児書」の種類は多く，どの育児書が良いのかと迷う親たちが多い．育児は，そもそも医学や保健学を基本とした科学の部分と，それぞれの個人の流儀や哲学を基とした部分があり，育児書は前者の科学の部分を子どもの成長・発達に合わせて解説している．しかし，時代が変われば，育児に対する価値観や考え方も変わり，さらに新しい科学的事実が発見されれば，当然内容が書き換えられる．例を上げれば，かつて，欧米ではうつ伏せ寝で保育する習慣があったが，乳児突然死症候群の危険因子であることが証明され，仰向け寝で保育する方向へと転換した．また，別の例をあげれば，かつてのアメリカ式の合理的育児法では，子どもは早い時期から独り寝をさせ，親から自立させることが子どものためと考えられた時代があった．しかし，現在では3歳くらいまでの子どもは，親への信頼と深い愛情の絆によって，健全な発達を遂げることが強調されるようになり，かつてあった「抱き癖」という概念は否定され，親子の密着こそが子どもの発達にとって重要という考えに至っている．
　どんな育児書も，決して，育児のためのバイブルにはならない．時代時代で内容が変化していることを承知しておく必要がある．育児をめぐる祖父母と親との意見の相違もよく経験するトラブルである．また，育児書を頼るあまり育児書どおりではないわが子を心配する親も多い．育児書はあくまで，育児の平均値を示しているにすぎず，子どもの成長や発達には多くのバリエーションのあることを承知しておく必要がある．よくある話として，標準と真ん中の違いを理解していない親は多い．成長や発達には標準というのはないと思った方がよい．しかし，真ん中という概念はある．100人の子どもがいたとすると，成長でも発達でも小さい方からあるいは遅い方から順番に並べれば，「真ん中」は50番目であり，49番以下は「真ん中」より小さいあるいは遅いことになる．ここで親は自分の子もは標準より小さいあるいは遅いと思いこんでしまう．ところが，51番目以上では「真ん中」より大きいあるいは早いということになり，自分の子は標準を超して優れていると思いこんでしまう．子どもには持って生まれた素質があり，1つのスケールでは計り得ないということを理解していない．
　育児書に書かれた内容も，この「真ん中」を示しているにすぎず，「真ん中」より小さい場合も，大きい場合もあるということを理解しなければならない．育児は子どもの個性を尊重することに始まり，言葉で示された「真ん中」に近づけることを目標にしてはいけない．　　　　〔中村　敬〕

文　献
1) 平山宗宏・渡邊言夫編：新版すこやか親子の育児全書，社会保険出版社，2003.
2) ベンジャミン・スポック（高津忠雄・奥山和男監修）：スポック博士の育児書，暮らしの手帖社，1997.

育児教室（MCGも含む）
class for childcare

育児教室は，保健所・保健センター，小児科医院・病院，保育所，児童館，地域子育て支援センター，公民館など主として保健・医療・福祉・教育機関が主催する育児について親が学ぶ場であり，子どもの健康や病気，子どもの成長・発達，子どもの栄養，歯科衛生，しつけの仕方，子どもの事故防止，親としての役割などさまざまな育児に必要な知識を身につけるための学習が行われている．古くよりさまざまな専門家を講師として招き，話を聞く伝達研修，講師を挟んだグループワーク，いろいろな体験学習などさまざまな手段を用いて展開されている．

近年，少子化の影響を受けて，育児技術の伝承が滞り，孤立した稚拙な育児が増え続けている．育児に関するトラブルも増加してきている．これを防ぐ手段として，親を集めたグループワークが盛んに行われている．カナダのファミリー・リソース・センターで展開されているノーバディーパーフェクトプログラムの導入などもこの1つであり，一定のトレーニングを受けたファシリテータにより展開されている．カナダ版のテキストは，①両親，②子どもの身体，③子どものこころ，④子どもの安全，⑤子どものしつけ，⑥父親（British Columbia版）の全6冊から成り，単なる知識の伝達ではなく，当事者どうしで考え，当事者どうしで解決していく体験学習型の研修が行われる．このような学習を通して，親の育児能力をエンパワーメントする方向が求められている．

子どもへの虐待では，子どもばかりか親も，生い立ちや現在の生活の中で傷付いており，傷付いた心は，似た体験をもつ仲間との出会いと交流によって，自然に回復していくことがある．そのための集いの場として，MCG（mother and child group，母と子の関係を考えるグループワーク）が一部の保健・福祉の現場で展開されている．参加者は非難や評価がなされず，プライバシーが大切にされ，心身が傷つけられることなく，共感をもって迎え入れられる安全な場（グループ）で，無理のない自分を発見し，新たな人間関係を育むことができる．参加は自由意思によるもので，強制や制約は一切ない．託児が用意され，定期的に同じ場所で行われるが，場所や時間は非公開で行われている． 〔中村 敬〕

文献・資料
1) ジャニス・ウッド・キャタノ（三沢直子監修）：親教育プログラムのすすめ方，ひとなる書房，2002.
2) 小出まみ：地域から生まれる支え合いの子育て，ひとなる書房，2003.
3) フラン・リース（黒田由貴子訳）：ファシリテータ型リーダーの時代，2002
4) CAPNET石川：http://www.capnet.pos.to/main.html（子どもの虐待防止ネットワーク石川）（2004年4月現在）
5) あばねっと：http://www.netcircus.com/babysitter/index.htm（社団法人全国ベビーシッター協会）（2004年4月現在）

インターネット

internet

インターネットは子育てに関する情報の宝庫である．しかし，一方的に提供される情報は多ければ多いほど，有益な情報も多い反面，扱いを間違えると有害な情報も含まれる．これらの情報をうまく活用するためには，情報の質を見分ける能力を身につける必要がある．

インターネット上で公開されている子育て関連情報はいくつかのタイプがある．①ホームページを介して一方的に提供される子育て情報，電子マガジンによる子育て情報の配信，②Webに書き込むことにより，回答が得られる双方向の情報（掲示板），③メールを通して行われる非公開の個別相談（双方向），④メーリングリストを用いた会員制の双方向の意見交換などがある．インターネットの情報の活用は，インターネットの検索機能を活用して，目的にあった情報を入手できる．東京都健康局が提供している「東京都子ども医療ガイド」（図26.4）は病気やケガの対処のしかた，病気の基礎知識，子育てアドバイスなどが掲載されており，一般的な子どもの症状から，その対処のしかたをインターネット上で，指定すれば音声で案内してくれる．

また，インターネット上で定期的に配信される電子マガジンは会員制をとっているところも多いが，会員登録はインターネット上で簡単に手続きでき，配信を止める手続きも簡単にできるしくみになっている．

筆者が行っているメールによる子育て相談では，一般的な子どもの健康や病気，しつけ，子どもの行動に関する相談が多い．また，ときには医療機関や保健機関で告げられた事柄に対して，第3者の意見を求める質問も多くなってきている．しかし，対面でない相談では一般的な事実以外の回答はしづらく，とくに，家族問題など個別性の高い問題には答えられない．ちょっとした気がかりについての相談では，正しい情報を提供することにより心配が払拭され，メール相談の効果が期待できる．

子育てに活用できるホームページをいくつかを参考資料として紹介しておく．

〔中村　敬〕

参考資料

1) 日本子ども家庭総合研究所「愛育ねっと」：http://www.aiiku.or.jp/
2) 子ども未来財団「i-kosodate.net」：http://www.i-kosodate.net/home.html
3) 社会福祉法人「子どもの虐待防止センター」：http://www.ccap.or.jp/
4) 東京都子ども医療ガイド：http://www.guide.metro.tokyo.jp/
5) 日本中毒情報センター：http://www.j-poison-ic.or.jp/homepage.nsf/
6) 広島舟入子ども救急室：http://homepage3.nifty.com/kodomoER/
7) ヌエック：http://www.nwec.jp/（国立女性教育会館）

図26.4　東京都こども医療ガイド

その他の情報
other informations

1. ベビーサイン

リンダ・アクレドロとスーザン・グッドウィンの著書に，話し始める前の赤ちゃんとのコミュニケーションにゼスチャーが役立つことが示されており，「ベビーサイン」と呼んでいる．実際には乳児は言葉を発する前にさまざまなゼスチャーで自分の意思を伝えようとし，親もこのサインに気づき，乳児と親とのコミュニケーションは親子の自然な接触の中で生まれてくるものである．このサインに早くに気づき，乳児とのコミュニケーションがうまくとれる親と，乳児の発するサインをうまく読みとれない親がいることは古くから知られている．ベビーサインは，この赤ちゃんから発せられるゼスチャーを客観的に表したものであり，乳児とのコミュニケーションに自信のない現代の親達に役立つものとなっている．ただし，赤ちゃんへ語学などの英才教育の手段として利用するなど，誤った用い方は厳に慎むべきである．

2. メディアと子どもの発達

メディアが子どもの脳の発達を阻害するという指摘がある．1999年にアメリカ小児科学会は，脳の発達を妨げる恐れがあるので，2歳未満の幼児にはテレビを見せるべきではないと勧告した．幼児の知能と情緒の発達は大人とのふれあいによるところが大きい．幼児はテレビを見ることにより，本来必要とする大人からの積極的な働きかけを受けることができなくなる，と小児科学会は述べている．とくに，小児科医は2歳未満の幼児にテレビを見せないように両親を説得すべきであるとも述べている．

この年代の幼児向け専用につくられたテレビ番組もあるが，乳幼児期の脳の発達に関する調査によれば，乳幼児は両親やそれに代わる保育者との直接的なふれあいが，健全な知力の発育および社会とのかかわりや情緒の面，あるいは物事の認識力の発達のために不可欠であることを示している．したがって，乳幼児にテレビ番組を見せることは反対すべきであるとしている．さらに，小児科学会は，子ども達がテレビを見るのは"良質の番組"を1日に1～2時間程度に制限するよう勧めている．

日本でもテレビやビデオの子どもへの悪影響を指摘する声が大きくなりつつある．原則として，子どもにはテレビやビデオは見せるべきではないとする極端な意見も出されている．少なくとも，テレビやビデオに子守をまかせることは止めるべきである．

長時間テレビやビデオに接していると，ことばの発達が遅れることが指摘されている．テレビやビデオを見せる場合は良質の番組を選ぶことはいうまでもないが，番組の中身は関係なく，長時間の視聴は子どものコミュニケーションの発達を阻害するという．幼児にテレビやビデオを見せる場合は，大人が一緒に，会話を交えながら，子どもに働きかけをしながら視聴すべきである．

このことに関して，日本小児科学会は，以下の勧告を出している．

①2歳以下の子どもには，テレビ・ビデオを長時間見せないようにしましょう．

内容や見方によらず，長時間視聴児は言語発達が遅れる危険性が高まります．

②テレビはつけっぱなしにせず，見たら消しましょう．

③乳幼児にテレビ・ビデオを一人で見せないようにしましょう．

見せるときは親も一緒に歌ったり，子ど

もの問いかけに応えることが大切です．

④授乳中や食事中はテレビをつけないようにしましょう．

⑤乳幼児にもテレビの適切な使い方を身につけさせましょう．

見おわったら消すこと．ビデオは続けて反復視聴しないこと．

⑥子ども部屋にはテレビ・ビデオを置かないようにしましょう． 〔中村　敬〕

文献・資料

1) リンダ・アクレドロ，スーザン・グッドウィン（あきざわあき翻訳）：ベビーサイン―まだ話せない赤ちゃんと話す方法，径書房，2002．
2) サリー・ウォード（汐見稔幸監修，槙　朝子訳）：0～4歳わが子の発達に合わせた語りかけ育児，小学館，2002．
3) 片岡直樹：新しいタイプの言葉遅れの子どもたち―長時間のテレビ・ビデオ視聴の影響―，日児誌，**106**：1535-1539，2002．
4) American Academy of Pediatrics：Committee on Public Education，Policy Statement Media Education．*Pediatrics*，**104**：341-343，1999．
5) 日本小児科学会こどもの生活環境改善委員会：「乳幼児のテレビ・ビデオ長時間視聴は危険です」，http://plaza.umin.ac.jp/~jpeds/index.html（2004年4月現在）

27. 子どものしつけ

子どものしつけ
discipline for children

1. しつけの基本的な考え方

しつけとは，育児という大仕事の中でなされるものである．そこで，まず育児とはどのような仕事なのか，それは「子どもの命を守り，心身の健康を増進し，そして社会のなかで生き，暮らしていけるように」育てることをいう．そして，この育児の中のしつけは「社会のなかで生き，暮らしていくこと」にかかわることといってよい．人という種は，人とともに生き，暮らしていくように遺伝子にプログラミングされていると考えていい．そこで，人とともに生き，暮らしていくために必要な「知恵，技能，態度，感情，行動様式などを人との関係の中で獲得していく過程」そのものがしつけであるといえよう．

ところで，筆者らの育児不安研究の中で「どのようにしつけたらいいのかわからない」という項目に母親が回答したデータをみると，0～11カ月児の母親のうち「はい」は6.8%，「ややはい」33.0%，1～2歳未満児は5.5%，33.7%，2～3歳未満児では7.1%と35.4%，そして，3～7歳未満児（就学前児）で「はい」は6.4%，「ややはい」が30.1%という比率を示した．したがって，比較的多くの母親が，どのようにしつけたらよいか困っている姿が浮かんでくる．そこで，育児の中のしつけの基本，8つのポイントを示したい．

ポイント1：子どもを危機，危険からしっかり守る

子どもにとって危険な行動，してはいけない行為，これらは毅然として制止しなくてはならない．危険から守るための制止の最上の方法は，言葉をかけながら，しっかりと抱っこすることである．泣こうがわめこうが，暴れようが，子どもの力が抜け，リラックスし，安心し，なだめられるまで抱ききることが大切である．

ポイント2：時間と場所と行動の枠組みをつくる

起床，就寝時間，昼寝の時間，食事の時間，おやつの時間，遊ぶ時間と遊ぶ場所など時と場と行動を結びつけることが必要である．子どもは，このしっかりとした枠組みの中でこそ，心は安定し，自発的，主体的な行動をとることができ，枠組みがないと，子どもは不安定になると心得ておきたい．

ポイント3：好ききらい法則から，やらなくてはならないから法則へ

ルールを本当に理解できるようになるのは児童期に入ってからであるが，幼児期から行動として身につけていくことが大切である．ただし，好ききらいも個性のうち，あっていいこともある．あまり厳密に考えないことである．

ポイント4：日常生活での行動で，自分でできることは自分でやる

自分でできることが多くなるほどその子どもは自由を獲得することになる．そのうえ，自己達成感，成功感は自信，つまり自

己信頼感を得ることにつながる．"自分でやった"という感覚を十分体験することは大切といえよう．

ポイント5：待つこと，待つ力を育てる

欲求はただちに満たしたいというのはおとなも同様で，子どもにとってはなおさらのことである．「今すぐ食べたい，食べる」というときは，「もうご飯だから後で」と待ってもらう．「遊んで」というとき，手が放せないときは「後で」という．このとき大切なことは，この「後で」を必ず叶えることである．「後で」といわれ，待って必ず実現することがわかれば待てるようになる．親が約束を守らなければ，子どもに待つ力は育たない．それには親がまず待てなくてはいけないのであって，自分にも子どもにも，待つことができるように，これを「時のプレゼント」という．

ポイント6：社会のなかでともに生きていくために，人への思いやりの心を育てる

ここでのポイントは「愛されなければ愛せない」という常識が基本になる．愛されること，思いをかけられること，慰められること，優しくされることの多いこと，このような体験を実感し，もつ子どもは，自然に人とそのようにかかわることができるといえよう．「この子は人の話をちっともよく聴かない，お話の聴ける子にするにはどうしたらいいでしょう」ときかれることがある．答えは簡単，その子の話に耳を傾け，十分聴いてあげることであり，「聴いてくれた」という体験が「聴けること」を生み出すといってよい．

ポイント7：子どもは子どもの国に暮らしているのでなく，おとなの国に住み暮らしているという常識を心得とする

子どもはおとなの国のなかで育ち，次第に子どもの国をつくり，そしてみずからのおとなの国に入っていくことになる．私たちは，思いやり，優しさをもって人とともに暮らすおとなの国をもっているであろうか．いま子どもたちがおかしいとすれば，必然われわれおとながおかしいのである．

ポイント8：発達に応じたしつけを

このようにいわれれば，どうしてよいかと母親が思うのは当然のこと，発達の知識はないので情報を求め，いつ頃，何をしたらよいのか困惑することも多くなる．どうすればいいか，それはポイント7まで述べたところを基本に，子どもとかかわっていけば十分である．しかし，もう少し具体的にと求められれば，母子健康手帳の「保護者の記録」欄の活用をおすすめしたい．発達とは「身体的・精神的・社会的変化の過程」をいい，この欄にはその発達過程の節目ごとの様相が示されている．子どもの様子をよくみること，そして，さらによくみて子どもを理解し，どのようにかかわればよいのか，その手がかりとして利用してほしい．たとえば，4歳の頃に「衣服の着脱ができますか」という質問項目がある．この発達過程をみると，1歳頃に着脱への協力を示すようになり，2歳頃になると自分で服を脱ごうとしたり，靴がはけるようになる．3歳頃には，ひとりでパンツをはき，このような経過をたどって4歳頃になると衣服の着脱ができる．ポイントは，自分でやろうとし始めたとき，やり方を手をとって教え，少し手助けをしながら，できるだけ自分でできるよう経験を重ねていくことが大切である．子どもが自分でしないとすれば，させていないか，する機会を与えていないかなど，これまで述べた7つのポイントとともに考えたい．

2．しつけと虐待

ところで，最近子どもへの虐待がクローズアップされていることもあってか，しつけと虐待の境目がよくわからないという声を聞くことがある．これに関連して，平成12年度幼児健康度調査のなかから，虐待についての回答をみたい．「お母さんが子どもを虐待しているのではないかと思うことがありますか」の質問に対して，1～7

表27.1 「子どもを虐待しているのではないかと思うことがありますか」に対する答え

	児年齢（歳）						合計
	1	1.6	2	3	4	5~6	
はい	173 12.4%	194 13.9%	216 21.1%	192 22.1%	191 21.9%	280 21.1%	1,246 18.1%
いいえ	1,036 74.1%	985 70.8%	611 59.8%	511 58.9%	512 58.7%	804 60.7%	4,456 64.9%
何ともいえない	178 12.7%	196 14.1%	189 18.5%	145 16.7%	157 18.0%	217 16.4%	1,082 15.7%
不明	11 0.8%	17 1.2%	6 0.6%	19 2.2%	12 1.4%	23 1.7%	88 1.3%
合計	1,398 100.0%	1,392 100.0%	1,022 100.0%	867 100.0%	872 100.0%	1,324 100.0%	6,875 100.0%

平成12年度幼児健康度調査（日本小児保健協会）

歳未満児の母親について，全体で「はい」が18.1%，「何ともいえない」は15.7%である．1歳から各年齢ごとの比率を表27.1に示した．子どもを虐待しているのではないかと思い悩んでいる母親が，これぐらいの比率でいることを心にとめておきたい．母親たちにとって虐待は決して他人ごとではないといってもよい．虐待ではないかと思う内容をみると，そのうち，「しつけのし過ぎ」は全体で17.4%であり，ここに母親が思う「しつけ」と「虐待」の接点があることがうかがえる．

父親についてもみると，母親からみて「虐待しているのでは」という父親は，全体で「はい」2.9%，「何ともいえない」は5.4%であった．間接的にみた比率なので，正確な実態はわからないが，母親による虐待よりも低いことは，これまでの調査から推測できる．一方，虐待の内容をみると，「しつけのし過ぎ」は，母親より高く，全体で35.1%という比率を示した．父親の方が，「しつけ」という名目で虐待に近い行為をとる可能性を示しているといってよい．

これまでしつけの基本として述べてきたように，育児の中でのしつけとは，社会のなかで人とともに生き，暮らしていくためにあり，それも父親，母親の「安全基地」の中で行われるものであることを強調したい．したがって，しつけと虐待との境目は，しっかり，はっきりあることを心得ておきたい．　　　　　　　　　　〔川井　尚〕

文　献
1) 川井　尚：乳幼児期のしつけとは何か．社教情報，**39**：2-7，1998．

28. 外国の育児

外国の育児の実態
child-rearing in the world

インドネシアの農村で子どもたちの健康を守る仕事をしていたときに，インドネシアの人たちから学んだのは，豊かな人間関係の中で子育てしている社会のあり方だった．「子どもの権利条約」で謳われている子どもの4つの基本的な権利（生存，発達，保護，参加）のうち，生存の権利までもが脅かされているにもかかわらず，そこには，子どもたちを見守る家族や社会からの温かいまなざしが溢れていた．

現在の日本は，子どもの生存という点に関しては，世界で最も低い乳児死亡率に象徴されるように，世界でも最高水準の医療と環境を提供している．しかし，子どもたちを取り巻く育児環境は，子どもにとって望ましいものであろうか？　いまこそ，先進国や途上国を問わず世界のいろんな国における育児のあり方に学び，日本における育児のあり方を社会全体で再考すべき時期であると思われる．

単なる育児技術論ではなく，家族や社会のあり方を見据えながら，世界の育児について概観し，筆者が親しく見聞したインドネシアとアメリカ合衆国の育児について詳述したい．

1. 概説
1) 妊娠中

世界中で，妊娠中には，さまざまなタブーが知られている．とくに食事に関しては，多くの民族で妊婦が食べてはいけないという言い伝えが知られている．キュウリやナスなどの冷たい食べ物は身体を冷やすので避けられることが多い．また，モンゴルでは羊毛から毛糸を紡ぐ仕事は，臍帯が捩れるので妊娠中の禁忌事項の一つになっている．また，多くの地域では妊婦の仕事に関しては特段の配慮がなく，普段と変わらない仕事をしている場合が多い．

2) 出産と伝統的産婆

途上国全体では，年間約1億2,000万人の子どもが出生し，南アジア，東南アジア，アフリカなどが大多数を占めている．家族計画や女子教育の普及などにより，人口爆発といわれたような急激な人口の増加には一定の歯止めがかかりつつある．途上国では，一般的に低出生体重児（2,500g未満）の出生割合は10%以上であり，とくに南アジアでは25%にのぼるといわれている．低出生体重児が多い背景には，妊娠中の母親の栄養失調や過酷な労働などがあげられ，また妊娠中に保健医療ケアを受ける機会に乏しいことも関与している．

国によって状況は異なるが，妊娠中に妊婦が検診を受けたことがなく，また農村部では自宅分娩が多い．現在でも，世界中の出産の約40%は，十分な訓練を受けていない伝統的産婆（TBA：traditional birth attendants）により出産介助が行われている．

第二次世界大戦後に独立した多くの国は近代的保健医療の確立を目指し，以前から

出産を取り扱ってきた伝統的産婆（TBA）の活動を禁止し制限した．しかし，妊娠出産の介助だけでなく，薬草の処方や呪術師を兼ねていることもあり，村人の生活に密着しているTBAの影響力は非常に大きかった．

TBAは原則的には女性であり，比較的高齢者が多く，また読み書きのできないものも少なくない．とくに資格はなく，実母や先達から経験的に出産介助の取り扱いを学ぶことが多い．村に住んでいるのでいつでも出産に立会うことができ，風俗習慣や個々の家庭の事情にも通じているという強みがある．また，保健所などの保健医療機関スタッフに比較して圧倒的に数が多く，コミュニティレベルでの母子保健の重要な人的資源となっている．

3）母乳と離乳食

ユニセフでは，母乳育児の方法として，生後6カ月までは完全母乳育児（母乳のみでその他の食べ物や飲み物を一切与えない）を行い，それ以降は補助食（固形または半固形の食べ物）と母乳を併用し，2歳あるいはその先まで母乳との併用を続けることを強力に薦めている．

一般的に，比較的母乳栄養がいきわたっている農村部では，乳児期前半は標準体重と同等の体重増加をみるが，乳児期後半になると離乳食の不足により栄養失調が始まる．1歳をすぎると成人と同じ食事をするようになるので，体重増加がみられるが標準体重に追い付くことはない．多くの地域での離乳食の材料は穀類（米，小麦，トウモロコシなど）と水だけであり，タンパク質，野菜，脂肪分を加えるという習慣はほとんどみられない．また，母親が調理方法を知らないことが多く，乳幼児が噛めないような硬い食品を与えていることも珍しくない．伝統的な食習慣の中に，離乳食の概念そのものが欠けているからである．

インドネシアの農村の経験では，生後5カ月まではインドネシア人の乳児の平均体重は標準曲線を上回っていた．生後半年までは90％以上が母乳栄養であり，この母乳栄養が生後5カ月までの良好な発育を支えているのだと推測された．しかし，その後突然乳児の体重の増加は止まり，1歳ごろには標準曲線の80％にまで低下していた．生後半年をすぎると母乳だけでは十分な栄養をまかないきれないにもかかわらず，この時期の離乳食の材料は村では水と米でつくる粥状の米飯（ナシ・ティム）だけ．5カ月から1歳までの体重増加の停滞は，離乳食のタンパク質とカロリーの不足が原因であると思われた．1歳以後は，大人と同じ食事を食べることで何とか標準曲線の80％ラインに沿ってゆるやかな体重増加がみられるが，決して標準曲線に追い付くことはなかった．

このようにして，インドネシアの乳幼児の栄養失調は乳児期後半の離乳食に問題があることが明らかとなった．これは単に経済的な問題ではなく，離乳食の改善のためには村の母親たちに離乳食の概念をわかってもらうという健康教育のアプローチが最も重要であった．

タマゴが子どもの栄養によいと保健婦さんから聞いた母親は，貴重な現金をはたいてタマゴを買い求め，ゆで卵にして丸ごと生後10カ月の赤ちゃんに与えてしまった．ゆで卵の方が物理的に大きいので赤ちゃんの口に入らないと思うのだけれど，その母親は「子どものタマゴ嫌いを治療してほしい」と相談にくるのである．村の大人はタマゴを丸ゆでにして食べるので，赤ちゃんにもゆで卵をあげるしかないと思い込んでいたようだった．保健婦といっしょにインドネシア語で食べ物を刻んだり，つぶしたりといった調理方法も具体的に指導する必要があった．このように，伝統的な食習慣では，大人と同じ食事を食べるようになるまで母乳をずっと与え続けていた（いいかえれば，食事は母乳と成人普通食の2種類しか存在しなかった）ために，離乳食とい

う概念そのものが存在しなかったのである.

4) 子どもの扱い方のいろいろ

多くの国で，子どもを布でぐるぐる巻きにして育てる（スウォドリング）方法が行われている．17世紀の英国の絵画にもスウォドリングされた子どもが描かれており，かつての日本の一部の地域では行われていた．現在でも，モンゴル，ペルーなど多くの地域でスウォドリングが報告されている．筆者も，フィリピンやウズベキスタンの近代的な病院の保育器のなかで，新生児を布でぐるぐる巻きにしているのをみたことがある．最近，アメリカやヨーロッパでは，夜泣き対策としてスウォドリングを推奨するところがあるといわれている．

子どもの抱き方は，国や民族によってさまざまである．日本，韓国，中国，台湾などでは，伝統的には「おんぶ」が主流で同じような背負い方をしている．アフリカのサバンナでは，がっしりとした臀部に子どもを乗せるようにして「おんぶ」している．インドネシアでは，抱っこ布（カイン・ゲンドン）という1枚の布を使って，腰骨の側面に子どもを跨がせるようにした「腰抱き」が主流であった．モンゴルでは，布でぐるぐる巻きにした子どもを懐に入れて馬に乗ることもあるという．子どもの抱き方は，大人（主に母親）の生活形態に大きく左右されているような印象を受ける．

中南米のコロンビアではじめられたカンガルー・プログラムはいまや全世界に広がり，低出生体重児に対する効果的なケアの1つとして認められている．出生直後から

竹刃による臍帯切断

1980年代のインドネシアの農村で村人といっしょに健康の実態調査したところ，分娩時にへその緒を竹の刃で切断しているケースが8.4％，伝統的習慣に従い切断後の赤ちゃんのへその緒に泥土を塗布するケースが8.8％もあった．お産のときの不潔な処置は，新生児破傷風（当時のインドネシアでは乳児死亡の三大原因の1つであった）を惹き起こすだけでなく，母体にも感染を起こし妊産婦死亡の大きな原因になる．しかし，どんなに悪い習慣であろうと，村に入り込んだ外国人が風俗習慣に口出しすべきでないと考えていた筆者は，かなり悩んだ末に，この調査結果に対しても行動を起こさないことを決断した．

この調査から半年後，ヘルス・ボランティアのリーダーが突然「もう，お産のときに竹刃を使ったり泥土を塗ったりする人はいなくなったよ」というのでびっくりした．自分たちで行った調査の結果，竹刃を使うケースが多いことに衝撃を受け，ヘルス・ボランティアたちが口コミで妊婦ひとりひとりに不潔なお産の危険性を訴えた．その結果，村の伝統的助産婦も自発的に竹刃を使用しなくなったという．

自分たちの足で一軒ずつ訪問して調べた調査結果だからこそ，自分たちで従来の習慣を改善するという行動ができたのであろう．筆者は予想もしていなかったすばらしい成果に感激するとともに，村人たちの行動力の迫力に驚かされた．

外国人である国際協力の専門家が妊娠出産に対する健康改善を性急に迫ってみてもいい結果は生じない．この村でも，もし専門家が医学知識に基づいて指導したのであれば，このような劇的な行動の変容は生じなかったにちがいない．何十年，何百年と続いてきた出産に対する習慣を変える力をもっているのは，その習慣の担い手である村人だけであることを教えられた．

母親が健康な低出生体重児を胸のなかに直接抱き続けて、母体の体温で新生児を温めながら哺育する方法であり、母と子の相互作用としてもその意義が明らかになっている。

1990年代の半ばに中南米でカンガルー・ケアの現場をみたが、赤ちゃんを大きな乳房の間に挟むように抱っこして、母親はずっと座っていた。同じ姿勢のまま、母親と新生児が悠久の時を共有しているという印象であった。その後、このカンガルー・ケアは、フロリダやカリフォルニアの病院でその有効性が実証され、いま世界に広がりつつある。途上国の育児の知恵が医学的評価を受け、先進国にも広がったという意味では成功例であろうが、個人的には、中南米の人々の生活や文化の息吹を感じたカンガルー・ケアが新生児ケアの技術の1つになってしまった寂しさを感じる。なお、モンゴルでは、低出生体重児を母親の肝臓の上に置く習慣があるという。

このように、世界各地には類似性をもつ子育てに関する習慣や風習が多く存在する。これらを単なる文化習俗としてみるだけでなく、現在の私たちの知識では医学的な意味づけをすることはできないが、何らかの科学的な根拠が存在するのではないかと考える必要があろう。先人たちが長く継承してきた子育て文化を解明するためには、単に医学保健分野だけでなく、人類学、社会学などの幅広い学際的なアプローチが望まれる。

2. インドネシアの子育て

1986年から88年にかけて、インドネシア北スマトラ州の電気も水道もない農村で、子どもたちの健康を改善するという仕事に従事していた。村のヘルス・ボランティアたちとともに家庭訪問したり、乳幼児健診をしたりする中で、村の子どもたちの生活に触れることができた（図28.1）。

本項では、おもに、その村（アサハン県ティンギ・ラジャ村：人口約6,000人。20世紀前半にジャワ島から移住してきたジャワ人が多数を占める）における民俗誌的子育てを報告する。

1) インドネシアのお食い初め

インドネシアの村では、子どもが生まれて1カ月くらいに、日本のお食い初めのような通過儀礼がある。そのとき主賓として呼ばれるのは、近所の子どもたちである。「わが家に赤ちゃんが生まれたので遊んでやってください」と近所の子どもたちに赤ちゃんを紹介し、ごちそうをふるまうのである。その後、近所の子どもたちはひまになるとやってきて、ハンモックの中にいる赤ん坊をあやしたりして遊んでくれる。そして、赤ちゃんが1歳を過ぎてひとり歩きを始めると、本格的に子どもたちの仲間入

図28.1 子育て中のティーン・エイジの母親
若い母親が子育てに関して不安や悩みをもつのは、日本と同じだった。

図28.2
赤ちゃんはいつも誰かがそばにいてくれる。母親が離れると、兄がハンモックを揺らしていた。

2) 子ども集団への仲間入り

子ども集団は数人から十数人で構成され、年齢は小学校低学年を頭に歩きはじめたばかりの幼児までが含まれる。血縁関係のある兄弟やいとこも含まれるが、基本的には、近所に住む子どもたちで構成される異年齢集団である。子どもたちどうしで缶けりなどの遊びをすることもあるが、なんとなく同じ場所で共通の時間を過ごしているだけにみえることもある（図28.3）。

歩きはじめたばかりの幼児がこの集団に入ったばかりのときは、集団の中で甘えることが許されている。幼児が疲れたり泣いたりしたときは、年長の男児や女児におんぶされることも少なくない。そして、数年後その子どもが成長したときには、今度は集団のなかの幼い子どもたちの面倒をみる

図28.3　子どもの異年齢集団の様子
幼児を包み込むように抱いているのは近所の「お姉さん」。

図28.4
村の小学生は「ゴム跳び」を楽しむ。子どもの遊びは世界共通である。

ことを覚えはじめる。そして、小学校に入り、勉強も忙しくなり、放課後のお手伝いも本格化していくと、この子ども集団から自然にはなれていく（図28.4）。

このようにして、子ども集団は数年を単位として、自然な形で新入生を迎え卒業生を送り出していくことになる。そして、同じ時期にこの集団で育った子どもたちは、成人してからも「お兄さん」「お姉さん」という兄弟姉妹の呼称を使ってお互いを呼び合い、血縁関係がないにもかかわらず、親密な関係性を維持している。

3) 精神的な大家族

インドネシアでも基本的な家族形態は核家族であり、3世代同居家庭は農村部でも少数であった。しかし、家族や親戚のつながりは強く、近所に住んでいるという地理的な理由もあり、ほとんど毎日のように家族や親戚の誰かが行き来するという生活形態である。子育ても、母親と父親だけでなく、みんなで助け合いながら子どもの成長を見守るのが基本的な姿勢である。そして、親戚だけに限らず、お互いに助け合って子育てする形は近所の人や友人にまで広がっている。

インドネシアの農村で子どもたちの栄養調査で、母親に「昨日、子どもに与えたすべての食事の量」を質問すると、子どもが実際に口にした食事全体の半分にしかならない。すなわち、子どもは、近所のおばさんがつくった揚げバナナを食べ、親戚の家でブブール・カチャン（豆でつくった粥）をいただき、近所の年長の子どもからスナック菓子をもらっていたのだった。食事に関していえば、親は子どもの半分くらいの面倒をみておけば、あとはコミュニティのだれかが手助けしてくれる、ということになる。

働く女性が1週間家を空けることも珍しくない。その間、夫と子どもは、親戚や近所の家で夕ご飯を食べ、その後、夫と子どもは連れ立ってわが家に戻る。その代わり

に，隣の夫婦が夜出かけるときには，その子どもたちを預かるのは当然である．このように，いろんな大人と子どもたちが入り混じる環境の中で，子どもはいろんなタイプの大人を見て成長していく．たとえば，木登り1つをとっても，危ないと叱る大人もいれば，勇気があると誉めてくれる人もいる．また，親の方もいろんな子どもと接することにより，わが子の個性を相対化してみることができるようになる．

このように，一つ屋根の下で暮らしているわけではないが，近くに住む家族，親戚，近隣の人々が気持ちのうえで家族のように助け合って子育てしているのが，インドネシアの農村であった．「精神的な大家族」，まさに，社会全体で子どもを育てている印象であった．

3. アメリカ合衆国の子育て
1) 民族のサラダ・ボウルの中の子どもたち

ボストンの下町の外国人が混在している地域に住んでいたことがあった．ブラジル国旗を飾った旅行会社やロシア語の書店があり，コイン・ランドリーではスペイン語の方がよく聞かれるという街であった．韓国人の電器屋の店員が片言の英語とスペイン語に身ぶりを交えて，ペルー人にソニーのウォークマンを売りつけていた．ここまで，異文化が混在していると見事なものである．

かなり以前から，アメリカ合衆国は人種

異年齢集団のパワー

異年齢集団の子どもたちと付き合う中で筆者が最も感動したのは，精神発達に遅れのあるたとえばダウン症の子どもの場合も年齢が長じてくれば，幼い子どもの面倒をみる立場になることができるということだった．

日本では，幼稚園，小学校と同学年の集団が基本であり，少しでも遅れのある子どもはいつも周りの同年齢の子どもと比較される．ダウン症をもつ子どもがひとりで着替えをできるようになったころには，同年齢の子どもはすでに小さなボタンをはめることができる．同年齢集団で比較する限り，いつになっても遅れのある子どもは追い付けない構造である．

ところが，1歳から小学校低学年までの子どもたちがいつも群れている集団では，ひとりで着替えができるようになると今度は年少の子どもに服を着せてあげることが可能になる．私が目撃したのは，次のような光景だった．

ダウン症をもつインドネシア人の少女が，2歳の幼児に服を着せていた．不器用な手つきで，しかし，一所懸命にひたすらにボタンをかけようとしている．時間が止まっているかと思うくらい長い時間がすぎたころ，ようやく，ボタンがかけられた．ダウン症の少女も着せてもらった幼児もホッとしたような笑顔をみせて走り出し，子どもたちの輪の中に紛れ込んでいった．

他の子どもたちと比較して何ができて何ができないかという相対的な価値判断が行われていないようにみえるのは，相対的評価を行う大人や指導者がいないせいかもしれない．単純に，その子どもができることを集団のなかで行うということによって役割はおのずから定まってくる．自然発生的な異年齢集団では，子どもひとりひとりができる範囲で仲間のなかで役割が与えられるというポジティブな要素が大きいことを教えられた．

の坩堝（るつぼ）ではなく，人種のサラダ・ボウルであると表現されている．いろんな文化背景をもった人たちが坩堝の中で溶けあって1つになるというのは幻想であり，また，溶け込むことを強要すれば，異国で暮らす人たちの精神的な拠り所を脅かしかねないという反省も込められている．サラダを混ぜ合わせても素材の1つずつが目に見えるように，異文化という背景をもつ人々がその独自性を保ったまま地域の中で隣り合って暮らせる社会を目指したいという願望が込められた言葉である．

　アメリカ合衆国の子どもたちも，このサラダ・ボウル社会の一員である．子どもたちの健康指標も民族別に集計されている．アメリカ合衆国の乳児死亡率は，すでに1960年代に日本よりも高くなってしまっているが，非常に民族間の格差が大きいことでも知られている．2001年の統計では，アフリカ系アメリカ人の母親から生まれた乳児の死亡率は14.0（出生1,000人当たり）であり，白人の母親から生まれた乳児の死亡率5.7の約2.5倍にのぼっている．また，白人，アフリカ系アメリカ人，アジア系アメリカ人など民族ごとに，低出生体重児の割合や疾病別年齢層別の死亡率など詳細な保健指標が毎年発表されている．

　このような状況の中で，アメリカ合衆国の小児科医や母子保健専門家にとって，保健医療施策を評価する最も重要な指標は依然として乳児死亡率である．州ごとの母子保健水準を評価するにもまず乳児死亡率の検討は欠かせない．確かに，州によって乳児死亡率は大きく異なり，ニューイングランド地方と人口の少ないロッキー山脈諸州で低く，アフリカ系アメリカ人の多い南部の乳児死亡率は高値を示している．もはや，乳児死亡率が地域の母子保健水準を計る物差しではなくなった日本との大きな違いであった．

2) 平均的なアメリカ人の子ども

　日本では平均的な「日本の子どもたち」という表現をよく目にするが，アメリカ合衆国では「平均的なアメリカ人の子ども」という概念は存在しない．だからこそ，平均値ではなく，執拗なまでに民族別，性別，州別，年齢別に保健統計を算出して，保健医療施策の基礎としているのである．

　日本のマスメディアから「アメリカ合衆国での子育ての一般的な考え方を教えてほしい」と取材されたボストン在住の白人女性が，「私自身の子育てのやり方なら話せますが，アメリカ合衆国の子育ての方法というのはありません」と回答したというエピソードがこの間の事情を物語っている．集団ではなく個人として物事に対処するという性向だけではなく，社会経済的な背景が異なりすぎるために「アメリカ合衆国の子ども」という平均的な像を結ぶことができない社会的構造になっているのである．

3) 優しさと暴力の中の子どもたち

　アメリカ合衆国社会の中では，女性と子どもは弱者集団（vulnerable group）として，社会からの暖かい庇護を受けることができる．

　バギーに赤ちゃんを連れたお母さんがバスに乗ってくると，周りの乗客のだれかが必ず席を譲り，乗り降りの際にはバスの運転手が手伝うこともある．運転手がバスの外に出てバギーを降ろしている間は，もちろん乗客はみんなおとなしく待っている．市民参加のジョギングの大会には，子どもをバギーに乗せたまま走っている男性ランナーがいた．もちろん，大きな拍手と「ブラボー！」という喚声を得ていた．庶民の街で暮らしていたせいだと思うが，私がみる限り，父親に抱かれてスーパーマーケットに買い物に来ている赤ちゃん，はみ出しそうになってバギーに乗っている3歳ぐらいの子ども，バスの中で手をクリームだらけにしながらケーキを頬張っている子ども，大人はみんな自分の好きなように子育てしていて，周囲の人々も子どもに対してはやさしいまなざしで接していた．

個人だけでなく，種々のボランティア・グループも子どもたちの保健や福祉の分野で活躍している．日本と大きく異なり財政的にも組織的にもきちんとした基盤をもっていることはもちろんであるが，大きな学会になると母子保健に携わっているボランティア団体やNPO（Non-Profit Organization：非営利団体）のメンバーが大挙して参加する．アメリカ公衆衛生学会では，ボランティア団体が大学の小児科や公衆衛生学部に匹敵する高いレベルの学会発表をしていた．大学というアカデミックな機関だけでなく，ボランティア団体や行政機関が非常に積極的に学会に参加し，evidence-basedに基づいた実践的研究に関心を払っていた．

しかし，一方では，子育てに関する危機的な状況も明らかであった．環境問題と母子の健康，未成年の親へのケア，児童虐待，ドメスティック・バイオレンス，銃による傷害など困難な課題が山積している．ハーバード大学傷害センターの研究では，中学1年生男子の23%がいままでに銃を手にした経験があると答えており，銃による被害と加害が小児保健分野の課題であることを指摘していた．また，ネグレクトを含めた小児虐待を受けた経験をもつ子どもは，18歳未満の子ども1,000人当たり12.9人にのぼるといわれている．

このように，弱者に対する行き届いたケアやボランティア団体の存在など今後の日本の子育て支援を考えるときに大いに学ぶべき面と同時に，アメリカ社会の抱える社会病理が子どもの健康や生命を直截に脅かしていることを見逃してはならない．

〔中村安秀〕

文献

1) 伊藤晴通：草原の子育て．周産期医学，32増刊号：371-374，2002.
2) 倉辻忠俊：ネパールの育児．周産期医学，32増刊号：375-379，2002.
3) 中村安秀：アメリカ合衆国の子どもたち．小児保健研究，**57**(1)：15-19，1998.
4) 中村安秀：国際保健の現場から．これからの医療（三杉和章ら編），pp. 229-247，横浜市立大学，1996.
5) 南里清一郎：世界の育児事情．周産期医学，32増刊号：365-370，2002.
6) 福田雅文：アフリカの子育て．周産期医学，32増刊号：380-384，2002.
7) ユニセフ：統計で見る子どもの10年（1990-2000），日本ユニセフ協会，2002.
8) 和仁皓明：離乳の食文化．中央法規出版，1999.
9) Kochanek KD, Smith BL：Deaths：Preliminary data for 2002. National vital statistics reports, **52**(13), National Center for Health Statistics, 2004.

多民族・多文化共生社会と母子保健・育児ニーズ

multi-race culture society, and mother-and-child health and childcare needs

1. 国際人流時代の到来

21世紀の到来は，地球規模での「人の国際化時代」を告げている．本邦における年間の海外日本人出国者，外国人入国者は2,000万人以上である．また，海外で暮らす日系人および海外在留邦人は300万人を超え，日本に暮らす在日外国人も約200万人である．すなわち，日本は国境を超えて多くの人々が出会う「国際人流時代」を迎えている．そして，社会はさまざまな人々の多様性を尊重しあう異文化との共生が求められている「多民族多文化社会」へと変貌している．

2. 在日外国人の歴史

在日韓国・朝鮮人の日本における生活の歴史は約100年である．1980年代前半まで外国人登録者の大半は歴史的背景をもつ在日韓国・朝鮮人であった．その人口構成は日本人同様に高齢化，少子化が進んでいる．永住者が大半であり，世代を重ね5世代目が日本で誕生している．実質的に日本社会の構成員となっている．

一方，1980年代後半以降，急増した東南アジア，南米出身の外国人は20歳代から30歳代の生産年齢人口に集中し，日本で出生した子どもの人口が年々増加している．地域住民としての定住化も進んでいる．2000年以降，在日外国人の多様化，多国籍化，多民族化がめざましい．

3. 国際結婚と子どもの多民族化

内なる国際化とともに1980年代後半から，日本人と外国人との国際結婚も急増している．2001年，全国で20組に1組，5％が国際結婚である．東京都区部では10組に1組の日本人が外国人と結婚している．

国際結婚と外国人の急増で当然，親外国人の子どもも増加している．大人が国境を越えて移動すれば，それに伴って子どもも移動し，親の出身国以外での誕生がある．

父母とも日本人の出生数が減少するなか，親が外国人の子どもは確実に増加している．1987年からの2003年までの親が外国人の出生総数は約50万人である．2003年に生まれた親が外国人の子どもの割合は，全国で2.9％，34人に1人である．

子どもの親のルーツ，人種，文化，宗教が多様性を増し，出身地は全世界地域に広がっている．2003年に出生した母親が外国人のおもな国籍（出身地）は「韓国・朝鮮」「中国」「フィリピン」「タイ」「ブラジル」「ペルー」である．

4. 在日外国人の母子保健・育児ニーズ

すべての女性はリプロダクティブ・ヘルス/ライツ（性と生殖に関する女性の健康/権利）の理念のもと，安全に妊娠・出産することができ，健康に子どもを育てられるよう適切なヘルスケア・サービスを受ける権利を有している．在日外国人に対してもそれらの権利は保障されている．しかし，在日外国人の母子すべてに日本人と同様に必要とされるヘルスケア・サービスが提供されているとは限らず，いくつかの課題が存在する．

外国人女性が遭遇する問題としては次のようなことが挙げられる．日本社会への異文化適応とストレス，言葉の問題，コミュニケーションギャップ，医療従事者とのインフォームドコンセントの問題，「日本国籍」を有していないことからくる法的・制度的問題などである．それらの問題が解決されていない状況のなか，母子保健サービスの基本である母子健康手帳，乳幼児健

外国人の子どもが日本で出生したとき

外国人の子どもの出生証明，国籍確認，在留資格取得には次の手続きが必要となる．

1. 子どもが生まれた日から14日以内に，居住地の市区町村役場の戸籍担当窓口に出生届を提出する（**戸籍法**）．子どもの名前を決め，必要事項を記載し届出をする．その際は必ず出生証明書をもっていき，母子健康手帳も持参する（出生した施設の医師または助産師が子どもの出生証明書を発行，その出生証明書紙面左側が出生届になっている）．原則として出生届は出生した子どもの父または母が直接役場へ行かなければならない．また，子どもの名前の記載文字は漢字，ひらがな，カタカナ以外は認められない（ローマ字は不可）．

2. 子どもが生まれた日から60日以内に住んでいる市区町村役場の外国人登録窓口に行き，出生した子どもの外国人登録を行う必要がある（**外国人登録法**）．このときにも母子健康手帳が必要となる．

3. 子どもが生まれた日から30日以内に入国管理局に行き，在留資格の取得を申請する（**出入国管理及び難民認定法**）．

4. 親の本国の駐日大使館（領事館）にも，国籍取得の申請を行う．このとき，出生を証明する必要な書類（日本の出生証明書，役場が発行する出生受理証明書，英文証明書等）が各国によって異なる．また，子どもの国籍取得の法律も，国によって出生主義や血統主義があり，それによっては子どもの国籍も違ってくる（**国籍法**）．

診，予防接種の制度さえ利用できずにいる妊産婦もいる．とくに，来日後まもない妊娠・出産・育児，人的・物的支援が得られない孤立した状態にある母子には，迅速かつ適切な援助が必要不可欠である．

支援体制としては，専門的知識と高度な技術をもつ医療専門通訳の養成，多言語母子保健情報の有効性のある配布，多様性に対応した柔軟なサポート体制，支援者側の異文化コミュニケーション能力・知識の向上および母子保健にかかわる普遍的理念・人権感覚の育成が求められている．

保育の現場では，母国との生活習慣，子育て文化の違い，外国人の子どもに対する差別やいじめ，異なることへの不寛容さが外国人母親の育児不安の大きな要因となっている．

幼児教育の現場では，多民族化した子

表28.1 保育所保育指針

「人間関係」
・4歳児：外国の人など，自分とは異なる文化をもった人の存在に気づく．
・5歳児：外国の人など，自分とは異なる文化をもったさまざまな人に関心をもつようになる．
・6歳児：外国の人など，自分とは異なる文化をもったさまざまな人に関心をもち，知ろうとするようになる．

厚生労働省児童家庭局，1998年改正
(厚生労働省児童家庭局：保育所保育指針，日本保育協会発行，2000より抜粋)

表28.2 母子保健強化推進特別事業

1. 乳幼児死亡，妊産婦死亡，周産期死亡等の改善対策事業
2. 乳幼児の事故防止対策事業
3. 母子疾病予防対策事業
4. 母子歯科保健対策事業
5. 思春期保健対策事業
6. 地域の実情に応じた先駆的モデル事業
7. 外国人母子への指導体制の整備事業
8. その他上記に準ずる事業

厚生労働省児童家庭局長通知：児発 第485号 平成8年5月10日
実施主体：都道府県および市町村．国庫補助あり．

もの現状を受けとめ，多様性を享受する多文化理解教育・多文化共生保育が求められている．1998年，厚生労働省児童家庭局は，保育所保育指針「人間関係」の領域に，人権を大切にする心を育てることを目標に，「外国人」「異文化」の項目を追加した（表28.1）．

5. 国における母子保健支援事業

1996年5月，厚生労働省は母子保健の国際化の現状を受け，外国人母子への指導体制を強化する旨の通知を各都道府県知事に出した．これを受け，母子保健強化推進特別事業としていくつかの自治体で外国人母子への支援事業が行われている（表28.2）．外国人母子への母親教室，外国語版の母子健康手帳の作成，健康相談会の開催，通訳体制の整備事業などである．

また平成13年度より厚生労働省子ども家庭総合研究事業として「多民族文化社会における母子の健康に関する研究」班が東京大学大学院医学系研究科発達医科学教室牛島廣治教授のもと開始された．外国人女性および小児に対するニーズ調査を全国規模で実施し，それらの結果に基づき，多民族文化社会におけるよりよい母子保健医療福祉のあり方を構築，提言する事業である．

〔李　節子〕

日本人の国際結婚 250 組に 1 組から 20 組に 1 組へ

厚生労働省の人口動態統計によると，1965年，日本人の国際結婚割合は0.4%，250組に1人であった．しかし，1980年代以降，国際的な人の交流「国際人流時代」の到来とともに国際結婚は急増した．実に2001年には5%，20組に1組の日本人が外国人と結婚している．東京では10組に1組の日本人が国際結婚をしているのである．いま国際結婚は決してめずらしいことではない．その原因として国際結婚の斡旋が行われていることもあるが，それ以上に，すでに日本は多民族社会となっており，日常生活の中で外国人と出会うことがめずらしいことではなくなったことが大きな要因である．たまたま，出会い，恋に落ちた伴侶が，たまたま外国籍の人であっただけのことである．実にさまざまなルーツをもつ国際結婚家族が誕生している時代となった．

在日外国人への育児支援

childcare support for foreign residents in Japan

　在日外国人の育児支援では，何よりも，すべての妊産婦が無事に安心して出産することができ，子どもたちが愛護され，楽しく，個性が尊重されながら成長することができる社会であることが求められる．いま，出身地の文化やコミュニティを尊重しつつ，日本社会の中でどのように出産し，子育てを行うかという多民族・多文化共生社会における母子保健，育児のあり方が問われている．

　すべての子どもが健やかにのびのびと育つことができるという育児理念は，外国人，日本人ともに共有する原則である．しかし，いくつか，外国人母子にかかわるときの配慮，注意点はある．基本的には，偏見ももたず，相手の立場にたって考え，個別性，多様性を尊重することが重要である．その基本的対応について述べる．

1. 内外人平等の原則を知る

　日本国内に居住する人はその国籍（出身地），人種，民族，宗教を問わず公平な保健医療，福祉，教育サービスを享受する権利がある．また，これは基本的人権として保障されている．この平等原則は，日本が発効した国際条約，関係法規によって守られている．

　1979年に日本は「国際人権規約」を批准しているが，その国際人権条約の根幹には「世界人権宣言」（1948年）があり，この条約は国際社会における基本的人権の尊重と保障を基本理念にしている．また，「児童福祉法」（1947年），「母子保健法」（1965年）にはその法律の大原則として，国籍条項がなく外国人妊産婦および児童にも適用される．とくに母子保健制度の適用には人道的立場から「外国人」「日本人」の区別はなく「内外人平等」の原則が適用され，親の「在留資格」も問われない．1994年には「子どもの権利条約」が日本で批准，発効されている．子どもの「生存」「発達」「保護」「参加」の各分野において，締結国は「最善の利益」を保障しなければならない国際条約である．締結国は子どもの国籍，出身地，宗教，皮膚の色などの違いによる差別をいっさい行ってはならない．まず，在日外国人の支援にあたっては，これらの人権条約の存在を知り，各専門分野における「本来業務」と「倫理的責務」にのっとることが重要である．

2. 相互のコミュニケーションを図るための努力

　出産・育児の現場では，外国人からさまざまな要望が出されることがある．その際，日本と外国との文化的背景，社会的背景，経済的背景の違いから，相互に誤解が生まれることがあるかもしれない．しかし，信頼関係を築くためには，基本的にははっきりと意見をのべ，理解が得られているかどうか確認するとともに，相手の意見を十分に聞くことが重要である．

　日本人の「常識」「文化」「慣習」を一方的に相手に押しつけてはならない．時には，些細と思われる文化的価値観の違いが，非常に大きな葛藤，問題を生じさせることがある．相手が生活の信条として大切にしていることは何かを知り，互いのニーズが満たされるように創意工夫する．食文化については宗教的禁忌があるのでとくに注意が必要である．

　異なることを認めあいながら互いの信頼と創意工夫の中からこれまでになかった豊かな多様性のある生活が生まれてくる．

図28.5 外国語日本語併記母子健康手帳
発行言語：ハングル，中国語，インドネシア語，ポルトガル語，スペイン語，タガログ語，タイ語，英語
発行：母子保健事業団，1冊：750円，問い合わせ：03-3499-3120.

3. ことばの問題の具体的工夫

外国人母子，支援者側の双方にとって，ことばの問題は大きな問題である．しかし，まず，支援者は「ことば（外国語）ができない」という苦手意識を軽減したほうがよい．言語上の問題については，わかりやすい，ていねいな日本語を使い，身振り，手振りを取り入れ，誠意を伝えることからはじめる．しかし，必要不可欠な重要事項については，多言語会話カードなどを作成，利用する．

外国語による医療機関，保健医療福祉の情報パンフレット，母子手帳，両親学級テキスト，育児テキストなどの作成にあっては，その言語を母語とする外国人に必ずチェックしてもらう必要がある．とくに，挿入するイラストについては注意を払うこと．文化的背景の違いから，イラストから受けるイメージが，当事者にとって侮辱的であったり，意図した内容が違ったり，反対に伝わることがあるからである．

同時にスタッフの語学研修，文化的背景を考慮した研修などの企画，開催．スタッフの対応マニュアルの作成，事例検討会の開催を行うことも求められる．通訳体制の確立にあたっては，行政，民間機関，通訳ボランティアなどの連携が必要である．

母子保健事業団では，外国人母子と支援者相互が理解できるものとして，8カ国多言語の「外国語日本語併記母子健康手帳」を発行している（図28.5）．

また，(財)母子衛生研究会では日本に暮らす外国人のために多言語の母子保健医療・子育て支援ガイドブック（2004）を出版している．

〔李　節子〕

在日外国人関連用語

terms related with foreign resident in Japan

在日外国人 この言葉に関する明確な定義はない．しかし，この言葉は社会一般に定着し，使われている．日本に暮らす外国人総称として考えられる．この言葉の概念には，「日本に定住している外国人」という要素が含まれている．定住性を表す言葉として「定住外国人」がある．これはおおむね5年以上の居住者を指す．「定住外国人」に対して，短期の在留者を含めて「滞日外国人」と呼称することもある．在日外国人に関する表現は，その対象者の生活基盤実態を考慮して表現される．行政の報告書では「外国籍住民」「外国籍市民」「在住外国人」の表記が多く，NGOのレポートなどでは「滞日外国人」の表記が多い．

外国人登録者 日本では「出入国管理及び難民認定法」によって，外国人の在留資格が決められており，さらに「外国人登録法」によって，90日以上日本に滞在する者（本邦で出生した場合は60日以内）は外国人登録することになっている．出国，帰化，死亡などによりその登録は閉鎖される．ただし，特例上陸許可者，外交官，日米地位協定などに該当する軍人，軍属およびその家族などは登録の対象とならない．市区長村窓口（市役所など）で外国人登録（住民登録）された外国人登録者数を法務省がまとめて発表している（12月31日現在）．

在留資格 在留資格は入管法別表第一（教育，芸術，経営，短期滞在，留学等），入管法別表第二（永住者，日本人の配偶者等，定住者等）に分けられる．「永住者」のほとんどは従来からの在日韓国・朝鮮人であるが．「日本人の配偶者等」には，ブラジルを中心とする南米出身の日系人と，日本人と婚姻関係にある者とがある．この在留資格には「日本人の配偶者」と「日本人の子」が含まれる．すなわち日本人の配偶者等の「等」は日本人の「子」をおもに意味する．

永住者 一般永住者と特別永住者をあわせた総称．「日本国との平和条約に基づき日本国籍を離脱した者等の出入国管理に関する特例法」（1991年11月1日施行）により，戦前から日本に居住している韓国・朝鮮人，台湾人およびその子孫は「特別永住者」と定められた．日本政府は，1952年4月28日，平和条約発効によって，旧植民地出身者およびその子はいっせいに「日本国籍」を失ったとした．「特別永住者」の大半は日本で出生・成育しており，1910年代からの世代を重ねた生活者である．

「韓国・朝鮮」 「韓国・朝鮮」この中身は国籍をあらわすのではなく，国籍および〈出身地〉を表す．旧植民地出身，朝鮮半島出身地者の中には「大韓民国」を取得せず，そのまま〈朝鮮〉出身地者として生活している者もいる．そのような状態にある者は〈出身地〉=〈朝鮮〉で外国人登録されている．在日韓国・朝鮮人の〈朝鮮〉出身地者を「北朝鮮」と思いこんで表現していることが多々ある．まず，「北朝鮮」という国は存在しない．正式には「朝鮮民主主義人民共和国」である．国交がない現在，在日朝鮮人のすべてが正式に国籍として「朝鮮民主主義人民共和国」をもっているわけではない．〈出身地〉としての〈朝鮮〉である．「大韓民国」の国籍を取得したものが「韓国」国籍者である．

日本国籍取得者 日本国籍取得を希望する外国人に対して，法務大臣の許可により国籍を与える制度を「帰化」という．帰化申請にあたってはそれに必要な条件，居住条件，能力要件，素行要件，生計要件，

原国籍喪失要件，日本国憲法尊守要件など細かく国籍法によって規定されている．

在日外国人の人口動態統計　厚生省の「人口動態統計」に，1955年から外国人の出生，死亡，死産，婚姻，離婚などの件数が掲載されている．国籍（出身地）区分は1955年から1991年まで「韓国・朝鮮」「中国」「米国」「その他の外国」の4区分であった．1992年，従来「その他の外国」に属していた人口が急増したため，国籍区分に「フィリピン」「タイ」「英国」「ブラジル」「ペルー」の5カ国が加わった．これはその年の外国人登録者の上位8カ国にあたる．「韓国・朝鮮」と同様に「中国」の中には台湾出身の者も含まれる．出典によって，国名，国籍〈出身地〉の表記が違う．外国人登録の国名表記は「米国」「英国」であるが，出入国管理統計年報では「アメリカ」「イギリス」である．

国籍法改定と出生児の国籍　1984年に国籍法の改定があり，1985年以降，出生児の国籍の取り扱いが変わった．すなわち，それまで国籍法は父系血統主義であったため，母親が日本人でも，父親が外国人であれば「日本国民」とはされず「外国人」として扱われてきた．改定後は父母両系主義となり，父母のどちらか一方が日本国籍を取得していれば「日本国民」「日本人」となることができるようになった（図28.6）．

親が外国人の子ども　国籍法によって「日本国民」とは「日本国籍者」をいう．子どもの国籍は「日本」であるが，「親が外国人の子ども」が増えている．さまざま

図28.6　国籍法の改定に伴う子どもの国籍

なルーツ，人種，多文化の子どもである．外国人の育児，多民族・多文化共生社会における母子保健を考えるならば，日本国籍をもち，親が外国人である子どもを視野に入れるべきである．

日本人と外国人とのあいだで生まれた子どもを「ハーフ」「混血」と呼ぶ風潮があるが，これは明らかに差別用語である．血や血統を基準として考えられている．最近では，2つの文化を共有する意味で「ダブルの子ども」「国際児」「多文化の子ども」と表現するようになってきている．

ニューカマー　すでに，日本に何世代かにわたって定住している，在日韓国・朝鮮人など旧植民地出身者と対照して言われている来日外国人をさす．1980年代後半（とくに1990年の入国管理法の改定以降）に急増した，おもに南米，東南アジア出身者である．「新来外国人」と使っているところもある．しかし，2000年以降，定住化が進みこの言葉が実態にあわなくなりつつもある．

オーバーステイ　超過滞在，無資格就労，非正規滞在などの状態にある外国人をさす．正規在留資格の期限が過ぎたオーバーステイの外国人がほとんどで外国人登録していないことが多い．「資格外就労」していることが多い．「日本人の配偶者等」の在留資格をもっていた外国人が，日本人との離婚によってその資格を失い在留期間を超過滞在（オーバーステイ）してしまう場合もある．1990年以降急増し，2001年では約23万人といわれている．そのうち女性は約半数である．定住化傾向にあり，この状態にある親から子どもが数多く日本で生まれ成長している．日本で生まれた子どもは，もともと日本出生であって「オーバーステイ」ではない．「親がオーバーステイの子ども」「無国籍状態にある子ども」と表現すべきである．マスコミなどでは「不法滞在」「不法外国人」と呼ぶことが多いが，これはまるで，外国人の存在すべて

が犯罪者であるとの印象を与え，差別を助長するおそれがあることばである．

無国籍状態にある子ども　日本で子どもが生まれたにもかかわらず，どこにも届けられず，国籍を取得していない状態にある子どもをさす．親がオーバステイの場合が多い．現在（2001年），このような状態にある子どもは全国で約1～2万人と推測される．「無国籍」国籍と混乱されることが多い．「外国人登録」「在留外国統計」には国籍としての「無国籍」がある．「無国籍」とは，個人がどの国の国籍も有していないことをいう．さまざまな事情から「無国籍」という国籍になっている人々が存在する．一例では，親の出身国が，国籍取得において「出生主義」をとっている場合，子どもが日本で生まれると，日本では「血統主義」であるため，そのはざまで子どもは両方の国から国籍を認められず「無国籍」となってしまうことがある．

〔李　節子〕

在日外国人の育児実態
―多文化子育て

multi-cultural child-rearing

現在,日本では国際結婚や多文化な背景をもつ定住者が増えており,家族の中で複数の国籍が存在するなど,日本人か在日外国人家族かという区別ではとらえきれない状況にある.

とくに,都市部では,両親,もしくはどちらかの親が外国籍や外国出身である園児が増加している.その結果,園の現場では,多文化な育児背景をもつ親子と保育者,また,日本人の保護者との間において,言語や育児文化の違いなど,さまざまな行き違いが生じて双方が困惑する場面も多々起きている現状である.

そこで,おもに園児をもつ多文化な保護者を対象にして11言語の母語による調査票で実施した調査結果[1]から,65カ国籍,2,002人の育児実態を要約して紹介する.

1. 多文化子育てとは

「多文化」という言葉には,文化的・言語的な背景が異なることから生じる違いから性差やイデオロギーの相違までも含めて,お互いの人権を認め合い,差別や偏見をなくして,文化的な多様性を包み込んでいこうという思いが込められている.

さらに,子どもを家庭や社会で育んでいく行為は,民族や宗教・文化を超えて共通することが多いと思われる.そのため,日本に住むすべての親子や育児関係者にとっても,国籍を問わず「多文化子育て」を目ざすことは,自分自身のルーツや立脚点を問い直す根源的なことではなかろうか.

2. 園生活での気がかり

園生活での気がかりとして上位にあげられたのは,「いじめ」32.0%,ついで,「裸足保育・薄着」27.5%,「日本の言葉・食物に慣れ過ぎ」17.5%であった.

保護者の3人に1人が心配している「いじめ」は,とくに,滞在年数が3~10年未満の保護者が39.1%と高かった.具体的な内容としては,「言葉が十分でないために遊びの仲間に入れてもらえない」だけではなくて,「外国人だから一緒に遊ばないという差別や偏見がある」ことへの意見や要望が述べられていた.

2番目の「裸足保育・薄着」は,保育者にとっては励行したい内容であるが,気候や衣服習慣が異なる地域や民族出身の保護者にとっては逆に悩みの種になっている.

現在の子どもや保護者の個々の状況や成育環境を十分に理解し合いながら,お互いに歩み寄る姿勢が求められている.

さらに,園の行事として定着している「豆まき,七夕,クリスマス」など異教の祭りに参加させられることに抵抗を感じていると記述した保護者達がいたことも考慮して,年間の行事カレンダーについてはあらかじめ説明や了解を得る手続きが必要であると思われる.

3. 子育ての気がかり

子育てを中心にした気がかり,しつけ・教育についての悩みとしては,筆頭に「母語の教育や文化を学ばせること」38.0%があげられていた.ついで,「少食や食べ物の好き嫌い」30.4%,「病気やケガ」28.4%,「友だちと仲良く遊べること」25.6%,「子どものほめ方,叱り方」25.6%が上位5位であった.

多くの悩みの中から「最も気がかりな項目」を1つ選んでもらった結果では,上下は変動しても上位5項目は変わらず,「母語教育と文化」23.0%で,「病気やケガ」12.5%,「少食・偏食」9.4%が上位3位

にあげられていた.

その具体的な内容としては,「母語(文化・宗教など)を学ぶ機会が少ない」58.4％,「母語を覚えない,話せない」42.7％,「バイリンガルに育てたい」14.1％などであった.母語教育や母文化は,家庭での使用言語や家族構成員の国籍,子どものアイデンティティなど多様な問題と複雑に絡んでおり,親や祖父母とのコミュニケーションの困難さや多言語を学ぶことでの言語能力への影響を危惧していた.

「病気やケガ」に関しては,「子どもが病気やケガが多い」77.4％,「病気になると仕事を休まなければならない不安」13.1％,「子どもが病気もち,ストレスがある」8.3％など,子ども自身の健康状態への心配と日本での家族や友人が少なく病時保育を頼みにくいという仕事をもつ親の事情が大半を占めていた.さらに,医療費の問題,夜間診療・予防接種などシステムが自国と異なることへの不安が目立った.

また,日本人母親への同じ質問を含む先行調査結果[2]での「子育ての気がかり」と比較すると,上位3位が多文化な親の特徴的な気がかりであり,4位以降の内容は国籍を超えて共通する生活習慣やしつけへの悩みであった.

4. 母親の子育てづきあい

アメリカやオーストラリアなど歴史的にも長い間,多文化・多民族が共生している国の保育現場では,子どもが,Non-English Speaking Background (NESB)であるか否かの対応をしている.

英語を第1言語としていない,または,文化背景が英語圏ではない生まれかどうかが,まず,最初に問われるのは,それだけ母語と育った文化背景が保育や育児生活の中で大きな意味をもつからであろう.

言語は,保護者を含めた家族全体の問題である.滞在年数が短く,日本語が十分ではない保護者は,日本での暮らしに慣れておらず,子育て生活や園の先生とのコミュニケーションにおいても,困難感を抱いていることが調査結果で明らかにされた.

その一方では,日本で生まれ育ち,言葉には不自由をしていない日本人の母親であっても,母親どうしの子育てづきあいに消極的で,負担感を抱えている人は少なくない.このことは,子育てづきあいには国籍を問わず,個人のパーソナリティ,子育て意識や行動特性が大きく関与していることを示唆している.

そこで,子育てづきあいへの意識や親和性,行動傾向に関する設問6項目を4段階評定で尋ねた.それらの項目得点を加算した結果を,「子育てづきあい積極的・親和性傾向」と名づけ,その合計点が高いグループと低いグループに同じ比率で分けて,母親の個人特性と親子での対人関係の受けとめ方を比較した.

5. 園に慣れるのに役立ったこと

「子育てづきあい積極的・親和性傾向」が高い母親達は,「先生が私に親密に連絡をとってくれた」「日本人の保護者や子どもが話しかけてくれた」と外因であるまわりの人達の働きかけを評価していたが,積極的傾向が低い(消極的傾向の)母親達は,内因である「自分が努力した」と受けとめているほうが有意に多かった.

しかしながら,消極的傾向の母親は,「先生が母語で子どもに言葉かけをしてくれた」ことを,役に立ったと有意に多く感じていた.このことは,子育てづきあいに積極的ではなく,まだ言葉が十分ではない親子に対しては,園の先生のほうからの働きかけのしかたや配慮が,とくに必要であり期待されていることを示していた.

6. 子どもの友だちとのかかわり

子どもが友だちと仲良く遊べることは親にとっては大きな関心事であり,子どもの友だちとのかかわりを思いやる保護者の心

情が多く記述されていた．

「いじめ」への気がかり内容は前述したが，親の多くは，子どもの性格が内向的で，友人や園生活になじむには時間がかかると受けとめていた．

しかし，「親が行事に参加しないと，子どもが友だちの間で孤立するので参加するが，親の重荷になる」と，自分自身が忙しく働く生活の中で，日本の園や地域での親子ぐるみの子育てづきあいや家庭との連携を負担に感じている意見が目立った．

それぞれの国や民族によっては，保護者会は存在しないなど，園との連携に対する考え方やシステムが日本と異なる社会状況も多いことも考慮する必要があろう．

それと同時に，「私の友だちが少ないので，子どもも友だちができないのではと心配」「日本の親達は相手に迷惑をかけないが，あまりにも人間味がなく，近寄るのがむずかしい」と感じている親もいた．

子育てづきあいは，親の個性や行動特性に大きく影響されているものの，記述内容からは，多文化な背景をもつ親子の対人関係を考える上では，とくに，ともに生活する地域や園，職場などでの精神保健的援助や個別対応する配慮が必要とされている．

7. 滞在年数と活用情報源

調査回答者である保護者のうち，83.2%が母親であった．ここでは，とくに母親がどのような周りの情報源を活用して育児を行っているのかに焦点をあてて，滞在年数による変化を示した．

滞在年数が長くなるにつれて下降するのは，「夫」と「同じ出身国の友人」である．反対に，長く住むにつれて上昇するのは，「近所の日本人の友人」で，3年未満では39.0%であったのが，3〜10年未満45.9%，10〜20年未満55.2%，20年以上65.5%と上昇しており，「新聞」も同様に3年未満29.9%から20年以上50.5%であった．

日本に慣れないうちは夫や同郷人が頼りの綱であるが，しだいに，近所の日本の友人との交流も深めて，新聞を読む言語能力がついてくる様子の一端が表れていた．

「インターネット」は，逆に3年未満の滞在者22.7%に最も活用されており，20年以上は14.4%に下降していた．

ただし，「新聞」「テレビ・ラジオ」などメディアの活用は，在日の家族に向けた母語による電波や活字媒体が定着しており，「インターネット」も母語によるサイトへとアクセスして育児情報を入手している可能性は高いと思われる．

8. 最も信頼する育児情報源の国際比較

65カ国籍の保護者の中で最も多かったのは中国人の父母が全体の18.5%で，母親の中でも中国人は10.4%で最多であった．

そこで，日本，多文化，在日中国人，中国本国に住む中国人母親がどのような情報源に準拠し影響を受けて育児を行っているかを同じ調査票を用いて比較調査を実施した．しつけや教育情報をどのような人や媒体から入手し，どの程度活用しているのかを尋ねて，さらに，その中から最も信頼している情報源を単一回答してもらった．

日本24.9%と多文化20.4%が，「夫」を第1位にあげていたが，在日中国人15.1%と本国の中国人は11.7%と順に少なくなり，ともに3位であった．「実家の親」も同様な傾向を示し，日本18.3%，多文化14.7%，在日中国人12.4%，本国の中国人6.5%の順で減少していた．

本国の中国人の実母との同居率は16.3%と日本人に比べておよそ3倍であり，実質的に子どもの養育を担っている実家の母が多い状況にもかかわらず，しつけや教育の信頼情報源としては5位であった．

その一方，本国の中国人がしつけや教育の情報源として最優先するのは，「園の先生」27.5%，「育児書や教育書などの専門

書」26.6％，「育児雑誌」9.6％など，伝承されてきた家族や友人の育児法に比べて，より専門的な知識や最新理論を重視していた．

在日中国人の母親も日本や他の多文化な母親よりも，本国の中国人に追従した数値を示していた．

中国の調査地域であった都市部では，一人っ子に対する家族親族の教育期待が高まる中で，書籍や電波などの情報メディアが急速に発達しており，母親達は「園の先生，育児書，育児雑誌，新聞」などの専門情報志向が顕著であった．教育期待と不安感は本国中国人母親のみならず，在日中国人の母親も高く，他のアジアや南米出身の母親同様に「子どもには自分以上の学歴をつけたい」と5人に4人が回答していた．

また，「母国では早期教育がさかんに行われているため，このままでは帰国後が不安」など，園での教育への具体的な要望も母親の自由記述には目立った内容であった．

さらに，比較調査からも多文化な母親達の中には，親族や親しい友人がまだ日本にはいない人が多く，夫が身近かな相談相手であり，とくに，園の先生からの助言や育児支援を期待していることが示唆された．

9. 滞在年数による子育て実感の変化

調査の自由記述欄には，日本での子育てについて，母語による多くの生の声が寄せられていた．それらを滞在年数が短いほど記述量が多い（増える）内容と長く住むほど増える内容，さらに，3～10年未満の滞在が一段落することで，改めて上昇し，その後減少する内容を以下に示した．

i) 滞在年数が短いほど多い内容
①子育て情報が欲しい
②忙しくて子どもに手をかけられない
③日本人の親達との交流
④自分の日本語能力の不安
⑤子どもの日本語能力を向上させたい
⑥もっと外国人を理解して欲しい

ii) 滞在年数が長いほど増える内容
①日本人のしつけ・教育観に不満
②日本社会での子どもの将来が心配
③いじめ
④国際理解教育，歴史教育の必要性
⑤日本国籍，日本での確かな自分の位置

iii) 3～10年未満で増えて，その後減少する内容
①教育・保育態度システムに不満
②母語と民族の文化を理解させたい
③日本の保育，保健，医療現場は良い

10. 多文化子育てに向けて今後の課題

調査結果が示す今後の課題を列記した．

i) 自治体の育児情報が伝わる工夫を

多文化な保護者達は，保育園や幼稚園へ入園する前に欲しかった情報として，「役所からの子育てに関する情報ガイド」「地域の園や小学校の所在地リスト」「病院・保健所や健康診断に関する母語によるガイド」を上位にあげていた．

行政から発信される育児情報をできる限り多言語に翻訳して，必要な時に必要な人に届くこまかな工夫が求められている．

ii) 園の先生がキーパーソン　園児の保護者，とりわけ働く母親にとって「園の先生」は，配偶者と並んで信頼し準拠する育児情報源である．

個々の親子の成育背景や文化を尊重するためには，とくに，先生からの個別対応やきめこまかな配慮が必要とされている．

iii) 地域ぐるみで相互的な多文化共生

肌や目の色など外見は同じようでも，見えない違いがあるのが，アジア人同士である．異なることへの理解を地域の園では多文化保育，学校では多文化教育を行う．

地域に住む多文化な保護者側のほうからも積極的に自国や民族文化を自主的に紹介できる交流の機会を設けるなど，双方からの共生への実践的な働きかけが求められている．

iv） 自治体と民間の連携による多文化子育て支援　多文化国家ではすでに定着しているが，多文化な背景をもつ親子や特別な援助を必要としている家族に焦点化した子育て支援チームを編成して，園や家庭へと必要な支援を行う．すでにある独自の成果やシステムを他の地域でも情報共有ができるように開かれた組織や横のネットワーク化を図る．

v） 多言語・日本語が学べる場の提供

母語も日本語も十分ではないセミリンガルやダブルリミテッドと呼ばれる子ども達が増えている．母語や父語，さらに，日本語を身近で学べる場の提供を行政主体で行う．お互いの歴史的関係を学びあい，現状と将来に向けての建設的な話し合いや相互理解が必要な時期に来ていると思われる．

さらに，母語教育や学習言語を意識した言語支援は，子どもの年齢や滞在年数，開始時期によって異なるプログラムが必要とされる．加えて，園や学校，自治体，ボランティアなど地域に根ざす連携サポート体制が大きな鍵をにぎっている．そして，子ども達の心の拠り所となる安心して集える"居場所"が地域コミュニティに存在することが必要である．　　　　〔山岡テイ〕

文献・資料

1) 山岡テイ・谷口正子・森本恵美子・朴淳香：多文化子育て調査報告書，多文化子育てネットワーク，2001.
2) 山岡テイ：育児不安と育児情報に関する子育て調査，情報教育研究所，2000.
3) http://www.tabunkakosodate.net/

29. 子どもと勉強

早期教育や習い事の背景
background of early childhood education including private lessons

1. 母親が育った時代背景

現在,乳幼児の子育てをしている20代後半〜30代前半の母親達は,準拠情報源として,さまざまな人達の中から「実家の母」を上位にあげており,日々の育児規範としても実家の母親から強い影響を受けている.

実家の親が子育てをしていた70年代初めは,日本の幼児教育の草分け的な存在である井深大の「幼稚園では遅すぎる」(1971)を筆頭に著名な早期教育の啓蒙書が相次いで出版された時期でもあった.

すでに井深は1968年4月に理事長を務める(財)幼児開発協会から機関誌「幼児開発」を発刊していた.のちに,公文式国語の漢字カードとして普及した石井式漢字を石井勲は「リーダーズダイジェスト」などで盛んに提唱し始めた時期でもある.

この石井式漢字は,フラッシュカードで世に知られ,米国フィラデルフィアの人間能力開発研究所Doman, Gが提唱する脳障害児への治療法であるドーマン法へも影響を与えている.また,1971年には「ドーマン博士の幼児開発法」が出版されている.

以上のように,現在,育児期の母親が実家で育てられた乳児期には,その母親達は育児雑誌で発達心理や母子保健の専門家による監修記事を読み,カリスマ的な早期教育研究家によって著された早期教育書ブームの最中にあった.

教育関連では1971年には「落ちこぼれ」という言葉が出現し,1974年には高校進学率が90%を越えて,世がまさに偏差値教育社会へと向かっていく高学歴化への幕開けの時代でもあった.

加えて,60年代末から70年代は,幼児教育産業が一斉に全国展開しはじめて定着した時期でもあった.

現在の母達の中には,すでに,園児や小学校低学年の頃から,ヤマハやカワイの音楽教室や公文式のプリント教室,スイミングスクールへと通い,習字やそろばん,英会話なども習う「おけいこジプシー」をして幼少時期を過ごした体験者も多い.

このように,自分自身が子ども時代に習い事に慣れ親しんで育った母親達は,育児の一環として,自分の子どもにも早い時期から習い事をさせることに抵抗がないように見受ける.

2. 母親の幼少時の習い事

首都圏に住む1歳から5歳までの子どもをもつ母親に自分自身が幼少時にした習い事と現在の子どもの習い事,また,教育期待について尋ねた[1].

その結果では,母親の幼少時の習い事経験率は91.1%で,種類も5〜10種類の体験者が17.0%もおり,平均して1人が3.2種類を体験していた.

習い事の種類として,最も多かったのは「音楽」で75.5%(個人レッスン56.9%,

音楽教室18.6％），2番目は「習字」65.6％，3番目には「そろばん」57.3％，4番目は「受験のための塾や家庭教師」26.2％であった．他の設問で「親は学費や習い事への出費はおしまなかった」は「とてもそう思う」41.6％で，「ややそう思う」が37.1％と実家の親の8割近くが教育への出費に意欲的であった．

習い事の開始時期は，「バレエやリトミック，音楽教室，楽器」など音感やリズム感を養うレッスンは3～4歳から始めており，「受験のための塾や家庭教師」は9～11歳以上からが77.1％であった．

開始時期の中で6歳が最も高かった習い事としては，「習字」28.7％，「お絵かき」29.0％，「楽器」26.8％，「定期的に教材が届く通信教育」19.3％があり，「そろばん」は8歳開始が29.9％で最も多かった．

これらは，教室自体の市場供給時期との関連だけではなくて，学校の授業と連動していると思われる．現在では，年少児の習い事の上位にあげられている「スイミング」は，母親の時代には小学校1年20.0％，2年16.0％，3年20.0％，4年22.0％と高学年になって始めた子どもも多かった．

「習い事を何年間くらい続けたか」で最も多かった回答は，種類にもよるが，平均して1～2年間でやめてしまう人が7割前後であった．

設問内容の17項目中，1年でやめてしまった人数が多かった習い事は，「スポーツクラブ，バレエ・リトミック，お絵かき，英会話，児童館のサークル，プレイルーム，教材教室，塾，教材一括購入の通信教育」の9種類であった．

しかし，「バレエ・リトミック」は4年続けた人が11.8％おり，11年以上続けた人も11.8％いた．また，楽器は11年以上習った人が最も多く16.9％で，10年間は10.7％おり，女子の場合は，楽器を習い始めて10年以上継続する人が3割近くいることが明らかになった．

ただし，同じ音楽でも音楽教室の場合には，幼児のリズム教室としての性格上，3年以内で86.4％の人がやめていた．年数が増えても継続している人が1～2割を保持している種類としては，「個人レッスンの楽器，習字，そろばん」であった．とくに，「習字」は3年間18.8％で最も多く，以後6年間まで1割強で継続率が保持していた．

習い事が継続できるかどうかにはいくつかの要素が必要である．子ども自身の適性や興味の持続，先生の個性や指導力，教育システム，一緒に習っている友人，家庭での宿題やレッスンを見守る親の態度なども関係していると思われる．

「習い事をしていたことを，いま振り返ってどのように感じるか」の回答では，

①自分の意思でしていた（途中からでも）66.9％
②自分の子どもにもさせたいものがある 49.9％
③楽しかった 44.6％
④いまでは，続けていればよかったと思う 41.3％
⑤友だちがしていたので 39.9％
⑥親がさせていた 34.4％
⑦いやいやしていた記憶がある 26.4％
⑧現在の趣味や興味，仕事などにもつながっている 23.1％

以上が上位8位であった．

つぎに「習い事をしていなかったことを，いま振り返ってどのように感じるか」では，

①自分の子どもには何かさせたいと思う 62.5％
②経済的余裕がなかった 45.8％
③いまになると，何か習っておけばよかったと思う 31.3％
④自分がしたくなかったため 33.3％
⑤別にしなくてもよかったと思う 31.3％

⑥親がさせなかったから 29.2%
⑦自分のまわりには教室などなかった 27.1%
⑧友だちもしていなかったので 20.8%
の順にあげられていた.

3. 母親の幼少時と子どもの習い事

首都圏の未就学児の習い事状況であるが，1～5歳の子どもの69.5%が習い事をしていた．種類数は平均して1.8種類で，1種類が46.5%，2種類が32.8%，3種類が14.0%，4～8種類の子どもは6.8%いた．

最も多い習い事は，「スイミング」22.2%，「児童館の親子講座サークルなど」14.4%，「受験目的ではない幼児教室」12.4%，「音楽教室」10.1%の順であった[1]．

ここで，母親の幼少時期と現代の子どもの習い事を比較するにあたって時代状況の違いを考慮する必要がある．たとえば，母親と男の子では性差が関係するサッカーや野球のチームの項目では比較しにくいことや母親の幼少時期である70年代には，就学前の習い事の種類や教室は限られており，現在の未就学児を対象にした習い事や教材が数多く提供されている環境とは異なっている．

加えて，母親が経験した習い事には就学以降に始めた内容も含まれていると思われるが，それらを前提としながら，母親が経験した習い事と子どもが現在している習い事とこれからさせたい習い事への期待を左右に比較したのが図29.1である．

「その他」の習い事としては，「空手，剣道，柔道，少林寺拳法など武道」のほかに，「子どもが興味を示すもの」などであ

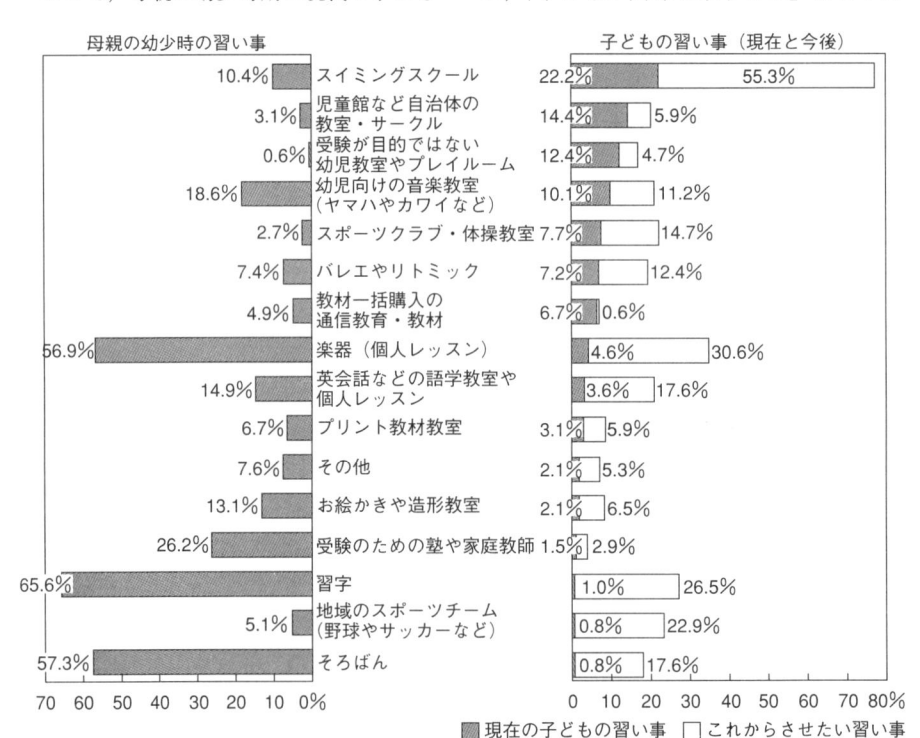

図 29.1 母親の幼少時の習い事と子どもの習い事（山岡ら，1996より作成）[1]

った．

　現代の母親が子ども時代にしていた習い事状況と現在の子どもの状況や期待を踏まえて比較すると，以下のような近年の特徴があげられる．

　①習い事を始める年齢が年々低年齢化している．
　②専門家の指導による教室完結型の習い事を選ぶ傾向がある．
　③親子で参加交流ができる講座が支持される．
　④個人レッスンより社交性・協調性が養われるグループレッスンを希望する．
　⑤情報収集型の育児スタイルに基づく習い事選びである．
　⑥家庭で行う教材や通信教育でも，子どもが一人でできる構成を希望する．

　これらの習い事など家庭外教育は，みずからも習い事をさせられて育ち，情報化・高学歴化時代の子育てをする専門家志向の母親にとっては，早期教育の範疇ではなく育児の一環として生活に組み込まれているのが近年の特徴といえよう．〔山岡テイ〕

文　献
1) 山岡テイ：幼児の子育て・教育観調査報告書　ベネッセ子育て研究所，1996.

習い事・塾

private lessons and cram schools

1. 園児と小学低学年の習い事
1) 習い事の数
　首都圏に住む園児と小学校2年生（3～8歳児）の母親4,766人への調査結果では，習い事をしている子ども達の割合は全体で64.9%であった[1]．

　学年が上がるに従って割合は増加して，年少児では36.2%，小学2年生では84.8%であった．

　また，習い事の種類は一人平均1.9と，ほぼ2つはしていることになる．3歳の年少児では1.5であるが，小学2年生では2.3となっていた．

2) 種類内容
　年少児から小学2年生までの5学年の幼児や児童の習い事として，最も多かったのは「スイミング」37.7%で第1位，ついで，「楽器の個人レッスン」20.9%，「通信教育」20.5%，「スポーツクラブ・体操教室」15.0%，「英会話など語学教室や個人レッスン」10.3%の順であった．

3) 性差別
　これらの習い事を親は子どもの性差や兄弟間の出生順位によって，どのように選び分けているのであろうか．

　女子に多い習い事は，「バレエ・リトミック，楽器，音楽教室（いずれも $p<.0001$），習字，教材一括購入の通信教育（両方 $p<.05$）」などである．後述する理由の中でも「情操・音感育成」や「知力・能力・技能育成」が上位を占める種類である．

　一方，男子のほうは，「スイミング，体操教室，スポーツチーム（いずれも $p<.0001$），そろばん（$p<.05$），英会話（$p<.10$）」などが多く「体力づくり」と「将来役に立つ」ことを考えて親は習い事選びをしていることがわかる．

4) 出生順位別
　第1子に比べて第2子目以降の子どもの習い事選びをする際には，それぞれの子どもの個性や上の子での経験が母親の行動へ影響を及ぼすことと思われる．

　ここでは，第1子目である長男・長女に焦点をあてて，彼らに多く習わせている内容を見ると，「習字，プレイルーム，定期的に教材が届く通信教育，一括購入の通信教育・教材（いずれも $p<.0001$），英会話，自治体主催の教室（いずれも $p<.001$）」が2子以降に比べて有意に多い結果であった．

　また，初めての子育てをしている親子は友だちに出会うために，子どもを集団の中に参加させて社会性や協調性を養わせる目的で，自治体主催の親子教室や幼児教室に通わせるのも第1子に多い傾向であった．

　さらに，第1子目の長男・長女には親の教育期待が高いためか，「英会話，通信教育，教材」など学力・勉強系統の習い事が目だつことが特徴的であった．

2. 習い事の開始理由・年齢
　現在，子育てをしている多くの母親達は自分自身が幼少時から家庭外教育として習い事や塾に通ってきた体験がある．

　そのため，前述したように，みずからの体験を通して専門家に子どもを委ねて子どもの能力を引き出すことに熱心である．

　さらに，母親達が子どもにどのような習い事をさせる場合にも「親子での友だちとの出会い・交流」が大きな誘因となっており，それらが子どもの習い事を盛んにしているともいえよう．

　母親達は知りたい育児情報を内容や質によって準拠情報源を選定しているように，子どもに習い事をさせるにあたっても，種

類別の期待効果を抱いて選んでいる．

子どもが習い事を始めた理由として27項目を「体力づくり，人づきあい，音感教育，将来役に立つ，知力・能力・技能育成，手軽さ・安心，子どもの希望，親の希望」に8分類して，各分類内のパーセントを合計した．一例をあげると，「親の希望」の分類には「自分の経験から，夫が賛成し，すすめたため，親のストレス解消，自分ができなかったので」などが含まれる．

スイミング（4.0歳）
- 体力づくり 78.3
- 人づきあい 22.5
- 子どもの希望 29.9
- 情操・音感育成 0.2
- 知力・能力・技能育成 24.9
- 将来役立つ 13.6
- 親の希望 14.4
- 手軽さ・安心 9.3

楽器（4.8歳）
- 体力づくり 0.2
- 人づきあい 13.5
- 子どもの希望 43.5
- 情操・音感育成 73.0
- 知力・能力・技能育成 41.4
- 将来役立つ 13.2
- 親の希望 24.0
- 手軽さ・安心 11.6

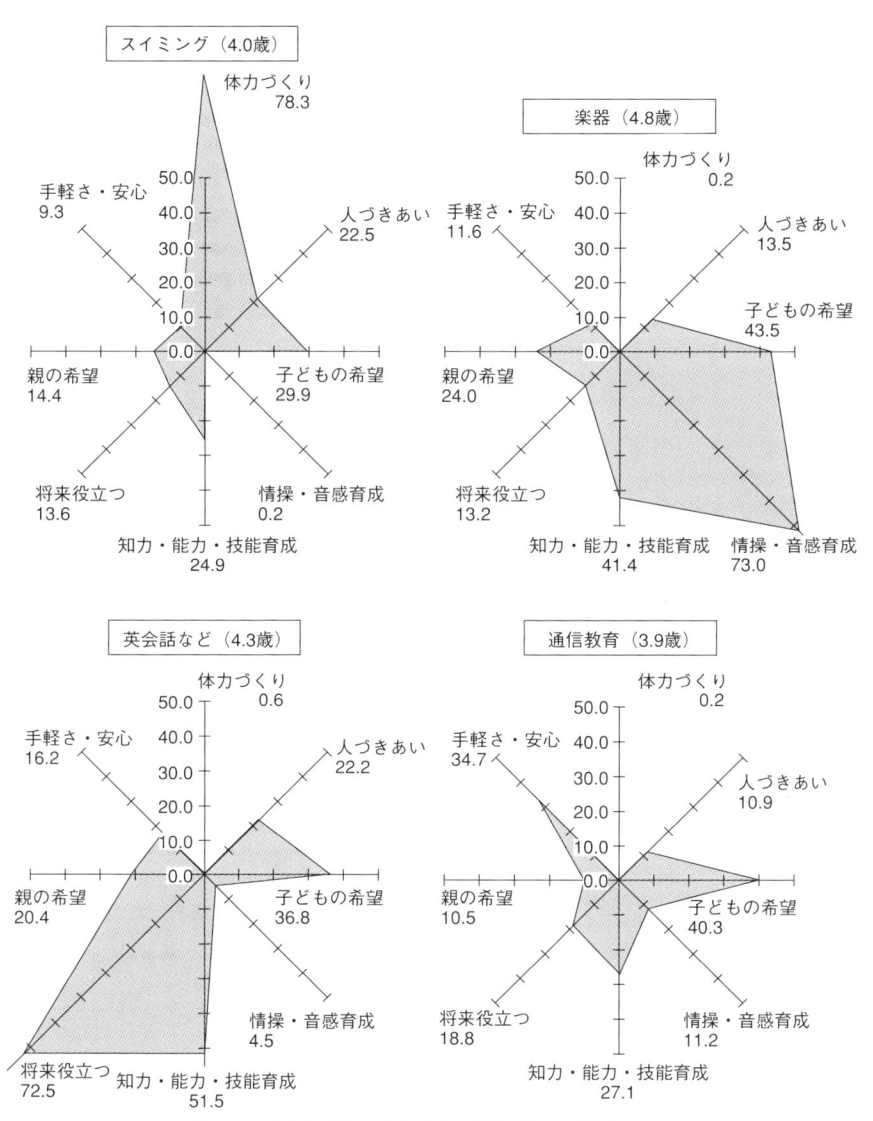

英会話など（4.3歳）
- 体力づくり 0.6
- 人づきあい 22.2
- 子どもの希望 36.8
- 情操・音感育成 4.5
- 知力・能力・技能育成 51.5
- 将来役立つ 72.5
- 親の希望 20.4
- 手軽さ・安心 16.2

通信教育（3.9歳）
- 体力づくり 0.2
- 人づきあい 10.9
- 子どもの希望 40.3
- 情操・音感育成 11.2
- 知力・能力・技能育成 27.1
- 将来役立つ 18.8
- 親の希望 10.5
- 手軽さ・安心 34.7

図29.2　子どもが習い事を始めた理由（数字はポイント）

習い事の上位項目内容の中から典型的な4種類を例にあげて，それぞれを母親がどのような理由によって選んだかを，図29.2に示した．

3～8歳児が習い事を始めた平均開始年齢は，「スイミング」は平均4.0歳で，理由としては，
　①体力づくり　78.3%
　②子どもの希望　29.9%
　③知力・能力・技能育成　24.9%
　④人づきあい　22.5%
　⑤親の希望　14.4%

以上のように，体力づくりが突出しており，小学生よりも園児に特徴的な傾向であった．

この理由パターンは，他の習い事では，「スポーツクラブ・体操教室」「地域のスポーツチーム」にも同様に見られた．

「楽器」は4.8歳が平均開始時期で，
　①情操・音感育成　73.0%
　②子どもの希望　43.5%
　③知力・能力・技能育成　41.4%
　④親の希望　24.0%
　⑤人づきあい　13.5%
であった．

同様の理由パターンは，「幼児向けの音楽教室」「お絵かきや造形教室」であった．

「英会話」は平均4.3歳から始めており，
　①将来役に立つ　72.5%
　②知力・能力・技能育成　51.5%
　③子どもの希望　36.8%
　④人づきあい　22.2%
　⑤手軽さ・安心　16.2%

「将来役に立つ」は，「国際化時代のため」や「将来の勉強や仕事に役に立つので」などを含んでいるが，これに近いパターンを示した他の習い事は，「受験のための塾や家庭教師」であった．

「通信教育」は3.9歳開始で，
　①子どもの希望　40.3%
　②手軽さ・安心　34.7%
　③知力・能力・技能育成　27.1%
　④人づきあい　10.9%
の順になっていた．

園児を対象にした月1回程度，定期的に教材が届く通信教育は，この10年くらいの間に急速に始める親子が増えて定着した．

「子どもの希望」のつぎにあげられた「手軽さ・安心」は，「実績があり安心なシステムなので」や「費用が適切なので」などが含まれている．

この理由パターングループに入るのは，「計算・書きとりなどのプリント教材教室」がある．

このように，習い事選びの理由の中には，母親達の子どもに対する明確な教育期待や効果が表れていた．

3.　子育てづきあいと出会いの場

習い事を始めた理由の1番目にはそれぞれ特徴的な内容があげられていたが，「友だちと一緒なので，子どもの友だちづくりのため，親子で楽しみたいから，自分（親）の友だちと出会うため」など，「人づきあい」に関連した内容が必ず含まれていた．

「子どもの希望」も多くの場合は，仲の良い友だちが始めるとか，すでにしているので一緒に行きたいなど，交友関係に基づくことが多いと思われる．「子どもの希望」は図に示した4つの習い事で，いずれもおよそ30～40%あげられており，子どもの年齢では小学生のほうに多い傾向が見られた．

その一方で，「人づきあい」のほうは，習い事や親子での教室通い，地域のスポーツチームなどは親にとっても大事な社交の場となっている．

さらに，母親にとって「習い事の先生」は，「近所の友人」や「近所ではない友人」と同じ集団に位置づけられる重要な育児情報源であり「準拠コミュニティ」であることも明らかになっている[2]．

これらの結果には，とくに，園児の親は子どもの習い事を通して，自分自身の友だちとの出会いや情報交流の場を求めていることが表れていた．

4. 近年の習い事の特徴

保育園と幼稚園に通う3歳から6歳児の保護者4,471人を対象にした習い事を含む子育て調査を実施した[3]．1998年度の3歳から8歳児までの調査から，3歳～6歳の未就学児のデータのみを抽出しておなじ設問での経年比較を行った．

その結果では，①「定期的に教材が届く通信教育」23.1%（1998年度は28.9%），②「スイミング」22.4%（以下同様23.6%），③「英会話などの語学教室」13.0%（6.1%），④「スポーツクラブ・体操教室」11.9%（13.5%），⑤「楽器の個人レッスン」7.4%（10.6%），項目の順位には変化はないが，その数値は大きく増減している．

17項目にわたる習い事の全般的な傾向にも見られたが，「楽器」や「幼児向けの音楽教室」「造形教室」など芸術系統の習い事がこの6年間で減少した．その一方で，前回は未就学児の習い事で5位の「英会話」が6.1%から13.0%と3位に上昇した．将来の小学校での英語対策として就学前からの英語熱が高まっていることが習い事にも顕著に表れていた．

また，習い事の一般的傾向として4歳から始める子どもが最も多い．その中で低年齢から開始しているのは，英語教材や早期教育教材などの「一度に購入する教材・教育セット」で，0歳29.6%，1歳19.7%「定期的に教材が届く通信教育」は1歳30.5%，2歳24.9%がピークとなっていた．「児童館などの教室サークル」の開始時間も0歳15.3%，1歳9.7%，2歳29.2%と乳幼児期の親子に向けて企画されている．

さらに，幼稚園・保育園以外にかける園外教育費としては，月額5,000円～10,000円が最も多く41.1%，5,000円未満は24.8%，10,000円以上が33.3%の順で，6年前に比べると，月額は若干ではあるが下降していた．

近年の特徴としては，早い時期から家庭でできる通信教育や英会話には関心が高いが，全体としては子どもへの将来の教育期待や習い事熱は下降路線を辿っている傾向がみられた．　　　　　　　〔山岡テイ〕

文　献

1) 山岡テイ・後藤憲子・川上道子・間瀬尚美・沓澤　糸：子育て生活基本調査報告書 研究所報，**14**，ベネッセ教育研究所，1998.
2) 山岡テイ：育児情報の活用意識・行動と育児不安の関連性．チャイルドヘルス，**4** (12)：56-59, 2001.
3) 山岡テイ・樋田大二郎・木村啓子・桜井茂男・諸田裕子・木村治生・福本優美子：第2回子育て生活基本調査報告書（幼児版），ベネッセ未来教育センター，2004.

習い事・学力の受けとめ方
perceptions of children taking private lessons

1. 習い事に対する母親の評価

子どもが少し成長した時点で，幼児期から始めさせた習い事や子どもの学力・勉強に関して母親達はどのようにとらえているのであろうか．

首都圏に住む小学3年生から中学3年生までの母親4,475人に，「習い事や塾に行かせて良かったこと」と子どもの「学力・勉強観」に関して尋ねた結果を性別で比較した[1]．この調査結果では，小学3年の時点で，子ども達の習い事経験率は93.1%に達しており，それ以降は横ばい状態になり，中学3年生で95.5%という結果であった．また，その習い事や塾を体験させた母親が，「最もさせてよかったと思う習い事」では，①地域のスポーツチーム37.8%，②スイミング28.2%，③楽器25.8%が上位3位であった．

子どもを習い事や塾へ行かせたことの長所を，「今までできなかったことができるようになった」（女子39.1%，男子38.3%）と受けとめている母親達が最も多く，つぎに，「塾や習い事でしていることが得意になった」（女子34.8%，男子33.8%）と，男女ともに同じ程度に受けとめていた．

女子の親で多かったのは，「情緒面にいい影響があった，将来の趣味となるようなものが見つけられた，発表会などで達成感を味わった，学校行事で活躍する場ができた（いずれも $p<.0001$）」など，芸術系の習い事が中心になっていた．

一方，男子の場合は，「体が丈夫になった，友だちが増えた，礼儀正しくなった

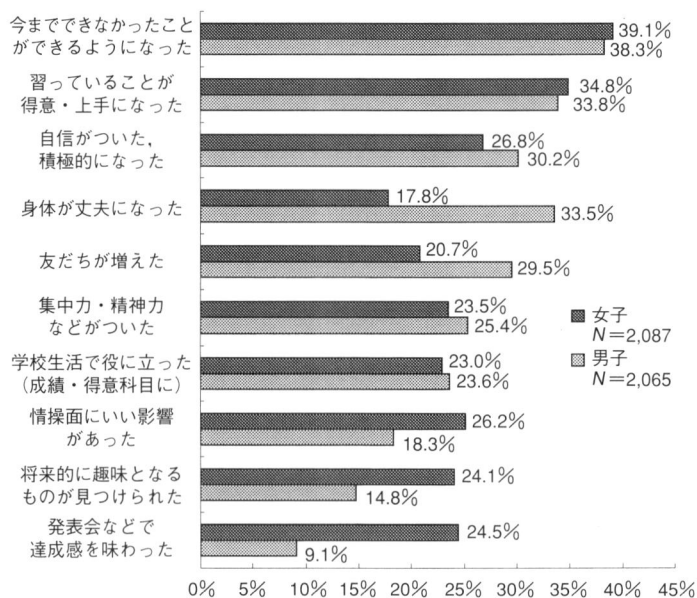

図29.3 習い事をさせて最も良かったと思う理由[4]

（いずれも p<.0001），自信がついた・積極的になった（p<.05），家族のコミュニケーションの機会が増えた（p<.001），志望校に合格した（p<.01)」など体育・集団系や学習塾系の習い事やスポーツ経験が反映した内容であった（図29.3）．

2. 子どもの学力や勉強観と性差

さらに，現在の子どもの学力や勉強に関してどのように思うかを聞いた結果では，「今は勉強することがいちばん大切だ」（女子25.3%，男子25.2%）は4人に1人の母親がそう思っていた．それにもかかわらず，女子の母親に多かった内容としては，「学校生活が楽しければ，成績にはこだわらない，どこかの大学・短大に入れる学力があればいい（いずれも p<.0001)」，「将来ふつうの生活に困らないくらいの学力があればいい」「そんなに勉強しなくてもなんとか進学できるだろう」（いずれも p<.01）というような楽観視をしている状況であった．しかし，男子のほうでは，「できるだけいい大学に入れるよう，成績をあげてほしい」が23.9%で女子の11.8%に比べて多い結果であった（p<.0001).

以上の結果からは，男子への知育・体育，女子への徳育期待という伝統的な性役割期待が習い事や勉強観にも顕著であった．

3. 近年の受けとめ方の変化

首都圏での小学1年生～中学3年生までの6,085人の母親を対象にした2003年の調査と比較すると，教育不安感が増大して，子どもへの関与が高まっていることが明らかになった[2]．

さらに，小学3年から小学6年までで，「将来ふつうの生活に困らないくらいの学力があればいい」は1999年60.4%が，2003年は49.4%になり，中学3学年では56.1%から43.8%に減少している．

「学校生活が楽しければ，成績にはこだわらない」も同様に小学生で，1999年の41.1%から35.5%になり，中学生では30.9%から23.3%へと減っている．

とくに，子どもへ高学歴を希望している親が子どもの学力へのこだわりがいっそう高くなっている傾向が見られ先鋭化してきた．

また，2003年調査の子どもの学力・勉強観で目立った特徴としては，「実際の場面で話せる英語力が必要」は小学生（小3～小6）60.1%，中学生も66.4%と使える英語への期待が高まっている．

習い事の「英会話など語学教室や個人レッスン」の経験率も，4年前と比べて小学3年で19.7%から26.5%へ，小学5年で18.7%だったのが26.0%に上昇している．園児から小学2年生までの1998年の調査とあわせて比較検討すると，現在，「英会話などの語学」を習っている割合も各学年で上昇しており，とくに，小学低学年では，小1が10.8%から18.2%へ，小2が13.4%から18.9%，小3が12.0%から18.6%と増えていた．

英語に関しては，小学校での教科やパソコンなどで使用機会が増えることを予測して，将来に向けて低学年から準備体制に入っている様子が表れていた．〔山岡テイ〕

文　献

1) 山岡テイ・樋田大二郎・木村敬子・渡邊秀樹・後藤憲子・川上道子・間瀬尚美・田村徳子：子育て生活基本調査報告書Ⅱ 研究所報16，ベネッセ教育研究所，1999.
2) 山岡テイ・樋田大二郎・木村敬子・青柳　肇・木村治生・青柳裕子・杏澤　糸：第2回子育て生活基本調査報告書，ベネッセ教育総研，2003.

30. 子どもと行事

子どもと行事

passing ceremonies of infants and children

受胎から成人するまでの間，子どものそれまでの成長を喜び，これからの成長を願う行事は，昔から，世界中で，成長の節目，節目に行われてきた．日本でも，地域によって呼び方は異なるが，たくさんの行事の記録がある．現在とは，時代の経過とともに，その背景にある願いや期待の質が変貌しているので，まず，子どもの行事を歴史的にたどってみたい．

大まかに分けると，子どもの行事の趣旨は，①八百万の神たち，氏神，仏の加護を祈る，②その子どもが属する地域社会への参加を承認してもらう，③将来への期待を込めて祝うという3つに分かれる．そのおのおのの行事に，神の依り代（神が一時来臨するよりどころ），まがまがしいものから子どもを守る不思議な力をもつと信じられている品物などが小道具として使われている．

おもな行事を受胎から成長にしたがって順番に挙げ，簡単に解説する．

1. 帯祝い

俗に岩田帯といい，妊婦が妊娠5カ月に帯を締める行事である．斎肌帯という言葉が示すとおり，このときから斎，すなわち産の忌にはいる．出産後忌があけるまで母親は神の前に出ない．妊娠から出産後のある期間までは，女性は神に対して穢れた状態と考えられたからである．岩田帯は，神を意識した宗教行事である．同時に，今妊娠している子どもは，堕胎せずに出産するという意思表示でもあった．かつて，一部の地域では，帯として夫のふんどしを使うという習慣があった．また，帯祝いとして，産婆，近親と膳をともにしたが，そのとき，膳に小石を置いた．小石は，食い初めの場合も膳に置かれるが，これらの小石は，神の依り代と考えられる．守り神がこの石に降臨して，集った人たちと共食する（神と食事をともにする）という考えである．産着に大人の古着を使い，むつきに着古した浴衣がよいとされたのには，帯祝いのふんどし同様，大人の身に着けたものには，子どもの身を守る力があると考えられたからである．このように，子どもにかかわる行事の起源には，宗教的・呪術的な色彩が濃い．子どもの身を守る術が，神に頼る以外なかったからであろう．科学，文明の進歩によって，人為的に子どもを守る術を手に入れた現代では，子どもの成長を祈る行事に，祈りの切実さが色あせてきているのは，当然の帰結である．帯祝いが，この項でとりあげるべき行事であるかどうかわからないが，行事のモデルとして，すこし詳しく述べた．

2. お七夜と名付け

生後7日目には，はじめてうぶ着に袖を通し，うぶ毛を剃り，名前を付けるなどの行事がある．お七夜といわれる．産後7日たつと産の忌がすこし軽くなる．胎内で生

えた毛は穢れているから，忌明けを待って剃る．ぼんのくぼやびんの毛はすこし剃りのこした．子どもが危害にあったとき神がこの毛を持って，危害から救い出してくれるという考えからである．生後7日までは，袖のある産着は着せず，7日たって初めて，袖のある着物を着せた．新生児の生命のはかなさを身にしみて感じていた古人の思いが読み取れる．名付けも行われる．あらかじめ付けられた名前を，名付け親に頼んで正式の名として披露してもらう習慣や，神仏に祈って名前を選んででもらうとか，名付けの席に出席した人たちにそれぞれ名前を考えてもらい，その中から選ぶなど，時代や，地方によっていろいろのやり方があったようである．お七夜には人を招いて祝宴を張る．これは，産婦とその夫が，産神の許しを得て，親類縁者，親類付き合いをすることになる名付け親，近隣の人々に子どもの誕生を披露する最初の行事であり，子どもにとっては，名が付いた一人の人間として，人生の第1歩を踏み出す行事であった．

捨て子，拾い親もお七夜までの行事であった．子どもが良く育たない家では，生まれてすぐ，あるいはお七夜に子どもを門口に捨て，あらかじめ頼んでおいた拾い親に拾ってもらう．拾い親とは，その後親類付き合いをしたという．親の厄年とからんで，捨て子，拾い子を行う習慣もあった．四十二の二つ子といって，親が四十二の厄年に二つになる子が生まれたときに行った．

このように，いろいろな機会をつくって，親戚，近隣の人たち，友人，知人に，子育てに手を貸してくれるよう，願ったのである．

3. 宮参り

宮参りは，子どもが氏神に，その出生を認めてもらう最初の機会であった．

宮参りを何時するかは，ところによって異なり，生後7日から100日くらいの幅があったが，30日前後が多い．75日で産婦の忌があけるが，それ以前の宮参りでは，産婆，父方の祖母などが子どもを抱き，氏神に詣でる．神に背を向けないように抱くとか，額に魔よけの徴（しるし）を書くとか，いろいろなしきたりがあった．宮参りのあとで，他の通過儀礼とおなじように，親戚，近隣と祝いの宴を開いた．現在も広く行われる行事だが，氏神が遠くなって，身近な神社，有名な神社仏閣に詣でるようになっている．

4. 食い初め

生後100日頃，子どもにも膳をしつらえて，大人と同じ食物を食べさせる儀式を行った．1粒か2粒の飯粒をこどもの口に入れてやるという形だけの共食であった．食膳には小石を置いた．この行事は，こどもが一生食べ物に困らないようにという親心が篭められ，小石には歯が固くなるようにというまじないの意味があるといわれるが，これもまた，初めて神と食事をともにする儀式と考えるのが妥当だろう．小石は，帯祝いで述べたように，神が降臨するところ，神の依り代である．食い初めを，現在の感覚で，昔から離乳開始時期のめやすしていたと考えるのは，無理があるように思う．おかゆや飯を子どもに与えるのは，早くても初誕生以後，それまでは母乳で育てるのが太平洋戦争前の普通の子育てであったのだから．

5. 初節供

初めて迎える節供を，女児は三月の節供に，男児は五月の節供に，家族が祝う習慣がある．

節供には，三月三日の上巳の節供，五月五日の端午の節供のほかに，七月七日の七夕，九月九日の重陽の節供などがあるが，こどもの行事としては三月，五月が一般的である．

三月の節供は，流し雛に見られるように，人形に身の穢れを移して，それを流す行事が始まりで，それに貴族の子どもの人形遊びが結びつき，江戸時代以後，雛人形を祭る雛遊びとして，一般に広まったものである．

五月の節供は，薬草を摘み，邪気を払う行事を行う日として始まり，邪気を払うまじないとして，菖蒲を飾った．武家時代には，菖蒲は剣の形に似ていることから，尚武に通じるとされ軒先に飾られた．勝海舟の父，勝小吉の著作『夢酔独言』に，5歳頃，軒の五月あやめを抜き取ってしょうぶうちをして遊び，家人がその補充に困ったという話が記されているが，江戸末期の武家の端午の節句祝いの様子をうかがわせる挿話である．武家では武者人形を飾り，幟を立てた．鯉幟は，武家の幟に代わるものとして，町民から始まったもので，鯉は龍の化身，瀧を登って龍になるという中国のいい伝えに基づくものである．町民も，子どもが登龍門を越えて武家に劣らぬ立身出世して欲しいという願いと気概を篭めたものということができよう．鍾馗の人形，粽（ちまき）は中国由来の端午の節供の縁起物である．

初節供には，里方から雛人形や，幟などを送り，お返しには宴席を設けて，招待をして祝うという形が江戸時代以後にできた．

6. 初誕生

誕生日を祝う習慣は，正月がくると歳をとり，満年齢で歳を数えるという習慣がなかった日本では，欧米文化が入り，満年齢が採用されるようになってから広く行われるようになった，比較的新しいものだが，初誕生の祝いは，古くから大切に考えられ，盛大に行われた．初誕生には，餅が，神と子どもをつなぐものとされ，一升餅を子どもに背負わせて，神前に運ぶ行事が行われた．初誕生前に歩き始めたこどもには，餅を背負わせて，子どもをわざと転ばせるようにした．先走ることを，かつての日本人は好ましいものと考えなかったからである．箕の中に，筆，そろばん，機織りの道具などを入れておいて，子どもが手にとるもので将来を占うという行事も，筆者が昭和40年代に中国地方で見たことがあるから，まだ行われている地域があるかもしれない．宴席をもうけ，神と食事を供にすることも，他の子どもの行事と共通であった．

7. 七五三

子どもが，三歳，五歳，七歳になると，その年の11月15日に氏神参りをする．子も親も，晴れ着を身に付けて神に詣で，それまでの成長ぶりを神に見てもらい，感謝を捧げ，これからの成長を祈る．七五三のもとになる行事は，古くからのもので，三歳の男児の髪置（かみおき），女児の紐落（ひもおとし），帯結（おびむすび），五歳男児の袴着（はかまぎ），七歳の氏子入りなどの行事が，七五三というめでたい数字で合体したものである．髪置はオカッパの頭髪を，はじめて結う儀式である．紐落，帯結は，着物のつけひもをやめ，帯をつける行事である．袴着は，碁盤の上で袴を着けさせる行事，氏子入りは，宮参りで氏神にはじめて目通りした子どもが，あらためて，氏子として認めてもらう行事である．子どもは，七歳を境に少年集団に入り，仕事の手伝い見習いも本式に始まる．3つの通過儀礼を合わせて七五三とし，まとめて祝うようになってからの歴史は新しい．しかし，三歳，五歳，七歳を成長の節目と考え，七五三以前の行事も含めて，昔から，日本人は，節目節目で，子どもと神のつながりを強め，人とのつながりを固める機会をもうけて，子育てを行ってきたのである．

これまで述べてきた行事の多くは，現代

にも広く行われている．インターネットで子どもの行事を扱ったホームページを検索してみると，おのおのの行事の起源，祝い方，お祝いの品や金額，神社仏閣への喜捨の金額，行事に必要な衣類，小道具のそろえ方，衣装道具のネットショッピングのやり方が，微に入り細にわたって情報提供されている．お食い初めセットには，歯固めの石，南天（ナンテン）の箸までも，ぬかりなく入っているし，宮参り，七五三の貸衣装の宣伝，行事を行う上での費用の分担方法なども詳しく紹介されている．しかも，そのサイトの数が，予想以上に多い．子どもの行事が，現代でも十分商売の対象になるほど行われていることの証である．

しかし，現代の子どもを取り巻く環境は，昔とは変わった．

生まれてから成人するまでの間に，生命が危険にさらされる機会が，格段に減った．子どもの生命は，そう簡単には失われなくなった．これは，医学の進歩，環境，栄養状態の改善など，主として，人間の手によってもたらされた文明の恩恵である．相対的に，神の存在が後退した．祈らなくてもよくなった．

狭い地域で，何世代も，変わらぬ職業を受け継いで生きる，昔ながらの生き方をすることが少なくなった．人は，先祖が想像もしなかったであろうところに住み，新しい職業について，生計を立てるようになった．血縁は今もなくなることはないが，地につながる縁は希薄になった．家庭が地域社会の中で孤立するようになり，あえて煩わしい近所付き合い，親戚付き合いを避ける風潮も出てきた．その分，親戚，隣人の目の届くところ，力を借りられるところに住むことができなくなった若い親たちは，自力で，孤独な育児をせねばならなくなった．

このような現代にあって，子どもの行事は，形は残っているが，内容は，昔を基準に考えれば空虚になった．

しかし，変わらぬところがある．親が子を思う気持ちが子どもの行事の根底にはある．この部分は，今もなくなっていないと信じたいし，希薄になって欲しくない．できれば，昔ながらの子どもの行事を通じて，子どもをめぐる人と人のつながりが強められ，子どもを見守るおとなの目が多くなり，温かくなるような祝い方を，両親に考えて欲しい．衣装や体裁を競うのではなく，せめてお食い初めの膳にのせる小石は，自分達の手で選んで，拾って，洗って，子どもの成長を祈るくらいの心配りができたら，親の心のうちに生まれる子への思いが違ってくるのではないだろうか．孤立化した育児も，もう少し，楽しくできるようになるのではないか． 〔澤田啓司〕

文　献
1) 大藤ゆき：児やらい（民俗民芸双書26），岩崎美術社，1974.
2) 大藤ゆき：子育ての民俗，岩田書院，1999.
3) 恩賜財団母子愛育会編：日本産育習俗資料集成，第一法規，1975.
4) 平凡社世界大百科事典，日立デジタル平凡社，DVD-Rom，1998.

31. 社会経済と育児

育児の費用
expenditure for child rearing

1. エンゲル係数とは
家計調査において，エンゲル係数なるものが使用されることがある．エンゲル係数とは，家計支出に占める飲食費の割合を表すものだが，それをヒントにして，エンジェル係数なるものが1990年代に入ってから使われるようになっている．エンジェル係数とは，家計支出額（月間）に占める子どものための支出額（月間）の割合を表したものである．ちなみに，子どものための支出額には，食料，医療，靴などの身の回りの用品，教育，書籍，遊び，レジャー，こづかい，預貯金，保険などが含まれる．

エンゲル係数ほど学問的に鍛え上げられた指標ではないが，エンジェル係数の現況を見てみると，家計支出において育児費用が明らかに大きな比重を占めていることがわかる．

2. エンジェル係数の現況
そこで，エンジェル係数について継続的に調査を実施している野村證券の提供するデータを見てみることにする（首都圏と京阪神において高校生以下の子どもを養育している20代以上の母親を対象に調査，1991年から隔年で実施）．それによれば，1993年の33.4%をピークに，エンジェル係数は減少している．そして，1997年以降，30%前後を大きな変化なく推移し，2001年においては，家計支出平均が月額29万3,000円，子どものための支出金額が8万8,000円，エンジェル係数が30.1

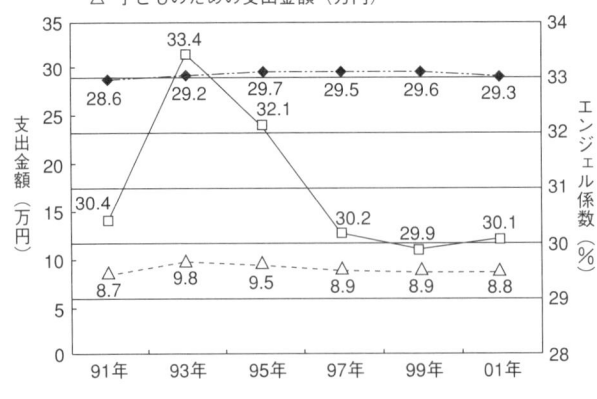

図31.1 エンジェル係数の推移（「第7回家計と子育て費用（エンジェル係数）調査の概要」野村證券株式会社 2001年12月 (http://www.nomura.co.jp/introduc/faundation/angel.html) より引用）

％となっている（図31.1）．

このようにエンジェル係数そのものに変化はあまり見られないものの，近年では，新しい支出項目が確認できる．それは，子ども専用の携帯電話やパソコンにかかる費用といったものである．2001年の調査結果によれば，子ども専用の携帯電話ないしPHSの所有率は，全体で見ると21.6％，第1子が中学生の家庭では36.4％，同じく第1子が高校生だと90.1％となっている．その月額平均費用は，6,310円（利用世帯平均）で，66.2％の親が費用を全額負担している．パソコンについては，全体の41.6％が所有しており，携帯電話・PHSと同じく，第1子学齢が上がるほどその所有率は高くなり，中学生で65.3％，高校生で76.6％となっている．「子どもにパソコンを使いこなす能力を身につけさせたい」という肯定的理由による購入が多く，子育て費用項目として定着する傾向をうかがわせる．

子どもにかかる費用のうち，最も大きな割合を占めるのが，子どもの教育費（学校，塾，習い事など）である．2001年の野村證券の調査では，育児費用における教育費の割合は，36.9％となっている．この割合は，年次推移で見ると，頭打ちないし若干の減少傾向として捉えられるが，依然として高い比率を占めていることには違いない（図31.2）．とくに私立校のための費用は大きなもので，文部科学省の「子どもの学習費調査」（2000年）および「学生生活調査」（1998年）から，公立と私立の1年間の学習費を比較すると，中学校では2.8倍，高等学校では2.1倍の比率で，私立校にかかる費用が公立校のそれを上回っている．

3. 育児費用の負担感

2001年の調査結果を続けて紹介する．全般的な暮らし向きについては，1997年に比して，負担感を覚える母親が増大している．具体的な数値を見てみると，1997年の調査では，最近2年間の暮らし向きが「良くなっている」との回答が9.5％，「悪くなっている」との回答が31.3％であったが，1999年ではそれぞれ6.6％，43.6％となり，2001年では「良くなっている」が8.0％と微増しているものの，「悪くなっている」が50.5％と減少する気配がない．

このような状況認識のもとで，育児費用に対する負担感も変化している．育児費用に関する負担感は，野村證券が調査を始めたときから一貫して，「非常に負担を感じる」「やや負担を感じる」のいずれかに回答する割合が増大している（1991年：45.5％，1997年：51.6％，1999年：54.7％，2001年：64.7％）．

このように経済的負担感が増大している中，家計支出を減らすために節約・倹約に努めている人は79.9％にまで上るようになっている（「かなり倹約している」「多少倹約している」の回答をあわせた割合）．

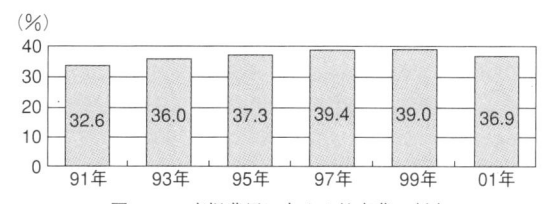

図31.2 育児費用に占める教育費の割合

91年	93年	95年	97年	99年	01年
32.6	36.0	37.3	39.4	39.0	36.9

（「第7回家計と子育て費用（エンジェル係数）調査の概要」野村證券株式会社2001年12月（http://www.nomura.co.jp/introduc/faundation/angel.html）より引用）

その節約・倹約項目としては「自分自身のための支出」が29.4%,「食費」が19.7%,「家族旅行などのレジャー費」「家族そろっての外食費」がそれぞれ17.4%,15.2%となっているのが目立つ．その一方で,「子どものための支出」は,「夫のための支出」「交際費」と並んで,倹約しづらい項目となっている（いずれも5.0%を下回っており,「子どものための支出」にいたってはわずか0.5%）．育児費用に対する負担意識は,その費用抑制という現象にまで直接結び付けられないというのが実際なのである．

4. 育児負担との関係

経済的な負担感だけでなく,育児負担感も増大しており,野村證券の調査によれば,「かなり負担」「やや負担」の回答をあわせると,1997年が51.6%,1999年が54.7%,2001年が64.7%となっている．しかも,この負担感は,育児費用の額と関連していることがうかがえる．2001年の調査結果を見ると,子育て費用が10万円を超えると約80%,15万円を超えると90%を超える回答者が負担感を感じている．

昨今,育児負担が社会問題となっているが,その負担軽減のための方策の1つとして,経済的支援が組まれる必要性があろう．

〔澁谷昌史〕

文献・資料

1) 第7回家計と子育て費用（エンジェル係数）調査の概要,野村證券株式会社2001.12.（http://www.nomura.co.jp/introduc/faundation/angel.html）．
2) 第6回家計と子育て費用（エンジェル係数）調査の概要,野村證券株式会社,1999.12.（http://www.nomura.co.jp/introduc/faundation/angel.html）．
3) 内閣府編：平成13年度 国民生活白書,ぎょうせい,2002.

生活の質

quality of life

1. 豊かさとは何か

豊かさとは何によって決定されるのであろうか．かつて，私たちは貨幣的なものの所有や蓄積によってそれが計測されるものだと考えていた．しかし，今から半世紀も前の1958年に，『ゆたかな社会』が米国の経済学者ガルブレイス（Galbraith, JK）によって発表され，豊かさの捉え方についての警鐘がすでに鳴らされていた．この著作は，社会（この著作においてはアメリカ社会）が経済的に豊かでないことを前提にして，「いかにしたら社会が裕福になるか」との問いを立て，果てしない経済成長を追究する経済学のあり方そのものを批判し，社会がすでに豊かになっていることを指摘したものである．

わが国においては，1980年代に一人あたりの国民所得が世界でトップに立ったときに，この豊かさの中身について問うこととなった．国民経済は確かに豊かになったはずなのに，「豊かであると感じられない」という国民の声が顕著なものとなったのである．このため，国民生活を捉えるための指標に工夫が凝らされるようになっている．

2. 新たな指標の登場

具体的な試みを2つ紹介したい．1つは，1992年に経済企画庁によって採用された新国民生活指標（PLI：people's life indicators）である．この指標は，「住む」（住居，住環境，近隣社会の治安などの状況），「費やす」（収入，支出，資産，消費生活などの状況），「育てる」（自分の子どものための育児・教育支出，教育施設，進学率などの状況），「癒す」（医療，保健，福祉サービスなどの状況），「遊ぶ」（休暇，余暇施設，余暇支出などの状況），「学ぶ」（成人のための大学，生涯学習施設，文化的施設，学習時間などの状況），「交わる」（婚姻，地域交流，社会的状況などの状況）という8つの活動領域について，「安全・安心」（個人の欲求としてより基本的な軸），「公正」（格差の少なさや社会のやさしさ度を表す軸），「自由」（個人生活面での選択の幅を示す軸），「快適」（より気持ちよく生活できるかを示す軸）という4つの生活評価軸を用いて重層的に評価しようというものである．ただし，指標化が一面的に「都道府県ランキング」として一人歩きし，各方面から批判を浴びたことなどもあって，1999年に廃止されている．

次に，育児に関するものを紹介する．高橋重宏（社会福祉学）を代表とするウェルビーイング研究会は，1999年，ウェルビーイング概念に基づいて育児環境調査を実施している．ウェルビーイングとは，権利擁護と自己実現を柱とする概念であり，自分らしく生きることをいかにして保障するかをテーマとする理念である．これも，最低限必要な衣食住を物理的に提供することで達成されるものではなく，個別的な意見や感情を尊重したかかわりを通して保障されるものであり，まさに生活の質的側面を問う概念として整理できるであろう．

この試みにおいては，基本的属性に加えて，「子育ての実態」（子どもを預けられる場所の有無，子どもとかかわる時間などの状況），「子育ての意識」（子どもを育てるよさ，子育てについての不安・悩みなどの状況），「子育てについての要望」（近隣に対する期待，相談窓口への要望などの状況）を調査することで，育児環境の現状と課題を明らかにしようとしている．ただし，これもPLIと同様，継続的な試みとはなってはいない．

3. 福祉ニード論からの政策形成

　生活の質が強調される時代になることで，施策のあり方にも影響が出てきた．ここでは，経済的なものも含めて国民生活の安定・向上を目指す社会福祉領域において理論化された福祉ニード論を紹介したい．

　この論の提唱者である三浦文夫（社会福祉学）は，社会福祉政策のあり方は福祉ニードによって決定されるものであるが，その福祉ニードは，高度経済成長を期に，貨幣的なものから非貨幣的なものへと移行していると論じている．貨幣的ニードとは，「ニードそのものが経済的要件に規定され，貨幣的に測定されうるものであり，さらにそのニードの充足は主として金銭給付によって行われるというもの」であり，具体的には所得保障対策が求められる．一方，非貨幣的ニードとは，「ニードを貨幣的に計測することが困難であり，その充足に当たっては金銭（現金）給付では十分に効果をもちえず，非現金的対応を必要とする」ものであり，具体的には人的サービスや物的サービスによって充足されることが求められる．

　このような整理をしたとき，ニードが貨幣的なものであれば，ある基準をもとに一律に不足分を供給すればよいということになり，政策上の課題は，その基準が憲法第25条にいう「健康で文化的な最低限度の生活」を保障するものとなっているかどうかを検討することが中心となるが，非貨幣的なものになると，もっと複雑になると想像することができる．

　たとえば，自分の興味関心にあった仕事に就きたいというニードに対しては，自分の欲求が今の仕事では満たされないという思いに対するカウンセリングや，より多様な雇用の創出，そして雇用機会へのアクセス保障などが求められるであろう．これは，ニードをもつ国民一人ひとりに対して，人を介したり，サービスそのものを多様化したりすることによって，個別的にニードを充足するほかない．視点を変えてみれば，非貨幣的ニードの充足においては，Ａさんに提供されるサービスと，Ｂさんに提供されるサービスが同じとは限らないということである．

　こうなると，マンパワー施策や供給体制（後述の項目「育児支援のための公費負担のあり方」を参照）に関する問題が，生活保障を目指す福祉行政上のテーマとなってくる．「生活の質を高めるような，よりきめ細やかなサービスを」といわれることがあるが，それは社会経済上の変化と連動した，福祉ニードの変遷によって生じていると考えられるものなのである．

〔澁谷昌史〕

文献・資料

1) 第13次国民生活審議会 調査委員会報告 PLI 一豊かさを測る新たな視点, 1994. (http://wp.can.go.jp/zenbun/kokuseishin/spc 13/houkoku_d/spc 13/houkoku_d-contents.html).
2) 三浦文夫：社会福祉政策研究，全国社会福祉協議会，1985.
3) 平成10年度児童環境づくり等総合調査研究事業「児童健全育成施策の評価指標のビジュアル化に関する研究（日本版ウェルビーイング指標の開発に向けた調査研究）」報告書 子どものウェルビーイングをめざして，ウェルビーイング研究会（代表 髙橋重宏），1999.

子どもの価値，子どもへの期待

value on children, expectation to children

1. 生産財から消費財へ

フランスの歴史家であるアリエス（Aries, P）は，かつて子どもは小さな大人として見なされ，大人と同じように働き，地域生活を送ることが期待されていたが，産業社会の進展とともに，教育サービスを消費する存在として位置づけられるようになり，大人とは差異化されるようになったことを発見している．

わが国においても，子どもの社会的位置づけの変遷は同じであった．まだわが国が主として農村社会によって構成されていた頃，子どもたちは，大人と同じ一労働力として期待されることが常であった．換言すれば，子どもは労働に従事し，家計を助けることさえできれば，保護者にとっては問題にはされない位置づけを与えられていた（「生産財としての子ども」）．

しかし，大正時代になると，新興中産階級を中心として，教育することの価値が大きな比重を占めるようになった．この頃，子どもの発達を科学的に捉える言説が，印刷物の普及とともに浸透するようになったのであるが，教育学者の広田照幸によれば，その言説は，童心主義，厳格主義，学歴主義の3つに分類できる．

①童心主義：子どもの純粋さや無垢は子ども時代に特有のものであり，それを尊重することこそ，子ども時代を大切にすることだというもの．

②厳格主義：無垢な子どもに対して，早期から大人に求められる価値や生活習慣を身につけさせるべきだというもの．

③学歴主義：無知な子どもに必要な教育をし，学歴を与えることが大切だというもの．

この3つの考え方は，いうまでもなく，相反する側面を含んでいる．しかし，当時の新興中産階級の保護者たちは，このいずれかの考え方を称揚するということをしなかった．そうではなく，外で元気に遊ぶ一方で，母親のことをお母様と呼び，家では受験勉強を熱心にするというような，先述した3つの主義を体現する「パーフェクト・チャイルド」を追及したのである．

農村社会においても，高度経済成長の時代まで待たなければならないものの，確かに教育的言説の影響を受けるようになった．都市部での労働力需要が高まると，価格が不安定な農産物に生活を頼るよりも，学歴を得て安定的で高収入が期待できる仕事の方がよいという考え方が浸透するようになり，家業を継ぎ，実家のもとで家計を助ける存在としての子どもは，とくに子どもたち自身にとっては魅力のないものとなっていったのである．

このようにして，生産財としての価値を，子どもたちは失っていった．代わって顕著になったのが，「消費財としての子ども」である．

「消費財としての子ども」というのは，平たくいえば親の楽しみや生きがいを与える存在としての子どものことである．1996年に毎日新聞社人口問題調査会が行った調査によれば，子どもを持つことのよさを「家庭が明るくなる」ことに求めている回答が80％を超え，「子どもを育てることが楽しい」という回答が40％強となっている．それに対して，「生産財としての子ども」をイメージさせる「老後のたより」とするのは10％台，「家業を継ぐ」は5％にも満たないという結果であった（表31.1）．このように，社会経済上の変動によって，職住分離が進行したとき，伝統的な子どもへの期待は崩れ，家族の情緒的安定・豊かさのために子どもを育てるという

表31.1 子どもの価値（％）

子どもがいると家庭が明るくなる	85.9
子どもを育てることは楽しい	44.1
子どもは老後のたよりになる	16.1
子どもは家業を継いでくれる	1.0
子どもは家名や財産を継いでくれる	3.7
子どもを持つと子孫が絶えない	15.3
とくに何もない（よいことはない）	4.9
その他	3.8
無回答	0.8

注）「あなたは，子どもを持つことのよさは何だと思いますか」という質問に対して2つ以内の項目を選ぶ．
（厚生省監修：厚生白書（平成10年版）少子社会を考える―子どもを産み育てることに「夢」を持てる社会を―，ぎょうせい，p.58，1998掲載の調査結果から筆者作成）

ことが普遍化していったのである．

2. 能動的な子ども観からの見直し

こうした表面的な変化の影で，もっと根底的な変化が生じていることが，先述したアリエスや，同じく歴史家のフーコー（Faucoult, M）らの研究によって言語化されてきた．それは，かつて子どもは労働に関する部分以外ではおとなから自由でいられたのに，教育的言説が普及し始めたときに，生活全般にわたって管理される存在となっていったということである．

もちろん，この変化は，子どもの保護という観点からすれば大きな役割を果たしたといえる．しかし，子どもの生活管理は，子どもの主体性まで消費してしまう傾向と無縁ではいられるはずもなく，そこから生じる家族間葛藤を引きずったまま大人になる子どもたち（いわゆるアダルト・チルドレン）の増大を生み出すことにも結果している．

ただ，1989年に国連で子どもの権利条約が採択され，1994年にわが国もそれを批准した．これによって，子どもの社会的位置づけに変化が生じた．すなわち，それまでは保護される，守られるといった表現に表される「受動的な子ども観」によって子どもの育ちを支えてきたが，それに加えて，これからは子どもみずからが主体的に生き方を決めていくという「能動的な子ども観」に基づいた子どもへのかかわりが求められるようになったのである．

この変化には，政治思想の変化だけでなく，社会経済的な変化も大きいと思われる．今や，医療サービスにおけるインフォームド・コンセントや試験管ベビーのように，科学技術の高度化によって，かつては自然なこととしてただ受け入れるしかなかった事象にまで，人間の選択が可能な時代となった．このとき，地域共同体で育まれた生活の知恵が決めてくれるわけではない．科学も結果を示すだけで，どちらがいいのかについての決定を出してくれるわけではない．諸個人が主体的に選択するしかない．そうした主体意識が求められるような状況であればこそ，子どもを受動的な立場におくのではなく，新たな時代の経験主体として尊重していく姿勢が求められるのであろう．

〔澁谷昌史〕

文　献

1) フィリップ・アリエス：〈子供〉の誕生―アンシャン・レジーム期の子供と家族生活，みすず書房，1980.
2) フィリップ・アリエス：「教育」の誕生，藤原書店，1992.
3) 広田照幸：日本人のしつけは衰退したか．「教育する家族」のゆくえ，講談社現代新書，1999.
4) 厚生省監修：厚生白書（平成10年版）少子社会を考える―子どもを産み育てることに「夢」を持てる社会を―，ぎょうせい，1998.
5) 山本哲士：教育の分水嶺 学校のない社会，せんだん書房，1984.
6) 斎藤　学：アダルト・チルドレンと家族 心のなかの子どもを癒す，学陽書房，1996.

育児支援のための公費負担の
あり方

public expense for supporting child rearing

1. 福祉国家から福祉社会へ

経済状況の低迷により，もはや福祉国家構想（ここでは国民生活そのものに政府が深く介入することで，福祉保障をするような国家体制）は崩壊しているといってよい．もちろん福祉そのものの水準が後退することが許されるわけではない．そのため，国家予算を抑制しながら福祉保障を行うために，福祉社会への道が開かれようとしている．

福祉社会とは，社会構成員ひとりひとりが，主体的に福祉向上のためにあらゆる努力をすることで国家全体の福祉を保障しようとするものである．そうした国家においては，社会福祉の供給体制は多元化し，公的資金に基づいて公営機関がサービスを提供するというもの（公設公営型）に加え（例：児童相談所），資金は公的なものと民間資金の双方を使い，民営機関がサービスを提供するというもの（例：福祉公社），営利団体が民間資金によってのみサービスを提供していくもの（例：ベビーホテル）など，さまざまなものが出現する．

近年は，「公設公営型では，公平性を重視するあまり画一的な運営となり，生活の質向上という個別的なニーズを充足することはできない」という認識が強まる傾向にあり，できるだけ規制緩和して，民間の自由な発想のもとでサービスを提供していけるようなシステムが必要だとされ，結果としてこの多元化が促進されている状況にある．

このようにして，福祉は社会全体で担うべきものとなりつつあり，公費負担もすべての事業において行われるべきものとは考えられなくなっている．育児支援を考えるにあたっても，ただ単に公費投入を求めるだけでなく，その対象となる事業が公平性を旨として国家主体で行われた方が効率的なものなのか，それとも規制のかからない民間主体となった方がよい事業なのかを慎重に見きわめる作業が必要となっている．

2. 少子化対策への公費投入に対する国民意識

育児家庭に対する公的支援の可否は，国民の少子化に対する意識と呼応する側面がある．1997年に行われた「少子化社会における家族などのあり方に関する研究」を見ると，少子化は深刻な問題であると考えている人たちが80％以上に上っていること，そして「少子化がわが国に与える影響」については，「高齢化の進展に伴う現役世代の負担の増大」がもっとも重大な懸念事項として考えられ，そのほか「労働力人口の減少」「過疎化・高齢化に伴う地域社会の変容」「労働力人口の年齢構成の変化」が多い回答を集めていることが明らかにされている（表31.2～31.3）．ここから，経済生活への影響を中心として，今ある枠組みが崩れていくことへの不安が国民の間に強

表 31.2 少子化傾向について（％）

大変深刻な問題である	49.5
深刻な問題である	34.1
大した問題ではない	7.3
好ましい傾向である	1.8
どちらともいえない	6.3
無回答	1.0
合　計	100.0

注）有識者に対するアンケート調査による．
（厚生省監修：厚生白書（平成10年版）少子社会を考える―子どもを産み育てることに「夢」を持てる社会を―，ぎょうせい，p.17，1998，掲載の調査結果から筆者作成）

表 31.3　少子化のわが国に与える影響（%）

高齢化の進展に伴う現役世代の負担の増大	80.3
労働力人口の減少	62.1
過疎化・高齢化に伴う地域社会の変容	49.9
労働力人口の年齢構成の変化	49.5
家族機能の変化	37.7
人口の減少	37.2
経済成長率が低下する可能性	34.5
子どもの健全な成長への妨げ	30.4
現役世代の手取り所得の低迷	18.2
家・土地など財産を継承する割合が増え，豊かさを享受できる人の増加	6.5
交通渋滞や環境問題の緩和	6.3
受験戦争の緩和	5.5
その他	2.3
とくに大きいと思われることはない	0.5
無回答	0.4
合　　計	100.0

注）有識者に対するアンケート調査による．
（厚生省監修：厚生白書（平成10年版）少子社会を考える―子どもを産み育てることに「夢」を持てる社会を―，ぎょうせい，p.15, 1998，掲載の調査結果から筆者作成）

くあるものといえる．このため，結婚や出産を阻んでいる社会的要因を明らかにし，それを除去するような対応を政府に求める声が強まっている．

しかし，育児家庭への今以上の公費投入に対する反論についても，耳にすることが多い．それは，「少子化対策は重要であるが，育児家庭ではすでに，児童手当，児童扶養手当，特別児童扶養手当，障害児福祉手当のほか，健康保険制度や雇用保険制度および年金制度に基づく経済的支援，税制上の扶養控除などの恩恵を受けており，これ以上の投入は公正性に欠ける」というものである．加えて，介護の社会化が促進されているとはいえ，子どもは自分の老後の安心材料になること，負担があることを了解済みで自己選択で子どもを産み育てていることも，公費投入反対派から出てくる意見としてあげられる．

この議論に結論は出ていない．しかし，子どものよりよい育ちを保障することは国家の責務であるし，子どもの育ちの基盤である家庭への支援体制を強化することも，子どもの権利擁護という観点からすれば理に適ったものである．少子化対策というと経済的観点からの議論が先行しがちであるが，権利擁護という政治的観点からも議論をさらに深めていく必要があろう．

3.　少子化対策の動向

少子化傾向に対するこうした認識から，少子化対策としての育児支援サービスの充実が1990年代に入ってから積極的に行われるようになっている．1994年（平成6年）には，当時の厚生省，労働省，建設省，文部省の4大臣合同で，いわゆる「エンゼルプラン」が発表され，多角的な子育て支援サービスの枠組みが提示された．2001年にはこの4大臣に加え，大蔵大臣，自治大臣が合意して「新エンゼルプラン」が策定された（正式名称は「重点的に推進すべき少子化対策の具体的実施計画」）．

この「新エンゼルプラン」の内容としては，次のものが柱として立てられている；「保育サービス等子育て支援サービスの充実」「仕事と子育ての両立のための雇用環境の整備」「働き方についての固定的な性別役割分業や職場優先の企業風土の是正」「母子保健医療体制の整備」「地域で子どもを育てる教育環境の整備」「子どもたちがのびのび育つ教育環境の実現」「教育に伴う経済的負担の軽減」「住まいづくりやまちづくりによる子育ての支援」．このように子育て家庭の生活をさまざまな面から支えることについての政策的合意が形成されている．

しかし，先述したように，これらすべてについて公費でのみ負担されるべきであると観念されているわけではない．実際には，財政的逼迫状況もあって，法律に基づいて負担割合を明確にされている国庫負担金ではなく，事業促進のインセンティヴと

しての性格をもつ国庫補助金を投入し，それによって民間機関が事業を起こしやすくするようにする仕組みが中心となっている．　　　　　　　　　　〔澁谷昌史〕

文　献

1) 厚生省監修：厚生白書（平成 10 年版）少子社会を考える―子どもを産み育てることに「夢」を持てる社会を―, ぎょうせい, 1998.

32. 子どもと運動（スポーツ）

子どもと運動（ムーブメント教育）
movement education in childhood

子どもにとって身体を使っての運動は，睡眠，栄養，そして愛情に満ちた育児と同じくらい自然で本質的な活動の力となる．子どもは多くの運動をすることで，自分自身を知り環境や世界を知っていく．そして感情を育み，創造性や問題解決などの認知機能を助長し，仲間づくりなど社会的なかかわりのあり方を学んでいく．子どもにとっての運動は，このように発達に不可欠な刺激として，行動の全領域を支える要因としての意義をもつのである．つまり，身体を使った運動は，子どもの発達に必要な感覚機能，精神的・認知的機能，そして社会的機能を助長することにつながる．

この考えをベースにしている身体運動が，遊具，音楽など環境と循環システムを重視するムーブメント教育（movement education）である．この運動は伝統的な体育とは異なり子どもの自発性や問題解決，自己実現に向けた新しい運動として位置付くものである．とくに障害をもった子どもや運動発達に遅れをもった子どもには，このような運動の方法が必要である．欧米では1980年代になって，またわが国では1990年代に入って，ムーブメント教育が幼児や障害児の発達を支える運動として，また小学校低学年の体育には楽しい体育，

身体ほぐしの運動として取り入れられてきた．ここでは子どもの運動の意義について，なぜ運動が必要なのか，今日の子どもの運動の姿，協応性の低いクラムジー児の運動，発達障害を乗り越えていく運動，時間・空間意識を促す運動に触れてみる．

1. 幼児における身体運動の必要性
1） 運動発達調査での子どもの実態

日本小児保健協会は，1980年に大がかりな幼児の運動発達調査（昭和55年幼児健康度調査）を全国的レベルで実施した．およそ20年を経た1998に同様の調査を行った結果（表32.1），現代の子どもが多くの運動項目で劣っていることが明らかになった．

通過率で見たところ，3歳児では5項目中3項目で，また4歳児では5項目すべてで，そして5，6歳児では5項目中3項目において，統計的に有意な差で20年前に比べて通過率が低い状態にあった[1]．

また，各年齢群における調査項目のうち，通過率80％以下の項目は15項目中10項目の多くにわたっており，今日の幼児の身体運動の姿について重大な問題点が浮き彫りにされた．つまり運動スキルの低い子どもが増えているということになる．それは運動する機会が乏しくなっていることを示している．

年齢ごとに運動検査項目を検討してみると，まず3歳児では「でんぐりがえし（前転）」「片足けんけん」項目のできない子どもが増えた．これらの項目は身体意識（body awareness）と関係があることより，全身を使った運動の不足が推定される．発

表 32.1 就学前児童の運動発達の比較（1980 年と 1998 年）
（日本小児保健協会資料（小林芳文）による項目を活用）

調査項目	1998 年結果「はい」の子どもの人数（%）	1980 年結果「はい」の子どもの人数（%）	χ^2 検定
〈3 歳児〉	$N = 166$	$N = 1,710$	
Q 1. 目をあけて片足立ちができますか（2 秒くらい）	152（91.6）	1,536（89.8）	n.s.
Q 2. でんぐりがえし（前転）ができますか	126（75.9）	1,505（88.0）	*2
Q 3. 片足けんけんができますか（数歩）	108（65.1）	1,317（77.0）	*2
Q 4. はずむボールをひろうことができますか	96（57.8）	1,431（83.7）	*2
Q 5. お手本をみて（○）がかけますか	153（92.2）	1,467（85.8）	n.s.
〈4 歳児〉	$N = 221$	$N = 1,841$	
Q 1. 目をあけて片足立ちができますか（5 秒くらい）	158（71.5）	1,570（85.3）	*2
Q 2. タタミのふちなどをふみはずさないように，あとずさりして歩けますか（2 m くらい）	138（62.4）	1,508（81.9）	*2
Q 3. 片足けんけんが 5 m くらいできますか	130（58.8）	1,473（80.0）	*2
Q 4. 頭の上にひろげた週刊誌などをのせて数歩あるけますか	100（45.2）	1,532（83.2）	*2
Q 5. お手本をみて十字（＋）がかけますか	195（88.2）	1,753（95.2）	*2
〈5〜6 歳児〉	$N = 404$	$N = 2,966$	
Q 1. 両足をそろえて「立ち幅とび」ができますか	395（97.8）	2,833（95.5）	n.s.
Q 2. 10 cm の板や紙を片足横とびで 2 往復とぶことができますか	258（63.9）	2,521（85.0）	*2
Q 3. 片足で「まりつき」ができますか（3 回以上）	222（55.0）	2,483（83.7）	*2
Q 4. 目をとじて片足立ちができますか（3 秒くらい）	320（79.2）	2,717（91.6）	*2
Q 5. ヒモで「かたむすび」ができますか	345（85.4）	2,358（79.5）	*1

$df = 1$　*1 $p < 0.01$　*2 $p < 0.001$
（飯村敦子・小林芳文，2003）

達運動学から見れば，身体意識能力は 3 歳頃までにある程度のレベルに達することで，運動遊びも飛躍的に増えていくことが知られている．「はずむボールをひろう」の項目では，できない子どもがいちじるしく増えたが，これは目と手の協応の度合いを評価する運動であり，最近の子どもはボール遊びなどの運動の機会が乏しい状態にあることが推定された．

4 歳児の調査項目では，「片足立ち」「後ずさり歩行」「片足ケンケン」「頭の上に物をのせて歩く」などいずれの運動もバランス能力にかかわる項目である．子どもは 4 歳児頃には，身体の利き側機能や身体図式がほぼ発揮できるようになる．これによりバランス機能が発揮でき遊びの量がいちじるしく増えていく．20 年前に比べてこの項目の通過率がいちじるしく低いことは，今日の子どもに全身を使った運動の機会が少ないことを示すものである[2]．

5, 6 歳児の運動項目では，「片足横とび連続」「片手でまりつき」「閉眼片足立ち」という項目は，協応性や調整力がかかわるものであるが，20 年前に比べてこれらの通過率がいちじるしく低いことが明らかとなった．なお現代の幼児で通過率が高かった項目は，「ひもでの片結び」がある．この結果は戸外での運動遊びに変わって手先の運動である室内遊びが増えたことで，運動能力での質的な変化をきたした結果と思われる．

幼児期における運動の偏りや運動スキル

の不足は，まず運動機能の低下を招くことになる．また友達との遊びを閉ざし活動にも制限をきたす．そのことが学童期になっての体育に苦手意識をもたせることになり，運動嫌いやクラムジーさ（不器用さ）を目立たせることになるのである．ここから幼児期の運動の意義と必要性が強調できよう．

2) 身体協応性からの運動の育ち

明白な運動障害が認められないにもかかわらず，さまざまな場面で目的にあった身体のコントロールが上手くいかない子どもが，今，学校教育界で関心が集まっている．いわゆるクラムジー児（clumsy children）の存在である．

キパード（Kiphard, E）は，神経心理学的側面からクラムジー児を見つけだす検査（身体協応性検査 the body coordination test；BCT）を開発し，日本で小林芳文らにより標準化された[3]．BCT は，「後ろ歩き」「横跳び」「横移動」の日常の運動では観察されない3運動課題により協応性を見ようとするもので，その運動因子はバランス，力動的エネルギー，運動連続性の因子となっている．結果は MQ（運動指数）で算出され身体協応性の度合いが評価される．

2001年，飯村敦子らは，就学前幼児の実態を地方部（運動環境が良く十分に運動に力を入れている園）と都市部（通常どおりの保育をしている園）で比較して，日頃の環境が子どもの運動面にどのように関係があるのかを検討した[4]．その結果，表32.2に示すように MQ 85 以下の「協応性の異常あり」「協応性障害の疑いあり」を合わせた割合は，地方部（A園）では 10.0％，都市部（B園）では 24.5％ と統計的に有意な差で，都市部の幼児の方が身体協応性が劣っている子どもが多く見られた．この結果は，幼児にとってどのような環境が必要か，そして環境と身体運動の関係など多くの育児の仮説をわれわれに投げかけたことになる．

2. 障害を乗り越えていく身体運動

1) LD 児に見られる運動苦手な姿

近年，LD（learning disability；学習障害）やその周辺児童の支援が話題になっている．幼児の早い時期から LD らのかかわりを考えたとき，保育園や幼稚園，また家庭や療育機関では，子どもが楽しめる遊び（とくに運動的遊び）をいかに工夫しながら発達の流れをつくっていくかが課題となる．文字や数という教科学習の前段階にある障害幼児の発達支援は，運動的遊びの中で培われるさまざまな活動で土台がつくられる．この運動的遊びを幼児期から大切にすることの必要性を実証した調査が，神奈

表 32.2 幼児の身体協応性発達の評価基準別人数
対照群（地方部）と統制群でみた MQ 値による分布比較

	total-MQ 値				
	70 以下 障害の疑いあり	71～85 協応性の異常あり	86～115 標準	116～130 優れている	131 以上 大変優れている
対照群（A園）($N=211$)	1 (0.5)	20 (9.5)	138 (65.4)	42 (19.9)	10 (4.7)
統制群（B園）($N=261$)	6 (2.3)	58 (22.2)	182 (69.7)	15 (5.7)	0 (0)
CR による検定	n.s.	4.30[*2]	2.46[*1]	3.58[*2]	3.16[*1]

N (%), total numbers = 472, [*1] $p<0.05$, [*2] $p<0.01$
（飯村敦子・小林芳文，2003）

川県Y市の「学習上特別な配慮を要する児童の実態調査（調査対象約75,000人）」である[5]．

その結果を簡単に紹介すると，LD児と思われる児童の出現率は1.7%であった．その特徴を示す主要な3因子として，「教科学習因子」「不器用因子」「多動性因子」が抽出された．LD児が教科学習以外に，身体運動面の問題や多動性の問題を抱えていることが明らかになったことは，中枢神経系の偏りに原因のあることを裏付けるとともに，ぎこちなさを乗り越えていくための身体運動の支援の必要性を示唆するところである．

LD児の多くの子どもが，このように協応性が低く，ジッとしていることができない多動であることは，医療にその対応を委ねておくだけでなく，保育や教育面からの支援が必要なことを裏付けている．そこに乳幼児期からの適切な遊び環境が位置付くことになる．子どもには，身体を動かすさまざまな活動の環境をつくってあげることで，中枢神経系が促通され脳が活性化する．これにより活動の集中が促され，運動スキルが身につき協応性が発達する．このような子どもへの運動のあり方は，単なる体育でなく多様な遊具や環境を使うムーブメント教育にそのヒントがある．

LD児はどのような運動を苦手としているのか，実態調査にもとづいてLD群と対照群（健常児）の両群を比較した結果を一部示すと，「マット運動が苦手である」（LD 35.7%，対照19.0%），「鉄棒が苦手である」（LD 45.8%，対照34.6%），「縄跳びができない」（LD 20.8%，対照3.9%），「ボールが受け取れない」（LD 29.3%，対照16.3%），「手先が不器用である」（LD 45.8%，対照16.0%），「はさみの使い方が下手である」（LD 30.7%，対照8.5%），「ボタンかけが下手である」（LD 19.8%，対照2.3%）などであった．このようにLD児は身体の協応性運動にかなりの困難をもっていることが明らかとなり，工夫した運動の必要性が確認された．

２） 子どもの基礎的運動の流れに沿って

身体の動きは，一般に加齢とともに分化し協調的になっていく．これは神経系の運動支配が成長とともに高められ，それに伴った環境適応の学習（経験）の結果である．発達に遅れのある子どもはこの段階を踏むのに時間を要するが，運動支援においてはゆっくり学習する機会を提供することである．

子どもは，暦年齢でほぼ生後72カ月頃までに，基礎的な運動能力を獲得していく．つまり6歳を過ぎる頃には，日常に必要な身体運動がほぼできることになる．幼児期が身体運動の育ちにおいて，きわめて重要な時期ということもこれでわかる．この時期に運動をする機会が十分でなかった場合，学童期に入って何らかの運動でつまずきを呈することになる．学校で体育が得意でない子どもは，この例に入る子どもが多い．

発達に遅れがある子どもには，この時期までの運動課題を取り入れた十分な運動の支援が必要となる．表32.3は，0～72カ月までにおける7つの運動発達ステージと発達課題を示したもので，障害児の運動支援に活用されているアセスメント（MEPA）として利用されている[6]．このステージのどこに子どもが位置するかを見きわめて，発達障害を乗り越えるための運動プログラムを支援する．

第1ステージと第2ステージは，生後12カ月における運動で，もっぱら抗重力運動と四肢を使った全身での移動運動期である．第3ステージは，生後13～18カ月における歩行確立のための運動期である．立位での姿勢立ち直り反射や簡単な踏みだし反応（平衡反応）を経験する運動をする時期である．第4ステージは，生後19～36カ月における粗大運動確立のための運動期である．多様な姿勢・動作による運動

表32.3 幼児の運動発達ステージと発達課題

ステージ	月齢	発達課題
第1ステージ（原始反射支配ステージ）	0～6カ月	反射性成熟と抑制，首の坐り，寝返りの促進，坐位の促進
第2ステージ（前歩行ステージ）	7から12カ月	平衡反応の誘発と促進（坐位・四つ這い位），水平移動促進（腹這い，手這い），垂直運動促進（起き上がり・つかまり立ち）
第3ステージ（歩行確立ステージ）	13～18カ月	立位での平衡反応の促進，一人立ちの促進，一人歩きの促進，ローガード歩行の促進，抗重力運動の促進
第4ステージ（粗大運動確立ステージ）	19～36カ月	多様な姿勢・動作変化の促進，初歩的な統合運動の促進，片側性運動の促進
第5ステージ（調整運動ステージ）	37～48カ月	調整力の促進，手操作運動の促進，足指運動の促進，優位性運動の促進
第6ステージ（知覚運動ステージ）	49～60カ月	微細運動（指対立運動）の促進，連合運動の促進，創造的運動の促進，課題意識運動の促進
第7ステージ（複合応用運動ステージ）	61～72カ月	複雑な創造的運動の促進，複雑な連合運動の促進，複雑な両側性運動の促進

子どもの運動支援をするためにつくられたステージと各ステージの課題を目安にする．
（小林芳文，2001）

により粗大運動が育ち，身体意識の機能が獲得されていく．

第5ステージは，生後37～48カ月における調整運動が発揮できる時期である．バランスや敏捷性にかかわる運動が次第にできるようになる．第6ステージは，生後49～60カ月における知覚運動の時期である．リズム運動，ボール運動，視知覚運動などができるようになる．第7ステージは，生後61～72カ月における複合応用運動の時期である．認知的機能がかかわる創造的運動，さまざまな感覚の連合運動ができるようになる．

3） 運動の環境システムづくりで

子どもが気軽に運動したくなる環境とは，さまざまな動きの問いかけの魅力を備えている環境である．環境とは触りたくなるもの，持ちたくなるもの，見たくなるもの，聞きたくなるもの，乗りたくなるもの，動かしたくなるものというように「かかわりの環境」である．子どもが環境と動きで対話をすることができると，「動きの循環システム」がうまれ運動が生ずる．この考えを取り入れて発達に遅れのある子どもの支援の方法を取り入れているのがムーブメント教育である．障害児など特別な支援を必要としている子どもの運動は，単純な環境での運動訓練でなく，自発的・自然な方法で楽しく進めることで，動きの循環システムがスムーズな流れとなり，結果的に運動能力も育っていく．

子どもの運動環境としては，まず居住環境がある．それはどのような条件の場にあるのか，周囲に自然環境（芝生）があるのか，高層住宅か低層住宅か，公園や幼児用遊び場が自由に使えるのかなどの物理的環境である．子どもの運動活動（質量）とこれらの居住環境には強い関係があることは，多くの研究報告が示しているように，自由に運動遊びができる環境にいる子どもほど運動能力（体力）も勝っているのである[8]．

3. 時間・空間意識，仲間確保のための運動

1) 時間・空間・因果関係の認識

子どもが，ある刺激に応じて反応の時間を調整するためには，時間的感覚つまり時間意識が必要である．この意識が行動を制御する上で大切な役割を果たす．子どもは遊びに集中できる3，4歳頃より，時間の流れの意識が顕著な発達を見るようになる．また子どもが場所から場所へ移動するためには，空間意識が必要になる．物を跨いだり，跳び越したり，相手とボール遊びをしたりする運動ができる3，4歳過ぎになると，空間意識がいちじるしく発達し始める．空間意識とは，その場所の広がりを自分自身の身体の延長として知覚できることで，身体意識がベースとなっていることはいうまでもない．このため十分な運動機会のない子どもは，身体意識の発達が遅れ時間・空間関係の意識が発揮できず，知覚機能に困難をきたすことになり，ある子どもは学校における教科学習に不利な状態に陥ることになる．前述のLD児の中にはこのような子どものいることも知られており，知覚運動によるムーブメント教育療法で学習の基礎を育てる方法が試みられている[8]．

すべての事物と事象は，時間と空間の中で互いが結びついて知覚される．子どもが部屋の中で風船を突く運動場面を想像してみよう．子どもは風船が天井に当たらないように打ちあげ，それが床に落ちないように落下する早さに応じて再び打つ．タイミングよくそれを子どもが突き上げるという連続的運動の繋がり（関係）で，風船と天井の高さと子どもの打つ手の動きで，時間的・空間的要素を組み入れた運動展開が見られるのである．幼児前期は，当然ながらまだ十分な時間・空間，その因果関係の認識が育っていない．このためボール遊びも上手にできないのである．道路の横断歩行に失敗し自動車事故に遭遇したり木に登っ

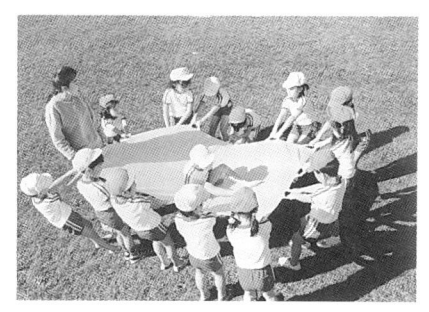

図32.1 仲間づくりの運動は「ユランコ遊具」のような大勢が参加できる機会が必要である．

て落ちたりするのである．しかし幼児も年長の6歳頃になるまでには，身体運動の機会が増え，これに呼応して時間・空間意識も高いレベルまで発達する．これらの能力はボールで遊んだり，ラダーをくぐったり，遊具を跨いだり，ロープを跳び越えたりなどいろいろな活動を通して発達していくのである．

2) 仲間づくりの運動

子どもは3歳を過ぎる頃より一人で遊ぶよりも数人での遊びを好む．他者とかかわることの遊びとしては運動遊びが圧倒的に多い．興味や関心をもつ運動を通した大勢での活動は，対人関係など社会性を育て，コミュニケーションスキルを身につけるのに良い機会である．運動を通して仲間との繋がりを考えるときには，どの子どもでもそこに参加でき，運動のスキルをあまり必要としないもので，大勢で遊ぶことで感動体験ができる活動がよい．一例として，パラシュート遊具を使った活動は，このような要素を含んだ仲間づくりの運動として使われている代表的なものである．それをみんなで膨らましてドームをつくったり，波をつくったり，その上で転がったりする運動は，みんなが協力できファンタジー体験も味わえるので，仲間づくりの基本的な考え方である（図32.1）． 〔小林芳文〕

文 献

1) 飯村敦子：Clumsiness を呈する就学前児童の発達評価と支援に関する実証的研究, pp. 24-25, 多賀出版, 2003.
2) 小林芳文：幼児の体力発達―平衡機能の実証的分析―, pp. 67-69, 多賀出版, 1998.
3) 小林芳文ほか：小林―Kiphard BCT（The Body Coordination Test）の開発, MQ 値の算出とその解釈, 横浜国立大学教育紀要, 第 29 集, pp. 351-365, 1989.
4) 飯村敦子：文献 1) pp. 119-120.
5) 小林芳文：LD 児・ADHD 児が蘇る身体運動, pp. 28-30, 大修館書店, 2001.
6) 小林芳文：文献 5) pp. 57-58.
7) 小林芳文：遊びと体力, 小児科 Mook 29, pp. 63-72, 1983.
8) 小林芳文・藤村元邦編著：医療スタッフのためのムーブメントセラピー, pp. 164-182, メディカ出版, 2003.

楽しい揺れ運動と遊具

ブランコ, トランポリン, ハンモック, ユランコといえば子ども達が大好きな遊具である. それは楽しい揺れ運動が体験できるからである. これらの遊具に乗って跳びはねたり, 回ったりする動きで生ずる「揺れ」は,「めまい」を誘発する. このめまいが, 子どもの心地よい快反応を引き出す. 子どものこころと身体は, 本能的にこの快刺激を要求しているので, 幼児期には必ず体験させたい運動である.

身体の揺れや加速度は, 垂直性, 水平性, 回転性という 3 種の刺激パターンの動きになる（図 32.2）. 前庭感覚器はこの動き感覚（重力と加速度）を受容する器官で内耳の前庭迷路にある. 前庭迷路は 2 つの平衡班（卵形嚢と球形嚢）と 3 つの半器官をもっている. 身体を動かすことは, 前庭感覚を刺激することになり, この刺激と身体末梢にある感覚（体性感覚や固有感覚）刺激が合わさって脳幹を活性化し, 健康や発達の土台を支える. 全身を使って動くこと（揺れ運動）は,「生きていく」上での力となるのである.

図 32.2 前庭感覚刺激のエネルギーモデル（小林芳文）

33. 多彩な子育て形態

ひとり親家庭
one-parent family, single-parent family

1. ひとり親家庭とは
ひとり親家庭とは，家族形態上，母親または父親と子どもとで構成されている家族を意味する．母と未成年の子とで構成されている家族は「母子家庭」，父と未成年の子とで成る家族は「父子家庭」という．

ひとり親家庭が直面する生活問題は，家計，家事，仕事，住居，子育てなど多岐にわたる．ひとりの親が，時には父，時には母，と複数の役割を果たさねばならず，その負担は計り知れない．また，彼らの抱える問題は，上述のように，必ずしも経済的なものばかりでなく，さまざまな要素が複雑に絡み合っていることに留意する必要がある．

ひとり親家庭は，再婚によって形態としては解消される．しかし，新たな家族関係形成の過程において，全く異なる問題が生じることもあり，再婚によって，ひとり親家庭の問題がすべて解決できるわけではない．

2. ひとり親家庭の実態
1) **母子家庭**（fatherless family; mother-and-child family）

母子家庭は，平成15年現在，1,225,400世帯である．その成立理由をみると，かつては，「死別」が最も多かったが，近年は「離婚」によるものが最も多く，全体の79.9%（978,500世帯）にのぼる（平成15年厚生労働省）．また，「未婚の母」が年々増加傾向にあることにも注目する必要があろう．

2) **父子家庭**（motherless family; father-and-child family）

父子家庭は，平成15年現在，173,800世帯である．その成立理由をみると，最も多いのは，母子家庭同様「離婚」によるもので，全体の74.2%（128,900世帯）である（平成15年厚生労働省）．

3. ひとり親家庭福祉制度
1) **母子および寡婦福祉法**

ひとり親家庭，とりわけ母子家庭への福祉制度を支える法律として「母子及び寡婦福祉法」がある．

母子及び寡婦福祉法は，以前の「母子福祉法」から，昭和56年に名称変更されたものである．この法律の目的は，すべての母子家庭において，子どもが心身ともに健全に育成されること，および母親・寡婦の健康で文化的な生活を保障することにある．母子ユニットを対象に福祉の推進をはかろうとする点が特徴的である．

この法律は，母子家庭および寡婦を対象としたさまざまなサービスを規定しているが，近年，いくつかのサービスの対象に父子家庭を含める方向にあり，父子家庭に対する養育支援体制の充実がはかられている．

2) 母子家庭および父子家庭への福祉サービス

i) 母子家庭，寡婦及び父子家庭介護人派遣事業　①母子家庭の母または当該世帯と同居している祖父母，②父子家庭の父または当該世帯と同居している祖父母，③母子家庭または父子家庭の義務教育終了前の児童，④寡婦と同居している父母またはひとり暮らしの寡婦，の一時的な疾病のため，日常生活を営むのに支障がある家庭に介護人を派遣し，必要な介護，保育などを行わせる事業である．

ii) 母子家庭等生活指導強化事業　母子家庭，父子家庭などの生活基盤を安定させることを目的とする事業で，①母子家庭等指導講座事業，②母子家庭等電話相談事業の2種類がある．実施主体は，都道府県・指定都市または，都道府県・指定都市の委託を受けた母子福祉団体などで，都道府県・指定都市は，上記①，②の事業のうちから一事業を選択して実施することとなっている．

3) 母子家庭への福祉サービス

i) 母子家庭及び寡婦自立促進対策事業　母子家庭および寡婦の社会的・経済的自立，生活の安定を図ることを目的としており，事業内容は，講習会の開催と専門的特別相談事業の2つである．

講習会は，婦人に適した職種に必要な知識技能を習得するためのもので，講習課目としては，ホームヘルパー，給食調理員などがある．

特別相談事業は，母子自立支援員が取り扱った相談のうち，法律相談，事業経営相談といった専門的な解決を必要とする相談を中心に，年24回程度行われる．

ii) 母子家庭等自立促進基盤事業　母子家庭の母親および寡婦の自立を促進するため，公共職業安定所寡婦相談員，民間企業関係者，社会福祉施設関係者，母子相談員，学識経験者などの助言指導者と母親などが直接意見交換する研修会を開催し，母親などの就労に必要な情報提供などを行う事業である．

実施主体は，全国心身障害児福祉財団で，事業を全国母子寡婦福祉団体協議会に委託して実施する．

iii) 母子世帯向公営住宅　母子家庭のうち，住宅に困窮しているものを優先的に入居させる公営住宅で，公営住宅法による特定目的公営住宅の一種である．とくに，母子生活支援施設から退所を要求されるものについては最優先に取り扱うこととされている．なお，家賃，敷金などについては，母子家庭の実情を勘案し，実施主体において設定される．

iv) 母子福祉資金貸付制度　配偶者のいない女子で現に児童（20歳未満）を扶養している者および母子福祉団体に対し，都道府県が行う貸付制度である．母子の経済的自立と生活意欲の助長を図り，児童の福祉を増進することを目的としており，その根拠となる法律は，母子及び寡婦福祉法である．

貸付資金の種類は，事業開始資金，事業継続資金，修学資金，技能習得資金，修業資金，就職支度資金，療養資金，生活資金，住宅資金，転宅資金，就学支度資金，結婚資金及び児童扶養資金である．

v) 母子福祉施設　母子家庭の母子が，心身の健康を保持し，生活の向上を図るために利用できる施設で，「母子福祉センター」と「母子休養ホーム」がある．母子及び寡婦福祉法に基づき，都道府県，市町村，社会福祉法人等が設置する．

vi) 母子生活支援施設　児童福祉法に定める児童福祉施設の一種で，配偶者のいない女子またはこれに準ずる事情にある女子とその子どもを入所させて保護し，自立生活を支援することを目的とする施設である．入所の措置は，都道府県，市および福祉事務所を設置する町村が行う．

4) 父子家庭への福祉サービス

i) 父子家庭等児童夜間養護事業（トワイライトステイ事業） この事業は，父親の仕事が恒常的に夜間にわたる父子家庭の子どもを児童福祉施設などに通所させ，生活指導，夕食の提供などを行うものである．父子家庭の生活の安定，子どもの福祉の向上を図ることを目的とする．

実施主体は都道府県および指定都市で，実施施設は指定した児童福祉施設および里親などである．

ii) ホームフレンド事業 父子家庭などの子どもが気軽に相談に乗ることができる大学生などを家庭に派遣し，学習指導や家事指導などを行う事業である．

iii) 派遣家庭ネットワーク事業 父子家庭が定期的に集い，情報交換を行ったり，お互いの悩みを打ち明けあったりすることのできる場を提供する事業である．

iv) その他 法律に基づいた父子家庭への福祉サービスは，母子家庭のものと比して数が少ない．その一方で，各市区町村において，さまざまな父子家庭施策が実施されている．代表的なものとして，①医療費助成事業，②レクリエーション（父子の会など），③観光地への招待（映画，プールなど），④住居費補助，⑤入学・卒業時の祝い品支給，がある．

今後の課題

概観してわかるとおり，父子家庭への福祉サービスは，母子家庭と比して非常に限定されている．世帯数は，母子家庭の方が父子家庭の約7倍近くになるが，数の少ない父子家庭に対しても，さらに手厚い支援が必要であろう．

ひとり親家庭は，経済的問題をはじめとして，多様な生活問題と直面している．何らかの支援を必要としているにもかかわらず，公的サービスの網の目から落ちてしまったり，地域で孤立してしまったりするケースは少なくない．サービスを必要としている家庭と地域の資源をいかにつないでいけるかが援助の重要な鍵となる．

〔伊藤嘉余子〕

児童福祉施設
child welfare facilities

1. 社会的養護

今日，いろいろな事情で，自分が生まれた家で育つことができない子どもには，社会がその養育に責任をもつ制度があり，これを社会的養護という．

わが国の社会的養護のシステムは，施設養護と家庭的養護に大別される．施設養護は，乳児院，児童養護施設など入所施設での養育であり，家庭的養護は，里親家庭と養子縁組家庭での養育をいう．

施設養護を代表するのは乳児院と児童養護施設である．これらは養育系の施設といえるが，このほか治療教育系の施設として情緒障害児短期治療施設と児童自立支援施設がある．このほか，母親と18歳未満の子どもを入所させる母子生活支援施設も社会的養護とかかわりのある児童福祉施設といえる．

2. 乳児院

児童福祉法（平成16年改正）には，「乳児院は，乳児（保健上，安定した環境の確保その他の理由により特に必要のある場合には，幼児を含む．）を入院させて，これを養育し，あわせて退院した者について相談その他の援助を行うことを目的とする施設とする．」（第37条）と規定されている．

乳児院は，家庭から日々通う保育所とは異なり，子どもが24時間生活する入所施設である．

乳児院は全国に115施設あり，平成15年2月1日現在，在籍児数は3,023名であった．入所理由は，「母の病気」（精神障害を含む）がもっとも多く，次いで「虐待」「父母就労」などとなっているが，「母が未婚」「父母家出」「受刑」などの場合もある．

在籍期間は，1カ月未満から3年以上まで幅が広い．

退所先は約55％が自宅への引き取りで，約30％が児童養護施設へ移り（措置変更），他は親族引き取り，里親委託，障害児施設への措置変更などである．

今日の乳児院には，親のいない子どもは少なく，親がいるが，しかし家庭で養育できない事情をもつ子どもがほとんどである．そのこともあって，在籍期間が短期間のものが多く，退所先には自宅引き取りが多い．

直接処遇職員（看護師，保育士，児童指導員）は1人が1.7人の子どもを世話するように配置されている（1対1.7）が，交替制勤務のため，日中は1対4～5程度となっている．

乳児院での養育の基本的な考え方は担当保育制と保育看護である．

担当保育制は，保育者が自分の受け持つ子どもを決め，その子を中心に養育することにより，保育者と子どもの情緒的な絆を強めようとする保育方法である．

保育看護とは，乳児院には生後1週間程度の新生児から，病虚弱児，障害児まで，医療・看護的なケアを要する子どもが入院してくることから，保育士にも看護に関する知識が不可欠であるし，看護師も保育に関する知識が必要であると考え，これらの専門性をいわば重ね合わせて，高めていくことを意味している．

乳児院においては，愛着関係を重視し，早期の家庭復帰をめざしているが，家庭からの分離経験は家庭復帰（家族の再統合）のリスク因子となるので，家庭復帰に関する的確な判断，家庭復帰に向けての援助，家庭復帰後の援助が重要である．

家庭復帰ができない場合には児童養護施設へ措置変更となることが多い．現実に

は，措置変更が2歳頃という分離不安をもっとも激しく表す時期になされることが多く，これは大きな問題といえる．

平成11年度には乳児院に家庭支援専門相談員が配置された．はじめは非常勤であったが，平成16年度より常勤としての採用が可能となった．家庭支援専門相談員はファミリーケースワークを行う専門職であり，早期の家庭引き取りに向けての援助，里親の開拓，研修，支援などの活動が求められている．

これからの乳児院は，入所している子どもの養育の質を向上するとともに，虐待を受けた乳幼児のケアの中核機関となること，そして，地域の子育て支援の中核機関となることが求められていると考えられる．そのためには，直接処遇職員の増員と，専門職員の配置が望まれる．

3. 児童養護施設

「児童養護施設は，保護者のない児童（乳児を除く．ただし，安定した生活環境の確保その他の理由により特に必要のある場合には，乳児を含む．以下この条において同じ．），虐待されている児童その他環境上養護を要する児童を入所させて，これを養護し，あわせて退行した者に対する相談その他の自立のための援助を行うことを目的とする施設とする．」（第41条）と規定されている．つまり，児童養護施設は，原則としては1歳以上（実際には2歳以上のことが多い）18歳未満の子どもを入所させ，養育し，自立のための援助を行う施設である．

直接処遇職員（保育士および児童指導員）と入所児童との比率は，3歳未満児に対しては1：2，3歳〜6歳未満では1：4，6歳以上の児童に対しては1：6であり，交替制勤務であること，夜間の職員配置や休日などを考慮すると日中は1：10以上となっている．

児童養護施設は平成15年2月1日現在，552施設あり，入所児数は30,416人であった．

今日，児童養護施設では，虐待を受けた子どもの入所が多く，その子どもたちが示すさまざまな不適応行動，逸脱行動への対応に苦慮している．

養護施設入所児童等調査（平成15年2月1日現在）によれば，入所児童の平均年齢は10.2歳，平均在所期間4.4年である．家庭復帰できる子どもは入所後1〜2年の間に引き取られることが多く，その後は施設での生活が長期化していく．

職員が少ないこと，職員の離職率が高いこと，労働条件が厳しいことなどの問題がある．

施設での養育のあり方としては大舎制をとっている施設が多い．建物が老朽化しているところが多いことに加えて，設備的には中学生，高校生でも個室がない施設が多いなど，家庭にいる子どもとの落差が大きい．

児童養護施設では，幼児の養育，思春期の問題行動，社会的自立に向けての援助など，入所期間全般にわたって多くの課題がある．

被虐待児への心理的ケアに関しては，平成11年度から児童養護施設に心理療法担当職員が配置された．これは非常勤ではあるが，虐待を受け，入所している児童に対して心理療法を実施する専門職であり，画期的なことといえる．しかし，実際には配置されている施設はまだ数が少なく，配置されていても専門性を発揮しにくい状況もある．生活の場において心理療法をどのように実施していくか，施設での養育と心理的ケアのあり方は模索している段階といえよう．

虐待をする保護者への支援も重要な課題である．このことに関しては，平成16年度より家庭支援専門相談員が配置できるようになったので，期待したい．

4. 施設と里親の比較

児童福祉施設（とくに乳児院や児童養護施設）による養育と里親養育の特徴を比較すると，施設では，①いつでも，どんな子どもでも対応できること，②一定水準の養育が確保されていること，③専門的な養育が可能であること，④保護者への対応が比較的容易であることなどを指摘できよう．

他方，健常な子どもを，家庭的環境での，安定した，継続的なかかわりの中で養育するのは，適当な里親家庭があるならば，その方が施設よりは望ましいといえる．乳児院が目指してきた，担当保育制により子どもと保育者との情緒的な絆を形成することは，交替制勤務の施設よりも，里親家庭の方が実現しやすいことはいうまでもない．また，里親のもとでは，当然のことながら，通常の家庭生活経験をもちやすい．

5. グループホーム

施設養護（とくに乳児院と児童養護施設という入所系の施設）と家庭的養護の中間的な形態としてグループホームがある．欧米ではグループホームが発展しているが，わが国では普及していない．

わが国のグループホームは，施設分園型と里親型とに分けられる．施設分園型は，児童養護施設の分園として，地域の住宅を借り上げ，決まった施設職員が住み込んで子どもの養育にあたる．職員は2名と非常勤あるいは本園からの手伝い，子どもは6人前後である．里親型は，里親の中で希望したものをグループホームとする．里親は施設の元職員であることが多い．夫婦と非常勤職員，そしてボランティアが6名程度の子どもを養育する．里親型グループホームは，たとえ希望者がいても，運営に適当な住宅を借り上げることが都市部では困難である．なお，平成11年度に創設された地域小規模児童養護施設は分園型グループホームといえる．

6. 治療教育系施設

次に，治療教育系の施設について述べる．

1) 情緒障害児短期治療施設

「情緒障害児短期治療施設は，軽度の情緒障害を有する児童を，短期間入所させ，又は保護者の下から通わせて，その情緒障害を治し，あわせて退行した者について相談その他の援助を行うことを目的とする施設とする．」（第43条の5）と規定されている．

職員には，児童指導員，保育士，看護師などのほか，医師および心理士を配置している．今日では情緒障害児短期治療施設は虐待を受けた子どもの治療施設として重要な機能を担っている．ただし，平成15年2月1日現在，全国に21施設しかなく，在籍児童も768名にとどまっている．情緒障害児短期治療施設の増加が望まれる．

2) 児童自立支援施設

「児童自立支援施設は，不良行為をなし，又はなすおそれのある児童及び家庭環境その他の環境上の理由により生活指導等を要する児童を入所させ，又は保護者の下から通わせて，個々の児童の状況に応じて必要な指導を行い，その自立を支援し，あわせて退行した者について相談その他の援助を行う施設とする．」（第44条）と規定されている．

以前は教護院と呼ばれていた．非行を犯した子どもを治療教育する施設である．厚生労働省の所管の児童福祉施設であり，法務省所管の少年院とは別の施設である．

平成15年2月1日現在，全国に55施設あり，在籍児童数は1,657名である．通所指導も行うことになっているが，まだ実績は少ないようである．

職員には，児童自立支援専門員，児童生活支援員，嘱託医などがおかれている．

7. 母子生活支援施設

母親と子どもを分離しないで，保護，生

活支援，自立支援を行うのが，母子生活支援施設である．

「母子生活支援施設は，配偶者のない女子又はこれに準ずる事情にある女子及びその者の監護すべき児童を入所させて，これらの者を保護するとともに，これらの者の自立の促進のためにその生活を支援し，あわせて退行した者について相談その他の援助を行うことを目的とする施設とする．」（第38条）と規定されている．つまり，配偶者のない女性と18歳未満の子どもを分離しないで生活させ，その自立を支援しようとする施設である．

平成15年2月1日現在，284施設あり，利用世帯数は4,343世帯であった．近年は，死別よりも生別（離婚など）が多くなっている．また，とくにドメスティック・ヴァイオレンス（DV，夫婦間暴力）のケースが多くなっている．

職員には，母子指導員，少年を指導する職員などが配置されている．

問題点としては，建物の老朽化している施設が多く，また居室が狭い，トイレや炊事場が共同である，夜間の警備体制が手薄などが指摘される． 〔庄司順一〕

里　　親

foster care

1. 里親制度と養子縁組制度

家庭的養護には，里親制度と養子縁組がある．

里親制度は，都道府県知事の認定を受けた里親が，みずからの家庭において保護を必要とする子ども（生まれた家庭で，あるいは生みの親のもとで養育されることができない子ども）を養育するものである．

養子縁組は，生物学的な親子ではない者の間で法律的な親子関係を成立させることをいうが，里親と同様，みずからの家庭において子どもを養育する．養子縁組は，「子どもがほしい」というおとなの立場が優先された制度ともみられるが，子どもからみると，法的に安定した立場を得るとともに，永続的な関係が保障される．未成年の子どもを養子縁組する場合，一定期間里親として養育し（養子縁組里親），その後に縁組をすることが多い．ただ，養子縁組は，「わが家の子として育てる」という意識のもとで行われるので，できるだけ年齢の低い子ども，障害などのリスクの少ない子ども，また実親との関係のない子どもが希望されることがほとんどであり，施設に入所している子どもの多くは養子縁組の対象とはなりにくい．

社会的養護を実践する方法として，家庭的養護（とくに里親制度）の方が，施設養護よりも望ましい面が少なくないと考えられるし，欧米の主要国では家庭的養護が主となっている．しかし，わが国では里親の数は，昭和30年代をピークに，以後，減少をつづけてきた．そのような中，平成14年秋に里親制度は大きな改革を迎えた．

2. 里親制度の現状

里親に関しては，平成14年度末現在，登録里親数7,161家庭，児童が委託されている里親数1,873家庭であり，委託されている子どもの数は2,517名であった．児童養護施設入所児童等調査結果（平成15年2月1日現在）によると，社会的養護（里親委託，乳児院・児童養護施設入所）を必要とする子ども（2,454名＋3,023名＋30,416名＝35,893名）のうち，里親に委託された子ども（2,454名）の割合は6.8％である．

3. 里親制度の改革

平成14年秋，「里親の認定等に関する省令」（厚生労働省令第115号）と「里親が行う養育に関する最低基準」（厚生労働省令第116号）という2つの省令および関連通知が発出された．これらの省令等は，平成14年10月1日から施行された．

「里親の認定等に関する省令」では，里親の種類として，養育里親，親族里親，短期里親，専門里親を挙げるとともに，それぞれについての規定が示されている．

養育里親は，従来の里親にあたるが，「保護者のない児童又は保護者に監護させることが不適当であると認められる児童を養育する里親」である．

親族里親は，「その両親その他要保護児童を現に監護する者が死亡，行方不明又は拘禁等の状態となったことにより，これらの者による養育が期待できない」ときに，三親等以内の親族（祖母，おばなど）が，その子だけの里親として養育にあたるものである．これまで，わが国では親族里親は原則として認められていなかったが，今回の制度改革により，新設されたものである．なお，欧米では親族里親は広く行われている．

短期里親は，従来の制度にあったものであるが，「1年以内の期間を定めて，要保

護児童を養育する里親」である．

専門里親は，虐待を受けた子どもを養育する里親として新設されたものである（後述）．

「里親が行う養育に関する最低基準」は，新たに規定されたもので，次のような内容となっている．

この省令の趣旨（第1条），最低基準の向上（第2条），最低基準と里親（第3条），養育の一般原則（第4条），児童を平等に養育する原則（第5条），虐待等の禁止（第6条），教育・健康管理等・衛生管理（第7〜9条），養育計画の遵守（第10条），秘密保持（第11条），記録の整備（第12条），苦情等への対応（第13条），都道府県知事への報告（第14条），関係機関等との連携（第15条），養育する児童の年齢（第16条），養育する委託児童の人数の限度（第17条），委託児童を養育する期間の限度（第18条），再委託の制限とレスパイトケアを行う条件（第19条），家庭環境の調整への協力（第20条）．

従来の里親制度は，養子縁組と混同されやすく，保護者とのかかわりのない乳幼児を長期に養育することが多く，また，ともすると里親が一人で抱え込んで「個人的な養育」に陥ることがあった．今回の里親制度改革は，里親養育を「社会的養育」と明確に示したところにもっとも重要な意義があろう．つまり，養育の中心は里親が担うものであるが，児童相談所など関係機関との連携が求められ，レスパイトケアの実施，研修の受講の必要性などが指摘されている．

4. 専門里親制度

専門里親制度が創設された背景として，子ども虐待の増加と，虐待を受けた子どもの養育における愛着関係の重視を指摘することができる．全国の児童相談所における児童虐待相談処理件数は，平成11年度11,631件，平成12年度17,725件，平成13年度23,274件，平成14年度23,738件と増加を続けている．これらの子どもに対する処遇として，平成11年度48例，平成12年度91例，平成13年度は149例，平成14年度172例が里親に委託されている．虐待を受けた子ども全体からみれば，里親委託されるケースは少ないが，里親に新規に委託される児童は1年間に1,000例ほどであることを考えると，里親に委託される子どもに占める被虐待児の割合は決して小さなものではない．これまで，これらの，すでに虐待を受けた子どもを養育している里親に対しては特別な支援は与えられていなかった．そういった意味では，里親への研修，支援の体制の充実をはかることは急務の課題であったともいえる．

こうしたことに加えて，虐待を受けた子どもの心の傷を癒すには，個別的なケアによる愛着形成が重要であり，それには家庭的環境による養育（つまり里親養育）が望ましいといえる．

専門里親となるのは，①養育里親として経験がある者か，②児童福祉事業に従事した経験のある者，あるいは③これらと同等以上の能力のある者で，いずれも，専門里親研修を受講した者である．

専門里親への手当は約9万円で，養育里親の約3倍となる．このほかの生活諸費に関する支給額は里親の種類にかかわらず約5万円となっている（平成15年度）．

〔庄司順一〕

34. 子どもと大人，子どものサポーター

親以外の大人のかかわり
nonparental relationships

子どもの生活を構成する重要なシステムとして，まず挙げられるのは家庭であろう．子どもは，家庭での親とのかかわりを通してさまざまなことを学習し，発達する．一般に親との関係性は，発達の最早期からの相互作用経験に基づくこと，その子どもが青年期や成人期，あるいは老年期にいたるまでの連続した関係性であること，生活空間とそこでの経験を長期にわたって共有すること，深い情緒的やりとりや親密性が存在することなど，他の関係性とは異なる側面をもち，その時間的な連続性や親密性ゆえに，子どもの発達に多大な影響を与えるものであると考えられる．

しかし同時に，子どもの発達が親や家庭によってのみ規定されるものではないこともまた事実である．子どもは，家庭外でも多くの他者とのかかわりを経験しながら成長する．保育所や幼稚園での保育者や仲間との関係性，学校の教師や友人とのかかわり，地域や社会の活動で出会う人たちもまた，それぞれの発達段階において子どもの発達に大きな影響を与える．なかでも，多様な大人との関係性は，子どもが社会を構成する大人に成長していくこと，すなわち社会化において重要である．近年，子育ては家庭だけの責務ではなく，社会全体での支援を必要とするものであるとの認識が高まりつつある．親以外の大人が子どもの社会化において果たす役割は，ますます大きなものとして期待されているといえよう．

1. 漸成説と社会的ネットワーク理論

親との関係性と，それ以外の他者との関係性が，どのようなメカニズムで組織化されるのかについて，いくつかの理論的仮説が提出されている．たとえば，愛着理論を構築したボウルビィ（Bowlby[1〜3]）は，子どもはまず特定の対象（多くの場合，母親）に向けて愛着（attachment）を形成し，その対象との関係が基盤となり，関係の質的連続性を保ちながら，その後の対人関係が漸次的に組織化されるとして，「漸成説」を提唱した．乳児は，養育者との応答的な相互作用を通して，自分を取りまく世界および他者に対して，安心でき，信頼できる存在であるという内的表象をもつようになる．それは同時に，自分自身は愛され援助されるに値する存在であるという，自己についての肯定的な表象をもつことでもある．このような自己と他者に関する表象モデル（内的作業モデル internal working model）が，その後の対人関係一般においても機能するために，早期に特定の対象に対して形成された愛着が安定したものであれば，その後の対人関係においても安定した関係が得られやすいのだと説明されている．

これに対してルイス（Lewis[4]，Lewis and Feiring[5]）は，子どもは誕生時から多様な人間関係（社会的ネットワーク）を経

験しており，個々の関係性は初めからそれぞれ独立に形成されると述べて，「社会的ネットワーク理論」を展開した．彼は，主要な愛着対象との関係性が他の関係性に影響を与えることを認めながらも，社会的ネットワークを構成する人間関係において，子どもはそれぞれ異なるものを経験し学習して，発達することを強調している．

さらに，レイダーマン（Leiderman[6]）は，子どもが経験する複数の関係性にはそれぞれ別個の内的作業モデルが構成され，それらが関係性によって別々の機能を果たしているのだとして，漸成説への反論を試みている．漸成説においては，主要な養育者への愛着が不安定なものであった場合，その関係性における内的作業モデルが一般化することによって，他の対人関係も不安定になりやすいとされている．しかし，レイダーマンの主張によれば，主要な養育者との愛着が不安定であっても，他の関係性においてそれとは別個の内的作業モデルが構築され，そこに安定した関係を形成しうるという．そして，それら複数の内的作業モデルが別々の機能を果たしているため，そのうちどれか1つでも安定したものがあれば，不安定な関係性による機能不全を補償することができるという．その結果として，主要な対象への愛着が不安定な子どもであっても，全体として安定した社会情緒的発達を遂げることが可能であるとしている．

主要な養育者との関係性が子どもの発達と適応にとって重大な意味をもつことは，臨床的にも疑いようのない事実である．しかし，発達の可塑性，柔軟性を考えるとき，最早期における親（あるいはごく少数の養育者）との関係性が決定的に重要であるという漸成説には，議論の余地があろう．他方，社会的ネットワーク理論についても，ハーロウ（Harlow, HF）によるアカゲザルの実験結果を論拠の1つとしており，ヒトへの一般化可能性について疑問を

呈する見解があること，複数の関係性が対人関係において異なる機能を果たすという仮説に対して，一貫した知見が提出されているとはいえないことなど，未だ検討の余地がある．社会的ネットワーク理論の提出以降，とくに乳幼児期については，主要な養育者との関係性とそれ以外の関係性が実際にどのような連関をもって（あるいは独立に）組織化されているのか，それらの関係性がいかなる機能をもって発達に寄与しているのかについて，海外では多くの実証研究が蓄積されてきた．以下では，二次的養育者としての保育者との関係性を取り上げ，これらの実証研究を概観する．また，学校の教師との関係性についても，その関係性の特質や意味，子どもの発達に及ぼす影響について述べることとする．

2. 保育者との関係性

保育を経験している子どもは，複数の養育を経験していることになる．親子の関係性だけでなく，二次的養育者としての保育者との間にどのような関係を形成しているかということが，子どもの社会情緒的発達と適応に影響を与えると考えられる．とくに，発達早期から家庭外での保育を経験している子どもについては，保育者は愛着対象となっているか，親への愛着との質的連続性はあるのか，複数の対象への愛着は子どもの発達にいかなる寄与をしているか（たとえば仲間関係の発達においてどのような機能を果たしているかなど）について検討することが必要であろう．ハウズ（Howes, C）らによる一連の研究（Howes and Hamilton[7,8]，Howes et al[9,11]，Howes and Smith[10]）では，保育者と子どもとの関係性を愛着関係として捉えうること，母親への愛着と保育者への愛着は質的に一致しないこと，保育者の敏感性が向上すると子どもの保育者に対する愛着の安定性も向上すること，保育者に対して安定した愛着を形成している子どもは仲間とのかかわりに

おいてコンピテントであることが報告されている。現在までの諸研究を概観すると、保育者への愛着は、母親へのそれとはある程度独立に、保育者との相互作用経験の量および質に基づいて形成され、子どもの社会的・情緒的・行動的発達において重要な役割を果たしているといえるだろう。敏感で応答的な保育者との関係性が子どもにとっての安全基地となり、保育における子どもの発達と適応を支えていると考えられる。

アメリカ国立小児保健・人間発達研究所（NICHD：National Institute of Child Health and Human Development）による大規模縦断研究において、子どもの機能的発達を説明する保育の要因として最も一貫していたのは「保育の質」であった（NICHD Early Child Care Research Network[12]）。保育者への愛着形成に深くかかわっている保育者の敏感性や応答性は、それ自体が「保育の質」を規定する要因であると同時に、保育者と子どもの人数比、保育者の教育レベル、保育環境といった「保育の質」を構成する別の要因とも深く関連している（NICHD Early Child Care Research Network[13]）。わが国においても、保育者と子どもの関係性をこのような「保育の質」にかかわる変数の中に位置づけて吟味し、子どもの発達に及ぼす影響を精緻に検討することが必要であろう。

3. 学校の教師との関係性（1）―学習者としての子どもへの援助

児童期に入り、学校へ通うようになると、子どもの生活において「学習する」という活動のもつ比重が大きくなる。エリクソン（Erikson, EH）は、児童期の発達課題として「勤勉性（industry）」の獲得と「劣等感（inferiority）」の克服を挙げ、この時期には、近隣や学校での対人関係を中心にして、社会の中に生きる人間の行動を学習することが重要であると述べた。その子どもが属している文化において有用とされている知識や技能について勤勉に学習し、「努力していけば自分なりの進歩がある、やればできる」という自己効力感をもてるようにすることが、この時期の発達課題であるといえる。

学校の教師は、子どもの学習活動を支え、方向づける存在として、この時期の発達に大きな影響を与える。市川[14]によれば、学習とは子どもにとって「なりたい自己」と「なれる自己」の拡大のプロセスであり、教育とはその支援であるという。したがって、教育においては、どのような生き方の選択肢があるのかを、情報あるいは体験として子どもたちが受け止められるような場を設定する必要がある。そこには、その社会の中で文化的に価値があるとされているものや、教師が個人的に大切にしていきたいと思っていること、すなわち教師の「ねがい」が入っており、子どもの「なりたい自己」や「なれる自己」の拡大を方向づけているのだという。教師は、文化の伝達者としての役割と責任を、みずからの「ねがい」をもちながら果たしていくことになるのである。しかし、そのような教育が、子どもの「なりたい自己」や「なれる自己」の拡大、すなわち生き方の選択肢を広げるような学習につながるためには、何のためにそれを学習するのか、将来の社会に生きる自分にとってこの学習はどのように役立つ可能性があるのか、といった学習の意味を、子ども自身が実感できることが必要であろう。主体的に意味づけられた学習は、学習への動機づけを高め、努力を伴った遂行体験、成功体験につながる。そして、それらの体験は「やればできる」という自己効力感の獲得をもたらし、エリクソンが提示した発達課題の達成にもつながるのである。教師は、学習環境の整備、課題設定の工夫、効果的な学習方法・学習スキルの獲得への援助、といった子どもへの学習支援を通して、このような包括的な発達

4. 学校の教師との関係性（2）—子どもの心の問題への援助

学校と子どもをめぐっては，いじめや不登校，いわゆる"キレる子ども"など，子どもの心の問題を憂慮する声が高まっている．近藤[15]は，子どもが通う学校の風土，子どもが所属する学級の雰囲気，子どもが出会う教師や友人たちのあり方，彼らとの間にできあがる関係の質が，子どもの心の状態に大きな影響を及ぼすとし，そこでの心理的援助にかかわる「学校臨床心理学」のあり方を論じている．子どもの心の問題や回復・成長を，子どもと教師との関係，子どもと学級や学校との関係，あるいは学級や学校のシステムそのものと深く関連する過程として理解し，子どもと教師の関係の変革，学級や学校のシステムの変革，カリキュラムの変革などを含む，有効な介入の実践が必要であると述べ，子ども個人ではなくシステム（関係，社会体系）への介入の視点をもつことの重要性を強調している．また，その介入の担い手を心理臨床の専門家だけでなく非専門家（教師）へと拡大し，問題が生じた場（学校）での包括的援助を目指すこと，さらに問題発生後の援助だけでなく予防的・成長促進的介入の視点をもつことが，新しい視座として提示されている．

子どもの生活において，学校での学習や対人関係は重要な位置を占めている．そこでの子どもの問題や回復，成長に対して，親はもちろん，教師，その他の専門家，地域の大人たちが連携をとりながら丁寧にかかわる必要があるだろう．そのような周囲の大人の多面的で積極的なかかわりが，子どもの発達と適応を援助していくうえで不可欠であると考えられる．

〔安治陽子〕

文 献

1) Bowlby, J：Attachment and loss, Vol. 1, Attachment. Basic, 1969.
2) Bowlby, J：Attachment and loss, Vol. 2, Separation. Basic, 1973.
3) Bowlby, J：Attachment and loss, Vol. 3, Loss. Basic, 1980.
4) Lewis, M：Social development in infancy and early childhood. In Handbook of Infancy (2 nd ed) (ed by Osofsky, J). pp. 419-493. Wiley, 1987.
5) Lewis, M and Feiring, C：The Child's social network：Social object, social function and their relationship. In The Child and its Family (ed by Lewis, M and Rosenblum, LA), pp. 9-27. Plenum, 1979.
6) Leiderman, PH：Relationship disturbances and development through the life cycle. In Relationship Disturbances in Early Childhood. (ed by Sameroff, AJ and Emde, RN), pp. 165-190, Basic, 1989.
7) Howes, C and Hamilton, CE：Children's relationships with caregivers：Mothers and child care teachers. *Child Development*, **63**：859-866, 1992.
8) Howes, C and Hamilton, CE：Children's relationships with child care teachers：Stability and concordance with parental attachments. *Child Development*, **63**：867-878, 1992.
9) Howes, C Hamilton, CE and Matheson, CC：Children's relationship with peers：Differential associations with aspects of the teacher-child relationship. *Child Development*, **65**：253-263, 1994.
10) Howes, C and Smith, EW：Children and their child care caregivers：Profiles of relationships. *Social Development*, **4**：44-61. 1995.
11) Howes, C, Galinsky, E and Kontos, S：Child care caregiver sensitivity and attachment. *Social Development*, **7**, 25-36, 1998.
12) NICHD Early Child Care Research Network：Early child care and self-control, compliance and problem behavior at twenty-four and thirty-six months. *Child Development*, **69**：1145-1170, 1998.
13) NICHD Early Child Care Research Network：Characteristics of infant child care：Factors con-

tributing to positive caregiving. *Early Childhood Research Quarterly*, **11**, 269-306, 1996.
14) 市川伸一：開かれた学びへの出発—21世紀の学校の役割—, 金子書房, 1998.
15) 近藤邦夫：教師と子どもの関係づくり—学校の臨床心理学, 東京大学出版会, 1994.

35. 子どもと社会病理

非行，青少年犯罪
juvenile delinqueney

最近の少年非行は，神戸の児童殺傷事件に始まり，女性教師を刺殺した事件，ピストル欲しさに警察官を襲撃した事件，数千人の女子高生の登録を募り売春させていた事件，佐賀のバスジャック事件に至る，さまざまな理解に苦しむ事件が多発している．

「少年非行は社会を映す鏡」といわれるように，少年非行は社会の問題や病理を鋭く反映するものであるから，これらの少年問題も子どもたちから発せられる危険信号ないし警告なのである．それは，子どもがいま危機にある，という子ども自身に対する警告であり，また大人社会への警告でもある[1,2]．実際，非行少年たちに話を聞くと，幼児期に親に見捨てられた，いつも殴られていた，ずっと抑えつけられてきたなどの痛ましい話が次から次へと出てくる．

彼らは子どもとして当然あるべき保護を受けられず，人として尊重されてこなかった．その結果，自分を価値のない駄目人間と思ってしまい，人に対する信頼ももつことができない．自分を大切に思い，他者を信頼し思いやるという，人間として最も大切なものが培われていない．そうした中で，不登校や自殺をするものが出，また犯罪に走る少年も現われたと考えられるのである．

本項ではまず，わが国の戦後の非行を振り返る中で，最近の非行の特徴を浮き彫りにしていきたいと思う．

1. 少年非行の動向[1,3]

少年非行の動向の第1期は，1951年をピークにする戦後の1945年から1958年までの時期である．非行の特徴は，敗戦直後の混乱の時期であり，「生きるため」の窃盗や占有離脱物横領罪（乗り逃げなど）が圧倒的に多く，年長少年（18, 19歳）による非行が主流であった．非行の背景を見ると，両親健在の者は半数以下で欠損家庭がほとんどで，6, 7割の者は貧困家庭の出身であった．

第2期は，1964年をピークにする1959年から1972年までの期間である．1964年は，オリンピックの開催や東海道新幹線の開通に象徴されるように，高度経済成長が始まった年であった．この期間は，経済至上主義的な社会風潮の中で，価値観や文化葛藤に基づく「反抗型」の非行が増加したのが特徴である．また，団塊の世代が中学生になる時期に当り，傷害，暴行，恐喝といった粗暴犯や，強姦に代表される性非行が増加し，非行の主役は中間少年（16, 17歳）へと移行した．一方では，「太陽族」「カミナリ族」「みゆき族」といった暴走族やチーマーの走りが出現した．代表的な事件としては，1968年に集団就職に失敗した19歳の少年による連続射殺事件が起きた[4]．

第3期は，1983年をピークとする1973年から1995年までの時期である．年少

年（14, 15歳）の中学生が非行の中心であり，「遊び型非行」後に「初発型非行」と呼ばれた非行が増加した．初発型非行とは，万引，オートバイ盗，自転車盗にみられるように，犯行の手段が容易で，動機が単純で，結果が軽微であるが，恐喝など本格的な非行へ走る危険性が高く，遊びの延長ではないとの警告を含めて名付けられたのである．第3期の代表的な事件は，1989年の「女子高生監禁，コンクリート詰め殺人事件」であり，遊び仲間による共犯事件が重大結果を招いたものである．

第4期は，1997年から現在進行中である．ピークの予測は困難であるが，清永は非行曲線の分析や「衝動の病理」の検討などから2002年から2011年の間にピークがくると予測している[5]．

2. 少年非行の特徴

現代の青少年の非行の特徴は，①年少少年による初発型非行が圧倒的に多く，②特異な暴力的非行（オヤジ狩りや強盗など）が増加し，③援助交際など「性にかかわる非行」がふえ，④逃避的な「薬物乱用」などが急増し，⑤「いじめ非行」が拡がり重大化した，等々である．以下，これらの問題非行について，実態や病理などを簡潔に述べていこう[5]．

1) 初発型非行

初発型非行は，具体的には，万引，自転車盗，オートバイ盗，占有離脱物横領（乗り逃げ）からなり，刑法犯少年の実に81.3%を占め，少年非行の動向全体を左右する勢いである[6]．わが国の非行は初発型非行によって特徴づけられているといっても過言ではない．「いつでも，どこでも，誰でも」参加できる非行世界の出現により，非行少年の低年齢化，中流階層化，女子非行少年の増大といった大衆化，一般化の傾向が70年代以降一気に進んだのである．少年らはありふれた非行に慣れ，罪の意識も薄らいでいった．

初発型非行は，高度経済成長が生み出した「豊かさ」の中の非行多発問題として出現した．「人並みでありたい，皆と同じ物が欲しい」という豊かさの中での相対的な貧困感が，薄らいだ罪悪感と相まった．その上，豊かさを手に入れる切符である学歴取得のための成績至上主義，入学試験の競争，そこから生まれる絶え間ない心理的・社会的ストレスが，少年世界に深甚な影響を及ぼしたのであろう．

この強大なストレスから逃れて家庭にこもるのが「不登校」や「ひきこもり」である．ここに登校刺激が重なると情動の興奮をもたらし「家庭内暴力」に進展する．他方，家庭外に逃げ場を求めたものは，「非行」や「校内暴力」に走る．それが学校や警察によって抑えられると，「いじめ」が急増した．それも抑えられつつあるが，事態はこれで収まらず，理解しがたい「突発性暴力」事件が頻発するようになった[7, 8]．

2) 暴力非行

オヤジ狩りを始めとするマスコミのけたたましい報道にもかかわらず，戦後50年の暴力非行の動向は，1950年代末をピークとして一貫して減少し，90年ごろから徐々に増加し，97年には前年に比して急増していること，ことに女子では1950年代に比較して10倍もの伸びを示していることが目立つ．

最近の少年たちの暴力非行は，①動機が単純で暴力が容易に選択されている．②暴力の使用に歯止めがなく動機に比して結果が重大となる，③自分たちより弱い者に向かっている，④共犯者が多く手口がエスカレートしやすい，という特徴がある．これは彼らの世界のありようを詳しく調べると理解しやすい．かれらの世界では，仲間と明るく楽しく「ノル」ことが格好のいいこととされる．そのため内実では，仲間との対人関係に敏感で，自己主張を抑えて周囲と同調しなければならない．互いにどう評価されるかを常に気にしている厳しい世界

であり，心の中には対人関係のストレスがたまっている．その結果，外部の人間に対しては，些細なきっかけがあると，仲間内でたまっていたストレスが一挙に爆発して，抑制が欠けた暴力行動になってしまう．しかも，お互いのストレスをお互いが傷つかずに解決できるため，暴力がエスカレートしやすい．また，互いに仲間の目を意識し牽制しあうことによって暴力を競い合い，兇暴化すると考えられるのである．

少年たちは，「ムカつく」「キレる」というが，これは何かしたいことがある場合に，その実現を阻止されると我慢できないという感情を表現している．「日常的な抑圧」と「瞬間的な解放」が彼らの特徴である．少年たちには，「適度な自己主張と妥協」「妥協に伴う苦痛」「ぶつかり合いの中での暴力の限界」などを学習する体験が乏しい．このような基本的体験が乏しいために，相手を思いやる方法が身につかず，共感することがむずかしくなり，他人の痛みがわからないままに，幼児的な感覚で暴力をふるってしまうのであろう[7,9]．

暴力非行を起こす少年は，学業や仕事から離れ，家族や友達への愛情も薄く，方向性を見失い，ゆがんだ仲間集団の中に仮の安定を求めたことが，非行の原因になっていることが多い．少年たちの心性が，「ムカつく」から「キレる」に至り，将来さらに思考が「飛ぶ」状態になったとき，暴力の予兆を感じとることがますます困難になるとともに，すさまじい暴力が突然表出するようになると思われる．家庭裁判所調査官を中心とした15例の「重大少年事件の実証的研究」は，非行少年の特徴を的確についており，今後の矯正や治療に対して重要な示唆を提供してくれている[10]．

3) **性的非行**[5]

「テレクラ売春」「援助交際」「デートクラブ」「ブルセラショップ」などの新語にみられるように，女子性非行はずいぶん変わってきた．彼女らは「普通の」女子少年が多く，明るく，あっけらかんとしている．94年までは「興味（好奇心）から」が多かったが，95年からは「遊ぶ金が欲しくて」が最も多くなり，「性の商品化」が顕著になった．

性非行女子少年の心理特性は，心の奥に思春期の不安や淋しさを抱え，ふれあいを求め愛されたいという「依存性」，また自分のことを大切に思ってくれる人がいないという「自尊心の低下」であり，ともに愛情欲求ないし対人関係の問題と深く関連している．

性非行の社会的背景としては，社会の都市化，情報化，消費化（経済至上主義のもと，モノのみならずヒトも商品として消費される風潮），家族解体化（親の権威が低下し，家族の絆がゆるみ，青少年は規範軸を喪失）などの要因が挙げられている．性の問題は正に「生」の問題であり，その根源は家族間の親密性の問題であり，とりわけコミュニケーションの問題が重視されている．すなわち，①親は子どもの発達に応じた接し方ができていず，何でも話すので世代間境界があいまいである．②親は対話のプロセスよりも結果を重視し指示や命令の形になりやすく，子どもの話に耳を傾けられず，親子間の会話が成立しなくなっている．対人関係障害が性非行と密接に関連している．

性的非行の弊害を述べる．第1に，性的逸脱をきっかけに犯罪などの被害を受ける．第2に，性的逸脱それ自体から強い葛藤が生じ，それを意識から排除していくうちに自己感覚の喪失を生じ，これは人間性の奥深い所まで破壊する危険をはらんでいる．第3に，安易な生活態度を形成する．性的逸脱によるトラウマは，1つには抑うつを主因とする薬物乱用へ向かい，2つには軽蔑と怒りの感情を背景とする攻撃的非行（誘いにのった中年男性への暴行や強盗）へ移行し，被害者から加害者へ転化する．

4) 薬物非行[5]

「薬物非行」とは，薬物の乱用が警察などに発覚し，事件となった場合をいう．この「薬物の乱用」は社会的概念であり，「薬物依存」は医学的概念であり，薬物問題はこれら両方の面を含んでいる．

薬物を求める少年たちは，「してはならないことがある」という社会の枠ないし規範軸を喪失しているように見える．中学生の 1.5％ がシンナーの使用経験者だという調査があり，かなり広く蔓延していることがわかる．シンナー経験者は，不良外国人から入手しやすくなったこともあり，低年齢で覚醒剤使用に移行するものが多い．使用継続の理由は「気持のよさ」をあげるものが多く，使用頻度も高く，中毒症状を自覚する率も高い．シンナー経験者は覚醒剤に対する依存の構えが強く，シンナー乱用は薬物非行として軽視できない問題をはらんでいる．

薬物乱用に発展する契機は，不安感や焦燥感や抑うつ気分などの精神症状の改善，あるいは慢性疼痛などを改善する目的の場合が多い．青年の場合，劣等感や挫折感，または攻撃心などを解消するため，さらに好奇心や仲間集団での帰属意識を確認するための例も多い．薬物への依存は，厳しい現実からの一時的な逃避にすぎないが，やがて現実に戻れなくなってしまう危険性が大きい．

覚醒剤乱用少年の性格特徴は，自己顕示性と意志欠如性で，ともに精神的に未熟で小児性を残し，自律心が育っていない依存型で，社会性の発達が停滞した自己中心的な性格である．覚醒剤乱用時の心理は，「投げやり」で「捨て鉢」といった自暴自棄の心理状態があり，単なる自己破壊的傾向だけではなく，その背景には親から見捨てられるのではないかという不安感や無力感や孤独感が深く関係している．

このように，薬物非行の背景には親の養育放棄（neglect）などの家族問題が深く関わっている．とくに，家族成員の結びつきが弱く，関係がばらばらの「遊離した家族（disengaged family）」，家族員の結びつきが強すぎる過干渉の「絡み合った家族（enmeshed family）」は，薬物非行に限らず非行一般で問題視されている．家庭が子どもにとって安心して居られる場所であるかどうかはきわめて重要である[11,12]．

3. 少年非行の治療と対策

少年非行の原因は，医学的・心理学的・教育学的・社会学的などの要因が多面的かつ多次元的に組み合っている．治療や対策も個々の少年の問題に応じて，家庭，学校，地域，行政が独自の役割を果たしながら，社会全体として相互に有機的連携を保ち，非行の制圧という短期的視点に加えて長期的視点からも行われなければならない[13]．

1) 少年非行の治療

少年非行の治療とは，単に非行から脱却させるだけでなく，少年との間に親密な人間関係を創り持続させつつ，少年の人格の発達を促し，自分の行動を自分で律していけるよう主体性を培い，最終的には罪責感や良心を発達させることである[13]．これは非行少年に対して最も根本的で有効な方法である．そのためには，少年が何をしたいか，何に苦しんでいるのか，などについて十分に意見表明の機会を与え，自分で考え，自分で決定し，それができるだけ尊重されるよう，大人と話し合える関係が大切である．そのように大切に受け止められる経験を積んでこそ，自己肯定感が生まれる．そこからはじめて他者を尊重する態度が身につくのである[2,13]．ところが多くの非行少年は，大人に対して不信感や敵意を抱き，思いやりや罪悪感に乏しく，自己中心的で衝動的であり，治療や援助を求める動機づけに欠けている．そのため，治療者との間にさえ親密な人間関係を築くことは非常に困難である[14]．

2) 少年非行と家族

一方，家族は「親として子どもを何とか良くしたい」とみずから援助を求めてくる場合が多く，少年本人よりも援助的関係を結ぶことがはるかに容易である．そのため，家族へのアプローチは現実的で有効な治療法の1つである．家族システム論などの新しい家族療法の立場では，家族に非行原因を求め家族を上から治療するのではなく，家族を心理的に支え，家族を勇気づけ，家族のもてる能力を最大限に引き出すための具体的方法を家族と一緒に考えてゆくのである．子どもの非行をきっかけとして家族が再構築され，子どもの社会化や家族成員の情緒の安定化という家族機能が再び発揮されるよう働きかけるのである．回復しつつある家族は，非行少年の「治療」に絶大な力を発揮するものである[11,14~16]．

3) 少年非行と学校ストレス

次に，学校ストレスの問題も非行の発生に大きな影響をもつ．日本の社会では，偏差値により社会的に成功するか，落ちこぼれるかがはっきり分かれてしまう．ほとんどすべての青少年が，この構造化された絶え間ないストレスにさらされる．非行問題解決のとりあえずの対策としては，学校ストレス軽減のための諸方策が考えられている[17]．たとえば，自立を尊重する学校に変える（福島県三春町立桜中学校），生きる意味の発見を促す教育（大阪府（いくの）生野学園高校），人間尊重教育の実践（愛知県（つげの）黄柳野高校），中学生に対して自己表現を促すグループアプローチ[18]，などが試みられ，それぞれ相応の成果が報告されている．さらに，学校ストレスの根治療法として，学校週5日制や教育内容の厳選や，学校外活動の充実などの施策が検討・実施されている．

4) 少年非行と行政における処遇

最後に，行政における処遇としては，少年鑑別所，家庭裁判所，少年院，少年刑務所，保護観察所などを中心として，矯正教育が行われている．最近では，贖罪指導が注目すべき分野の1つとなってきている．加害者の少年に被害者の痛みや苦しみに目を向けるよう指導するのも1つのやり方であるが，もう1つのやり方として，少年の被害経験を正面から取り上げ，そのとき感じた怒りや，不安，無力感を癒すことを通して，事件の被害者への共感的理解を促し，自分の責任と正面から向き合う力（贖罪意識）を育てるアプローチである．少年院の贖罪教育は，現在さまざまな工夫をしながら事例を蓄積しつつ分析と検討がなされ始めている[19]．

おわりに

非行少年の治療はどのような方法が採用されるにしても，早期発見と早期治療がきわめて重要である．さらに，非行の防止には，法令の整備（厳罰化など）だけでは限界がある．今後，子どもを尊重しつつ子どもの健全育成をはかるには，家庭，学校，地域の新たな方策および連携の形成こそが大きな課題となっている．〔石川義博〕

文 献

1) 石川義博：青年期と非行．臨床精神医学，**19**(6)；805-815，1990．
2) 石井小夜子：少年犯罪と向きあう．岩波書店，2001．
3) 村松 励：世代間の問題としての少年事件．精神療法，**27**(3)：308-311，2001．
4) 石川義博：「連続射殺魔」少年事件．現代の精神鑑定（福島 章編著），pp.9-118，金子書房，1999．
5) 清永賢二：少年非行の世界，有斐閣選書，1999．
6) 法務省法務総合研究所：犯罪白書（平成14年度版），大蔵省印刷局，2002．
7) 生島 浩：悩みを抱えられない少年たち，日本評論社，1999．
8) 宮本 洋：思春期・青年期の問題行動に関する一考察（いわゆる登校拒否，自殺，いじめ，暴力などの関連について）．精神医学，**44**(8)：913-918，2002．

9) 山崎晃資:青少年犯罪と精神疾患を語る前に. 精神医学, **43**(11):1172-1179, 2001.
10) 家庭裁判所調査官研究所監修:重大少年事件の実証的研究, 司法協会, 2001.
11) 生島 浩:非行少年への対応と援助. 金剛出版, 1993.
12) 黒川昭登:非行をどのように治すか. 誠信書房, 1978.
13) 石川義博:少年非行と精神医学—対策と治療. 精神医学, **25**(10):1051-1064, 1983.
14) 石川義博:行為障害の家族療法. 精神科治療学, **14**(2);161-168, 1999.
15) 石川義博, 青木四郎:思春期危機と家族. 岩崎学術出版社, 1986.
16) 石川義博:今の青少年に何が必要か. 小児保健研究, **61**(2);236-241, 2002.
17) 河合隼雄編:いじめ. こころの科学, **70**:75-87, 1996.
18) 岡本淳子:いじめ問題の解決に向けて—中学生に対するグループアプローチ—. 暴力と思春期(中村紳一・生島 浩編), pp.131-157, 岩崎学術出版社, 2001.
19) 松田美智子:被害者への対応. 生島 浩編:こころの科学, **102**;87-93, 2002.

不登校

school nonattendance

1. 学校恐怖症

　学校に行くに行けない状態は、はじめ「学校恐怖症 school phobia」といわれていたが、次に「登校拒否 school refusal」という名で呼ばれ、現在は「不登校 school non-attendance」という用語が使われている。このように用語の変遷があるが、初めにこの状態を記載したジョンソン、AM の「学校恐怖症」の状態をよく理解しておくことが臨床上重要である。たとえば、「登校拒否」というと、子どもが自分の意思で登校しないことを決定しているように受け取られ、自己決定ができるところからみると心は健康といってよいなどである。「不登校」はさらに状態が広範囲にわたり、恐怖症から身体病、怠学、いじめ、虐待（とくにネグレクト）、経済的事情などなどから生じる可能性がある。「不登校」という大きな網でまずくくり、そこから不登校に至る事情を明確にしていくことが必要である。ただし、身体病以下はわかりやすいが、「恐怖症」をきちんと理解しておくことが必要である。恐怖症の代表的なものとして「対人恐怖症」と「不潔恐怖症」をあげることができる。怖い人、近づきたくない人は確かに誰しもいる。しかし、あまねく人が恐怖の対象と化することはまれであり、そのために、人とかかわることができない。これを「対人恐怖症」という。

　また、自分の家、備品、身につけるものはもちろん、外に出ればばい菌だらけであることは確かである。多くの人はそれでも外出から帰れば手を洗うぐらいで済んでしまう。しかし、不潔恐怖症でも重症の人は外出ができない。辛うじて出られる人でも、アルコール綿を持ち歩いたり、帰ると衣服をすべて取り替え、洗手を繰り返し、薬用石鹸で全身を洗う人もいる。

　「学校恐怖症」もこれらと同様であり、学校そのものが恐怖の対象となり、行くに行けない状態に陥ることをいう。大人になった人に、なぜ学校に行けなかったかを聞いたことがある。答えは「わからない、ただ怖かった。足が一歩も動かなかった」である。このような状態にある子どもが、いくつか学校に行けない理由をあげることはみられるが、その多くは行くに行けない恐怖の状態を親や教師にわかってもらうための方便に過ぎない。心身症状、たとえば頭痛、腹痛、吐き気、嘔吐、微熱などを示す子どもも、それが行けない理由として通ることから、少しは気が楽になる。

　したがって、不登校の中核群は「学校恐怖症」であるといってよく、この見きわめをつけることが、臨床の初期の仕事として重要である。もうひとつ診断上考えておかなくてはならないものは、「抑うつ状態」および思春期以降は「統合失調症圏」の初期かどうかである。

　これらの除外診断が重要であり、その後、怠学、虐待、いじめなどがあるかどうか、その起因を明らかにし、対応することになる。

2. その基本的対応

　上述の心理診断をしながら、しかし、共通するところは登校を無理強いしないことである。小学校の低学年までならば、親が首根っこを捕まえてでも登校させることは可能である。けれども、それは単に学校に行ったということに過ぎず、学校生活を普通の状態で過ごせているわけではない。無理をして登校させているうちに、次第に表情は暗く普段とまったく異なる顔つき目つきをし親を驚愕させることもある。全体に生気を失い、何もやる気が起きなくなる。

登校させようとしても，朝起きることがむずかしくなり，結局は学校に行けない状態になる．学年が上がれば力ずくで登校させることはできなくなるので，親が言葉で脅したり，暴力に及ぶことも生じる．このように登校を強制すると，事態はますます悪化し，ねじれ，子どもの心は閉ざされ，親を避け引きこもるようになる．自分の部屋のある子どもは，自室に閉じこもるし，部屋のない子は登校時間が過ぎるまでトイレに鍵をかけて出てこないこともある．親子の心の絆は断絶し，子どもは孤立無援となり，心の健康はますます悪化する．無理に行かせようとせず「学校だけが子どもの世界」ではないと心得，対応することになる．

その基本的対応は次のようである．まず，「恐怖症」は〈心の安全基地〉をもたない子ども（大人でも）に生じるといってよい．この安全基地づくりは，乳児期にはじまりおもに日常の母子関係のなかで，子どもの心身が危険・危機にあるとき「安全」を確保されることによってつくられるものである．母子関係とは心の安全基地そのものであるといってよい．乳幼児期は現実の母子関係のなかで，そして，次第に子どもの心の中に安全基地が生まれるようになり，母親から離れていてもみずからもつ〈心の安全基地〉の機能が働き，不安・恐怖はおさめられる．ところで，絶対安全，絶対安心，絶対確実，絶対信頼はありえない．そこで重要なことは，安全・安心・確実・信頼感を心に根付くように育てることにある．これらの「感」こそ〈心の安全基地〉であり，心の健康を保つ働きをもつといってよい．

したがって，「学校恐怖症」の子どもは，この〈心の安全基地〉が働いておらず，そのため学校に行くに行けないし，かといって家にいたいわけでもない．行くところ，行けるところがないので家にいるのである．家に安心していられる居場所があるわけではなく，ただ不安と恐怖を抱えたままうずくまっているといってよい．

そこで，対応の基本は〈心の安全基地〉を親子関係のなかでつくることにある．親といれば安心，と子どもがしっかりと体験できることである．家にいることによって安心で安全であると感じ取っていけるようにである．どんなに親が安全感を与えようとしているつもりでも，子ども自身が安心感を体験できなければ，それは無に等しい．筆者は親に「家で居心地よく，常に安心していられるように」と頼んでいる．多くの親は，居心地を良くするとますます家から出なく，学校に行かない，居心地を良くしてはいけないと固く信じている．家が安全基地になり，さらに子どもの心に安全基地がつくられていくならば，家にいても退屈だらけで必ず出ていくものである．この「退屈感」は心の健康の大切な指標である．

以上述べてきたことは，子どもを甘やかすことではない．甘やかすとはスポイルする，つまり駄目にすることである．そうではなく，子どもが安心して親に甘えることができると体験することである．また，理不尽なこと，危険なこと，してはならないことは毅然として制止する．このことは，子どもをしっかり守ることにつながり，かえって安心感を子どもはもつことができる．

3. 専門家による対応

子どもが学校に行くに行けない状態にあること，いつもの状態と違い何か子どもがおかしいと感じたならば，早くに相談行動を起こすことになろうし，重要である．小学校低学年ぐらいまでは，親が誘えば一緒に相談機関を訪ねることが多い．しかし，高学年から中学，高校生は訪れることを拒否することがある．それでも，女子の方が男子より来談する傾向は経験的に認められ，おそらく女子の方がそれでも社会性が

発達しているためと考えられる．子どもが相談に行くことを拒否すれば，親だけでも相談に行くことが必要である．それは親の相談を通して親子関係に〈心の安全基地〉づくりをし，前述したように家庭を子どもの居場所，安心できる場にしていくことが可能であるからである．親を通して子どもの心に「安全基地」をつくっていくことだといってよい．

相談にあたるものとしてはおもに臨床心理士であるが，数は少ないが児童精神科医があげられる．前述した「抑うつ状態」や「統合失調症圏」の初期にあると思われる場合は，精神科治療とカウンセリングが必須である．

次に，相談形態であるが，これまで述べてきたように親と子ども両方とも相談を受けることが望ましい．親には個別相談を，子どもは年齢によりプレイセラピーや個別相談，あるいはこれに箱庭療法，描画などを組み合わせ行うことになる．上述のように，子どもが来談しない場合，親のみの相談を行うことになるし，重要である．

〔川井　尚〕

文　献

1) 川井　尚：不登校，小児科，**43** (9)：1289-1292, 2002.

社会的ひきこもり
social withdrawal

「ひきこもり」といわれるものは，統合失調症の慢性期に示される「自閉」の状態像であり，外界への無関心から周囲との接触を断ち，みずからの中に閉じこもり，その結果，家・自室にひきこもり，家人とも交わりをもたず「無為自閉」の状態をいう．

一方，現在クローズアップされているものは「社会的ひきこもり」といい，疾患に基づいて生じるものではないところにその特徴がある．このひきこもりの状態には，まったく家から出ずに暮らしているものから，買い物程度の外出，あるいはごく限られた人と接触するものまでさまざまである．といって，固定した状態とはいえず，家の，それも自室のみで過ごしている状態から，居間など家人とかかわる場に時に出てきて，それから限られた外出をするものもいる．家人とは辛うじて接触していたものが，外に行くようにと追いつめられ，自室に閉じこもることもある．冒頭の「ひきこもり」のように無為自閉ではなく，とくに，最近ではゲームやインターネット，ビデオ視聴などで過ごすものが多い．特徴は，何かしらつくり出すこと，生産的ではなく受動的であることと，その余りある時間を全くもてあますことなく，退屈感もなく，かえって1日があっという間に過ぎてしまうというところにある．また，親，とくに母親への暴力がみられることもあるが，すべてではない．ただし，筆者の経験では男女問わず親への恨み，つらみ，あるいは親は自分を守ってくれなかった，甘えさせてくれなかった，親ではないなど

と訴えるものが多い．親は守り，親の役割を果たしてきたと思っても子どもがそのように体験していないところがポイントである．この点については後述する．

1. 社会的ひきこもりの発現時期とその関連要因

発現は思春期以降とみてよく，たとえば中学あるいは高校2年生頃から始まる不登校に引き続き，その後ひきこもり状態を示すものいる．青年期では大学に行けなくなって，若年成人では勤めに出られなくなり，ひきこもっていくものもいる．まれではあるが，筆者の臨床経験で30代半ばで会社に出なくなり，以後10年を経過しているものもいる．このほか，思春期以降好発しやすい摂食障害，対人・不潔などの恐怖症，そして，強迫神経症もひきこもりの状態をもたらす要因である．

なお，注意しなくてはならないことは，冒頭述べた統合失調症の初発好発時期であること，また，うつ病も考えられるので，精神医学的診断が重要である．

2. 社会的ひきこもりの基本要因

この状態像を生み出すことに関連すると考えられるものは次のようである．第1は，社会性の発達の問題である．この発達について詳しくは本書「社会性の発達」(p.103)を参照されたい．ポイントは社会性は対人関係を中核にし，その良好な人との相互関係を通して発達していくところにある．はじめて人がもつ対人関係は母親（あるいは母性的な人物）とであり，母子関係は社会性の発達の原点である．そして，この関係の基本的機能は「安全性」にあり，この機能が働くなかで「安全感」「安心感」「確実感」「信頼感」を乳幼児期から心に根付くように育てることができる．これらの安全性にかかわる「感」をもつことによって，人とかかわり「社会の中で人とともに生き暮らしていく」社会性が

身についていくといってよい．社会的ひきこもりをパーソナリティの発達という観点からみれば，社会性に乏しいパーソナリティの問題をもつものということになる．

このことに深く結びついたものとして，カウンセリングのなかでひきこもりの彼らが語った言葉を紹介したい．母親について「安心感」「大丈夫っていうの」がない．「守ってくれなかった」し，「かばってくれなかった」という．加えて，「甘えられなかった」「抱っこしてほしかった」「抱きしめてくれる母じゃない」し，「大事に，いいよって」いうのがなかったという．「ほめて」「認めて」くれなかった，「親身になって聞いてくれなかった」し，「分かってくれない」「受け入れてくれない」のである．安全性にかかわる「感」をもちえなかったといってよい．ところで，彼らの母親が実際にどうであったかは分からない．ポイントは彼らがこのように体験し，あるいはこのようにしか体験できなかったところにある．守ろうとしたのかもしれないが，しかし，子どもに対しどのようにし，かかわったかではなく，「子どもがいかに体験しているか」「いかに体験したか」が重要である．そして，ここから次の自分づくりの問題が生じる．

すなわち，第2は，自分づくりの失敗にある．上述のいわば「安全基地」のなかで，大丈夫なものとしての自分の身体，情緒，感情を自分のものとして十分体験することによって生まれる自分づくりの核がつくれず，したがってそれを基にした父親はじめ周囲の人達とかかわりつづける，その自己体験がなしえず，自分をつくれないまま思春期に至ったものと考える．

彼らの言葉をあげると，「自分がない」「自分がなくなる」「空っぽ」「あやふや」「つかまえられない」し「わからない」という．そして，みつかるものは「自己否定」「自己嫌悪」「醜い」「崩れていく」といった自己像である．さらに，「喜怒哀楽がない」「抑えている」し，「感情出すと怖い」し「人への気持ち出てこない」のである．また，自分がないために彼らにとっての他者は，自分に「影響を与え，遮断できない」し「境界がつくれず」「支配され」，他者に「合わせ」「演じて」しまい，「人がつくりだした自分」「もう一人のそうじゃない自分」が生まれることになる．

このような自分が（自分がない自分が）社会の中で人とかかわり，人とともに生き，暮らしていくことはきわめて困難なことといえる．彼らは社会に出ていけず，行くところ，いるところがないので仕方なしに家にいるのである．家が「居場所」になっているのではなく，仕方なくひたすらうずくまっているのである．家で，自分の部屋で安心も，大丈夫とも感じられずに，このような「自分」を抱え不安や怖れの中にいるといってよい．

3. 社会的ひきこもりへの対応

対応には2つのことを考えておかなくてはならない．

1) 親面接

当然のこと，彼らのほとんどは家から出ることができない．とくにひきこもり初期の段階ではカウンセリングに行くことも，フリースクール，デイケア，種々のサークルなども参加はむずかしい．そこで，親との相談が必要となる．ポイントは2つあって，1つは上述のように家に，自室に居場所があるわけではないので，そこが居場所になるよう，居心地よく，安心していられるように包んであげることを目標に面接をすすめる．これは不登校の場合と同じであり，居場所ができれば必ず外の現実世界に出ていけることを伝え，理解していってもらうことである．親にとってこの理解はむずかしく，それは居心地をよくすれば，かえって居着いてしまい外に向かわないと思うからである．

2つめは，親子関係の改善，ないしは修

復をはかることである．手がかりは，すでに述べたように，子どもは親をどのように思い，感じ，体験してきたか，現にどのように体験しているか，想像，推測を通して理解していくように面接をすすめる．同じように親は子どもをどのように体験してきたかの理解をすすめる．ここに気づきはじめると，結果として親子関係に変化が生じてくる．安全性が機能する親子関係の中で，家が居場所になり，自分づくりを始めることが可能となる．

2) カウンセリング

ふとんから，自室から，そして家から出られない状態がつづいた後，カウンセリングの場を訪ねることができるようになる人もいる．そのきっかけはさまざまであるが，家が居場所になりつつあったり，自分というものをほんの少しでも感じられるようになり，いわば力がついてきたとき，カウンセリングという特別な場と人のところならば訪ねることができるようになるといってよい．現実世界への第1歩を踏み出したことになる．

カウンセリングの際心得ておかなくてはならないポイントがある．それは，自分がない彼らにとって他者は一方的な支配者であったり，わからず，はっきりせず，そして相互的・互恵的な関係をもちえないことである．カウンセラーも彼らにとってはこのような他者である．自分と他者をしっかり体験することが困難であるといってよい．そこで，カウンセラーは彼の前に現実感をもって，しっかりといること，存在することが肝要である．彼らの話すことを含め，その存在そのものをしっかり受けとめ，しかも受けとめていることが彼らに伝わるように居続けることである．カウンセリングの場が〈心の安全基地〉となるよう，終始支持，支援し味方になりつづけることである．彼らの話に解釈を加えることは禁忌である．なぜなら彼らは自意識過剰であり，それでなくても頭の中だけであれやこれやといじり回して混沌としており，それに拍車をかけるからである．

彼らにとってカウンセラーが現実の他者として存在し，かかわりをもち体験していけるならば，いわば自意識過剰症とでもいうべき観念世界から出て，現実的・日常的な体験が語られていくようになる．過去となっていない過去，いまに影響を与え続けている過去が，過去そのものになってもいくのである．自己体験の始まりであり，自分づくりがここから始まるといってよい．

しばらくこの自分づくりをしながら，フリースクール，デイケア，作業所，種々のサークル，アルバイトなどの日常の具体的な行動に移っていく人もあるし，移れることを状態をよくみて判断し，勧めることになる．日常の具体的な自己体験にこそ自分づくりはある．日常の現実世界に出ていき，そこで自分づくりの体験をし続けることは，すでに述べたように社会の中で暮らしにくい彼らにとってきわめて困難な仕事であり，傷つき，怖れ，「自分のない」世界に戻らざるを得ない人もいる．カウンセラーは何回でも仕切り直し，長い道のりをともに歩むこととなる． 〔川井　尚〕

文　献

1) 川井　尚：こころの言葉．日本子ども家庭総合研究所紀要，第35集：269-279，1999．
2) 川井　尚：自分づくりの核をつくる．小児保健研究，**59**(2)：175-178，2000．
3) 川井　尚：こころの言葉考．日本子ども家庭総合研究所紀要，第37集：205-209，2000．

いじめ
bullying

1. いじめの定義

いじめは，虐待と同様「いじめられた」「辛く，嫌な耐えられない思いをした」と当の本人が感じ，受け取ったならば，それは「いじめ」であると定義される．また，そのやり方には身体的・心理的なもの種々挙げられるが，それがいかなるものであれ，いじめを受けたものの心身の被害は大きい．すなわち，身体への暴力を体験するものは心であり，心の暴力はまた身体に影響を与えるからである．

次に，いじめられる側には，いじめられる何かを，原因をもっているという見解を否定することが重要である．このような見解によって，いじめられるものはさらに傷つけられることになる．「いじめられるような自分」は「駄目な自分」であると思いこみ，価値のない，自分を認めることができない「自分」をつくってしまう，あるいはつくらされてしまうのである．「自分は壊されてしまった，壊れてしまった」ということにもなる．

2. いじめが生じる時期と場所

いじめが生じる時期は，どういう形であれ集団が形づくられたときからと考えてよい．たとえば，公園に集まる小さい子どもたち，保育園，幼稚園にもいじめは生じる．小学校，中学校，高等学校，大学，各種専門学校はいうに及ばず，会社，各種の団体，そして，老人施設などなど全て人が集まり活動しているところにいじめは生じると考えてよい．

3. なぜいじめは生じるか

これにこたえることは，一見むずかしいことではあるが，基本要因は単純である．母子健康手帳「保護者の記録」の5歳の頃に「動物や花をかわいがったり，他人を思いやる気持ちをもっているようですか」という項目がある．5歳の子どもに人への思いやりの心をもつことを期待しているといってよい．それでは，5歳の子どもにどうしたらこのような気持ちをもってくれるようになるであろうか．答えは簡単，大人が子どもに思いやりをもって接することである．大人の国に思いやりが満ちているかどうかが問われているといってよい．いじめが増えているとすれば，いまの「大人の国」のありようそのものの反映である．

4. いじめへの対応

対応の基本はただひとつ，「いじめられているもの」をひとりでもいい，「守りきること」ができる人がいることである．子どもであるならば，親が「守りきり」子どもがしっかりと「守ってくれている」と体験できることである．いじめられていることを親に訴えることができない子どもは，親が「守りきってくれる」と信じられないからである．これまでに，親が「守ってくれた」という体験がないか，少なすぎるかである．「守りきる」ためには，転校も辞さないほどの覚悟が必要である．

大人社会でのいじめへの対応も基本的に変わりはない．誰かひとりでもその人の味方になり，支持・支援することである．人への思いやりをもつ誰かがいるかどうかにその組織の質が問われるといってよい．なお，「いじめ」問題は，社会性の発達と密接な関連があり，「社会性」（p.103）の項目をみていただきたい． 〔川井 尚〕

文 献
1) 日本子ども家庭総合研究所編：子どもの行動問題，5.いじめと人権，子ども資料年鑑2002，pp.341-343，2002．

36. 虐待とその対策

児童虐待
child abuse and neglect

1. 児童虐待に対するとらえ方の変遷

子どもへの虐待は洋の東西を問わず昔から存在した。わが国においても，とくに明治時代に入るまでは貧困による生活難や迷信などのために間引きや子捨てなどが多く行われた。また，戦前には「職工事情」や「女工哀史」に著されているように，身売り，師弟奉公など児童の労働搾取も広く行われていた。虐待を大人による子どもの人権への蹂躙行為とするならば，虐待そのものは昔の方が圧倒的に多かったといえる。それでは，なぜ今，児童虐待が社会問題化するに至ったのであろうか。これには，社会経済的な基盤の変化と児童観の変化が大きく作用していると考えられる。

戦前の虐待は社会の絶対的貧困が根底にあった。子どもを捨てたり，身売りをしないと一家共倒れになってしまったのである。池田が「輪廻・転生という中国の思想の影響により，間引きや堕胎などの子殺し，子捨てへの罪悪感が当時は少なかったのではないか」[1]と指摘するように絶望的な状況の中で虐待が合理化されたといえなくはない。そして，常に子どもが犠牲になってきた背景には，児童固有の人権を認めず親の従属物とする考え方（私物的わが子観）が一般的に存在したことも間違いない。

しかし，戦後わが国は奇跡的ともいわれる高度経済成長を遂げ，その結果，社会的貧困は影を潜め，さらに子どもの権利をうたいあげた児童福祉法や児童憲章の制定などに伴い人々の子ども観も大きく変化する。このような状況の中で，鈴木がいうところの「文明社会型子ども虐待」が貧困に起因した虐待にとって変わることになる。つまり，親が自己の力では解決できない問題や心のゆがみ，あるいは家族全体の問題や社会病理などが影響して，子育てに失敗し，虐待に移行せざるを得ない新しい虐待が発生してきたのである[2]。しかし，虐待が社会問題化し，その対策の必要性が叫ばれるようになったのは1990年代に入ってからである。既に1970年代には一部の研究者や実務家などによって虐待の実態把握などが試みられているが，社会的に顧みられることはなかった。これには，親が子どもを虐待するというあまりにも残酷な現実を正視したくないという社会心理が存在したのではないかと考えられる。1962年，アメリカにおいて小児科医ケンプが「殴打児症候群」を提唱した際にも，専門家さえもが「まさかそんなことが」と反応したことは象徴的である。

それではどうして，1990年代に入り様相が一転したのであろうか。これにはいくつかの要因が考えられる。1つには，「児童の権利に関する条約」の批准（1994年）であろう。同条約は，子どもを大人によって庇護・保護されるだけの存在としてとらえるのではなく，可能な限り大人と同等に自らの権利行使を子どもにも認めるという

表 36.1 児童相談所における虐待相談件数の推移（厚生労働省社会福祉行政業務報告例）

平成3年度	4	5	6	7	8	9	10	11	12	13	14	15
1,171件	1,372	1,611	1,961	2,722	4,102	5,352	6,932	11,631	17,725	23,274	23,738	26,569
100%	117	138	167	232	350	457	592	993	1,514	1,988	2,027	2,269

画期的なものであるが，その崇高な理念にもかかわらず，虐待が発生し続けているという現実は否が応でも関係者に虐待の権利侵害性を強く意識させ，その防止活動を推し進める言動力になったと考えられる．2つ目の要因として，子育て不安が一般化し，これに起因した虐待が増え続けているという現実である．長い間，虐待は一部の特別な事情にある家庭に発生すると矮小化してとらえられてきたのであるが，子育て不安が深刻化し，家族病理としての虐待が急増する中で，今や虐待はどの家庭においても発生しうるという現実を直視せざるを得なくなったのである．3つ目の要因は関係者による啓発活動である．虐待が増加し続けているという現実は，児童の権利に関する条約の批准を契機に虐待の権利侵害性を強く認識した関係者に大きな危機感を抱かせたが，この危機感こそが，関係者をしてその後の虐待防止のキャンペーン活動を展開させ，虐待を社会問題化させる原動力になったものと考えられる．4つ目の要因として，次世代を担う子どもの健全育成への問題意識，関心の高まりが挙げられよう．深刻化する少子化問題に対応するため，政府は1994年に「エンゼルプラン」を策定して以降，数々の少子化対策を講じてきている．これら少子化対策におけるキーワードは「安心して子どもを生み，育てることのできる基盤整備」「次世代を担う子どもたちの健全育成」であるが，現代における子育て環境の厳しさ，とりわけ子育て不安や虐待の深刻化は少子化対策の理念の対極に位置するものであり，そのギャップへの認識が社会的な危機意識を高めてきたといえるだろう．

2. 児童虐待の実態

表 36.1 は全国の児童相談所が処理した虐待相談件数の推移であるが，年々増加の一途を辿っている．ただし，これは「相談」件数の推移であって，虐待そのものの発生頻度を表しているものではない．加藤・才村らは児童相談所における虐待相談の増加要因について児童相談所や母親などへの質問紙調査を行った結果，①虐待問題に対する社会的認知が進んだ結果としての通告件数の増，②児童相談所職員による理解の促進と意識の高まりの結果として，以前なら虐待事例として扱われなかったものが虐待事例として統計上扱われるようになったこと，③虐待そのものの増加を要因として挙げている[3]．

そもそもわが国ではどの程度虐待が発生しているのであろうか．小林登らは，平成12年度〜13年度の2カ年で，全国の児童相談所，福祉事務所，保育所，学校，病院，保健所など，児童虐待事例にかかわりのある機関を対象に虐待もしくは虐待類似行為の係属の有無について調査した結果，わが国では年間3万5,000件の虐待が発生しており，これは児童人口1,000人に対し1.6であると推計している[4]．ただし，この数字は関係機関における虐待事例への係属状況を根拠として算出されたものであり，背後にはまだまだ多くの虐待が潜在化しているととらえるべきであろう．

全国の児童相談所が平成15年度に処理した虐待相談について表36.2は虐待の内容別，表36.3は主たる虐待者，表36.4は被虐待児童の年齢構成，表36.5は処理種類別内訳である．

表36.2 虐待の内容別相談件数（平成15年度）（厚生労働省社会福祉行政業務報告例）

全体	身体的虐待	ネグレクト	性的虐待	心理的虐待
100%	45.2%	38.2%	3.3%	13.3%

表36.3 主たる虐待者（平成15年度）（厚生労働省社会福祉行政業務報告例）

全体	父		母		その他
	実父	実父以外	実母	実母以外	
100%	20.8%	6.2%	62.9%	1.8%	8.4%

表36.4 被虐待児童の年齢構成（平成15年度）（厚生労働省社会福祉行政業務報告例）

総数	0～3歳	3～学齢前児童	小学生	中学生	高校生・その他
100%	20.1%	27.2%	36.5%	11.7%	4.4%

表36.5 虐待相談の処理種類別内訳（平成15年度）（厚生労働省社会福祉行政業務報告例）

総数	施設入所	里親等委託	面接指導	その他
100%	11.0%	0.8%	80.3%	7.9%

3. 児童虐待のリスク要因

親をして虐待へと導く要因にはどのようなものがあるのであろうか．松井・谷村は，わが国における主要病院小児科を対象に長年にわたって調査を行った結果，表36.6のような項目を挙げている[5]．とくに，核家族化や少子化が進行しつつある現代においては，幼い頃から子育てを観察したり体験したりする機会が極端に減少しており，子育てに関する知識やスキルが乏しくなっていることに加え，「密室の育児」という言葉に象徴されるように都市化に伴う親の孤立が深刻化しており，虐待への危険性をいっそう高めているものと考えられる．つまり，虐待は基本的に個人病理的な減少であるが，社会のありようと密接に関係しているのである．

4. 児童虐待とは

「児童虐待の防止等に関する法律」（以下

表36.6 虐待ハイリスクの項目

①望まぬ妊娠
②望まぬ出産
③多胎で特に双生児間の差が大きい場合
④先天異常，未熟児など医療を必要とする児
⑤精神発達遅滞の児
⑥家庭外養育から家庭に復帰させる時
⑦親の精神疾患，アル中，薬物中毒など
⑧親が知恵遅れの場合
⑨親の育児知識や育児姿勢に問題がある場合
⑩孤立家庭（外国籍家庭，実家・他人との対人関係拒否などを含む）
⑪病人を抱えているなど育児過大な家庭
⑫経済的に不安な家庭
⑬子供が入籍していない場合
⑭反社会的生活（暴力団員，刑務所入所中）

（松井一郎・谷村雅子「児童虐待と発生予防」）

「児童虐待防止法」という）では，保護者による次のような行為を児童虐待として定義している（（　）内は筆者）．

身体的虐待 　児童の身体に外傷が生じ，または生じるおそれのある暴行を加えること（殴る，蹴る，火傷を負わす，異物を飲ませる，浴槽に溺れさせるなど）．

性的虐待 　児童にわいせつな行為をすることまたは児童をしてわいせつな行為をさせること（性行為を強要する，性器や性行為を見せる，児童をポルノの被写体にするなど）．

ネグレクト 　児童の心身の正常な発達を妨げるような著しい減食または長時間の放置，保護者以外の同居人による虐待同様の行為の放置，その他の保護者としての監護をいちじるしく怠ること（十分な食事を与えない，乳幼児を家に置いたままたびたび外出する，いちじるしく不潔な環境の中で生活させる，病気や怪我をしても適切な医療的手立てを講じないなど）．

心理的虐待 　児童に対するいちじるしい暴言またはいちじるしく拒絶的な対応，配偶者に対する暴力，その他児童にいちじるしい心理的外傷を与える言動を行うこと（「おまえなんかいない方がいい」といった子どもの人格や存在を否定するような暴言，無視，差別，子どもの前で妻に暴力をふるうなど）．

　同法は，保護者を「親権を行う者，未成年後見人その他の者で児童を現に監護する者」と規定しており，日常的に児童の監護に当る施設長も保護者に含まれる．ただし，教職員や年長の親族など，保護者以外で児童に対し支配的な立場にある者による上記の行為は，本法で規定する児童虐待には該当しない．なお，平成16年に児童虐待防止法が改正されたが，このときの改正では，同居人による虐待同様の行為を保護者が放置した場合は，保護者のネグレクトに当たることが盛り込まれた．

　児童虐待とは，児童の心身の成長・発達に対し，いちじるしく有害な影響を与える行為といえる．たとえ保護者にとってはしつけのつもりでも，結果的に児童の心身に有害な影響を与えているとすれば，それは虐待である．つまり，保護者の言動が虐待に当るか否かは，愛情の有無やしつけといった保護者の側の事情とは関係なく，当該言動が「児童にとってどのような影響を及ぼしているのか」という視点から判断されねばならない．

5. 児童虐待防止制度の現状と課題
1) 被虐待児のための保護システム

　わが国の虐待防止制度は，主として児童福祉法および児童虐待防止法に基づいて展開されている．児童福祉法第25条は，虐待の発見者について市町村，都道府県の設置する福祉事務所または児童相談所への通告義務を課している．また，児童虐待防止法は，児童虐待を受けたと思われる児童を発見した者は速やかに通告しなければならないと定めている．つまり，虐待を受けているとの確証がなくとも通告できることを明記しているのである．さらに，児童虐待防止法は，学校，児童福祉施設，病院その他児童の福祉に業務上関係のある団体および学校の教職員，児童福祉施設の職員，医師，保健師などは虐待の早期発見に努めなければならないと規定している．市町村，都道府県の設置する福祉事務所および児童相談所が要保護児童の通告先として位置づけられているが，医学的・心理学的・教育学的・社会学的・精神保健上の判定といった専門的な機能や，立入調査や一時保護，施設入所措置など児童虐待の対応に必要な権限は児童相談所に付与されていることから，虐待の対応においては児童相談所が中核的な役割を担っているといえる．図36.1は，児童相談所における虐待事例への対応の流れである．

　児童虐待防止法は，通告を受けた児童相談所について，必要に応じ近隣住民や関係機関等の協力を得つつ速やかに子どもの安全の確認を行うとともに，必要と判断された場合は速やかに児童の一時保護を行うこ

36. 虐待とその対策

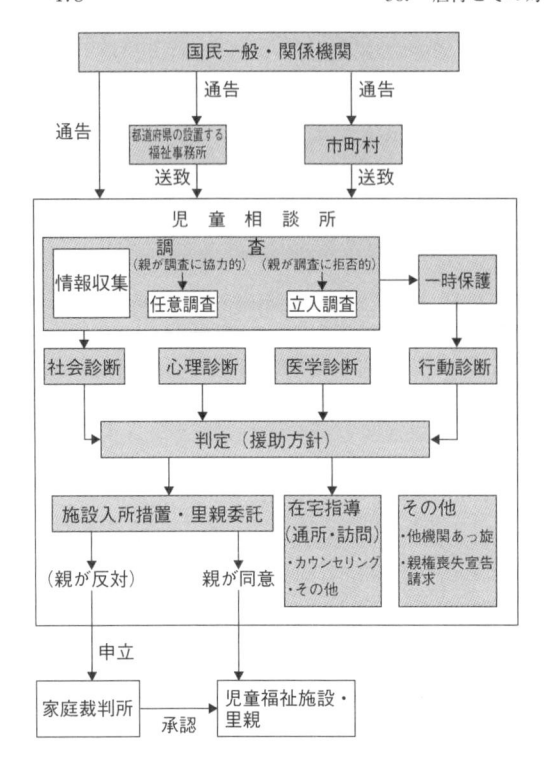

```
┌─────────────────────────┐
│   国民一般・関係機関    │
└─────────────────────────┘
  通告   通告      通告
   ↓     ↓         ↓
      ┌──────────┐  ┌────────┐
      │都道府県の設置する│  │市町村  │
      │福祉事務所│  │        │
      └──────────┘  └────────┘
         送致         送致
┌────────────────────────────────────┐
│          児 童 相 談 所            │
│         調   査                    │
│      (親が調査に協力的)(親が調査に拒否的)│
│ ┌──────┐ ┌──────┐ ┌──────┐ ┌──────┐│
│ │情報収集│ │任意調査│ │立入調査│→│一時保護││
│ └──────┘ └──────┘ └──────┘ └──────┘│
│ ┌──────┐ ┌──────┐ ┌──────┐ ┌──────┐│
│ │社会診断│ │心理診断│ │医学診断│ │行動診断││
│ └──────┘ └──────┘ └──────┘ └──────┘│
│      ┌────────────────────┐        │
│      │  判定（援助方針）  │        │
│      └────────────────────┘        │
│ ┌──────────┐┌──────────┐┌────────┐│
│ │施設入所措置││在宅指導  ││その他  ││
│ │・里親委託 ││(通所・訪問)││・他機関あっ旋││
│ │          ││・カウンセリング││・親権喪失宣告││
│ │          ││・その他  ││請求    ││
│ └──────────┘└──────────┘└────────┘│
│ (親が反対) 親が同意                │
└────────────────────────────────────┘
     ↓申立      ↓
┌──────────┐ ┌──────────────┐
│家庭裁判所│→│児童福祉施設・│
│          │承認│里親        │
└──────────┘ └──────────────┘
```

図 36.1 児童虐待対応のシステム

ととしている．虐待が行われているおそれがあると認められる場合であって，子どもの安全確認などの調査を保護者が拒否する場合，児童相談所は立入調査を行うことができる．保護者が調査に対し正当な理由なく拒んだり，虚偽の答弁などをした場合は，罰則が科せられる．子どもの安全確認，一時保護，立入調査などに際して，必要があると認めるとき，児童相談所長は警察署長の援助を求めることができる．

調査の結果，子どもの心身にただちに重大な危害が加わるおそれがあるものとして一時保護が必要と判断された場合は一時保護が行われる．一時保護には，児童相談所に付設の一時保護所を活用する場合と，児童福祉施設や医療機関など他の適当な機関や個人に委託する場合とがある（委託一時保護）．一時保護は保護者の同意がなくても可能とされている．一時保護の期間は2カ月を超えることはできない．ただし，必要があると認めるときは，引き続き一時保護を行うことができる．

児童相談所には，所長のほかに調査や指導などを担当する児童福祉司，心理検査や心理療法などを担当する児童心理司，診察や医学的治療などを担当する医師（精神科医，小児科医），一時保護中の子どもの指導などを担当する児童指導員，保育士など，多種の専門職が配置されており，これらのチームワークにより業務が行われている．援助方針の決定に当たっては，各専門職がそれぞれの見立て（診断）を持ち寄り，子どもにとって最善の処遇が図れるよう意見調整を行う．援助には，施設入所措置や里親委託などの親子分離を行うものと，在宅指導のように親子分離を行わずに行われるものとがある．前者は，虐待の程度が重篤なため深刻な結果を招く蓋然性が高いと

判断される場合をはじめ，保護者が虐待の事実を認めず虐待が繰り返されるおそれがある場合や，保護者が児童相談所などによる定期的な訪問や通所指導を拒否している場合などに行われる．子どもが入所する施設には，児童養護施設，乳児院，児童自立支援施設，情緒障害児短期治療施設などがあり，子どもが委託される里親には専門里親や養育里親などがあるが，子どもの態様やニーズ，保護者の状況などを総合的に勘案し，入所先や委託先が決定される．

なお，親子分離の措置は親権者などの意に反して行うことはできない．したがって，児童相談所としては親子分離の措置が適当と判断しているにもかかわらず，親権者などがこれに反対している場合，児童相談所は家庭裁判所にこれらの措置の承認申立てを行い，その承認のもとに親子分離を図ることになる．このような手続きを経てとられた施設入所措置事例について，児童相談所長または児童福祉施設の長は，児童を虐待した保護者に対して児童との面会や通信を制限することができる．家庭裁判所の承認を得てとられた施設入所などの措置は2年を超えて行うことはできないが，必要と認める場合，児童相談所は家庭裁判所の承認を得て措置の期間を更新することができる．

在宅指導は，虐待の程度が比較的軽い場合や虐待の再発の危険性が少ないと判断される場合などに行われる．在宅指導では，児童相談所の職員が保育所や学校，保健師，児童委員など他の関係機関とも連携を図りながら訪問指導を行ったり，児童相談所に通所させて親のカウンセリングや児童の心理療法などを行う．

親子分離の措置であれ，在宅指導であれ，児童相談所が児童福祉司などの指導措置を採った場合，保護者はその指導を受けなければならず，保護者が指導を受けない場合，都道府県知事は保護者に対し指導を受けるよう勧告することができる．

なお，親権者が，その親権を濫用したりいちじるしく不行跡と認められる場合，児童相談所長は家庭裁判所に対し，当該親権者の親権喪失宣告請求を行うことができる．

2) 児童虐待制度の課題と方向性

児童虐待防止法は平成12年11月に施行されたが，平成16年4月に改正が行われ，同年10月に施行されている．改正では，児童虐待の定義の見直しや通告対象となる児童の拡大，国および地方公共団体の責務の改正などが行われた．さらに，平成16年12月には児童福祉法も大幅に改正され，児童相談における従来の児童相談所一極集中の体制を改め，市町村を相談の一義的窓口として位置づけるとともに，児童相談所の業務はより専門的な対応が必要な相談に重点化されるなどの改正が行われた．このように，児童虐待防止をめぐる制度の充実が図られつつあるが，残された課題も多い．以下，おもなものについて述べる．

i) 虐待の発生予防策　子育てに自信がない，子育てがつらいといった子育て不安をもつ親が増えている．無論，これらの親がすべて将来わが子を虐待してしまうとはいえないが，種々の要因が加わると虐待にまでエスカレートしてしまう危険性が高いことも事実である．この意味で，子育て不安を抱える親は「虐待予備軍」とも呼ばれる．虐待にまで至ってしまうと，解決が困難を極めることも珍しくない．したがって，子育て不安をもつ親を早期に発見し，種々の子育て支援を行うことにより虐待の発生を未然に防止することがきわめて重要となる．

しかし，子育て不安を抱える親は，子育てに対する自信のなさゆえ，子育て支援サービスの利用には消極的になりがちである．このため，従来の申請主義を基盤としたサービスでは限界があるといわねばならない．これからは本人からの申請がなくても，必要と考えられる場合には積極的に家

庭を訪ね，自信や意欲を喪失している親をエンパワーメント（親自身が主体的に問題解決を行えるよう力をつけていくこと）する援助が求められる．また，子育て不安の解消には母子保健サイドからの取り組みがとくに重要である．たとえば，母子健康手帳交付時におけるハイリスク家庭の発見，乳幼児健診の場での子育て不安の早期発見をはじめ，新生児のいる家庭や健診の未受診者宅などを保健師が積極的に訪問するなどの取り組みが求められる．

ii) 親子関係の再構築に向けた援助

児童虐待における援助の最終目標は，家庭機能の再生，親子関係の再構築にある．そのためには，虐待によって傷ついた子どもの心の修復に加え，虐待を繰り返す親への援助が不可欠となるが，現実にはきわめて低調といわなければならない．これには，児童相談所が多忙なため援助にまで手が回らない，援助の手法が確立されていないなど，種々の事情が考えられるが，制度的にも大きな課題を抱えている．

児童相談所は立入調査や職権による一時保護など強権的な機能をもっているが，これらの権限を発動してしまうと，親との信頼関係が壊れてしまい，児童相談所が援助の提案をしても，親の拒否感情が強いため援助関係が成立しなくなることが少なくない．

平成16年の児童福祉法改正では，家庭裁判所の承認に基づいてとられた施設入所措置や里親委託については2年以内という期限が設定され，児童相談所の申立てにより家庭裁判所が措置の継続の適否を再審査するなど，司法関与の強化が図られた．このことにより，たとえば家庭裁判所が施設入所などの措置の承認を決定する際に，保護者に対し児童相談所等の援助を受けるよう付帯条件を付けるなどの運用が行われれば，保護者としては次期更新審査における家庭裁判所の心象を考慮せざるをえなくなる．つまり，付帯条件を無視し続ければ次期審査において引き取りが認められないとの判断が働くわけであり，結果的に児童相談所などの援助を受けることに対する保護者の動機づけの強化が図られるものと期待される．

iii) 児童相談システム，児童福祉施設制度の再構築および体制強化

虐待の発生予防を図るためのきめ細かな子育て支援サービスは，住民にとって身近な自治体である市町村が実施することが望ましい．このため，平成15年の児童福祉法改正では，各種子育て支援事業が市町村事務所として決定化されたが，平成16年の同法の改正では，相談サービスについても，従前の児童相談所一極集中の体制が改められ，市町村が一義的な窓口として位置づけられた．そして，児童相談所の業務はより高度な専門的対応が必要な相談に重点化されるとともに，市町村を支援することとされた．ただし，このようなシステムがうまく機能するかどうかは，市町村における相談体制が十分に整備されること，市町村と都道府県（児童相談所）との緊密な連携が図られることが前提となる．

なお，近年虐待相談が急増する中で児童相談所は多忙を極めており，親への援助や虐待に起因した心理的課題を抱える子どもへのケア，虐待防止ネットワークづくりに向けた支援などが棚上げにされている．これらの業務を適切に行うには，児童相談所職員の増員が喫緊の課題となる．また，多くの自治体では，人事異動の一環で福祉経験をもたない事務職が児童福祉司に任用され，しかも，研修体制も不十分といった現状がある．児童相談所職員の専門性確保も急がれる．

児童福祉施設においても，施設種別を問わず虐待を受けた子どもの入所が急増しており，職員は問題行動への対応に振り回され，家庭や関係機関との調整，子どもへの心理的ケアにまで手が回らない状況に置かれている．このため，人員体制の抜本的な

強化が必要となっている．また，児童福祉施設のほとんどが大舎制（大規模な集団生活）を敷いているが，子どもには温かな家庭的雰囲気の中で特定の大人との濃密かつ安定したかかわりが必要であり，そのためには里親の積極的活用に力を入れるとともに，施設の小規模化を進める必要がある．国の社会保障審議会児童部会「社会的養護のあり方専門委員会」報告書（平成 15 年 10 月）において，より家庭的な生活環境を保障するため，児童福祉施設について従来の大規模な集団生活から小舎制ホームやグループホームなどを生活の基本的単位とするべきであるとの方向性が打ち出されたことは歓迎すべきことである．

〔才村　純〕

文　献

1) 池田由子：児童虐待の認識の歴史と取り組み．母子保健情報，第 42 号，日本子ども家庭総合研究所，2000．
2) 鈴木敦子：保健婦・助産婦活動と子ども虐待，保健の科学 1998．8．Vol. 41，杏林書院，1999．
3) 加藤曜子：才村　純ほか：児童相談所における虐待相談の増加要因に関する調査研究．平成 13 年度児童環境づくり調査研究事業報告書，2002．
4) 小林　登ほか：児童虐待の実態に関する調査研究．平成 12 年度・13 年度厚生科学研究（子ども家庭総合研究）報告書，2001，2002．
5) 松井一郎・谷村雅子：児童虐待と発生予防．母子健康情報，第 42 号，日本子ども家庭総合研究所，2000．

夫婦間暴力
domestic violence（DV）

近年，少子高齢化による人口構造の変化，家族形態の多様化，都市化の進展等に伴う地域の人間関係の希薄化など，社会環境が変化する中で，いじめ，青少年の粗暴行為，児童虐待，DV，性犯罪など多様な問題が急増している．

とくに，「女性に対する暴力」は，年々，増加の傾向にある．「女性に対する暴力」には，親しい間柄にある夫，パートナーなどからの暴力であるドメスティック・バイオレンス（DV）やセクシャル・ハラスメント，性暴力，ストーカー行為，売買春などがある．

これらはすべて，「相手の意思に反する行為をしてはいけない」という常識が男性優位の考え方や性役割の固定観念によって，女性に対しては適用されていないという社会的な歪みと捉えられる．

「女性に対する暴力」は，女性が一人の人間として安心して生活し，自由に活動することを脅かしているという点で，女性の基本的人権を侵害する行為である．

このような状況を受け，DV 被害女性の増加を重要な社会的問題と捉え，平成 13 年 4 月 13 日「配偶者からの暴力の防止及び被害者の保護に関する法律」（以下「DV 法」という）が公布され，同年 10 月 13 日一部施行，平成 14 年 4 月 13 日全部施行の運びとなり，全国の都道府県に配偶者暴力相談支援センター（以下 DV センター）が設置されるに至った．

DV センターでは，DV 法に基づいてさまざまな被害女性の安全保護と自立に向けた支援を行っているが，実際の支援にあたっては多くの課題がある．

1．DV の基礎知識
1）DV（ドメスティック・バイオレンス）とは

domestic violence とは，直訳すると「家庭内の暴力」となり，夫から妻，親から子ども，兄弟姉妹間などさまざまな「家庭内の暴力」と捉えられるが，通常 DV という場合，「夫婦や恋人など親しい関係にある男性が女性に対して加える暴力」を指している．

2）暴力の根底にあるもの

①「男は仕事，女は家庭」といった性的役割意識から，「夫が食べさせている」とか「夫には何事も逆らわず従う」といった男性が女性を支配の対象とする従属関係が背景となって起こる．

②体力，経済力など対等でない関係性と暴力を容認しがちな男性優位の社会のあり方が背景となって起こる．

3）暴力の現れ方

DV にはさまざまな種類の暴力が見られるが，いずれも，単独で起こるものではなく，何種類かの暴力が重なって起こる．また，ひとつの行為が複数の暴力の形態に該当する場合もある．

①身体的暴力：殴る，蹴る，首をしめる，腕をねじる，引きずり回す，物を投げつける，刃物などの凶器を突きつけるなど．

②精神的暴力：大声でどなる，無視する，ののしる，人前でバカにしたり命令する，大切にしている物を壊したり捨てたりする，子どもに危害を加えると脅す，殴る素振りをするなど．

③経済的暴力：生活費を渡さない，家計を管理させない，借金をさせるなど．

④性的暴力：望まない性行為を強要する，中絶を強要する，ポルノを強要する，避妊に協力しないなど．

⑤社会的暴力：行動を監視し制限する，

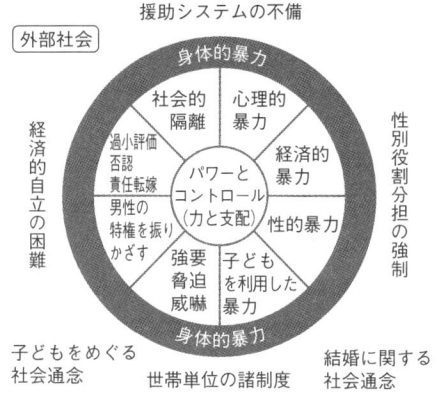

図 36.2 パワーとコントロールの車輪
ミネソタ州ドゥールース市のDV介入プロジェクト作成を加筆修正.

⑥子どもを巻き込む暴力：子どもにも暴力を振るう，子どもを取りあげる，自分の言いたいことを子どもに言わせるなど．

4) DVは犯罪である

夫婦が対等の関係であることを前提とした夫婦喧嘩とは異なり，DVは対等な関係が成立していない．また，一般的によく言われる「暴力をふるう夫も悪いけれど，妻の側にも問題がある」という意見に対して，家庭内だから暴力が許されるということはない．

いかなる理由，間柄であっても暴力で相手を支配しようとすることは，許されることではなく，人権侵害であり，犯罪である．

図36.2はアメリカにおけるDV被害女性の体験を集約して作成されたDVの構図である．

「パワー（力）とコントロール（支配）の車輪」で，外側の円が身体的暴力，内側の円が他の暴力を表し，この車輪が回転し続ける（暴力が日常化している状態）ことを示している．

また，周囲が気づきやすい身体的暴力を外側の円にし，他の暴力は身体的暴力に隠され見えにくい構造であるとして内側に描

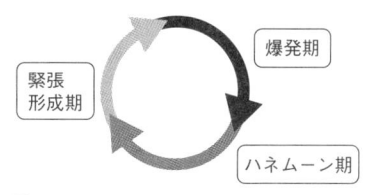

図 36.3 ドメスティック・バイオレンスのサイクル
参考：青森県「相談を受ける方のためのDV（ドメスティック・バイオレンス）相談の手引き」

かれている．社会的に立場の強い男性が，パワー（力）によって女性を支配するという特有の状態をあらわしている．

5) 繰り返される暴力

DVの特徴を示すひとつとして，「DVのサイクル」という図がよく使われる（図36.3）．暴力をふるった男性が「もう暴力はふるわない」と謝り，しばらくの間は被害者に対し優しくふるまう（ハネムーン期）が，男性のイライラがつのる時期（緊張形成期）となり，再び爆発して暴力をふるう（爆発期）ようになるというサイクルが長期にわたって繰り返されることが多い．

6) なぜ逃げないのか

暴力被害にあうのであれば，逃げればよいと思われるが，多くの被害女性は家庭にとどまっている．その理由として

①恐怖感，無力感：暴力被害が恒常になると，常に恐怖と不安で緊張し続けているという状態になる．これに伴い感情が麻痺し，無力感が支配するようになる（「麻痺」の反応）．また，「自分が悪いから暴力をふるわれるのだ」「逃げても，探し出されるだろう」というように，自己評価が低くなり，逃げる気力や誰かに相談する気力さえ持てなくなることもある．

②親しい関係の中で生じる特性：「暴力をふるわない時が本当の夫なのだ」「暴力をふるうのは，私のことを愛しているからだ」と考えるようになり，潜在化してしま

表 36.7 大阪府の暴力被害相談と一時保護の件数（単位：件）

	9年度	10年度	11年度	12年度	13年度	14年度	15年度
暴力被害相談	1,157	1,370	1,899	2,056	2,716	3,265	3,944
暴力被害一時保護	119	138	127	209	301	359(299)	386(336)

子どもからの暴力等を含む暴力被害．14年度一時保護（299），15年度一時保護（336）はDVケース．

③子どものこと：「子どもを置いて逃げるわけにはいかない」とか「学校のことが気がかり」など，子どもの立場を考えると逃げられない場合もある．

④周囲の無理解：暴力被害にあうことについて，親，親戚，近隣など周囲の人に相談しても，「あなたにも問題があるのでは？」などといわれ，以後，誰にも相談しなくなり，潜在化してしまう場合もある．

⑤逃げた後の暮らしへの不安：もし逃げたとしても，その後の住居や就職，子育てなど，さまざまな生活に関する不安が山積していることから，あきらめてしまう場合もある．

7）加害者像について

暴力をふるう加害者に一定のタイプはない．たとえ，社会的信用や学歴があったり，人当たりがよいからといって暴力をふるわないとはいえない．夫婦の置かれている環境や社会的状況，家族の状況，夫婦の関係性など多様な要因が複雑に絡み合って加害に至っているものである．

2. DV被害の実情

1）増加する暴力被害

平成14年度に全国の都道府県にDVセンターが設置され，相談，一時保護，自立に向けた支援などが一斉に始まった．ほとんどの都道府県で既存の女性支援機関である「婦人相談所」がDVセンターを兼ねている（男女共同参画部門がDVセンターの役割を担っているところもある）．

DVはこと新たに起こった問題ではなく，全国の婦人相談所において，すでに長年にわたって相談対応していた．しかし，近年の経済不調，リストラ問題，中小企業の倒産など社会情勢の不安定化に伴い，大きく増加しつつあり，さらに，DV法の施行やDVセンターの設置によってDVがPRされたこともあり，急激な増加をみたものと思われる．

ちなみに，大阪府女性相談センター（婦人相談所）における暴力被害相談の取扱状況（表36.7）をみると，息子や親からの暴力を含め平成9年度以降増加の一途をたどり，平成15年度には3倍以上となっている．

また，緊急に一時保護した件数も平成9年度に比し3倍以上増加しており，しかも，その多くがDV被害によるものであった．

2）被害女性の状況

平成14年度，15年度の全国DVセンターにおける相談件数は表36.8のとおりである．

相談の多くは，実際に被害にあっている女性からのもので，深刻なケースが多い．年齢別には30歳代の女性の相談が最も多いが，20歳未満から60歳以上まで年齢幅は広い．

DVの考え方や被害を防止するための情報提供や避難の方法，一時保護やその他利用可能な社会資源に関する情報提供などを来所（面接），電話により行っている．

表36.8 全国DV相談件数

	平成14年度		平成15年度	
来所	11,035	30.7%	12,758	29.5%
電話	23,950	66.6%	29,820	69.0%
その他	958	2.7%	647	1.5%
合計	35,943	100.0%	43,225	100.0%

現に身体的暴力被害にあっており，命からがら逃げてきたり，警察署に飛び込んで助けを求める場合，福祉事務所に緊急に相談を持ちかけ担当ケースワーカーなどから保護の依頼を受ける場合，他府県のDVセンターから依頼を受けて広域的な保護を行う場合などさまざまである．

また，相談を経て一時保護所や婦人保護施設，その他のシェルターなどに緊急一時保護を行うケースが，年々，増加の傾向にある．

3. 「配偶者からの暴力の防止と被害者の保護に関する法律」

1） DV法の特徴

平成13年に制定・施行されたDV法は，DVを「犯罪」と明記し，その暴力から被害者を守る新たな手段として「保護命令」を盛り込んでいる．また，通報，相談，保護等の体制を整備することにより，暴力の防止および被害者の保護を図ることを目的としている．法律の対象は女性とは限っていないが，前文において，被害者の多くは女性であることに言及するなど，女性被害者を念頭においた規定となっており，都道府県によっては女性からの相談に限定している場合もある．

2） DVセンターの業務

DV法の施行に伴い全国の都道府県にDVセンターが設置され，以下の業務を行うこととなった．

①被害者からの相談を受ける．
②被害者の心身の健康を回復させるため，医学的，心理学的な指導，カウンセリングなどを行う．
③被害者とその同伴家族（児童等）の一時保護を行う．
④自立生活促進のため，情報を提供しその他の援助を行う．
⑤保護命令の制度の利用について，情報を提供しその他の援助を行う．
⑥被害者を居住させ保護する施設の利用について，情報を提供しその他の援助を行う．

3） 保護命令制度

DV法の中で加害者（夫）の行動を制限し，被害女性の安全を確保する趣旨で設けられたものである．これは，被害者から地方裁判所に申立てることにより発令されるもので，申立て後，比較的短期に6カ月間の接近禁止や2週間の退去命令が発令される（退去命令の期間が，法改正により2か月に拡大．平成16年12月以降施行となる）．なお，保護命令を守らない夫には，1年以下の懲役又は100万円以下の過料が科せられることがある．

4. 今後の課題

1） DV法の限界

DV法の施行により，被害者の支援に関して一歩前進した．しかし，現行法では，被害者を安全に保護するシェルター機能を確保したところでとどまっているのが実状である．

一時保護や婦人保護施設への入所（居所の確保と衣食の提供，各種情報の提供など）までは整備されたが，被害女性の「社会的自立」を支援するための制度，社会資源の整備には繋がっておらず，また，傷ついた心のケアといった，心理治療も民間レベルでの取り組みが主で，ほとんどできていない．

このため，自立をあきらめて暴力夫のもとに帰ってしまうケースも結構多い．これらの女性は心のケアも不十分なため，更なる暴力被害にあい，シェルターにかけ込むことになる．

とくに，女性の場合，住宅問題，経済問題，就労問題，健康問題，子育てなどの問題を抱えていることが多く，まさに福祉的支援が必要であり，併せてDVによる心的外傷の治療などの支援の充実が重要と思われる．

また，この法では，被害者を援助する者

は保護の対象に含まれておらず，避難した実家の親（多くは高齢者）が，被害に巻き込まれるといった事態に対処しきれない．

2) 法の改正

DV法は施行後3年を目途に施行状況を勘案して検討が加えられ，必要な措置が講じられることとなっていたが，平成16年3月26日改正案が可決され，6月2日公布された．

今回の改正では，「配偶者からの暴力」は，身体的暴力に加え，精神的・性的暴力も含むものとして定義された．

また，元配偶者から危害を加えられる危険度が離婚後に最も高いことから，元配偶者に対しても保護命令を発することができるようになった．

さらに，加害者が，被害者の子どもに接近することを禁止する命令も発することができるようになった．改正法は12月2日に施行される．

おわりに

DV法施行後，3年を経過しようとしている．増加の一途を辿るDV問題は，昨今の不安定な社会状況からみて，今後さらに増加するものと思われる．相談に出向いたり，一時保護などシェルターを活用している女性も年々，増加の傾向にある．しかし，これは，ほんの氷山の一角にすぎないのではないかと思われる．現に保護された女性の話のなかでも，「DVセンターがあることを知らなかった」ということを耳にする．被害にあいながらも相談できずにいる女性やDV被害を意識化していない女性，意識していても「自立」に向けて避難する決心のつかない女性が圧倒的に多いと考えられる．当事者はもちろん，親族，知人でDV被害に困っている女性がいる場合，早期に相談するよう勧めていただきたい．個人が個人として尊ばれる社会にあって，如何なる暴力も許されない今，誰もが安心して暮らせる社会づくりに取り組む必要がある．DVへの取り組みもその1つである．

〔吉岡芳一〕

文　献

1) 内閣府男女共同参画局編：配偶者からの暴力　相談の手引き，2002．

37. 子どもと人権

児童憲章
the children's charter

1. 背景

児童福祉法は，第二次世界大戦後，1947年12月に制定された．以降，児童福祉施策は要保護児童対策を中心として展開されてきたが，敗戦後の子どもをとりまく環境は，子どもの福祉や権利を十分に保障することがきわめて困難な状態にあった．

このような状況の中，児童福祉法には内容として欠けていた「児童福祉の理念」を明文化する必要性を感じている有識者は少なくなかった．たとえば，1949年6月の第14回中央児童福祉審議会では，「児童の権利宣言（ジュネーブ宣言）」や「米国児童憲章」に強い関心が示され，日本においても「児童憲章」を制定することが決められた．

翌1950年5月の第4回全国児童福祉大会において，児童憲章の制定には，すべての国民が参加できるよう配慮されるべきことが決議された．さらに，制定には，中央と地方の児童福祉に関係する公私諸機関の協力が必要であることを確認するとともに，国民的最終決定は，1951年5月とすることとされた．

こうして内閣総理大臣官房審議室に，関係各庁から推薦された委員で構成される「児童憲章草案準備会」（後の「児童憲章制定会議」）が設置された．準備会の議長に，国務大臣の金森徳次郎が，制定会議の議長には，内閣総理大臣の吉田茂が選任された．審議過程では，日本国民の実現すべき児童養育，児童福祉の理想と，児童の未来をめぐって活発な論議が展開された．

2. 定義

1951年5月5日「子どもの日」に，「児童憲章制定会議」は，「児童憲章」を制定・宣言した．この「児童憲章」は，日本においてはじめて「子どもの権利」を社会的に確認するものであり，「日本版 子どもの権利宣言」ともいえよう．法律ではないが，児童福祉実現のための道徳的約束ごと，社会的ルールを明示したものである．

3. 内容

「児童憲章」は，前文，総則，本文から成っている．

前文および総則には，①児童は，人として尊ばれる，②児童は，社会の一員として重んぜられる，③児童は，よい環境のなかで育てられる，と児童福祉の理念が謳われている．

本文は，児童の権利の内容を12項目に規定している．具体的には，心身ともに健全に発達する権利，適切な衣食住を提供される権利，教育を受ける権利，労働搾取から保護される権利，障害児の適切な治療と教育と保護を受ける権利，などである．

4. 意義

従来，児童は「大人の予備軍」，「大人の所有物」といった子ども観のもとで養育さ

れてきた．とくに敗戦後は，「子どもは，日本の新しい国家を再建するための大切な力である」との認識が強かったと思われる．

しかし，児童憲章では，「児童の人権」を前面に打ち出した．子どもを「社会の一員」として，「ひとりの人間」として位置付けた内容となっている．同時に，子どもが未発達な弱い存在であることにも十分配慮し，子どもの「保護を受ける権利」を明示している．

また，児童憲章では，子育てについて，社会の責任，義務について各側面から規定している．子育ては私的なことではなく，社会全体が共同で，子どもたちの権利を保障していくのだという姿勢を明らかにしたものである．この理念は，制定後50年経た現在もなお，わが国における児童福祉の理念として重要な位置を占めている．

〔伊藤嘉余子〕

〈児童憲章〉（全文）

　われらは，日本国憲法の精神にしたがい，児童に対する正しい観念を確立し，すべての児童の幸福をはかるために，この憲章を定める．
　児童は，人として尊ばれる．
　児童は，社会の一員として重んぜられる．
　児童は，よい環境のなかで育てられる．
一　すべての児童は，心身ともに，健やかにうまれ，育てられ，その生活を保障される．
二　すべての児童は，家庭で，正しい愛情と知識と技術をもって育てられ，家庭に恵まれない児童には，これにかわる環境が与えられる．
三　すべての児童は，適当な栄養と住居と被服が与えられ，また，疾病と災害から守られる．
四　すべての児童は，個性と能力に応じて教育され，社会の一員としての責任を自主的に果たすように，みちびかれる．
五　すべての児童は，自然を愛し，科学と芸術を尊ぶように，みちびかれ，また，道徳的心情がつちかわれる．
六　すべての児童は，就学のみちを確保され，また，十分に整った教育の施設を用意される．
七　すべての児童は，職業指導を受ける機会が与えられる．
八　すべての児童は，その労働において，心身の発育が阻害されず，教育を受ける機会が失われず，また児童としての生活がさまたげられないように，十分に保護される．
九　すべての児童は，よい遊び場と文化財を用意され，わるい環境からまもられる．
十　すべての児童は，虐待，酷使，放任その他不当な取扱からまもられる．
十一　すべての児童は，身体が不自由な場合，または精神の機能が不十分な場合に，適切な治療と教育と保護が与えられる．
十二　すべての児童は，愛とまことによって結ばれ，よい国民として人類の平和と文化に貢献するように，みちびかれる．

児童福祉法

the child welfare law

1. 法制定の経緯と趣旨

児童福祉法（昭和22年法律第164号）は，次代の社会の担い手である児童一般の健全な育成および福祉の積極的増進を基本精神とする，児童についての根本的総合的法律である．すべての「児童が心身ともに健やかに生まれ，かつ，育成される」（第1条）ことを目指し，その名称にはじめて「福祉」すなわち「よりよく生きること」を冠した画期的な法律である．

太平洋戦争による敗戦と混乱の中で国民の生活水準は低下し，児童の置かれた社会的環境も保健衛生の状態も深刻であった．当時，戦災孤児，街頭浮浪児と呼ばれる児童のなかには，家もなく，徘徊，非行化する者も多く，児童保護は緊急の課題であり，政府は，児童問題の根本的解決のための児童保護事業の法制化をはかるため，児童保護法要綱案をまとめ，中央社会事業委員会に諮問した．

同委員会は「すすんで次代の我が国の命運をその双肩に担う児童の福祉を積極的に助長するためには，児童福祉法とも称すべき児童福祉の基本法を制定することが喫緊の要務」であるとして，児童福祉法要綱案を示した．これに基づき政府は，児童福祉法案を昭和22年8月，新憲法下の第1回国会に提出し，一部修正されて同年12月12日に制定交付され，昭和23年1月1日から一部を除き施行，4月1日から完全実施された．

このように児童福祉法は，従来の要保護児童の保護を主要な目的とした考え方を改め，「児童は歴史の希望である」（松崎芳伸）との願いのもとに対象をすべての児童とし，その健全育成，福祉の増進を目的としている画期的な法律であった．以来，60次以上にわたる改正が行われている．

2. 法の概要

児童福祉法は，総則，福祉の保障，事業及び施設，費用，雑則の5章から構成されており，児童福祉の理念及び原理は，法第1条から第3条に規定されている．

児童の定義は，満18歳に満たない者とされ，また，妊産婦は，「妊娠中又は出産後1年以内の者」と定義される．保護者については，「親権を行う者，後見人その他の者で，児童を現に監護する者」と定義されている．児童福祉の機関として，児童福祉審議会，児童福祉司，児童委員，児童相談所，福祉事務所ならびに保健所などについて規定している．第2章は，育成医療，各種在宅サービス，児童の福祉を阻害する行為，児童福祉施設などの各種の福祉の保障について規定している．児童福祉施設の設置，目的，運営などについては，第3章に示されている．

施設入所については，助産施設，母子生活支援施設への入所（助産の実施，母子保護の実施）は都道府県，市および福祉事務所を設置する町村が（福祉事務所長に委任が可能），保育所（保育の実施）については市町村が，それ以外の児童福祉施設（児童厚生施設，児童家庭支援センターを除く）については都道府県（児童相談所長に委任が可能）が措置を行うこととなっている．また，児童福祉の費用に関する規定もある．

なお，法を具体的に実施するため，同法に基づき児童福祉法施行令（政令），児童福祉法施行規則（厚生労働省令），里親の認定等に関する省令（同）児童福祉施設最低基準（同），里親が行う養育に関する最低基準（同）などが定められており，さらにその他の各種通達により児童福祉法の体

近年の大きな法改正として,平成10年の児童福祉法等の一部を改正する法律(保育施策,児童自立支援施策,母子家庭福祉施策を中心とする改正),平成12年の社会福祉の増進のための社会福祉事業法等の一部を改正する等の法律(障害児のための在宅福祉サービスの利用方法を支援費制度とする改正.平成15年度から施行),平成13年の厚生労働省設置法の施行に伴う改正,平成13年の児童福祉法等一部改正(認可外保育施設,保育士資格の法定化(この部分,平成15年11月から施行),児童委員等に関する法改正),平成15年の子育て支援事業の法定化のための法改正(平成17年度から施行)などがある.なお,平成16年には,要保護児童問題に対する市町村の役割強化,社会的養護の拡充強化,虐待等に対する司法関与の拡大などをねらいとする法改正が成立した(平成17年度から施行).

3. 児童福祉の現状と課題
1) 基本理念
児童福祉の基本理念としては,児童の権利に関する条約,児童福祉法第1～3条,児童憲章などがあり,「社会的存在としての子どもの尊厳性および平等,自己実現を理念とするウエルビーイングの実現」をめざすものと考えることができる.近年は,児童が生活する基本的な場である家庭を支援することおよび児童の権利の保障をすすめていくことが主要な方向と認識されている.

2) サービス内容
具体的サービスは,これらの理念に基づき児童福祉法や母子及び寡婦福祉法,母子保健法等を中心とする各種の法令および事業により構成され,1.子育て支援(児童手当その他の経済的支援,相談援助サービスなど),2.母子保健(1歳6カ月児健康診査などの各種健康診査,保健指導,医療・療養援護など),健全育成(児童館などの設置普及,地域における子ども育成活動,放課後児童健全育成事業など),保育(認可保育所,特別保育対策,保育所以外の保育施設・サービスなど),要養護・非行・情緒障害などの要保護児童福祉(相談援助サービス,施設入所・里親委託,児童虐待への対応など),ひとり親家庭および寡婦福祉(相談援助サービス,日常生活支援,母子福祉資金の貸付,児童扶養手当の支給,就労援助,施設入所・利用サービスなど),障害児福祉(特別指導扶養手当の支給,相談援助,ヘルパー派遣など在宅福祉サービス,補装具・日常生活用具の交付・給付,障害児関係施設通所・入所など)などの各種サービスが体系化されている.

サービスの実施機関としては,市町村,児童相談所,福祉事務所(家庭児童相談室),保健所・市町村保健センター,児童委員(主任児童委員)などがあり,このほか20種類に及ぶ児童福祉施設ならびに民間援助団体,各種専門職,NPO,ボランティアなどがそれらを支えている.

3) 児童福祉の課題
児童や子育て家庭が置かれている社会環境や価値観の多様化,変容に伴い,要保護児童の保護を中心としてきた児童福祉サービスも,今後,新たな展開を迫られている.具体的には,地域子育て支援サービスの拡充,児童福祉サービス供給体制の再検討,児童の権利擁護システムの整備と実際的運用,児童福祉施設の再編成,子どもの最善の利益保障を念頭に置いた児童福祉施設の業務および運営の改善,里親制度の振興,児童虐待防止制度のさらなる改革,児童福祉の計画的推進など多くの検討すべき課題が指摘されている.　　　　〔柏女霊峰〕

文　献
1) 柏女霊峰:現代児童福祉論 第6版,誠信書房,2004.
2) 福祉士養成講座編集委員会編:児童福祉論,中央法規,2004.

母子保健法

maternal and child health law

1. 母子保健法の制定

母子保健に関する総合立法は，決して古いできごとではない．母子保健の向上が国家的課題となるような社会経済的状況が整うまで，わが国においては相当の時間を経過しなければならなかった．

広く母を対象とした法律を歴史的に探せば，戦前に母子保護法があったことを確認できる．しかし，それは貧困母子家庭に対する経済的扶助を規定したものでしかなく，母子保健法の前身とはとてもいえないものであった．また，軍事扶助法によって，軍人家族に対する医療サービスなどが手厚くなされたことはあったが，すべての母子を対象とした施策は充実したものとはならなかった．

第二次世界大戦後になっても，母子保健の総合立法はすぐには進められなかった．もちろん，すべての子どもの心身ともに健やかな成長を規定した児童福祉法の制定は，母子保健の展開の上で大きなできごとであったといえよう．そして，当時の児童福祉法において，妊娠の届出や母子手帳（現在の母子健康手帳），保健指導，未熟児養育医療などの規定など，母子保健法に規定されるべき項目が盛り込まれていたことは，当時の母子保健を向上させる上で少なからずの働きをしたものと評価できる．

しかし，児童福祉法上の規定は，あくまで児童の健全な出生と育成を図るための法律事項に限られているため，母性の健康の保持増進の観点からの規定を設けることは容易ではなかった．また，貧困問題が喫緊の課題であって，実態的には要保護児童対策が児童福祉政策上の重点課題となっていたことも事実である．その結果，母子保健に関する諸施策の整備が十分に行われないこととなり，母子保健統計においても妊産婦死亡率，乳幼児死亡率，乳幼児の体位などにおいて，先進国より相当遅れている状況が生み出されていた．

児童福祉法上での対応においてこうした限界を抱えている中，わが国の社会経済状態が右肩上がりになり，マクロ指標において貧困問題が軽減され，貧困対策に一呼吸つけるようになった1960年代，母子保健法の制定が社会的に求められるようになった．そして，1965年（昭和40年）に，関係者の念願であった母子保健法が制定され，その後，10次以上の改正を経て，現在に至っている．

2. 母子保健法の概要

この法律の目的は，第1条において，次のように明記されている；「母性並びに乳児及び幼児の健康の保持及び増進を図るため母子保健に関する原理を明らかにするとともに，母性並びに乳児及び幼児に対する保健指導，健康診査，医療その他の措置を講じ，もって国民保健の向上に寄与することを目的とする」．

なお，母性とは，医学，公衆衛生学などの分析に基づく「母となりうる性質能力」を指し，女性が妊娠，出産および育児において果たす特有の機能に着目した概念であり，倫理的意味は含まないものと公権解釈されている．

こうした目的のもと，母子の保健指導，新生児や未熟児の訪問指導，健康診査，栄養指導，妊産婦の訪問指導，母子健康手帳の交付，養育医療，母子健康センターの設置などが規定されている．

3. 母子保健法の動向

先に10次以上の改正がなされたと述べたが，近年では1994年（平成6年）に大

図 37.1 第10次母子保健法改正の概要

◎一元化の理由
① 住民に身近な市町村での基本的サービスの提供
② 妊婦及び乳幼児に対する一貫した母子保健事業の実施
③ 都道府県（保健所），市町村の役割分担の明確化

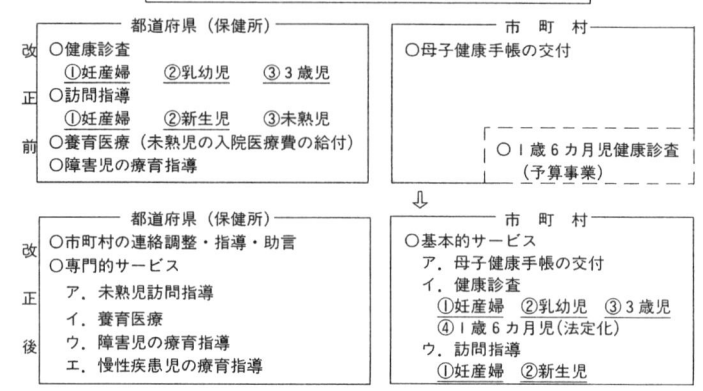

改正前

都道府県（保健所）
○健康診査
　①妊産婦　②乳幼児　③3歳児
○訪問指導
　①妊産婦　②新生児　③未熟児
○養育医療（未熟児の入院医療費の給付）
○障害児の療育指導

市町村
○母子健康手帳の交付

○1歳6カ月児健康診査
　（予算事業）

改正後

都道府県（保健所）
○市町村の連絡調整・指導・助言
○専門的サービス
　ア．未熟児訪問指導
　イ．養育医療
　ウ．障害児の療育指導
　エ．慢性疾患児の療育指導

市町村
○基本的サービス
　ア．母子健康手帳の交付
　イ．健康診査
　　①妊産婦　②乳幼児　③3歳児
　　④1歳6カ月児(法定化)
　ウ．訪問指導
　　①妊産婦　②新生児

注　下線は，実施主体が都道府県から市町村になった事業である．

（「厚生の指標　臨時増刊　国民の福祉の動向」49 (12), 133, 財団法人厚生統計協会, 2002 の掲載の図を引用）

幅な改正が行われている．それは，「地域保健対策強化のための関係法律の整備に関する法律」を受けてなされたもので，母子保健実施体制を大幅に変えるものであった（図37.1参照）．これにより，妊産婦または乳幼児の保護者に対する保健指導，新生児の訪問指導，三歳児健康診査および妊産婦の訪問指導の実施主体が市町村とされたわけであるが，「人的に，そして予算的に格差が大きく，すべての市町村で安心できる保健サービスが提供できるというのは絵空ごとでしかない」という指摘がなされたりもした．もっともなことではあるが，地方分権は現在の政治改革の主流であり，母子保健以外の領域でも市町村の力量が求められるような改革が相次いでいる．それに対応して，市町村の統廃合などの動きも現実となっていることを鑑みると，市町村における母子保健サービス運営管理にいっそうの工夫が求められることは間違いない傾向といえるだろう．

また，母子の保健だけでなく，母子の保健に対する父親の役割も重要になっていることが，近年になって指摘されてきたが，それがこの改正においても反映されている．すなわち，妊娠，出産または育児に関する保健指導の対象に，妊産婦の配偶者を加えるように改正がなされたのである．母子保健法は，とくに医学的・公衆衛生学的観点から組み立てられているものだが，社会倫理的な位置づけから自由でいられるわけではない．父子保健を母子保健サービスの一環としてどのように提供していくのがいいのか，今後の議論の中でより具体化されていくことの端緒をつけた改正として評価できよう．

このほか，改正内容としては，以下のものがあげられる；①市町村の行う健康診査の対象に満1歳6カ月を超え，満2歳に達しない幼児を加えること，②国および地方公共団体は，妊産婦および乳幼児に対し高度医療が提供されるよう，必要な医療施設の整備に努めなければならないとすること，③国は，母性および乳幼児の健康の保

持増進に必要な調査研究の推進に努めなければならないとすること，④母子保健事業の体制整備のための所要の規定の整備（都道府県の市町村に対して技術的援助を行うこと，および母子保健事業の実施にあたっての学校保健および児童福祉対策との連携などを規定）．

育児不安への対応など，社会経済上の変化に伴い，新たな課題は山積する一方である．よりきめ細やかな実施体制の確立に向けて，国，都道府県，市町村の役割分担を確立するとともに，地域ネットワーク形成に必要な施策も充実されねばならないということであろう．　　　　　　〔澁谷昌史〕

文　献

1) 児童福祉法規研究会編：最新 児童福祉法・母子及び寡婦福祉法・母子保健法の解説，時事通信社，1999.
2) 厚生の指標 臨時増刊 国民の福祉の動向，**49**(12)，財団法人厚生統計協会，2002.

児童の権利に関する条約

convention on the rights of the child

わが国における正式名称は「児童の権利に関する条約」であり、国際連合が、児童の権利宣言採択30周年に当たる1989年11月20日に採択し、翌年9月に発効した児童の権利に関する総合的条約のことである。子どもの権利条約として広く知られている。

1. 児童の権利に関する世界宣言と児童の最善の利益

児童の権利が広く国際的規模で考えられた最初のものが、1924年に国際連盟が第5回総会で採択した、児童の権利に関する宣言（Declaration on the Rights of the Child）である。これは前文と全5条からなり、とくに前文において「…すべての国の男女は、児童に最善のものを与えるべき責を負うことを認識しつつ、…」と述べられているように、児童の最善の利益を強調している点で特徴的である。

これを引き継ぐのが児童の権利宣言（Declaration on the Rights of the Child）である。児童の権利宣言は、1959年11月20日、国際連合第14会総会において採択された。前文と10条の本文（児童に対する差別の禁止、成長する機会の保障、愛情をもって育てられる権利などが規定）で構成されている。児童の権利を前面に打ち出している点で画期的な宣言であり、とくに、「児童の最善の利益」が全体を貫く原則として強調されている。児童の権利に関する条約が採択された今なお、世界的宣言としての意義をもち続けている。

2. 児童の権利に関する条約と児童の主体的権利

児童の権利に関する条約はこれらの潮流を引き継ぎ、宣言採択20周年に当たる1979年を国際児童年とすることが決定されたことを契機に、条約制定の動きが活発化した。草案作成作業は国際連合人権委員会のワーキンググループで実施され、約10年をかけて作成された。

これまでの宣言の児童の権利概念を貫いてきた基本的視点は、「児童の最善の利益」を図る成人の義務に対応する児童の「保護を受ける権利」すなわち「受け身としての権利」であった。しかるに、1948年の「世界人権宣言」国際連合採択、1966年の世界人権規約採択、1974年の女子差別撤廃条約採択と続く一連の権利保障の潮流が、児童の主体的権利の潮流を生み出し、児童の権利は、従来の「受け身としての権利」から「人権としての児童の権利」すなわち「権利行使の主体としての権利」として捉えられるようになってきたのである。

しかしながら、児童は成人に比し心理・社会的に未成熟であるため、親などによる保護・指導の必要性を無視することはできず、結果として児童の権利に関する条約においては、この両方の権利概念が併存することとなったのである。

3. 条約の内容

児童の権利に関する条約は前文と54か条からなり、18歳未満の子どもが有する権利について包括的・網羅的に規定している。その内容は表37.1に示すとおりである。大きく、前文、児童の権利に関する具体的な規定である第1〜41条、実施に関する手続き規定から構成される第2部（第42〜45条）、署名・批准等にかかわる規定で構成される第3部（第46〜54条）に分けられる。

その内容は大きく、①児童の生存・保護ならびにとくに困難な状況下の児童に関す

表 37.1　児童の権利に関する条約の概要

前文	第29条　教育の目的
第1部	第30条　少数民族に属し又は原住民である児童の文化，宗教及び言語についての権利
第1条　児童の定義	第31条　休息，余暇及び文化的生活に関する権利
第2条　差別の禁止	第32条　経済的搾取からの保護，有害となるおそれのある労働への従事から保護される権利
第3条　児童に対する措置の原則	
第4条　締約国の義務	
第5条　父母等の責任，権利及び義務の尊重	第33条　麻薬の不正使用等からの保護
第6条　生命に対する固有の権利	第34条　性的搾取，虐待からの保護
第7条　登録，氏名及び国籍等に関する権利	第35条　児童の誘拐，売買等からの保護
第8条　国籍等身元関係事項を保持する権利	第36条　他のすべての形態の搾取からの保護
第9条　父母からの分離についての手続き及び児童が父母との接触を維持する権利	第37条　拷問等の禁止，自由を奪われた児童の取扱い
第10条　家族の再統合に対する配慮	第38条　武力紛争における児童の保護
第11条　児童の不法な国外移送，帰還できない事態の除去	第39条　搾取，虐待，武力紛争等による被害を受けた児童の回復のための措置
第12条　意見を表明する権利	第40条　刑法を犯したと申し立てられた児童等の保護
第13条　表現の自由	
第14条　思想，良心及び宗教の自由	第41条　締約国の法律及び締約国について有効な国際法との関係
第15条　結社及び集会の自由	
第16条　私生活等に対する不法な干渉からの保護	第2部
第17条　多様な情報源からの情報及び資料の利用	第42条　条約の広報
第18条　児童の養育及び発達についての父母の責任と国の援助	第43条　児童の権利委員会の設置
	第44条　報告の提出義務
第19条　監護を受けている間における虐待からの保護	第45条　児童の権利委員会の任務
	第3部
第20条　家庭環境を奪われた児童等に対する保護及び援助	
第21条　養子縁組に際しての保護	第46条　署名
第22条　難民の児童等に対する保護及び援助	第47条　批准
第23条　心身障害を有する児童に対する特別の養護及び援助	第48条　加入
	第49条　効力発生
第24条　健康を享受すること等についての権利	第50条　改正
第25条　児童の処遇等に関する定期的審査	第51条　留保
第26条　社会保障からの給付をうける権利	第52条　廃棄
第27条　相当な生活水準についての権利	第53条　寄託者
第28条　教育についての権利	第54条　正文

概要は，条約の理解と検索の便に供するために，政府が参考として付したものである．

るもの（19条，32〜37条，22〜23条など），②児童の最善の利益，発達，親の第一次的養育責任など児童の特性に配慮したもの（6条，18条，20条など），③意見表明，思想・良心の自由など自己決定，自立，社会的参加などに関するもの（第12〜17条など）の3つに類型化される．

条約は，児童の受動的権利および親の指導を認めつつも，権利行使の主体としての児童観を鮮明に打ち出した点において画期的なものである．わが国は，この条約を1994年5月に締結し，第44条に基づく国際連合児童の権利委員会に対する報告をすでに2回行っており，今後も，条約の要請に基づき，児童の権利保障のための着実な取り組みが必要とされている．〔柏女霊峰〕

文　献

1）柏女霊峰：現代児童福祉論 第6版，誠信書房，2004.

38. 21世紀における子どもの心身の健康

「幼児期からの心の教育の在り方について」の中央教育審議会報告

report on "education of heart should begin from preschool children" by Central Board of Education

平成10年6月30日に文部省中央教育審議会（根本二郎会長）が町村信孝文部大臣（当時）に答申した報告書である．報告は「新しい時代を拓く心を育てるために―次世代を育てる心を失う危機―」と題し，「幼児期からの心の教育の在り方について」という諮問への答申である．

1. 諮問から答申までの経緯

平成9年夏，当時の小杉隆文部大臣がその前に起こった中学生による殺人事件などを契機に，子どもの心の問題について憂慮を深め，学校へ入ってからでは遅いとの考えから，中央教育審議会（以下中教審，当時有馬朗人会長）に「幼児期からの心の教育の在り方について」諮問した（8月4日）．そこで中教審の下に「幼児期からの心の教育に関する小委員会」（木村孟座長）が設けられ，同年9月から平成10年3月までの間に16回の会議を開いて討議した結果を中間報告としてとりまとめた．中教審ではこの中間報告への意見を公募し，また公聴会を開くなどした後，6月末に答申として文部大臣に提出した．

本答申は，子どもの心を育てるべき大人社会が「次世代を育てる心を失う危機」に直面しているとの認識に立って，まず大人の反省を促し，家庭，地域社会，学校のそれぞれに対し，今なすべきことを具体的に提言した．とくに家庭はすべての教育の出発点であり，基本的なしつけを行う場であることから，どの家庭においても考えて欲しい基本的な事柄について提言し，地域社会に対しても，子育て支援や子どもたちの体験活動の振興はじめさまざまな取り組みについて提言した．青少年団体などの関係団体や，地域住民，企業やメディアなどにも協力を呼びかけている．学校に対しても，心を育てる場として道徳教育の充実や，子どもの悩みを受け止める相談体制の充実などを求めている．

小委員会発足当初の自由討議の際に，近頃親からの学校への要望の中に，「勉強は家で見るからしつけを学校で教えてくれ」というものがあり，親がいかに子どものしつけに自信を失っているか話題になったことがある．この報告では，しつけは親がすべきもので，その親子を地域が支援して欲しい，という趣旨になっており，また地域で異年齢の子どもたちが互いに切磋琢磨しあう機会や自然に接する機会を与えることも要望している．

また，就学前の幼児期での子どものしつけや親の心構えなどをやさしく解説した母子健康手帳サイズのパンフレットを文部省が作成し，厚生省と協力して地域で乳幼児健診の機会などに配布する事業も開始され，現在でも継続されている．

この答申の特徴としては，まず文体が

「…しよう」「…してほしい」というように国民への呼びかけになっていることが挙げられ，また文部省としてはおそらくはじめて「しつけは家庭で」と呼びかけ，「地域での心の教育支援」を要請し，「必要があれば警察や児童相談所への協力要請」なども打ち出している．

本答申はかなり長文であるので，その概要を目次の形で示す．また現状を理解してもらうために多くの統計や調査報告などの資料が添付してあるので参考になる．

第1章　未来に向けてもう一度我々の足元を見直そう
　(1)「生きる力」を身に付け，新しい時代を切り拓く積極的な心を育てよう
　(2) 正義感・倫理観や思いやりの心など豊かな人間性をはぐくもう
　(3) 社会全体のモラルの低下を問い直そう
　(4) 今なすべきことを一つ一つ実行していこう
　資料：「日・米・中の高校生の規範意識」など5件

第2章　もう一度家庭を見直そう
　① 家庭の在り方を問い直そう
　② 悪いことは悪いとしっかりしつけよう
　③ 思いやりのある子どもを育てよう
　④ 子どもの個性を大切にし，未来への夢を持たせよう
　⑤ 家庭で守るべきルールをつくろう
　⑥ 遊びの重要性を再認識しよう
　⑦ 異年齢集団で切磋琢磨する機会に積極的に参加させよう
　資料：「家庭の役割」「育児不安の有無」「家庭の教育力が低下している理由」「高齢の親の面倒」「小学生の将来への期待」「小学生の遊び場」など45件

第3章　地域社会の力を生かそう
　(1) 地域で子育てを支援しよう
　(2) 異年齢集団の中で子どもたちに豊かで多彩な体験の機会を与えよう
　　① 長期の自然体験活動を振興しよう
　　② ボランティア・スポーツ・文化活動，青少年団体の活動等を活発に展開しよう
　　③ 地域の行事や様々な職業に関する体験の機会を広げよう
　　④ 情報提供システムを工夫し，子どもたちの体験活動への参加を可能にしよう
　(3) 子どもの心に影響を与える有害情報の問題に取り組もう
　資料：「乳幼児と接する生活体験」「子どもたちの自然体験の状況」など14件

第4章　心を育てる場として学校を見直そう
　(1) 幼稚園・保育所の役割を見直そう
　(2) 小学校以降の学校教育の役割を見直そう
　　① 我が国の文化と伝統の価値について理解を深め，未来を拓く心を育てよう
　　② 道徳教育を見直し，よりよいものにしていこう―道徳の時間を有効に生かそう
　　③ カウンセリングを充実しよう
　　④ 不登校にはゆとりを持って対応しよう
　　⑤ 問題行動に毅然として対応しよう
　　⑥ ゆとりある学校生活で子どもたちの自己実現を図ろう
　資料：「道徳の授業の感想」「中学生の規範意識といじめ体験」「校内暴力の内訳」など23件

〔平山宗宏〕

文　献
1) 中央教育審議会答申「幼児期からの心の教育の在り方について」平成10年6月．
(同答申は，文部時報，10月臨時増刊号，平成10年第1466号に掲載されている．)

健康日本 21

healthy Japan 21

厚生労働省が，21世紀の日本をすべての国民が健やかで心豊かに生活できる活力ある社会とするために，「21世紀における国民健康づくり運動」＝健康日本21として提唱し，2010年までの目標値を定めて展開中の全国的国民運動．

1. 「健康日本21」の背景

21世紀のわが国は，高齢化が急速に進行し，生活習慣病が増加，また介護を必要とする人が増加することは確実である．寿命が伸び，高齢者が増えれば，当然病人が増え，医療費がかさみ，介護の費用も増える．一方，同時進行中の少子化のため，全人口中の税金や年金を納めてくれる勤労世代が減り，個人と社会の負担の増大は避けられない．医療費と介護費の増大を抑えるためには，国民，とくに高齢者の疾病を減らすことが必要である．高齢化に伴って増える疾病は「生活習慣病」であり，全死亡の6割を占めている（平成11年では，がん29.6％，心臓病15.4％，脳卒中12.4％，糖尿病1.3％，高血圧症0.7％）ので，生活習慣病予防が重要である．

こうした状況を踏まえ，長寿についても単に長生きというだけでなく，元気で生き甲斐をもって長生き，が重要との考え方が保健でも福祉でも基本になり，世界的にも自立した状態での寿命（健康寿命 quality adjusted life year）が提唱されるようになった．表38.1はわが国の健康寿命の現状である．たとえば，75歳の男性ならば，あと9.8年生きられるが，自立期間との差の1年半は介護が必要になるという計算で，自立期間を長くするのがこれからの努力，ということになる．

2. 「健康日本21」計画

健康日本21の中心は生活習慣病の予防であるが，国民健康づくり対策として平成12年（2000）に策定したのは次の4点である．

①一次予防重視（健診により疾病の早期発見・早期治療をはかるのが二次予防，病気になった後で社会復帰を目指すリハビリテーションが三次予防であり，一次予防は病気にならないための健康づくりを指す）

②健康づくり支援のための環境整備

③目標などの設定と評価

④多様な実施主体による連携のとれた効果的な運動の推進

すなわち，予算を取って配分して事業を行う従来の国の方式ではなく，地方自治体はじめ各種学術団体，民間団体などに参加を呼びかけ，国民各層の自由な意思決定に基づく健康づくりへの意識の向上と取り組みを図る国民運動との位置付けである．

3. 重点とする9つの領域

生活習慣病の予防と健康づくりのためには，次の9領域と目標を設定した．

①栄養・食生活： 食生活は生活習慣病との関連が深い．適正な栄養素（食物）の摂取，そのための行動の変容，行動変容を

表38.1 健康寿命の一覧表（1995，日本）

年齢	平均余命（うち自立期間）	平均余命（うち自立期間）
65歳	男 16.48年 （14.93年）	女 20.94年 （18.29年）
75歳	男 9.81年 （ 8.23年）	女 12.88年 （10.20年）
85歳	男 5.09年 （ 3.56年）	女 6.74年 （ 4.31年）

支援するための環境づくり，を図る．
　②身体活動・運動：　身体活動に対する意識や運動習慣として，日常生活における歩行歩数などを設定して呼びかける．
　③休養・こころの健康づくり：　ストレスの低減，睡眠の確保，自殺者の減少などを図る．
　④たばこ：　健康への害についての知識の普及，未成年者の喫煙防止，受動喫煙の排除，禁煙支援．
　⑤アルコール：　多量飲酒節制，未成年者の飲酒防止，節度ある適度な飲酒．
　⑥歯の健康：　う蝕・歯周病の予防，歯の喪失防止（80歳で自分の歯を20本以上）．
　⑦糖尿病：　生活習慣の改善，早期発見と治療の継続．
　⑧循環器病：　生活習慣の改善，早期発見．
　⑨がん：　生活習慣の改善，がん検診の受診者増加を図る．

4．目標設定とその達成に向けての計画

　健康日本21では各領域ごとに目標を定め，その達成に努力することとしているが，具体的な目標の例としては次のごとくである．
　①危険因子の低減：　肥満を減少させ，適性体重を維持している人の割合を増加させる．平均最大血圧を低下させ，高脂血症の人の割合を減少させる．
　②健診などの充実：　健康診断受診者を増加させ，各生活習慣病の早期発見，治療の継続率を高める．また，フッ化物歯面塗布を受けた幼児の増加や，歯科検診，歯口清掃指導などを受ける人を増加させる．
　③疾病などの減少：　循環器病，がん，糖尿病，自殺者の減少，う歯，歯周病などを減少させる．

　これらは，10年後を目途に70項目からなる具体的な目標を決めており，たとえば，20～60歳男性の肥満者（BMI 25以上）を現在の23.3％から15％以下に減らす，心臓病を男性で約25％，女性で約15％減少させよう，などである．
　また，計画にはヘルスプロモーションの考え方を基本とし，
　（1）普及啓発，（2）推進体制整備・地方計画支援，（3）保健事業の効率的・一体的推進，（4）科学的根拠に基づく事業の推進，により国民の行動変容を期している．

5．健康増進法の制定

　健康日本21をよりいっそう推進するため，平成13年11月に健康増進法が成立した．この法律の内容は，国民がみずから取り組む健康づくりを支援するため，健康に関する正しい知識の普及，情報の収集・提供，研究の推進，人材の養成等国や自治体の責務，厚生労働大臣が策定する健康の増進のための基本方針や健診の実施等に関する指針，地方公共団体が策定する健康増進計画等，健康づくりのための法的基盤を整備するための事項が盛り込まれた．要は「情報提供の推進」「生涯を通じた保健事業の一体的推進（母子保健，学校保健，産業保健，医療保険の保健事業，老人保健）」「基盤整備」を3つの柱にしている．

〔平山宗宏〕

健やか親子21

healthy parents and children 21

前項の「健康日本21」の母子保健版として厚生労働省（担当は雇用均等児童家庭局母子保健課）が進める健康づくり国民運動．21世紀初頭における母子保健の問題点と方向を示した運動方針である．

厚生省（当時）では20世紀末に，21世紀におけるわが国の健康づくり国民運動として「健康日本21」を策定したが，これは生活習慣病予防を中心としている．一方，母子保健に関しては，ほかにも多くの問題が残されているため，それらを総ざらいする形で，「健やか親子21」がつくられた．

1. 「健やか親子21」の位置付けと基本理念

「健やか親子21」は，安心して子どもを産み，健やかに子どもを育てることの基礎となる少子化対策としての意義に加え，少子・高齢化社会において，国民が健康で明るく元気に生活できる社会の実現を図るための国民の健康づくり運動の一環と位置づけている．

「健やか親子21」の国民運動の推進にあたり，その理念の基本をヘルスプロモーション（次項参照）においた．ヘルスプロモーションは，1986年にオタワで開催されたWHO国際会議において提唱されたもので，①住民一人ひとりがみずからの決定に基づいて，健康増進や疾病の予防，さらに障害や慢性疾患をコントロールする能力を高めること，②健康を支援する環境づくりを行うこと，を2本の柱として展開する公衆衛生戦略である．健康を「よりよい生活のための資源の1つ」として位置付けしていることが特徴である．

「健やか親子21」には4本の柱があり，それらは以下のとおりである

1) 思春期の保健対策の強化と健康教育の推進

20世紀末には，思春期の少年によるいろいろな事件や問題が目につき，17歳問題という新語まで生まれたが，これは乳幼児期からの育児を通しての発達体験の影響が大きく，また，いのちの貴さを子どもに伝え得ていない社会の問題でもあり，わが国社会環境の反映である．一方，専門的医療を必要とする場合もあり，こうしたケースでは早期の気づきや治療が必要になるが，わが国では児童精神科医がいちじるしく不足しており，医療提供体制の遅れが指摘されている．

また近年思春期の子どもたちの早熟傾向や性交経験率の増加が指摘されており，ヘルスプロモーションを踏まえた健康教育の重要性，とくに性感染症の知識を含む性教育や薬物乱用防止教育の推進が必要である．この年代の子どもたちへの対応は，当然学校における健康教育に負うところが大きく，同世代から知識を得るピア・エデュケーション方式も有効である．思春期の子ども自身が主体となる取り組みを地域において推進する必要がある．また併せて心の問題をもつ子どもたちへの相談治療体制の強化などが重要である．

このように健康教育や性教育については学校との連携が必須であるので，この問題を討議する際には，文部省（当時）の担当官も参加し，また報告書は文部省を通して全国の教育委員会にも配布されている．今後とくにこの思春期の問題については，学校関係者と地域保健・福祉の担当者とが連携して地域ぐるみで当たることが望まれる．

2) 妊娠・出産に関する安全性と快適さの確保と不妊への支援

わが国の乳児死亡率は世界で最も低いレベルであるが，妊産婦死亡率はまだ先進諸国に比して改善の余地がある．そうした意味で妊娠・出産に関する安全性の確保は重要であり，診療所，助産所，病院間の連携，職場における母性健康管理体制と産科医との連携，医療圏ごとの周産期医療センターと搬送体制の整備などが必要である．

一方，お産をする女性側には，安全性にこだわる病院の画一的対応が不愉快との声もある．妊娠・出産に関しても QOL の向上を目指すことが時代の要請であり，産科施設でも妊婦の希望にあわせた出産を，安全性との兼ね合いの下で選択できるよう，インフォームドコンセントに努めるところが増えている．また，妊娠期間中の種々の苦痛や不快感を解消，軽減するための社会的支援も求められている．働く女性への職場での健康支援や産後うつ病などの精神疾患にも対応できる支援体制が必要である．少子化対策としても，出産は一度でこりごりでは困るので，医療関係者も親切，周囲の支援もよく，夫も協力してくれたからきょうだいをあと一人，二人生もうと思ってもらう必要がある．こうした意味での"快適さ"である．

一方，不妊に悩む夫婦への専門的相談のできる施設を，県に一個所は整備する必要がある．また，不妊に悩む夫婦は，周囲の人々からの（善意ではあっても）「赤ちゃんはまだ？」という言葉にストレスを感じるので，こうしたことにも配慮したい．不妊に対する医療費の問題はここでは論じないこととされた．

3) 小児保健医療水準を維持向上させるための環境整備

わが国の小児保健の指標は世界に誇れるレベルになったが，これからの小児保健水準は心身から育児環境までを含めた健全育成やハイリスク新生児の継続的ケア体制，障害や慢性疾患のある子どもの自己実現，QOL の向上など，保健，医療，福祉，教育などの連携を含む総合的な取り組みがなされる必要がある．

小児保健関係者の最大の危惧は，小児数の減少や子どもの死亡率の低下などから，もう母子保健はよいと行政上の手抜きが行われることである．これまで培ってきた乳幼児期の健診システムを維持し，育児不安に対応しつつ育児支援をさらに推進する必要がある．これからの高齢化の社会を支えるためには，母子保健の重要性はますます増大しており，他部署に専門職を回すようなことなく，将来に目を向ける必要がある．

小児医療は，単に疾患の診断や治療だけでなく，乳幼児の成長発達の評価，育児上の相談，予防接種を中心とした疾患の予防，家庭内や学校における健康上の問題の解決など，医療や保健の広い範囲の活動が求められている．小児の入院環境や在宅医療の整備についても小児の特性を考慮した総合的な取り組みを必要とする．家庭，地域における子どもの事故予防も重要である．予防接種の接種率の低迷については，とくに青年期での風疹抗体保有率の低下，いまだに続く麻疹の流行などが問題である．

小児医療の不採算性による医療体制の縮小，とくに小児救急医療体制の不備（小児科医の配置不足）は，わが国の将来にとって重大な問題であり，小児科医の努力に頼る限界を越えている．医療体制は都道府県レベルの対応が必要であり，行政の支援による小児医療体制の整備と確保は，医学界全体の自覚とともに重要である．

4) 子どもの心の安らかな発達の促進と育児不安の軽減

心の健康は 20 世紀中に解決し損ね，新世紀に先送りせざるを得なかった問題である．子どもの心は社会環境の変化による影響を強く受けること，心の外傷は長く影響

を残し，育児の混乱は次世代にも引き継がれることなどを理解し，妊娠，出産，育児に関する母親の不安を除去し，のびのびと安心して育児を楽しみ，子どもに愛情を注げるようにする必要がある．少子化，核家族化などの影響により，乳幼児に接する機会のないまま親となった場合に育児不安に陥りやすいこともあることから，思春期の生徒が乳幼児にふれあう体験も重要である．

このような，子どもの豊かな心の発達を育むための取り組みを全国的に総合的に講じることは，21世紀の母子保健上きわめて重要な課題である．

最近マスコミにしばしば報じられる児童虐待も，親子の心の問題である．親の愛情に包まれて育つべき小児期に受けた心の傷は救いがたいほど重いものであるが，親の側も虐待したくてしている者は少ない．生活上や育児上の悩みが多く，イライラからつい暴力をふるったり，乳幼児の特徴を知らないために，泣き止まない，いうことを聞かない，などで当り散らす例も多い．病院に担ぎ込まれてからでは遅いのはもちろん，児童相談所が把握してからでも手遅れの例もある．児童虐待を疑った時には児童相談所へ通告するのが国民の義務であり，児童福祉法にも示されていたが，対応を強化するために児童虐待の防止などに関する法律が制定された．医師，保健師，学校の教師，保育士などの職種は，とくに気づきと児童相談所への通告が要望されている．

しかしこれからは，児童相談所への通告が必要になる前に，地域の中で育児に悩んでいる家庭に気づき，支援することによって虐待に至らせないことが何より大切である．地域内では，乳幼児健診や育児相談，家庭訪問などの機会に，リスクのある家庭に気付き，支援することによって，児童虐待を防止する必要がある．

2．「健やか親子21」の推進方策

以上に掲げた主要課題は，いずれもその達成に向けて国民をはじめ保健，医療，福祉，教育，労働などの関係者，関係機関・団体がそれぞれの立場から寄与することが不可欠な内容を有している．ヘルスプロモーションの基本理念に基づき国民運動計画として展開していくために，以下の3つを主要な方策として位置付けた．

①関係者，関係機関・団体が寄与しうる取り組みの内容を明確にして自主的活動を推進すること
②各団体の活動の連絡調整などを行う中央レベルの「健やか親子21推進協議会」を設置すること
③計画期間と達成すべき具体的課題を明確にした目標を設定すること

ここでも10年後の目標値を設定しているが，「健康日本21」のように疾病別に何パーセント減らすという形ではなく，大雑把な表現で努力目標を示している．これは市町村ごとに立案する時に，地域の状況に合わせてそれぞれ決めてもらうためである．

平成15年3月末現在で，この推進協議会（会長：金田一郎恩賜財団母子愛育会理事長）に加盟している団体は72，上記4課題に分かれて幹事団体をおき，連携を取りながらシンポジウムや総会などの機会を共有している．また，各地で自治体が「健康日本21」と合わせた形などで独自の取り組みを始めている． 〔平山宗宏〕

参考資料
1）健やか親子21検討会報告書，平成12年11月．

ヘルスプロモーション
health promotion

1. ヘルスプロモーションとは

WHO が 1977 年に掲げた 'Health for All'（すべての人々に健康を）の 38 の目標達成のために 1986 年 11 月，WHO などがカナダのオタワで開催した「第 1 回ヘルスプロモーションに関する国際会議」において提唱された新しい公衆衛生戦略をいう．このヘルスプロモーションとは，「人々がみずからの健康をコントロールし，改善することができるようにするプロセスである」（オタワ憲章）と定義されている[1,2]．

その特徴の第 1 は，病気を対象とすることから"健康をつくる"ことにシフトしていること．第 2 に，健康は人生の目的ではなく，人々の QOL や well-being を実現するための資源であると位置づけていること．第 3 に個人のライフスタイルと環境は相互に影響しあっていること．第 4 に，住民参加を要請していること．第 5 に，公衆衛生を超えた各分野間の取り組みが不可欠であり，とりわけ政治や行政の役割を重視している点である．

最近では，厚生労働省の「健康日本 21」や「健やか親子 21」など，国，地方の政策立案の基本理念にもなっている．

2. ヘルスプロモーションの沿革

わが国に導入されたヘルスプロモーションは，次のようにいくつか異なった意味で用いられてきた．その代表的なものの 1 つは，1960 年代にレベル，HR とクラーク，EG らによって提唱された疾病予防の 5 段階理論[3]でヘルスプロモーションが「健康増進」と訳され，イコール「運動」とながく理解されてきた．

1970 年代には，カナダのラロンド報告書「カナダ人の健康に関する新たな視点」の中で，初めてヘルスプロモーションが政策の裏付けとして用いられた．この報告書では，健康を支える 4 つの条件（①ヘルスケア，②ライフスタイル，③環境，④遺伝）のうち②と③を重視したヘルスプロモーションが用いられている[4]．

1980 年代に入ると，オタワ憲章のもとにもなった WHO ヨーロッパ地域事務局のキックブッシュ，I らが提唱した社会科学的なヘルスプロモーションが，オタワ憲章とともに島内らによってわが国に紹介・導入された[5,6]．

1990 年代には，WHO のヘルスプロモーションをとり入れて教育的アプローチを強調したグリーン，LW のプリシード・プロシードモデルが紹介され[7,8]，国内では保健計画策定の方法論としても用いられるようになった．

現在国内でヘルスプロモーションという場合は，ヨーロッパ型のオタワ憲章をさしている．

3. ヘルスプロモーションの原理

オタワ憲章では，ヘルスプロモーションの究極の目的を「すべての人々があらゆる生活舞台—労働，学習，余暇そして愛の場—で健康を享受することである」[5]としている．この目的を達成するためには，以下の原理をもとにした実践が必要とされている．

①ヘルスプロモーションは，特定の病気をもつ人々に焦点を当てるのではなく，日常生活を営んでいるすべての人々に目を向けること．

②ヘルスプロモーションは，健康を規定している条件や要因に向けて行われるべきである．

③ヘルスプロモーションは，相互に補完

的な多種類のアプローチ，あるいは方法を必要としている．
　④ヘルスプロモーションは，個人あるいはグループによる効果的，かつ具体的な住民参加を求めている．
　⑤ヘルスプロモーションの発展は，プライマリーヘルスケアの分野における保健，医療の専門家の役割発揮に大きく依存している．

4．健康のための前提条件

　すべての人々が健康になるための前提条件は，戦争がなく平和であること，そして家族が住める住居と食料があり，生存のための諸資源，教育，収入，生態系，社会的正義と公正などが安定していることである．
　このことは今日の南北格差，地域紛争，地球温暖化などを考えれば理解が容易であろう．

5．ヘルスプロモーションのプロセス

　ヘルスプロモーションを具体化し，活性化するためには，唱道（advocate），能力の付与（enable），調停（mediate）の3つの基本的な活動プロセスがある．

1）唱　道

　健康は人々の生活の質を高めるための大切な資源である．しかし，現実は政治，経済，社会・文化，環境などのさまざまな要因に健康は影響を受けやすい．それゆえにあらゆる機会・場所で健康の大切さを説き，これら諸要因を健康にとってプラスに改善していけるようアドボケートしなければならない．いわば，健康の大切さを機会あるごとに説き，確認し合うことである．

2）能力の付与

　人々の健康状態は，ストレス，喫煙，肥満など，決して良好とはいえない．ヘルスプロモーションは，人々がもつ潜在能力を十分発揮できるよう健康教育などを通じて保健に関する知識，技術を平等に獲得できるような機会，資源，情報を確保し，環境整備をはかることを求めている．
　子育てについても単なる育児相談ではなく，母親の育児力をあげるような共感的なケアが期待されている．

3）調　停

　すべての人々が健康になるためには，公衆衛生部門のみの単独活動では実現しえない．健康問題は保健医療分野を超えた全生活的な問題を内包しているため"分野間協力"がなければ前進できないからである．政治，行政，産業，農業，教育，ボランティア組織，NPO，マスメディアなどさまざまな分野を健康確保のための活動に巻き込むことが必要であり，専門家やその関係者は，健康を求める分野間の異なった関心を調整することが期待されている．

6．ヘルスプロモーションの活動方法

　地域や職場，学校でヘルスプロモーションを展開するためには，以下に述べる5つの活動方法が相互に有機的連携を図ることによって可能とされる．

1）健康的な公共政策づくり

　ヘルスプロモーションは，ヘルスケアの範囲を超えて取り組むことを求めている．公衆衛生部門が単独で保健計画を立て，実施するのではなく，他部門との共同事業や，総合計画と関連づけて行う必要がある．とくに，政策づくりの担当者には健康を視野においた計画の策定と，健康についての責任を負わせるようにしなければならない．かつて産業を優先した結果，多くの健康被害者を出した公害問題などは分野間協調を欠いた結果であるともいえよう．
　健康的な公共政策づくりは，人々が自ら健康をコントロールできるように坂道の傾斜を緩やかにする役割をもつもので（図38.1参照），いわば健康のための前提条件ともいえる．
　子育て支援策も厚生労働や教育分野のみで取り組むのではなく，農林漁業，商工

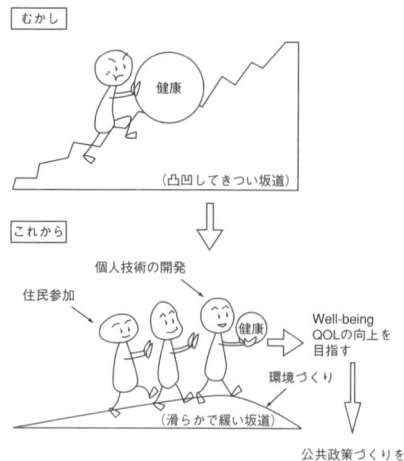

図 38.1 ヘルスプロモーション活動
(島内, 1987；藤内・吉田, 1995；小山, 1997；2004)

業, メディア, 交通など幅広い分野での取り組みが必要である.

2) 健康を支援する環境づくり

自然環境, 社会環境は健康に複雑な影響を与えている. 自然環境の破壊は当該地域に住む人間だけでなく生態系にも大きな影響を与える. また生活, 労働などの社会環境の変化も健康に影響を与える.

障害者や高齢者でも安心して歩ける道路整備, ストレスのない職場や学校の環境を整備することである. 物理的な環境以外にも健康をつくるために必要なさまざまな能力をもった人材の養成・確保, あるいは柔軟な制度運用なども考えられる.

子育て支援にたとえれば, 保育所の利便性と快適性, 遊び場の整備, 子育てにやさしい職場環境などである.

3) 地域活動の強化

これは, 子育てグループから老人クラブまで, さまざまな住民組織による地域活動を強化することである. 図でいえば一人で健康をコントロールできない人に対する生活支援や, 相互扶助の役割を担うとともに, 住民組織が健康づくり活動に関する企画を立て, 主体的に実施, 評価することでもある. また子ども会, 青年会, 自治会などのライフステージ別のさまざまな住民組織を巻き込むことによって健康的なまちづくりがより可能となる.

4) 個人技術の開発

健康的なライフスタイルを学び, 実践していくことができるように, 個人のライフスキルを開発し, それを強化していくことである. 健康をコントロールできる能力を身につけ, ライフステージごとの健康問題にうまく対処できるよう, 学校, 職場, 地域ですすめなければならない.

環境へ適応できる能力だけではなく, 人々自身が環境を定義し, それを維持していける能力の開発が求められている. この能力開発の担い手は, プライマリヘルスケア(アルマ・アタ宣言, 1978年)の専門家(保健師・栄養士など)が核になるが, 人々に対して一方的に「教え, 導く」方法から「主体的に参加, 行動」できるような支援技術が求められる.

5) ヘルスサービスの方向転換

これまでのヘルスサービスは, 健康問題の発見と予防に力が注がれたため, 主役は専門家であった. ヘルスプロモーションは, ヘルスケアの範囲を超えているため, 主役は日常生活を営む一般の人々である. 専門家は, 人々が生活の場で健康をつくりやすいように政策や環境を整え, ライフスキルを高めるための支援者としての役割に切り替えていく必要がある. いわば, 保健活動のパラダイム転換である.

7. ヘルスプロモーションの適用

新しい公衆衛生戦略として登場したヘルスプロモーションは, その究極の目的が示すように, さまざまな分野で適用可能な理念を含んでいる.

ヨーロッパの国々では, ヘルシーシティーズプロジェクトとしてさまざまなテーマをあげて, 多くの都市が取り組んでいる.

国内でも地域性を生かした健康文化都市事業が市町村で実施されている．また，都道府県や市町村の保健計画（「健康日本21」「健やか親子21」）を策定する際のモデルとしてよく用いられている．前述の「健やか親子21」検討会の報告書には，図に示したヘルスプロモーションの活動方法が，健康のボールを「子育ち」に替えて，計画の基本理念として紹介されている．

私たちは，あらゆる機会に子どもは未来であり，子どもを育むことの価値を説かなければならない（唱導）．子育て中の家族や母親が子育てと仕事を両立できるように環境を整え，子育てをコントロールし，改善することができるように共感的に支援しなければならない（能力の付与）．そして子育て支援は，保健・福祉分野のみではなく教育，労働，産業などあらゆる分野が取り組まなければならない（調停）．

「ヘルスプロモーションは，一方ではライフスタイルに直結した健康に対する生活戦略であり，他方では政策に直結した政治戦略」[6]なのである．　　　〔小山　修〕

文　献

1) 山本幹夫監訳，島内憲夫編訳：21世紀の健康戦略1・2—ヘルス・フォー・オール，ヘルスプロモーション—，垣内出版，1992．
2) Ottawa Charter for Health Promotion, 1986.
3) 田中恒男：保健活動の展開，現代保健体育学大系12．健康学概論（横橋五郎ほか著），pp. 168-196，大修館書店，1971．
4) 島内憲夫・助友裕子：21世紀の健康戦略（別巻I）改訂増補 ヘルスプロモーションのすすめ方—地球サイズの愛は，自分らしく生きること—．pp. 12-13，垣内出版，2000．
5) 島内憲夫：WHO：ヘルスプロモーションに関するオタワ憲章 1．オタワ憲章に至るまでの道程．公衆衛生情報，**19**（1）：4-9, 1989．
6) 島内憲夫：WHO：ヘルスプロモーションに関するオタワ憲章 2．オタワ憲章の意味．公衆衛生情報，**19**（2）：4-9, 1989．
7) 吉田　亨：プリシード／プロシードモデル．保健の科学，**34**（12）：870-875, 1992．
8) グリーン，W・クロイター，W（神馬征峰・岩永俊博・松野朝之・鳩野洋子訳）：ヘルスプロモーション—PRECEDE-PROCEEDモデルによる活動の展開，医学書院，1997．

索 引

ア

愛育班 377
愛育村 377
愛されなければ愛せない 393
ICD-10 229
愛情剥脱 80
ITPA 言語学習能力診断検査 99
赤ちゃん返り 171
赤ちゃんサロン 159
アクティブバース 55
朝の憂うつ 230
足の把握反射 93
アスペルガー 209
アスペルガー症候群 207, 209, 221
アセスメント（見立て） 204
アセスメント（MEPA） 443
遊び 164
　――と環境 166
　――と発達 166
　――の効果 165
　――の定義 164
　――の分類 165
　――の変容 165
遊び型非行 462
遊び食い 182
アタッチメント 109, 142
アダルト・チルドレン 436
後産 41
アトピー 198
アトピー性皮膚炎 198, 251, 308
アナフィラキシー 198
アプガー・スコア 59
アメリカ合衆国の子育て 400
アルコール関連問題 238
アルコール幻覚症 239
アルコール嫉妬妄想 239
アルコール痴呆 239
アレルギー 198
アレルギー性鼻炎 198
アレルギー・マーチ 198
アレルゲン 200
安心感 140
安全感 140
安全性 140

イ

医学と育児 1
医学モデル 204, 218
いかに体験したか 471
育児 1, 4
　――の語源 7
　――のための休業 73
　――の費用 430
　――の歴史 4, 9
育児・介護休業法 73
育児休業給付 73
育児休業法 304
育児教室 388
育児グループ 339
育児参加 54
育児支援 437
育児支援資源 352, 358
育児書 387
育児情報源 413
育児相談 345
育児不安 226
　――の軽減 227, 502
　――の本態 226
育児用品情報 173
育児用粉乳 116
育成医療 257, 319
意識障害 296
いじめ 210, 473
いじめられる側 473
1カ月健診 111
1型糖尿病 261

一時保育事業 355
一時保護 477
胃腸機能 90
1歳6カ月児健診 121
一般就労 332
一般保育所 350
遺伝子病 28
遺伝相談 26
遺伝と環境との相互作用 108
異年齢集団 161, 400
異年齢の友達 161
居場所 159, 468, 471
医療意見書 263
医療機関 300, 373
医療的ケア 330
医療とQOL向上のための支援 256
医療費助成 260
医療費の助成制度 71
インクルージョン 219
飲酒 33
インスリン感受性亢進 190
インターネット 375, 389
咽頭結膜熱 246
インドネシアの子育て 398
院内学級 259, 323
陰嚢水腫 65
インフルエンザ 247

ウ

ウイルス 269
ウェルニッケ脳症 239
ウェルビーイング 433
右胸心 249
受け持ち制 378
齲蝕原性細菌 283
うっ血 43
うつ病 229
うつ伏せ遊び 170
うぶ声 59

索引

運動および感覚の解離性障害　233
運動機能　442
　──の発達　94
運動機能通過率　94
運動検査項目　440
運動指数　442
運動スキル　440
運動能力　441,444
運動の環境システム　444
運動発達　440,441
運動発達ステージ　443,444
運動発達調査　440

エ

A. A.（alcoholicus anonymous）　240
永久歯　282
ABR 検査　100
栄養教諭　131
栄養ドリンク　34
栄養バランス　177
会陰切開　41
駅型保育所　305,350
X 連鎖優性遺伝病　28
X 連鎖劣性遺伝病　29
HMG CoA 還元酵素阻害剤　190
AD/HD ブーム　212
NK 細胞　265
M 字形就労カーブ　15
エリクソン　109
LDR　56
LDL　189
LD 児　443
エンジェル係数　430
援助交際　463
エンゼルプラン　19,438,475
延長保育　180
エンパワーメント　479
塩分摂取　191

オ

応急手当法　298
黄体化ホルモン　24
黄疸　62

嘔吐　65,295,298
オーエン　10
荻野式避妊法　6
おけいこジプシー　416
お七夜　426
おしるし　40
おたふくかぜ　36
オタワ憲章　504
夫・父親・家庭機能の問題　226
夫の心身不調　227
お手伝い　151
オーバーステイ　409
帯祝い　426
オプソニン　267
思いやりの心　473
おもちゃの図書館　339
親支援　171
おやつの与え方　149
親の会　336
親の精神障害　229
親のみの相談　469
悪露　42
音韻障害　100
おんぶ　397
恩物　311

カ

外気浴　384
外言　158
開咬　285
外国語日本語併記母子健康手帳　407
外国人登録者　408
外国の育児　395
外出型育児　175
外出用の育児用品　173
外傷後ストレス障害　233
改定「離乳の基本」　118
外毒素　267
快の感情体験　225
解発　108
貝原益軒　5
解離性健忘　233
解離性昏迷　233
解離性障害　233
解離性遁走　233

会話および言語の特異的発達障害　101
カウプ指数　84,186
カウンセリング　479
楓糖尿症　67
家屋塵　201
顔布かけテスト　95
確実感　140
学習指導要領　130
学習障害　215,442
覚醒剤依存　237
学童期の発達と子育て　127
学童保育　359
獲得免疫　265
学力や勉強観と性差　425
かくれんぼ　160
家族解体化　463
家族形態　148
家族構成　148
家族内相関　79
家族療法　465
香月牛山　5
学校医　131
学校栄養職員　131
学校給食　180
　──の効果　180
学校恐怖症　467
学校歯科医　131
学校ストレス　465
学校の教師との関係　458,459
学校保健　130
学校保健安全計画　132
学校保健委員会　131
学校保健組織活動　132
学校保健統計調査　82
学校保健法　131
学校薬剤師　131
家庭裁判所　360,479
家庭支援専門相談員　368
家庭児童相談室　362
家庭的養護　450
家庭福祉員　354
家庭保育室　354
家庭訪問　345,378
カネミ油症　195
花粉　201
カフェイン　34
貨幣的ニード　434

過保護　1
カボチャ　189
噛み合わせ　284
紙おむつ　173
ガラクトース血症　67
絡み合った家族　464
加齢現象　77
川崎病　242
感覚・運動的知能　110
感覚過敏　208, 210
感覚・知覚学習　110
カンガルー・ケア　76, 398
カンガルー・プログラム　397
環境因子　201
環境衛生検査　132
環境汚染　32, 192
環境ホルモン　48, 192
還元主義　222, 223
眼瞼の浮腫　43
韓国・朝鮮　408
眼脂　66
感情障害　229
感情発達　124
間食　178
　　──の適正量と回数　179
　　──の必要性　178
感染症　264
歓待　220
顔面神経麻痺　44

キ

気管支喘息　198, 252
企業共同体　155
寄宿舎設置校　328
キシリトール　283
規制緩和　437
基礎的運動　443
基礎的な運動能力　443
喫煙　33, 194, 202
喫煙率　194
吃音症　100
気分障害　229
基本的信頼の獲得　109
虐待　223, 306
　　──へのリスク　226
虐待防止ネットワーク　480
gang age　161

救急医療　294
休日保育　307
9〜10カ月健診　112
給食指導　180
給食の栄養給与目標　179
求心的統合力　207
急性腎炎　243
急性ストレス反応　232
吸入性アレルゲン　200
教育環境　259
教育支援　217
教育的定義のLD　217
教育費　431
協応性運動　443
仰臥位　83
供給体制（社会福祉の）　437
教護院　369
恐慌性障害　234
きょうだい数　148
共通感覚　209, 210
共同注意　208
強迫神経症　232
強迫性障害　232
恐怖症性不安障害　232
局所免疫　270
拒食症　186
居宅介護事業　334
居宅生活支援　334
キレる　463
緊急保育対策等5か年事業　19
近親婚　26
近世（後期封建）社会の育児　5
近世社会の育児　10
近代社会の育児　6, 10
緊張性頸反射　93
近年の習い事の特徴　423

ク

食い初め　398, 427
空気清浄機　202
薬　253
　　──の与え方　253
倉橋惣三　311
クラムジー児　442
グリーフケア　76
クループ症候群　242

グループホーム　334, 452, 481
グループワーク　76
軍事扶助法　491

ケ

ケア付き住宅　334
K-ABC心理・教育アセスメントバッテリー検査　99
携帯電話　431
軽度発達障害　203, 218, 221
けいれん　64, 296, 298
激越うつ病　230
ケースマネージメント　361
血管腫　66
血管性紫斑病　247
月経痛　136
月経不順　136
欠食　183
血清IgE特異抗体検査　200
結膜出血　44
解熱剤　253
ゲーム　150
下痢　295
健康教育　131
健康寿命　499
健康診査　341
健康診断　132
健康増進法　500
健康相談　132
健康な公共政策づくり　505
健康日本21　499
健康を支援する環境づくり　506
言語性知能指数　99
言語発達　98
言語発達遅滞　100
原始社会の育児　4, 9
原始反射　92
現代社会の育児　10
原虫　267
ケンプ　474
権利擁護　438

コ

語彙発達　98
誤飲チェッカー　291

抗うつ剤　230
光化学スモッグ　193
高機能自閉症　207
合計特殊出生率　13, 18
高血圧スクリーニング　190
抗原提示細胞　268
抗酸化物　189
高脂血症　187
後陣痛　42
抗生物質　253
好中球　265, 266
高等養護学校　329
行動療法　188
高度経済成長　461
高度情報・消費社会　156
広汎性発達障害　98, 206, 209
公費負担　437
公費負担医療制度　257
高密度繊維　202
高齢・少子社会　156
小柄　84
股関節脱臼　66
呼吸　61
呼吸器　89
呼吸困難　295, 298
呼吸数　89
呼吸法　55
国際結婚　403, 405
国際連合児童基金　11
黒色上皮腫　186
国籍法改定と出生児の国籍　409
極低出生体重児　85
互恵的な対人関係　103
心の安全基地　468
心の理論　207
心貧しい環境　170
心豊かな環境　169
古事記　4
腰抱き　397
個人技術の開発　506
子育てサークル　307, 376
子育てサポーター　365
子育てサロン　159
子育て支援　20, 363
子育て支援事業　480
子育て相談　344
子育てづきあい　422

子育てと仕事の両立　15
子育てネットワーク　161, 376
子育てひろ場　354
子育て不安　475, 479
古代社会の育児　4, 9
ごっこ遊び　122, 160
骨折　44
言葉遅れの子ども　169
言葉の遅れ　121
言葉の発達　98
子ども家庭支援センター　361, 370, 371
子ども虐待　157, 455
子どもと運動　440
子どもと大人　456
子どもと行事　426
子どもと人権　487
子どもの価値　435
子どもの感覚機能　169
子どもの虐待　374
子どもの急性疾患　242
子どもの権利条約　11, 12, 406, 436, 475, 494
子どもの権利宣言　11
子どものサポーター　456
子どもの事故　286
子どもの事故予防情報センター　292
子どものしつけ　392
子どもの食生活　177
子どもの人権　157
子どもの習い事　418
子どもの日　487
子どもの病気　242
子どもの慢性疾患　248
子どもの未来21プラン　18
子どもへの期待　435
子どもへのネガティブ心性　226
子ども未来財団　306
小人症　250
個別健診　342
個別指導　185
コミュニケーション障害　100
community　155
子守り帯　174
コモンセンス　211
雇用慣行　15

孤立化　158
孤立化・母子密着育児　155
コルサコフ病　239
混合栄養　118
近藤濱　311

サ

在園率　312
細気管支炎　242
細菌　266
剤型　253
罪責感や良心　464
再石灰化　283
臍帯切断　397
在宅酸素療法　319
在宅重症心身障害児（者）のための地域ネットワーク　321
在宅重症心身障害児（者）訪問看護　320
在日外国人　403, 406, 408
──の育児実態　411
座位分娩　56
細胞内寄生細菌　267
細胞融解型ウイルス　270
殺菌　266
里親　452, 454
里親委託　478
里親制度　454
さまざまな感情体験　153
座薬　255
産後うつ病　230
産後支援ヘルパー派遣事業　355
産後の食生活　51
散剤　254
3歳児健診　121
産褥期　42
算数障害　216
三世代交流　161
産前・産後・育児期の労働　73
産前・産後の休業　73
産前・産後の健康管理　72
三尖弁閉鎖症　249
3〜4カ月健診　111
産瘤　43

シ

自意識過剰症　472
支援費制度　317, 334
歯科健診　121
自我の発達　124
時間・空間意識　445
時間・空間・因果関係の認識　445
子宮収縮　40
事業所内保育所　350
歯垢　283
自己概念の発達　124
自己決定　332
自己コントロール　213
事故サーベイランスシステム　290
事後指導（健診の）　185
自己信頼感　392
自己選択　332
仕事と子育ての両立支援　348
事故の発生率　287
事故の氷山図　286, 287
自己負担　262
自己抑制　154
事故予防　289
思春期　134
　　——の保健対策　501
次世代育成支援対策推進法　16, 156
施設内学級　323
施設入所措置　477
施設福祉　331
施設養護　450
自然免疫　266
自尊心　214
肢体不自由児施設　320
肢体不自由児通園施設　320
肢体不自由養護学校　327
七五三　428
市町村保健センター　352
市町村母子保健事業　377
シックハウス症候群　192
しつけ　214, 392
　　——と虐待　393
　　——のし過ぎ　394
実行機能　207

児童育成計画　19
児童育成手当　316
児童期　160
児童虐待　474
児童虐待の防止等に関する法律　476
児童虐待防止法　476
児童憲章　487
児童公園　155
児童厚生員　358
児童厚生施設　358
児童指導員　368
児童自立支援施設　452
児童自立支援専門員　369
児童生活支援員　369
児童相談所　475
児童手当　72
児童の権利委員会　496
児童の権利憲章　11
児童の権利宣言　487, 494
児童の権利に関する条約　11, 12, 406, 436, 474, 494
児童の最善の利益　494
児童福祉司　360, 478
児童福祉施設　320, 450, 480
児童福祉施設最低基準　302, 489
児童福祉の現状と課題　490
児童福祉法　320, 477, 487, 489
児童福祉法施行規則　489
児童福祉法施行令　489
児童遊園　358
児童養護施設　451
私物的わが子観　474
自分づくり　471
　　——の体験　472
自閉症　206, 209
自閉症児施設　321
自閉症スペクトラム　223
自閉症スペクトラム障害　207
自明性の喪失　211
社会化　103
社会恐怖　232
社会サービス法　21
社会受容　219
社会性・人間性　170
社会性の発達　125, 470
社会的機能の発達　103

社会的ネットワーク理論　456
社会的ひきこもり　470
社会的養育　455
社会的養護　450, 454
社会モデル　218
社会を映す鏡　461
若年性関節リウマチ　261
斜視　121
就園率　312
就学時健康診断　122, 132, 325
就学指導委員会　325
就学手続　325
就学猶予・免除　323
重金属汚染　193
周産期　45
周産期医療　45
重症心身障害児施設　320
重症心身障害児（者）通所施設　321
集団健診　342
集団生活　152
　　——への適応　127
集団的指導　185
集団の育ちと個の育ち　153
執着性格　229
修道院　9
重度心身障害者手当　316
重度ストレス反応および適応障害　232
重複障害学級　328
受精　24
シュタイナー教育　305
出産　58
出産育児一時金　73
出産祝い金　72
出産準備教育　53
出生前後ケア事業　57
出産手当金　73
出生前小児保健指導事業　57
出生前診断　27
種痘　272
ジュネーブ宣言　487
受容－表出混合性言語障害　100
ジョイント・アテンション（注意の共有，共同注意）　109, 208
障害基礎年金　333

障害児　315
　——の育成医療　71
障害児学級　323, 324
障害児教育改革　203
障害児福祉手当　316
障害受容　218
上顎前突　284
小規模保育所　350
症候論（障害児の）　203, 206, 218
錠剤　254
少子化　13, 476
　——の経過と要因　13
少子化社会　156
少子化社会対策基本法　156
少子化対策　18, 437, 475
少子化対策プラスワン　19
常染色体　30
常染色体異常　30
常染色体優性遺伝病　28
常染色体劣性遺伝病　28
情緒易刺激状態　224
情緒障害児短期治療施設　452
情動　205
唱道　505
衝動性　213
情動調整　205, 208
衝動の病理　462
聖徳太子　7
小児医療　256
小児肥満　186
小児保健医療水準を維持向上　502
小児慢性疾患の医療費助成制度　72
小児慢性特定疾患治療研究事業　256, 260
少年非行の動向　461
消費財　435
上腕神経叢麻痺　44
初期体重減少　80
食育　179
贖罪指導　465
食事環境　183
食事摂取基準　47, 177
食事摂取の目安　178
食事療法　187
食品構成　47

食物アレルギー　198, 252
食物性アレルゲン　200
食菌　266
ショートステイサービス　317
ショートステイ事業　355
初発型非行　462
初老期・更年期うつ病　230
自立　331
自律性　123
自立生活　334
歯列，咬合の不正　284
歯列不正　284
シロップ剤　254
新エンゼルプラン　309, 438
人格障害　240
真菌　201, 267
神経芽細胞腫マススクリーニング　68
神経系の発達　91
神経症性障害　231
神経心理学　442
神経衰弱　234
神経伝達物質　230
人工栄養　116, 199
進行性筋萎縮症の療養の給付　320
新国民生活指標　433
心室中隔欠損症　248
心身障害児（者）医療費助成制度　319
心身障害児（者）居宅介護事業　317
心身障害児（者）の短期入所　317
心身障害者歯科診療　320
新生児　58
　——の反応　63
新生児仮死　64
新生児先天代謝異常症マススクリーニング　67
新生児反射　92
振戦せん妄　239
親族里親制度　366
身体意識　441, 445
身体運動　445
身体協応性　442
身体計測　59
身体障害者手帳　315

身体的依存　236
身体的虐待　476
身体の外観　61
身体表現性障害　233
新田中ビネー知能検査　99
診断的検査　105
身長別体重標準値　84
陣痛　40
心房中隔欠損症　248
蕁麻疹　198
深夜業制限　73
信頼感　140
心理的虐待　477
心理的発達課題　109
心理判定員　360
心理療法　479
心理療法担当職員　368, 369

ス

水中出産　55
水痘　245
水分必要量　91
髄膜炎　244
睡眠時無呼吸　187
スウォドリング　397
スキンシップ　1
スクリーニング　105, 222
スクールバス　328
健やか親子21　501
頭痛　296
ストレッサー　219
スポーツ　440

セ

性格　229
生活習慣の自立　129
生活習慣病　184
生活の質　433
生活問題　447
生活リズム　129, 149
性教育　138
性行動　138
生産財　435
生歯　89
成熟　77, 78
青少年犯罪　461

索　引

精神障害者保健福祉手帳　316
精神的依存　236
精神病質人格　240
性染色体　30
性染色体異常　30
正中離開　285
成長　77, 108
性的虐待　477
性の商品化　463
政府・自治体の少子化対策　18
性別役割分業観　157
性別役割分担意識　15
性ホルモン　134
整理整頓・片づけ　129
生理的体重減少　61
咳　295
関信三　311
世代間境界　463
積極性　123
接近−回避動因葛藤　208
舌小帯短縮　66
摂食機能の発達　89
接触性アレルゲン　201
セツルメント　8, 10
セーフティ・キャップ　291
前駆陣痛　40
前言語期　98
専攻学科　329
全国言語障害児をもつ親の会　336
全国視覚障害児（者）親の会　336
全国肢体不自由児・者父母の会連合会　336
全国重症心身障害児（者）を守る会　336
全国心臓病の子どもを守る会　338
全国難聴児をもつ親の会　338
前思春期　129
染色体　30
染色体異常　25, 30
漸成説　456
喘息発作　295
前庭感覚　446
先天異常　25
先天性甲状腺機能低下症　68
先天性サイトメガロウイルス感染症　36
先天性歯　284
先天性水痘症候群　36
先天性喘鳴　248
先天性胆道閉鎖　65
先天性トキソプラズマ症　35
先天性風疹症候群　35
先天性副腎過形成症　68
先天梅毒　35
全日本手をつなぐ親の会　338
全般性不安障害　232
専門里親制度　366, 455

ソ

臓器別発育曲線　88
早期療育　221
総合周産期母子医療センター　45
相互的・互恵的な関係　472
叢生　285
総肺静脈還流異常症　249
ソーシャル・スキル　217
ソフロロジー　55

タ

ダイオキシン　192, 195
ダイオキシン類　48
体温　62
大気汚染　193
待機児童　303
待機児童ゼロ作戦　19
大血管転位　249
胎児　58
胎児アルコール症候群　239
胎児汚染　196
体重増加量　49
大豆乳　199
大泉門　64, 91
体操　55
代替甘味料　283
胎動　38
大動脈狭窄　248
台所の飲酒者　239
第2反抗期　129
胎嚢　38
胎盤　38

胎便　91
胎胞　40
耐容一日摂取量　196
多価不飽和脂肪酸　189
多元論　219
他者　157
抱っこ　214, 392
脱水　295, 298
タッチケア　74
多動児　128
多動性　213
WISC-III　99
多文化子育て　411
多文化子育て支援　415
ターミナルケア　76
多民族文化社会　403
単純性肥満　187
単純ヘルペスウイルス感染症　36
男女共同参画社会　16
男女共同参画社会基本法　156
単心室　249
断乳　385

チ

地域　155
　　──の行事　162
　　──の変遷　155
地域格差　262
地域活動の強化　506
地域子育て支援センター　355
地域社会　155
地域における児童虐待予防　503
地域福祉　331
地域保育園援護制度　305
知覚の発達　92
知覚変容現象　208
父親　214
　　──の育児不安　147
　　──の役割　146, 492
　　──への支援・援助　147
知的障害児施設　321
知的障害児通園施設　321
知的障害者通勤寮　333
知的障害者福祉ホーム　334
知的障害養護学校　327

知的発達段階　166
地方版エンゼルプラン　19
チャイルドシート　290, 291
着床　24
注意欠陥・多動性障害　101, 212
中枢神経易刺激性　64
中世社会の育児　9
中世（前期封建）社会の育児　5
腸重積　243
朝食のとり方　149
調停　505
調乳　118
重複障害学級　328
調理業務の外部委託　180
チリダニ類　201

ツ

追加免疫効果　274
通級　327
通告　475
通告義務　477
妻の相談相手，精神的支持・援助　147
つわり　49

テ

手足口病　246
低栄養　80
DSM-IV　204
TH1細胞　268
TH2細胞　268
定期接種　275
低血糖　65
T細胞　265
デイサービス　320
低出生体重児　69, 85
低身長　250
difficult baby　227
停留睾丸　65
適応　205
適応障害　233
適正就学　325
手の把握反射　93
テレビ・ビデオ　150, 169, 171

てんかん　250
転換性障害　233
伝統行事　163
伝統的産婆　395
伝統的村落共同体　155
電話相談　345

ト

ドアクローザー　291
同意　263
頭血腫　43
統合教育　219
登校拒否　467
統合失調症　211, 234
統合失調症圏　467, 469
糖尿病　251
同年齢の遊び集団　156
頭部打撲　297
動脈管開存症　248
トキソイド　273
特殊学級　324, 327
特殊教育諸学校　323
特殊粉乳　117
毒性等価量　195
特定疾患治療研究事業　257
特定不能のコミュニケーション障害　100
特別支援教育　212, 216, 220, 223, 330
特別児童扶養手当　316
特別障害者手当　316
α-トコフェロール　189
都市型消費社会　156
閉じこめない保育　163
努責　41
突発性発疹　247
ともだち　159
友達関係　153
豊田芙雄　311
トランスおよび憑依障害　233
トワイライトステイ事業　351, 355, 449

ナ

内外人平等の原則　406
内言　158

内分泌攪乱化学物質　194
仲間関係　153, 154
仲間づくり　445
泣き声　64
National Cholesterol Education Program（NCEP）　190
名付け　426
生ワクチン　273
習いごと　150, 420, 424
難聴幼児通園施設　320

ニ

肉芽腫　268
二元論　219, 222
日常家庭生活　148
日常生活用具　318
日光浴　2, 384
日本筋ジストロフィー協会　338
日本自閉症協会　338
日本ダウン症協会　338
日本てんかん協会　339
日本脳炎　245
入院助産　72
乳歯　282
乳児院　450
乳児栄養　114
乳児期　159
乳児下痢症　243
乳児健康診査　111
乳児健診　111
乳児の発達と子育て　108
乳便　91
乳幼児医療費公費負担制度　71
乳幼児医療費助成制度　257
乳幼児健康支援一時預かり事業　309
乳幼児身体発育値　81
乳幼児突然死症候群　306, 384
乳幼児発育曲線　383
ニューカマー　409
尿路感染症　243
認可外保育施設　350
認可外（無認可）保育所　304
妊産婦手帳　382
認証保育所　305
認証保育所（東京都）　350

索引

妊娠　24
　　──と薬剤　32
妊娠中毒症　50
　　──などの医療給付　72
認知的自己　124
認定就学者　326
認定保育所（神奈川県）　350
妊婦糖尿病　50
妊婦登録事業　382
妊婦と嗜好品　33
妊婦肥満　49

ネ

ネグレクト　477
熱・煙探知器　291
ネットワーク　157, 370, 493
ネフローゼ症候群　249, 261
年次推移　81
粘膜関連リンパ組織　270

ノ

脳炎　244
能力の付与　505
ノニルフェノール　197
ノーマライゼーション　156

ハ

肺炎　242
配偶者からの暴力の防止と被害者の保護に関する法律　485
配偶者暴力相談支援センター　482
排泄のしつけ　150
肺動脈狭窄症　248
排尿　62
排尿痛　297
排便　62
ハイリスク妊娠・分娩　45
排臨　41
派遣家庭ネットワーク事業　449
はしか　36, 245
破水　40
パーセンタイル　82, 383
パソコン　431

発育　77
　　──の偏り　83
発育曲線　79
発育評価　81
白血病　251
初節供　427
発達　77, 108
発達運動学　440
発達検査　104
発達支援　442
発達指数　104
発達障害　372
発達性協調運動障害　216
発達的個性　221
発達年齢　104
初誕生　428
発熱　294, 298
発病阻止　278
発露　41
歯並び　284
パニック障害　234
歯の萌出　283
母親
　　──が育った時代背景　416
　　──の役割　140
　　──の幼少時の習い事　416
　　──の抑うつ状態　227
母親学級　52
母親・両親学級のカリキュラム　54
パーフェクト・チャイルド　435
パラシュート反射　93
はらっぱ　155
「反抗型」の非行　461
晩婚化　14
反対咬合　284

ヒ

ピアジェ　110
BMI　49
非貨幣的ニード　434
引き起こし反応　94, 95
ひきこもり　470
被虐待児　222
非言語性 LD　216
非行　461

微細脳機能障害　215
B 細胞　265
BCG　278
ビスフェノール A　197
ビタミン A　47
非定型型保育　307
ヒト成長ホルモン　79
ヒトパルボウイルス感染症　36
ひとり親家族　447
PPD　98, 206, 209
皮膚のいろ　61
皮膚反応　200
肥満　2, 137
肥満度　186
百日咳　244
病因論　203, 218
病後児保育　351
病弱養護学校　259, 327
表出性言語障害　100
病棟保育士　258
日和見感染　264
広場恐怖　232
貧血　49
頻尿　297

フ

ファミリーケア　74
ファミリーサポートセンター　354, 375
ファミリーソーシャルワーク　370
ファロー四徴症　249
風疹　245
夫婦間暴力　482
フェニールケトン尿症　67
フォローアップミルク　116
不活化ワクチン　273
不機嫌　295
フーグ　233
福祉（救済）　7
福祉社会　437
福祉的就労　332
福祉ニード論　434
腹痛　295, 298
腹部膨満　295
不顕性感染　264
父子家庭　447

索引

父子家庭等児童夜間養護事業 449
父子関係 146
ブースター効果 274
フタール酸エステル 197
ブックスタート 162
不登校 128, 186, 210, 467
父母団体 336
フラッシュバック現象 238
不慮の事故 286
ふるえ 64
プール熱 246
ふれあい・子育てサロン 364
ふれあいサロン 364
プレネイタルビジット 57
フレーベル 310
フレーベル主義保育 311
文形成期 98
分班制 378
分娩 40, 58
分娩スタイル 53, 55
分娩体位 53
分離−個体化理論 123
分離不安 145

ヘ

米国児童憲章 487
へき地保育所 350
へその緒 59
ペット 201
ベビーカー 175
ベビーサイン 390
ベビーシッター 356, 381
ベビーホテル 305, 350
ヘファナン 311
ヘルスサービスの方向転換 506
Health for all 504
ヘルスプロモーション 501
ヘルパンギーナ 246
Bell 麻痺 44
ヘルメット 291
偏食 182
便秘 249

ホ

保育 359
保育園 372
保育者との関係 457
保育所 302, 349, 362
　——の生活 302
保育所給食 179
　——の役割 179
保育所保育指針 306, 364, 404
保育ママ 354
保育要領 311
保因者 26
放課後児童指導員 359
包茎 136
冒険遊び場 161
帽状腱膜下出血 43
訪問型一時保育事業 355
訪問教育 328
暴力非行 462
ボウルビィ 109
ホウレン草 189
飽和脂肪酸 189
保健管理 130
保健教育 130
保健所 352
保健センター 371
保護命令制度 485
母子愛育会 377
母子及び寡婦福祉法 447
母子家庭 447
母子家庭及び寡婦自立促進対策事業 448
母子家庭,寡婦及び父子家庭介護人派遣事業 448
母子家庭等自立促進基盤事業 448
母子家庭等生活指導強化事業 448
母子関係 140
母子健康手帳 382, 383
　——の利用法 385
母子指導員 369
母子生活支援施設 448, 452
母子世帯向公営住宅 448
母子相互作用 144
母子手帳 383

母子福祉資金貸付制度 448
母子福祉施設 448
母子保健強化推進特別事業 405
母子保健推進員 377
母子保健法 491
母子保護法 6, 491
母子密着 158
母子寮 369
母性 491
補装具 319
発疹 297
母乳 396
　——の問題点 115
母乳栄養 114, 199
　——の推移 114
母乳栄養推進 74
母乳推進運動 1
母乳中の成分変化 114
ホームフレンド事業 449
ホームヘルプサービス 317
ホモシスチン尿症 67
ポリ塩化ビフェニール 196

マ

マクロファージ 265, 267
髷様外傷 43
麻疹 36, 245
マスタベーション 136
マタニティ・ブルーズ 224
待つ力 393
松野クララ 311
ままごと 162
守りきること 473
マーラー 123
満3歳児入園制度 310
慢性疾患 260

ミ

未婚化 14
未婚の母 447
未熟児養育医療 71, 257
水俣病 193
脈拍 61
脈拍数 89
宮参り 427

ム

無為自閉　470
昔遊び　161
無国籍状態にある子ども　410
むし歯　282
ムーブメント教育　440
ムンプスウイルス感染症　36

メ

めだかふぁみりぃ　339
目やに　66
メランコリー親和型　229
メレナ　64
免疫不全症　264

モ

盲学校　323, 326
盲児施設　320
沐浴　60
もやもや病　385
モロー反射　63, 92
モンテッソーリ教育　305

ヤ

夜間保育所　304, 350
薬剤情報提供書　308
薬物アレルギー　198
薬物依存　236, 464
薬物非行　464
薬物療法　190
役割行動　220
夜食　182
やせ　137
柳田國男　162

ユ

遊戯および作業教育所　310
有機溶剤依存　237
遊戯療法　164
遊離した家族　464
癒合歯　284
揺さぶられっ子症候群　385

ゆたかな社会　433
ユニセフ　11
指しゃぶり　385

ヨ

よい保育施設の選び方十か条　305
養育医療の給付　71
養育里親　366
溶菌　267
養護学校　323
養護学校教育義務制　323
養護教諭　131
養護性　158
葉酸　48, 385
要支援家族　370
養子縁組　366, 454
養子縁組里親　366
幼児期　159
　──の発達と子育て　123
「幼児期からの心の教育の在り方について」の中央教育審議会報告　497
幼児健康診査　121
幼児健康度調査　2
幼児健診　121
羊水穿刺　27
幼稚園　310, 353
　──のはじまり　310
　──の普及　312
幼稚園教育要領　306, 310, 311
溶連菌感染症　244
抑うつ感　224
抑制　230
横浜保育室　304
予防効果　290
予防接種　272
　──の歴史　272
予防接種拡大計画　275
予防接種禁忌　275
予防接種健康被害救済制度　280
予防接種法　272, 275
読み書き障害　215
与薬依頼票　308

ラ

ライフサイクル論　109
ライフジャケット　291
ラマーズ法　53, 55
卵胞刺激ホルモン　24

リ

リガ・フェーデ病　284
regional society　155
離人・現実感喪失症候群　234
立位　83
離乳　118, 199
　──の開始　118
　──の完了　119
　──の進め方　120
離乳食　396
　──の進め方の目安　119
リーブ法　56
リフレッシュ保育　307
流行性耳下腺炎　246
療育　373
療育手帳　316
両親学級　52
療養環境　258
リラックス法　55
臨界期　77
りんご病（伝染性紅斑）　36, 246

ル

ルソー　10, 11

レ

冷凍・冷蔵母乳　115
レスパイトケア　258

ロ

ろうあ児施設　320
老化　77, 78
ろう（聾）学校　323, 326
6歳児健診（就学時健診）　122
6〜7カ月健診　112
ローレル指数　186

ワ

Y連鎖遺伝形質　29

ワクチン　275
　——の効果　278
　——の副反応　279
和気広虫　7

編者略歴

平山宗宏（ひらやま・むねひろ）

1928 年　東京都に生まれる
1954 年　東京大学医学部卒業
現　在　東京大学名誉教授
　　　　日本子ども家庭総合研究所所長
　　　　高崎健康福祉大学大学院健康福祉学研究科保健福祉学専攻教授
　　　　医学博士

中村　敬（なかむら・たかし）

1940 年　東京都に生まれる
1968 年　日本大学医学部卒業
現　在　大正大学人間学部人間福祉学科社会福祉学専攻教授
　　　　日本子ども家庭総合研究所情報担当部長
　　　　医学博士

川井　尚（かわい・ひさし）

1942 年　東京都に生まれる
1968 年　早稲田大学文学部心理学専修卒業
現　在　日本子ども家庭総合研究所・愛育相談所所長

育　児　の　事　典　　　　　　　　定価は外函に表示

2005 年 5 月 10 日　初版第 1 刷
2006 年 7 月 30 日　　　　第 2 刷

　　　　　　　　　編　者　平　山　宗　宏
　　　　　　　　　　　　　中　村　　　敬
　　　　　　　　　　　　　川　井　　　尚
　　　　　　　　　発行者　朝　倉　邦　造
　　　　　　　　　発行所　株式会社　朝　倉　書　店
　　　　　　　　　　　　　東京都新宿区新小川町6-29
　　　　　　　　　　　　　郵便番号　162-8707
　　　　　　　　　　　　　電　話　03（3260）0141
　　　　　　　　　　　　　ＦＡＸ　03（3260）0180
　　　　　　　　　　　　　http://www.asakura.co.jp

〈検印省略〉

© 2005〈無断複写・転載を禁ず〉　　新日本印刷・渡辺製本

ISBN 4-254-65006-X　C 3577　　　　Printed in Japan

日本家政学会編

新版 家政学事典

60019-4 C3577　　B5判 984頁 本体30000円

社会・生活の急激な変容の中で、人間味豊かな総合的・学際的アプローチが求められ、家政学の重要性がますます認識されている。本書は、家政学全分野を網羅した初の事典として、多くの人々に愛読されてきた『家政学事典』を、この12年間の急激な学問の進展・変化を反映させ、全面的に新しい内容を盛り込み"新版"として刊行するものである。〔内容〕Ⅰ. 家政学原論／Ⅱ. 家族関係／Ⅲ. 家庭経営／Ⅳ. 家政教育／Ⅴ. 食物／Ⅵ. 被服／Ⅶ. 住居／Ⅷ. 児童

日本家政学会編

和英英和 家政学用語集

60003-8 C3077　　B6判 708頁 本体7800円

家政学が包含する分野はきわめて広範であり、用語の整備は家政学を総合的に把握し理解するためには不可欠である。本書は表記の統一をはかるため、家政学原論、家庭経営学・家庭経済学、家族関係学、児童学、食物学、被服学、住居学、家庭科教育学の家政学各分野で用いられる独自の用語や学術上広く使用されている専門用語12000語を日本語と米語(もしくは仏語、独語)の対訳で表示した用語集。アルファベット順に配列し、日本語および英語の双方より検索できるようにした

茨城キリスト教大 五十嵐脩監訳

オックスフォード辞典シリーズ
オックスフォード 食品・栄養学辞典

61039-4 C3577　　A5判 424頁 本体9500円

定評あるオックスフォードの辞典シリーズの一冊"Food & Nutrition"の翻訳。項目は五十音配列とし読者の便宜を図った。食品、栄養、ダイエット、健康などに関するあらゆる方面からの約6000項目を選定し解説されている。食品と料理に関しては、ヨーロッパはもとより、ロシア、アフリカ、南北アメリカ、アジアなど世界中から項目を選定。また特に、健康に関心のある一般読者のために、主要な栄養素の摂取源としての食品について、詳細かつ明解に解説されている

武庫川女大 梁瀬度子・和洋女大 中島明子他編

住まいの事典

63003-4 C3577　　B5判 632頁 本体22000円

住居を単に建築というハード面からのみとらえずに、居住というソフト面に至るまで幅広く解説。巻末には主要な住居関連資格・職種を掲載。〔内容〕住まいの変遷／住文化／住様式／住居計画／室内環境／住まいの設備環境／インテリアデザイン／住居管理／住居の安全防災計画／エクステリアデザインと町並み景観／コミュニティー／子どもと住環境／高齢者・障害者と住まい／住居経済・住宅問題／環境保全・エコロジー／住宅と消費者問題／住宅関連法規／住教育

国立保健医療科学院 長谷川敏彦編

医療安全管理事典

30086-7 C3547　　B5判 400頁 本体13000円

「保健医療界における安全学」をシステムとして日本の医療界に定着させることをめざす成書。総論的・理論的な概説から、体制・対応・分析技法、さらに個別具体的な事例までまじえて解説。基礎的かつ体系的な専門知識と技術のために必要な事項を、第一線の研究者・実務家がわかりやすく解説。〔内容〕組織の安全と人間理解／未然防止とエラーリカバリー／事故報告制度／安全管理院内体制／危機管理／臨床指標／RCA／院内感染／手術・麻酔／透析／誤薬予防／転倒転落／他

順天堂大 坂井建雄・東大 五十嵐隆・順天堂大 丸井英二編

からだの百科事典

30078-6　C3547　　　　A5判　584頁　本体20000円

「からだ」に対する関心は，健康や栄養をはじめ，誰にとっても高いものがある。本書は，「からだ」とそれを取り巻くいろいろな問題を，さまざまな側面から幅広く魅力的なテーマをあげて，わかりやすく解説したもの。
第1部「生きているからだ」では，からだの基本的なしくみを解説する。第2部「からだの一大事」では，からだの不具合，病気と治療の関わりを扱う。第3部「社会の中のからだ」では，からだにまつわる文化や社会との関わりを取り扱う

高野健人・伊藤洋子・河原和夫・川本俊弘・
城戸照彦・中谷陽二・中山健夫・本橋　豊編

社　会　医　学　事　典

30068-9　C3547　　　　B5判　420頁　本体13000円

現在の医療の状況を総合的に把握できるよう，社会医学において使用される主要な用語を見開き2頁で要領よく解説。衛生学・公衆衛生学・法医学・疫学・予防医学・環境医学・産業医学・医療情報学・保健計画学・地域保健学・精神衛生学などを包括したものである社会医学の内容を鮮明に描き，社会医学内の個々のジャンルの関連性，基礎医学・臨床医学との接点，境界領域の学際的知見をも解説。医療・看護・介護・保健・衛生・福祉分野の実務者・関係者，行政担当者の必携書

東大 松島綱治・京府医大 酒井敏行・
東大 石川　昌・富山医薬大 稲寺秀邦編

予　防　医　学　事　典

30081-6　C3547　　　　B5判　464頁　本体15000円

「炎症，免疫，アレルギー，ワクチン」「感染症」「遺伝子解析，診断，治療」「癌」「環境」「生活習慣病」「再生医療」「医療倫理」を柱として，今日の医学・医療において重要な研究テーマ，研究の現状，トピックスを，予防医学の視点から整理して解説し，現在の医療状況の総合的な把握と今後の展望を得られるようにまとめられた事典。
医学・医療・保健・衛生・看護・介護・福祉・環境・生活科学・健康関連分野の学生・研究者・実務家のための必携書。

日本ビタミン学会編

ビ　タ　ミ　ン　の　事　典

10142-2　C3540　　　　A5判　544頁　本体22000円

ビタミンは長い研究の歴史をもっているが，近年の健康志向とあいまって，新しい視点から注目されるようになり，一種のブームともなっている。こうした現状を踏まえ，最新の知見を取り入れ，ビタミンのすべてを網羅した総合事典。〔内容〕ビタミンA／カロテノイド／ビタミンD／ビタミンE，K，B_1，B_2，B_6／ナイアシン／パントテン酸／葉酸／ビオチン／ビタミンB_{12}／関連化合物（ユビキノン，ビオプテリン，イノシトール，コリン，ピロロキノリンキノン）

福井県大 糸川嘉則編

ミ　ネ　ラ　ル　の　事　典

10183-X　C3540　　　　A5判　712頁　本体22000円

現代の多様な食生活の中で，ミネラルの重要性が認識されている。本書はミネラルの基礎から各種ミネラルの解説，ミネラルと疾患との関係まで，一冊にまとめた総合事典である。〔内容〕ミネラルの基礎（概念・歴史，分類，化学，分析法・定量法，必要量・中毒量）／ミネラル各論（主要ミネラル，必須微量元素，必須性が推定されているミネラル）／応用編（食事摂取基準，食品・飲料水とミネラル）／疾患とミネラル（骨，循環器，血液，肝臓，皮膚，味覚・免疫異常，他）